Autopolitik

Thomas Becker

Autopolitik

Europa vor der T-Kreuzung

Thomas Becker
München, Deutschland

ISBN 978-3-658-32879-5   ISBN 978-3-658-32880-1 (eBook)
https://doi.org/10.1007/978-3-658-32880-1

Die Deutsche Nationalbibliothek verzeichnet diese Publikation in der Deutschen Nationalbibliografie; detaillierte bibliografische Daten sind im Internet über http://dnb.d-nb.de abrufbar.

Springer
© Der/die Herausgeber bzw. der/die Autor(en), exklusiv lizenziert durch Springer Fachmedien Wiesbaden GmbH, ein Teil von Springer Nature 2021
Das Werk einschließlich aller seiner Teile ist urheberrechtlich geschützt. Jede Verwertung, die nicht ausdrücklich vom Urheberrechtsgesetz zugelassen ist, bedarf der vorherigen Zustimmung des Verlags. Das gilt insbesondere für Vervielfältigungen, Bearbeitungen, Übersetzungen, Mikroverfilmungen und die Einspeicherung und Verarbeitung in elektronischen Systemen.
Die Wiedergabe von allgemein beschreibenden Bezeichnungen, Marken, Unternehmensnamen etc. in diesem Werk bedeutet nicht, dass diese frei durch jedermann benutzt werden dürfen. Die Berechtigung zur Benutzung unterliegt, auch ohne gesonderten Hinweis hierzu, den Regeln des Markenrechts. Die Rechte des jeweiligen Zeicheninhabers sind zu beachten.
Der Verlag, die Autoren und die Herausgeber gehen davon aus, dass die Angaben und Informationen in diesem Werk zum Zeitpunkt der Veröffentlichung vollständig und korrekt sind. Weder der Verlag, noch die Autoren oder die Herausgeber übernehmen, ausdrücklich oder implizit, Gewähr für den Inhalt des Werkes, etwaige Fehler oder Äußerungen. Der Verlag bleibt im Hinblick auf geografische Zuordnungen und Gebietsbezeichnungen in veröffentlichten Karten und Institutionsadressen neutral.

Springer ist ein Imprint der eingetragenen Gesellschaft Springer Fachmedien Wiesbaden GmbH und ist ein Teil von Springer Nature.
Die Anschrift der Gesellschaft ist: Abraham-Lincoln-Str. 46, 65189 Wiesbaden, Germany

Vorwort

Die Geschichte des Automobils ist die Geschichte politischer Weichenstellungen, ebenso sehr wie die Geschichte von technischer Innovation, Unternehmergeist und Kundenbedürfnissen. Und erst recht wird ihre Zukunft von Politikern, Stakeholdern und Medien mitgestimmt werden. Die fundamentalen technologischen Veränderungen – vom elektrischen Antrieb bis zur Vernetzung und Automatisierung werden durch Politik ermöglicht, gefördert, mitgestaltet und teilweise erzwungen. Dieses Buch soll einige der wesentlichen politischen Prozesse beschreiben, welche die Automobilindustrie zu dem gemacht haben, was sie heute ist: Ein volkswirtschaftlicher Kernsektor, einer der größten Arbeitgeber und Innovationstreiber. Aber auch der umkämpfte Gegenstand harter politischer Kontroversen und das Objekt fundamentaler gesetzlicher Intervention. Und ein Produkt, dessen Zukunft und Zukunftsfähigkeit gerade jetzt umfassend diskutiert und politisch gestaltet wird.

Der Verfasser hat die Debatten und Entscheidungen der letzten zwei Jahrzehnte aus verschiedenen Rollen heraus begleitet und teilweise mitgestaltet. Von der Arbeit beim Bundesverband der Industrie über die Geschäftsführung des Verbands der Automobilindustrie bis zu 12 Jahren als Leiter Politik und Außenbeziehungen der BMW AG. Dieses Buch kann deshalb nicht den Anspruch erheben, aus einer wissenschaftlich-objektiven Warte einen historischen Prozess zu beschreiben. Es kann dabei auch nicht allen Beteiligten gleichermaßen gerecht werden. Es versucht stattdessen, Entwicklungen kritisch zu rekonstruieren – von einem transparent dargestellten eigenen Standpunkt aus. Dabei kann es auch keinen Anspruch auf Vollständigkeit erheben, sondern beschreibt gezwungenermaßen Ausschnitte eines komplexen Prozesses. Es ist auch keine journalistische Kommentierung des Handelns von Politikern, Unternehmern und anderen Beteiligten. Erst recht ist dieses Buch keine anekdotengeladene Chronik automobiler Lobbyarbeit. Es will vielmehr aus der inneren Ansicht einer Branche, deren bisher sicher geglaubte Grundlagen fraglich geworden sind, und aus einem subjektiv-parteiischen Blickwinkel einen Beitrag zu den anstehenden Debatten leisten. Es ist der Versuch, aus der Position eines direkt Beteiligten heraus einen nüchternen, aber auch selbstkritischen Blick auf die Evolution der Politik um einen industriellen Kernsektor zu werfen und hieraus Schlussfolgerungen für die in Europa anstehenden Weichenstellungen zu ziehen.

Dieses Buch ist schließlich keine politische Position der BMW AG und wurde ohne irgendeine Beauftragung durch Dritte geschrieben. Keine der hier dargestellten Analysen, Bewertungen und Haltungen sind dem Unternehmen zuzurechnen. Vielmehr spiegelt „Autopolitik" ausschließlich die Meinungen des Verfassers wider. Wenn wiederholt unternehmensspezifische Beispiele auftauchen, dann deshalb, weil der Verfasser diese aus direkter Anschauung kennt. Eine gleichgewichtige Darstellung der Aktivitäten aller relevanten Unternehmen war nicht möglich und das Buch kann deshalb auch innerhalb der Industrie nicht objektiv, vollständig, ausgewogen und gerecht sein. Es ist gerade angesichts der letzten Jahre zugleich aber unvermeidbar, einzelne Unternehmensentscheidungen darzustellen, die direkte politische Folgen hatten.

Schließlich versucht dieses Buch nicht in erster Linie, den vielen politischen Forderungen und Positionen, was künftig mit dem Auto und den Unternehmen, die es herstellen, passieren soll, noch weitere hinzufügen. Es will vielmehr aufzeigen, vor welchen Herausforderungen und vor welchen Richtungsentscheidungen gerade Europa und Deutschland stehen. Und es will Gründe aufzeigen, warum die gewachsene Form der politisch-öffentlichen Auseinandersetzung droht, wesentliche Chancen für die Zukunft zu verstellen. Dazu wird zunächst in den Kap. 1 bis 6 der Zusammenhang von industrieller Entwicklung und Politik grundsätzlich aufgespannt und der konzeptionelle Rahmen definiert. In den Kap. 7 bis 14 werden die wichtigsten politischen Handlungsfelder in ihrer Entwicklung dargestellt. Dies geschieht mit dem Schwerpunkt auf Deutschland und der EU aber in vergleichendem Blick in die USA und nach China. Schließlich sind die Kap. 15 bis 18 auf die Zusammenhänge der Handlungsfelder und die Perspektiven für Europa fokussiert.

Dabei sind diese letzten Abschnitte auch ein persönliches und gezwungenermaßen auch spekulatives Plädoyer. Gerade aus dem direkten Vergleich zwischen Europa, den USA und China bin ich überzeugt: Wenn Europa nicht seinen Modus Operandi, die Art und Weise wie Politik, Industrie und Zivilgesellschaft miteinander interagieren, verändert, wenn es nicht neue institutionelle Rahmenbedingungen für neue technologische Optionen definiert, wenn es nicht ideologische Blockaden hinter sich lässt und technologische mit politisch-instrumenteller Innovation verbindet – dann wird es nicht nur zurückfallen, es könnte zum Austragungsort eines amerikanisch-chinesischen Wettbewerbs werden. Es hat aber damit zugleich die Chance, zwischen der marktwirtschaftlichen Innovationsdynamik der USA und ihrer inhärenten Gefahr der privaten Machtkonzentration einerseits, dem chinesischen Modell an staatsnahe Unternehmen delegierter staatlicher Lenkung auf der anderen Seite einen eigenen Weg zu finden.

München, Deutschland   Thomas Becker

Inhaltsverzeichnis

1	**Worum es heute geht – Europa, China, USA**	1
	Die Debatten – Umwelt, Digitale Technologie, Mobilitätssystem	3
	Die Kreuzungspunkte europäischer Politik	10
	Struktur des Buchs	12
2	**Wie die Autoindustrie gemacht wurde**	15
	Demokratisierung „exklusiver" Fortbewegung	15
	Deutschland, Frankreich und Großbritannien	18
	USA	20
	China	21
3	**Politik**	25
	Nichts kann bleiben wie es war	26
	Der heutige automobilpolitische Instrumentenkasten	27
	Politik als Produktionsprozess	37
	Legitimation von Politik	43
	Lobby	49
	Medien	51

4 Das Auto und die Wirtschaftssysteme — 59
Systemfrage — 59
Soziale Frage – Gewerkschaften und Wirtschaftsverbände — 63
Die Europäische Union und das Auto — 70
Neues systemisches Konkurrenzmodell – China — 76
Schlüsselbranche Auto – überall — 82
Fallbeispiel Abwrackprämie — 83

5 Der Aufstieg der Umweltfrage — 91
Der Weg in den Mainstream — 91
Die Umweltorganisationen – Deutschland und Europa — 97
Umwelt und Automobil — 102
Europäischer Konsens? — 110
USA — 113
China — 115
Wirtschaftsverbände und Umweltpolitik — 116
Verbraucherverbände — 121

6 Manager und Politiker — 123
Subjekt oder Objekt — 123
Legitimität unternehmerischen Handelns — 125
Nachhaltigkeit — 132
Kommunikation, Glaubwürdigkeit und politischer Einfluss — 134
Markt, Management und Innovation — 142

7 Handels- und Standortpolitik — 149
Asset Autoindustrie — 150
Protektionismus wie er bisher war — 151
Der U-Turn der USA — 158
Handelskonflikt USA – China — 161
Handelskonflikt USA – EU — 166
Fallbeispiel: Besuch in Washington — 172
Brexit — 176
Szenarien — 183

8 Produktpolitische Evolution 189
Politik und Mobilität – Grunddesigns 189
Handlungsfelder und Instrumente 192
Wechsel der Hauptrollen – EU, USA, China 196

9 Klimapolitik – Was bisher geschah 205
Gamechanger Klimaschutz 205
Fahrzeugtechnische Innovation und industrielle Motivation 209
Die ersten Flottengesetzgebungen – EU 214
Erste Runde USA 222
Kopenhagen 2009 231
Zweite Runde EU 233
Zweite Runde USA 236
Erste Runde China 238

10 CO_2 – aktuelle Debatten im Vergleich 243
USA 243
EU 253
Verbrennerausstieg 260
CO_2 und Corona 262
China 267
Neue Regulierungslogik anstelle CO_2-Ausstoß? 269
Option Wasserstoff? 273
Option Bio- und Synfuels? 276
Weitere Fragen für die nächsten Runden 279
Szenarien 286

11 Luftqualität 289
Emissionsgesetzgebung 292
Immissionsgesetzgebung 297
Messverfahren und die konkurrierenden „Wahrheiten" 300
Der „VW-Skandal" 306
Rollenspiele 310

Sympolpolitik – Hardwarenachrüstung 313
Die Wende – Corona und andere Faktoren 315
Szenarien 317

12 Elektromobilität 321
Mütter und Väter 322
Tesla 324
Angebot und Nachfrage – Treiber und Bremser 329
Europa heute – kein Binnenmarkt für Elektroautos 338
Deutschland 341
Batteriefabrik – Investition, Risiko und staatliche Hilfe 349
Politische Optionen für die EU 353
Szenarien 360

13 Digitalisierung 363
Marktordnung und Daten 367
Autonomes Fahren – oder ferngesteuertes? 381
Auto-Mobilität als Dienstleistung 387
Industriepolitische Fragen 399
Digitale Regulierung 402
Chinesische Alternative? 407
Szenarien 409

14 Städte – Brennpunkte und Kampfplätze 411
Herausforderungen für urbane Räume 412
Wer braucht überhaupt ein Auto? 417
Restriktive Politik 421
Kooperation? 428
Optionen und Spekulationen – Neue Kombinationen von
Technologie und Regulierung 432
Szenarien 437

15 Neue Zusammenhänge – die ersten drei T-Kreuzungen 441
Obsolete Silos 443
Neue, integrierte Lenkungsoptionen 447
Kreuzung 1: Wahl der Antriebe 450
Kreuzung 2: Machtverteilung im Mobilitätssystem 455
Kreuzung 3: Die EU im globalen Wettbewerb der Politiken 459

16 Der Mindset entscheidet – wo es „hakt" 465
Engpassfaktor Legitimität 467
Verengung auf einzelne Instrumente 471
Fallbeispiel: Deutsche Kfz-Besteuerung 474
Überforderung konventioneller Gesetzgebung 478
Thesen 480

17 Politisch-Instrumentelle Innovation oder Stagnation 483
Kreuzung 4: EU, Mitgliedsstaaten, Kommunen 484
Kreuzung 5: Politisch-Instrumentelle Innovation 490
Handlungsoptionen 490
Regulierung und Legitimation „an der Basis" – Beispiel Road-Pricing 501

18 Zum Schluss 507
Abhängigkeiten 508
Was heißt Führen? 512

1
Worum es heute geht – Europa, China, USA

Kein anderes industrielles Produkt ist so politisch wie das Automobil. Kein anderes spielt eine so starke Rolle in politischen Debatten und Entscheidungen: Das Auto als individuelles, unbegrenzt flexibles Transportmittel für große Teile der Bevölkerung, ist Ausdruck der Demokratisierung von Mobilität bzw. deren Verheißung. Das Auto und seine Geschichte bilden die Evolution der volkswirtschaftlichen Ordnungssysteme ab: Den Aufstieg zum Massenfortbewegungsmittel in den westlichen Demokratien – vom Käfer bis zum Heckflossen-Cadillac. Das Scheitern des Realsozialismus in Gestalt von Trabant und Wolga. Den Aufstieg Chinas zur wirtschaftlichen Supermacht und zum größten Automobilmarkt der Welt. Automobilproduktion ist zum Kernsektor vieler Volkswirtschaften geworden, und keiner mehr als der deutschen. An kaum einem anderen Industrieprodukt hängen derartig viele Arbeitsplätze, Einkommen, regionale Wirtschaftsstrukturen, Ein- und Ausfuhrbilanzen wie am Automobil. Kaum ein anderer Industriezweig hat in so vielen Ländern eine so starke Ballung wirtschaftlicher aber auch politischer Macht hervorgebracht – in der Hand der Kapitaleigentümer, aber auch der gerade im Automobilbau sehr starken Gewerkschaften. In die Möglichkeit Automobile zu nutzen, wurden mehr öffentliche Gelder in Form von Infrastrukturinvestitionen und Subventionen gesteckt als in andere Wirtschaftssektoren. Kein anderes Produkt definiert umgekehrt so hohe Steuereinnahmen, Gebühren und Abgaben wie das Automobil, wenn es Kraftstoff verbraucht, Parkplätze belegt, Autobahnen benutzt oder Abgase verursacht. Das Auto symbolisiert gesellschaftliche Unterschiede, Armut und Reichtum, kurzum gesellschaftliche Differenzierung: Es macht den Status seines Halters überall sichtbar, wo dieser unterwegs ist. Es ist Gehaltsbestandteil von Angestellten und Arbeitsgerät von Taxifahrern. Das Auto stand am Beginn der sog. „Sharing Economy" – vom tatsächlichen Teilen eines Autos bis hin zu hochflexibilisierter abhängiger Beschäftigung ohne soziale Absicherung – bevor diese in anderen Bereichen wie Wohnungen und Gästezimmern um sich griff. Es ist zum sichtbarsten Symbol behaupteter unfairer Handelsbeziehungen, von Protektionismus aber auch vom Kampf um die Öffnung von Märkten geworden. Die Rolle des Autos als handelspolitischem „Zankapfel" hat mit dem Amtsantritt von Donald Trump ganz und gar nicht angefangen, sondern nur eine besondere Zuspitzung und Sichtbarkeit bekommen. Es wird auch nach seinem Abgang nicht aufhören, diese Rolle zu spielen.

Ein Jahrhundert lang war das Automobil gleichwohl das globale Produkt schlechthin – in mehrfacher Hinsicht: Die Basistechnologie, der Verbrennungsmotor und die technische Grundauslegung des Fahrzeugs waren bereits kurz nach seiner Erfindung überall auf der Welt die gleiche. Es entwickelten sich frühzeitig global tätige Unternehmen, die einen weltweit extrem eng vernetzten Produktionsverbund anführten. Die Anforderungen an die technische Zulassung eines Fahrzeugs, seine Besteuerung und auch die Regeln für seine Benutzung (Führerschein, Verkehrsschilder und alle anderen Regeln) unterschieden sich international zwar immer in ihren Details. Die Grundkonstellation war jedoch immer die gleiche. Ein Automobil zu besitzen und es auch benutzen zu dürfen, erschloss auf der gleichen technischen Basis die unbegrenzte Freiheit, überall dorthin fahren zu können, wo es Straßen gab. Und dieses Recht galt unbeschränkt in allen Ländern, in allen Städten, zu jeder Uhrzeit und für jeden Autofahrer.

Diese Ausgangslage des 20. Jahrhunderts ist vorbei. Der technologische Kern des Automobils, sein Antrieb, die Innovationen von Otto und Diesel aus dem späten 19. Jahrhundert, werden ersetzt durch neue Technologien. Das Tempo dieser Transformation wird nicht mehr von Ingenieuren in Unternehmen und auch nicht von Kunden bestimmt, sondern von Politikern. Ohne die kalifornische Regulierung gäbe es keinen Tesla, keinen BMW i3 und auch keinen Toyota Mirai. Zugleich bekommt der für alles, was mit dem Produkt passiert allein verantwortliche Autofahrer eine Alternative durch das zunehmend vernetzte und automatisierte Fahren. Und schließlich wird der kostenlose, allumfassende Zugang zur Verkehrsinfrastruktur und zu dem „Biotop" des Automobils in immer stärkerem Maße beschränkt und reglementiert – „analog" wie seit einem Jahrhundert mit Blech am Straßenrand aber zunehmend und in Zukunft noch mehr digital. Dabei spielt die Politik eine Schlüsselrolle. Diese Rolle reicht von der regulatorischen Ermöglichung neuer technischer Optionen (also z. B. der Änderung des Kfz-Zulassungsrechts) bis zur direkten Beschränkung z. B. des Zugangs zu Innenstädten. Zugleich definiert Politik den Zugang zum Markt, die Chancen von Unternehmen aus dem eigenen Land aber auch aus Drittstaaten. Durch aktives Gestalten aber auch durch Nichtstun bestimmen politische Entscheidungsträger die Zukunft der Automobilindustrie und seine Rolle im Mobilitätssystem insgesamt.

Die Debatten – Umwelt, Digitale Technologie, Mobilitätssystem

Die politische Debatte über die Zukunft des Mobilitätssystems insgesamt findet heute gleichzeitig auf drei Feldern statt. Erstens: Wie kann die Auswirkung von Automobilen auf die Umwelt weiter minimiert, und vor allem der Beitrag zur Klimaerwärmung am wirksamsten vermindert werden? Zweitens: Wo, wie stark und wie schnell wird Technologie in der Lage sein, den Fahrer als Entscheider über das Verhalten des Fahrzeugs zu ersetzen? Drittens: Wie wird Mobilität in urbanen Räumen künftig organisiert und das Verhalten der einzelnen Verkehrsteilnehmer beeinflusst bzw. gesteuert?

Diese Diskussionen laufen in den USA genauso wie in Europa oder in China, ohne dass die Ergebnisse bereits feststünden, ohne dass ein einziger einheitlicher, in sich schlüssiger „Endzustand" absehbar wäre. Es ist zugleich viel wahrscheinlicher, dass auf allen drei der genannten Felder in der EU, den USA und China, nicht das gleiche Ergebnis herauskommen wird. Mehr noch: Technologisch, aber auch politisch-instrumentell hat China die Führungsrolle übernommen, die während der letzten über 100 Jahre Automobilgeschichte in Europa und den USA lag. Es sind aber diese drei Hauptmärkte, auf denen sich letztlich die Zukunft für die europäische Industrie entscheidet, weshalb auch in diesem Buch darauf verzichtet wird, tiefer auf die Debatten in Japan, Korea oder Indien einzugehen. Zugleich sind die Zeiten vorbei, in denen nicht nur technische Innovationen sondern auch die entscheidenden regulatorischen Impulse weltweit übernommen wurden, sobald sie in einem der drei Leitmärkte entwickelt wurden:

So hat Kalifornien seit den 70er-Jahren immer strengere Maßstäbe für die Abgasemissionen von Autos definiert – egal ob es um Rußpartikel, Feinstaub oder NO_X ging. Europa hat sie schnell übernommen und weiterentwickelt. China hat sie kurz danach eingeführt. Die Anforderungen an die Autohersteller waren immer die gleichen – mit ein paar Jahren Abstand im Einführungsdatum. Die erste Generation von Klimaschutzgesetzgebungen folgte weltweit einem ähnlichen Muster, nur das hier Europa nach dem Abschluss des Kyoto Abkommens der Treiber war. Der Grundlogik, für die Fahrzeugflotten eines Jahres einen Durchschnittsemissionswert vorzuschreiben, und diesen nach technischen Eigenschaften der Fahrzeuge zu differenzieren, haben sich sowohl die USA als auch China anschließend innerhalb kurzer Zeit zu Eigen gemacht.

Heute diskutieren demgegenüber europäische Städte, Mitgliedsstaaten und die Kommission darüber, in welcher Reihenfolge ganze Fahrzeugtechnologien, beginnend mit dem Dieselmotor, verboten und den Eigentümern der Fahrzeuge der Zugang versperrt werden soll. Diese Debatten wirken sich auf ganze Märkte aus. So hat der Dieselabsatz in Frankreich wahrscheinlich unter den Ankündigungen der Pariser Bürgermeisterin mehr gelitten als unter irgendeinem anderen politischen Faktor. In den USA findet dagegen keinerlei vergleichbare Diskussion statt. Kalifornien hat vielmehr mit dem „Zero Emission Vehicle (ZEV) Mandate" die Hersteller gezwungen, emissionsfreie Fahrzeuge anzubieten – aber ohne die anderen zu verbieten. Selbst in Kalifornien geht niemand über den langfristigen Vorstellungen hinaus, für ganz neue Fahrzeuge ausschließlich solche ohne Schadstoffemissionen zuzulassen – und auch dies nur unter der Voraussetzung, dass die Nachfrage der Kunden dies zulässt. Die „Enteignung" der Besitzer von Bestandsfahrzeugen ist hier keine Option.

Überlegungen für ein Neuzulassungsverbot von Verbrennern werden in Brüssel und in einer Reihe von EU-Mitgliedsstaaten sowie in Kalifornien heute ganz konkret angestellt. Die Debatte über das größte industriepolitische Experiment aller Zeiten wird in Europa aber bislang nur auf der Angebotsseite geführt, also bei EU-weiten Vorschriften, die von den Herstellern EU-weit zu erfüllen sind. Dagegen kann auf der Nachfrageseite von einer koordinierten Politik zur Sicherstellung einer hierfür erforderlichen, historisch beispiellos schnell steigenden Nachfrage nach einer völlig neuen Technologie keine Rede sein. Ein Binnenmarkt für elektrische Autos existiert in der EU de facto nicht. Vielmehr differieren Umfang und Design steuerlicher Anreize und Prämien auf der einen Seite, der Ausbaustand der elektrischen Ladeinfrastruktur auf der anderen Seite extrem. Mehr als 8 von 10 neu verkauften BMW in Norwegen hatten 2020 einen Stecker, in Italien waren es nicht einmal 8 von 100.

In China wiederum werden bereits seit längerem die Entscheidungen der Bürger für eine bestimmte Antriebsart mit massiven Vorteilen für das Recht auf die Nutzung des Fahrzeugs verbunden: Eine Nummernschild-Lotterie, wie in Peking, bei der bei einem Elektroauto die Chancen vielfach höher ist als bei einem Verbrenner-Fahrzeug, ist ohne Vorbild und ohne Nachfolger in anderen Märkten. Das gilt erst recht für die Nummernschild-Versteigerung in Shanghai, bei der ebenfalls der Käufer eines elektrischen Autos einen deutlichen Vorteil hat – und derjenige, der reich genug ist, sich die fünfstelligen Preise für ein Nummernschild am Verbrenner-Fahrzeug leisten zu können. Hierdurch wird der Zwang auf die Hersteller, das Angebot an sog. „New Energy Vehicles (NEV)" hochzufahren – angelehnt an das ZEV-Programm Kaliforniens – wirksam ergänzt. Bereits zuvor wurde in einer Reihe chinesischer Metropolen (deren Fahrzeuganzahl jeweils die einiger europäischer Staaten übersteigt) Beschränkungen nach der Endziffer auf dem Nummernschild eingeführt. Entscheidend dabei ist, dass die Vorgaben auf der Angebotsseite, die in China genauso anspruchsvoll sind wie in Europa oder Kalifornien, mit der klaren Forderung an Provinzen und Stadtregierungen einhergehen, hierfür auf Nachfrageseite die Voraussetzungen zu schaffen.

Diese unterschiedlichen Formen der Intervention in die Entscheidungen von Kunden und damit die Planung von Herstellern im Bereich Umwelt- und Klimaschutz sind das Resultat unterschiedlicher politischer Ziele, verschiedener ideologischer Überzeugungen und sehr unterschiedlicher Rahmenbedingungen für die Entscheidung der Kunden in den drei Hauptmärkten. Die Prämissen für unternehmerische Entscheidungen sind deshalb gegenwärtig unsicherer, als sie es seit dem zweiten Weltkrieg in dieser Branche jemals gewesen sind. Es war nie schwieriger, den richtigen Mix an Antrieben, und damit den Kern der Fahrzeugtechnologie, zu planen als heute. Das bedeutet, dass noch nie so viel Geld in die Fähigkeit investiert werden musste, mit sehr verschiedenen denkbaren Entwicklungen zurechtkommen zu müssen. Oder umgekehrt: Noch nie war die Gefahr für die Unternehmen und alle diejenigen die von ihnen abhängen, höher, Fehlentscheidungen zu treffen.

In dem zweiten zentralen Handlungsfeld, der digitalen Vernetzung und Automatisierung des Autofahrens sind es dagegen Unterschiede in den relevanten Industrien selbst und das Verhältnis zwischen privatwirtschaftlicher Innovation und staatlichen Vorgaben, die zu tief greifenden Unterschieden der Debatten führen:

In den USA treiben eine Handvoll privater Unternehmen die Veränderung voran. Die etablierte Automobilindustrie wird von Ihnen ebenso getrieben wie die Politik. Mit Uber, Lyft, Didi und weiteren Anbietern haben innerhalb weniger Jahre neue Anbieter das Geschäft mit Mobilitätsdienstleistungen tief greifend verändert. Inzwischen wird ihr politischer Anspruch, verkehrs- und umweltpolitisch ein wichtiger Teil der Lösung für eine nachhaltige Mobilität in Städten sein zu können, gerade dort am stärksten hinterfragt, wo alles begonnen hat, in Kalifornien. Die Politik hat begonnen darauf zu reagieren, dass, wer heute im Uber sitzt, vorher nicht im eigenen Auto fuhr (wie behauptet), sondern im Bus. Zugleich treten die Google-Schwester Waymo und andere Silicon Valley-Unternehmen mit dem Anspruch an, den Fahrer zu ersetzen und automatisiertes Fahren realisieren zu können. Beim Thema automatisiertes Fahren bilden sich um die US-Technologiefirmen herum Konsortien mit internationalen, auch deutschen Autoherstellern, die eines gemeinsam haben: Die Abhängigkeit von einem amerikanischen Kern an Technologiekompetenz. Und dieser hat natürlich einen starken Bezug zu der Verfügbarkeit von Daten – Daten zum Standort, der Verkehrssituation, aber auch den Interessen und Gewohnheiten der Nutzer. Die Frage, auf welcher Informationsbasis der Fahrer – oder eben auch nicht mehr der Fahrer – entscheidet, welche Strecke er nutzt, wo sich Verkehr ballt, wie Verkehr anders organisiert, beschränkt oder bepreist wird, ist auch eine Frage des Datenzugangs und der technologischen Kompetenz ihrer Verwertung. Auch hier wartete die US-Politik aber bisher überwiegend ab und beschränkt sich auf die regulatorische Flankierung des Entwicklungsprozesses. Der Primat für die Zukunft der Mobilität lag klar im Privatsektor und die Beweislast für die Intervention beim Staat. Dies war unter Clinton und Obama nicht anders als unter Bush und Trump.

In China wurden die entscheidenden technologiepolitischen Weichenstellungen demgegenüber frühzeitig durch Staat und Partei gestellt: Erstens wurden ausländische Unternehmen, vor allem solche aus den USA, bereits am Beginn der Entwicklung von Mobilitätsdienstleistungen faktisch vom chinesischen Markt ausgeschlossen. Neben Didi (dem chinesischen Pendant zu Uber, welches auch dessen chinesischen Ableger übernommen hat) sind es alleine chinesische Anbieter, die eine Chance haben, mit Angeboten wie Ride Hailing (d. h. Buchung einer Mitfahrgelegenheit via App auf dem Smartphone) in China Geschäfte zu machen. Analog wurde auch klar entschieden, dass die Technologie für höhere Automatisierungsgrade von Autos und alle Fragen von vernetzter Mobilität ausschließlich durch chinesische Unternehmen und unter staatlicher Aufsicht entwickelt werden. Dass die USA umgekehrt chinesischen Unternehmen nicht gestatten werden, wichtige infrastrukturelle Aufgaben zu übernehmen, ist nicht nur unter einem Präsidenten Trump wahrscheinlich.

In Europa dagegen hat sich die politische Debatte über andere Mobilitätsangebote lange darauf beschränkt, inwieweit Uber, das aufgrund seines auf „Scheinselbstständigkeit" der Fahrer basierenden ursprünglichen Geschäftsmodells in die Kritik geriet, zu Gunsten des Taxis beschränkt bleiben muss. Ob es in Europa gelingt, jenseits einer reaktiven sozial-, nicht verkehrspolitisch motivierten Politik ein eigenes Modell, etwa auf der Grundlage digital vernetzter Taxidienste und Car Sharing zu etablieren, ist gegenwärtig völlig offen. Zugleich ist bislang nicht erkennbar, dass es in der EU einen eigenständigen wettbewerbsfähigen „Tech-Stack" für automatisiertes Fahren geben wird. Wenn dies so bleibt, könnte Europa zum „Battleground" amerikanischer und chinesischer Technologieunternehmen werden.

In der dritten Dimension der Veränderung, der Einbindung des Automobils in eine digitale Verkehrsinfrastruktur, die seine Nutzung im täglichen Leben nachhaltig verändern kann, stellt sich die Situation wiederum anders dar:

In Europa wird ein Großteil der laufenden Diskussionen über das Management von Verkehr nach wie vor von dem seit 40 Jahren gepflegten Paradigma aus analoger Beschränkung bzw. Verlangsamung von Mobilität mit dem Auto und der Vorstellung von der Verlagerung auf andere Verkehrsmittel her geführt. Dabei dominieren analoge Instrumente, also Ge- und Verbotsschilder, und eine sehr überschaubare Anzahl von Mautsystemen auf dem Stand der Technik der Jahrtausendwende (wie die London Congestion Charge). Zugleich wird Parkraum verknappt und verteuert – mit der elektronischen Enkelin der guten alten Parkuhr. Und Straßen werden dem Autoverkehr entzogen – mit weißer oder gelber Farbe und Fahrradpiktogrammen. Zwischen städtischen Räumen mit der politischen Bereitschaft zu harter Intervention und Beschränkung bis zu Räumen ohne gestalterische Eingriffe gibt es das gesamte Spektrum. Die Ergebnisse sind ernüchternd: Die Antistauabgabe in London hat den Stau nicht beseitigt, die Fahrrad-Autobahnen in Kopenhagen haben Menschen aus dem Bus auf das Fahrrad geholt ohne dass der Pkw-Verkehr abgenommen oder die Staus sich verringert hätten. Und die Dieselfahrverbote haben zwar eine Verlagerung zu mehr Benzinern (und damit CO_2) bewirkt, nicht aber eine signifikante Verbesserung der Luftqualität.

In den USA dominiert dagegen nach wie vor die Logik „Freie Fahrt für freie Bürger" allerdings mit unterstützenden Angeboten aus der Internet-Ökonomie. Von einer Mobilisierung des Potenzials digitaler Werkzeuge für einen wesentlich effizienteren, differenziert gesteuerten Verkehrsfluss kann auch hier keine Rede sein. Während z. B. in Manhattan die Regulierung einerseits über extrem hohe Parkgebühren, die Maut für Brücken und Tunnel andererseits funktioniert, hat die Diskussion über Road-Pricing in Los Angeles gerade erst begonnen. Dies ist aber gleichwohl umso bemerkenswerter, als jegliche Form von Abgaben und Steuern wohl nirgendwo so starke Widerstände zu überwinden hat, wie in den USA.

In China dominiert gegenwärtig zwar noch die Intervention durch die (sozial stark diskriminierende) Beschränkung der Zulassung zur Benutzung besonders überfüllter urbane Räume. Es gibt aber Diskussionen in Richtung weit ausdifferenzierterer elektronischer Steuerungssysteme. Automatisierung folgt hier nicht der westlichen Logik eines „autonom" agierenden Fahrzeugs, das dem Willen seines Fahrers dient, sondern einer faktischen digitalen Fernsteuerung zur Optimierung des Verkehrssystems. Dabei wird nicht nur daran gearbeitet, bisher analog funktionierende Regulierungssysteme (Parken, Straßenbenutzung usw.) zu digitalisieren. Sondern es werden Lösungen diskutiert, die durch digitale Vernetzung überhaupt erst möglich werden. Dazu gehört das Konzept des „City Brains", das unmittelbar mit Fahrzeugen kommuniziert und deren Verhalten in Teilen fernsteuert. Das „Wann" und „Wohin" der Nutzung des Autos könnte in China Gegenstand einer zentralen Steuerung werden.

Es ist durchaus möglich, dass China in einem überschaubaren Zeitraum bewiesen haben wird, wie heute völlig verstopfte Megacities wirksam „aufgeräumt" werden können. Mit der Ausschöpfung des Potenzials digitaler Lenkungsoptionen und natürlich unter den Voraussetzungen wesentlich schwächerer Bürger- und Persönlichkeitsrechte. Und dies alles, während in Europa die jahrzehntelangen dogmatischen Debatten der städtischen Verkehrspolitik linear und mit voraussichtlich enttäuschenden Ergebnissen weitergeführt werden. Und die USA zwar neue Geschäftsmodelle, neue Technologien hervorbringen, bei einem wirksamen digitalen Management von Mobilität jedoch ebenfalls hinter China hinterherhinken. Auch hier könnte die Beschränkung des Marktzugangs für „kritische" Technologien das etablierte Instrumentarium der Handelspolitik – Zölle und fahrzeugtechnische Auflagen – erweitern um eine neue Qualität von Schutzinstrumenten. Hierbei wird es nicht mehr um Anteile am heutigen automobilen Wertschöpfungskuchen gehen, sondern um die Hoheit über Stellgrößen des Verkehrssystems.

Die Kreuzungspunkte europäischer Politik

Für die europäische Automobilindustrie bedeutet dieses Umfeld eine historisch beispiellose Herausforderung. Ihre Zukunft wird aus drei Perspektiven gleichzeitig von außen bestimmt: Erstens von einer Klima- und Umweltpolitik der EU und ihrer Mitgliedsstaaten, die zum dominanten Faktor aller industriepolitischen Weichenstellungen geworden ist. Aber zweitens auch von einem immer härteren Willen städtischer Entscheidungsträger zur Beschränkung und Umsteuerung des Verkehrs auf lokaler Ebene. Drittens von technologischen Innovationen, die von „außen" kommen und das Szenario einer völlig neuen Abhängigkeit von Dritten an die Wand werfen. Bei all diesen Themen ist die EU ihrem Anspruch, einen Binnenmarkt zu schaffen, bisher nicht wirklich gerecht geworden. Im Gegenteil: Fragmentierte Verbotsdebatten auf lokaler und nationaler Ebene, lassen dieses Kernelement der europäischen Idee immer fraglicher erscheinen. Die Sicherheit, mit der Erfüllung von EU-Recht überall auch das gleiche Recht und die technisch-wirtschaftliche Möglichkeit zur Nutzung eines industriellen Produktes zu erwerben, erodiert. Das gleiche gilt für Unterschiede zwischen den Mitgliedstaaten z. B. im Bereich Ladeinfrastruktur oder Elektroförderpolitiken, bei denen das Spektrum innerhalb der EU heute kaum kleiner ist als in der Gesamtheit der industrialisierten Welt und Teile der EU sogar von Schwellenländern überholt werden.

Die europäische Automobilindustrie befindet sich in einem „perfekten Sturm" zwischen technologischen, wirtschaftlichen und politischen Faktoren, die ihre Zukunftsfähigkeit in Frage stellen. Und dies alles passiert zu einem Zeitpunkt, wo ihre Legitimität, das Vertrauen, das sie als wichtigster Wirtschaftszweig vor allem Deutschlands, dringend benötigen würde, durch Rechtsverstöße eines Teils der Unternehmen geschwächt ist. Keine andere Industrie ist gegenwärtig so sehr Gegenstand aufgeheizter, ideologischer Diskussion und härterer öffentlich-medialer Auseinandersetzungen wie die Automobilindustrie in Europa und Deutschland. Das Automobil wird bei allem Rückhalt, den es bei vielen Millionen Menschen genießt, heute grundsätzlicher infrage gestellt als jemals zuvor. Nicht nur Politiker, auch die Unternehmen und ihr Topmanagement müssen deshalb ihre Haltung, ihr grundsätzliches Agieren im Verhältnis zu Öffentlichkeit und Politik grundlegend verändern.

Diese Situation ist nicht erst in den letzten Jahren einfach so „entstanden". Sie ist vielmehr, gerade mit Blick auf Europa, das Ergebnis des komplexen Zusammenwirkens einer ganzen Reihe von Faktoren, die sich zwischen Politik, öffentlicher Meinung, Medien und Industrie ganz spezifisch entwickelt haben. Deshalb lässt sich auch die Frage, ob und wie es verhindert werden kann, dass Europa in einem seiner industriellen Schlüsselsektoren strukturell ins Hintertreffen gerät, nicht beantworten, ohne die Rekonstruktion derjenigen Faktoren, die den aktuellen Status Quo herbeigeführt haben. Beides, nachzuzeichnen, wie sich die Politik rund um das Automobil entwickelt hat und zu diskutieren, welche Veränderungen in den kommenden Jahren möglich und nötig sind, und was sie erfordern, wird in den folgenden Kapiteln unternommen.

Die Europäische Union steht vor entscheidenden Weichenstellungen, welche die Zukunft der europäischen Automobilindustrie definieren werden. Dabei wird es nicht mehr darum gehen, etablierte politische Handlungsfelder immer wieder nachzujustieren, sondern es werden Entscheidungen nötig, die eine grundsätzliche Wahl zwischen einander ausschließenden Entwicklungsrichtungen bedeuten. So wie an einer T-Kreuzung nicht mehr die Möglichkeit besteht, geradeaus weiter zu fahren, steht Europa vor der Frage, ob es nach rechts oder links (dies nicht parteipolitisch verstanden) abbiegt. Und für alle Verkehrsteilnehmer, die Industrie, die Öffentlichkeit und die Wettbewerber Europas wird es darauf ankommen, wann Europa den Blinker setzt und ob es bei der einmal angezeigten Richtungsentscheidung bleibt. Die drei inhaltlichen Kreuzungspunkte heißen:

1. Welche Technologien treiben die Autos an?
2. Wie wird die Macht im Mobilitätssystem der Zukunft verteilt?
3. Welches Verhältnis sucht Europa zu den USA und China?

Diese drei Fragen betreffen die zentralen Inhalte der künftigen Politik in Europa. Darüber hinaus werden aber immer wieder zwei weitere Verzweigungen für die künftige Entwicklung sichtbar:

4. Wie werden die Rollen zwischen europäischer, nationaler und städtischer Ebene verteilt?
5. Wie werden politische Entscheidungen vorbereitet, begründet und überprüft?

Diese beiden Kreuzungen beziehen sich auf die institutionelle und instrumentelle Innovationsfähigkeit des politischen Systems und damit auch auf das Rollenverständnis von politischen Entscheidern, Unternehmen, Verbänden, Stakeholdern und Medien. Die These dieses Buchs lautet, dass die heutigen politischen Prozesse und Instrumente der Politik rund um das Auto durch die technologischen Veränderungen ebenso in Frage gestellt werden, wie das Auto selbst.

Struktur des Buchs

Dieses Buch ist in drei Teile gegliedert:
In den ersten fünf Kapiteln wird der Hintergrund ausgeleuchtet, vor dem sich die gegenwärtigen politischen Debatten rund um das Automobil abspielen. Ausgehend von der Prägung der Industrie durch länger zurückliegende, im Folgenden nicht mehr vertieft untersuchte politische Weichenstellungen (Kap. 2) werden im dritten Kapitel der Prozess politischer Entscheidungen und die dabei relevanten Akteure kurz beschrieben, um die konzeptionellen Werkzeuge für die spätere Rekonstruktion der heutigen Debatten darzustellen. Anschließend geht es um die Rolle, die das Automobil in der wirtschaftlichen Systemdebatte des 20. Jahrhunderts gespielt hat (Kap. 4). In Kap. 5 wird die Umweltfrage als paradigmatische Veränderung des politischen Rahmens ausgeleuchtet, während das sechste Kapitel das grundsätzliche Verhältnis zwischen unternehmerischem Management und politischen Entscheidungsprozess darzustellen versucht.

Die folgenden acht Kapitel beschreiben diejenigen politischen Auseinandersetzungen, die bis heute die Debatte rund um das Automobil bestimmen. Sie werfen einen Blick zurück in die jüngere politische Geschichte, um verständlich zu machen, wie die sich heute kumulierenden Debatten über die letzten Jahrzehnte entstanden sind. Ausgehend von

1 Worum es heute geht – Europa, China, USA

der im siebten Kapitel untersuchten wirtschaftspolitischen Frage, wie der automobile „Wertschöpfungskuchen" durch nationale Politik gestaltet und verteilt wurde, vollzieht Kap. 8 den Schwenk zur Politik rund um das Produkt Automobil. Dabei kreisen Kap. 9 und 10 um die bislang wichtigste produktpolitische Frage, nämlich den Klimaschutz. Im elften Kapitel geht es um Schadstoffemissionen und Luftqualität, während in Kap. 12 Elektromobilität als Lösungsweg für die beiden vorgenannten ökologischen Herausforderungen diskutiert wird. Mit der Digitalisierung der Mobilität mit dem Auto wird im dreizehnten Kapitel ein wesentlicher technologischer Veränderungsfaktor beschrieben, der auch das politische Spielfeld verändert. Im vierzehnten Kapitel schließlich wird auf den städtischen Raum als Austragungsort wesentlicher Debatten rund um das Auto eingegangen.

Die deskriptive Logik wie die politischen Debatten bisher verlaufen sind, wird in den letzten vier Kapiteln verlassen. Zugleich wird dezidiert die Frage nach europäischen Handlungsoptionen im Vergleich mit den USA und China gestellt. Kap. 15 stellt zunächst die These auf, dass die bisherigen Trennlinien der politischen Handlungsfelder obsolet werden und stattdessen eine integrierte Perspektive nötig wird. Zugleich arbeitet dieser Abschnitt heraus, auf welchen inhaltlichen Feldern gewollt oder ungewollt, gesteuert oder zufällig, planmäßig oder planlos richtungsweisende Entscheidungen für die europäische Politik anstehen – die ersten drei der o. g. T-Kreuzungen. Kap. 16 setzt sich kritisch mit denjenigen Faktoren auseinander, welche die gegenwärtigen Diskurse aus der ideologischen Erbschaft der Vergangenheit heraus belasten. Aus der hierbei ebenso mit dem vorangegangenen Kapitel deutlich gewordenen wertenden Haltung heraus stellt Kap. 17 nicht mehr die Frage nach inhaltlichen Weichenstellungen in den einzelnen politischen Entscheidungsfeldern, sondern diskutiert anhand der vierten und fünften T-Kreuzung die Fragen einer künftigen politischen Steuerungslogik jenseits der etablierten Prozesse und Strukturen. Kap. 18 formuliert die abschließende These einer historisch singulären Phase von gegenseitiger Abhängigkeit zwischen Politik und Industrie, die für den politischen Prozess, aber auch für das Entscheiden in den Unternehmen den Zwang zu tief greifender Veränderung mit sich bringt.

2

Wie die Autoindustrie gemacht wurde

Die Automobilindustrie, die wir heute sehen, ist nicht (und weniger als die meisten anderen Industrien) das Ergebnis urwüchsiger Kräfte der Marktwirtschaft, sondern ist bereits seit den frühen Phasen ihrer Entwicklung das Ergebnis politischer Weichenstellungen.

Demokratisierung „exklusiver" Fortbewegung

In der Geschichte der Fortbewegung von Menschen gibt es eine Konstante: Die Chance zur Wahl der Mitreisenden markierte den Unterschied zwischen den Mobilitätssystemen. Alleine zu Fuß zu reisen war lange und oft gefährlich, Reisegruppen ein Schutzmechanismus. Sicherer aber viel teurer war das Pferd. Die Reichen reisten im eigenen Wagen und dazugehörigem Personal. Ein Auto konnte sich zu Beginn nur leisten, wer schon vorher mit einem eigenen Fahrzeug unterwegs war. Es ersetzte zunächst das Pferd in Sport und Freizeit und die Kutsche als Personentransportmittel der Oberschicht sowie als Gütertransporteur. Noch im 19. Jahrhundert galt hierbei von der eigenen Kutsche statt derjenigen der

Post, über das Erste Klasse Abteil im Zug bis zu den ersten Autos eine Konstante: Der Zwang mit von Dritten festgelegten anderen Menschen zu reisen, wird ganz überwiegend nicht als Bereicherung erlebt – die Chance zur Ausdehnung der Privatsphäre auf das Reiseerlebnis dagegen schon. Privatheit unterwegs war immer ein Privileg, das kostete – und zwar viel mehr, als sich die allermeisten Menschen leisten können. Zugleich waren Autos Instrumente der Selbstdarstellung nach außen und zugleich Teil der persönlichen Lebenswelt und auch in diesen Eigenschaften ein Privileg von wenigen. In ihrer Frühzeit symbolisierten Autofahrer und Automobile deshalb ein teilweise negativ wahrgenommenes Verhalten von reichen „Spielzeugbesitzern". Das Auto war eine Extravaganz, die man sich zusätzlich zu mehreren Kutschen und/oder Sportpferden in die Remise stellte.

Das Auto als Massenverkehrsmittel, die fundamentale Transformation seiner Rolle durch Henry Ford und andere frühe Visionäre hat dies grundlegend verändert. Das eigene Auto ist neben seiner enormen Flexibilität auch deshalb so eine Wachstumsstory, weil es die Option „exklusiven", also andere ausschließenden Unterwegsseins in einem Grad ohne geschichtliches Vorbild demokratisiert hat. Maximale Flexibilität und relative Sicherheit, Geschwindigkeit Selbstdarstellung und die Ausdehnung der persönlichen Lebenswelt, objektiver Transportnutzen, vor allem aber emotionales Erleben von Geschwindigkeit und Fahrspaß wurden schrittweise Hunderten von Millionen von Menschen ermöglicht, denen zuvor nur öffentliche Transportmittel oder das Fahrrad und das Motorrad zur Verfügung standen.

In den ersten drei bis vier Jahrzehnten der Automobilgeschichte war das Auto deshalb auch ein zusätzliches Verkehrsmittel, das ohne massive staatliche Interventionen mit vorhandenen Optionen konkurrieren musste. Dies änderte sich nachhaltig seit den 20er- und 30er-Jahren mit der Massenmotorisierung als Katalysator. Investitionen in öffentliche Infrastruktur, die Schwerpunkte der Stadtplanung und das rechtliche Regelwerk verschoben sich immer weiter zulasten von Eisenbahn und öffentlichem Nahverkehr. Politik hat das Auto zum echten, massenrelevanten Verkehrsmittel gemacht, sobald es Produkte gab, die dies glaubwürdig ermöglichten. Erst dies verschaffte der Politik die Legitimität zugunsten des Autos die „Weichen" für die Zukunft des Verkehrs zu stellen. Der Weg in die Zugänglichkeit für mittlere Einkommensschichten – zunächst schon während des ersten Weltkriegs in den USA und dann verzögert in Europa – markierte einen entscheidenden Durchbruch für die Akzeptanz des Automobils und auch für die Generierung von politischer Unterstützung. Erhebliche Teile der Straßeninfrastruktur wurden von Bevölkerung und Staat vorfinanziert und dies teilweise bereits lange bevor sich ein größerer Teil der Steuerzahler selbst ein Auto leisten konnte. Zugleich nahmen andere Funktionsvoraussetzungen für das Automobil wie z. B. Treibstoffproduktion und Tankstelleninfrastruktur einen steigenden Stellenwert ein. Insbesondere die 30er-Jahre waren von diesem massiven, politisch stark geförderten Expansionsprozess der Industrie und der Verbreiterung ihrer Kundenbasis geprägt. Der bekannteste Fall der Neuorientierung von Stadtplanung auf das Auto hin ist die Beseitigung der Straßenbahn im Großraum Los Angeles zu Gunsten gigantischer Stadtautobahnen. Allerdings zeugten auch bereits die Pläne von Le Corbusier aus den 30er-Jahren für die totale Neugestaltung der Stadt Paris vom gleichen Denken. Nicht nur sahen diese vor, den bestehenden Altbaubestand abzureißen und durch rationalisierte Wohnhochhäuser zu ersetzen, sondern auch dem Wirrwarr mittelalterlicher Straßen durch eine Hierarchie von Autobahnen und lokalen Verbindungsstraßen ein Ende zu machen. In Deutschland zwang die Zerstörung zahlreicher Innenstädte nach dem zweiten Weltkrieg zu städtebaulichem Umdenken und führte zu einer starken Orientierung an der „autogerechten Stadt". Zwar gingen in Europa so gut wie nirgendwo die politischen Entscheider soweit wie an der US-Westküste, die Infrastrukturinvestitionen des Wirtschaftsaufschwungs nach dem zweiten Weltkrieg gingen aber eindeutig primär in Richtung Automobil.

In den Ländern des Westens war der Umfang, in dem der Gesetzgeber einzelne Bereiche der Mobilität der Entscheidung durch Marktprozesse entzog, immer umstritten und wurde vielfach nachjustiert. Verstaatlichung und die Gegenbewegung der Privatisierung beispielsweise im Bereich öffentliche Verkehrsinfrastruktur reflektieren unterschiedliche und wechselnde Grade des politisch-ideologischen Vertrauens oder Misstrauens in privatwirtschaftliches Agieren. So bei der Verstaatlichung der allermeisten privaten Eisenbahnen in der ersten Hälfte des 20 Jahrhunderts und den demgegenüber weit zurückhaltenderen Privatisierungen der Jahrtausendwende. Der teilweise oder ganz vor marktwirtschaftlichem Wettbewerb geschützte Bereich der sogenannten „Daseinsvorsorge" unterliegt hierbei bis heute und nahezu überall mehr oder weniger engen staatlichen Kontrollen bzw. direkter Lenkung. Dies ist auch dann so, wenn er in der Rechtsform von Unternehmen auftritt, wie z. B. bei den den öffentlichen Nahverkehr dominierenden städtischen Verkehrsbetrieben. Hier, im urbanen ÖPNV ist bis heute auch das institutionalisierte Misstrauen in privatindustrielle Alternativen am stärksten.

Die Rolle des Autos als Produkt ist somit ganz entscheidend das Ergebnis weltweit über ein Jahrhundert hinweg gleichgerichteter politischer Entscheidungen, die sich in Geschwindigkeit und Umfang nicht aber ihrer Richtung nach unterschieden. Aber auch die Produktion von Automobilen und die Gestalt der Automobilindustrie war das Ergebnis politischer Eingriffe und Weichenstellungen. Die folgenden Beispiele sollen dies illustrieren (nicht umfassend beschreiben) – in zeitlicher Abfolge und mit steigender Relevanz für die aktuelle Situation:

Deutschland, Frankreich und Großbritannien

Jedem, der sich in kompakter Form darüber informieren will, in welchem Umfang die Automobilindustrie Deutschlands auch das Ergebnis politischer Entscheidungen ist, dem seien die Reden empfohlen, die Adolf Hitler auf den Eröffnungsveranstaltungen der Internationalen Automobil Ausstellung zwischen 1933 und dem Beginn des Zweiten Weltkriegs gehalten hat. Die Agenda, die hier klargelegt wurde, war eindeutig: Der strategische Fehler der Konservativen in Deutschland sei es demnach gewesen, das Potenzial des Automobils für die Volkswirtschaft systematisch zu unterschätzen, weil man es in seiner Rolle als Luxusgut für Reiche konservieren wollte. Der Fehler von Kommunisten und Sozialdemokraten sei es dagegen gewesen, das Auto genau aus diesem Grunde zu verteufeln. Er dagegen, so Hitler, werde sich aber den revolutionären Gedanken von Henry Ford zu eigen machen und das Automobil in seinem vollen Potenzial einer erweiterten, starken Wertschöpfungskette etablieren. Diese reiche von der Stahlfertigung bis hin zum Autobahnbau, dem überaus erfolgreich propagandistisch ausgeschlachteten Symbol der NS-Arbeitsbeschaffungspolitik. Die Gründung eines eigenen neuen Unternehmens zur Produktion des „Volkswagens" durch die Nationalsozialisten folgte konsequent der Idee, unter staatlicher Regie die Massenmobilisierung als Legitimitätsverstärker des politischen Systems zu nutzen und zugleich ein Symbol für den angeblich aufgehobenen Antagonismus von Kapital und Arbeit zu schaffen (finanziert mit beschlagnahmten Gewerkschaftsvermögen).

Vor dem Krieg bestand die französische Automobilindustrie aus zwei Gruppen: Auf der einen Seite sehr erfolgreiche Luxushersteller von denen der noch heute bekannteste Name Bugatti lautet, zu denen aber auch Delage, Delahaye oder Talbot gehörten. Auf der anderen Seite Renault, Peugeot und Citroën oder Simca, die den Volumenmarkt, der auch in Frankreich stark expandierte, bedienten. Die unmittelbar nach dem Krieg antretenden französischen Regierungen stellten dann allerdings Weichen, die zu einer massiven Bereinigung der Automobilindustrie Frankreichs wesentlich beitrugen. Auf der einen Seite erfolgte die Verstaatlichung von Renault – wegen der Zusammenarbeit von Louis Renault mit Nazi-Deutschland. Auf der anderen Seite wirkte eine verschärfte Besteuerung auf Basis der so genannten „Steuer-PS". Diese erschwerten in einem ohnehin extrem schwierigen Marktumfeld die Überlebensbedingungen bzw. die Voraussetzungen für einen Neustart für die Luxusmarken. Dass Frankreich heute in vielen Produktkategorien von Kleidung über Lebensmittel bis hin zu anderen Sektoren für Luxuskonsum steht, im Automobilbau jedoch bereits seit Jahrzehnten nicht mehr, hat seine Wurzeln in diesen lange zurückliegenden politischen Weichenstellungen.

Die britische Automobilindustrie – und dies wird für die Brexit-Frage noch relevant werden – hat wiederum eine andere Geschichte von Intervention hinter sich. Diejenigen Hersteller, die es nach Kriegswirtschaft, dem Verlust des exklusiven Zugangs zu den Märkten des Empire und in einem massiv geschwächten Heimatland in die 60er-Jahre schafften, waren vielfach technologisch und wirtschaftlich nicht mehr wettbewerbsfähig. Weil aber andererseits der Automobilbau auch in seiner engen Vernetzung mit vorgelagerten Industrien eine offensichtliche Schlüsselrolle spielte, erfolgte Ende der 60er-Jahre die verzweifelt-defensive Zwangsfusion eines großen Teils der britischen Automobilindustrie zur British Leyland Corporation. Diese wurde 1975 konsequenterweise auch noch verstaatlicht. Hierbei wurden starke Marken wie Jaguar oder Land Rover zusammen mit wirtschaftlichen Todeskandidaten oder Herstellern, die fast nur noch als Markenembleme existierten (Morris, Austin usw.), zusammengeworfen. Das Ergebnis war ein mit erheblichem Aufwand für den Steuerzahler finanziertes Hinauszögern einer Bereinigungskrise. Die heutige britische Automobilindustrie ist dagegen indirekt das Ergebnis der Antwort auf dieses Desaster: Anstatt wie die vorangegangenen Regierungen zu versuchen, originär britische Hersteller künstlich am Leben zu erhalten, schalteten Premierministerin Thatcher und ihre Nachfolger auf Anreize für ausländische Investoren. Dieses geschah nicht mehr unter der Prämisse des Commonwealth und der britischen Inseln als wichtigstem Zielmarkt, sondern unter den Bedingungen der Mitgliedschaft Großbritanniens in der EU. Die heute bestehenden großen Standorte von Honda, Nissan und Toyota in Großbritannien sind allesamt das Resultat dieser politischen Entscheidungen. Das gleiche gilt für die Übernahme der Rover Group durch BMW oder von Bentley durch Volkswagen.

USA

Die Entwicklung in den USA ist geprägt von der starken regionalen Ballung des Automobilsektors in der Zeit vor und bis lange nach dem zweiten Weltkrieg. Das Auto-Biotop Detroit, Michigan, mit den drei großen Herstellerkonglomeraten Ford, GM und Chrysler (den sog. „Großen Drei") nahm und nimmt bis heute eine Sonderstellung im Vergleich zu anderen wirtschaftlichen Sektoren in den USA ein. Dies liegt vor allem an der starken Rolle, an der Funktionsweise und dem historischen Agieren der Automobil-Gewerkschaft UAW (United Auto Workers). In den Jahrzehnten unübertroffenen Wachstums – insbesondere in den 30er- bis 60er-Jahren – lag Ihr Fokus darauf, den scheinbar unbegrenzt wachsenden Wohlstandskuchen so erfolgreich mit der Arbeitgeberseite zu teilen wie möglich. Dass sich ein Rückgang der Innovationsfähigkeit als Folge geteilten Kurzfristdenkens einstellte, bekam die Industrie in den USA erstmals in den 80er-Jahren zu spüren – damals mit den japanischen Herstellern als größter und sichtbarster Bedrohung. Die Abwehrreaktion erheblicher Teile der politischen Akteure, vor allem der Gewerkschaften und der Demokratischen Partei aber auch erheblicher Teile der Republikaner waren schon damals Protektionismus und Importbeschränkung. Donald Trump und seine Berater verwiesen daher immer wieder auf den angeblichen Erfolg der Verhandlungen der Reagan-Administration mit Japan über die damaligen freiwilligen Beschränkungen von Ausfuhren in den 80er-Jahren.

Genauso wahr ist aber auch, dass japanische Hersteller die ersten waren, die für den Zugang zu dem großen und ertragsstarken US-Automobilmarkt bereit waren, ein Eintrittsticket in Gestalt lokaler Produktion zu zahlen. Hierfür wählten sie aber vor allem solche Bundesstaaten, in denen aufgrund anderer rechtlicher Voraussetzungen höchstmögliche Hindernisse für die Einrichtung einer Gewerkschaftsvertretung, namentlich der UAW aus Detroit, bestanden. Der historische „Track Record" des Verhältnisses der Sozialpartner nach Detroiter Praxis aber auch die erheblichen Kosten und Verpflichtungen, die er mit sich brachte, machten Investitionen in Staaten ohne „Car-Heritage" attraktiv. Deutsche und koreanische Hersteller folgten diesem Beispiel (Daimler in Alabama, BMW in South Carolina, VW in Tennessee) auch weil diese Staaten massiv in die Ansiedlung der Autohersteller und ihrer Lieferanten sowie in die industrierelevante Infrastruktur investierten.

China

Kein anderer Industriesektor steht so sehr für den Erfolg staatlicher Industriepolitik in China wie die Automobilindustrie. Mit dem Joint-Venture-Zwang wurde von Anfang an, also seit dem Start der Kooperation von VW mit der Shanghai Automotive Industry Corporation (SAIC) im Jahr 1984 eine unmittelbare Einwirkungsmöglichkeit für alle strategischen Entscheidungen der Unternehmen geschaffen, von der in unterschiedlicher Intensität Gebrauch gemacht wurde und wird. Mindestens besteht aber ein eindeutiger Zustimmungsvorbehalt und Abstimmungsnotwendigkeit für alle wesentlichen Unternehmensentscheidungen mit den Behörden der Zentralregierung und den Anteilseignern des jeweiligen chinesischen Partners – vor allem, wenn dieser einer Gebietskörperschaft gehört. So sind die beiden größten chinesischen Automobil-Konglomerate in der Hand der Zentralregierung (First Automotive Works, FAW), und einer Kommune (Shanghai Automotive Industry Corporation – SAIC). Man stelle sich als Illustration vor, die BMW AG wäre im 100-prozentigen Eigentum der Stadt München, hätte den Oberbürgermeister als Aufsichtsratsvorsitzenden und alle Einkaufsentscheidungen größeren Ausmaßes würden mit Priorität für ortsansässige Lieferanten getroffen.

Das Ergebnis dieser Politik ist auf den ersten Blick imposant: Eine gewaltige Automobilindustrie mit einer kompletten, tief gestaffelten Lieferkette. Namentlich die staatseigenen Unternehmen sind die Spritze von Pyramiden aus kreuz und quer miteinander verflochtenen Lieferantenstrukturen, die in erheblichem Maße Beschäftigung im Industriesektor sichern. Auf den zweiten Blick stellt sich die Sache allerdings deutlich anders dar: Keiner der großen Staatshersteller hat es bisher geschafft, ein relevanter weltweiter Player zu werden. Dies liegt auch an der bisherigen klaren Binnenorientierung der Automobilpolitik, die angesichts des internen Marktvolumens voll darauf fokussiert war, dieses mit möglichst viel lokaler Wertschöpfung auszuschöpfen.

In den letzten Jahren erfolgte aber eine deutliche Umorientierung unter dem Motto „From big to strong". Dazu gehörte auch das Ziel einer nachhaltigen Konsolidierung: Die Zentralregierung war lange in aus ihrer Sicht enttäuschendem Maße unfähig, Provinzen und Städte davon abzuhalten, lokale, nicht wettbewerbsfähige Hersteller zu gründen und politisch zu protegieren. Die Treiberrolle, die von der Regierung für China in den Feldern Elektrifizierung und Vernetzung gesucht wurde, hatte deswegen auch von 2007 an das Ziel, einen technologischen Ausleseprozess in Gang zu setzen, der zum Verschwinden nicht überlebensfähiger Unternehmen führt. Der Aufstieg privater Unternehmen wie Geely oder Great Wall ist die andere Seite der gleichen Medaille. Auch diese agieren politisch konform mit der Partei, aber ohne den industriepolitischen Ballast der großen Staatsunternehmen. Und der Einstieg von Geely bei Daimler 2019 und der Kauf von Volvo bereits 2010 zeigen, dass die Staatsführung für die Expansion über China hinaus nicht mehr allein auf staatliche Unternehmen, sondern auf private Unternehmer setzt – die allerdings im Rahmen staatlicher Vorgaben agieren. Auch vernetzte Mobilität und autonomes Fahren und die nötigen erheblichen Technologie-Investitionen bieten der chinesischen Politik einen starken Hebel für die Konsolidierung der Industrie. Das gleiche gilt für die Fähigkeit, sich in ein künftiges vernetztes, stärker integriertes Verkehrssystem einzufügen und den Kunden wettbewerbsfähige Angebote unter fundamental veränderten Rahmenbedingungen machen zu können – mit den privat-staatsnahen IT-Unternehmen wie Alibaba, Tencent und anderen als Beschleunigern.

3

Politik

Viele Produkte und Sektoren waren und sind Gegenstände politischer Kontroversen – aber nicht in der gleichen Zuspitzung: Es hat jahrzehntelangen Streit um Stromerzeugung aus Kernenergie, Erneuerbaren Energien und Kohle gegeben. Aber der Strom war immer der gleiche und für den Kunden änderte sich allein der Preis. Niemand musste sich an andere Stecker gewöhnen, aus denen anderer Strom kam. Chemische Produktionsverfahren und die Zulassung von Chemikalien oder deren Verbot wurden und werden kontrovers diskutiert – es geht hier aber um Hunderttausende verschiedene Produkten, nicht um ein einziges. Pharmazeutische Produkte werden reguliert und getestet wie kein anderes Produkt – aber es gibt keine Debatte um ihre Notwendigkeit. Bei der Politik rund ums Auto geht es heute um alles: Um seine Kerntechnologie (den Antrieb), um eine neue Infrastruktur für seinen Betrieb, um die Art, wie es genutzt wird, und zunehmend auch darum, wie viele Autos es überhaupt noch geben soll. In diesem Kapitel geht es darum, wie der politische Prozess funktioniert und welche Instrumente bisher beim Design von Politik rund ums Auto zum Tragen kamen. Danach geht es um die Begründungslogik von politischen Entscheidungen und die Rolle der verschiedenen Akteure.

Nichts kann bleiben wie es war

So gut wie jeder führende Auto Manager hat es in den letzten Jahren wieder und wieder gesagt und die einschlägigen Experten auch: „In den nächsten zehn Jahren ändert sich beim Automobil mehr als in den letzten fünfzig." Korrekterweise müsste man sagen: „wird mehr an der Automobilindustrie geändert als je zuvor in dessen Geschichte." Dies liegt an keinem einzelnen Phänomen, sondern an der Ballung mehrerer gleichzeitig stattfindender Prozesse. In vielen europäischen Märkten wird das Thema Luftqualität immer härter diskutiert. Klimaschutz als politischer Imperativ wird transformiert in die Forderung nach einer Aufgabe des Verbrennungsmotors und den Übergang zu emissionsfreien Antrieben. Das Vertrauen in die Führungsetagen der Unternehmen ist nachhaltig gesunken – durch Rechtsverstöße in einigen Unternehmen, aber auch durch länger gewachsene Faktoren. Vernetzung erschließt völlig neue Möglichkeiten der Gestaltung individueller Mobilität – der Raum zwischen den bisherigen digitalen Optionen „privat vs. öffentlich" und „individuell vs. kollektiv" wird ausgefüllt – mit digitaler Technologie. Zugleich taucht mit der Option von Fahrzeugen, die nicht mehr auf die Steuerung durch ihren Fahrer angewiesen sind, ein enormes Spektrum zusätzlicher technischer und wirtschaftlicher Möglichkeiten auf. Wertschöpfungsketten verändern sich, etablierte Machtverhältnisse und politischer Einfluss werden in Frage gestellt. Diese Faktoren gehen über das Auto selbst und die Autoindustrie hinaus und stellen auch die Infrastruktur infrage, die in den letzten 130 Jahren rund um das Automobil herum gebaut wurde. Die Art und Weise, in der politische Entscheider und Industrie in der Vergangenheit interagiert haben – von nahezu symbiotischer gegenseitiger Unterstützung bis hin zu harter Konfrontation – haben ebenso wenig eine Zukunft wie der heutige Stand der automobilen Technik. Über die Zukunft der Industrien im weltweiten Wettbewerb werden nicht nur technische Innovationen entscheiden, sondern vor allem institutionelle und regulatorische Neuentwicklungen.

Der heutige automobilpolitische Instrumentenkasten

Rund um das Automobil wurde ein gewaltiger Werkzeugkasten von Steuerungsinstrumenten entwickelt, von technischen Auflagen bis hin zu einer Vielzahl von Abgaben und Gebühren. Es ist dieser gewachsene Status Quo, aus dem heraus politisch diskutiert wird. Die Optionen für seine Erweiterung, seine weit intelligentere Ausgestaltung in der Zukunft wird im letzten Drittel dieses Buches diskutiert. Zunächst aber zum Heute. In einer notwendigerweise vereinfachenden Darstellung können die beiden Werkzeugkategorien angebots- und nachfrageseitige Regulierung unterschieden werden. Die erstere adressiert die Hersteller, die zweite wirkt auf die Kunden ein:

Angebotsseitige Instrumente

Mit ordnungsrechtlichen Vorschriften inklusive Produktverboten werden Handlungsoptionen unmittelbar beschränkt. Das bedeutet, im Extremfall bestimmte Fahrzeugtypen oder aber bestimmte Technologien nicht mehr herstellen und anbieten zu können. Hinzu kommen technische Restriktionen, die an technischen Parametern, wie der Einhaltung eines Schadstoffgrenzwertes festgemacht sind: Autos, die diesen nicht erfüllen, dürfen nicht mehr verkauft werden. Dabei werden detaillierte Prüfanforderungen durch den Gesetzgeber definiert. Ein Beispiel für Letzteres ist auch die Fußgängerschutzrichtlinie der EU, die vorschreibt, dass Fahrzeuge in einer definierten Prüfanordnung Tests bestehen müssen. Der gesamte kleinteilige und dichte Apparat der Zulassungsvorschriften sowie der Emissionsgesetzgebung wird für Industrie und Kunden als Verbot all derjenigen Handlungsoptionen wirksam, die diesen technischen Anforderungen nicht entsprechen. Hinzu kommen Vorschriften für die Rücknahme und Verwertung von Automobilen. Es muss nachgewiesen werden, dass so gut wie alles im Fahrzeug auch recycelt werden kann.

Flottenstandards mit Strafandrohung: Während technische Auflagen alle Fahrzeuge und jedes einzelne von ihnen direkt betreffen, sind herstellerbezogene Mindeststandards anders konstruiert: Hierbei geht es darum, dass jedes Automobilunternehmen definierte Zielwerte in der Gesamtheit der von Ihnen neu angebotenen Fahrzeuge, also im Durchschnitt erreicht. Klassisches Beispiel sind die Flottenregulierungen, bei denen ein Durchschnittsverbrauch oder ein Durchschnittsemissionsziel vorgegeben wird. Wenn dieses in einem definierten Zeitraum, in der Regel einem festgelegten Jahr, nicht erfüllt wird, werden Strafen fällig. Diese können von Strafzahlungen bis hin zum Verbot von Teilen des Produktportfolios oder aber zu einem totalen Marktausschluss des jeweiligen Herstellers reichen. Dieses Instrument kann ausschließlich auf Fahrzeughersteller und auf die von diesen angebotenen Neuwagen angewendet werden. Eine direkte Steuerung des Konsumentenverhaltens ist hiermit nicht möglich.

Freiwillige Zusagen sind politische Vereinbarungen zwischen Regierungen und Automobilherstellern. Bei diesen wird ohne Erlass formaler gesetzlicher Verpflichtungen zugesagt, beispielsweise ein definiertes technisches Feature bis zu einem definierten Zeitraum flächendeckend anzubieten. Parallel können Vereinbarungen zur Incentivierung von neuen Technologien in einem definierten Zeitraum geschlossen werden. Dieses Instrument ist einerseits weniger hart als gesetzliche Verbote und Vorgaben, ist zugleich aber deutlich flexibler. Es kann unmittelbar vor einer Regierung ohne größeres gesetzgeberisches Vorhaben mit der Industrie abgeschlossen und sofort gestartet werden. Es beinhaltet umgekehrt allerdings auch keine Sanktionen wie beispielsweise Strafzahlungen oder Zulassungsverbote, für die es einer gesetzlichen Grundlage bedarf.

Im Umweltrecht wurden für die Entsorgung von Altautos Spezialregelungen erlassen, die aber Teil einer umfassenden Kreislaufwirtschafts-Regulierungswelle in der EU um die Jahrtausendwende waren. Auch in anderen Produktkategorien, von Verpackungen bis Elektrogeräte wurden neue Anforderungen definiert und „Kreislaufwirtschaft" war nicht nur Titel des entsprechenden deutschen Gesetzes, sondern auch politischer Leitbegriff einer ganzen Reihe gesetzgeberischer Initiativen der EU. Deren Treiber war jedoch noch nicht der Klimaschutz, sondern der Schutz von Boden und Grundwasser, der Abbau der Müllhalden, die Vermeidung illegaler Deponierung und so weiter. Um der bis dahin in der EU durchaus noch möglichen Praxis der Lagerung und Verschrottung ohne wirksamen Schutz der Umwelt auf Schrottplätzen mit Deponiecharakter ein

Ende zu machen, wurde mit der Altautorichtlinie im Jahr 2000 ein ganzer Katalog an Mindestanforderungen an die technische Qualifikation und die Einhaltung von Umweltstandards definiert, was zu einem nachhaltigen Wandel der Altautoverwertungswirtschaft geführt hat. Zugleich wurden besonders kritische Materialien (wie Blei) im Auto verboten, damit diese gar nicht erst zu Gefährdungen von Umwelt und Gesundheit führen können. Die Fahrzeughersteller haben ihrerseits zu gewährleisten, dass ihre Produkte recyclingfähig sind, d. h. eine Zerlegung und Rückgewinnung der Materialien grundsätzlich möglich ist. Damit wird es ermöglicht, die seit 2015 geltende Verwertungsrate von 95 % des Fahrzeuggewichts zu erreichen. Rücknahme und Verwertung müssen jedoch nicht in unmittelbarer eigener Verantwortung der Automobilhersteller erfolgen. Zugleich exportiert die EU in einem quantitativ nicht exakt erfassbaren Umfang Automobile in Drittländer, die ansonsten in Europas Verwertungsbetrieben landen würden.

Über ausschließlich auf das Automobil gerichtete politische Vorgaben hinaus wirken sich für die Automobilindustrie, aber auch für deren Kunden, eine unüberschaubare Vielzahl von Querschnittspolitiken aus, die nicht sektorspezifisch sondern übergreifend gelten:

- Außenwirtschaftspolitik: Als eines der größten Teile des globalen Industriegüterhandels ist das Automobil in seiner gesamten Geschichte Gegenstand von Einfuhrbeschränkungen, Zollgesetzen und Erleichterungen vor allem aber auch von indirekten technischen Handelshemmnissen gewesen.
- Das Automobil ist insbesondere in den Ländern, in denen relevante Produktion passiert, so gut wie immer auch im Fokus der Forschungs- und Innovationspolitik d. h. des gesamten Spektrums der Förderung von Hochschullehrstühlen bis hin zu einzelnen Technologieprojekten.
- Das Datenschutzrecht stellt für die Automobilindustrie enge Grenzen für die Erhebung und Weitergabe von Daten auf.
- Das Wettbewerbsrecht greift tief in das Verhältnis zwischen Automobilherstellern und ihren Händlern aber auch ihren Lieferanten sowie Werkstattbetrieben ein.
- Schuld- und Haftungsrecht definieren einklagbare Verbraucherrechte. Pflichten zum Schadenersatz für unzureichende Sicherheitsstandards

und die Durchsetzung solcher Ansprüche gegenüber den Gerichten haben über Jahrzehnte hinweg die Veränderung des Automobils mitgeprägt.
- Finanzmarktrechtliche Anforderungen („Sustainable Finance") verschärfen in der EU ab 2021 Berichts- und Nachweispflichten für nachhaltiges Handeln und erzwingen immer weiter gehende Transparenz der Auswirkungen auf die Umwelt.
- Unter der Überschrift „Sustainable Corporate Governance" hat die Kommission 2020 die erste Phase eines Legislativprojekts zu erweiterten Pflichten von Vorständen zur Integration langfristiger Nachhaltigkeitsaspekte gestartet.

Gerade die letzten beiden Beispiele zeigen im Übrigen, dass die-EU-Kommission zunehmend einen Kurs einschlägt, welcher die bisherige Logik wonach Unternehmen innerhalb gesetzlich-inhaltlicher Beschränkungen agieren und dabei allein wirtschaftlich optimieren und entscheiden zur Diskussion stellt und beabsichtigt, Fragen der Umwelt und der Nachhaltigkeit insgesamt als unternehmerische Ziel- und Entscheidungsgrößen zu etablieren. Bei diesen, hier nicht vertieft zu diskutierenden Initiativen ist die Automobilindustrie natürlich prominent betroffen.

Nachfrageseitige Instrumente

Ordnungsrechtliche Maßnahmen, die am Erwerb bzw. am Besitz des Fahrzeugs ansetzen, sind so alt wie das Auto selbst. Eine Zulassungsgesetzgebung, welche z. B. von allen neuen Fahrzeugen die Einhaltung definierter technischer Anforderungen (Stand der Technik) fordert, ist in so gut wie allen Volkswirtschaften etabliert. Sie bedeutet, dass der Halter eines Fahrzeugs, das rechtlich definierten Eigenschaften nicht entspricht, nicht mehr die Erlaubnis zur Inbetriebnahme des Fahrzeugs bekommt. Hier wird über die rechtlichen Handlungsoptionen des Fahrzeughalters die Technik des Fahrzeugs reguliert. Es geht nicht darum, was der Kunde mit dem Auto macht, sondern darum, was das Auto können muss. In der Substanz wird hier also indirekt das Angebot reguliert (s. o.). Dies ändert sich mit den folgenden Instrumenten, bei denen es originär darum geht, die Entscheidungen des Autokäufers, -halters und -nutzers zu beeinflussen:

Die erste mögliche Interventionsebene definiert die Chance, ein Fahrzeug überhaupt betreiben zu dürfen. Mit der Begrenzung und/oder Verteuerung möglicher Neuzulassungen und der Vergabe entsprechender Lizenzen wird das Fahrzeugvolumen unmittelbar gesteuert. Der stagnierende Fahrzeugbestand in Singapur ist das Ergebnis einer solchen Regelung über extrem hohe Lizenzgebühren. Die unten näher diskutierte Festlegung von Höchstmengen an zu vergebenden Nummernschildern in Peking und deren Vergabe über eine Lotterie ist ein weiteres Beispiel. Peking zeigt auch, wie dieses Werkzeug nicht nur verkehrspolitisch genutzt werden kann, sondern auch verteilungspolitisch: Im Sommer 2020 wurden 20.000 New-Energy-Vehicle (NEV)-Lizenzen speziell für Familien ausgegeben, die bisher kein Auto hatten, bereits längere Zeit erfolglos gewartet hatten und einen einwandfreien „Social Credit Score" aufwiesen. Auch auf diese Sondertranche bewarben sich aber 185.000 Menschen, unter denen wiederum die Behörde priorisierte.

Politik kann auf einer nächsten Stufe Bedingungen definieren, welche den Zugang zu territorial abgegrenzten Räumen steuern. Hier kommt also das „Wo" bei der Benutzung des Automobils zum Tragen. Der am weitesten gehende Eingriff ist die Sperrung für die Zufahrt mit dem Auto oder auch die Beschränkung von Zufahrtsrechten beispielsweise auf Lieferverkehr oder Anwohner. Zufahrtsbeschränkungen können technologieneutral ausgestaltet sein, wie z. B. die Beschränkung der Zufahrt auf Fahrzeuge mit bestimmten Endziffern auf ihrem Nummernschild in Peking. In dieser Form geht es um eine reine Mengenbeschränkung. Allerdings kann durch Ausnahmen von diesen Beschränkungen auch ein technologiepolitischer Impuls gesetzt werden, wie etwa durch Ausnahmen für bestimmte Fahrzeugkategorien. Wenn z. B. elektrische Fahrzeuge befreit werden, hat dies über den direkten lokalen Effekt, nämlich dass emissionsfreie Fahrzeuge unbeschränkt den Verkehrsraum nutzen können, eine indirekte und potenziell mächtige Wirkung als Kaufanreiz durch einen greifbaren Vorteil gegenüber anderen Antrieben. Neben dem fließenden spielt der ruhende Verkehr, also das Parken, eine Schlüsselrolle: Parkverbote sind ein wesentliches Lenkungsinstrument, die Höhe von Parkgebühren das andere. Hier ist vor allem die Differenzierung nach Uhrzeiten und Tagen weltweit fest etabliert. Auch diese Instrumente können an Eigenschaften des Fahrzeugs (z. B. Größe, Emissionen) ansetzen. Das gilt z. B. für die Ausnahme von Parkgebühren, die bereits in einer Vielzahl von Städten für elektrifizierte Fahrzeuge gewährt werden, sowie für die ausschließliche Reservierung von Parkplätzen für diese Fahrzeugkategorie, insbesondere in Verbindung mit öffentlicher Ladeinfrastruktur.

Eine andere, ebenso alte Frage lautet, „wie" Fahrzeuge benutzt werden. Die älteste und weltweit so gut wie flächendeckend angewendete Form der Beschränkung ist die Höchstgeschwindigkeit. Sie wird heute in der Regel als permanent gültige Obergrenze, teilweise mit Beschränkung auf Uhrzeiten oder Wetterverhältnisse angewendet. Während Geschwindigkeitsbeschränkungen außerhalb von Städten in der Hand nationaler Gesetzgeber liegen, stellen Sie innerorts ein Gestaltungsinstrument von Stadtregierungen dar.

Eine weitere Instrumentenkategorie stellt die Reservierung von Teilen der Straßeninfrastruktur bzw. des öffentlichen Parkraums für bestimmte Formen der Nutzung von Fahrzeugen dar. Eine wesentliche Rolle spielen in den USA die reservierten Fahrspuren (High Occupancy Vehicle oder HOV-Lanes) für Fahrgemeinschaften, die einen Anreiz dafür setzen sollen, Fahrzeuge gemeinschaftlich zu nutzen, wofür die Chance auf schnelleres Vorankommen geboten wird. Shanghai hat 2020 begonnen, diese Option zu testen. Die Erweiterung dieses Privilegs auf Fahrzeuge mit emissionsfreien Antrieben bzw. deutlich gemindertem Verbrauch hat insbesondere in Kalifornien eine ganz wesentliche Rolle bei der Durchsetzung von Hybrid- und Elektroantrieben gespielt.

Kraftfahrzeugsteuern

Bereits sehr früh in seiner Geschichte hat das Automobil die Begehrlichkeiten der Finanzminister geweckt. Dies geschah sowohl unmittelbar mit Blick auf das Fahrzeug als auch mit Bezug auf seinen Kraftstoff. Bis heute überlagern sich in den nationalen Steuersystemen verschiedene Gesichtspunkte: Gerechtigkeitsdenken in Gestalt von Steuern, die mit Motorleistung, Hubraum oder dem Preis steigen. Abgaben und Steuern die für Straßenbenutzung erhoben werden und vor allem die Besteuerung von Mineralöl als über Jahrzehnte besonders berechenbare und stabile Finanzierungskomponente staatlicher Haushalte. Dabei sind die allermeisten Systeme bereits seit vielen Jahrzehnten etabliert und wesentliche systemische Innovationen sind selten:

Der Ursprung der Kraftfahrzeugbesteuerung ist eine Abgabe auf ein Luxusgut weniger wohlhabender Bürger. Diese wurde und wird in vielen Ländern als Abgabe beim Kauf fällig (z. B. Dänemark, den Niederlanden, Österreich oder Südafrika). Zusätzlich oder alternativ gibt es in vielen Ländern wie in Deutschland jährliche Steuern, die mit der Finanzierung der Ausgaben für die Straßeninfrastruktur, später den vom Automobil ausgehenden Umweltbelastungen und anderen externen Effekten begründet wurden. Dies gilt nicht nur für Ihre Einführung sondern vor allem auch für ihre immer wieder auftretende Änderung – meistens die Erhöhung: In vielen Ländern gab es zwar, so wie in Deutschland vor 2007, an die Motorleistung oder den Hubraum gekoppelte Steuersysteme, durch die faktisch größere Fahrzeuge bereits stärker belastet werden. Eine unmittelbare Verknüpfung mit den Auswirkungen auf die Umwelt setzte sich dagegen erst schrittweise durch. Zwei etablierte Ansätze gibt es bislang: Fahrzeuge, die höhere Schadstoffemissionen aufweisen, also mehr unmittelbar gesundheitsgefährdende Stoffe ausstoßen, werden höher besteuert. Der zweite Ansatz ist die Besteuerung auf der Grundlage des CO_2-Ausstoßes, also nicht von direkten schädlichen Wirkungen vor Ort, sondern von Folgen für das globale Klima. Differenzierungen nach Emissionen können entweder direkt erfolgen, also durch einen Betrag, der unabhängig von anderen Parametern für Fahrzeuge unterschiedlicher Emissionsniveaus fällig wird. Sie können aber auch, und dies ist die weit verbreitetere Variante, als Steuersatz erhoben werden, der wiederum mit einem technischen Parameter wie dem Hubraum multipliziert wird. Die dritte Variante ist, einen nach Schadstoffklasse unterschiedlich hohen Prozentsatz auf den Fahrzeugpreis anzuwenden. Der absolute Steuerbetrag steigt hier mit dem Preis.

In jedem Fall gilt für so gut wie alle schadstoffbezogenen Steuersysteme, dass nicht die tatsächlich emittierte Schadstoffmenge des jeweiligen Fahrzeugs zu Grunde gelegt wird, sondern die Erfüllung eines in

Klassen festgelegten Schwellenwerts. Hauptmotivation einer schadstoffbasierten Differenzierung ist in jedem Fall, einen Anreiz dafür zu setzen, ältere, hoch emittierende Fahrzeuge durch neuere, die Luft weniger belastende Fahrzeuge zu ersetzen. Dagegen laufen in der politischen Praxis allerdings sozialpolitische Bedenken, da ältere Fahrzeuge regelmäßig von einkommensschwächeren Haltern (und Wählern) genutzt werden.

In den meisten europäischen Märkten und auch in Asien steigt heute in vielen Ländern die Besteuerung der Fahrzeuge mit der Schadstoffklasse. Das Spektrum reicht von exorbitant hohen, einmal beim Kauf fälligen Steuern wie in Dänemark bis zu der sehr niedrigen jährlichen Kfz-Steuer in Deutschland. Zugleich gibt es eine ganze Reihe von Beispielen für zusätzliche Anreize, die für Fahrzeuge geschaffen werden, welche bereits beschlossene Schadstoffklassen bereits vor dem zwingenden Einführungsdatum für die gesamte Flotte erfüllen, z. B. in den Niederlanden vor Inkrafttreten von Euro 6. Anders jedoch in den USA: Es gibt auch hier keine über die direkt an die Industrie gerichteten technischen Auflagen hinausgehende Dynamik zur Durchsetzung des Stands der Technik. China dagegen hat das Kfz-Steuerinstrumentarium immer wieder zur Verstärkung politischer Ziele genutzt – vom Anschub der Nachfrage durch Steuersenkung bei niedrigen Hubraumklassen bis zu den Privilegien für E-Fahrzeuge.

Die konsequenteste restriktive Form, die Erneuerung des Fahrzeugbestands und damit die Durchsetzung des saubersten Stands der Technik berechenbar und ohne rückwirkenden Zwang zu gewährleisten, hat der Inselstaat Singapur gewählt. Dort wird die ohnehin enorm teure Betriebserlaubnis (sie kann problemlos 40.000 € kosten) nach zehn Jahren automatisch ungültig, mit der Folge, dass es dort keine alten Fahrzeuge gibt. Das Durchschnittsalter liegt daher weit unter dem in Deutschland, der Durchdringungsgrad mit modernen Technologien dementsprechend weit höher. Singapur hat zugleich die Anzahl der Autos über dieses Instrument gedeckelt. Bisher hat jedoch kein anderes Land der Welt diese Maximalvariante gewählt.

Demgegenüber werden Steuern als Klimaschutzinstrument unmittelbar auf den gemessenen, also in den Zulassungspapieren dokumentierten CO_2 Emissionswert des jeweiligen Fahrzeugs bezogen. Die wichtigste Frage beim Design einer CO_2-Steuer lautet, ob diese linear, nach dem

Prinzip „Doppeltes CO_2 heißt doppelte Steuer" gestaltet ist, oder aber in Stufen, d. h.: über z. B. 160 g/km 10 % mehr Steuern, über 170 g/km noch einmal 10 % oder schließlich, ob eine überlineare, exponentielle Steigerung vorgesehen wird.
Den höchsten Lenkungseffekt haben in jedem Fall Steuern, die nicht in niedrigen dreistelligen Beträgen pro Jahr wie die deutsche Kfz-Steuer fällig werden, sondern die beim Kauf in spürbaren Größenordnungen anfallen. Dies ist bei den extrem hohen wertbasierten Steuern in Dänemark, Norwegen, aber auch der österreichischen Normverbrauchsabgabe (NoVA) oder dem niederländischen Steuersystem der Fall.

Mineralölsteuern

Höhere Steuern auf Kraftstoffe machen sparsamere Fahrzeuge indirekt attraktiver, was wiederum den CO_2-Ausstoß und auch die Schadstoffemissionen senkt. Mineralölsteuern treffen alle Fahrzeuge und alle Halter gleich. Sie differenzieren weder nach Einkommen noch nach Wirkung auf die Umwelt. Sie wirken sich gleichermaßen auf neue wie auf alte Fahrzeuge aus. Der Druck in Richtung Sparsamkeit schlägt nicht nur bei der Wahl eines neuen Fahrzeugs ein, sondern betrifft alle Bestandshalter. Höhere Mineralölsteuern betreffen vor allem auch Menschen mit niedrigeren Einkommen und dementsprechend beschränkten Ausweichmöglichkeiten. Sie sind deshalb zwar ein potenziell sehr wirksames Instrument, im Hinblick auf ihre sozialen und wirtschaftlichen Nebenwirkungen aber auch ganz besonders legitimationsbedürftig. Da sie in vielen Ländern zugleich bereits eine sehr starke Einnahmebasis des Staates darstellen, zugleich jede Veränderung aber medial und auch öffentlich extrem sichtbar ist, stellen Sie eine für die politischen Entscheider riskante Option dar: Die Erhöhung der Kraftstoffpreise durch die erste rot-grüne Koalition in Deutschland beispielsweise war Ende der 90er-Jahre ein zentraler Bestandteil des grünen politischen Programms und wurde von Organisationen wie dem ADAC, dem VDA und anderen natürlich vehement bekämpft. In der jüngeren Vergangenheit und aktuell läuft die Debatte in mehreren europäischen Ländern. In Deutschland wird der Steuervorteil für Diesel angegriffen. In Großbritannien wurden die Preise für Dieselkraftstoffe ebenfalls zuletzt erhöht. In Frankreich läuft seit längerem ein Plan zur schrittweisen Angleichung der Steuersätze über mehrere Jahre hinweg. Dies wurde zunächst von der Mehrzahl der Bürger akzeptiert. Allerdings haben die „Gelbwesten-Proteste" in Frankreich 2018 auch gezeigt, dass zusätzliche, unvorhergesehen starke Steuererhöhungen – auch solche mit ökologischer Begründung – auch zum Auslöser von vehementem Widerstand und einer Kehrtwende der Regierungspolitik werden können. In den USA ist die Situation völlig anders. Jegliche Erhöhung von Steuern auf Kraftstoffe wird als politischer Selbstmord gesehen und selbst die Debatte vermieden. Im Gegenteil, möglichst günstige Kraftstoffe sind in den USA ein eigenständiges, wirksames politisches Ziel. In China wiederum, wo ohnehin nur Benzin für Pkw relevant ist, ist die Situation dagegen bereits seit längerem stabil und größere Änderungen sind nicht absehbar.

Maut und Gebühren

Eine weitere steuerliche Option bilden Mautsysteme. Bei diesen wird das Befahren einer geografisch definierten Strecke bzw. Fläche mit einer Abgabe belegt. Eine Maut kann bei der Einfahrt in eine Region entrichtet werden und dann für einen definierten Zeitraum umfassend gelten (wie die schweizer oder die österreichische Vignette) oder aber an Streckenabschnitte gekoppelt einzeln erhoben werden (beispielsweise die Autobahnmaut in Italien oder Frankreich). Mautsysteme können auf Autobahnen, Landstraßen, aber auch für Teile von Städten oder einzelne Bauwerke (Brücken-/Tunnelzoll) erhoben werden. Dabei lösen elektronische Erfassungssysteme zunehmend die analoge Erhebung mit Aufklebern und Kontrollhäuschen ab. Kameras erfassen Nummernschilder oder Sendersignale werden genutzt um nachgewiesen gefahrene Strecken zu messen und dem Fahrzeughalter bzw. -fahrer anzulasten. Mautsysteme bieten sich für eine beliebige Kombination von politischen Begründungen an – von der Infrastrukturfinanzierung z. B. bei einer Brückenmaut bis zum Verhindern von Staus durch eine Congestion Charge oder unmittelbar bis zur ökologischen Legitimation durch die Verteuerung von individueller Mobilität mit dem Auto.

Analog lassen sich auch Abgaben für das stehende Auto politisch nutzen. Parkgebühren haben sich längst in vielen Regionen und Städten von der reinen Finanzierungslogik für den städtischen Haushalt zu einem verkehrs- und umweltpolitischen Lenkungsinstrument entwickelt. Auch hier eröffnen neue Technologien nachhaltig erweiterte Gestaltungsoptionen. Das Einwerfen von Bargeld in Automaten mit ganztägig einheitlichen Tarifen weicht zunehmend einer differenzierten Gebührenhöhe in Abhängigkeit von der Tageszeit und mit unterschiedlichen Sätzen in verschiedenen Stadtteilen. Auch Ausnahmen beispielsweise für Elektrofahrzeuge können über eine Park-App abgewickelt und die Kontrolle erleichtert werden.

Alle diese Werkzeuge haben die Geschichte der Industrie seit ihrem Anbeginn bestimmt. Ihr Einsatz und dessen Veränderung, die Weiterentwicklung des Werkzeugkastens, die tief greifenden Veränderungen, die sie für Autofahrer und Industrie gebracht haben, sind das Ergebnis von politischen Prozessen. Und Politik ist umgekehrt die Geschichte des Erfolgs- oder Misserfolgs ihres Einsatzes.

Politik als Produktionsprozess

Zu den am weitesten verbreiteten Missverständnissen in der Interaktion zwischen Wirtschaft und Politik gehört, nicht zu verstehen und zu akzeptieren, was Politik eigentlich „produziert". Für viele Unternehmer und Manager ist immer noch die Vorstellung (ausgesprochen oder nicht) leitend, dass Politik im Idealzustand den Markt und die Unternehmen zu unterstützen habe, wo dies für den Erfolg der jeweiligen Volkswirtschaft sinnvoll ist, sich ansonsten aber am besten heraushält. Nach dem Motto: „Millionen von Kunden drücken jeden Tag aus was sie wollen, sie entscheiden souverän über ihre Bedürfnisse, die wir mit unseren Produkten erfüllen." Es ist nicht verwunderlich, dass die mentale Grundhaltung gegenüber jedem politischen Eingriff auf der Industrieseite im Zweifelsfall negativ ausfällt. Skepsis überwiegt. So jedenfalls in Deutschland. Nicht selten geht diese Haltung auch heute noch mit Aussagen einher wie „Würde jemand, der richtig gut ist, denn im Ernst für ein Ministergehalt arbeiten?".

Diese Perspektive geht allerdings völlig an dem Grundwesen von Politik vorbei. Auch Politik produziert. Das Produkt von Politik heißt „Intervention", also das Ändern dessen, was ohne sie „von allein" passieren würde. Das Gegenteil von Politik ist es, die Dinge so laufen lassen, wie sie sind. So, wie Automobilhersteller ständig neue Fahrzeuge entwickeln, um im Wettbewerb mit ihresgleichen die Kunden von ihren Produkten und Dienstleistungen zu überzeugen. Und so, wie es auch in der Automobilindustrie undenkbar wäre, einfach zu sagen: „Die Autos des Jahres 2018 sind völlig in Ordnung – wir lassen sie einfach wie sie sind." So wenig kann ein Politiker sagen „In Deutschland läuft alles gut – wir tun einfach nichts mehr und lassen die Dinge laufen." Stattdessen funktioniert der politische Wettbewerb zwischen den Parteien und einzelnen Entscheidungsträgern über neue politische Produkte. Produkte in Form von Gesetzesvorschlägen, Initiativen für Veränderungen am regulatorischen Rahmen für Bürger und Unternehmen. Diese Produkte haben einen Lebenszyklus genauso wie Autos:

- Phase 1: Aufdecken eines Handlungsbedarfs. Zunächst einmal muss klargemacht werden, warum ein gegebener Zustand so nicht bleiben kann oder soll. Es kommt in dieser Phase darauf an, öffentlichkeitswirksam das Etikett „kann so nicht bleiben" oder „kann so nicht weitergehen" anzubringen. Dies ist immer der Startpunkt – ob es Unfallzahlen, Verkehrstote, Schäden an Bäumen oder die Gefahren für das Klima sind. Oder ob es Chancen für Wachstum, Arbeitsplätze, Gesundheit sind. Ein Handlungsbedarf kann umso wirksamer dargestellt und zur Begründung von Interventionen genutzt werden, wie er nicht als anonymes, systemisches Problem dasteht, sondern entweder als falsches Handeln identifizierbarer Unternehmen, Personen oder Organisationen oder als Unterlassen von Handeln, als Vertun von Chancen.
- Phase 2: Es muss ein Lösungsvorschlag her – wie eine Steuersenkung oder Steuererhöhung, eine technische Vorschrift, ein Verbot oder dessen Aufhebung oder was auch immer. Dieser muss natürlich argumentativ unterfüttert und als Lösung für den problematischen Zustand plausibel gemacht werden. Das Verbot von Blei in Kraftstoffen, die Pflicht zum Einbau von Airbags, die Erhöhung der Mineralölsteuer

oder der Umstieg auf emissionsfreie Antriebe – sie alle wären nie „einfach so" politisch vorgeschlagen worden, sondern nur, weil sie erfolgreich als Lösungen für ein hinreichend großes Problem oder eine hinreichende Chance positioniert werden konnten.
- Phase 3: Es wird mehr oder weniger gestritten und dann entschieden. Eine politische Debatte verfestigt sich zu Vorgaben, an die Bürger und Unternehmen sich zu halten haben. Dies kann unmittelbar wirken, wie z. B. ein lokales Fahrverbot für bestimmte ältere Dieselautos oder mit langen zeitlichen Vorläufen, wie z. B. die heute bereits geregelte Erreichung der CO_2-Flottenziele 2030.

Denjenigen, die die Sache anders sehen, bleiben die folgenden, grob vereinfacht dargestellten Gegenmittel: Erstens, den Handlungsbedarf als solches in Frage stellen. Mit anderen Worten zu bezweifeln, dass es überhaupt ein Problem oder die behaupteten Chancen gibt. Die amerikanische Klimadebatte wurde lange genau in diesem Modus geführt. „Die Zukunft der Menschheit ist nicht bedroht (jedenfalls nicht durch menschliches Handeln) und muss bzw. kann deshalb auch nicht geschützt werden." Zweitens: Den Sachverhalt zugestehen, die Notwendigkeit zur Intervention aber infrage stellen. Dies ist z. B. das Muster, wenn bestritten wird, dass ein Einzelfall es tatsächlich rechtfertigt, umfassend Gesetze für alle zu ändern. Oder dass es eine neue Technologie verdient, gefördert zu werden. Und drittens die negativen Seiten der vorgeschlagenen Intervention herausstellen: Egal ob es Arbeitsplatzverluste durch Umweltpolitik oder Risiken für die öffentliche Sicherheit bei Einwanderungsfragen sind, die Behauptung lautet, dass die Schäden durch den politischen Vorschlag seinen Nutzen überwiegen. Auch politische Lösungsangebote produzieren aus der Sicht der anderen Seite Probleme oder gar Opfer und machen den Autor falscher Interventionen zum potenziellen Problemverursacher und Täter, vor dem konkurrierende, als höherwertig eingeschätzte Belange geschützt werden müssen. „Fahrlässige Gefährdung von Arbeitsplätzen", „Soziale Ungerechtigkeit", „Vergeudung von Steuergeldern", „Geschenke für die Reichen", „unzulässiger Eingriff in den Markt", „Bevormundung der Bürger" usw. Hier werden also die Rollen vertauscht: Die Bedrohung ist aus der Sicht derjenigen, die aus der Verteidigungsposition heraus in ein Thema starten, immer derjenige, der die Debatte initiiert hat.

Bei dem Härtegrad der politischen Auseinandersetzung kann man grob zwischen Konkurrenz, Gegnerschaft und Feindschaft unterscheiden: Konkurrenz bedeutet den Versuch, in einer inhaltlichen Frage die Oberhand zu behalten, ohne die Inhaber der anderen Position dabei persönlich oder institutionell anzugreifen. Sie ist der Normalmodus etablierter Themen und ihrer technischen Nachjustierung, z. B. im Handlungsfeld passive Fahrzeugsicherheit. Die so genannten politischen „Sachfragen" werden idealtypisch im Modus der Konkurrenz und gewissermaßen „geschäftsmäßig" gelöst. Gegnerschaft heißt, in die Auseinandersetzung nicht nur die Positionen und Meinungen der jeweils anderen Seite einzubeziehen, sondern dessen generelle Rolle, seine übergreifenden Überzeugungen und Werte zu attackieren. Hierfür liefern eine Reihe der aktuellen Umweltdebatten in Deutschland hinreichende Beispiele. Feindschaft bedeutet, die Beseitigung der anderen Meinung, der anderen Position oder Institution anzustreben. Sie war das Kennzeichen z. B. der ideologischen Systemdebatten des 20. Jahrhunderts, aber auch einige der heutigen Diskussionen eskalieren in diesen Modus.

Diese Darstellung ist natürlich grob vereinfacht und selbstverständlich gehen alle drei Phasen ineinander über und die Härtegrade wechseln. Die Rollenverteilung kann sich verändern und sogar schlagartig kippen. Auch werden die Dinge beliebig komplex – vor allem dann, wenn parallel unterschiedliche politische Themen verhandelt und gegeneinander „gedealt" werden. Eines ist aber konstant: Je höher der Härtegrad, den eine Debatte einmal angenommen hat, je weiter sie eskaliert, desto schwieriger wird es, den „Rückwärtsgang" zu finden.

Politik ist zugleich direkter Wettbewerb zwischen Personen, zwischen Parteien, zwischen den hinter den Entscheidern stehenden Beratern, NGOs und Think Tanks. Dieser Wettbewerb dreht sich um Mehrheiten in Parlamenten und bei Wahlen, um mediale Anerkennung und Loyalität und um institutionelle Unterstützung von Verbänden und Interessengruppen. Bei jedem Thema positionieren sich Personen und Institutionen in einer antagonistischen Ausgangslage auf der einen oder anderen Seite eines Themas. Kompromisse sind am Ende nie nur Kompromisse über Themen, sondern Kompromisse handelnder Individuen – etwa zwischen den Kommissaren für Umwelt und Industrie der EU. Oder auch zwischen dem US-Präsidenten und dem chinesischen Staatschef. Auf sie – mindestens aber so sehr auf ihre Zuarbeiter, die Beamten und Experten, also die ganzen politischen Institutionen – fokussiert sich der Prozess der Politikberatung durch Lobbyisten von allen beteiligten Seiten, egal ob Gewerkschaft, Umweltverband oder Industrie. Daher ist jede inhaltliche Entscheidung immer überlagert von den persönlichen Ambitionen der Beteiligten, von ihrer Gesichtswahrung oder von der gezielten Schädigung der Wahrnehmung des jeweiligen Gegners. In den demokratischen westlichen Gesellschaften vollzieht sich dies auf der unregulierten Bühne der Öffentlichkeit. In China finden Konkurrenzkämpfe und Auseinandersetzungen natürlich genauso statt – allerdings so gut wie nie unter den Augen der Öffentlichkeit. Dieser Unterschied schlägt natürlich auch im Bereich Automobil nachhaltig durch.

Die Parteien

Die politischen Parteien sind die zentralen kollektiven „Subjekte" im demokratischen politischen Prozess. Sie haben seit Erfindung des Automobils seine Geschichte direkt und indirekt mitgeschrieben. Sie regulieren den Zugang zum Wettbewerb der handelnden Personen und zu öffentlichen Ämtern. Sie sind der Filter, durch den inhaltliche Positionen genauso hindurch müssen wie persönliche Ambitionen. In der Geschichte der Automobilindustrie spiegelt sich umgekehrt die politische Geschichte auch als Wirkungsgeschichte von Parteien und deren Spitzenpersonal – von vehementen Verteidigern und Anwälten bis zu überzeugten Gegnern. Wesentliche Weichen der Automobilgeschichte waren sichtbarer Ausdruck ihrer Programmatik. Von dem von der französischen Nachkriegskoalition beschleunigten Ende der französischen Luxusautohersteller, der Verstaatlichung von British Leyland durch Labour bis zur Rettung von GM und Ford und dem Verkauf von Chrysler an Fiat durch die US-Demokraten und der Abwrackprämie durch die deutschen Koalitionsparteien. Und natürlich ist der erfolgreiche Aufbau der chinesischen Automobilindustrie auch das „Produkt" der KP.

Parteien haben eine doppelte Funktion: Sie bündeln Meinungen aber auch wirtschaftliche Interessen zu politischen Positionen, die gemeinsam vertreten werden. Sie sind umgekehrt der Transportmechanismus für die Vertretung der Positionen und Interessen ihrer Führungsspitze zu ihren Mitgliedern und Unterstützern in der Gesellschaft. Parteien regulieren den Zugang zur staatlichen Entscheidungsgewalt. Dabei gibt es aber einen fundamentalen systemischen Unterschied: Demokratische Parteien bündeln Meinungen, Ziele, wirtschaftliche Bedürfnisse, Zu- und Abneigungen ihrer Mitglieder, um aus ihnen staatliche Entscheidungen zu machen. Dagegen ist die primäre Rolle von Staats-Parteien wie der KP Chinas die umgekehrte, nämlich die Durchsetzung des an der Spitze definierten politischen Willens und dessen Projektion in die Gesellschaft hinein durch die Organisation der Partei.

Unterschiede der Parteien werden an Leitbegriffen deutlich, welche die Logik von Programmen bestimmen, die jedoch ihrerseits als gesellschaftliche Ziele vorausgesetzt werden. Bei Konservativen sind dies Größen wie „Schutz der nationalen Identität", „persönliche Sicherheit" und die „Bewahrung von religiösen Grundwerten" (gewesen). Für Sozialdemokraten stehen „sozialer Ausgleich", „gleiche Chancen für alle" und eine dienende Rolle der Wirtschaft gegenüber der Gesellschaft im Mittelpunkt. Liberale Programme fokussieren auf das „Selbstbestimmungsrecht des Einzelnen", die Abwehr eines vormundschaftlichen Staates und die Freiheit zu wirtschaftlicher Betätigung. Für grüne Parteien ist der „Schutz der Umwelt und des Klimas", die „Durchsetzung der Rechte benachteiligter Gruppen der Gesellschaft" und vor allem ein umfassender Vorbehalt gegen unternehmerisches Handeln prägend.

Demokratie bedeutet Kompromiss. Die bedingungslose Durchsetzung ausschließlich der eigenen Meinung, die Vorstellung durch Mehrheiten absolute Macht auf Zeit erobert zu haben, ist historisch die Ausnahme geblieben – auch wenn sie gegenwärtig in Gestalt autoritärer, den demokratischen Prozess manipulierender Regierungen eine Renaissance zu erleben scheint. Die Regel, v. a. in Deutschland, aber auch auf der Ebene der EU, ist die Sicherung von Mehrheiten und damit die Erlangung von Herrschaft durch Kompromisse (a) zwischen verschiedenen Parteien, die sich auf gemeinsame Programme einigen (Koalitionen), und/oder (b) dadurch, dass eine Partei sich zu Forderungen einer konkurrierenden Gruppierung öffnet, um ihr eigenes Wählerpotenzial zu vergrößern. Regierungen kommen also regelmäßig dadurch zu Stande bzw. bleiben an der Macht, dass es einer Partei gelingt, die Übernahme von Forderungen einer anderen Gruppe auch gegenüber der eigenen Mitgliedschaft und gegenüber Mehrheiten in der Bevölkerung zu legitimieren. Zugleich verringert dieses Vorgehen das Mobilisierungspotenzial von Themen. Das Absorbieren und Umdeuten fremder Ideen ist Bestandteil des demokratischen Tagesgeschäfts, die ihre Grenze lediglich in tatsächlich identitätsstiftenden Grundpositionen, dem „Markenkern" einer Partei finden. Und selbst diese sind, wie Angela Merkel und die CDU bewiesen haben, durchaus beweglich: Positionen, die geeignet sind, mehr unentschiedene Wähler gegen diese zu mobilisieren als für sie, werden geräumt, wenn es weniger politischen Schaden verursacht, dies gegenüber der eigenen Mitgliedschaft und den Kernwählern zu vermitteln, als es dem politischen Gegner schadet, einen Angriffspunkt weniger zu haben.

Legitimation von Politik

Die Geschichte der politischen Systeme, der sie leitenden ideologischen Vorstellungen und der Positionierung politische Entscheider und Parteien kreist zentral um die Frage der Legitimität politischer Herrschaft und dessen was mit ihr gemacht wird – und zwar auf zwei Ebenen: Erstens der Frage, mit welchen Mechanismen Macht erworben, erhalten und verloren wird. Zweitens der Rechtfertigung politischer Programme, Gesetze und einzelner Entscheidungen. Für beide Ebenen lassen sich unterschiedliche Faktoren benennen, die in der Lage sind, dem Zustandekommen von Regierungsgewalt und deren Ausübung Legitimität zu verleihen. Die drei Fragen an die politischen Entscheider lauten: Dürfen die das tun was sie machen? Machen sie das, was richtig ist? Machen sie gut, was sie tun? Die direkte Zustimmung zu einer konkreten Entscheidung (Will ich diese Intervention?) ist die letzte Option der Begründung von Politik.

Die politische Grundordnung – „Dürfen die das?"

Die Grundordnung des Staates, die Summe der verfassungsmäßigen Regeln zur Festlegung politischer Machtverhältnisse, schafft die Basis politischer Legitimität. Mit der Einführung demokratischer Verfassungen wurde der Wille der Mehrheit zur Grundlage beider Ebenen der Legitimation: (a) der Bestimmung der Regierung als Wahl zwischen konkurrierenden Parteien und Personen und (b) der Zustimmung von Mehrheiten in gewählten Parlamenten zu einzelnen Gesetzen. Umgekehrt beinhaltet dieser Mechanismus das wiederkehrende Risiko des Verlusts (a) der Macht für die Regierung und (b) der Durchsetzbarkeit ihres Willens im Parlament. Die Erlangung wie auch die Ausübung der Macht stehen in Demokratien unter einem permanenten Vorbehalt.

Heute konkurriert das parlamentarische System nur noch mit Regierungsformen, die zwar seinen formalen Rahmen übernehmen (regelmäßige Wahlen und Abstimmungen in Parlamenten), hierbei jedoch die Wahloption in ihrer Substanz begrenzen, im Fall der Diktatur auf die Zustimmung zu den Entscheidungen der Regierung. Der Verlust der mehrheitlichen Unterstützung durch die Bürger muss hier durch die Anwendung staatlicher Gewalt kompensiert werden, wenn es gilt, die Macht zu behalten. Diese steht dann nicht mehr unter dem Vorbehalt von Mehrheitsvoten, sondern nur noch unter dem eines erfolgreichen Umsturzes. Gerade die global tätigen und zugleich lokal verankerten Automobilhersteller müssen mit allen Ausprägungen staatlicher Ordnung – von den Niederlanden über Russland bis China zurechtkommen. Dabei bemisst sich die Möglichkeit, staatliches Entscheiden diskutieren oder gar mitgestalten zu können umso mehr nach der gewachsenen „Kultur" des jeweiligen Verwaltungsapparats, wie dieser vor plötzlichem, politisch motiviertem Austausch sicher ist: Eine deutsche und europäische Beamtenschaft, die nicht nach jeder Wahl ausgetauscht wird, sondern unterhalb der Spitzenjobs kontinuierliche Expertise für sich ändernde politische Ziele beisteuert, ist ein stabilisierender Faktor. In China sind die Eckpunkte der Politik nicht wirklich diskutierbar, aber es gibt selten wirkliche Überraschungen. In der Regel passieren Änderungen „mit Ansage". Umgekehrt war die (unter Donald Trump nahezu totale) Entmachtung kompetenter, transparenter Beamtenstrukturen in einigen US-Bundesbehörden nicht gerade ein Faktor, der die Diskussion übe kommende Regulierungen erleichtert hat. Hier ist insbesondere der Staat Kalifornien strukturell weit berechenbarer (s. u.).

Erfolg – „Tun die das Richtige?"

Für politische Projekte und die Durchsetzung politischer Programme und Ziele sind glaubwürdige Ursache-Wirkungs-Zusammenhänge ein zentraler Faktor. Wo diese einfach nur behauptet, nicht aber glaubwürdig belegt werden, ist die Legitimität von Politik bereits vor einer Entscheidung fraglich. Für Veränderungen gegenüber dem Status Quo braucht es Argumente, die belegen, dass ein künftiger Zustand eine Verbesserung darstellen wird.

Eine wesentliche Rolle für die Legitimation politischer Inhalte spielt daher wissenschaftlich-technische Expertise, die (von den Ursachen vor Altersarmut bis zum Zusammenhang von CO_2-Emissionen und Tempolimit) den jeweils behaupteten Zusammenhang von Ursachen und Wirkungen sowie die Möglichkeiten von Lösungen argumentativ untermauert. Politisch betrachtet sind die tausenden von wissenschaftlichen Einrichtungen, welche für politische Debatten zuliefern, externe „Legitimationsdienstleister". So gibt es in der EU keinen Gesetzgebungsvorschlag der Kommission, der nicht durch ein „Impact Assessment" unterfüttert wird. Und fast immer kommt dessen Inhalt aus dem Orbit der aus dem Kommissionsbudget bezahlten Think-Tanks, wissenschaftlichen Institutionen oder von technischen Beratern. Inzwischen haben sich in China ebenso wie in der EU oder in den USA wissenschaftlich spezialisierte Trabanten der jeweiligen auftraggebenden Ministerien und Behörden entwickelt, die in der „Umlaufbahn" der politischen Entscheidungen und angezogen von der finanziellen Schwerkraft der Auftraggeber agieren. Zu nennen sind hier beispielsweise das chinesische China Automotive Technology and Research Center, CATARC, TNO (Toegepast Natuurwetenschapelijk Onderzoek) in den Niederlanden, Ricardo in UK, das National Vehicle Fuel Emissions Laboratory in den

USA oder auch das Öko-Institut und technische Behörden wie Kraftfahrtbundesamt oder Umweltbundesamt in Deutschland. Die in Jahrzehnten gewachsenen Abhängigkeitsverhältnisse lassen allerdings den Eindruck aufkommen, dass bereits die Vergabe der entsprechenden Studien mehr oder weniger vom gewünschten politischen Ergebnis her erfolgt. In der Regel werden dann auch die Erwartungen der Auftraggeber nicht enttäuscht.

Legitimation durch Erfolg blickt umgekehrt vom Ergebnis her zurück auf die politischen Entscheidungen der Regierenden: Mehr richtig als falsch gemacht zu haben, verschafft im Nachhinein Legitimität aus den durch die Bürger wahrgenommenen Ergebnissen politischer Entscheidungen heraus. Faktoren wie wirtschaftlicher Wohlstand, sauberere Luft, Wachstumsperspektiven für das eigene Einkommen und die Gesellschaft insgesamt, die Bestätigung der Hoffnung auf eine bessere Zukunft durch Fortschritte in der Gegenwart, eine wahrgenommene Steigerung des Ansehens des eigenen Landes im internationalen Rahmen, gewonnene politische Auseinandersetzungen, der durchgesetzte Wille der Regierung gegenüber Opponenten innerhalb wie außerhalb des Landes – all diese und andere Faktoren verstärken die wahrgenommene Berechtigung der Inhaber der staatlichen Macht zu deren Ausübung. Sie machen zugleich sowohl eine Ablösung einer Regierung, eine Veränderung von Mehrheiten im Parlament, aber auch einen Wechsel der verfassungsmäßigen Ordnung weniger wahrscheinlich. Erfolg bedeutet Resilienz.

Gute Führung – „Machen die es richtig?"

Anders als die inhaltliche Legitimation durch erwartete oder erreichte Erfolge verleiht eine wahrgenommene gute politische Führungsleistung ex-ante Vertrauen der Regierten und damit Legitimität für das Handeln der Regierenden. Führungsleistung bedeutet, glaubwürdig Ziele für die Zukunft zu formulieren und die Fähigkeit zugebilligt zu bekommen, unabhängig vom konkreten Inhalt Erfolge erreichen zu können. Dazu gehört auch, in krisenhaften Situationen verantwortungsvoll zu handeln und das Richtige für die Regierten zu tun. Zu einer stark wahrgenommenen Führungsleistung gehört es die Themen, welche die Bürger direkt betreffen, „im Griff" zu haben, d. h. (a) erkennbar zu sehen, was kommt, (b) Ideen zu haben, was zu tun ist und schließlich (c) zu tun, was man sagt. Legitimität in einer Ordnung, in der die Bürger die Kontrolle über wesentliche Teile des eigenen Lebens an die Inhaber der Regierungsgewalt abgeben, basiert immer auch darauf, dass letztere selbst die Kontrolle behalten und nicht zu Getriebenen werden, die hilflos und ohnmächtig von außen kommenden Entwicklungen ausgeliefert sind. Das gilt für den Klimawandel genauso wie für Luftqualität oder einen drohenden Arbeitsplatzverlust. Dies gilt aber auch für politische Systeme, wo eine Partei die Macht allein besitzt. Auch hier zählt die Inszenierung von Urteils- und Handlungsfähigkeit – mindestens so sehr wie in demokratischen Ordnungen.

Direkte Zustimmung – „Will ich diese Intervention?"

Die letzte Form der Legitimation politischer Entscheidungen richtet sich nicht mehr auf die politischen Entscheider, sondern unmittelbar auf das politische Produkt: Die ausdrückliche Zustimmung der Bürger zu einer Veränderung des rechtlichen Rahmens, in dem sie leben, rechtfertigt diese Entscheidung unabhängig von der wahrgenommenen Legitimität derer, die sie vorschlagen. In einem demokratischen System bedeutet dies, dass die Menschen unmittelbar die Wahl zwischen unterschiedlichen Optionen bekommen oder aber einer vorgeschlagenen Veränderung ausdrücklich zustimmen oder sie ablehnen. Allerdings kann dieser Mechanismus nur dort zum Zuge kommen, wo die politische Rahmenordnung dies auch zulässt. Dies ist in den allermeisten Ländern außerhalb der Schweiz an sehr hohe Hürden geknüpft (Volksbegehren, Volksentscheide usw.) oder auf ein enges Spektrum an potenziell plebiszitär zu entscheidenden Fragen beschränkt. Dies hat mit dem ambivalenten Charakter einer unmittelbaren Mehrheitsentscheidung über Sachthemen zu tun: Diese durchbricht die ansonsten bestehende allumfassende Gestaltungskompetenz der politischen Mandatsträger und stellt diese letztlich unter den Vorbehalt anderslautender Entscheidungen der Bürger. Ferner produzieren sie das Risiko, gerade bei wichtigen Themen nicht allein um der Sache selbst willen strittig diskutiert zu werden, sondern zu Probeabstimmungen über die Regierung bzw. die Opposition zu werden. Auch dies hat dazu beigetragen, dieses Vorgehen bis heute zu einer Ausnahme zu machen. Eines bleibt aber klar: Eine konkrete Entscheidung kann keine stärkere Legitimation haben als die unmittelbare Zustimmung der von ihr Betroffenen.

Ideologie

Entscheidend ist bei allen Dimensionen von Legitimität nicht die objektive „Wirklichkeit": Legitimität politischen Handelns ist eine zugeschriebene Eigenschaft, die als Wahrnehmung der Bürger zu Stande kommt. Legitimität ist eine knappe Ressource, die im politischen Prozess erzeugt und wieder verbraucht wird. Ideologien sind der Versuch, dieses Erfordernis zu umgehen. Sie entlasten von der schwierigen Abwägung und Begründung aus dem Einzelfall selbst heraus durch die Herleitung aus „allgemeingültigen" Behauptungen und den Glauben an diese. Ideologien sind abstrakte Behauptungen über als legitim bewertete, nicht mehr als solche zu diskutierende politische Ursache-Wirkungszusammenhänge. Sie leiten die Richtigkeit einer Entscheidung aus übergeordneten Ziel- und Wertesystemen her und immunisieren damit das konkrete Tun gegen Kritik. Sie dienen der Legitimation von einzelnen politischen Entscheidungen unabhängig von dem was sie für die Betroffenen tatsächlich bewirken. Nach dem Motto „Was die Partei entschieden hat, ist immer richtig" sind Sie in ihrer extremen Ausprägung die Grundlage autoritärer Herrschaft. Ihre Rolle setzt aber schon weit darunter an. So führt die Ablehnung gesellschaftlicher Ungleichheit zu einem ideologischen Interpretationsmuster für politische Debatten, die selbst gar nicht unmittelbar mit Verteilungsfragen zu tun haben. Das Ziel, die Umwelt zu schützen kann in ideologischer Zuspitzung dahin münden, jede Abweichung von abstrakt politisch hergeleiteten Mindestbedürfnissen unter den Vorbehalt der Intervention zu stellen. Der Glaube, der Markt wisse es immer besser als der Staat, verhindert politisches Handeln selbst dort, wo klar sichtbares „Marktversagen" vorliegt. Ideologien vereinfachen zugleich komplexe Wirkungsbeziehungen und verengen Handlungsoptionen auf diejenigen, die in die ihnen zu Grunde liegende Logik passen. Sie überhöhen Abwägungen zwischen technischen und rechtlichen Einzelfragen zu Grundsatzfragen von „richtig oder falsch" oder gar „gut oder böse". Sie führen dazu, das ungesteuerte Denken und Handeln der Bürger auf seine weltanschauliche Berechtigung zu überprüfen und kollektiv zu regeln. Ideologisches Denken führt zur Eskalation, nicht zum Kompromiss. Ideologien sind das Gegenteil der immer wieder neuen, mühsamen Anwendung des „gesunden Menschenverstandes", des Kompromisses und der gegenseitigen Anerkennung unterschiedlicher Meinungen, Ziele und Bedürfnisse.

Lobby

Politik passiert nicht einfach zwischen Politikern und Parteien. Sie wird getrieben und beeinflusst von institutionalisierten Interessen und Vermittlern, deren sich wandelnde Rolle, deren sich veränderndes Handeln und deren Macht ganz wesentlich auf politische Prozesse und deren Ergebnisse zurückwirken.

Einfluss im politischen Prozess für die eigenen Interessen dürfen Unternehmen, Organisationen und Interessengruppen allenfalls dann erwarten, wenn sie den politischen Entscheidern Argumente liefern, mit denen diese für sich einen erfolgreichen Ausgang aus ihrer jeweiligen Sicht erreichen können. Das ist das, was umgangssprachlich, seit der Präsidentschaftskandidat Ulysses S. Grant diesen Begriff in einem Washingtoner Hotel prägte (seinem Wahlkampfhauptquartier, in dessen Lobby ihm lästige Interessenvertreter auflauerten) „Lobbyismus" heißt – also das gezielte Werben für einen konkreten politischen Lösungsvorschlag aus einer definierten eigenen Interessenlage heraus. Wirksame Lobbyisten sind Zulieferer von Argumenten aus der Sicht ihres jeweiligen eigenen Lagers. Sie liefern Aussagen über Kausalketten und sind Teil der Entwicklung neuer politischer Produkte und der Legitimierung von Entscheidungen. Sie sind (anders als Wissenschaftler und Institute) Politikberater mit klar erkennbarer Parteilichkeit. In der Lobbyarbeit zählen klare Erfolgsfaktoren: Funktioniert eine Argumentationskette im nachvollziehbaren Zusammenhang von Problem, Ursache und Lösung oder nicht? Sind die behaupteten Tatsachen auch unter harten Bedingungen medialer und öffentlicher Kritik zuverlässig? Ist der Lieferant über ein einziges Produkt hinaus in der Lage, die verschiedenen Themen und über mehrere Produktgenerationen hinweg zuverlässig zu liefern? Stimmen die Reaktionsgeschwindigkeit und Antwortqualität?

Diese Erfolgsfaktoren gelten unabhängig davon, wofür sich Lobbyisten einsetzen. Für Unternehmen, Wirtschaftsverbände, Umweltorganisationen oder Gewerkschaften. Sie sind umso erfolgreicher, wie sie als Dienstleister für beide Seiten wirksam sind: Für diejenigen, deren Interessen sie vertreten und für die politischen Entscheider und deren Zuarbeiter. Seriöse Lobbyarbeit liefert Argumente, die stark genug sind, erfolgreiche Politik zu begründen. Sie steht somit einerseits im Wettbewerb zu den von den politischen Akteuren bezahlten „neutralen" o. g. Legitimationsdienstleistern. Andererseits kann sie gezielt die Kooperation mit diesen suchen. Interessenvertretung steigt in ihrer Wirkung, wenn sie in ihren Botschaften von neutralen Instanzen bestätigt wird.

Prägend für die Kommunikation mit den politischen Entscheidern ist die von einem Unternehmen vermittelte eigene Haltung: Die mitunter anzutreffende Arroganz gerade im Management großer aber auch mittelständischer Unternehmen gegenüber „den Politikern" und „den Beamten" verkennt die Tatsache, dass Letztere morgens zu recht in dem Bewusstsein aufstehen, am Ende des Tages Regeln zu definieren, an die sich alle anderen, auch die Vorstände, 24 Stunden und 7 Tage die Woche zu halten haben. Dieses gleicht aus ihrer Perspektive sowohl den Einkommensrückstand, als auch die geringere unmittelbare Machtbefugnis innerhalb einer begrenzten Organisation mehr als aus. Zu den größten Fehlern in praktischer Lobbyarbeit gehört dementsprechend mangelnde Bescheidenheit und Demut. Das Einzige was jedoch noch kontraproduktiver für die argumentative Vertretung der eigenen Belange ist, als auftrumpfendes, belehrendes Verhalten darüber, „was der Kunde will", was „wirtschaftlich sinnvoll" ist, und was „technisch eben nicht geht", ist Unterwürfigkeit, hinter der sich für das politisch geschulte Gegenüber die oben genannte Denkweise verbirgt. Denn eines ist klar: Ein Politiker und ebenso ein ihm im Hauptberuf zuarbeitender Beamter ist deshalb erfolgreich, weil er die Motivationslage und die Binnenrationalität seines

Gegenübers sofort versteht. Diese Fähigkeit qualifiziert ebenso wirksam für diesen Produktionsprozess wie ein erfolgreiches Maschinenbaustudium und anschließende erfolgreiche Projektleitung für einen Führungsjob in der Automobilindustrie qualifiziert.

Medien

Politik vollzieht sich durch die medial vermittelte Öffentlichkeit. Ohne Medien kein politisches Produkt. Der mediale Transmissionsriemen von politischen Meinungen und Positionen, Vorschlägen und Argumenten zum Bürger in seiner doppelten Rolle als Wähler (jedenfalls in den westlichen Staaten) und Konsument vollzog sich in den ersten 100 Jahren der Automobilgeschichte noch ganz überwiegend über die im späten 18. Jahrhundert in Europa und den USA geborene Landschaft von Zeitungen und später elektronischen Medienformaten. Zentrales Element der etablierten Medienlandschaft ist die Redaktion, d. h. die Festlegung von Themenschwerpunkten, inhaltlichen Aussagen und Positionen durch eine Gruppe von Menschen, die es ihrerseits als ihre Funktion sehen, die Öffentlichkeit zu informieren. Diese Rolle wird mit analogen Formaten (Print, Fernsehen, Radio) aber auch elektronisch über das Internet erfüllt. Seit den Anfängen der westlichen Medienlandschaft gehörten das Aufdecken von Missständen und das Einfordern politischer Intervention zum Selbstverständnis der eigenen Rolle. Die Medien agierten ganz wesentlich aus der Vorstellung heraus, Politik nicht nur zu beschreiben, sondern anzutreiben und zu beeinflussen: Entweder durch das Einfordern neuer politischer Projekte oder aber durch die Kritik an getroffenen bzw. in Diskussion befindlichen politischen Vorhaben. Sie lieferten und liefern eine Legitimation politischer Eingriffe durch die Forderung nach Handeln, sie legitimieren Passivität durch das Ausblenden eines Themas. Sie interpretieren die Ergebnisse politischer Entscheidungen als Erfolg oder Misserfolg und sie verstärken oder schwächen die Wahrnehmung von Führungskompetenz. Journalisten waren und sind politische „Gatekeeper" und Katalysatoren.

Die Ausgangslage in den westlichen Demokratien hat sich im Grundsatz über Jahrhunderte hinweg kaum verändert: Politiker mussten durch

Medienunternehmen oder öffentliche Anstalten mit institutionellen eigenen Interessen und politischen Präferenzen ihrer Eigentümer oder Leitungsorgane „hindurch" mit den Bürgern kommunizieren. Dies führte zu einer erheblichen eigenen Machtposition der professionellen Vermittler. Die „vierte Gewalt" sah und sieht sich selbst ganz klar in der Rolle des Kontrolleurs der Machthaber – bis hin zum medial „herbeigeschriebenen" Verlust der Macht. Zugleich billigen sich viele Redakteure eine informatorisch-pädagogische Rolle gegenüber den Bürgern zu. Auch in der direkten Wiedergabe von politischen Positionen durch die so genannten „Massenmedien" wie Radio und Fernsehen spielen Medienvertreter in Gestalt von Fragestellern und Moderatoren mindestens die Rolle von Stichwortgebern. Sie spielen aber auch die von Kritikern und Nachfragern, die das, was die Bürger von den politischen Entscheidern wahrnehmen können, maßgeblich beeinflussen – und sei es durch die Zusammensetzung einer Talkshow-Runde.

Die Akteure der etablierten Medien arbeiten in unterschiedlichem Umfang aus ihrer eigenen Werthaltung und politischen Überzeugung heraus. Sie treiben Debatten nicht „irgendwie" sondern von einem politischen Standpunkt aus und in eine politische Richtung. Dies gilt für die deutsche Medienlandschaft in relativ gedämpfter Form. Die Fox-Medien in den USA oder die britischen Murdoch-Organe liefern die schlagendsten Beispiele für offene Ideologisierung, eine selektive Wiedergabe von Fakten und unverhohlene politische Parteinahme. Dabei unterliegen Medien zwei Faktoren, die den Missbrauch dieser zentralen Rolle begrenzen: Medien sind erstens bezahlte Produkte, deren Existenz als Unternehmen von ihrem Erfolg beim Kunden abhängt. Anders als die Verlautbarungsorgane von autoritären Systemen benötigen sie selbst die „geldwerte" Zustimmung (direkt durch Verkauf, indirekt durch Werbeeinnahmen) hinreichend vieler Bürger dazu, wie sie berichten, interpretieren und bewerten. Medien in marktwirtschaftlichen Ordnungen stehen zweitens im Wettbewerb untereinander. Nicht als legitimierbar bewertete, falsche Darstellungen von Tatsachen können jederzeit von Wettbewerbern angegriffen, widerlegt und erwidert werden.

Nicht zuletzt aufgrund der funktionalen Schnittstellen haben sich vor allem in Westeuropa erhebliche weltanschauliche Überlappungen und Synergien zwischen etablierter Medienlandschaft und Parteien, Nichtregierungsorganisationen, Gewerkschaften und Verbänden entwickelt. Positionen verstärken sich gegenseitig und erhöhen ihre Wirkung gegenüber der Bürgerschaft und zugleich den politischen Entscheidern. Diese „Kanalisierungsfunktion" führt einerseits zu klar nachvollziehbaren politischen Alternativen, die in der medial vermittelten Wahrnehmung durch die Bürger zur Entscheidung getrieben werden. Andererseits kann die Folge aber auch das Ausblenden von alternativen Optionen, die Verengung des Lösungsraums bereits von Beginn einer Diskussion an sein. Es sind häufig auch Medien selbst, die mit der Identifizierung eines Problems auch gleichzeitig der Regierung Empfehlungen für deren Handeln geben.

In den Debatten rund um die Automobilindustrie besteht ein klarer Trend: Die Sicht „der Medien" ist (auch vor dem VW-Skandal, danach aber erst recht) „im Schnitt" immer kritischer geworden. Und zwar mit einer Abstufung: Konkrete Produkte werden von den „Automedien" und den spezialisierten Autojournalisten in den Tagesmedien überwiegend neutral bis positiv geschildert und hinsichtlich ihrer technischen Leistung diskutiert und verglichen – bis heute. Die Autohersteller als Unternehmen werden demgegenüber schon deutlich anders behandelt: Die Spitzenmanager stehen im Brennglas einer kritischen Öffentlichkeit, wenn es um den Erfolg des Unternehmens geht. Die Richtigkeit von Strategien und die Aussichten für die Zukunft werden angesichts der Prominenz der Marken und Unternehmen regelmäßig „auf Seite Eins" diskutiert – dies war aber schon immer so. Auf der vorletzten Abstraktionsstufe, „der Autoindustrie" und der letzten, „dem Auto", hat sich dagegen die stärkste Verschiebung vollzogen. Spätestens seit den heftigen Debatten um die CO_2-Gesetzgebung sind politische Regulierungsfragen zu Top-Themen der Berichterstattung geworden. Die Auswirkungen „des Autos" auf die Umwelt, aber auch seine Rolle im Mobilitätssystem, ja die Notwendigkeit individueller Mobilität als solche ist in den letzten Jahren zum prominenten, politisch getriebenen Thema geworden.

Soziale Medien

Die so genannten „sozialen Medien" unterscheiden sich von den etablierten Medien nicht nur dadurch, dass sie von vorneherein ausschließlich auf dem technischen Informationsmedium Internet basieren, sondern vor allem durch das Fehlen von Redaktionen. Ihnen fehlt das inhaltliche Steuerungselement, dass sich als eigenständiger Akteur zwischen die politisch Handelnden auf der einen Seite, die Bürger, Wähler und Konsumenten andererseits mit dem Anspruch stellt, zu selektieren, zu priorisieren, zu interpretieren und zu bewerten. Es fehlen ihnen aber auch die o. g. Kontrollmechanismen. Stattdessen dominieren Informationen, Behauptungen und Bewertungen, die unmittelbar durch die Meinungsäußerungen der Teilnehmer und einen vermittelnden Algorithmus definiert werden: Soziale Medien sind – vorbehaltlich der Manipulation durch technische Eingriffe – nicht inhaltlich selektiv. Es gibt keinen institutionell verankerten Antrieb, politische Debatten zu starten und deren Richtung vorzugeben. Die Prozesse, die sich in ihnen abspielen, sind letztlich unberechenbar und offen. Politischer Handlungsdruck wird in Sozialen Medien produziert aber nicht von Ihnen. Legitimation wird über sie in Frage gestellt aber nicht durch die Wertung einer Gruppe von Redakteuren. Führungsleistung wird wahrgenommen und bewertet – aber ganz direkt und ohne dazwischen liegende Interpretation.

In diesem System bieten beliebige Menschen, mit echter oder erfundener Identität sowie durch die Zahl ihrer Aufrufe definierte – nicht legitimierte – „Influencer" den Konsumenten Behauptungen, Meinungen und Urteile an. Unternehmen können direkt hunderte von Millionen Menschen erreichen. Politische Aussagen können klar gebunden an parteipolitische Positionen oder davon unabhängig, sachlich-nüchtern oder hetzerisch-polemisch sein. Die sozialen Medien sind damit auch unmittelbarer politischer Kampfplatz.

„Systemrelevante" Veränderungen

Dass die Fachredakteure von spezialisierten Automedien Konkurrenz von einem Phänomen wie Supercar Blondie (einer zwischenzeitlich sehr prominenten Influencerin im Bereich sportlich-hochpreisiger Autos) bekämen, hätte noch vor wenigen Jahren kaum jemand erwartet. In China weit schneller als in Europa haben sich starke sog. „Key Opinion Leaders, KOL" im Netz etabliert, denen die Industrie inzwischen den gleichen Stellenwert einräumt wie etablierten Fachmedien. Für die politische Debatte weit wichtiger ist aber die von den digitalen Kommunikationspfaden getriebene Veränderungen in der Art und Weise, wie die Politik von Medien begleitet und beeinflusst wird. Diese Veränderungen sind nicht nur technischer Art, sondern reichen tiefer. Zugleich überlagern sich verschiedene Momente:

Verlagerung des Medienkonsumverhaltens. In allen Märkten nimmt der Stellenwert gedruckter Medien rapide ab. Damit schrumpft ein erheblicher Teil der wirtschaftlichen Basis von Medien als kommerzielle Unternehmen. Dies gilt für Verkauf genauso wie für Werbeeinnahmen. Zugleich steigt der Anteil des elektronischen Medienkonsums und zwar sowohl bei den elektronischen Formaten etablierter Medien, also New York Times online oder Spiegel online, aber auch über soziale Medien wie Twitter, Facebook, Wechat usw.

Beschleunigung. Elektronische Kommunikation definiert das Tempo, in dem jegliche öffentliche Diskussion passiert. Gerade bei spektakulären Themen ist der Zwang auf die Autoren und Redaktionen in den etablierten Medien, in maximaler Geschwindigkeit zu reagieren, enorm gestiegen. Die mediale „Grundlast" muss vor allem schnell dargestellt werden. Die elektronischen Medien liefern sich hier einen Wettlauf um die Schlagzeilen, bei gleichzeitig massiv abnehmender Fähigkeit zur tatsächlichen inhaltlichen Differenzierung.

Umkämpfte Deutungshoheit. Das „Vermittlungsmonopol" der Redaktionen wurde früher ausschließlich in Wahlkampfzeiten von direkter Kommunikation zwischen Politikern und Bürgern unterbrochen. Die Sozialen Medien ermöglichen es politischen Akteuren heute, unmittelbar auf wachsende Teile der Öffentlichkeit zuzugreifen und das ständig. Zugriff bedeutet dabei auf der einen Seite die direkte Darstellung der eigenen Vorschläge, Positionen und Meinungen, zugleich aber auch die Evaluation der Reaktion der Empfänger durch deren eigenes Verhalten in den sozialen Medien. Dass umgekehrt auch soziale Medien ihrerseits mit dem Anstieg ihrer Bedeutung politisch unter Druck geraten, haben die

Debatten 2020 gezeigt: Die Warnung vor falschen Behauptungen und die Streichung von Hetze sind Folgen der immer kritischeren Debatte in Politik, etablierten Medien und v. a. der digitalen Öffentlichkeit selbst.

Parteinahme. Parallel zum Wegfall ihrer „Alternativlosigkeit" hat sich die Härte der inhaltlichen Positionierung einiger etablierter Medien in den westlichen Demokratien deutlich verstärkt. Die in der Vergangenheit teilweise in Zeitungen ablesbare kontroverse Diskussion innerhalb von Redaktionen zwischen unterschiedlichen Haltungen wird zunehmend ersetzt durch eine Auseinandersetzung zwischen verschiedenen Medienunternehmen. Gerade die angelsächsische Landschaft ist weit auf dem Weg fortgeschritten, Medien zum integralen Bestandteil der politischen Auseinandersetzung und zu deren Instrument werden zu lassen, nicht mehr zu deren kritischem Begleiter. Die Grenzen zwischen dem Geltungsanspruch der „Wahrheit" und dem der „Richtigkeit" verschwimmen dabei von rechts wie von links zunehmend.

Die digitale Transformation der Kommunikation verändert das Spielfeld umfassend. Das gilt auch dann, wenn man nicht nach der Wahrnehmung durch die Bürger als Empfänger von Nachrichten fragt, sondern die Blickrichtung umdreht: Durch die Auswertung der Kommunikation in Sozialen Medien werden Meinungen, Ängste und Bewertungen von Handlungsoptionen durch die Bürger buchstäblich „ablesbar". Neben das früher nur punktuell eingesetzte Instrumentarium von Umfragen und Studien tritt eine dauerhafte „Echtzeitbeobachtung" der politischen Debatte in der digital organisierten Öffentlichkeit. Damit bekommen etablierte Medien auch in ihrer Feedbackfunktion für die Regierung Konkurrenz. Für diese, aber auch für Unternehmen, ist die Auswertung sozialer Medien zu einem zusätzlichen, wichtigen Einflussfaktor für ihr eigenes Agieren geworden. Reputationsmessungen, die noch vor wenigen Jahren alleine auf Presseevaluationen beruhten, passieren heute mindestens gleichwertig auf den Analysetools spezialisierter Unternehmen für die Beobachtung der sozialen Medienlandschaft.

Die Folgen in parlamentarischen Demokratien sind erheblich: Der Kampf um Mehrheiten und Unterstützung durch zweckdienliche Interpretation des eigenen Handelns kann nicht mehr alleine durch Redaktionen und Redakteure sondern ganz unmittelbar durch die Nutzung der Sozialen Medien erfolgen. Dazu gehört das erhöhte Risiko der Manipulation öffentlicher Debatten wobei das Spektrum von der gezielten Analyse von Nutzerverhalten als Input für Wahlkampfstrategien bis hin zur gezielten Verbreitung von Falschnachrichten unter falschen Absendern reicht. Zugleich erhalten die Plattformunternehmen, die soziale Medien betreiben, ein Potenzial zur indirekten Beeinflussung öffentlicher Meinungen, das weit über die Fähigkeit konkurrierender klassischer Medien hinausgehen könnte. Die viel beschworene „Freiheit des Internets" ist jedenfalls ambivalent in ihrem Verhältnis zur möglichen monopolistischen Beschränkungen der Meinungsfreiheit.

Es ist nicht erstaunlich, dass sich die Kommunikationsarbeit der Automobilindustrie grundlegend verändert hat. Ein zügig steigender Anteil geht in die neuen Kanäle, nicht nur in Sachen Produktmarketing, sondern auch beim Thema Politik. Ein Teil der CEOs lässt sich eine Social Media Präsenz bauen, die sie auch zur Positionierung in Sachen Klimaschutz und vielen anderen Themen nutzen. Zugleich sind aber auch die Auto-Debatten „im Netz" anders als die im etablierten Medienumfeld. Sie sind weit radikaler: Die Verdammungsurteile gegen „das Auto" sind ebenso weit härter, wie die Positionen der Verteidiger.

4

Das Auto und die Wirtschaftssysteme

Die Entwicklung der Automobilindustrie spiegelt die Geschichte des 20. Jahrhunderts. In ihr schlugen sich die Konflikte aber auch die Stabilisierung der Wirtschaftspolitik und die Überwindung der sozialen Systemdebatte nieder. Die zentrale wirtschaftspolitische Rolle des Automobils gerade in Deutschland ist nur aus dieser Historie heraus zu verstehen. Das gleiche gilt für die spezifische Rolle von Verbänden und Gewerkschaften. Aber nicht nur in Deutschland steht die Autoindustrie für Wiederaufstieg und Wohlstand, sondern auch in China. Dort ist ihr Erfolg auch der Ausdruck des Erfolgs des dort entwickelten alternativen Wirtschaftsmodells und des chinesischen Alternativpfades zu den alten Systemoptionen „Marktwirtschaft" und „Sowjetsozialismus".

Systemfrage

Die europäische Parteienlandschaft, die sich am Beginn der Geschichte des Automobils darbot, war ganz wesentlich durch die Auseinandersetzung um die Organisation des kapitalistisch-industriellen Wirtschaftens geprägt. Mit der Bündelung der Interessen der Industriearbeiterschaft waren neue Parteien entstanden, welche die „Soziale Frage" über Jahrzehnte hinweg zum Kernthema der politischen Auseinandersetzungen gemacht haben. Demgegenüber war die Geschichte der zuvor etablierten konservativen und liberalen Gruppierungen auch die Geschichte des immer weniger erfolgreichen Versuchs die sozialistischen und sozialdemokratischen Parteien zu unterdrücken oder wenigstens einzudämmen. Am Beginn der Automobilgeschichte konkurrierten in Europa aber auch in den USA drei ideologische Grundlogiken miteinander und waren auch parteipolitisch klar zuzuordnen: Liberale Wirtschaftspolitik sah den Staat alleine in der Rolle des „Befähigers" industriellen Wachstums und des Wettbewerbs auf offenen Märkten. Deutlich instrumenteller war das Verhältnis zur Industrie bei den konservativen Parteien, für welche die Beibehaltung der politischen Ordnung „von oben nach unten" ein Ziel war, dem wirtschaftspolitische Interessen nachgeordnet wurden. Für die sozialistischen bzw. sozialdemokratischen Parteien war die Veränderung der wirtschaftlichen und politischen Machtverhältnisse, das dominierende Ziel für eine Wirtschaftspolitik, die auf mehr oder weniger starken, direkten, staatlichen Vorgaben beruhen sollte.

Die globale wirtschaftliche Grundkonstellation vor dem ersten Weltkrieg wurde von liberalen und konservativen Parteien dominiert, die allerdings unter dem Druck der sozialistischen Alternatividee standen, und deren Erfolg durch sozialpolitisches Entgegenkommen einzudämmen suchten. Diese Konstellation brach im ersten Weltkrieg in Europa weitgehend zusammen. Die politischen Krisen der 20er- und 30er-Jahre verschärften den ideologischen Kampf der Parteien in Europa. Das Versagen der liberalen und konservativen Kräfte dabei, krisenhafte Zusammenbrüche der Wirtschaft zu verhindern oder wenigstens einzudämmen, Arbeitsplatzverluste zu verhindern und soziale Sicherheit zu gewährleisten, führte in den allermeisten Volkswirtschaften zu nachhaltigen Verschiebungen der Parteienlandschaft. Insbesondere traten mit radikalen Kräften auf der linken Seite (Kommunisten nach sowjetischem Modell) und mit nationalistischen und faschistischen Bewegungen auf der rechten Seite neue Akteure auf den Plan. Dabei war aus beiden Perspektiven ein liberales Wirtschaftsmodell mit weltoffener Ausrichtung und ordnungspolitischer Zurückhaltung des Staates das geteilte ideologische Feindbild.

4 Das Auto und die Wirtschaftssysteme

Die marktwirtschaftliche Ordnung basiert implizit oder explizit auf einem erheblichen Vertrauensvorschuss. Sie setzt voraus, dass Unternehmen die Fähigkeit zugetraut wird, durch wirtschaftliche Leistung, Beschäftigung und Wachstum die materiellen Grundlagen für eine stabile staatlich-gesellschaftliche Ordnung zu schaffen. Zugleich basiert es auf Vertrauen der Bürger untereinander, also in die Fähigkeit der Interaktion am Markt, Produktion und Konsum aufeinander abzustimmen. Der Grad an Vertrauen in unternehmerisches und privates Handeln bestimmt zugleich wesentlich das Ausmaß staatlicher Intervention und der Dichte rechtlicher Regulierung mit. Die Abwesenheit von Vertrauen, also die fehlende Bereitschaft, Unternehmen und letztlich auch jedem einzelnen Bürger freies Entscheiden innerhalb eines lockeren Rahmens zuzutrauen, ist eine wesentliche Grundlage für direkte Eingriffe des Staates. Im System der sozialistischen Staatswirtschaft wurde der Vertrauensvorschuss an private Unternehmen ideologisch konsequent „auf null" gesetzt und wirtschaftliches Handeln allein staatlicher Steuerung überantwortet. Die negativen sozialen Folgen marktwirtschaftlichen Handelns lieferten eine ganz wesentliche Legitimation für die Forderung nach radikaler politischer Intervention, deren zentrales Element das massive Misstrauen in unternehmerisches Handeln schlechthin ist. Dieses Grundmisstrauen führt dazu, dass die Beweislast für legitimes einzelwirtschaftliches Handeln immer beim Unternehmen, nicht aber beim Staat liegt.

Bereits in der Zwischenkriegszeit und in einer Phase harter politisch-ideologischer Auseinandersetzung waren Automobilunternehmen Brennpunkte. Das gilt für das rasante Wachstum der US-Autoindustrie, in dessen Verlauf sich die heutigen „Großen Drei" GM, Ford und Chrysler, mit ihren jeweiligen stark ausdifferenzierten Marken herausbildeten. Toyota begann seinen Aufstieg in Japan. Die Motorisierung von Menschen jenseits der Oberschicht begann in Europa in den relativ stabilen 20er-Jahren (z. B. Opel, Peugeot, Citroen, Fiat) und wirkte gesamtwirtschaftlich stabilisierend. Sie waren vielfach starke Bastionen der Gewerkschaften. Mit der Autounion entstand ein erster europäischer Mehrmarkenkonzern. Zugleich wurde international kopiert, lizenziert und kooperiert: Der grüne Opel-Laubfrosch, das erste auf einem Fließband produzierte Auto in Deutschland, war „dasselbe in grün" des zunächst nur in Gelb erhältlichen Citroen 5CV (Citroen verlor den von ihm angestrengten

Plagiatsprozess) und der erste BMW wurde in Eisenach unter einer Austin-Lizenz gebaut.

Die Option der Ein-Parteiendiktatur, die zuerst in Russland unter sozialistischen Vorzeichen, später in den faschistischen Staaten Europas unter dem Gesichtspunkt von „Nation und Rasse" Realität wurde, bedeutete immer auch den absoluten Primat politischer vor wirtschaftlichen Zielen. Die herrschenden Parteien erzwangen Unterwerfung der wirtschaftspolitischen Akteure unter ihr jeweiliges Programm. Dabei wurde die Vorstellung einer offenen, internationalen Arbeitsteilung zum Vorteil aller durch den Kampf der Systeme bzw. den Kampf der Nationen ersetzt. Der Unterschied bestand in dem Spielraum, der technologischer Innovation und vor allem gewinnmaximierendem Unternehmerhandeln eingeräumt oder aber verweigert wurde. Auch hier war das Auto ein Spiegel der Entwicklung. In Deutschland wurde die Autoindustrie stark subventioniert (besonders im Rennsport), ein neues Großunternehmen gegründet und eine neue Infrastruktur aufgebaut – und mit allem der eigene nationale Vorsprung behauptet. In Italien bekam ein Fiat-Auto den gleichen Namen wie die faschistische Jugendorganisation („Balilla"). Die Autoindustrie diente auch (gerne) als Schaufenster für die angebliche Überwindung des Konflikts zwischen Arbeit und Kapital in der nationalsozialistischen „Betriebsgemeinschaft". Im Krieg waren die Unternehmen bis zuletzt wichtige Teile der Kriegswirtschaft – einschließlich des zunehmenden Einsatzes von Kriegsgefangenen und KZ-Häftlingen. In der Sowjetunion unterblieb die Massenmotorisierung, das Auto blieb auch nach dem Zweiten Weltkrieg ein Privileg der politischen Elite. Die Industrie wurde analog anderen Sektoren um staatliche organisierte Großunternehmen herum aufgebaut, ein Modell, das auf die DDR, Polen und die Tschechoslowakei ausgedehnt wurde und auch seit 1946 in China übernommen wurde. Die russische Pkw-Industrie war jedoch bereits in der Nachkriegszeit auf technologische Anleihen aus dem Westen angewiesen – siehe die Kooperation von Lada mit Fiat an dem nach dem italienischen Kommunisten Togliatti benannten Produktionsstandort.

Soziale Frage – Gewerkschaften und Wirtschaftsverbände

Die politische Stabilisierung der demokratisch verankerten sozialen Marktwirtschaft in der Nachkriegszeit beruht in Deutschland auf institutionellen Regelungen, die Vertrauen schaffen. Und zwar nicht durch die direkte staatliche Regulierung, sondern durch einen Interessenausgleich zwischen Organisationen, die jeweils die konkurrierenden beteiligten Interessen bündeln. Die Wirtschaftsverbände und die Gewerkschaften sind in ihrer Entwicklung als politische Akteure das Spiegelbild der Wirtschafts- und Industriegeschichte. Sie sind dies in Europa und gerade in Deutschland weit mehr als in den USA, und China.

Wirtschaftsverbände

Die Wurzeln der Industrie- und Arbeitgeberverbände liegen in vordemokratischen und vorkapitalistischen Wirtschaftsstrukturen: Gerade das deutsche Kammersystem wurzelt in der mittelalterlichen Zunft- und Handwerksordnung. Konstitutiv ist dabei ihre regionale Verankerung als politisches „Gesicht" der Wirtschaft einer Stadt oder eines Landes. Die sektoralen Interessenverbände der Industrie bzw. einzelner Branchen (Chemie, Automobil, Maschinenbau usw.) dagegen sind erst mit der Industrialisierung entstanden. Zunächst mit dem Ziel der Durchsetzung der Belange der Mitgliedsunternehmen – beispielsweise bei technischen Anforderungen an die Produktionsanlagen oder bei Kriterien für die Genehmigung neue Betriebe. Sehr bald ging es aber auch um staatliche Unterstützung im Bereich der Außenwirtschaftspolitik sowohl wenn es um die eigenen Exporte als auch um das Vorgehen gegen importierte Wettbewerbsprodukte ging.

Diese Rolle veränderte sich fundamental mit dem Auftreten der „Sozialen Frage". Die Verbände der Wirtschaft und Industrie entwickelten sich zum institutionellen Gegenspieler der Gewerkschaften als Vertretung der Arbeitnehmerschaft. Dies hatte zur Folge, dass ihre Positionen strukturell bedingt regelmäßig diejenigen der liberalen und konservativen politischen Parteien unterstützten. Dies geschah nicht ganz spiegelbildlich, aber doch parallel zu dem symbiotischen Verhältnis von Gewerkschaften und Sozialdemokratie. Die Verbände rangen in den Jahrzehnten der harten Auseinandersetzung darum, ob die soziale Frage mit einer fundamental anderen gesellschaftlichen Ordnung beantwortet wird. Dies spiegelte sich auch in einer Unterstützerrolle, zunächst für das konstitutionell-monarchische System des deutschen Kaiserreichs, dann in Weimar auf der Seite von Liberalen und Konservativen in der Endphase der Republik allerdings auch bereits der nationalsozialistischen politischen Machthaber.

Gewerkschaften und der „Sozialdemokratische Kompromiss"

Die soziale Frage fand auf zwei Ebenen statt: Auf der einen Seite in den Betrieben der Industrie, in denen der Machtanspruch des Managements und der Eigentümer auf den Anspruch der Gewerkschaften als legitime Vertreter der Arbeitnehmerschaft traf. Auf der anderen Seite auf politischer Ebene in der Auseinandersetzung darum, wie das Verhältnis zwischen den konkurrierenden Ansprüchen von Eigentümerinteressen und Arbeitnehmerbelangen rechtlich organisiert werden soll.

Während es in den ersten Jahrzehnten der Auseinandersetzung darum ging, ob überhaupt ein konkurrierender Gestaltungsanspruch der Arbeitnehmer zugelassen werden soll, ging es in den späteren Phasen nicht mehr um das „ob" eines Interessenausgleichs beider Gruppen, sondern darum, „wie" dieser verankert wurde. Dazwischen lag jedoch zum einen die Epoche der faschistischen europäischen Diktaturen, in denen ein ideologischer Zwangsausgleich von Arbeitgeber- und Arbeitnehmerinteressen inszeniert wurde, sowie die weit länger dauernde andere Extremlösung der kommunistischen Herrschaft. In Europa wird das letztlich nach dem zweiten Weltkrieg erreichte Ergebnis zurecht als der „Sozialdemokratische Kompromiss" (Dahrendorf) bzw. in seiner spezifisch deutschen Ausprägung als „Soziale Marktwirtschaft" bezeichnet. Sie besteht aus zwei Elementen: Zum einen haben Gesetze ein System von Ansprüchen, Zahlungen und dazugehörige Institutionen geschaffen, welche dem Ausgleich von Lebensrisiken und Nachteilen für die Arbeitnehmerschaft dienen. Beginnend mit der Sozial-, Renten- und Gesundheitsversicherung im deutschen Kaiserreich (deren ursprüngliche Motivation noch die Eindämmung von Gewerkschaften und Sozialdemokratie durch das Aufgreifen eines Teils der Kritikpunkte an den Folgen kapitalistischen Wirtschaftens war) wurden diese Mechanismen in den folgenden Jahrzehnten zu Instrumenten der Durchsetzung eines immer breiteren Instrumentariums zur Besserstellung und zum Schutz der Arbeitnehmerschaft. Die zweite Säule ist die rechtliche Verankerung der Mitwirkungsrechte der Gewerkschaften am Zustandekommen von Entgelten und Arbeitsbedingungen. Auf der kollektiven Ebene beinhaltet dies das Recht, im Namen der Arbeitnehmer eines Industriesektors mit der Arbeitgeberseite und den sie vertretenden Verbänden Kollektivverträge zu schließen, deren Einhaltung für das Management verbindlich ist. Darüber hinaus wurden in Deutschland unmittelbare Mitspracherechte der auf Betriebsebene gewählten Arbeitnehmervertretung aber auch und (im Fall von Kapitalgesellschaften) der Gewerkschaften auf Unternehmensebene verankert.

Die „Soziale Marktwirtschaft" in Deutschland bedeutet insofern auch eine spezifische Form der Austarierung von Vertrauen und Misstrauen zwischen einzelwirtschaftlichem Handeln und dem gesetzlich-politischen Rahmen. Die institutionelle Machtbalance zwischen den Sozialpartnern hat gesellschaftliches Vertrauen vor allem dadurch geschaffen, dass einer missbräuchlichen Ausnutzung unternehmerischer Freiräume greifbare Schranken auferlegt und institutionelle Grenzen geschaffen wurden. Dies geschah allerdings, ohne dass die inhärente Innovationsfähigkeit der Marktwirtschaft durch eine direkte staatliche Steuerung ersetzt wurde. Vielmehr trat die Fähigkeit der Sozialpartner zur Selbstregulierung innerhalb einmal definierter Rechte und Pflichten als vertrauensbildender Faktor auf.

Parallel zur Etablierung der Regeln des Sozialdemokratischen Kompromisses galt es, den industriellen Wiederaufstieg Deutschlands und seine Rolle in der internationalen wirtschaftlichen Arbeitsteilung völlig neu zu gestalten. Dies spiegelt sich in der Trennung von Verbandskompetenzen wider: Mit den Arbeitgeberverbänden wurde ein spezialisierter Counterpart für die Gewerkschaften bei dem durch den Gesetzgeber definierten Aushandlungsprozess von Entgelten und Arbeitsbedingungen geschaffen.

Diese Rolle innerhalb der arbeitsmarktpolitischen Grundorganisation der Industrie wurde zugleich institutionell getrennt von der Interessenvertretung gegenüber der Regierung bei der Ausgestaltung des Rechtsrahmens für Produktion und Produkte. Dementsprechend sind z. B. der deutsche BDI und seine Mitgliedsverbände wie der Verband der Automobilindustrie VDA (anders als in einigen anderen Ländern) keine Arbeitgebervertreter, sondern Lobbyorganisationen für Industrie, Wirtschaft, Handels- und vor allem immer stärker Umweltpolitik.

Auf der gegenüberliegenden Seite, nämlich der Arbeitnehmervertretung sieht die Lage anders aus: Die Gewerkschaften sind gesamthaft die Vertreter der Belange ihrer Mitglieder geblieben. Neben ihrer Kernkompetenz im Bereich Arbeitsmarkt- und Sozialpolitik engagieren sie sich auch ganz direkt auf allen anderen Politikfeldern, wenn auch mit einem niedrigeren Spezialisierungsgrad. Gerade in der deutschen Automobilindustrie bedeuten hohe gewerkschaftliche Organisationsgrade und starke Arbeitnehmervertretungen in den Unternehmen auch eine starke Basis für das politische Agieren von IG Metall und Betriebsratsvorsitzenden. Diese ist in anderen Ländern Europas weit schwächer entwickelt. In der letztgenannten Rolle ist die Geschichte der Bundesrepublik Deutschland – egal ob unter christ- oder sozialdemokratischer politischer Führung – bis zum Ende der 70er und dem Beginn den 80er-Jahren hinein auch eine Geschichte der engen (natürlich auch nicht konfliktfreien) Kooperation zwischen wirtschaftspolitischen Entscheidern und den Verbänden der Industrie und der Gewerkschaften. Wesentliche wirtschaftspolitische Weichenstellungen wurden durch Wirtschaftsverbände wie Gewerkschaften begleitet und unterstützt.

Eine Grundkonstante der Interaktion von Gewerkschaften und Arbeitgeberverbänden ist die Beschränkung ihres Geltungsbereichs auf nationale Verträge. In vielen Ländern werden sie sogar nur auf regionaler Ebene geschlossen. Die soziale Frage wurde also nicht auf der Ebene der europäischen Union oder gar der Welt beantwortet, sondern im Rahmen der Nationalstaaten. Dementsprechend ist ihre Rolle auch bei nicht unmittelbar auf ihre themenbezogenen Debatten und Konflikten auf die nationalen Entscheidungsträger gerichtet. Umgekehrt kamen weltweite Mindeststandards wie die Mindestnormen der ILO nur „nachholend",

4 Das Auto und die Wirtschaftssysteme

nämlich getrieben von national bereits verankerten politischen Anstößen zustande.

Mit diesen beiden Elementen wurde die soziale Frage nicht beseitigt, sie wurde aber institutionell verankert und kanalisiert. Die Debatte um das Wirtschaftssystem wurde ersetzt durch die Debatte um jährliche Tarifverhandlungen und Vereinbarungen auf Betriebsebene. Ein gesamtgesellschaftlicher Konflikt wurde dauerhaft in dem Interessenausgleich zwischen Verbänden mit staatlich definierten Rechten institutionalisiert. Die soziale Frage verlor dadurch ihre Sprengkraft für das politische System insgesamt. Das stabilisierte umgekehrt das parlamentarisch-demokratische politische System um sie herum. Dies ist bis heute in Europa und Deutschland so geblieben. Zugleich wurde dieser Pfad – teilweise allerdings mit großen Abstrichen – auch in den Gesellschaften beschritten, die sich nach der Phase der kommunistischen Herrschaft von dieser befreit hatten.

Keine andere Industrie wird von diesem Mechanismus so sehr geprägt wie die deutsche Automobilindustrie. Kaum irgendwo sonst sind gewerkschaftliche Organisationsgrade höher und der Einfluss der Arbeitnehmervertretung stärker. Die Industrie wird von den in den 70er-Jahren festgelegten Mitbestimmungsregeln geprägt. Dabei ist die persönliche Kontinuität auf der Arbeitnehmer- regelmäßig höher als auf der Arbeitgeberseite. Die Betriebsratsvorsitzenden wechseln weit weniger oft als die CEOs – im extremen Fall von BMW bis 2020 nur einmal seit dem zweiten Weltkrieg. Zugleich existierte mit Volkswagen und der jahrzehntelangen Dominanz des Landes Niedersachsen als Anteilseigner (in der Nachfolge der britischen Besatzungsbehörden) eine spezielle Unternehmensstruktur, in der Staat und Gewerkschaften ganz wesentliche Vorgaben für die Unternehmensleitung machen konnten. Geschadet hat die starke Rolle der Arbeitnehmerseite den Unternehmen bisher nicht.

Der Wiederaufstieg der deutschen Autoindustrie hat mehr als jedes andere Produkt das Wirtschaftswunder verkörpert – und die Soziale Marktwirtschaft als Antwort auf die ideologische Systemfrage des 20. Jahrhunderts. Dabei sind die heutigen drei deutschen Unternehmen Volkswagen, Daimler und BMW die Überlebenden einer – von der Politik zugelassenen, aber nicht gesteuerten – Bereinigungs- und Konsolidierungswelle in den 50er- und 60er-Jahren, der eine Reihe älterer

Unternehmen wie DKW, Hanomag ebenso zum Opfer fielen, wie die Nachkriegs-Neueinsteiger Glas und Borgward. Dies geschah allerdings nicht im Modus der Schließung und Abwicklung, sondern vielmehr der Integration der Produktionsstandorte in größere Unternehmen – z. B. Glas in BMW, Hanomag, DKW und Borgward in Daimler. Die heutige relativ starke Position der deutschen Automobilindustrie ist sicherlich zu einem großen Teil auch der Tatsache zu verdanken, dass hier kein destruktiver Wettbewerb konkurrierender Metall-Gewerkschaften in den gleichen Betrieben existiert wie in Frankreich, keine über Jahrzehnte parteipolitisch aufgeladene „systempolitische" Instrumentalisierung der Gewerkschaften wie in Italien und kein auf und ab von dominant gewerkschaftlich zentralistischem Denken gefolgt von gezielter politischer Entmachtung wie in Großbritannien. Vielmehr sind personelle Kontinuität in den Aufsichtsräten und der Rahmen des Mitbestimmungsgesetzes sowie der hohe Repräsentationsgrad der IG Metall letztlich stabilisierende Faktoren für den Automobilstandort Deutschland.

Die Automobilindustrie trug wesentlich dazu bei, die überlegene Leistung des eigenen Wirtschaftssystems bei der Sicherstellung von wirtschaftlichem Wachstum und gesellschaftlichen Wohlstand im Vergleich zu der sozialistischen Alternative des Sowjetblocks zu beweisen. Und nichts machte dies sichtbarer als der Vergleich westlicher Pkw mit ihren Pendants aus der DDR, Russland oder Tschechien. Folgerichtig symbolisiert die Automobilindustrie auch den Umbruch nach dem Fall des Eisernen Vorhangs so wie wenige andere Industriesektoren. Die Invasion westeuropäischer Gebrauchtwagenhändler in den ersten Jahren und danach der Ausbau der regulären Vertriebsnetze der westlichen Automobilhersteller illustrierte handgreiflich die Integration der Länder Osteuropas in das westliche Wirtschaftssystem. In einer nächsten Phase waren es aber vor allem die Investitionen westlicher Automobilhersteller und ihrer Zulieferer in Osteuropa, die einen wesentlichen Schub für die Wiedergeburt der dortigen Industrie leisteten. Die neuen Standorte in Polen, Tschechien, Ungarn, der Slowakei und vor allem auch in den neuen Bundesländern wurden Katalysatoren der wirtschaftlichen Entwicklung und stärkten gleichzeitig über die relativ niedrigen Lohnkosten die Wettbewerbsfähigkeit der europäischen Automobilindustrie insgesamt.

VDA

Der Verband der Automobilindustrie in Deutschland ist ein Beispiel verbandlicher Interessenvertretung und deren Kontinuität: Er wurde 1901 als „Verband deutscher Kraftfahrzeug Industrieller" mit dem Ziel gegründet, die Internationale Automobil-Ausstellung (IAA) in Berlin zu organisieren. Zugleich dient er seitdem als Interessenvertretung der wachsenden Branche gegenüber der deutschen Politik. Anders als viele andere Automobilverbände integriert er sowohl die kleine Anzahl der Pkw- und Nutzfahrzeughersteller als auch Hunderte Zulieferer und Anhängerproduzenten in Deutschland. Der VDA-Vorstand repräsentiert diese Mischung. Während die Verbandsarbeit ganz überwiegend durch die Einnahmen der IAA finanziert wird, werden die Mitgliedsbeiträge heute hauptsächlich dafür verwendet, den Beitrag der Automobilindustrie zur Finanzierung des Bundesverbands der Deutschen Industrie (BDI) als oberstem politischen Interessenverband zu leisten. In Sachen Einfluss auf die gesamtindustrielle Positionierung gehört er zu der Spitzengruppe zusammen mit den Vertretungen der Chemischen Industrie, des Maschinen- und Anlagenbaus sowie der Elektroindustrie. Im Unterschied zu anderen deutschen Industrieverbänden wird die Präsidentenrolle jedoch hauptamtlich wahrgenommen. Die in anderen Sektoren gängige Aufteilung zwischen einer professionellen Hauptgeschäftsführung einerseits, einem rotierenden, von einem Mitgliedsunternehmen gestellten ehrenamtlichen Präsidenten andererseits, gibt es beim VDA nicht. Die Folge ist, dass die Präsidentenrolle politisch weit stärker exponiert ist. Sie bündelt Erfolg und Misserfolg weit stärker in einer persönlichen Leistung und wird auch medial und politisch entsprechend wahrgenommen. Die Automobilindustrie bietet dem politischen und medialen Publikum somit strukturell immer die Option einer weit stärkeren Personalisierung aller Debatten und Konflikte. Das gilt auch nach innen: Die Rücktritte zweier VDA Präsidenten – Bernd Gottschalk 2007 und Bernhard Mattes 2019 – waren das Ergebnis in den Medien gezielt gestreuter Kritik aus der eigenen Mitgliedschaft und behaupteten politischen Fehlern. Vergleichbare Entwicklungen hat es beispielsweise in der chemischen Industrie oder in Maschinenbau oder in der Elektroindustrie nicht gegeben. Die zweimalige Besetzung des Chefpostens mitehemaligen Politikern (Matthias Wissmann von 2007 bis 2018 und Hildegard Müller seit 2019) ist im Kontext dieser Besonderheit zu sehen.

Zugleich ist der VDA Partner internationaler Organisationen, von denen der europäische Automobilverband ACEA (Association des Constructeurs Européens d'Automobiles) der wichtigste ist. Anders als der VDA ist dieser jedoch ein ausschließlicher Automobilherstellerverband mit unmittelbarer Mitgliedschaft derjenigen Unternehmen, die Autos in Europa produzieren. Die Zulieferer sind nach dem gleichen Prinzip in einem anderen Verband, CLEPA, organisiert. Analoge Strukturen bestehen z. B. in Frankreich, Italien und Spanien, wohingegen der britische Verband SMMT nicht nur Hersteller und Zulieferer, sondern auch Händler umfasst. In den USA gab es bis 2020 sogar zwei konkurrierende Verbände der Autohersteller – die Alliance of Automobile Manufacturers mit den „Großen Drei", den deutschen Herstellern und Toyota, und die Global Automakers, welche die koreanischen und japanischen Firmen, aber auch z. B. JLR vertraten. Diese beiden Gruppen wurden Anfang 2020 in einem neuen Verband, der Alliance for Automotive Innovation fusioniert.

Der VDA verantwortet alle Themen der Handels- und Industriepolitik sowie der Umweltpolitik. Er ist Teil diverser technischer Normungsaktivitäten. Dagegen nimmt er keine Rolle als Arbeitgeberorganisation wahr. Die Automobilindustrie wird hier vielmehr seit der Nachkriegszeit über den Arbeitgeberverband Gesamtmetall und dessen regionale Unterorganisationen vertreten, welcher die Verhandlungen mit der IG Metall führt. Beide, Gesamtmetall und IG-Metall sind wiederum die größten Organisationen ihrer Art in Deutschland und die Automobilindustrie ihr wichtigstes Betätigungsfeld.

Die Europäische Union und das Auto

Die europäische Integration hat für die Automobilindustrie mit dem gemeinsamen Markt auch eine rapide Integration von Produktions- und Liefernetzwerken gebracht. Ohne die EU wäre es unwahrscheinlich, dass heute französische Unternehmen zu den größten Zulieferern deutscher Hersteller zählen und umgekehrt deutsche Lieferanten eng verflochten mit europäischen Partnern agieren. Die Ausdehnung der EU nach Osten hat Standorte erschlossen, die, vor allem aufgrund relativ niedriger Lohnkosten, der EU einen Wettbewerbsfähigkeitsschub beschert haben. Mit dem gemeinsamen Markt wurde gleichzeitig für jeden ausländischen Investor an einem Standort in einem Mitgliedstaat der Zugang zur gesamten Union ermöglicht. Dies hat nicht nur in Großbritannien, sondern nach dem Fall des Eisernen Vorhangs auch zu steigenden Investitionen von Toyota, Kia und Hyundai in Osteuropa geführt. Volkswagen expandierte mit der Übernahme von Škoda und SEAT massiv in andere Länder der EU und wurde dort zu einem wichtigen und einflussreichen politischen Akteur. Renault übernahm die Automobilproduktion in Slowenien und Rumänien und integrierte sie in den aus Frankreich, und seit der Partnerschaft mit Nissan auch aus Japan geführten Produktionsverbund. Der wirtschaftliche Aufholprozess Portugals wurde durch die Ansiedlung von Automobilunternehmen wesentlich beschleunigt.

Für die deutschen Automobilhersteller und Zulieferer ist die europäische Union von Anfang an ein Erfolgsfaktor gewesen – in dreifacher Hinsicht: Erstens nach innen durch die zunehmende Integration des Binnenmarkts mit einheitlichen Zulassungsregeln, berechenbaren technischen Anforderungen an das Fahrzeug, die Einigung auf wesentliche Standards z. B. (nach längeren Debatten) für die Stecker von Elektrofahrzeugen und die Überwindung nationaler Sonderregeln. Zweitens nach außen mit der Aushandlung von Handelsabkommen mit wichtigen Partnern wie Japan und Korea und der Chance auf ein gemeinsames Agieren und eine stärkere Bargaining Power bei der Welthandelsorganisation (WTO) und die Durchsetzung eines verbesserten Zugangs zu Drittmärkten. Und drittens ging mit der gemeinsamen Währung ein deutlicher Schub an Wettbewerbsfähigkeit im Blick auf die europäischen Märkte aber auch gegenüber Dritten einher. Die deutsche Automobilindustrie gehörte zu den großen Profiteuren der Währungsunion. Gerade sie war zuvor den Schwankungen der Wechselkurse und vor allem der Stärke der D-Mark gegenüber anderen europäischen Währungen ausgeliefert, welche immer wieder die preisliche Wettbewerbsfähigkeit belasteten. Umgekehrt entfiel mit dem Werkzeug der gezielten Währungsabwertung ein Instrument insbesondere der französischen und italienischen Industriepolitik, wodurch PSA, Renault und Fiat umso stärker dem Wettbewerb aus Deutschland, aber auch aus Asien ausgesetzt wurden. In allen Debatten um den Euro und vor allen Dingen während der Staatsschuldenkrise gehörte daher gerade die deutsche Automobilindustrie zu den Sektoren, die nachdrücklich dafür warben, die Integrität der Eurozone zu verteidigen. Es war umgekehrt aber auch gerade der Erfolg, den die deutsche Automobilindustrie im übrigen Europa erzielt hat, der immer wieder politische Argumente lieferte, warum z. B. die Stabilisierung Griechenlands und die Vorbeugung gegen eine sich ausbreitende Eurokrise auch und gerade Deutschland erhebliche politische Konzessionen wert sein müsse. Und es war die behauptete Abhängigkeit deutscher Autohersteller vom britischen Markt, mit der Boris Johnson (neben anderen Beispielen wie italienischem Prosecco) dem britischen Publikum seit Beginn der Brexit-Debatte immer wieder erläuterte, warum der EU gar keine andere Wahl bliebe, als den britischen Forderungen entgegen zu kommen.

Europäischer Bundesstaat

Der Auf- und Ausbau der europäischen Gesetzgebungskompetenzen in den vergangenen Jahrzehnten hat den rechtlichen Rahmen kaum einer anderen Industrie so stark verändert wie den der Automobilindustrie. Die Harmonisierung der Zulassungsregeln innerhalb Europas hat die Kosten für die Anpassung an nationale Sonderregeln nachhaltig gesenkt. Die Zeiten, in denen in Frankreich Frontscheinwerfer gelb leuchteten und in Deutschland weiß, wirken rückwirkend prähistorisch. Ein institutioneller Rahmen für automobile Technik-Gesetzgebung und untergesetzliche Normen wurde im Rahmen der UNECE, der UN-Wirtschafts-Kommission für Europa, geschaffen. In einem seit Jahrzehnten robust operierenden Rahmen werden technische Regeln von Experten aus der Industrie, technischen Überwachungsbehörden und Ministerien unter dem Dach von Mandaten der EU erarbeitet. Während es bei technischen Fragen der Fahrzeugsicherheit zunächst ganz überwiegend darum ging, bereits vorhandene nationale Anforderungen gemeinschaftsweit zu vereinheitlichen, erfolgten die entscheidenden politischen Interventionen

4 Das Auto und die Wirtschaftssysteme

im Handlungsfeld Umweltschutz bereits durch die EU und so gut wie gar nicht mehr durch die Mitgliedstaaten allein. Alle wesentlichen umweltgesetzlichen Meilensteine im Automobilbereich sind das Ergebnis europäischer Rechtsetzung. Heute ist aus der Sicht eines Automobilherstellers die EU damit ganz klar bereits ein faktischer Bundesstaat. Die Fähigkeit von Mitgliedsstaaten der EU von europäischem Recht abzuweichen, sind geringer als diejenigen von Staaten in den USA. Die wichtigste Mitwirkungsmöglichkeit (und die letzte Chance auf Einflussnahme) haben die Mitgliedstaaten daher im Zuge des europäischen Gesetzgebungsprozesses über den Ministerrat. Vor allem seit hier mit qualifizierter Mehrheit entschieden wird, sind Mehrheiten im Rat zu einer Schlüsselfrage für die Durchsetzbarkeit nationaler industriepolitischer Interessen geworden. Da die Stimmen der Mitgliedstaaten nach deren Bevölkerungsanzahl gewichtet werden, geht es heute immer darum, eine sog. „qualifizierte Mehrheit" zusammen zu bringen wenn ein Vorschlag der Kommission bzw. dessen in der Diskussion mit dem Parlament modifizierte Varianten durchgesetzt werden sollen. Umgekehrt müssen Gegner eines Vorschlags zur Durchsetzung ihrer Interessen eine so genannte „Blocking Minority" organisieren, wenn sie nicht überstimmt werden wollen. Aus der Perspektive von Automobilindustrie-Interessen ist die Arithmetik relativ einfach: Wenn die wesentlichen und bevölkerungsreichen Mitgliedstaaten der EU mit signifikanter Automobilproduktion an einem Strang ziehen, also Deutschland, Frankreich, Italien (und bisher UK) gemeinsam agieren, ist das Gesetzgebungsverfahren in der Regel schnell zu Ende. Längere Kompromisssuche ist dagegen dann erforderlich, wenn eines der großen „Autoländer" sich die Unterstützung z. B. der osteuropäischen Länder sichert und damit parallel zu der Diskussion mit dem Parlament Modifikationen der Ratsposition durchsetzen kann. In dieser Konstellation ist natürlich ganz besonders die jeweilige Präsidentschaft des europäischen Rates gefordert und wird im Wechselspiel mit den Berichterstattern aus dem Parlament und der zuständigen Generaldirektion der Kommission zum zentralen Akteur. Die Moderatorenrolle im Rat erschwert nachhaltig das offene Vertreten eigener nationaler Interessen. Eine Ratspräsidentschaft, die gleichzeitig Konfliktpartei ist, ist deshalb auf Verbündete angewiesen, die auch in ihrem Interesse Positionen formulieren und Mehrheiten organisieren.

In diesem Spiel hat sich eine Grundkonstante etabliert: Deutschland und Frankreich waren bei allen Fragen rund um die Automobilindustrie die Schlüsselländer. Wenn sie sich einig waren, gab es wahrscheinlich keine langwierigen Auseinandersetzungen und schwierigen Abstimmungsprozesse. Wenn sie dagegen unterschiedliche Positionen vertraten, bildeten sich regelmäßig zwei Lager. Eine von Frankreich geführte Koalition mit Italien, aber auch mit einer Reihe nordeuropäischer Länder (so haben die Beneluxstaaten ebenso wie die skandinavischen Länder häufig französische Positionen unterstützt) Deutschland, Österreich und Länder Osteuropas auf der anderen Seite. Es gehörte zum traditionellen Verhalten der britischen Regierung, in solchen Konfliktfällen keine eigene Position zu beziehen, sondern zu versuchen, in der Schlussphase der Verhandlungen für die eigenen Belange Vorteile zu erreichen.

Lobby-Spielregeln

Der Schwerpunkt der politischen Lobbyarbeit aller Automobilhersteller aber auch der Nichtregierungsorganisationen hat sich zunehmend auf die europäische Ebene verlagert. Die Diskussionen mit den nationalen Regierungen kreisen heute zu einem erheblichen Teil darum, wie laufende europäische Gesetzgebungsverfahren beeinflusst werden können. Es gehört zu den Grund-Spielregeln der EU, dass die Kommission deutlich vor Beginn des formalen Gesetzgebungsverfahrens die Haltungen wesentlicher Mitgliedstaaten auslotet. Dazu gehören auch enger Dialog zwischen den Dienststellen der Kommission und den entsprechenden Ministerien der Mitgliedstaaten. Dies ist auch dann relevant, wenn die Industrie selbst Vorschläge macht. Die Erfolgswahrscheinlichkeit eines Vorschlags ist von vornherein minimal, wenn das deutsche Umweltministerium diese Idee für Unsinn hält. Der Innovationsprozess gesetzgeberischer Vorhaben in Europa spielt sich deshalb in Netzwerken ab. Er besteht zentral aus dem Abtasten von möglichen Lösungspfaden vor einer endgültigen Festlegung. Die Spannbreite der möglichen Ergebnisse verengt sich dementsprechend in dem Moment, wo das erste Papier aus der Kommission die Runde macht. Die Reaktionen auf dieses zeigen in aller Regel bereits die Konfliktlinien für den gesamten anschließenden politischen Entscheidungsprozess. Aber: Gerade dann, wenn sich angesichts schwieriger Mehrheitsverhältnisse keine Einigung innerhalb der zuvor ja bereits ein bis zwei Jahre lang diskutierten Parameter eines Kommissionsvorschlags finden lässt, sind neue Ideen häufig der Schlüssel dazu, am Ende eine Einigung zu finden. Zu dem europäischen Regelsetzungsprozess gehört deshalb auch die kreative Suche nach „Jokern", die gezogen werden können, um konkurrierende Interessen vereinbar zu machen. Ein weiterer wesentlicher Teil der politischen Logik Europas sind politische „Koppelgeschäfte". Hier wird gerade zwischen den Mitgliedstaaten mitunter ein Paket geschnürt, bei dem Entgegenkommen eines Landes in einem Rechtsgebiet von einem anderen Mitgliedsland mit Konzilianz auf einem anderen vergolten wird. Diese Deals können sich sichtbar auf der politischen Bühne abspielen, müssen dies aber nicht.

Vor dem Hintergrund dieser Spielregeln ergab sich eine eigene Binnenlogik innerhalb der europäischen Automobilindustrie: Sich auf gemeinsame Vorschläge für neue und die Haltung zu laufenden Gesetzgebungsverfahren zu verständigen, erleichterte es natürlich nachhaltig, Konflikte auch zwischen den Mitgliedstaaten zu vermeiden. Soweit so scheinbar einfach. In der Realität begann jedoch spätestens dann, wenn sich entweder innerhalb der Industrie und/oder zwischen den Regierungen unterschiedliche Interessenlagen abzuzeichnen begann, das Ausloten konkurrierender Optionen. Dies war natürlich vor allen Dingen dann der Fall, wenn bereits von vornherein klar war, dass insbesondere die Regierungen Frankreichs und Deutschlands entweder bereits unterschiedliche Positionen hatten, oder aber eine Konfrontation als wahrscheinlich eingeschätzt wurde. Dies machte die europäische Verbandsarbeit herausfordernd. Gerade im Vergleich zu den monolithisch auftretenden europäischen Umweltverbänden erscheint die europäische Automobillobby daher häufig als heterogener und eine gemeinsame Position als mühsamer als es den Anschein haben mag.

Neues systemisches Konkurrenzmodell – China

Während der kapitalistische Westen über den sozialistischen Gegner triumphierte und die Automobilindustrie ihre zentrale Rolle als volkswirtschaftlicher Transformator demonstrierte, vollzog sich in China eine Entwicklung, die erneut die „Systemfrage" stellte: Nicht zuletzt inspiriert durch das seit 1962 in Singapur augenscheinlich funktionierende Modell wurde unter der Führung von Deng Xiaoping durch die Kommunistische Partei Chinas die These widerlegt, dass kapitalistisches Wirtschaften und Einparteienherrschaft einander ausschließen. Die realsozialistische Ordnung sowjetischer Prägung – so Dengs Analyse – scheiterte daran, dass sie Erfolg bei der Verbesserung der wirtschaftlichen Lebensverhältnisse behauptete, diesen aber real nicht lieferte. Dabei fiel die Sowjetunion im Vergleich zum Westen immer deutlicher zurück, was sie jedoch konsequent leugnete. Ihr wirtschaftlicher Rückstand war eine zentrale Motivation für den Versuch, die Gesellschaft abzuschotten und gegen Einflüsse von außen zu isolieren.

Das China Deng Xiaopings und seiner Nachfolger hat keinen dieser ideologisch bedingten Fehler gemacht: Die KP Chinas durchbrach das für die Sowjetunion tödliche Paradigma, wonach eine Abschließung der Volkswirtschaft nach außen und tiefe, lenkende, detaillierte Eingriffe des Staates nötig seien, um das politische Ziel der Sicherung der Macht der Partei zu erreichen. Im Gegenteil basiert die zentrale Innovation Chinas darauf, wirtschaftliche Öffnung und aggressive Integration in die globale Wirtschaft mit nachhaltiger Ermöglichung unternehmerischer Freiräume und wirtschaftspolitischer Unterstützung für privates Unternehmertum als Stabilisator der politischen Ordnung zu nutzen.

Marktwirtschaft ohne westliche Demokratie bei gleichzeitigem massivem Wirtschaftswachstum realisiert zu haben, wurde in China zugleich politisch genutzt, um die höhere Wirksamkeit der eigenen Politik themenübergreifend herauszustellen. Institutionell hat die Kommunistische Partei Chinas seit ihrer Machtübernahme 1946 nicht nur den bürokratischen Apparat des Staates tief durchdrungen, sondern in komplexen Verhältnissen von Abhängigkeiten und persönlichen Netzwerken auch die nicht unmittelbar staatlich kontrollierte Industrie an sich gebunden.

4 Das Auto und die Wirtschaftssysteme

Die seit der Niederschlagung der Demokratiebewegung 1989 eingetretene Stabilisierung des chinesischen politischen Systems ist wiederum ganz zentral das Ergebnis Ihres wirtschaftspolitischen Erfolgs. Wirtschaftlicher Erfolg und „Wohlstand für alle" ist der Kern der Legitimation der Macht der KP. Und sie setzt darauf, dass diese starke Erfolgsdimension die Schwäche der politischen Grundordnung kompensiert und zugleich auf das Vertrauen in die Kompetenz der Führung einzahlt. Der „chinesische Traum" des aktuellen Staatschefs Xi Jinping bringt es sinngemäß auf den Punkt: „China war 4000 Jahre lang die größte Volkswirtschaft der Welt. Der Industrialisierungsvorsprung des Westens und sein koloniales Ausgreifen nach Asien haben dies für ein Jahrhundert unterbrochen. Die KP bringt China wieder dorthin, wo es natürlicherweise hingehört." Zugleich erhebt die Kommunistische Partei den Anspruch, alle konkurrierenden gesellschaftlichen Ziele einschließlich der Umweltpolitik aber auch sozialpolitische Anliegen zu integrieren und wirtschaftspolitische Entscheidungen auch unter deren Einbeziehung richtig zu treffen.

Verbände wie der Automobilverband CAAM (China Association of Automobile Manufacturers) haben in diesem Umfeld eine andere Rolle als in Europa. Sie sind zwar auch institutionelle Mittler zwischen Staat/Partei und Unternehmen, das Schwergesicht liegt hier aber in der Vorbereitung auf künftige gesetzliche Anforderungen. Der Wechsel aus Ministerien in das Verbandsmanagement ist folgerichtigerweise auch weit normaler als im Westen. Der CAAM ist ist Diskussionsplattform, Ansageorgan und Frühwarnsystem – er ist aber keine westliche „Lobbyorganisation".

Medien erfüllen einen systemstabilisierenden Auftrag: Sie füllen Spielräume für Kritik, die ihrerseits durch die Regierung definiert werden. Die Durchdringung der Medienunternehmen mit Vertretern der Partei gewährleistet Konformität aller bewertenden Aussagen über das Handeln der eigenen Regierung aber auch dasjenige von Regierungen fremder Länder. Das bedeutet natürlich auch, dass Regierung und Partei die Medien als eigenständige Player weder brauchen noch von Ihnen abhängen. Es gibt dort (außerhalb Honkongs) keine Tradition von Medien, die sich in der Rolle des kritischen Begleiters von Politik, Gesellschaft und Wirtschaft sehen. Medienarbeit spielt sich vielmehr allein in den durch die Partei definierten Leitplanken ab. Kritik konzentriert sich auf das Agieren von Personen, auf Defizite im Handeln von Unternehmen und Institutionen, nicht jedoch auf die übergreifenden politischen Ziele der Partei. Dabei bieten die technologische Entwicklung und die sozialen Medien aber noch deutlich weiter gehende politische Optionen: Viele im Westen glaubten, dass die Möglichkeit einer direkten elektronischen Kommunikation zwischen Millionen von Bürgern ein erosives Moment für die Herrschaft der Partei darstellen müsse. Man erwartete über Jahre, dass Unzufriedenheit und Kritik am System sich auf diesem Weg Bahn brechen und die politische Ordnung infrage stellen würden. Es hat aber den Anschein, dass diese Sicht zunächst auf der Unterschätzung der Fähigkeit zur technischen Kontrolle des Internets und seiner zentralen Austauschplattformen beruht. Zum anderen bieten die sozialen Medien aber auch einen für die Regierung jederzeit „lesbaren" Reflektionsboden für die (geduldeten) Haltungen in der Bevölkerung zum Regierungshandeln und erlauben Rückschlüsse auf die darunter liegende Stimmungslage. Dabei kommt ein weiterer systemspezifischer Faktor hinzu: Anders als in Europa und (wenn denn die Aussagen von Google, Apple und Co. über die Sicherheit der Kundendaten zutreffen) den USA, liegt in China für die staatlichen Behörden auch die gesamte 1:1-Kommunikation der Bürger bei „Interesse" jederzeit offen. Zu keinem Zeitpunkt in der bisherigen Geschichte hat eine staatliche Verwaltung, eine Partei und eine Regierung mehr über ihre Bürger gewusst als die chinesische Regierung heute. Dies ist nicht zuletzt ein fundamentaler Unterschied zu der technologisch völlig anderen Situation in den Jahren nach 1989 und auch zu der Situation im sog. „Arabischen Frühling", als sich digital weitgehend inkompetente Regierungen einer sich ad-hoc vernetzenden politischen Dynamik in der Bevölkerung gegenübersahen.

Die chinesische Regierung hat deutlich weiter gehende Möglichkeiten und Fähigkeiten, so zu handeln, dass Schäden für die zugebilligte Legitimität des konkreten politischen Agierens, aber auch für die politische Ordnung vermieden werden können – und zwar auf mehreren Ebenen: Die eigenen Leistungen können inhaltlich so herausgestellt werden, dass sie auf die Erwartungen der Bürger möglichst stark einzahlen. Politik kann also weitaus zielgerichteter kommunizieren. Je mehr die Entscheider über die Stimmungslage, die Motive und Abneigungen der Bürger wissen, desto mehr können sie „richtig" machen. Gerade weil alle Möglichkeiten der direkten Mitentscheidung durch die Bürger ausgeschlossen sind, wird freie, direkte Zustimmung durch die Beobachtung von Meinungen und möglichen Reaktionen ersetzt. Die Erfolgsdimension des Handelns wird nicht nur durch das Betonen der Wirksamkeit politischer Entscheidungen in der erwarteten und kommunizierten Richtung gestärkt, sondern auch durch die gezielte Einordnung der kurzfristigen Entscheidungen in eine langfristig historische Dimension, welche die Verbindung zur weltanschaulichen Sendung der Partei schafft. Die chinesische politische Legitimationslogik, „wenn die Partei alles richtig macht, wird sie auch vom Volk dauerhaft getragen", ist die Gegenthese zu der des Westens wonach keine politische Ordnung – und sei sie auch noch so wirtschaftlich erfolgreich – Bestand haben kann, wenn ihre verfassungsmäßige Basis nicht den permanenten Wechsel parteipolitischer Ziele Programme und handelnder Personen zulässt. Die Rolle der KP Chinas wird durch moderne Technologien möglicherweise plausibler und wirksamer und nicht schwächer. Umgekehrt ist es bei weitem nicht sicher, dass die erweiterten technischen Möglichkeiten dazu führen, den westlichen Parlamentarismus zu stärken.

Das chinesische System beinhaltet klare, kodifizierte und halbwegs berechenbare Ge- und Verbote, die unternehmerischen Handlungsoptionen Grenzen setzen. Hier besteht aber zusätzlich die permanente direkte Interventionsmöglichkeit durch staatliche Behörden. Diese unterliegen anders als in den USA oder der EU keinem rechtlichen Legitimationsbedürfnis. Während in den USA ein erheblicher Teil des öffentlichen Vertrauens in das Handeln von Unternehmen aber auch die Wirtschaftsordnung insgesamt aus der Durchsetzbarkeit individueller Schutzrechte gegenüber Unternehmen abgeleitet wird, ist bereits in der EU die Rolle des Staates als Garant und Beschützer wesentlich stärker. Während diese Rolle in Europa ihrerseits Gegenstand politischer Auseinandersetzungen ist, gilt sie in China im Prinzip allumfassend. Dort wo der Staat in seiner Garantenrolle versagt (z. B. aufgrund von Korruption), erfolgt die Korrektur, gerade dann, wenn öffentliche Kritik z. B. in den sozialen Medien sichtbar wird, durch Interventionen der nächsthöheren staatlichen Entscheidungsebene durch demonstratives „Abstellen" der an der unmittelbaren Schnittstelle von Behörden und Unternehmen aufgetretenen Defizite. Politisches Vertrauen in unternehmerische Entscheidungen zu erzeugen, definiert sich in China daher umgekehrt zuallererst über die sichtbare Konformität mit den Zielen der Partei.

Chinesische Autoindustrie

Die Automobilindustrie Chinas steht stellvertretend für die Öffnungspolitik von Deng Xiaoping und ist einer ihrer sichtbarsten Erfolge. Das erste Joint Venture mit einem ausländischen Hersteller, Volkswagen, zu Beginn der 80er-Jahre war das Startsignal dafür, die Pkw Produktion Chinas aus der Kopie gescheiterter sowjetischer Konzepte und der Beschränkung des Autos auf hochrangige Kader (FAW produzierte bis zur Partnerschaft mit VW v. a. das Kader-Auto „Rote Flagge" analog den sowjetischen Tschaikas und SILs) heraus zu holen: Auf der einen Seite machte China ausländischen Unternehmen ein klares Angebot. Erhebliche zusätzliche Produktionsvolumina und die Chance auf Wachstum, das über Jahre und Jahrzehnte hinweg kontinuierlich höher ausfiel, als es die Prognosen erwarten ließen. Die Gegenleistung war andererseits die Lokalisierung von technologischer Kompetenz – von der Hardware des Produkts selbst, über die effiziente und qualitätsgesicherte Produktion bis hin zu Vertrieb und Service.

Dieser Einladung folgten alle größeren weltweiten Autohersteller und für sie alle ist China bis heute eine Erfolgsstory. Die rasante Entwicklung des chinesischen Automobilmarktes insgesamt ist natürlich auch das Ergebnis staatlicher Politik. Von dem massiven Ausbau der Straßeninfrastruktur (in viel höherem Tempo als das Wachstum des öffentlichen Verkehrs) bis hin zur direkten Unterstützung von Investitionen (noch heute sind in China Subventionen beim Bau neuer Fertigungsstätten möglich, die alle anderen Hauptmärkte weit übertreffen). Dabei herrscht ein harter Standortwettbewerb zwischen den Provinzen, bei dem allerdings in letzter Instanz die Zentralregierung häufig als Schiedsrichter auftritt.

Dabei haben sich die Erfolgsfaktoren im chinesischen Markt allerdings fundamental gewandelt: Die Zeiten, in denen es möglich war, in Europa bereits ausgelaufene Modelle (wie den VW Santana noch in den 90ern)

4 Das Auto und die Wirtschaftssysteme

in China auf „recycelten" Fertigungsanlagen weiterzubauen, waren bereits am Anfang des Jahrtausends endgültig vorbei. Die chinesischen Kunden erwarteten als Gegenleistungen für Preise (und Profitraten), die regelmäßig deutlich über anderen Märkten lagen, den absolut neuesten Stand der Technik. Mehr noch, heute orientieren sich erhebliche Teil der Automobilentwicklung an den Bedürfnissen der chinesischen Kunden. China-spezifische Modelle und Varianten gehören dazu. Auf der Produktionsseite gehören einige der chinesischen Automobilwerke zur Weltspitze was Qualität aber auch Energieeffizienz angeht. Auch kann von einem Billigstandort China im Automobilbereich keine Rede mehr sein. Diese Entwicklung ist sicherlich zu einem erheblichen Teil vom immer zahlungsfähigeren aber auch immer anspruchsvolleren chinesischen Kunden getrieben. Auch wandeln sich deren Anforderungen mindestens mit der gleichen Geschwindigkeit wie in irgendeinem anderen Markt. Noch vor wenigen Jahren gehörte es zu den Glaubenssätzen von Automobilexperten, dass die chinesischen Kunden den klassischen Limousinentypus bevorzugen. Die heutige Realität, insbesondere die Entwicklung des SUV-Marktes, zeigt das Gegenteil.

Die Automobilindustrie hat zugleich die politische Ordnung Chinas in mehreren Dimensionen stabilisiert. Erzwungen durch den jahrzehntelangen Local Content Zwang (also die Forderung, dass 40 % der Gesamtwertschöpfung aus China zu kommen haben) wurde nicht nur eine Endmontage-Industrie auf den letzten Stufen der Wertschöpfungskette geschaffen wie in anderen Schwellenländern, sondern eine tiefe integrierte Industrie mit chinesischen Zulieferketten. Der Job-Multiplikator – also die ca. 7 Jobs im Netzwerk, die auf jeden Arbeitsplatz beim Fahrzeughersteller kommen – kam auch in China voll zum Tragen. Die westlichen Zulieferunternehmen folgten Volkswagen und den anderen Herstellern in Partnerschaften in China aber auch mit eigener Produktion (der Joint Venture Zwang war hier lockerer als bei den Herstellern). Es entstanden aber auch chinesische, staatliche Automobilzulieferer ebenso wie rein private. Alle profitierten von einem Wachstum der Automobilnachfrage in Jahr für Jahr zweistelligen Größenordnungen. Dieses Wachstum übertraf über lange Zeit alle Raten, die mithilfe im Westen entwickelter Marktprognoseinstrumente vorausgesagt werden konnten. Die plausibelste Erklärung hierfür lautete, dass eine zentrale Eingangsgröße, nämlich das verfügbare Einkommen, durch die einzig verfügbaren chinesischen Statistiken systematisch unterschätzt wurde – aufgrund der Ausklammerung aller „grauen" und „schwarzen" Einkommensströme. Parallel zu der industriellen Produktion wuchsen auch die Vertriebsnetzwerke. Es entwickelten sich frühzeitig starke private Händlergruppen, die die Chance aggressiv nutzten, mit attraktiven, gerade auch westlichen Modellen einen explodierenden Markt zu entwickeln. Sie sind in der Regel auch politisch gut vernetzt und stärker als die teilweise sehr kleinen Vertriebspartner in Europa. Heute machen die Autos auf Chinas Straßen den wirtschaftspolitischen Erfolg von Staat und Partei jeden Tag sichtbar. Zugleich profitiert der gesamte Sektor nachhaltig von Entscheidungen der chinesischen Regierung. So war in der vom amerikanischen Immobilienmarkt ausgehenden Finanzkrise 2008/2009 der chinesische Automobilmarkt der entscheidende globale Stabilisator für die Automobilindustrie selbst, aber indirekt auch über diese hinaus. Und es war die politische Entscheidung für den schrittweisen Abbau der Corona-Restriktionen im Frühjahr 2020 der dafür sorgte, dass bereits im April 95 % der Auto-Showrooms wieder offen waren, während diese in Europa gerade geschlossen wurden.

Schlüsselbranche Auto – überall

In der gesamten Geschichte der Industriepolitik rund um das Automobil gibt es bis heute einen gemeinsamen Nenner – das Auto hat geliefert: Unzählige Fabrikeröffnungen, neue Jobs, unzählige Beispiele für technologische Multiplikatoreffekte wurden von politischen Entscheidern gefeiert und als Beleg ihrer wirtschaftspolitischen Voraussicht und Führungsstärke genutzt, ja sogar als schlagender Beleg für den Erfolg des eigenen Wirtschaftssystems. Das Auto wurde zur Säule erfolgreicher Wirtschaftspolitik und erfolgreicher Wirtschaftspolitiker: In den großen industriellen Regionen wurde durch die Expansion der Automobilhersteller vor allem aber durch den Aufbau leistungsfähiger, arbeitsintensiver Vorleistungsketten ein erheblicher positiver volkswirtschaftlicher Effekt erreicht. Das Auto hat die politischen Systeme seit dem zweiten Weltkrieg ganz wesentlich zu stabilisieren geholfen – egal welches. Die Automobilindustrie ist weltweit zu einem, wenn nicht sogar, wie in Deutschland, dem industriellen Kernsektor geworden. Es war bisher eine unwiderlegbare Annahme so gut wie aller Industriepolitiker, dass ein Land mit einer funktionierenden Automobilindustrie viel besser dran ist als ohne. Umgekehrt gibt es bisher kaum industrielle Sektoren, bei denen die Ausstiegshürden, d. h. der Preis der in Gestalt von weniger Arbeitsplätzen weniger Steueraufkommen usw. zu zahlen ist, mehr gefürchtet wird als im Automobilbereich.

Allerdings verdankt der Automobilsektor umgekehrt seinen Erfolg bis heute nicht allein sich selbst, nicht allein dem Kunden und nicht allein dem Erfolg seines Managements, sondern einer Vielzahl politischer Interventionen zu seinen Gunsten. Von den dreistelligen Millionenzuschüssen, die für neue Automobilwerke in China von den Provinzen genehmigt wurden, reicht das Spektrum der direkten Anschubleistungen bis hin zu dem milliardenschweren Paket, das der Staat Nevada für Tesla geschnürt hat. Es ist aber vor allem das heutige um das Automobil herum gebaute Mobilitätssystem, welches als Biotop der Industrie nicht von dieser selbst, sondern von einem Jahrhundert unterstützender Politiken geschaffen wurde. Heute stellen sich nachhaltige Fragen, ob dieses Verhältnis von Politik und Industrie Bestand hat – und wie es sich verändert.

Fallbeispiel Abwrackprämie

Die Finanzkrise 2008 und 2009 hat den Stellenwert der Automobilindustrie und ihre politische Bedeutung (und Wirksamkeit) vorgeführt. Ausgehend von den USA begannen die Automobilmärkte vor allem im Privatkundenbereich sehr schnell einzubrechen, nachdem sich der Wert von Immobilien schlagartig verringerte, und zugleich auch die wirtschaftliche Gesamtlage immer schneller schlechter wurde. Das Automobil landete also in der „Warteschleife" der Anschaffungsentscheidungen verunsicherter Konsumenten. Die Länge des Nachfrageeinbruchs war weder für die Politik noch für die Industrie vorhersagbar. Die historische Beispiellosigkeit der Immobilienkrise und die weltweite Unsicherheit darüber, mit welchen Instrumenten und wie schnell sie in den Griff zu bekommen sei, machten alle Vorhersagen extrem schwierig. Demzufolge drohten erhebliche Kapazitätsüberhänge sowohl auf der Ebene der Hersteller als auch der Zulieferer und letztlich ein Verlust von industrieller Beschäftigung. Dieser drohte die gesamtwirtschaftliche Situation noch einmal zu verschlechtern und damit als Beschleuniger für die Krise insgesamt zu wirken.

Die Idee der Abwrackprämie wurde mehr oder weniger parallel in den USA und in einer Reihe europäische Märkte entwickelt und umgesetzt. In der EU war eine Vorstandssitzung des europäischen Herstellerverbands ACEA im Rahmen der Pariser Automobilmesse in Oktober 2008 der Startschuss. Initiator war der Fiat-Vorstandsvorsitzende Sergio Marchionne. Der VDA und die deutschen Hersteller übernahmen – einige zögernd – diese Idee, die der VDA anschließend unmittelbar im Oktober der Bundesregierung unterbreitete. In Deutschland wurden ab Januar 2009 zunächst 1,5, später 5 Mrd. € bereitgestellt, um für jedes verschrottete Altfahrzeug beim Kauf eines neuen Pkws eine Prämie von 2500 € zu zahlen. Hiermit stockte der Staat die ohnehin hohen Hersteller-Rabatte noch einmal auf. Ebenso wie in den USA, Großbritannien, Frankreich, UK oder Italien liefen auch in Deutschland die Förderungen schneller aus, als dies zum Zeitpunkt ihres Inkrafttretens erwartet worden war. Bereits im Herbst 2009 endete das Programm, da inzwischen eine deutliche Verbesserung der gesamtwirtschaftlichen Lage und eine Stabilisierung der Automärkte eingetreten war. In China war die Abwrackprämie keine Option, da kein hinreichend großer Bestand an wirklich alten Fahrzeugen vorhanden war. Stattdessen griff die chinesische Regierung lieber zum Instrument deutlicher Steuersenkungen für neue Pkw. Diese entfalteten wiederholt erhebliche Wirkung auch während der Corona-Krise 2020: Die chinesische Regierung hat auch hier zu bewährten Instrumenten der Marktstimulation gegriffen. Die eigentlich für Ende 2020 geplante Beendigung der speziellen Zuschussprogramme für elektrische Fahrzeuge wurde bis 2022 verlängert, die Steuer auf den Verkauf von Gebrauchtwagen von zwei auf 0,5 % gesenkt. Auf lokaler Ebene wurden die Nummernschildlizenzen erhöht, vielfach für BEV (, aber auch für Verbrenner (z. B. 35.000 in Tianjin und 40.000 in Shanghai). Hinzu kamen lokale zusätzliche Incentives u. a. für Ladeinfrastruktur. Eine Abwrackprämie wurde eng begrenzt (z. B. Peking für Fahrzeuge unter China/Euro 3)) eingeführt.

4 Das Auto und die Wirtschaftssysteme

Die Wirkungen der Abwrackprämien während der Finanzkrise sind in den verschiedenen Automobilmärkten Gegenstand kontroverser Analysen und Debatten gewesen. Aus seiner politischen Perspektive ist das Fazit allerdings durchaus zweischneidig:

In den USA passierten zwei Dinge gleichzeitig. Einerseits konnte sich die Obama Administration rühmen, dass sie durch die 2009 verabschiedete, im Volksmund „Cash for Clunkers" genannte Abwrackprämie einen noch weitergehenden Einbruch der Automobilindustrie verhindert hat. Zugleich gab es eine indirekte Verbindung zwischen der Abwrackprämie bzw. dem sie begleitenden Investitions-Unterstützungsprogramm und der erstmaligen Einführung einer bundesweiten Verbrauchs- bzw. Klimagas-Gesetzgebung (dazu später mehr): Parallel zu der Akzeptanz niedrigerer CO_2-Flottenwerte erhielten die „Großen Drei" aus Detroit massive Unterstützung für die Umstellung auf neue Produkte und hier insbesondere solche mit Hybridtechnologie. Diese Anreize waren an in den USA angesiedelte Entwicklungskompetenz geknüpft und kamen somit ganz überwiegend den US-Herstellern zugute. Zugleich waren aber die wirtschaftlichen Folgen immer noch so gravierend, dass die Industrie sie nutzen konnte, um einen erheblichen Kapazitäts- und Jobabbau durchzusetzen – mit einer Werksschließungswelle und auch der von der Obama-Regierung unterstützten Fusion von Fiat und Chrysler. Auch wurde die Automobilgewerkschaft UAW gezwungen, erhebliche Zugeständnisse an die Arbeitgeberseite zu machen, v. a. bei den Gesundheits- und Rentensystemen. Diese Diskussion wurde von harter, ordnungspolitischer Kritik liberaler vor allem republikanischer Wirtschaftspolitiker begleitet, die auch eine harte Landung der Automobilindustrie mit weit höheren Standort- und Arbeitsplatzverlusten unterstützt hätten.

In der EU und insbesondere Deutschland war es anders als in den USA ein ganz zentrales politisches „Verkaufsargument", mithilfe der Abwrackprämie den konjunkturellen Einbruch so zu überbrücken, dass keine strukturellen Anpassungen von Kapazitäten erforderlich würden. Es war gerade in Deutschland die Kombination der Prämie mit einem erweiterten Kurzarbeitergeld, welches es ermöglichte, den zeitweiligen Nachfragerückgang abzufedern und damit schwerer wiegende Arbeitsplatzeffekte nahezu vollständig zu verhindern. Ebenso wie in den USA gab es in Deutschland keine direkte Verbindung zwischen der Höhe der ausgezahlten Prämie und den Umwelt-Auswirkungen eines Fahrzeugs. Diese Überlegungen, die innerhalb der Bundesregierung vor allem aus dem Umweltministerium kamen, scheiterten an Widerstand aus der Industrie. BMW hatte Unterstützung für eine Verbindung mit den gewichtsabhängigen europäischen CO_2 Zielen signalisiert, war hier aber in der Minderheit. In Frankreich wurde die Prämie dagegen von Anfang an lediglich bis zu einem CO_2 Schwellenwert von 160 g/Kilometer gezahlt.

Da die Prämie unabhängig von der Herkunft der Fahrzeuge gezahlt wurde, waren die koreanischen Anbieter Kia und Hyundai in Deutschland die in Relationen zu ihren Marktanteilen größten Gewinner. In absoluten Größenordnungen war es der Marktführer Volkswagen. Dies lag daran, dass die Prämie vor allem dort einen Vorzieheffekt bewirkte, wo Ihr Hebel in Relation zum Fahrzeugpreis relativ hoch war, also im Volumenmarkt. Zum anderen wirkte in der Käufer-Psychologie die Vorstellung, ein Geldgeschenk zu bekommen, gerade in dieser Marktkategorie am stärksten. Umgekehrt profitierten die Premiumhersteller am wenigsten. In den USA war es ähnlich. Die Bestseller mit relativ niedrigem Preisniveau wie Toyota Camry oder Ford F150 haben die Rangliste der profitierenden Fahrzeuge angeführt.

Folgen

Die Abwrackprämie wurde von den Medien und der jeweiligen politischen Opposition vielfach hart kritisiert. Dies galt aus ordnungspolitischer Perspektive bereits zum Zeitpunkt ihrer Einführung, aber mehr noch rückblickend. Sie wurde vielfach als „Geschenk an die Automobilindustrie" und als „wirtschaftspolitischer Sündenfall" angeprangert. Diese Sicht haben sich auch erhebliche Teile anderer Industrien zu Eigen gemacht, die über die Sonderbehandlung der Automobilindustrie klagten – oder aber selbst analoge Hilfen forderten. Es war daher nicht überraschend, das entscheidende Politiker auch gerne immer wieder darauf hinwiesen, wie viel die Industrie Ihnen zu verdanken habe. In besonders griffiger Form tat dies der französische Staatspräsident Sarkozy auf der Pariser Motorshow 2010: Er erwarte von der Industrie nach der Rettung durch die öffentliche Hand, dass sie die klare strategische Führung der Politik akzeptiert. Die vor der Krise auch von der Industrie selbst verwendeten ordnungspolitisch-liberalen Positionen wurden durch die Abwrackprämie somit infrage gestellt.

Zugleich erklärt die Geschichte der Abwrackprämie auch, warum es gerade in Deutschland länger als in anderen Ländern gedauert hat, direkte finanzielle Fördermaßnahmen für Elektrofahrzeuge einzuführen: Selbst als bereits an allen verfügbaren Markt-Daten klar absehbar war, dass nur in solchen Ländern, in denen deutliche steuerliche Anreize oder direkte Prämien gezahlt werden, der Markt „abhob", war dies in Deutschland noch ein „No Go". Neben der Zurückhaltung derjenigen Hersteller, die noch kein attraktives Angebot hatten, wirkten hier nachhaltig die politischen Vorbehalte gegen eine weitere „Subventionsrunde" für die Automobilindustrie. Dies änderte sich erst, als 2016 der Rückstand Deutschlands beim Thema Elektroantriebe (dokumentiert durch die Verschiebung des Ziels von 1 Million Fahrzeugen von 2020 auf 2022) so deutlich wurde, dass eine Prämie und 2018 außerdem eine Förderung über die Versteuerung der Privatnutzung von Firmenwagen beschlossen wurde.

Neuauflage unter Corona-Bedingungen?

Die Corona-Krise 2020 hat die Automobilindustrie erheblich getroffen. Dabei kamen mehrere Effekte zusammen: Zunächst führte die Schließung der Automobil-Handelsgeschäfte aber auch der Zulassungsstellen dazu, dass der Absatz ganz unmittelbar einbrach. Zwar waren Flotten- und Leasinggeschäfte mit Geschäftskunden und auch Teile des Service-Geschäfts nach wie vor möglich, das Privatkundengeschäft war jedoch nachhaltig geschädigt. Es blieb aber nicht bei einer reinen zeitlichen Unterbrechung und einem konstanten Nachfragevolumen, dass durch den Verzicht auf die üblichen Sommer-Werksferien einfach hätte ausgeglichen werden müssen. Vielmehr führte die Verunsicherung in der gesamten Volkswirtschaft zu einem zweistelligen Nachfragerückgang, bei dem sich die Zukunftssorgen abhängig Beschäftigter, die Existenzgefährdung von Unternehmen und die Kombination von beidem deutlich auswirkten. Zulieferer und auch Autohändler gerieten unter erheblichen wirtschaftlichen Druck. Vor diesem Hintergrund wurde die Idee einer gezielten Unterstützung der Pkw-Nachfrage wiederentdeckt. Sie wurde parallel von den Ländern Bayern und Niedersachsen kurz vor Ostern 2020 ins Gespräch gebracht und von den Automobilherstellern BMW und Volkswagen gleichermaßen unterstützt. Die Vorteile der Prämienlogik erschienen eindeutig: Sie kann sehr schnell entschieden und umgesetzt werden. Eine Absenkung der Hemmschwelle für den Autokauf unter den deutlich erschwerten psychologischen Bedingungen und ein schnelleres „Herausfahren" aus der Krise erschien hoch wahrscheinlich. Zugleich eignete sich das Instrument dafür, die wirtschaftlichen Folgen, die in der automobilen Wertschöpfungskette ansonsten auftreten würden, deutlich abzumildern. Von Arbeitnehmern in Kurzarbeit über wirtschaftlich unter Druck stehende Zulieferer bis hin zu gefährdeten Handelsbetrieben erzeugt dieser Ansatz Wirkung, die noch dazu in seinem Erfolg unmittelbar an den Zulassungszahlen ablesbar ist. Der gesamtwirtschaftliche Impuls ist damit schneller wirksam als beispielsweise bei Investitionsgütern oder im Baubereich.

Um das Design einer neuen Prämie begannen sofort Auseinandersetzungen. Im Unterschied zu der ersten Abwrack-Prämie wurde sie jedoch von Anfang an als „Innovationsprämie" mit ökologischer Ausgestaltung diskutiert. Jedoch waren die ökologischen Kriterien durchaus ebenso umstritten, wie die Kopplung an die Verschrottung eines Alt-Pkw. Die „Autoländer" einigten sich, geführt von der CSU aus Bayern, den Grünen aus Baden-Württemberg und der SPD aus Niedersachsen, letztlich auf einen gemeinsamen Vorschlag, der eine Förderung von Verbrennern der neuesten Schadstoffklasse Euro 6d Temp mit höheren Anreizen für elektrifizierte Autos verbinden sollte. Das Bundeswirtschaftsministerium positionierte sich Anfang Juni 2020 mit einem ähnlichen Konzept.

Am Ende setzte sich jedoch das vom Bundesumweltministerium erarbeitete Konzept durch. Diese beinhaltete keinerlei Förderung für Fahrzeuge mit Verbrennungsmotoren. Vielmehr wurde der Staatsanteil an dem bestehenden Anreizinstrumentarium bis Ende 2021 aufgestockt. Zugleich sollte der Automobilabsatz von der gleichzeitigen, flächendeckenden Senkung der Mehrwertsteuer um 3 Prozentpunkte für den Rest des Jahres 2020 profitieren. Dies erlaubte den politischen Befürwortern einer breiteren Prämie ihr Gesicht zu wahren – und der Autoindustrie, die Entscheidung positiv zu kommentieren. Hinzu kam im Herbst 2020 der Vorschlag des Wirtschaftsministeriums für ein spezielles Unterstützungsprogramm für Zulieferer. Die Debatte unterschied sich in der entscheidenden Schlussphase fundamental von der ein gutes Jahrzehnt zuvor geführten Diskussion: Im Vorfeld der Entscheidung hatte es massive mediale und Expertenkritik an einer Wiederholung der Abwrackprämie und gegen eine Förderung für „Technologien ohne Zukunft" (deren Ist-Marktanteil in Deutschland betrug allerdings zwischen 80 und 90 %) gegeben. Diese korrespondierte mit den politischen Positionen der Grünen und der sozialdemokratischen Parteiführung. Die Kritik der IG Metall und von Arbeitnehmervertretern an der Entscheidung der SPD, eine Technologie nicht zu unterstützen, die auch 2020 von bei weitem den meisten Autokunden nachgefragt wurde, und von der ein erheblicher Teil der Lieferanten und deren Beschäftigter abhing, blieb wirkungslos. Auch setzte sich die Bundesregierung am Ende über den Vorschlag der Ministerpräsidenten der „Auto-Länder" hinweg. Es wurde sehr deutlich, dass inzwischen die Klimapolitik den Möglichkeitsraum politisch durchsetzbarer industriepolitischer Maßnahmen definierte. Einige Medien feierten den Sieg über die Auto-Lobby – so Spiegel online im Juni 2020: „Historisches Scheitern – so verlor die Auto Lobby den Kampf um die Abwrackprämie". In der Süddeutschen Zeitung lautete der Kommentar: „Die Regierung emanzipiert sich von der Autoindustrie – der Verzicht auf die Autokaufprämie (…) ist gut für die Demokratie (…)".

Die deutsche Antwort auf die wirtschaftspolitischen Folgen der Coronakrise fügt sich allerdings in ein europäisches Bild ein: In Italien, das 2008 sofort und 1:1 die Ideen von Fiat aufgegriffen hatte, gab es keine Wiederholung. Für einen bis Ende 2021 befristeten Kaufbonus von 4000 € (bei gleichzeitiger Verschrottung eines Altautos 6000 €) qualifizierten sich nur Autos mit weniger als 20 g/km CO_2. Für PHEV mit unter 60 g/km gab es 1500 bzw. 2500 €. Auch in Großbritannien gab es keine vergleichbaren Hilfen für den Automobilsektor wie 2008, als UK unter den ersten Ländern war, die eine Abwrackprämie eingeführt hatten. Vielmehr wurde mit dem „Plug-In-Car Grant" eine 3000 Pfund Sonderprämie für E-Fahrzeuge mit Priesen unter 50.000 Pfund gewährt.

Premier Boris Johnson war hier als etablierter Autoskeptiker (das hatte er als Bürgermeister von London bewiesen, s. u.) auch persönlich authentisch. In Frankreich wurden von der Regierung bilateral Hilfspakete mit den Unternehmen geschnürt, diese allerdings ebenfalls ganz klar konditioniert an eine Verschärfung des Kurses in Richtung Elektromobilität. Zugleich wurden die bestehenden, sehr komplexen Instrumente zum Umstieg auf elektrische Fahrzeuge verstärkt und ansonsten auslaufende Prämien für BEV und auch PHEV erhöht (für BEV von maximal 6000 auf 7000 € für Pkw unter 45.000 Euro) verlängert. Parallel wurden weitere Förderoptionen, wie eine auf 200.000 Fahrzeuge gedeckelte Prämie für den Kauf jüngerer Gebrauchtfahrzeuge an das Haushaltseinkommens gekoppelt. Für Zonen mit besonders hoher Luftbelastung wurden zusätzliche Prämienoptionen eingeführt. In der Summe ergaben sich kumuliert maximal 14.000 € Förderung z. B. für einen Renault Zoe. Die im August 2020 durch Emmanuel Macron beim Zulieferer Valeo präsentierte Strategie machte elektrische, autonome Fahrzeuge auch zum Fokus neuer industriepolitischer Förderangebote, die allerdings klar mit dem Ziel der „Relokalisierung" von Produktion nach Frankreich verbunden waren. Damit – und mit ähnlichem Vorgehen in Spanien, Österreich und den Niederlanden – waren die nationalen Antworten absolut kompatibel mit der von Kommissionsvizepräsident Timmermans ausgegebenen Marschrichtung: Die Corona Krise müsse dazu genutzt werden, jetzt erst recht den Schalter in Richtung einer klimafreundlichen Industriepolitik umzulegen. Die kurzfristigen Ergebnisse für den Elektroauto-Markt waren erheblich: Ihr Anteil stieg in Deutschland von Juni auf Juli 2020 von 8 auf 11 %. Auch im EU-Durchschnitt wuchs der Absatz elektrifizierter Fahrzeuge schneller als der von Diesel und Benzinern und erreichte im Juli 15 %. Dieser Anteil war dank der selektiven Corona-Maßnahmen deutlich höher, als es unter Normalbedingungen erwartet worden war. Und diese Zahlen beschleunigten ihrerseits die Debatte um den Ausstieg aus dem Verbrenner. Das Design der Corona-Hilfsmaßnahmen folgte also nicht nur der umweltpolitischen Agenda, es wurde zu ihrem Beschleunigungsinstrument. Ob der „Corona-Schub" bei den Elektro-Zulassungen allerdings nachhaltig ist, wenn die Fördermaßnahmen auslaufen, ist alles andere als sicher.

5

Der Aufstieg der Umweltfrage

Kein anderes Politikfeld hat die Art und Weise, wie Autos genutzt werden, vor allem aber die Anforderungen an das Produkt selbst so sehr verändert wie die Umweltpolitik. Ihre Entwicklung zum zentralen politischen Handlungsfeld ist auch die Geschichte des Weges ihrer institutionellen Exponenten in eine Schlüsselrolle des politischen Prozesses, der hier kurz nachgezeichnet werden soll. Dabei wird auch sichtbar, wie sich gerade in diesem Bereich die politischen Diskurse und Spielregeln in Europa von denen in den USA und China unterscheiden.

Der Weg in den Mainstream

Während 100 Jahre lang die „Soziale Frage", also die Verteilung von Wohlstand, die Absicherung von Lebensperspektiven und Fairness zwischen den gesellschaftlichen Schichten, alle wirtschaftpolitischen Debatten dominierte, trat in den 80er-Jahren mit der Umweltfrage ein völlig neuer Gesichtspunkt auf, unter dem die Position der Parteien gegeneinander antraten. Der fundamentale Unterschied der ökologischen gegenüber der sozialen Frage besteht darin, dass es hier nicht um ein

Verteilungsproblem zwischen unterschiedlichen Gruppen einer Gesellschaft geht, sondern darum, welche Konsequenzen das Wirtschaften insgesamt für alle Menschen in einer Stadt, einer Region, einem Land oder der ganzen Welt hat. Während die soziale Frage ganz wesentlich darauf hinauslief, der Arbeitnehmerschaft höhere Einkommen, eine soziale Absicherung und den Schutz ihrer Gesundheit zu garantieren, ist die ökologische Frage keine der staatlichen (Um-)verteilung von finanziellen Ressourcen und der additiven Einführung von sozialen Sicherungssystemen, sondern der Steuerung des Wirtschaftssystems insgesamt in seinem Verhältnis zur natürlichen Umwelt.

Bereits zuvor hatte die Politik immer wieder in die Wirtschaft eingegriffen, um unzumutbare Belastungen der Umwelt einzudämmen – v. a. dann, wenn gesundheitliche Folgen für die Menschen unübersehbar waren. In den 80er-Jahren entwickelte sich aber ein weiter gehendes neues Paradigma, das in Anspruch nahm, dass sich ihm alle wirtschaftspolitischen Programme und Ziele unterzuordnen hätten. In den grünen Parteien und Bewegungen sammelte sich diese Dynamik, so wie dies ein Jahrhundert zuvor bei der Entstehung von Gewerkschaften und sozialistischen Parteien der Fall gewesen war. Zugleich wurden alle anderen Parteien, konservativ-christdemokratische genauso wie sozialdemokratische und liberale – gezwungen, zu dieser neuen, zentralen Herausforderung Position zu beziehen.

Die ökologische Debatte konnte vor allem in Europa auf einem im linken Spektrum stark verbreiteten grundsätzlichen Misstrauen in marktwirtschaftlich organisiertes Wirtschaften aufbauen. Verschmutzte Flüsse und dreckige Luft erschienen hier vielen als systemimmanentes, in der eigennutzbasierten Motivation von Unternehmen verankertes Symptom einer fehlerhaften Wirtschaftsordnung. Misstrauen in Unternehmen und Vertrauen in den Staat bildeten den starken gemeinsamen Nenner. In dieser Phase schafften in Deutschland die Grünen den Sprung in die Parlamente: Die 80er-Jahre wurden ganz entscheidend geprägt durch den historischen Zusammenfall mit den Themen „Anti-Kernkraft" und „Abrüstung". Die historische und weltanschauliche Kombination von Protest gegen die Kernenergie mit der Friedensbewegung und der Ablehnung der amerikanischen militärischen Dominanz in Europa definierte ein spezifisch deutsches Momentum. Hier war von Anfang an die Kombination zwischen einer mehr oder weniger stark ausgeprägten antikapitalistischen und antiamerikanischen Haltung mit der absoluten Dominanz ökologischer Grenzen für jegliches Wirtschaften inhaltlich prägend. Grundlegend hierfür war, wie auch in den meisten anderen Ländern Kontinentaleuropas, das Verhältniswahlrecht, also die Möglichkeit zu parlamentarischer Mitwirkung ohne Direktmandat in einem Wahlkreis. Es wurde möglich, grüne Politik in Koalitionen zu Regierungspolitik zu machen. Es wurde möglich, in der grünen Partei Karriere zu machen – bis hin zum Minister- oder Ministerpräsidentenamt.

Anders bei als bei der sozialen Frage hat die ökologische Frage allerdings nicht dazu beigetragen, ein globales und desaströses Phänomen wie den real existierenden Sozialismus herbeizuführen. Die Position, wonach marktwirtschaftliche Ökonomie der Fehler „ist", der radikal überwunden werden muss, erwies sich früh als nicht durchsetzungsfähig. Vielmehr ist die Debatte spätestens seit den 90er-Jahren in Deutschland wie in der übrigen EU zu einer Diskussion darüber geworden, wie die Fehler, welche die marktwirtschaftliche Ordnung „macht" korrigiert oder gemindert werden können. Dabei hatte gerade das grüne Spitzenpersonal überwiegend eine tiefe Verwurzelung in kapitalismuskritischer Haltung und ideologischer Ausrichtung der 1968er-Bewegung. Deren Marsch durch die Institutionen und das „Abschleifen" der revolutionär-systemkritischen Positionen und Exponenten zugunsten eines mehrheitsfähigeren Erscheinungsbilds, führte in Europa – aber nur durch die Verbindung mit ökologischen Anliegen – zur Entwicklung neuer mehrheitsfähiger politischer Gruppierungen jenseits linker Splittergruppen, denen es gelang, die anderen Parteien thematisch nachhaltig unter Druck zu setzen. Auch in anderen Ländern der EU sind zugleich grüne oder linke Parteien mit starken ökologischen Elementen ihrer Programme verankert.

In der überwiegenden Anzahl der europäischen Parteien von Liberalen bis Konservativen, Sozialdemokraten und Grünen, aber auch Teilen der Rechtspopulisten wird inzwischen eine umweltpolitische Begrenzung marktwirtschaftlichen Wachstums und die Notwendigkeit zur Intervention auf Basis der ökologischen Folgen des Wirtschaftens grundsätzlich bejaht. Dies ging einher mit dem Zwang, die Grünen als Koalitionspartner zu akzeptieren, dem sich zuerst die Sozialdemokraten beugten. Aber auch auf konservativer und liberaler Seite sanken die Vorbehalte schrittweise, vor allem seit eine harte Ablehnung von Umweltschutzmaßnahmen sich als immer weniger mehrheitsfähig erwies. Nicht mehr zugebilligte Umweltkompetenz wirkte in (West-)Europa zunehmend erosiv auf die zugebilligte Lösungskompetenz der Parteien. Der politische Streit zwischen den europäischen Parteien ist daher heute ganz überwiegend nicht mehr einer über das „ob" einer weitergehenden ökologischen Beschränkung des Wirtschaftens sondern über das „wie" und das „wie weit". Insbesondere konkurrieren liberale politische Konzepte, die auf positiven Anreizen, Subventionen und Innovationsförderung basieren, mit restriktiveren, verbotsorientierten Forderungen von linker und grüner Seite. Christdemokraten und Sozialisten agieren zwischen diesen beiden Positionen pragmatisch mit Blick auf die Chancen und Risiken des jeweils zur Debatte stehenden politischen Einzelprojekts, riskieren aber beide keine wesentlichen Legitimitätseinbußen im Bereich Umweltpolitik. Hierbei hängen zugleich die Bereitschaft, die Belastbarkeit der Wirtschaft zu testen und auch Verluste von Arbeitsplätzen und Wertschöpfung in Kauf zu nehmen, wesentlich von den gesamtwirtschaftlichen Bedingungen ab. Dabei gibt es in der konkreten Ausgestaltung, d. h. insbesondere der Stringenz, mit der umweltpolitische Ziele auch um den Preis negativer wirtschaftliche Folgen durchgesetzt werden, ein klares Nord-Süd und West-Ostgefälle innerhalb der EU.

USA

Diese politische Grundkonstellation in dem allergrößten Teil der EU unterscheidet sich nachhaltig von derjenigen in den USA. Dort konnte die Umweltdebatte angesichts der weit stärkeren Verankerung eines politisch-gesellschaftlichen Grundvertrauens in marktwirtschaftliche Entscheidungen und die grundsätzliche Legitimität eines freiheitlichen Wirtschaftssystems weit weniger als in Europa auf einem Grundmisstrauen in Unternehmen aufbauen. Staatliche Intervention musste hier weit stärker direkt aus der Beseitigung von greifbaren, medial breit sichtbar gemachten negativen Folgen heraus legitimiert werden. Das „Systemargument" zog in den USA nicht. Dem „links-alternativen" Milieu der Vietnamkriegsgeneration fehlten die politischen „Booster" der Kernenergie-, Raketen- und Antiamerikadebatten in der EU. Zugleich hat das US-Wahlrecht konsequent das Entstehen von eigenen grünen Parteien verhindert: Politische Mandate gibt es hier (wie in UK, das ebenfalls keine relevante grüne Partei hat) nur mit mehr als 50 % der Stimmen. Die Frage, inwieweit ökologische Kriterien Grenzen des Wachstums und industrieller Tätigkeit setzen, ist somit permanent Gegenstand kontroverser politischer Debatten innerhalb des stabilen zwei-Parteien Systems der USA. Ohne Koalitionszwänge ist Umwelt ein Binnenthema der beiden Großparteien geblieben – und die Relevanz ökologischer Fragen entscheidet sich immer im Kontext konkurrierender Themen. Bei diesen agieren die Republikaner jedenfalls auf Bundesebene traditionell weit restriktiver und vor allem mit einem Bestehen auf nationaler, durch keine internationalen Verträge eingeschränkte US-Entscheidungssouveränität. Die Demokraten nutzen umweltpolitische Themen demgegenüber weit aktiver für die Mobilisierung des für sie wesentlichen städtisch-liberalen Milieus.

Das Verhältnis zwischen Vertrauen und Misstrauen und dessen Verankerung in den rechtlichen Rahmenbedingungen des Wirtschaftens wird vor allem im Vergleich von EU und USA deutlich: In den USA wird außerhalb derjenigen Bereiche, in denen Grenzwerte und Verbote einzuhalten sind, der Industrie ein grundsätzlicher Vertrauensvorschuss eingeräumt. Dieser kann allerdings auf dem Weg durch die Gerichte „kassiert" werden, und zwar in jedem Einzelfall, bei dem eine Schädigung Betroffener nachgewiesen werden kann. Demgegenüber setzt die EU zunehmend auf die umgekehrte Verteilung der Beweislast. Das sog. „Vorsorgeprinzip" wird politisch vielfach so interpretiert, dass eine Aktivität, die ein Risiko beinhalten könnte, so lange als problematisch gilt, bis bewiesen wird, dass sie unschädlich ist. Demgegenüber beruhen erhebliche Teile des US-Rechtssystems darauf, im Falle von Schäden Kompensationen und Verbote nach deren Eintreten vor Gericht einklagen zu können. Hierbei liegt die Beweislast bei denjenigen, die einen Schaden behaupten. Während in der EU so gut wie sicher ist, dass bei jedem Kommissionsvorschlag aus dem Europaparlament heraus Verschärfungen gefordert und auch mit Mehrheit durchgesetzt werden, kann im US-Kongress jederzeit auch das Gegenteil passieren. Der massive Widerstand im Kongress gegen die von der Obama Administration geleistete Unterschrift zum Pariser Klimaabkommen und deren Rücknahme durch Präsident Trump sind ein weiterer Beleg dafür, dass in einem großen Teil der amerikanischen Öffentlichkeit bis heute – auch hier im Gegensatz zu Deutschland und Europa – nicht akzeptiert wird, die Wirtschaftspolitik der USA an internationale Vereinbarungen und den sie leitenden globalen politischen Herausforderungen auszurichten. Es ist zugleich bei nur die USA betreffenden Entscheidungen weit leichter und legitimer, das Instrument der fehlenden wirtschaftlichen Leistbarkeit und Arbeitsplatzargumente zu nutzen.

China

In China schließlich war die Lage auf den ersten Blick einfacher: Die Abwägung zwischen langfristigen Erfordernissen des Schutzes der Umwelt, das Ausloten der Akzeptanzgrenzen in der Bevölkerung für zum Teil erhebliche direkte Umweltbelastungen, die Entscheidung über das Abstellen der dringendsten Probleme, die Rolle Chinas in internationalen Verhandlungen – all dies wurde und wird aus einer Hand entschieden. Der Ausgleich konkurrierender Interessen, die es natürlich auch in der Volksrepublik gibt, erfolgt nicht in der öffentlichen Auseinandersetzung und ohne signifikante Rolle der Medien. Dabei hatte Wirtschaftswachstum lange Priorität und beispiellose Umweltschäden wurden in Kauf genommen. Seit mindestens zehn Jahren wurde der immer stärker wachsende Druck durch unzumutbare Belastung insbesondere städtischer Räume aufgegriffen und in das politische Gesamtkalkül integriert.

Eine einfache Unterordnung ökologischer Gesichtspunkte unter Wachstumsziele gehört heute eindeutig der Vergangenheit an. Vielmehr hat es in China eine integrierte Grundentscheidung gegeben, die das Handeln der regierenden Administration leitet: China erkennt die Herausforderung des Klimaschutzes an und positioniert sich als konstruktiver Player in der internationalen Diskussion. Es beharrte aber bisher darauf, hierbei an anderen, großzügigeren Maßstäben gemessen zu werden als Europa oder die USA. Der Anspruch auf nachholende Entwicklung bis zur Wiedererlangung echter wirtschaftlicher Gleichwertigkeit blieb ein politischer Grundsatz in Verhandlungen mit „dem Westen".

Die Regierung intervenierte immer stärker, wenn die Belastungsgrenzen erkennbar überschritten werden. Kurzfristig mit dem zwangsweisen Abstellen von Belastungsquellen (Industrieanlagen, Autoverkehr usw.) z. B. während internationaler Konferenzen (Stichwort „APEC-Sky"). Langfristig durch eine Änderung der industriepolitischen Weichenstellungen, wie zuletzt durch die Ankündigungen des Staatschefs (s. u.). Die Lücke zwischen grundsätzlich geltenden rechtlichen Anforderungen und praktischer Implementierung, die jahrzehntelang durch faktische Dominanz wirtschaftlicher Interessen klaffte, wurde mit beachtlicher Konsequenz geschlossen – auch als Teil der Kampagne zur Korruptionsbekämpfung.

Die Umweltorganisationen – Deutschland und Europa

Um die Wandlung der Rolle von Umweltschutzorganisation zu illustrieren, wird zurecht immer wieder anekdotisch auf den deutschen Vogelschutzbund als einem der ersten derartigen Verbände (und Vorgänger des Naturschutzbunds Deutschland, NABU) hingewiesen: Dieser wurde ins Leben gerufen von wohlhabenden Damen im wilhelminischem Deutschland, die es für ethisch nicht mehr vertretbar hielten, für extravagante Hutmode die Federn immer seltenerer Vogelarten vor allem aus dem damals zu Deutschland gehörenden Papua-Neuguinea zu verwenden. Seitdem haben sie einen weiten Weg zurückgelegt.

Die Umweltorganisationen unterscheiden sich von den Wirtschaftsverbänden und den Gewerkschaften fundamental: Ihre Mitglieder sind nicht durch die Gleichheit ihrer wirtschaftlichen Betätigung oder ihre Betroffenheit von einzelnen Politikbereichen definiert. Sie sind nicht regional abgegrenzt. Sie finanzieren sich nicht nach festgelegten Schlüsseln wie Umsatz oder Beschäftigtenzahl. Stattdessen besteht die sie tragende Mitgliedschaft aus einer selbst definierten Gruppe von Menschen und gegebenenfalls Institutionen, die durch ihre originär umweltpolitische Motivation verbunden sind. Sie sind daher weit kohärenter und immuner gegen das gegeneinander Ausspielen ihrer Mitgliedschaften. Sie erheben den Anspruch, mit Tieren und Pflanzen Betroffene zu vertreten, die keine eigene Stimme haben und zugleich auch noch für die kommenden Generationen der Menschheit einzutreten.

Kaum irgendwo fällt der Kontrast zwischen tatsächlicher aktueller Repräsentativität auf der einen Seite und allumfassendem Mitspracheanspruch so deutlich aus wie bei der Deutschen Umwelthilfe (DUH) mit ihrer vierstelligen Mitgliederanzahl. Dagegen kann sich der Bund für Umwelt und Naturschutz Deutschland (BUND) auf deutlich über eine halbe Million Mitglieder berufen. Zum Vergleich: Die IG Metall hat über 2 Millionen Mitglieder, der ADAC über 20. Die politische Legitimation der Umweltverbände als politische Akteure ist daher keine ihnen einfach durch Mitglieder objektiv verliehene, sondern ganz wesentlich eine durch die Politik selbst geschaffene Größe. Anders als bei einer Gewerkschaft basiert ihre Macht nicht auf dem Organisationsgrad direkt Betroffener, sondern auf der Anerkennung als Lieferant von politischen Projektideen durch die Parteien und Politiker. Diese zugeschriebene Legitimation ist die Grundlage ihrer Rolle als „Vorentwicklungslabor" für neue politische Projekte. Diese wird verstärkt durch die Aufnahme ihrer Positionen in den Medien, die gerade in Europa die Aufdeckung von Bedrohungen, das Einfordern von Eingriffen zu einem Kernmerkmal ihrer eigenen umweltpolitischen Rolle gemacht haben.

Die Umwelt und das „System"

In erheblichen Teilen der „Umweltbewegung" dominierte zunächst ein Leitbild, das letztlich auf die Wiederherstellung vorindustrieller und vorkapitalistischer Verhältnisse abzielte und aus der absehbaren Schädigung der Umwelt auf die Notwendigkeit schloss, dass der Staat konsequent alle Produktionsaktivitäten unterbindet, die nicht dazu dienen, objektive (und beschränkte) Bedürfnisse des Menschen zu erfüllen. Dies beinhaltete teilweise autoritäre Denkmuster, bei denen sich die Exponenten der Verbände und Parteien das Recht zubilligten, auch die Grenzen des demokratischen Entscheidungsraums aus der Perspektive objektiver Grenzen zu definieren und Fehlentscheidungen auch demokratisch legitimierter Mehrheiten von vornherein unmöglich zu machen. Dieses

Denkmodell verlor erst an Bedeutung, als sich Erfolge in der Beeinflussung der Politik einstellten und auch in den Parteien Umweltthemen immer fester verankert wurden. Die gestiegene Wirksamkeit der Umweltverbände bei konkreten Interventionen in die Wirtschaft und die ideologische „Abrüstung" beim Thema Wirtschaftsordnung gingen miteinander einher.

Die zweistufige Legitimation der heute in Europa etablierten Rolle der Gewerkschaften: (a) Legitimation durch von den Mitgliedern delegiertes Vertretungsrecht und (b) rechtlich definierte Vertretung von Ansprüchen gegenüber der Unternehmensseite durch Gesetze, ist als Kern der europäischen Antwort auf die soziale Frage nicht auf die ökologische Dimension übertragbar. Es gibt keinen Mechanismus der tatsächlichen Repräsentanz der Betroffenen: Weder die natürliche Umwelt noch künftige Generationen von Menschen haben eine Stimme, die sie an einen institutionellen Vertreter weitergeben könnten. Mitsprache- und Mitwirkungsrechte können daher nur durch den Staat politisch und rechtlich zugebilligt werden. Für demokratisch organisierte Gesellschaften bedeutet dies, dass Legitimation umweltpolitischer Forderungen und damit die Basis für deren Durchsetzung, durch die Zustimmung der Bürger zu Parteiprogrammen erfolgen muss, die sich zu den Forderungen positionieren. Damit bleibt die ökologische Thematik inhärent politischer und dynamischer als die soziale. Der entscheidende Schritt, mit dem die soziale Frage kanalisiert, institutionalisiert und befriedet werden konnte, nämlich die Definition eines rechtlichen Rahmens, innerhalb dessen die unmittelbar Betroffenen durch institutionelle Vertreter Lösungen aushandeln, steht für die ökologische Frage nicht zur Verfügung. Stattdessen ist sie eine Frage nach der unmittelbaren staatlichen Intervention in das Handeln und Entscheiden von Unternehmen und Bürgern geblieben. Der Fokus aller Aktionen der Umweltverbände und der ihm nahestehenden Parteien bleibt damit das staatliche Handeln, nicht die unmittelbare Interaktion mit den Unternehmen oder den Bürgern. Die Auseinandersetzung um ökologische und wirtschaftliche Interessen wird über die Bande politischer Entscheidungen und staatlicher Eingriffe gespielt. Dies wird dadurch verstärkt, dass die Rechtfertigung von Umweltverbänden gegenüber ihren Mitgliedern entscheidend durch die erfolgreiche Einflussnahme auf politische Positionen und Entscheidungen gestützt wird. Ihr institutionelles Eigeninteresse ist damit strukturell anders gelagert als das einer Gewerkschaft, die auf der Grundlage abgesicherter Rechte und eigener Entscheidungs- und Verhandlungskompetenzen agieren kann.

Erfolge

Nachdem über Jahrzehnte hinweg die Umweltschutzorganisationen gezwungen waren, bei allen parteipolitischen Konstellationen für ihre Anliegen zu werben und mühsame Überzeugungsarbeit zu leisten, änderte sich dies spätestens mit der Atomdebatte der 80er-Jahre und dem Aufstieg der grünen Parteien. In der Folge entwickelte sich zwischen den grünen Parteien Europas und den Umweltverbänden ein Verhältnis, das sehr stark demjenigen von sozialistischen Parteien und Gewerkschaften in Europa entspricht: Diese Beziehung ist zwar nicht völlig exklusiv, insofern als alle Umweltverbände natürlich auch auf andere Parteien zugehen. Sie ist aber zugleich qualitativ weit enger als zu allen anderen Teilen des politischen Spektrums. So wenig, wie sich ein SPD-Funktionär – jedenfalls bis vor wenigen Jahren – gegen sein regelmäßig anzutreffendes „zweites Ich", den Gewerkschaftsfunktionär stellte, so schwer fällt es einem Grünen, einem Anliegen von BUND, NABU oder DUH nicht zu folgen. Sozialdemokratische Parteien haben die institutionalisierte Durchsetzungsfähigkeit der Gewerkschaften zu ihrem politischen Anliegen gemacht, beispielsweise durch die Verankerung des Streikrechts, die gewerkschaftliche Vertretung in Mitbestimmungsorganen der deutschen Aktiengesellschaften, Mitspracherechte in sozialpolitischen Organisationen usw., Das gleiche haben die Grünen v. a. mit Hilfe des Koalitionspartners SPD für die Umweltverbände getan. Von der Einbeziehung in politische Gremien über die Anhörungspflichten im Rahmen von Gesetzgebungsverfahren und das immer weiter ausgebaute Instrumentarium der rechtlichen Einspruchsmöglichkeiten gegen industrielle und öffentliche Projekte bis zum Verbandsklagerechts, wurden so umweltpolitische Interventionsmöglichkeiten geschaffen, ausgebaut und abgesichert.

5 Der Aufstieg der Umweltfrage

Die härteste Form der Intervention in das Wirtschaftsgeschehen ist das Verbot von Produktionsprozessen und Produkten. Dies ist der Kern der Programmatik von Umweltverbänden und grünen Parteien in den letzten Jahrzehnten gewesen – mit erheblichen Erfolgen: Der Ausstieg aus der Kernenergie in Deutschland, die massive Beschränkung der grünen Gentechnik, die Abschaltung der Kohlekraftwerke sind Entscheidungen, welche in Deutschland und Europa ohne die spezifische synergetische Rolle dieser beiden Akteure aber auch ihren Rückhalt in Teilen von Öffentlichkeit und Medien nicht möglich gewesen wären. „Aussteigen" und „Abschalten" durchgesetzt zu haben, ist zugleich in Richtung der eigenen Unterstützer der maximal mögliche Erfolg aus institutioneller Sicht. Diese politischen Entscheidungen sind das Ergebnis einer hohen Mobilisierungsfähigkeit, die vor allem aus dem Initiieren und Hochhalten von öffentlichen Diskussionen über Gefahren für die Umwelt resultiert. Diese hat bewirkt, dass über den harten Kern der Treiber der Diskussion hinaus, politische Entscheider vor die Wahl gestellt werden, sich entweder dadurch zu exponieren, dass eine Bedrohung für Leben, Gesundheit, Zukunft usw. nicht abgewendet wird. Oder aber die entsprechenden Forderungen aufzugreifen und die Debatte anschließend nur noch über soziale Abfederung, vertretbare Zeitpläne und industriepolitische Ausgleichsmaßnahmen zu führen. In Deutschland haben mehrere aufeinander folgende Bundesregierungen und die sie tragenden Parteien entschieden, keine umweltpolitischen Angriffsflächen mehr in Kauf zu nehmen, bei denen auf der Kostenseite eines „Nachgebens" allein wirtschaftliche Effekte zu befürchten sind. Vielmehr sind es letztlich nur noch negative, politisch bedrohliche Folgen für die Bürger und Wähler ganz direkt (v. a. Arbeitsplatzverluste, Steuererhöhungen, faktische Enteignung usw.), die der Annahme ökologischer Forderungen Grenzen setzen.

Umweltverbände in Deutschland haben schließlich im Bereich der Medien eine hohe Glaubwürdigkeit und können davon ausgehen, dass ihre Positionen regelmäßig ungeprüft und unkommentiert übernommen werden. Dies gilt jedenfalls so lange, wie nicht valide wissenschaftlich begründeter Widerspruch erhoben wird oder aber Forderungen aufgestellt werden, die eindeutig „überziehen" (wie etwa die Forderung der DUH, auch ohne Corona Feuerwerke in Städten zu verbieten). Auch die Synergie zwischen Umweltorganisationen und Wissenschaft hat sich in den letzten Jahrzehnten verstärkt. Dies lässt sich nicht nur an vielen biografischen Schnittstellen nachzeichnen, sondern vor allem an den erheblichen inhaltlichen Synergien: Jeder neue Lehrstuhl, jeder neue Forschungsauftrag, jedes internationale Symposium und natürlich jede globale Konferenz zu einem umweltpolitischen Thema wird entscheidend mitbestimmt durch den Gleichklang öffentlich erhobener Forderungen der Umweltschutzorganisationen einerseits, wissenschaftlichen Aussagen zu den Bedrohungen für die Zukunft der Menschheit andererseits. Dies gilt natürlich vor allem dort, wo der wissenschaftliche Forschungsauftrag lautet, eine umweltpolitische These wissenschaftlich abzusichern, aus ihr hergeleitete politisch praktische Forderungen zu legitimieren und so gegen mögliche Kritik zu immunisieren.

Umwelt und Automobil

Das Auto wurde sehr schnell zu einem derjenigen industriellen Produkte, an denen sich ökologische Kritik in besonderem Maße festmachte. Gerade seine Kernrolle im marktwirtschaftlichen Wirtschaftssystem prädestinierte es dafür, dessen ökologische Fehlfunktionen zu symbolisieren: Die Emissionen von Schadstoffen und der Verbrauch von Kraftstoff sowie der Ausstoß von CO_2 machen das private Auto zu einem der größten einzelnen Beiträge zum individuellen ökologischen Fußabdruck seiner Nutzer. Zugleich sind seine Eigenschaften definiert durch eine beschränkte Anzahl industrieller Produzenten, die sich mit ihren Marken, mit ihrem volkswirtschaftlichen Stellenwert und mit ihrer sehr hohen öffentlichen Aufmerksamkeit als Brennpunkt von Kritik besonders eignen. Die Automobilindustrie steht hier sozusagen „zwischen" den anderen beiden großen Blöcken der ökologischen Auswirkungen individuellen Konsumverhaltens:

Der Energie- und Wärmebedarf von Wohngebäuden gehört zu den ökologisch wichtigsten Sektoren. Jedoch wird die Frage, in was für einem Gebäude die Menschen leben, von tausenden von Unternehmen mitentschieden – vom Architekten bis zum Immobilienentwickler. Die Wohnungswirtschaft ist ein total atomisierter Sektor, in dem es keine landes- oder EU-weit geeigneten, wiedererkennbaren Kandidaten für die Rolle des Gegners bzw. des Schuldigen gibt. Die Unterschiede zwischen Luxuskonsum in Gestalt von großen freistehenden Einfamilienhäusern und der Erfüllung von Mindestbedürfnissen in Gestalt kleiner Wohnungen in energetisch optimierten Mehrparteienhäusern ist politisch weit weniger mobilisierungsgeeignet als Marken, die ihrer Natur nach damit assoziiert werden, dem Kunden mehr zu bieten als er braucht und dafür einen höheren Preis aufzurufen als für die schlichte Fortbewegung von A nach B erforderlich ist.

Am anderen Ende des Spektrums steht die Energiewirtschaft. Hier sind es ebenfalls wenige große Unternehmen, die letztendlich die Energiebereitstellung bestimmen. Diese sind in vielen Ländern und vielen Regionen noch dazu als Monopolanbieter ohne Alternative. Politische Auseinandersetzung um den Ausstieg aus einzelnen Energieerzeugungsmethoden richtet sich hier zugleich ausschließlich auf diese Unternehmen selbst, betrifft aber anders als beim Auto nicht die Entscheidungen der einzelnen Kunden. Dies gilt jedenfalls so lange, wie die Verbraucher nicht darin unterstützt werden, ihre Energie selbst zu erzeugen. Die Folge ist, dass die politische Debatte sich voll fokussiert auf die Auseinandersetzung zwischen fossiler Energieerzeugung auf der einen regenerativer auf der anderen Seite. Sie wird aber nicht mit Marken- und Unternehmensidentitäten aufgeladen.

Mehr als jedes andere Einzelprodukt steht das Automobil für gesellschaftliche Differenzierung, für den sichtbaren Unterschied von Arm und Reich. Die absoluten Mehrausgaben für ein teures Auto übersteigen – mit der Ausnahme des Eigenheims – die Preisunterschiede, die bei allen anderen Kategorien von Konsumgütern zwischen Basis und Premiumangeboten bestehen. Und wenige andere differenzierende Produkteigenschaften mit fünfstelligem Mehrpreis basieren so sehr auf subjektiv-emotionalen Kriterien wie die Querbeschleunigung eines Sportwagens, der Prestigefaktor der Höchstgeschwindigkeit, die Designanmutung von außen und der erlebte Luxus im Inneren eines Autos. Und deshalb eignet sich auch kaum ein anderes Produkt so gut dafür, kritisch zu attackieren, welchen Preis die Umwelt für eben diese Eigenschaften zu zahlen habe. Aus all diesen Momenten heraus waren es vor allem die Umweltdebatte in Europa und institutionell die europäischen Umweltverbände und ihnen nahestehenden Parteien, die das Auto nicht nur unmittelbar wegen der von Ihnen verursachten Schäden angegriffen haben. Hier waren die amerikanischen und insbesondere die kalifornischen Umweltschützer früher und härter unterwegs. Sondern sie haben es vor allem aus der weltanschaulich linken, verteilungspolitisch überformten Perspektive heraus attackiert. Forderungen, den Verbrauch aller Hersteller auf einen identischen Wert zu begrenzen, sind direkter Ausdruck dieser Sichtweise.

Dies gilt natürlich vor allem für Unternehmen, die hiermit unmittelbar in ihrem Markenkern assoziiert werden. In allen Klimadiskussionen in Europa während der letzten 20 Jahre fokussierte sich die ökologische Kritik in Europa, vor allen Dingen aber in Deutschland selbst, auf die deutschen Premium-Hersteller (Audi, BMW, Daimler, Porsche). Im Gegensatz hierzu standen insbesondere den beiden französischen Automobilkonzerne PSA und Renault immer wieder deutlich weniger in der Kritik – und das obwohl auch sie Autos anbieten, die hinsichtlich ihres CO_2-Ausstoßes keinen Vergleich mit Premiumprodukten zu scheuen brauchen (BMW X5 und Renault Espace liegen bei vergleichbarer Motorisierung dicht beieinander). Ähnliches gilt für GM (bis zur Opel-Übernahme durch PSA), Ford, die koreanischen Hersteller oder auch die japanischen Anbieter, allen voran Toyota.

Ein weiterer Punkt unterscheidet die politische Debatte rund um das Auto von vielen anderen: Bei Energie gibt es alternative Formen der Erzeugung und es gibt eine kritische Diskussion darüber, wie der Verbrauch an Energie überhaupt politisch gesteuert werden soll. Es geht also um das „wie" der Erzeugung und das „wie viel" des Verbrauchs. Bei Konsumgütern wie Textilien wird über die Notwendigkeit von Bedürfnissen kritisch diskutiert, aber natürlich auch über die Auswirkungen welche die Produktion in ökologischer oder auch sozialer Hinsicht (Stichwort Umwelt- und Arbeitsbedingungen) hat. Die Alternative zu einem fragwürdig erzeugten Kleidungsstück ist aber ein nachhaltig Erzeugtes. Konsumkritik aufgrund behaupteter „falscher" oder „überzogener" Bedürfnisse bleibt hier appellativ, da der Politik keine wirklich durchsetzbare Alternative zur Verfügung steht. Ansatzpunkt der Intervention ist allein die Herstellung z. B. durch eine erweiterte Haftung der Hersteller für die Herstellungsbedingungen. Dies ist beim Auto völlig anders. Mit dem öffentlichen Verkehrssystem steht eine Alternative für die Befriedigung objektiver Mobilitätsbedürfnisse, also des von A nach B-Kommens zur

Verfügung. Das Auto kann nicht nur als unnötig, überflüssig und ressourcenintensiv, als Platzvergeudung und klimaschädlich kritisiert und in seinen technischen Eigenschaften immer stärker reguliert werden. Mit Bus, Straßen- und U-Bahn, aber auch künftigen neuen autogestützten kollektiven Mobilitätsangeboten stehen systemische Alternative zum privaten Pkw zur Verfügung. Diese Alternativen decken auch bereits seit Anbeginn der Mobilität einen erheblichen Teil der Verkehrsleistungen ab. Das Auto ist also immer mit der Frage nach einer grundsätzlichen Alternativoption konfrontiert gewesen, die durch die umweltpolitische Debatte noch einmal wesentlich verschärft wurde. Umweltpolitik hat die auch zuvor vorhandenen verkehrspolitischen Debatten um die Überlastung von Straßen, Staus und die Konkurrenz um den öffentlichen Raum entscheidend transformiert. Noch dazu handelt es sich um Alternativen, die unmittelbar oder mittelbar staatlich kontrolliert sind, bei denen also politisch-staatliche Akteure zugleich unmittelbar ein Interesse an der Verlagerung von Fahrleistung auf ihre Verkehrsbetriebe haben. Auch in der Folge dieser Gesamtkonstellation sind die umweltpolitischen Diskussionen gerade in Europa rund um das Automobil dauerhaft härter und weltanschaulich schärfer als in anderen Sektoren. Auf der einen Seite werden die Unternehmen für das angegriffen, was sie machen, für ihr Produkt. Eigentlich geht es in vielen Fällen aber um mehr, nämlich um das, was sie sind: Symbole für ein Konsumverhalten und eine Wirtschaftsweise die letztlich als solche nicht wirklich akzeptiert werden.

All dies bedeutet nicht, dass es keine Felder gleichgerichteter kurzfristiger Interessen, gemeinsame Unterstützung von politischen Projekten (z. B. einer stärkeren Förderung der Elektromobilität) zwischen Umweltverbänden und Industrie geben kann. Es bleibt aber in Europa stets ein Grundvorbehalt, ein Grundmisstrauen am Tisch, dass äußerst schwer aufzuräumen ist. Dieser ist nicht einseitig, sondern symmetrisch. Auf Seiten der Unternehmen, Ihrem Management ebenso wie der Arbeitnehmervertretung gibt es ein starkes Misstrauen gegen die Umweltverbände. Diese Lage ist ein Spezifikum Europas und Deutschlands und nicht unbedingt der Sache selbst geschuldet, wie die wesentlich offenere Kommunikation in den USA zeigt. Auch wenn individuelle Haltungen natürlich andere Schattierungen aufweisen, so kann man aber doch eines feststellen: Während das Automobil in allen seinen Ausprägungen und die Industrie, die dieses hervorbringt, in den USA selbst bei umweltpolitisch hart gesottenen Akteuren auf eine grundsätzliche Akzeptanz rechnen kann, existiert in Europa ein stark gewachsenes und politisch, vor allem aber auch medial wirksames „Grundrauschen", für welches das Auto letztlich allenfalls ein notwendiges Übel darstellt. Dabei changiert der Schwerpunkt je nach Themenlage zwischen „Notwendig" und „Übel". Noch einmal anders formuliert: In den USA ist das Auto eine Notwendigkeit, deren technische Übel zu beseitigen sind. In Deutschland und Europa wird über das Auto als solches diskutiert.

Symboldebatten – Fallbeispiel SUV

An kaum einer anderen Produktkategorie entzündet sich das gesamte Spektrum der automobilpolitischen Konfrontation in Europa bereits so lange und so stark wir an den Sports Utility Vehicles (SUVs) – und nirgendwo mehr als in Deutschland. Die Produktkategorie der SUV entstand in den 90er-Jahren mit neu konzipierten Produkten wie dem Toyota RAV4 oder dem Land Rover Freelander. Während zuvor große und schwere, originär für den Einsatz im Gelände entwickelte Fahrzeuge wie Land Rover Defender oder die Mercedes G-Klasse, eine sehr kleine Nische (mit einer Kombination aus Komfortverzicht und sehr hohen Preisen) bildeten, entstand mit deutlich „zivileren", in Sachen Ausstattung, Komfort und Fahrverhalten näher am Pkw liegenden Konzepten ein völlig neues und stark wachsendes Marktsegment. Eine sehr schnell steigende Anzahl von Angeboten nahezu aller Hersteller befeuerte das Segmentwachstum weiter. Aus Kundensicht bieten diese Fahrzeuge eine ganze Reihe handfeste Vorteile: Eine höhere Sitzposition führt nicht nur zu objektiver und vor allem subjektiv-gefühlter besserer Übersicht im Verkehrsgeschehen, sondern auch zu einer psychologisch deutlich stärkeren Wahrnehmung von Sicherheit. Zugleich sind das Platzangebot und der wahrgenommene Nutzwert einschließlich bequemer Beladung ein offenbar wirksames Argument. SUVs erzeugen ein höheres Vertrauen in punkto Sicherheit bei Glatteis und schlechten Straßenverhältnissen auch außerhalb echter Offroad-Verhältnisse. Schließlich sind SUVs vielfach in

5 Der Aufstieg der Umweltfrage

ihrer Design-Sprache deutlich „präsenter" als beispielsweise die Kombiversion eines regulären Pkw. In der Folge haben sich immer mehr Kunden für ein SUV anstatt für eine konventionelle Limousine oder einen Kombi entschieden. All diese Faktoren erlaubten es den Herstellern auch, für diese Konzepte relativ attraktive Preise durchzusetzen.

Politisch rief der Erfolg der neuen Fahrzeugkategorie zunehmende Kritik auf den Plan. Während auch Sportwagen und Hochleistungsfahrzeuge mit überdurchschnittlichen Verbrauchswerten zwar ganz offensichtlich keine objektiven Transportbedürfnisse erfüllten, blieben sie immer eine kleine Nische, an der es sich offenbar nicht lohnte, sich politisch abzuarbeiten. Umgekehrt was es aus Sicht der Kritiker der Automobilindustrie sehr schwer, einer Familie, die objektiv ein größeres Fahrzeug benötigt, das Recht abzusprechen, ein Produkt mit mehr Masse und mehr Verbrauch zu fahren, also das Recht auf Kombis und Großraumfahrzeuge à la VW Sharan abzusprechen. Mit dem SUV änderte sich das nachhaltig: Aus der Perspektive seiner Kritiker vereint es mehrere attraktive Eigenschaften: Bodenfreiheit, Allradantrieb und Geländegängigkeit sind objektiv so gut wie nie erforderlich, man kann also das Konsumverhalten der Kunden karikieren („Nur Förster brauchen Allrad") bzw. kritisieren. SUVs haben es zugleich zuerst und am stärksten in die Rolle des zweiten Autos relativ wohlhabender Haushalte geschafft. Gerade die Angebote der Premiumhersteller eignen sich daher auch zur Abgrenzung der sog. „Besserverdienenden" von der eigenen Wählerklientel. Schließlich lautet eine zentrale These, dass es die Industrie sei, welche die eigentlich gar nicht vorhandenen falschen Bedürfnisse ja überhaupt erst schaffe. Es sei die Manipulation des Konsumenten durch die Kommunikation der Hersteller, die zur objektiv „falschen" Konsumentenentscheidung führe. Diese ihrerseits argumentieren, dass der Kunde ganz offensichtlich das Konzept als solches will und es die Pflicht des eigenen Unternehmens ist, das hiermit gegebene Potenzial auszuschöpfen und zwar im Wettbewerb mit anderen attraktiven Angeboten. Hier wird der weltanschauliche Graben gerade in der deutschen Diskussion in seiner ganzen Breite sichtbar. Auf der einen Seite die Industrie, die auf dem Recht beharrt, Produkte, die sich nach einem ersten Test mit wenigen ersten Angeboten als extrem erfolgversprechend erwiesen haben, in ihrem vollen Potenzial auszuschöpfen. Auf der anderen Seite ein politischer Interventionsvorbehalt gegen Produkte, die zu weit von „objektiven Bedürfnissen" abweichen.

Fünf Personen zu transportieren erfordert bei gleichem Antrieb aber zugleich höhere Bodenfreiheit, breitere Reifen, größere Fahrzeughöhe und mehr Gewicht, durch Allradantrieb einen höheren Verbrauch an Energie. Dabei spielte in Europa von Anfang an der Diesel die Hauptrolle im Antriebsmix, um die Belastung der Flottenwerte möglichst gering zu halten. Die hohen Kraftstoffkosten in der EU unterstützten diese Strategie nachhaltig. Damit wurden der Segmentanteil und der Antriebsmix bei SUVs zu einem ganz wesentlichen Teil der Debatte um die CO_2-Gesetzgebung. Während in den USA durch die Trennung der Segmente innerhalb der Flottengesetzgebung der Ausbau dieser Fahrzeugkategorie indirekt sogar noch massiv unterstützt wurde (von Barack Obama und Kalifornien gleichermaßen – s. u.), sieht die Situation in der EU völlig anders aus. Der regulatorische Rahmen erforderte es hier, den Verbrauch von SUVs weitestgehend zu begrenzen und sie zugleich durch andere Fahrzeuge in der Flotte zu kompensieren. Da bis zum Start der Elektromobilität namentlich große SUVs mit konventionellen Antrieben – weder mit Benzin noch mit Diesel – eine Chance hatten, ihren gewichtsspezifischen Zielwert zu erreichen, mussten sie in einer Gesamtoptimierung aus Technik und Wirtschaftlichkeit in den Flotten durch sparsamere Modelle ausgeglichen werden.

Umweltverbände in Europa und insbesondere Deutschland sahen die Tatsache, dass es den Herstellern immer noch möglich ist, SUVs zu verkaufen ohne Strafen zahlen zu müssen, als ein Indiz dafür, dass die Regulierung bei weitem nicht streng genug ist. Selbst wenn alle technischen Potenziale einen Geländewagen möglichst verbrauchsarm zu machen, genutzt werden – so ihre Argumentation – ist er immer noch überflüssig. Und die gleiche Spar-Technologie sollte nach dieser Logik eben in einer Limousine oder einem Kombi verkauft werden. Daher konnte aus dieser Perspektive eine wirklich wirksame Klimapolitik nur über Grenzwerte erfolgen, die ein „Downsizing" in den Segmenten erzwingt. Es waren daher vor allem die großen Limousinen und Geländefahrzeuge der deutschen Premiumhersteller, die in der europäischen CO_2-Debatte 2012/2013 eine argumentative Hauptrolle spielten. Neben der gerade in

5 Der Aufstieg der Umweltfrage

den deutschen Medien präsenten Perspektive der Umweltverbände waren es beispielsweise in der französischen Öffentlichkeit eher industriepolitische Positionen, die auch medial reflektiert wurden: Wenn es der deutschen Industrie schon gelänge, mit luxuriösen, exzessiv motorisierten und gänzlich unnötigen Produkten Handelsbilanzüberschüsse mit dem Rest der Welt und vor allem dem Rest Europas zu erzielen, dann sollten Sie doch bitte auch die größere Last bei der Erfüllung der europäischen Klimaziele tragen. Umgekehrt sei es doch wohl nur fair, wenn die auf den Massenbedarf und kleine Fahrzeuge fokussierten französischen Unternehmen im Vergleich günstiger gestellt würden. Immerhin ermöglichte die letztlich gefundene Regulierung es aber auch den französischen Herstellern, in das Segment einzusteigen und an dessen Wachstum teilzuhaben – wovon PSA (Peugeot 3008, DS 7, Citroën C5 Aircross), und Renault (Kadjar und Koleos) dann auch Gebrauch machten. Die britische Regierung, die mit Land Rover einen der Erfinder des Segments aufweist, der zudem massiv industriepolitisch unterstützt wird, konzentrierte sich derweil darauf, die 2008 festgelegte Sonderregelung für kleinere Hersteller zu sichern.

In Folge der immer weiter verschärften EU-Ziele stiegen die erforderlichen Kompensationsanstrengungen für wachsende SUV Anteile. Dies gilt sowohl für die Erhöhung der Elektroanteile an der gesamten Flotte als auch für elektrische Angebote von SUVs ganz unmittelbar. Mit den für 2030 verabschiedeten Zielen ist dies unumkehrbar geworden, wie auch die Ankündigungen diverser Hersteller für vollelektrische SUVs zeigen. Diese gehen deutlich über die heute verfügbaren Hybridversionen hinaus. Gerade in einem Umfeld, in dem durch die sinkenden Diesel-Anteile die Risiken für eine Zielwertverfehlung steigen, andererseits aber eine Aufgabe des nach wie vor sehr starken SUV Segments keine wirtschaftliche Option darstellt, wächst der Druck auf die Entwicklung und vor allem die erfolgreiche Vermarktung von elektrischen Fahrzeugen und elektrischen Antriebsvarianten aktuell deutlich. Insofern ist der Erfolg von SUVs auch ein indirekter Treiber der Elektrifizierung. Ein praktisches Beispiel neben z. B. Audi e-tron, Mercedes EQC, Peugeot e-2008 ist der vollelektrische BMW iX3, der in China seit 2020 für den Weltmarkt produziert wird.

Europäischer Konsens?

In der EU herrscht heute ein stark wirksamer umweltpolitischer „Mainstream", der lediglich von einer Minderheit osteuropäischer Staaten aus klar konservativ-wirtschaftspolitischer Motivation gelegentlich infrage gestellt wird. Der politisch-mediale Grundkonsens lautet: Der wirtschaftliche Spielraum einer Gesellschaft – vom einzelnen Bürger bis zum globalen Unternehmen – bemisst sich nach den Grenzen in der Tragfähigkeit der natürlichen Umwelt und insbesondere des Weltklimas. Der Unterschied zwischen den die allermeisten Regierungen Westeuropas tragenden Parteien besteht schon lange nicht mehr in der Frage, ob das Wirtschaften begrenzt werden muss. Sondern es geht nur noch um die Frage, wie schnell dies geschieht. Während das „grüne" Lager in der Regel zuerst das harte Verbot fordert, mindestens aber restriktive Steuererhöhungen, haben die konservativen Parteien – natürlich vereinfacht gesprochen – eine Präferenz für Instrumente wie freiwillige Maßnahmen der beteiligten Unternehmen, steuerliche Anreize, usw. Dabei liegt ein wesentlicher Unterschied in der Außendarstellung des Verhältnisses zwischen politischer Entscheidung und wirtschaftlichen Interessen: Für Grüne und auch traditionell linke Entscheidungsträger ist es ein legitimatorisches „Gütesiegel" gegenüber der eigenen Wählerschaft, harte Eingriffe gegen Widerstand der betroffenen Unternehmen „durchgesetzt" zu haben. Auf der konservativen und liberalen Seite besteht dagegen eine höhere Bereitschaft, gefundene Lösungen auch als Ergebnis der Kooperation mit der Industrie zu positionieren, und offen auf die wirtschaftlichen Konsequenzen neuer Entscheidungen hinzuweisen. Letztlich wird hier der Gesichtspunkt von Kosten und natürlich vor allem von Arbeitsplatzrisiken eher als Maßstab dafür akzeptiert, wie schnell und mit welchem Härtegrad auf ökologische Handlungsbedarfe reagiert wird.

Eine Mischung zwischen diesen beiden Grundmodellen bestimmt heute vielfach die Verlaufsform der Politikprojekte mit Industrierelevanz. Dies ist der kombinierte ökologisch-industriepolitische Argumentationspfad: Die Politik hat einen klaren Handlungsauftrag für alle Themen, die für die langfristige Zukunft von Wirtschaft und Gesellschaft entscheidend sind. Sie hat damit das Mandat, langfristig den besten Ausgleich zwischen ökologischen und Wirtschaftsinteressen herzustellen. Vor allem aber behauptet diese Logik, auch das längerfristige wirtschaftliche Interesse zu kennen, das regelmäßig im Widerspruch zu kurzfristiger Ertragsoptimierung stehe. So argumentieren auch konservative Entscheider in Deutschland immer wieder, dass die Unternehmen die heutige Führerschaft im Automobilbereich verlieren würden, wenn sie nicht frühzeitig den langfristigen politischen Imperativen folgen und damit die eigene Wettbewerbsfähigkeit gegenüber Konkurrenten, seien es Franzosen, Japaner, Chinesen oder Kalifornier sichert. Der hart-autoritären Interventionsphilosophie wird damit ein hybrides Modell aus strategischer Voraussicht und pädagogisch-freundlicher Durchsetzung gegenübergestellt. Die europäische Politik rund ums Auto wird von unterschiedlichen Ausprägungen dieser Grundvarianten bestimmt – jedenfalls so lange, wie das politische Parteienspektrum sich zwischen christlich-konservativen und Grünen bewegt – mit den Sozialdemokraten dazwischen.

Eine „Randbemerkung": Das Bild bei den rechtspopulistischen Parteien Europas ist uneinheitlicher als es aus deutscher Sicht scheint: So positioniert sich zwar die deutsche AfD deutlich gegen die Haltung der anderen Parteien im Bereich Klimaschutz oder auch in der Dieseldebatte. Auf der anderen Seite folgte die österreichische FPÖ einem Kurs, der nicht weit von derjenigen der deutschen CDU entfernt ist. Die italienische Lega Nord überließ in der Zeit ihrer Regierungsbeteiligung der Fünf Sterne Bewegung das Vertreten deutlich antiindustrieller Positionen. In den Niederlanden und Skandinavien ist aus der gewachsenen Rolle rechter Parteien bisher kein wirksamer Einfluss zur Änderung der sehr konsequent umweltpolitisch ausgerichteten Politik hervorgegangen.

Vor allem die Europäischen Institutionen Kommission und Parlament sind zu besonders wirksamen Anlaufpunkten für die Anliegen der Umweltverbände, aber auch für deren praktische Unterstützung geworden. Dies liegt nicht nur, aber auch daran, dass strukturell inzwischen wirtschaftliche Argumente in Brüssel vielfach deutlich weniger wirksam sind als umweltpolitische: Alle EU-Kommissionen der letzten 20 Jahre, aber auch die Spitzen der Fraktionen der meisten Parteien im Europäischen Parlament sind sich darin einig, dass es zum „Markenkern" der EU gehöre, ein weltweiter Treiber für umwelt- und vor allem klimapolitische

Anliegen zu sein. Diese Haltung hat faktisch die Gewährleistung eines funktionsfähigen Binnenmarkts und die wirtschaftliche Kohäsion der Mitgliedsstaaten als „raison d'etre" der EU abgelöst. Die Institutionen nehmen es auch als ihren wesentlichen Mehrwert gegenüber nationalstaatlichem Handeln in Anspruch, globale Vereinbarungen zur Beschränkung der Umweltbelastung voranzutreiben. Dies wird dadurch verstärkt, dass die EU nach außen als Verhandler eigenständig und im Namen der Mitgliedstaaten auftritt. Umgekehrt verpflichtet europäisches Handeln auf globaler Bühne die Mitgliedstaaten zur politischen Unterstützung (jedenfalls zum Erdulden) auf nationaler Ebene. Es liefert zugleich die Vorlage für gemeinschaftsweite gesetzliche Vorgaben, die wiederum auch formalrechtlich die Ziele der EU bis zum einzelnen Bürger und Unternehmen durchsetzen. Umgekehrt ist Wirtschaftspolitik, die Entscheidung über die Zukunft von Technologien, Erfolg oder Misserfolg beim Abbau der Arbeitslosigkeit, Forschungsförderung und alle anderen Faktoren, die die wirtschaftliche Wohlfahrt der Mitgliedstaaten bestimmen, nach wie vor ganz überwiegend deren Entscheidungshoheit. Die EU verfügt hier institutionell nur über begrenzte Mittel, die auch nicht in Konkurrenz zur nationalen Politik wirksam werden.

Es haben sich in den letzten Jahrzehnten umweltpolitischer Entscheidungen der Europäischen Union und eines ständigen Ausbaus ihrer Entscheidungskompetenzen gegenüber den Mitgliedstaaten bei gleichzeitiger Stärkung der Rechte des Europäischen Parlaments einige Grundkonstanten entwickelt: Erstens: Kein Vorschlag, den die Kommission vorlegt, wurde vom Europaparlament abgeschwächt oder auch nur unverändert gelassen. Zweitens: Die Auseinandersetzungen im Parlament finden nicht wie in anderen Parlamenten einfach zwischen Fraktionen und unterschiedlichen Grundanschauungen statt, sondern gleichzeitig zwischen den verschiedenen Fachpolitikern. Die Umweltpolitiker stehen einander mitunter näher als die Umwelt- und Wirtschaftspolitiker innerhalb einer Fraktion. Und drittens: Der europäische Rat dämpft häufig den Ehrgeiz des europäischen Parlaments Regeln zu verschärfen, geht aber kaum hinter den Kommissionsvorschlag zurück. Das Ergebnis ist also sehr oft restriktionslastiger als der erste Kommissionsvorschlag. Dies wissen alle am Prozess Beteiligten von den Umweltverbänden bis zu den Industrielobbyisten.

Bestimmt wird der politische Prozess in der EU auch dadurch, dass die EU in vielen Industriesektoren nicht gleichmäßig betroffen ist, sondern Nutzen und Schäden europäischer politischer Vorgaben sich sehr unterschiedlich in den einzelnen Mitgliedstaaten niederschlagen. Während also die Anliegen der Umweltverbände in Brüssel immer und von vornherein mit erheblicher, deutlich weniger durch offene Interessenunterschiede der Staaten beeinflusster Grundsympathie und Unterstützung rechnen können, ist das Aufbieten eines originär wirtschaftspolitischen Momentums sowohl für eigenständige wirtschaftspolitisch motivierte Projekte als auch für wirtschaftspolitisch begründete Opposition gegen umweltpolitische Vorhaben ungleich schwieriger. Gerade wenn die Industrie Deutschlands betroffen ist, erfordert wirksamer Einfluss auf EU-Prozesse Koalitionen mindestens der großen europäischen Mitgliedstaaten.

USA

Alle diese Faktoren gelten in den USA nicht: Die Vereinigten Staaten als föderales Gebilde leiten ihre Daseinsberechtigung nicht davon ab, einen Beitrag zum globalen Umweltschutz zu leisten und definieren auch ihren Zusatznutzen gegenüber den Bundesstaaten nicht hierdurch. Im Gegenteil zeigten gerade die vier Jahre unter Donald Trump, dass eine US-Bundesregierung durchaus mit Aussicht auf Erfolg auch das Gegenteil tun kann – und dabei den vollen Konflikt mit den Bundesstaaten in Kauf nimmt. Keine Bundesregierung vor der Trump Administration hat es in diesem Ausmaß in Kauf genommen, das Gegenteil dessen zu tun, was Umweltorganisationen von ihr verlangen und dieses auch unverblümt zu kommunizieren. Im Gegenteil, es gehörte zu den Standardversatzstücken der republikanischen Öffentlichkeitsarbeit (nicht erst seit Donald Trump), überzogenen Umweltschutz als vor allem „vom Ausland" getriebene Bedrohung für die wirtschaftliche Zukunft der USA und Arbeitsplätze darzustellen. Damit ist die Trump Administration in den USA und weltweit umgekehrt zum personifizierten Feindbild aller Umweltschutzorganisationen geworden, das auch systematisch nicht nur inner- sondern auch außerhalb der USA genutzt wurde, um in anders gelagerten politischen Umfeldern als abschreckendes Beispiel und als Bedrohung positioniert zu werden, gegen die es Widerstand zu leisten galt.

Der Unterschied zwischen der Situation in Europa und insbesondere Deutschland und den USA geht aber tiefer: In den USA sind die Umweltverbände eine politische Lobbygruppe wie andere auch. Sie standen im Kampf um Mehrheiten, Positionen und Gesetzentwürfe immer schon in direkter Konkurrenz zu beispielsweise den US-Wirtschaftsverbänden und anderen Interessengruppen. Ihnen ist es, vor allem aufgrund der anderen Parteienstruktur in den USA, nicht im gleichen Umfang gelungen, sich mit dem umweltpolitischen Anliegen systematisch „moralisch oberhalb" anderer Interessen zu positionieren. Die in Europa inzwischen vielfach akzeptierte Logik, wonach die Umwelt die Grenzen des Wirtschaftens bestimmt, und die Umweltverbände diese Grenzen im Zusammenwirken mit Wissenschaftlern zu definieren berufen sind, wird in den USA (noch) nicht geteilt. Sie ist vielmehr bislang nur auf der Seite der Demokraten verankert. Umgekehrt wird es in den USA als völlig legitim angesehen, sich sowohl als republikanische Partei aber auch als Wirtschaftsorganisation frontal gegen die Positionen von Umweltverbänden zu positionieren, ein Vorgehen, dass in der EU inzwischen deutlich erschwert ist. Hier dominieren Positionen, die anfangen mit: „Natürlich ist der Schutz der Umwelt wichtig und es besteht Handlungsbedarf, aber wir müssen über die Mittel reden …" In den USA dagegen ist es absolut möglich, öffentlich mit Aussicht auf Erfolg mit der Position anzutreten „Klimaschutz gefährdet Wohlstand und Sicherheit der Vereinigten Staaten."

Auch auf der Ebene der Bundesstaaten bemisst sich die Wirksamkeit der Umweltorganisationen nach dem Ausmaß, in dem sie in einer der beiden politischen Parteien in der USA Verbündete gewinnen können. Jedes einzelne Mitglied des US-Kongresses und jeder Abgeordnete auf Staaten-Ebene muss eine Mehrheit für sich und seine Kandidatur gewinnen. Er muss also, wenn es gilt, von den Verbänden an ihn herangetragene Forderungen umzusetzen, diese in Pakete integrieren, die eine Mehrheit im „Zweikampf" mit meistens nur einem anderen Kandidaten ermöglicht. Die Kompromisse, die sich in der EU dann einstellen, wenn Parteien Koalitionen eingehen, um aus Abstimmungsergebnissen Regierungsmacht zu machen, müssen in den USA vielfach bereits auf der Stufe der

Programme der beiden Parteien bzw. ihrer Kandidaten gemacht werden. „Grüne" Forderungen haben somit erst dann eine Chance, wenn sie hinreichend attraktiv als Teil eines Gesamtprogramms mit Chance auf absolute Mehrheit sind, und nicht erst, wenn es gilt, einen Koalitionspartner für die Mitwirkung an einer Regierung zu gewinnen. Dies wiederum wirkt auf das Agieren der Umweltverbände in den USA zurück: Sie müssen bis in konservative Kreise „anschlussfähig" bleiben, um eine Chance auf Realisierung ihrer Ziele zu haben. Sie müssen Gegenargumente (Arbeitsplätze usw.) weit früher durch eine positive „Story" auszuhebeln versuchen als europäische Verbände, die weit härter fordern können, dass eine Gesellschaft eben den wirtschaftspolitischen Preis für den Schutz der Umwelt zu zahlen habe. Die faktisch sehr starke Ausrichtung der Politik Kaliforniens wird später zeigen, dass dieses absolut möglich ist.

China

In China spielen die Umweltverbände keine eigenständige politische Rolle. Zwar wird auch dort aus der Gesellschaft heraus und auch von wissenschaftlichen Akteuren auf umweltpolitische Handlungsbedarfe, unerträgliche Luft-, Wasser- und Bodenverschmutzung sowie klimapolitischen Risiken hingewiesen. Und wie noch zu zeigen sein wird, hat gerade in China das Überschreiten erträglicher Belastungsniveaus gerade im Bereich Luftqualität inzwischen zu deutlichen politischen Interventionen geführt, die gerade der auch in den sozialen Medien manifestierten Unzufriedenheit in der Bevölkerung Rechnung tragen. Jedoch führt der Weg von einem Problem zur politischen Aktion hier über die Bewertung der Akzeptanzrisiken durch Partei und Staat selbst und nicht über eigenständige Institutionen, welche die politischen Entscheider unter Handlungsdruck setzen und sich damit selbst als wirksamer politischer Akteur etablieren.

Das Verhältnis von Umwelt- und Wirtschaftspolitik wurde von China anders durchbuchstabiert als gerade in der EU: Gerade in Europa ist die Vorstellung lagerübergreifend weit verbreitet, durch politisches Handeln in den eigenen, weit entwickelten Volkswirtschaften ein positives Vorbild für andere Industriestaaten vor allem aber auch für die Schwellenländer bieten zu müssen. Das „schlechte Gewissen" für die eigene umweltpolitischen „Sünden" als handlungsleitendes Motiv ist in (West-)Europa bei weitem nicht mehr nur auf die originär grünen Parteien begrenzt. Zugleich wird ein internationaler Kooperationsansatz und die klare Bindung eigener nationaler Handlungsspielräume an weltweite Abkommen breit unterstützt. Dagegen hat China konsequent in den bisherigen umweltpolitischen internationalen Verhandlungen auf dem Recht einer nachholenden industriellen Entwicklung bestanden und sich zum Wortführer der Schwellenländer bei der Förderung nach (gegenüber der EU und den USA) abgeschwächten Anforderungen gemacht. Diese Haltung stieß allerdings in den letzten Jahren immer mehr an ihre Grenzen: Die wirtschaftlichen Erfolge Chinas haben zunehmend auch eine aktive Umweltpolitik notwendig gemacht – vor allem angesichts der teilweise verheerenden Folgen für China selbst, aber auch mit Blick auf die Verringerung von politischen Angriffsflächen von außen.

Wirtschaftsverbände und Umweltpolitik

Umweltpolitische Fragen sind für die industrielle Verbandslandschaft eine weit größere Herausforderung geworden als sozialpolitische, auch wenn es durchaus gemeinsame Nenner in den Reaktionen der organisierten Wirtschaft auf Forderung im Bereich der Sozialpolitik und der Umweltpolitik gab und gibt: Das „Standortargument", also die Warnung vor Belastungen, welche industrielle Produktion in Deutschland kostenmäßig gegenüber Wettbewerbern in anderen Ländern benachteiligen, ist so alt wie die Industrie selbst. Dokumente aus den Debatten um beispielsweise das Mindestalter von Arbeitern oder Entgelthöhen zeigen schon im 19. Jahrhundert den Verweis auf mögliche Nachteile gegenüber den Nachbarregionen als wirtschaftspolitischen Argumentationsstrang. Er ist es bei uns bis heute bei allen Diskussionen um Löhne und Lohnnebenkosten, Sozialabgaben, Mindestlöhne und Steuern geblieben. Analog argumentieren die energieintensiven Industrien aktuell beim Design der europäischen Klimaschutzpolitik und deren Umsetzung in Deutschland mit ihrem Nachteil gegenüber Wettbewerbern aus China oder den

USA – und sind teilweise offen für handelspolitische Protektion. Die nationale umweltpolitische Anforderung wird hier angegriffen über die Kombination aus wirtschaftspolitischen Primäreffekten durch Nachteile am eigenen Standort und als Sekundäreffekt eine geminderte umweltpolitische Wirksamkeit durch Verlagerung der entsprechenden Aktivitäten an andere Produktionsorte und den Verlust von Arbeitsplätzen.

Gerade wenn Umweltpolitik zur Verteilungspolitik wird und umweltpolitische Entscheidungen Arbeitsplätze in großer Zahl gefährden, wenn sie zur Folge haben, dass die eigene Volkswirtschaft im Verhältnis zu anderen einen Nachteil erleidet, oder aber umgekehrt Vorteile versprochen werden, nimmt der Härtegrad umweltpolitischer Auseinandersetzungen zu. Anders sieht es allerdings aus, wenn politische Konzepte nicht nur ganze Wirtschaftszweige oder einzelne Unternehmen im Verhältnis zu ausländischen Standorten betreffen, sondern wenn sie die Wettbewerbsposition zwischen Unternehmen innerhalb eines Landes politisch verändern: Erhebliche Teile der umweltpolitischen Agenda produzieren Verlierer aber eben auch Gewinner. Die Wirksamkeit von Verbänden wird durch derartige Intervention natürlich weit stärker herausgefordert als durch politische Vorschläge, die einen ganzen Sektor gleichmäßig betreffen. So wurden z. B. die Genehmigungsanforderungen an Chemikalien im Rahmen der europäischen Chemikalienrichtlinie (REACH) von der gleichmäßig betroffenen chemischen Industrie nahezu monolithisch beantwortet und beeinflusst. Dagegen ist die Debatte um die Lastenverteilung zwischen industriellen Sektoren, insbesondere zwischen Energieerzeugung, Industrie und dem Verkehrssektor alles andere als harmonisch: Mit konkurrierenden Szenarien über die jeweiligen Kosten der Vermeidung für eine Tonne CO_2 und den Preis, der in Gestalt von Arbeitsplätzen und Wettbewerbsfähigkeit zu zahlen ist, versuchen die Verbände den jeweils anderen Kollegen zu entsprechend höheren Anforderungen zu verhelfen und die eigenen zu mindern. Dabei taucht der Verkehrssektor besonders prominent in den Argumentationsbaukästen anderer Industrien auf. Verschärft wird das natürlich alles in dem Moment, wo ein Industriesektor unmittelbar von höheren Forderungen an andere Sektoren profitiert: Maschinen- und Anlagenbau und die Produzenten von Elektroprodukten stehen deshalb durch ihre entsprechenden Verbände gerne bereit, verschärfte Anforderungen an Stromerzeuger,

Autohersteller und andere zu unterstützen. Umso schwieriger ist es in den letzten Jahrzehnten für industrielle Gesamtvertretungsorgane wie den BDI oder auf europäischer Ebene Business Europe geworden, gemeinsame Position zu Umwelt- und klimapolitischen Debatten zu formulieren und politisch mit Erfolg für diese anzutreten.

Der kleinste gemeinsame Nenner

Hier tritt ein strukturelles Problem der Verbandsarbeit auf – der berühmte „kleinste gemeinsame Nenner". Der entscheidende Nutzen, den Wirtschaftsverbände für politische Entscheider spielen, ist, diesen die Einzelabfrage tausender betroffener Unternehmen zu ersparen und stattdessen eine einzige Haltung zu kommunizieren, mit der sich die Politik auseinandersetzen kann. Verbände reduzieren also politische Transaktionskosten. Sie haben zweitens eine legitimierende Funktion. Sie ermöglichen Politikern, bei der Begründung ihrer jeweiligen Strategie auf dem Feedback der Verbände zurückzugreifen. Dies geht ganz unmittelbar im positiven Szenario, wenn beispielsweise Kritik an wirtschaftlichen Folgen neuer Eingriffe entgegengehalten werden kann, dass diese ja auch von der Wirtschaft für vertretbar gehalten werden. Dies gilt aber auch im umgekehrten Fall: Dort wo ein politisches Projekt mit dem Ziel verfolgt wird, demonstrativ „gegen Kapitalinteressen durchgesetzt" zu werden, liefert organisierter Widerstand eben auch die gewünschte „negative Legitimation".

Die kritische Frage ist aber: Wie viel Substanz können Verbände tatsächlich in eine Diskussion über das Design politischer Vorhaben einbringen? Es ist ein erheblicher Unterschied, ob ein Industrieverband die Notwendigkeit oder den Umfang z. B. klimapolitischer Ziele kritisiert oder aber ob er konkrete, instrumentelle Vorschläge für klimaschutzpolitische Einzelmaßnahmen machen und begründen kann. Unterschiede von Betroffenheiten, Kosten aber auch Chancen erschweren dies nachhaltig. Hierdurch kann die Wirksamkeit verbandlicher Interessenvertretung immer wieder auf die Ebene der Diskussion über das „ob", über die Notwendigkeit einer politischen Änderung beschränkt werden. Sobald diese entschieden ist, also vor allem dann, wenn der Prozess in

Richtung konkreter Gesetzgebungsvorschläge weitergeht, nimmt ihr Einfluss in dem Maße ab, wie es nicht gelingt, auch konkrete Formulierungsvorschläge für das „Wie" zu machen.

Dieses strukturelle Problem gilt im Verhältnis zwischen nationalen Gesamtverbänden und ihren Mitgliedern, den Branchenverbänden, es gilt aber auch innerhalb der Letzteren, wenn es um widerstrebende Interessen von Teilen einer einzigen Industrie geht. Im Automobilbereich beispielsweise war es wiederholt ein Problem, bei politischen Vorhaben, die neue Technologien durchzusetzen beabsichtigen, eine gemeinsame Haltung zwischen den Fahrzeugherstellern und ihren Lieferanten zu erzeugen. Was für die einen zusätzlicher Umsatz ist, bedeutet für die anderen zusätzliche Kosten. Die Folge ist, dass in einem großen Teil Europas, anders als im deutschen VDA, z. B. in Frankreich oder Italien, Fahrzeughersteller und Zulieferer von unterschiedlichen Organisationen vertreten werden.

In dem Moment, wo Verbände nicht in der Lage sind, auch auf der Ebene des konkreten Gesetzestextes mitzuwirken, drohen sie mit der Begründung, „dass die Politik ja nicht immer nur am kleinsten gemeinsamen Nenner interessiert sei" den Zugang zu den entsprechenden Prozessen zu verlieren. Stattdessen kommt der politische Entscheider in die auf den ersten Blick attraktive Position, sich aus fragmentierten Einzelmeinungen diejenigen aussuchen zu können, die für sein jeweiliges politisches Ziel am geeignetsten sind. Der Preis, der hierfür zu bezahlen ist, ist allerdings, dass der politische Wettbewerber sich im Zweifelsfall auf andere Verbündete und deren Input stützen kann. Der politische Prozess führt also dementsprechend zwangsweise zu Gewinnern und Verlierern in den betroffenen Wirtschaftssektoren, auch dort wo eine derartige Zersplitterung taktisch von dessen Mitgliedern nicht gewollt war. Umgekehrt werden die politischen Entscheider in die Position von Schiedsrichtern zwischen konkurrierenden Interessen zwischen und innerhalb von Sektoren gebracht.

Von dieser Ausgangslage profitieren insbesondere diejenigen, die selbst nicht die Verantwortung für das politische Resultat übernehmen müssen. Es gehört z. B. zu den rhetorischen Standardbausteinen der Umweltverbände, dass sich politische Entscheider auf keinen Fall durch die Positionen von Wirtschaftsverbänden beeinflussen lassen sollten, sondern, allenfalls von denjenigen, die als potenzielle Gewinner eines politischen Vorhabens ein Interesse daran haben, dieses zu unterstützen. Letztere werden dann mit dem Titel „Vorreiter" geadelt und mit positiver Erwähnung nicht zuletzt gegenüber den Medien belohnt.

Verbände und Firmenlobbyisten

In den Medien wird gerne die zunehmende politische Präsenz von Unternehmen mit ihren professionellen Lobbyorganisationen für den angeblichen Verfall der „korporatistischen Macht" verantwortlich gemacht. Dies ist aber ein zu einfaches Bild: Je weniger sich das Management eines einzelnen Unternehmens darauf verlassen kann, dass eine Kollektivorganisation in der Lage ist, seine Belange wirksam und politisch zu vertreten, desto eher „rechnet" sich die Investition in eigene Spezialisten, die ausschließlich die eigenen Interessen direkt an die Politik kommunizieren. Zugleich sollten sie auch über die Fähigkeit verfügen, bei der verbandsinternen Auseinandersetzung möglichst viel von der eigenen Interessenlage zu realisieren. Umgekehrt bedeutet aber der inhaltliche Schulterschluss über mehrere Unternehmen hinweg eine deutliche Verstärkung des eigenen Einflusses und ist eine Chance für ein besseres Ergebnis aus Sicht aller. Die Kombination aus gleichgerichtetem Agieren der Lobbyorganisationen der Mitgliedsunternehmen mit dem Verband verstärkt die Wirksamkeit beider. Es gibt daher auch keinen Automatismus dergestalt, dass eine zunehmende Präsenz von Unternehmen im politischen Raum zwangsweise die Verbände schwächen muss. Es sind vielmehr der Charakter der politischen Themen und ihre inhaltliche Sprengkraft, die darüber entscheiden, wie wirksam gemeinsame Interessenvertretung sein kann.

Für das Verbandsmanagement hat das klare Konsequenzen: Eine gemeinsame Position ist umso schwieriger zu erarbeiten, wenn die Mitglieder bereits eigene Wunschvorstellungen formuliert haben. Je stärker die jeweiligen „Berufspolitiker" der Unternehmen eigene Commitments gegenüber ihren Vorständen für die Durchsetzung dieser Positionen eingegangen sind, desto geringer ist die Bereitschaft zur aktiven Unterstützung einer Verbandsposition sobald diese einen Kompromiss darstellt. Umgekehrt sind Verbände vor allem dann wirksam, wenn sie für die vertretenen Unternehmen geeignete Vorschläge so frühzeitig selber formulieren, dass diese durch die Politikprofis der Unternehmen in deren interne Gremien hineingetragen werden können (ohne dass die Verbandsmitarbeiter hierfür das geistige Eigentum beanspruchen). Eine derartige proaktive Rolle hat allerdings wiederum zur Voraussetzung, dass Verbände sehr frühzeitig in den politischen Prozess eingebunden sind. Die Wahrscheinlichkeit hierfür steigt wiederum mit der Qualität ihres Inputs an die politischen Entscheider und deren Zuarbeiter.

Verbraucherverbände

Verbraucherverbände nehmen für sich in Anspruch, über eine millionenfache Rückendeckung durch eine extrem große Mitgliederanzahl zu verfügen. An der Spitze steht sicherlich der deutsche ADAC (Allgemeiner Deutscher Automobil-Club), einer der ältesten und größten Verbraucherverbände Deutschlands überhaupt. Seine Rolle und die der Dachorganisation FIA (Fédération Internationale de l'Automobile) ist hierbei ambivalent: Es gibt sie nur, weil sich so viele Menschen für das Auto begeistert haben. Die Rolle als Organisator von Motorsportveranstaltungen, Rennen und Rallyes gehört seit dem Beginn insbesondere der deutschen Automobilclubs zu deren Markenkern, genauso wie das Engagement im Bereich Automobilhistorie und Oldtimer. Dabei ist es die Daseinsberechtigung dieser Verbände, gegenüber der Politik die Interessen ihrer Mitglieder zu vertreten. Dazu gehört ein kritisch-distanziertes Verhältnis zur Automobilindustrie. Dieses war in der Vergangenheit vor allen Dingen durch eine kritische Bewertung der industriellen Produkte aus dem Anspruch der Unabhängigkeit heraus definiert. Tests und Vergleiche wurden gegenüber der Mitgliedschaft, aber auch gegenüber den Medien und der Politik als neutral und auf die Belange der Kunden gerichtet positioniert. In der Folge jonglieren die Verbände zwischen der sie ja selbst tragenden Begeisterung ihrer Mitglieder für ein Produkt und der skeptisch-kontrollierenden Rolle gegenüber seinem Hersteller.

Noch schwieriger wird es jedoch bei der Positionierung zu politischen Initiativen. Auf der einen Seite haben der ADAC und andere Verbraucherverbände während der letzten Jahre immer stärker auch umweltpolitische Anliegen unterstützt. Dieses geschah jedoch mit Blick auf Forderungen an die Automobilindustrie. Diese habe z. B. die Emissionen auf ein Minimum zu senken und den Verbrauch zu minimieren. Zugleich unterstützen sie Forderungen nach einer Stärkung von Servicebetrieben und Ersatzteilhändlern bei wettbewerbspolitischen Debatten oder auch für die Öffnung des Fahrzeugs für den Datenzugriff Dritter. Gerade im letzten Fall tritt allerdings die Frage nach den eigenen wirtschaftlichen Interessen der Verbände als Institution und direkter oder indirekter Anbieter von geldwerten Dienstleistungen auf.

Am schwierigsten wird es, wenn umweltpolitische Initiativen unmittelbar Verbraucherinteressen berühren – etwa, wenn es um die Erhöhung von Steuern geht: Ein Verbraucherverband kann kaum eine Mehrbelastung seiner eigenen Mitglieder vertreten, ohne seine Daseinsberechtigung aus deren Perspektive infrage zu stellen. Der Anspruch, zur „Erziehung" der Automobilindustrie beizutragen, ist gegenüber den Mitgliedern vertretbar, die Rolle des umweltpolitischen „Vormunds" noch dazu mit einem direkten Preisschild gegenüber den eigenen Mitgliedern zu vertreten, wäre dagegen schwierig. Aus diesen Gründen pendeln ADAC & Co. je nach Thema zwischen den Positionen der Automobilindustrie auf der einen Seite, den Umweltverbänden auf der anderen. Sie bringen die Ausrichtung von der Industrie maßgeblich mitfinanzierter PS-Events unter einen Hut mit umweltpolitischen Forderungen an die Automobilhersteller, nicht jedoch mit einer Aussperrung ihrer eigenen Mitglieder aus Innenstädten. Dieses Problem ist vielmehr von Politikern und Industrie zu lösen. In den entscheidenden politischen Auseinandersetzungen um das Automobil und Mobilität sind die Verbraucherverbände dementsprechend zwar auf jeder Verteilerliste für Anhörungen und sie nutzen auch ihre Verbandskommunikation für die Positionierung in den entsprechenden Debatten, sie sind aber nicht der Antreiber.

6

Manager und Politiker

Die Autoindustrie hat heute weniger Verbündete und Verteidiger, mehr Gegner und vor allem mehr echte Feinde als je zuvor in ihrer Geschichte. Sie investiert einen immer größeren Teil ihrer wirtschaftlichen Ressourcen und ihrer menschlichen Fähigkeiten in die Erfüllung politischer Vorgaben. Alte, starke Unternehmen werden in ihrer Existenz und Unabhängigkeit gefährdet – nicht, weil sie beim Kunden scheitern, sondern weil sie den politischen Forderungen nicht mehr gewachsen sind. So wird der Merger von PSA und Fiat auch als eine Reaktion auf die regulatorisch erzwungene Elektrifizierung gewertet. Welche Faktoren haben diese heutige Rolle bestimmt? Wie lässt sich unternehmerisches Handeln legitimieren – gerade in einem kritischen Medienumfeld? Welche Haltungen bestimmen das Verhältnis der Industrie zur Politik?

Subjekt oder Objekt

Es hilft zunächst, einige Missverständnisse im Verhältnis von Politik und Industrie auszuräumen. Unternehmen verstehen häufig nicht, wie schnell sie selbst Teil des politischen „Produktionsprozesses" werden, und zwar nicht als Subjekt, sondern als Objekt. Dabei gibt es natürlich verschiedene Rollen, die den Unternehmen im Zuge dieses Prozesses zugewiesen werden können: Das Produkt, das ein Unternehmen produziert oder aber die Art, wie es gemacht wird, kann der Problemauslöser sein – und dies ist sicherlich der in der Umweltpolitik am häufigsten anzutreffende Fall. Umgekehrt kann Politik aber auch beschließen, selektiv einzelne Produkte – z. B. Elektroautos zu fördern und damit die Bedingungen zu verbessern. Dies verändert Märkte und relative Wettbewerbspositionen, wenn, Teile der Industrie mehr gewinnen mehr als andere. Die Industrie kann aber auch dadurch zum Problem werden, dass ihr der Verlust von Jobs zugeschrieben wird, z. B. durch angeblich gefährliche Importe, die von der rettenden Hand einer Regierung mit Einfuhrzöllen abgewehrt werden müssen. Hier wird die Industrie in zwei Teile gespalten: Die guten „Opfer" des ausländischen Wettbewerbs und die „bösen" Importeure. Oder aber es sind neue technische Möglichkeiten, die von der Politik aufgegriffen werden und die das Potenzial haben, die Industrie zu verändern – von den technischen Eigenschaften ihres Produkts bis zu ihrer Rolle und Relevanz. Der Streit um richtige oder falsche politische Konzepte – z. B. rund um Mobilitätsdienste und digitales Verkehrsmanagement – wird hier nicht unmittelbar über die Industrie selbst geführt, wirkt in ihren Folgen aber auf diese ein.

Bei alldem fällt die Grundentscheidung darüber, ob Unternehmen sich härteren Restriktionen und strengeren technischen Vorgaben, verbessertem und v. a. erschwertem Marktzugang oder politisch verändertem Kundenverhalten gegenübersehen, nicht erst wenn ein fertiger politischer Vorschlag auf dem Tisch liegt, sondern weit früher. Wer absehbare Themen, die für ein politisches Projekt attraktiv sein könnten, nicht selber rechtzeitig erfasst, analysiert und anpackt, muss davon ausgehen, dass es die Politik tut. Umgekehrt bietet die Mobilisierung politischer Unterstützung wirtschaftliche Chancen immer dann, wenn z. B. frühzeitig Produkte entwickelt werden, die auf absehbare politische Ziele rechtzeitig einzahlen und zum Aufhänger für Vorschläge für Fördermaßnahmen gemacht werden können. Aus beiden Perspektiven – Politik als Chance und als Risiko – ist Legitimität ein zentrales „Asset".

Legitimität unternehmerischen Handelns

Die Legitimität unternehmerischen Handelns bedeutet, das Recht zugeschrieben zu bekommen, das zu tun, was die Firma tut oder tun will. Sie ist keine objektive Größe, sondern ein Attribut. Die viel zitierte „license to operate" ist ein Faktor für Erfolg oder Misserfolg in der Außenwahrnehmung, der als kommunikatives Phänomen zu Stande kommt. Sie ist im Wechselspiel mit politischen Entscheidern, Medien, Öffentlichkeit und kritischen Stakeholdern die ganz wesentliche knappe Ressource. Sie definiert, in welchem Umfang die Durchsetzung eigener Ziele aber auch die Widerstandsfähigkeit gegen Angriffe von außen gelingen kann: Legitimität kann nicht erwartet, nicht garantiert und erst recht nicht herbeibefohlen werden, sondern ist das komplexe Ergebnis der Bewertung ganz verschiedener Aspekte des unternehmerischen Handelns durch eine Vielzahl von externen Akteuren. Sie ist mehrdimensional und kann unter verschiedenen Gesichtspunkten ganz unterschiedlich gewonnen und auch wieder verloren werden. Sie ist in Teilen durch das einzelne Unternehmen gestaltbar, vielfach aber auch das Ergebnis von Debatten, die sich auf eine ganze Branche, oder aber auch auf einen Industriesektor als Ganzen beziehen.

Legalität, also die Einhaltung geltender Rechtsvorschriften, ist eine notwendige aber nicht die hinreichende Voraussetzung für Legitimität. Umgekehrt lässt illegales Handeln aber die Legitimität sofort dahinschmelzen. In der politischen Auseinandersetzung ist legales Verhalten alleine also wirkungslos. Der Verstoß gegen geltendes Recht mobilisiert dagegen sofort politische Intervention – v. a. in dem Moment, wo entweder der angerichtete Schaden sehr hoch ist oder der Verursacher besonders prominent. Dies war beim Volkswagen-Skandal in extremem Maße der Fall. Illegales Handeln ist zugleich ein automatischer Verstärker für die kritische Suche nach illegitimem Handeln innerhalb des geltenden Rechtsrahmens.

Legitimität hängt eng mit Vertrauen zusammen. Ein Vertrauensvorschuss, der Unternehmen bei der Entwicklung neuer Technologien eingeräumt wird, gerät in Gefahr, wenn seine Ausnutzung durch die Beteiligten delegitimiert wird. Zugleich erleichtert enttäuschtes Vertrauen die politische Legitimation von staatlicher Intervention ganz nachhaltig. Die öffentlich-mediale Herausstellung von missbrauchtem Vertrauen stützt politische Grundpositionen, die auf ideologisch-institutionellem Misstrauen basieren. Wirtschaftlicher Erfolg, der in Gestalt von Arbeitsplätzen und Wachstum der Gesellschaft zugutekommt, legitimiert dagegen Vertrauen nicht nur in das einzelne Unternehmen, sondern trägt auch zur Legitimation einer marktwirtschaftlichen Ordnung insgesamt bei. Vertrauen ist eine für die marktwirtschaftliche Ordnung unverzichtbare Ressource. Es ist ein Kern des marktwirtschaftlichen Innovationsprozesses, neue Angebote machen zu dürfen und dabei auf dem Grundvertrauen der Öffentlichkeit aufbauen zu können, dass diese geeignet sind, ihre Bedürfnisse zu erfüllen. Gleichzeitig gehört das Vertrauen der politischen Entscheider in die Fähigkeit und das Recht der Bürger, vernünftig und richtig entscheiden zu können, zu den Voraussetzungen einer marktwirtschaftlichen Ordnung.

Umgekehrt führt Misstrauen zur Verlangsamung oder sogar zum Stillstand des wettbewerblichen Innovationsmechanismus: Wenn die Menschen in ihrer Eigenschaft als politische Öffentlichkeit oder als Kunden das Vertrauen verlieren, dass Unternehmen Güter produzieren, die ihnen nutzen oder sogar zu der Überzeugung gelangen, dass unternehmerische Aktivität ihnen schadet, ist unmittelbar der Erfolg des jeweiligen Unternehmens gefährdet. Wenn dieses Misstrauen zu einer politischen Entwicklung führt, bei der die grundsätzliche Schädlichkeit einer Wirtschaftsaktivität vermutet und dementsprechend beschränkt wird, werden Innovationspfade abgeschnitten und umgelenkt. In dem Moment, wo die Angst vor in der Zukunft eintretenden Gefahren auftritt, ist die politische Antwort auch eine Frage von Vertrauen und Misstrauen: Setzt staatliche Intervention darauf, Innovationsprozesse anzustoßen, welche möglicherweise (nicht sicher!) zu einer Verringerung der Bedrohung führen? Oder liegt der Fokus allein darauf, alles auszuschließen, was geeignet sein könnte, zu der befürchteten Gefahr beizutragen? Gerade die Umwelt- und Klimapolitik oszilliert zwischen diesen beiden Grundoptionen.

Gerade angesichts der aktuellen Legitimationskrise der Automobilindustrie lohnt sich deshalb ein differenzierter Blick, was eigentlich die Quellen von Legitimität sind und in welchem Verhältnis diese zur Begründungslogik politischer Intervention stehen.

Legitimation über den Ordnungsrahmen

Im marktwirtschaftlichen System aber auch in der „sozialistischen Marktwirtschaft" Chinas ist es zunächst die politisch-gesellschaftliche Grundentscheidung für die Rolle des Unternehmertums, auf der alles Handeln aufbaut. Wettbewerb um die Kaufkraft der Kunden, Innovationen um des Erfolgs beim Kunden willen, die Produktion, die dazu dient, Bedürfnisse zu erfüllen, die Schaffung von Arbeitsplätzen als Ergebnis und Voraussetzung des Erfolgs beim Kunden, sind hierauf aufgebaut. Aus der Sicht liberaler Politik erlaubt es schon die einmalige, grundsätzlich getroffene Weichenstellung für eine marktwirtschaftliche Ordnung dem Unternehmen – vereinfacht gesagt – alles zu tun, was sich in dem Rahmen der geltenden Gesetze zur Erzielung höchstmöglicher Gewinne tun lässt oder wie der Vater des „Neoliberalismus", Milton Friedmann es ausdrückte: „The Social Responsibility of Business is to Increase Its Profits". Aus dieser Sicht, die heute in reiner Form allerdings fast nur in Teilen der politischen Szene der USA anzutreffen ist, liegt die Beweislast für Einschränkungen der unternehmerischen Freiheit eindeutig beim Staat und beim Gesetzgeber. Unternehmerisches Handeln kann sich auf eine starke, ordnungspolitische Legitimationsbasis berufen, solange seine Wirkungen nicht mit den Interessen verfassungsmäßig abgesicherter Schutzrechte von Bürgern oder Umwelt kollidieren. Politische Korrekturen an unternehmerischen Entscheidungen richten sich dabei aber immer „ex post" auf deren Ergebnisse, also z. B. Verschmutzungen der natürlichen Umwelt, sie greifen aber nie den Kern der grundsätzlichen Berechtigung unternehmerischen Handelns an.

Zu diesem liberalen Glaubenssatz bekennt sich in China niemand. Hier ist ganz klar Prämisse, dass sich jeglicher unternehmerischer Entscheidungsspielraum nach den Vorgaben von Partei und Regierung richtet. Es gibt keinen ordnungspolitisch verankerten Anspruch auf die Entfaltung freien Unternehmertums, sondern einen vom Staat gewährten, jederzeit kündbaren Freiraum, der so lange genutzt werden kann, wie dies der gesellschaftlichen und wirtschaftlichen Entwicklung Chinas dient. In der Folge beschränkt die Politik nicht nur gesellschaftlich negative Folgen des Wirtschaftens, sondern behält sich auch vor, tief in die unternehmerischen Einzelentscheidungen vor allem großer und gesamtwirtschaftlich wichtiger Unternehmen einzugreifen. Es besteht jederzeit die Option, die Auswirkungen des Agierens von Unternehmen direkt zu steuern. Dabei gibt es keine Grenze, auch die Einstellung des Geschäftsbetriebs kann jederzeit angeordnet werden (z. B. als Teil des „Luftreinhalteplans" in der Region Peking).

Europa liegt, was das ordnungspolitische Grundverständnis angeht, in der Mitte zwischen den USA und China. In so gut wie allen Staaten der Europäischen Union, allerdings mit erheblichen Unterschieden zwischen Großbritannien und Teilen Osteuropas auf der einen Seite, Deutschland, Frankreich und den Niederlanden auf der anderen, gilt in Varianten das o. g. Grundprinzip der „Sozialen Marktwirtschaft". Sie besteht aus der Verpflichtung, unternehmerisches Handeln nicht nur an maximaler Rendite, sondern auch an den Wirkungen auf die Gesellschaft auszurichten. Gerade in dieser Perspektive hat die Autoindustrie jahrzehntelang stabilisiert: Der weltweite Erfolg, die hohen Löhne und Gehälter und die im Vergleich zu anderen Branchen sehr sicheren haben das Vertrauen in die soziale Marktwirtschaft auch über das Wirtschaftswunder hinaus ganz wesentlich mitgetragen.

Seine praktische Wirkung erlangt dieses Ordnungsprinzip jedoch dadurch, dass der Staat als legitimiert gesehen wird, unternehmerisches Handeln im Interesse gesellschaftlicher Ziele nachhaltig zu beschränken. Innerhalb dieses Rahmens liegen die Unterschiede der politischen Ideologien in der Frage der Beweislast: Während ein harter Kern originär liberaler Parteien das Prinzip verteidigt, dass die Intervention einem höheren Rechtfertigungsdruck unterliegt als das Nutzen bestehender Freiräume, wird dies im sozialdemokratischen und grünen Spektrum anders gesehen. Dort steht – ob eingestanden oder nicht – das Handeln von Unternehmen unter dem Vorbehalt eines jederzeit mobilisierbaren, unbeschränkten Interventionsrechts der Politik. Christlich-konservative Parteien pendeln je nach politischem Thema zwischen diesen beiden Positionen. Die Frage der Legitimation all dessen, was Unternehmen tun, ist deshalb in Europa automatisch komplexer als in China oder den USA. Sie ist selbst Gegenstand und immer wieder unterliegendes, häufig aber nicht ausgesprochenes, sondern nur implizites Leitmotiv der Debatte um Einzelentscheidungen der Politik. Legitimation kann nicht vorausgesetzt und gegen Intervention argumentativ ins Feld geführt werden wie in den USA. Sie kann umgekehrt aber auch nicht aus der Zustimmung von Parteikadern abgeleitet werden. Dies bekommt die Automobilindustrie in den letzten beiden Jahrzehnten in Europa immer wieder zu spüren.

Legitimation durch Erfolg

Nicht nur der abstrakte gesellschaftlich-rechtliche Rahmen entscheidet über Legitimität und Vertrauen, sondern mindestens ebenso sehr das Ergebnis unternehmerischer Entscheidungen selbst. Der konkrete Beitrag zum Wohlergehen der Bevölkerung eines Landes, zur Sicherung seiner Zukunft, ist der Punkt, an dem sich letztlich direkt die Richtigkeit unternehmerischer Entscheidungen aus der Perspektive der Gesellschaft erweist. Dabei ist Profitabilität ein vertrauensschaffender Faktor insofern, als er die Aussicht auf Stabilität und Wachstum eines Unternehmens schafft. Der wichtigste Faktor – und das gilt in jeder Volkswirtschaft –, der die Fähigkeit besitzt, unternehmerisches Agieren im politischen Raum nicht nur als erfolgreich, sondern auch als richtig und gerechtfertigt erscheinen zu lassen, sind gut bezahlte Arbeitsplätze. Eine große, besser noch wachsende Anzahl von Menschen, die gerne und für ein gutes Gehalt in einem Unternehmen arbeiten, eine Vielzahl weiterer, die in Zulieferer- und Dienstleistungsbetrieben die Sicherheit ihrer persönlichen Zukunft dem Erfolg eines Produkts verdanken, sind die stärksten Assets eines Unternehmens und einer Branche, wenn es gilt, das eigene Agieren zu rechtfertigen. Arbeitsplatzabbau ist umgekehrt politisch immer mindestens rechtfertigungsbedürftig – allerdings in Deutschland mehr als z. B. In den USA. Umgekehrt steht ein politisches Projekt, das den Verlust von Arbeitskräften erkennbar in Kauf nimmt, seinerseits unter einem hohen Rechtfertigungsdruck. Dieser kann nur dann überwunden werden, wenn entweder buchstäblich Überlebensfragen gegen Industrieinteressen ins Feld geführt werden (und kann selbst dann scheitern), oder aber wenn eine Substitutionslogik behauptet wird, nach dem Motto: An einer Stelle müssen Arbeitsplätze wegfallen, damit an anderer Stelle neue entstehen können. Die Debatten um Kohle und Erneuerbare in

Deutschland sind über Jahrzehnte von genau diesen Auseinandersetzungen geprägt worden, und sind zugleich Ausdruck des Kräfteverhältnisses und dessen Veränderung im Zeitablauf. Dabei erhöht ein Schulterschluss zwischen Arbeitgeber und Gewerkschaftsseite in der politischen Auseinandersetzung die wahrgenommene und politisch wirksame Legitimität gemeinsam vorgetragener Positionen deutlich.

Zugleich ist es die täglich unter Beweis gestellte Fähigkeit von Unternehmen, im marktwirtschaftlichen Rahmen Beschäftigung und Wohlstand zu generieren, der seinerseits die Legitimität marktwirtschaftlicher Freiheiten absichert. Ohne greifbare positive wirtschaftliche und soziale Effekte wäre auch die weltanschauliche Basis fundamental gefährdet. Das Versagen des realsozialistischen politischen Ansatzes führt bis heute dazu, dass die umfassende direkte Infragestellung der Marktwirtschaft in den demokratischen Gesellschaften der USA und Europas nicht mehrheitsfähig ist. Der Erfolg der Partei in China durch die staatlich begrenzte Schaffung von unternehmerischen Freiräumen ein historisch nie gekanntes Wohlstandsniveau erreicht zu haben, ist zugleich die Basis der chinesischen politischen Ordnung.

Legitimation durch den Kunden

Ein zentraler Legitimationsfaktor ist auch der Erfolg des Produkts. Wenn Millionen von Menschen sich für ein Industriegut oder eine Dienstleistung entscheiden, ist dies auch der Ausdruck davon, etwas „richtig" gemacht zu haben. Je stärker die Bindung an dieses Produkt ist, desto mehr kann dies auch eine politische Rolle spielen. Eine Intervention, die sich gegen Produkte richtet, die bei ihren Nutzern Begeisterung und eine hohe emotionale Bindung entfalten, ist nahezu ebenso schwer zu begründen, wie eine, die den Zugang zu Gütern erschwert, die als Grundbedürfnisse verstanden werden. Wie stark dieser Faktor wirken kann, zeigt das Beispiel von Unternehmen wie Google und Amazon. Obwohl sie nur geringe Mengen an Arbeitsplätzen schaffen und wenige politische „Freunde" haben, können sie eine starke Position gegenüber der Politik ausspielen, weil Milliarden Nutzer ihr Produkt jeden Tag für die Gestaltung ihres Alltags in Anspruch nehmen und „brauchen". Dies ist der zentrale Grund dafür, warum selbst faktische Monopole geduldet und bei anderen Industrieprodukten undenkbare Zugangsmöglichkeiten zur Privatsphäre akzeptiert wurden. Attraktivität und „Alternativlosigkeit" des Produkts sind hier die offensichtlichen Assets. Die Entscheidung der chinesischen Staatsführung, die dominierenden amerikanischen Plattformunternehmen in China nicht zuzulassen, ist genau dieser Erkenntnis geschuldet. Die mit Billigung und massiver Unterstützung von Partei und Regierung aufgebauten nationalen Champions wie Alibaba, Tencent und Baidu sind die Antwort auf die Notwendigkeit, Performance beim Kunden und politische Kontrolle auf einen Nenner zu bringen. Sie sind zugleich natürlich auch die Antwort auf das politische Sicherheitsrisiko, das von Unternehmen ausgeht, deren Undurchlässigkeit gegenüber den amerikanischen „Diensten" nicht vorausgesetzt werden kann.

Für die Automobilindustrie ist die seit über einem Jahrhundert etablierte Begeisterung für individuelle Mobilität und das Automobil eine ganz wesentliche Legitimationsbasis. Die Latte dafür, ein Produkt frontal anzugreifen, das sich Millionen von Menschen mehr kosten lassen, als irgendein anderes Gut (mit Ausnahme des Eigenheims) und das in so hohem Maße das Reisen demokratisiert hat, liegt per se sehr hoch. Dies bezieht sich aber vor allem auf die Beschränkung der Fähigkeit, ein Automobil erwerben und benutzen zu können, weniger auf seine technischen Charakteristika. Während Veränderungen in den Produkteigenschaften relativ leicht begründet werden können, sind fundamentale Eingriffe deutlich schwieriger. Auch hier sind es allenfalls überragend wichtige Schutzgüter wie Leben und Gesundheit oder aber bessere Alternativen, die eben doch einen politischen Eingriff rechtfertigen können.

Legitimation durch gute Führung

Ein weiterer Faktor, der für die Legitimität unternehmerischen Handelns eine entscheidende Rolle spielt, ist die wahrgenommene Managementkompetenz. Dieser Faktor manifestiert sich letztlich im Nachhinein in erfolgreichen Produkten und sicheren Arbeitsplätzen, kann aber auch exante zum Gegenstand von Debatten werden. Hierbei geht es um die zugebilligte Fähigkeit des Managements, die Herausforderungen der Zukunft zu erkennen und erfolgreich zu bewältigen. Es geht um das Vertrauen, dass Arbeitsplätze und Kapital in guten Händen sind. Ein Unternehmen kann heute noch so viele Arbeitsplätze schaffen und noch so erfolgreiche Produkte anbieten – wenn ihm nicht zugetraut wird, dies auch noch in zehn Jahren zu tun, ist seine Daseinsberechtigung aus politischer Sicht automatisch fragil. Mehr noch: Eine politische Intervention kann genau damit gerechtfertigt werden, auch künftig Arbeitsplätze zu sichern und erfolgreiche Produkte abzusetzen, wenn sie die behaupteten Fehler des Managements durch Gesetze und Vorschriften korrigiert. Sichtbare Fehlentscheidungen sind also der sicherste Weg dazu, diese Legitimationsbasis erodieren zu lassen und damit die Exposition gegenüber politischen Eingriffen zu erhöhen. Umgekehrt ist die Wahrscheinlichkeit im politischen Raum Unterstützung mobilisieren zu können umso höher, wie Kompetenz und Vertrauen in die Fähigkeit zur Gestaltung der Zukunft zugebilligt werden.

Nachhaltigkeit

Eine Unterdimension von Legitimität bildet die unter dem Oberbegriff „Nachhaltigkeit" zusammengefasste zugebilligte Fähigkeit und der Wille eines Unternehmens, die Grenzen der natürlichen Umwelt, der Verfügbarkeit von Ressourcen und des gesellschaftlichen Zusammenhalts zu respektieren. Nachhaltigkeit bedeutet letztlich, dass das Unternehmen nicht nur wirtschaftlich erfolgreich ist, sondern auch die konkreten Auswirkungen seines Handelns sozial und ökologisch vertretbar sind. Erfolgreiche Kommunikation nachhaltigen Handelns dient dem Aufbau und der Absicherung der Vertrauenswürdigkeit des Unternehmens und der Legitimation seines Handelns. Zweifel an nachhaltigem Handeln im Einzelfall, sei es bezogen auf ein einzelnes Produkt oder aber ganzen Aspekte der Produktion, sind geeignet, die Legitimität des Tuns des Unternehmens insgesamt infrage zu stellen. Umfassende Berichtspflichten und vergleichende Analysen gehören inzwischen zu den Pflichtbestandteilen der Berichterstattung von Unternehmen gegenüber der Öffentlichkeit und politisch relevanten Entscheidungsträgern. Sie dienen dazu, einen Überblick über den Einfluss des Unternehmens auf Umwelt und Gesellschaft in differenzierter und vergleichbarer Form zu geben. Dazu gehört auch, Investoren und Kreditgeber davon zu überzeugen, dass keine unkalkulierbaren Risiken aus der Kollision mit gesellschaftlichen Interessen drohen.

Nachhaltigkeit ist selbst Gegenstand zunehmenden regulatorischen Drucks: Die Berichtssysteme werden gesetzlich immer stärker normiert. Zugleich treibt die EU unter der Überschrift „Sustainable Finance" ein Projekt voran, mit dem über den Finanzsektor der Handlungsdruck auf die Realwirtschaft verstärkt wird. Dabei wird die Verwendung des Begriffs „Nachhaltiges Investment" an gesetzlich definierte Kriterien, die sog. „Taxonomie" geknüpft. In dieser laufenden Debatte stehen sich zwei Grundmodelle gegenüber: Das „Blacklisting", der Ausschluss ganzer Industrien und Aktivitäten von der Nutzung des Gütesiegels „nachhaltig". Auf der anderen Seite die Logik der „kontinuierlichen Verbesserung", welche Nachhaltigkeit als Prozess sieht und auf eine Verbesserung definierter Kennzahlen setzt. Der Ausgang ist noch offen. Noch weiter könnte die Ende 2020 mit einer Studie für die Kommission eröffnete EU-Diskussion um „Sustainable Corporate Governance" gehen. In dem von Ernst&Young erstellten Papier wird diskutiert, ob und wie durch verschärfte gesetzliche Regeln die Berücksichtigung ökologischer und gesellschaftlicher Ziele in der Strategie von Unternehmen auch in Konkurrenz zum Profitabilitätsziel erzwungen werden kann. Die Logik, nach der die Einhaltung gesetzlicher Grenzen es legitimiert, Entscheidungen primär an Profitabilität auszurichten wird explizit zur Disposition gestellt. Auch der Ausgang dieser alle Wirtschaftszweige betreffenden Debatte ist offen.

Zur Nachhaltigkeit gehören auch diejenigen Aktivitäten eines Unternehmens, die nicht zum Kerngeschäft gehören, jedoch unmittelbar auf eine positive gesellschaftliche Entwicklung einzahlen. Unter der Überschrift „Corporate Social Responsibility (CSR)" firmieren alle Aktivitäten, mit denen Unternehmen vereinfacht gesagt „mehr tun als sie müssten". Diese zielen neben der unmittelbaren Motivation zur Verbesserung gesellschaftlicher Bedingungen auch darauf, die Akzeptanz des Unternehmens in der Gesellschaft zu sichern und zu steigern. Sie können aber auch ganz unmittelbar mit dem Geschäftszweck verflochten sein. Wie eine Reihe von Beispielen wie etwa die Robert Bosch Stiftung zeigen, kann ein Unternehmen auch mit dem Zweck betrieben werden, gesamtgesellschaftliche Investitionen finanzieren zu können. Eine weitere Ausprägung ist es, den bei Eigentümerunternehmern angesammelten finanziellen Ertrag an die Gesellschaft in Form von Stiftungen zurückzugeben. Bemerkenswert an dieser gerade in den USA weit verbreiteten und steuerlich geförderten Praxis ist, dass sie ihrerseits politische Folgen hat. Die im Vergleich zu Europa weit geringere soziale Absicherung in den USA hat ihre Wurzeln auch in der Vorstellung, dass Wohlfahrt durch private Spenden eine legitime Alternative zu mit staatlicher Intervention durchgesetzten Sozialgesetzen ist.

Dies ist in Europa allerdings völlig anders. Hier ist CSR keinerlei Substitut für staatliche Sicherungssysteme, sondern immer nur ein „Add-On". Dementsprechend ist die Wirksamkeit mit Blick auf Legitimität und Akzeptanz des Unternehmens in Europa auch deutlich geringer. Umgekehrt können Unternehmen in sich entwickelnden Volkswirtschaften mit einem greifbaren und sichtbaren Beitrag zur Beseitigung sozialer Missstände eine deutlich größere Wirkung erreichen. China praktiziert auch hier eine interessante Mischform: Es gibt auf der einen Seite politische Vorgaben, die dafür sorgen, dass in großen Industriebetrieben auch Initiativen für die Öffentlichkeit und vor allem die lokale Community ergriffen werden. Zugleich wird von all denjenigen, die es mit Hilfe der Partei zu Reichtum gebracht haben, erwartet, dass sie ihrerseits persönlich durch Stiftungen und Spenden einen Teil Ihres Erfolgs an die Gesellschaft zurückgeben.

Kommunikation, Glaubwürdigkeit und politischer Einfluss

Die wahrgenommene Fähigkeit eines Unternehmens, oder auch einer ganzen Branche, den Erfolgsfaktor Legitimität abzusichern oder auszubauen, spielt eine zentrale Rolle in der Auseinandersetzung um politische Intervention. Glaubwürdigkeit ist die Summe der o. g. legitimierenden Faktoren in der Wahrnehmung von außen. Sie entscheidet darüber, welches Vertrauen ein Unternehmen oder eine Industrie in der Öffentlichkeit und vor allem bei politischen Entscheidungsträgern und Stakeholdern erwarten kann. Glaubwürdigkeit ist ein entscheidender Erfolgsfaktor für die Einflussnahme auf politische Prozesse bzw. deren Ergebnis für das Unternehmen. Dies gilt in beide Richtungen: Wenn ein Unternehmen mit starker Glaubwürdigkeit und einem begehrlichen Produkt die Chance auf wachsende Beschäftigung bietet, dann geht damit auch die Fähigkeit zur Einforderung von politischer Unterstützung einher, insbesondere wenn es um Ansiedlungsfragen, Standortinvestitionen und rechtliche oder steuerliche Rahmenbedingungen geht. Umgekehrt hat eine Schwäche unter den vorgenannten Gesichtspunkten erhebliche negative Konsequenzen: Wenn einem Unternehmen oder einem Sektor nicht mehr zugetraut wird, mit seinen heutigen Produkten auch künftig erfolgreich zu sein, wenn Arbeitsplätze als gefährdet gelten, weil das Management nicht weitblickend genug agiert, wenn Unternehmen für Armut, gesellschaftliche Konflikte oder Umweltverschmutzung verantwortlich gemacht werden, müssen Sie damit rechnen, zum Objekt von Intervention zu werden – und dies zu Recht.

Erfolgsfaktoren

Dafür, wie ein Unternehmen nach außen dasteht, gibt es zwei wesentliche Faktoren: Das was es tut, und wie es darüber kommuniziert. Eine ganz zentrale Funktion unternehmerischer Kommunikation ist die Schaffung von Vertrauen bzw. die Verteidigung gegen Misstrauen und dessen Folgen. Dabei kann es nie um Immunität gegenüber der Umwelt, sondern nur um unterschiedliche Grade der Handlungsfähigkeit einerseits, der Widerstandsfähigkeit (Resilienz) andererseits gehen: Während die Produktkommunikation natürlich primär auf den Kunden zielt, richtet sich erfolgreiche Unternehmenskommunikation darauf, wirtschaftliche Zukunftsfähigkeit, Kompetenz des Managements und gesellschaftlichen Mehrwert herauszustellen. Ihr Ziel ist, Vertrauen in die Fähigkeit des Unternehmens zu schaffen, die eigene Zukunft zu gestalten und dabei einen positiven Beitrag zur gesellschaftlichen Entwicklung zu leisten. Einfach nur eine möglichst hohe Kapitalverzinsung zu kommunizieren und damit allein auf der Grundlage ordnungspolitischer Legitimität zu agieren, leistet sich heute so gut wie kein Unternehmen mehr. Vielmehr muss Kommunikation alle Dimensionen abdecken. Ein Unternehmen, das erfolgreich nachhaltige Produkte vermarktet, die hohe Loyalität genießen, dass damit eine große, am besten steigende Anzahl von Arbeitsplätzen liefert und das Vertrauen in seine Fähigkeiten erzeugt, künftige Forderungen der Gesellschaft bewältigen zu können, sowie sich gesellschaftlich wirksam zu engagieren, ist in einer starken Ausgangsposition für politische Auseinandersetzungen.

Ein industrieller Sektor, bei dem die überwiegende Anzahl der Unternehmen eine derartige Wahrnehmung erzeugt, ist in einer ungleich besseren Situation als einer, bei dem erkennbare Schwächen der Unternehmen, Zweifel in Öffentlichkeit und Politik erzeugen. Umgekehrt bedeutet schwache Wahrnehmung in den verschiedenen Dimensionen unternehmerischer Legitimität ein hohes Risiko, zum Objekt erfolgversprechender politischer Interventionsprojekte gemacht zu werden. Dabei ist allerdings eins ganz klar: Eine noch so gute Kommunikation kann nicht substanzielle Schwächen beseitigen. Sie kann die Schwerpunkte, unter denen ein Unternehmen von außen betrachtet wird, in Grenzen beeinflussen, unsichtbar machen kann sie aber dauerhaft nicht.

Zugleich ist es eine wesentliche Funktion von Kommunikatoren in Unternehmen, und ein Erfolgsfaktor für deren Führung, Veränderungen im Umfeld, drohende Gefahren und neue Themen aber auch neue Chancen zu identifizieren und Handlungsdruck nach innen zu erzeugen. Kommunikation ist also keine Einbahnstraße, sondern läuft in beide Richtungen, von innen nach außen und von außen nach innen. Zu der Rolle nach innen gehört es auch, den Stellenwert und die Wirksamkeit derjenigen Dimensionen von Legitimität zu vertreten, die nicht automatisch zum Optimierungskalkül der Entscheidungsträger gehören. Das betrifft insbesondere potenzielle politische Herausforderungen. Es ist ein wesentlicher Erfolgsfaktor, neue Themen, vor allem solche mit dem Potenzial, die zugebilligte Zukunftsfähigkeit in Frage zu stellen, bereits in ihrer „Vorentwicklungsphase", d. h. insbesondere im Dialog mit Nichtregierungsorganisationen und anderen Stakeholdern zu erkennen und auf die „Lösungsseite" zu kommen.

Die aktuelle Lage

Das heutige Bild der Automobilindustrie ist auf den verschiedenen Dimensionen von Legitimität unterschiedlich und die Dynamik der letzten zwei Jahre verstärkt diese Widersprüchlichkeit: Unter allen o. g. Aspekten hatte die Automobilindustrie lange Zeit eine stärkere Legitimationsbasis, als vergleichbare Branchen: Es gab keine auf technischem und Managementversagen beruhenden Skandale vom Kaliber Seveso. Es gab keine spektakulären Einbrüche der technologischen Wettbewerbsfähigkeit wie diejenigen, die den Niedergang der deutschen optischen Industrie innerhalb weniger Jahrzehnte herbeiführten. Es gab keine Erosion der kostenseitigen Konkurrenzfähigkeit, wie sie immer stärker die traditionellen Montanindustrien unter Druck setzen. Und die Beschäftigung in Deutschland blieb mit über 700.000 Arbeitsplätzen, die am Auto hängen, über Jahrzehnte lang mindestens stabil bzw. wuchs. Die Arbeitsplätze gehören zugleich bis heute zu den am höchsten bezahlten in Europa und es gibt breite, gleichgerichtete Interessen mit der Arbeitnehmervertretung. Die Marktposition gerade im Premiumbereich wurde trotz zwischenzeitlich auftretender Konkurrenten wie Lexus global so gut wie nicht mehr infrage gestellt. Dies wiederum führte zu dem größten positiven Beitrag zur Außenwirtschaftsbilanz und zur gesamten industriellen volkswirtschaftlichen Leistung Deutschlands, die ein einzelner Industriesektor über Jahrzehnte erbracht hat.

Der Schlüssel zu der heutigen Diskussion über die Legitimität des Handelns der Unternehmen der Automobilindustrie ist vielmehr das Resultat der politischen Diskussion über die Umweltauswirkungen des Produkts. Diese werden in späteren Kapiteln im Einzelnen nachgezeichnet. Darüber hinaus wirken zwei sehr starke negative Faktoren: Zum einen haben Teile der Industrie gegen das Fundament ihrer unternehmerischen Legitimation verstoßen, indem sie geltende Gesetze gebrochen haben. Damit wurden alle politischen Reflexe zur sofortigen Intervention mobilisiert. Zum anderen wird in Medien und Öffentlichkeit insbesondere Deutschlands die Frage gestellt, ob die starke Rolle der Industrie angesichts der technologischen und politischen Umbrüche von Dauer ist.

Mediales Umfeld

Die Automobilindustrie wird von einem medialen Umfeld begleitet, das die Widersprüche in Gesellschaft und Politik reflektiert: Auf der einen Seite gibt es wahrscheinlich für kein anderes Produkt so viele spezialisierte Publikationen wie rund um das Auto. Hierbei handelt es sich um eine etablierte Community mit einem symbiotischen Verhältnis zu seinem Beobachtungsobjekt. Gerade die Automobilfachmedien haben die Industrie über Jahrzehnte gegenüber dem Kunden darin unterstützt, immer weitere Optimierung auf jeder Dimension des etablierten, individuell genutzten Fahrzeugs zu suchen. Egal ob es um Komfort, Straßenlage, Beschleunigung oder elektronische Unterstützungssysteme geht, die Medien sind ein Katalysator für den Wettkampf bis in Leistungslevels hinein, die nur noch für eine Handvoll von Experten und nur sehr wenige Kunden tatsächlich erlebbar sind. Für diejenigen, die daran gemessen werden, Fahrzeuge zu bauen, die in diesem Wettbewerb bestehen, wiegen in hohen Auflagen wiedergegebene Belobigungen und Verrisse der eigenen Leistung erheblich. Dabei werden allerdings die heimischen Produkte weit stärker wahrgenommen als von Millionen Rezipienten konsumierte internetbasierte und quasi journalistische Kommentare z. B. von chinesischen Selfmade-Journalisten.

Auf der anderen Seite wurde kaum eine Industrie so hart von den etablierten Medien attackiert wie die Autobranche. Nicht nur die unternehmerische Performance steht im Fokus der Wirtschaftsmedien, nicht nur jeder Personalwechsel wird angesichts dessen hoher Sichtbarkeit intensiv kommentiert, sondern v. a. die Frage nach der „Zukunftsfähigkeit der Branche" hat sich zum Dauerbrenner entwickelt- und dies in Deutschland mehr als irgendwo sonst. Abgesänge und Untergangsszenarien haben die politische Diskussion rund um die Themen Partikelfilter (mit PSA als legitimem Sieger im behaupteten Kampf um Marktanteile), CO_2 (hier war Toyota lange Zeit dank Hybrid der „unbesiegbare" Gegner) und Elektromobilität (Tesla und dann die chinesischen Newcomer) beherrscht. Bei all diesen Themen ließ sich auch beobachten, wie stark sich gerade in Berlin eine politische „Echokammer" entwickelt hat, in der sich eine Vielzahl von Politikjournalisten gegenseitig in ihren Haltungen bestärken – wobei die weltanschauliche Nähe zu Umweltverbänden und Parteien ein Übriges tut. Diese Tendenzen in der etablierten Medienlandschaft und der digitalen Beschleunigung haben das Umfeld für die Automobilindustrie gerade in Deutschland und Europa in erheblichem Maße verschärft:

- Die erste Meldung über einen Sachverhalt wird mit extrem hoher Geschwindigkeit von anderen Medien übernommen und damit sehr schwer reversibel. In der Folge verfestigen sich Wahrnehmungen sehr viel schneller und wirksamer in der Öffentlichkeit.
- Politische Entscheider werden immer stärker zu Getriebenen ad-hoc aufgegriffener Debatten und nehmen zu diesen „in Echtzeit" Stellung. Auch Ihnen bleibt kaum noch eine Chance, intensiver nachzuprüfen, ob die behaupteten Sachverhalte valide sind oder nicht. Auch bei Ihnen steigt der Druck auf eine schnelle wertende Positionierung, die in ihre Richtung natürlich aus der jeweiligen parteipolitischen Perspektive erfolgt. Einen „Rückwärtsgang" für eine einmal erfolgte persönliche Positionierung gibt es so gut wie nicht.
- Das eigene Risiko für Politiker wird deshalb umso geringer, wie die politische Position auf einem Sachverhalt aufsetzen kann, der von vielen medialen Akteuren verbreitetet und gleichlautend bewertet wird.
- Die inhaltliche Vorspannung bei allen politischen Fragen im Zusammenhang mit der Automobilindustrie ist in Westeuropa seit 2015 ganz überwiegend negativ. Dies hat die Fähigkeit von Nichtregierungsorganisationen, mediales Agenda Setting zu betreiben, massiv erhöht. Zugleich hat der „share of voice" der NGOs deutlich zugenommen.
- Gerade auch weil Teile der Industrie in kritischen öffentlichen Debatten zunächst falsche Behauptungen in die Welt gesetzt haben, ist natürlich der Anreiz gestiegen, diese öffentlichkeitswirksam aufzudecken. Durch nichts wird ein für ein Unternehmen negativer Sachverhalt öffentlich wirksamer und schädlicher als durch den Versuch, ihn zu leugnen oder zu vertuschen.

USA und China

In den USA ist die Lage wiederum anders: Der Umfang, in dem Entscheidungsträger in der etablierten Medienlandschaft originär politische Positionen, beispielsweise im Klimaschutz, zu ihrem eigenen Anliegen machen, ist deutlich geringer, auch weil sie auf eine bei weitem geringere Akzeptanz in der Breite der Bevölkerung rechnen können. Zugleich vollzog sich aber auch in den wirtschaftspolitischen Debatten ein Radikalisierungsprozess entlang der Konfliktlinie „Trump Administration vs. Demokraten". In der Klimapolitik manifestierte sich dies in dem Konflikt zwischen dem Staat Kalifornien und der Bundesregierung. Automobilindustrierelevante politische Fragen wurden zugleich unter dem Gesichtspunkt diskutiert, ob sie sich eignen, entweder den Präsidenten für seine Erfolge zu feiern oder aber ihn massiv zu kritisieren. Ein Beispiel: Die Ankündigung von GM im November 2018, Tausende von Arbeitsplätzen abzubauen und die unmittelbar per Twitter geäußerte harte Kritik des Präsidenten an dieser Entscheidung machten diese Unternehmensentscheidung sofort als Teil der wirtschaftspolitischen Auseinandersetzung.

In China haben sich Blogger und andere Experten mit teils journalistischem, teils aber auch gar keinem Fachhintergrund in den sozialen Medien zu Einflussgrößen für den Automobilmarkt entwickelt, die keine Parallele im Westen haben. Früher und stärker als in allen anderen Märkten hat sich damit die Zielgruppe für die produktbezogene PR der Automobilhersteller tief greifend von einer kleinen, sehr homogenen Gruppe von professionellen Automobil-Journalisten zu einem weit größeren Spektrum an teilweise extrem enthusiastischen, teilweise aber auch extrem kritischen KOLs erweitert. Diese sind mit den extrem großen und wirksamen markenspezifischen Internetforen, Fanclubs und deren intensivem Kommunikationsverhalten zu einem extrem wichtigen Faktor für den Markterfolg von Automobilunternehmen geworden. Dies alles führt dazu, dass die auf westlich-kritische öffentliche Debatten „geeichten" Werkzeuge der Medienevaluation in China versagen. Wenn dort die Kombination aus „Häufigkeit der Erwähnung" und „Tonalität" gemessen wird, erreicht China immer noch extrem positive Werte, die außerhalb der westlichen Skalen liegen.

In keinem anderen Land gibt es aber zugleich größere und für die Position am Markt gefährlichere „Shitstorms" als in China. Beispielsweise wenn sich chinesische Kunden durch Händlerpersonal ungerecht behandelt fühlen, können diese mit millionenfacher Resonanz in den Sozialen Medien und im nächsten Schritt auch in den offiziellen Medien rechnen. Ein besonderes Beispiel ist die jährliche „Verbrauchergala" im chinesischen Staatsfernsehen, bei der besonders negatives Verhalten immer wieder auch von westlichen Unternehmen gegenüber chinesischen Kunden öffentlich angeprangert wird. Dazu gehört die zerknirschte Entschuldigung der Verursacher. Auch kann es passieren, dass bei einem zu langen Zögern von Unternehmen, z. B. einen Rückruf von Autos bei potenziell sicherheitsgefährdenden technischen Mängeln durchzuführen, mit einer prominenten Platzierung in diesen Medienformaten gedroht wird. Spätestens dann ist der Zeitpunkt gekommen, Mängel einzuräumen und deren Abstellung zu gewährleisten. Es ist ein interessantes Gedankenspiel, was passiert wäre, wenn Volkswagen in China Dieselfahrzeuge angeboten hätte.

Die chinesischen sozialen Medien sind zugleich ein wichtiger Transmissionsriemen dafür, Kollisionen mit der Haltung der chinesischen Regierung zu wesentlichen politischen Fragen unmittelbar kundenwirksam zu machen. So resultierten z. B. Karten in Navigationssystemen, auf denen Taiwan und andere Territorien nicht zu China gezählt werden, sofort in einem kommunikativen Flächenbrand (Daimler musste das feststellen), der wirksam eine entsprechende Kurskorrektur und Bekenntnisse zur Ein-Chinapolitik zu erzwingen geeignet ist. Ähnliches gilt für die Tibet-Frage. Dagegen sind weder die konventionellen noch die sozialen Medien in China ein Schauplatz für eine Debatte über Richtung und Inhalte wesentlicher Politikfelder. Sie können diese aber erheblich verstärken. Die Luftverschmutzung in chinesischen Städten und die Notwendigkeit, den Straßenverkehr technisch und in seiner Funktionsweise zu verändern, wurden ab dem Zeitpunkt medial stark diskutiert, zu dem die Partei beschlossen hatte, die Folgen für die Bevölkerung und die offensichtlich überschrittenen Grenzen der Akzeptierbarkeit in der Breite der Bevölkerung zum Anlass für wirksame Gegenmaßnahmen zu nehmen. Umgekehrt gibt es jedenfalls keine wirksame Kritik an selbst harten Eingriffen von Regierungen auf kommunaler und regionaler Ebene – und der Zentralregierung sowieso – in den Automobilmarkt. Als beispielsweise von einem Tag auf den anderen in der Metropole Shanghai eine Nummernschildversteigerung eingeführt wurde, bei der jeder, der ein neues, konventionelles Fahrzeug zulassen wollte, zunächst für einen fünfstelligen Betrag eine Lizenz ersteigern musste, wurde dies zwar von vielen Betroffenen kritisiert, allerdings blieb dies unwirksam im Hinblick auf die politische Entscheidung. Es erscheint schwer vorstellbar, dass ein Eingriff, der in dieser Form nicht zuletzt niedrige Einkommen massiv in ihrer Mobilität beeinträchtigt, in Deutschland oder gar in Frankreich ohne erheblichen, gerade auch über soziale Medien organisierten Widerstand durchsetzbar gewesen wäre. Allerdings erfolgte auch in China diese einschneidende Intervention erst, als ein gewisses Angebot preislich halbwegs erschwinglicher Elektrofahrzeuge chinesischer Herkunft verfügbar war und mit Didi eine preiswerte Alternative „zwischen" eigenem Auto und ÖPNV zur Verfügung stand. In der Summe gilt aber für China, dass ein Unternehmen, das innerhalb der politischen Richtungsvorgaben der Partei agiert, die Regeln konsequent einhält und auf die übergreifenden politischen Ziele, zu denen eben ganz prioritär die Entwicklung von der Elektromobilität gehört, einzahlt, damit rechnen kann, auch in der medialen und öffentlichen Landschaft keine fundamentalen Probleme zu bekommen.

Markt, Management und Innovation

Kein anderer Industriebereich investierte bisher so viel in Forschung und Entwicklung wie die Automobilindustrie. In kein industrielles Endprodukt geht heute so viel Ingenieurleistung ein wie in dieses. Zugleich wird sie aber wie kaum eine andere dafür gescholten, dass sie erst auf politisch-gesetzlichen Zwang reagiere, anstatt selbst mit neuen Lösungsangeboten voranzugehen. Dass mit Elon Musk und Tesla ein branchenfremder Unternehmer ohne direkten Automobilhintergrund und mit alleinigem Setzen auf den elektrischen Antrieb den Eintritt ins Automobilgeschäft weltweit geschafft hat, wird als Beleg dafür gewertet, dass die

6 Manager und Politiker 143

etablierte Industrie zu träge und nicht hinreichend risikobereit sei (s. u.).
Dazu einige etwas differenziertere Überlegungen:

Gerade in Deutschland besteht die Automobilindustrie aus einem eng verflochten, über viele Jahrzehnte gewachsenen dichten Netzwerk von Herstellern und Lieferanten, die gemeinsam das technologische Niveau erarbeitet haben, mit denen sich Deutschland ganz maßgeblich seine Exportweltmeister- und Marktführerrolle im oberen Segment des Pkw-Marktes erobert hat. Auch sind hier Milliarden an Kapital in spezialisierten Produktionsstätten gebunden, hunderttausende Menschen mit hoher Qualifikation, überdurchschnittlicher Bezahlung, historisch im Vergleich in sehr sicheren Arbeitsplätzen beschäftigt. Es sind nicht nur die großen Fahrzeughersteller und ihre Pendants im Nutzfahrzeuggeschäft, sondern es ist dieses umfassende Lieferantennetzwerk mit tiefen Wurzeln im industriellen Mittelstand, welches bei allen disruptiven Veränderungen der Branche betroffen ist. Hier ist bereits die Situation in Frankreich anders, wo relativ wenige große Lieferanten eine dominierende Stellung einnehmen. In China besteht ein spezifischer Mix aus von staatlichen Herstellern abhängigen Lieferanten einerseits, den Ablegern weltweiter Unternehmen andererseits. Die britische Automobilindustrie besteht aus im Vergleich zu Deutschland und Frankreich sehr vielen und hochgradig diversen Fahrzeugherstellern (von Morgan bis Toyota) einerseits, in Relationen hierzu relativ dünnen Lieferantenbasis und hoher Abhängigkeit von Importen aus der EU. In den USA schließlich ist mittlerweile die Gesamtheit der großen europäischen, japanischen, koreanischen Automobilzulieferer präsent sowie natürlich etablierte amerikanische Player.

In keinem der anderen Länder hängt deshalb für die Volkswirtschaft insgesamt so viel vom Weiterfunktionieren der Automobilindustrie in Ihrer Gesamtheit ab, wie in Deutschland. Politisch kann die Industrie einerseits natürlich immer wieder darauf hinweisen, dass Experimente „am lebenden Objekt", wenn sie denn schiefgehen, zu erheblichen volkswirtschaftlichen Verwerfungen führen können. Umgekehrt gibt es in der Politik ein verbreitetes Bewusstsein darüber, dass und in welchem Umfang Arbeitsplätze in Deutschland von der Automobilindustrie abhängen. Darüber hinaus wirken produktspezifische Faktoren: Automobile werden über 5–7 Jahre hinweg mit einem Aufwand entwickelt, der kaum eine Parallele in anderen Industrieprodukten hat. Geld in erheblichen

Größenordnungen in technische Optionen zu investieren, die sich als Sackgassen erweisen, ist daher ein erhebliches Risiko. Strategisch ist immer gegeneinander abzuwägen, wie groß im Vergleich zu den kurzfristig erforderlichen Kosten das Risiko ist, von einer neuen Anforderung des Kunden und/oder des Gesetzgebers getroffen zu werden, ohne für diese technologisch vorbereitet zu sein.

Ein Automobilhersteller kann nur eine begrenzte Zahl von „Flops" wirtschaftlich überleben – und sein Management auch. Die Abhängigkeit davon, dass insbesondere volumen- und/oder renditestarke Produkte Erfolg haben, ist gewaltig – Experimentieren mit wesentlichen Produkten ist ein mindestens potenziell sehr teures Unterfangen. Dabei sind die etablierten Instrumente der Erforschung des Verbraucherwillens nur begrenzt hilfreich. Es gibt wohl kaum eine Kaufentscheidung, die schon so lange und so gründlich erforscht wurde, wie diejenige über Autos. All dies ändert aber nichts daran, dass die ermittelten Daten ganz überwiegend aus der Wahrnehmung heraus entwickelt werden, welche die Menschen heute vom Auto haben und den Vorstellungen, die sie sich vor allem aus den Medien über dessen Zukunft bilden. Fundamental neue Produktoptionen, neue Dienstleistungen, also all die revolutionären neuen Elemente im Raum der Möglichkeiten können jedoch nur sehr begrenzt daraufhin untersucht werden, ob Menschen heute bereit sind dafür zu bezahlen und wenn ja wie viel. Zugleich wirkt die betriebswirtschaftliche Binnenlogik: Automobilhersteller im 50., 60. oder 100. Lebensjahr werden nicht an den Maßstäben eines Startups gemessen, sondern an der Aktienrendite. Sie werden für Anleger nicht dadurch attraktiv, dass sie behaupten, irgendwann wettbewerbsfähige Renditen zu erwirtschaften, sondern müssen diese jedes Jahr kontinuierlich liefern.

Schließlich werden gerade die deutschen Automobilhersteller von einer extrem starken individuellen aber auch Industriekultur getragen. Es ist nicht nur ein Klischee, dass der größte Teil der Produktentwickler und Werksmanager der Automobilindustrie von einer Handvoll technischer Hochschulen hervorgebracht wurden. Auch innerhalb des Topmanagements gibt es viele Entscheidungsträger, die ähnliche Lebensläufe mit teilweise erheblichen persönlich-biografischen Schnittstellen aufweisen. In allen Unternehmen läuft allerdings in den letzten Jahren ein erheblicher Diversifizierungsschub nicht nur mit Blick auf die Erhöhung des Anteils weibliche Führungskräfte und immer mehr nicht-deutscher Mitarbeiter sondern auch hinsichtlich des Erwerbs branchenfremder Kompetenzen.

Alle diese Faktoren wiegen aber letztlich vergleichsweise wenig neben einer ganz fundamentalen Größe: Bis heute entscheiden sich Millionen von Menschen auf der ganzen Welt immer wieder für diejenigen Produkte, die heute verkauft werden und deren maßgebliche Entscheidungen vor mehreren Jahren und vielfach offenbar richtig getroffen wurden. Mit der Richtigkeit dieser Entscheidung werden heute die Gehälter gezahlt. Die mentale Hürde, nicht nur die Möglichkeit eines Endes der bisherigen Entwicklung in Rechnung zu stellen, sondern diese möglicherweise sogar selbst aktiv herbeizuführen, ist erheblich. Der Reflex kommt schnell: „Politiker denken ideologisch und unrealistisch bis feindlich.", „Man müsste denen mal erklären, wie die Realität aussieht." Die Auseinandersetzung mit der Politik wird in diesem mentalen Modus schnell zum reinen Abwehrgefecht. Wenn dies passiert, sind die Folgen erheblich. Nicht nur in der Außenwahrnehmung der Industrie, sondern auch nach innen.

Treiber und Getriebene – Müssen und Wollen

Letztlich ist die entscheidende Frage diejenige nach dem Unterschied zwischen „müssen" und „wollen". Ein erheblicher Teil dessen, was Politiker von der Industrie verlangen, wird in jeder Branche zunächst häufig in der Perspektive des „Müssens" wahrgenommen: Es wird dann erst bekämpft und nach einer Entscheidung als unabänderlicher Sachzwang akzeptiert und in seinen Konsequenzen umgesetzt. Dies ist natürlich etwas ganz anderes als das „ob" und das „wohin" einer Veränderung zu bejahen und bei dieser eine führende Rolle spielen zu wollen. Das Potenzial an Kreativität, hervorragenden Sachverstand und vor allem der erwiesenen Fähigkeit zum erfolgreichen Management großer und langfristiger Projekte zu mobilisieren, ist aber letztlich im Müssen-Modus kaum möglich. Vielmehr ist das klare Commitment des Unternehmens nötig – und zwar nicht nur in der Kommunikation, sondern in der Substanz – dass es zum Anspruch des Unternehmens gehört, an der Spitze zu sein – egal bei welchen Autos und egal bei welchem Antrieb.

Politisch ausgelöste Veränderungsprozesse erfolgreich bestehen zu können, setzt deshalb voraus, dass das Management in der Lage ist, einen für die Zukunft erkannten Veränderungsbedarf zu transformieren: Von einem externen Treiber in einen internen Antrieb, von etwas, das man muss zu etwas das man will. Die Bereitschaft und die Fähigkeit, diese Transformation zu leisten, ist ein wesentlicher Erfolgsfaktor, ihr Fehlen bedroht die Zukunftsfähigkeit eines Unternehmens. Dazu gehört, den Blick hinter den Horizont der in der Gegenwart berechenbaren betriebswirtschaftlichen Einflussgrößen zu richten und das so entstandene Bild der Zukunft in die Organisation hinein zu projizieren. Je unklarer und vieldeutiger die zukünftigen Bedingungen jedoch sind, umso schwerer wird diese Aufgabe. Gerade in Phasen, wo Fundamente des eigenen Produkts und seiner Vermarktung in Frage gestellt werden, muss das Management Entscheidungen treffen, die mit einer höheren Wahrscheinlichkeit als jemals in der Vergangenheit falsch, in jedem Fall aber teuer sein werden. Umgekehrt sind die Chancen, richtig zu liegen und die Weichen richtig gestellt zu haben ebenso unsicher. Der Preis für Investitionen z. B. in neue Technologien wird aber im Heute bezahlt. Damit steigt der Legitimationsdruck gegenüber Anteilseignern und Investoren. Und das Vertrauen all derjenigen, die vom Erfolg des Unternehmens abhängen, wird zu einer umso knapperen Ressource, je stärker Politik und Gesellschaft Veränderung fordern. Dies betrifft die Aktionäre genauso wie die Arbeitnehmer, für deren Motivation es ja gerade entscheidend ist, dass sie an die Sicherheit ihrer Arbeitsplätze und damit indirekt an die Führungskompetenz des Managements glauben.

Wenn diese bremsenden Faktoren die Oberhand bekommen, droht eine Verengung des strategischen Handels auf diejenigen Faktoren, die heute absehbar und berechenbar sind. Die Folge ist eine Strategie der inkrementellen Anpassung an veränderte Anforderungen, sobald diese einen Grad an Sicherheit erreicht haben, der eine Anpassung erzwingt – und erst genau dann. Die Entscheider hangeln sich bei diesem vorsichtigen strategischen Agieren also von einer sichtbaren Wegmarke zur nächsten, orientieren sich jedoch nicht an weiter entfernten, fundamental anderen Möglichkeiten künftiger Umfeldbedingungen. Dieses Reaktionsmuster hat indirekte politische Konsequenzen, die aus der Perspektive marktwirtschaftlicher ökonomischer Überzeugungen „schwer verdaulich" sind: Politisch gewollte Transformationsprozesse schnell umzusetzen und die Potenziale einer Industrie zu Ihrer Realisierung zu mobilisieren, fällt zunächst umso leichter, je weniger konkurrierende Lösungsoptionen übrig gelassen werden.

Die Entwicklung in Kalifornien zeigt, dass der Weg der direkten Durchsetzung technologischer Lösungen und der Ausschluss von Alternativen wirksam ist. Die Konsequenz: Je stärker sich ein von der Politik gewolltes Zukunftsbild vom Status Quo unterscheidet, desto weniger sind offene Lösungspfade geeignet, diese schnell zu realisieren. Damit werden aber umgekehrt auch alternative Lösungen „geopfert", die möglicherweise nie die Chance bekommen, ihre Eignung im Wettbewerb zu beweisen. Der Preis, den Politiker für die Außerkraftsetzung von Ideenwettbewerb und die Beschleunigung von Veränderung durch direkte Vorgaben zahlen müssen, ist die Übernahme der Verantwortung für die gewählten Instrumente und die Folgen ihres Einsatzes: Politik haftet nicht mehr nur für die Richtigkeit der Ziele, sondern auch für die Eignung der Instrumente und den Preis, der für deren Einsatz zu zahlen ist – in Gestalt von geschwächter wirtschaftliche Leistungsfähigkeit und Rendite von Unternehmen, aber auch in Gestalt verlorener Arbeitsplätze. Ihre Fähigkeit, die Verantwortung und damit das Legitimitätsrisiko beim Management von Unternehmen „abzuladen", sinkt.

Dieser Trade-Off wird gerade im historischen Verlauf der Klimadebatte sichtbar, wie unten im Einzelnen gezeigt werden wird: Das Ziel der Dekarbonisierung des Automobils, wurde in Europa zunächst ausschließlich vom Ergebnis, also technologieoffen formuliert. Die Unternehmen ergriffen den Zielvorgaben entsprechende betriebswirtschaftlich optimierte Maßnahmen zur Verbesserung ihrer etablierten, beim Kunden stabil verankerten und vollständig berechenbaren Antriebstechnologien. Der Grundsatz der „Technologieoffenheit" beließ die Verantwortung für den Erfolg der Produkte voll bei der Industrie. Erst als die Anforderungen so anspruchsvoll wurden, dass sie mit dieser schrittweisen Verbesserung nicht mehr erreichbar waren, erfolgte der Übergang zu fundamental neuen Lösungen wie der Elektromobilität. Damit diese ein Erfolg wird, muss aber die Politik deutlich stärker selbst in die Verantwortung gehen und Voraussetzungen dafür schaffen, dass dieser Lösungsweg auch gelingt. Umgekehrt legitimierten erfolgreiche erste elektrische Fahrzeuge die Preisgabe der Technologieoffenheit zugunsten eines faktischen Technologiemandats. Im Ergebnis wird die technische Lösung der Unternehmen zur Lösung der Politik selbst. Die marktwirtschaftliche ökonomische Logik, wonach der Staat Rahmenbedingungen definiert und die Unternehmen innerhalb dieser betriebswirtschaftlich gewinnorientiert optimieren, wird ersetzt durch ein Verhältnis gegenseitiger direkter Abhängigkeit.

Das Beispiel der Elektromobilität wird im Einzelnen zeigen, dass diese dort am schnellsten von politischen Zielen zur Realität auf der Straße wurde, wo der Gesetzgeber dies direkt erzwungen hat (Kalifornien), unternehmerische Risiken durch einen frühzeitigen Umstieg wirksam gemindert wurden (durch die ZEV Credits im Fall Tesla, gewaltige direkte Subventionen in China) und der Kunde massiv vom Staat in seiner Wahl subventioniert wurde (Norwegen).

7

Handels- und Standortpolitik

Kaum eine andere Industrie produziert so starke positive volkswirtschaftliche Effekte wie die Automobilindustrie. Sie ist seit Jahrzehnten ein weltweites „Lieblingskind" von Investitionsförderern, Standortpolitikern und Industrieansiedlungsagenturen. Das liegt an der sehr hohen Sichtbarkeit des Produkts, den attraktiven Bedingungen für lokale Beschäftigte, vor allem aber an der Aussicht auf erhebliche Downstream-Effekte durch ihre tief gestaffelten Lieferketten. Wie die diversen weltweiten Autoindustrie-Cluster zeigen, kann die Ansiedlung eines Fahrzeugherstellers tatsächlich dazu führen, ganze Regionen wirtschaftlich nachhaltig voranzubringen. Automobilproduktion wird auf zwei Ebenen zum Gegenstand politischer Entscheidungen: In vielen der großen Volkswirtschaften wurde seit Beginn des Automobils mit gezielter Industriepolitik die Entwicklung des Sektors im eigenen Land vorangetrieben (s. o.). Weltweit kämpfen Regierungen zugleich mit mehr oder weniger harten Bandagen darum, möglichst große Teile der globalen Wertschöpfung in ihr Land zu holen. Darum geht es in diesem Abschnitt.

Asset Autoindustrie

Keine andere Industrie ist in der neueren Geschichte so heftig zum „Hätschelkind" aber auch zum „Zankapfel" geworden wie die Automobilindustrie. Und zu keinem Zeitpunkt war das stärker der Fall als heute. In nahezu allen Diskussionen über internationale Freihandelsabkommen ist der Marktzugang für Autos, also Zölle und technische Handelshemmnisse einer der schwierigsten Punkte: So wurde z. B. bei dem 2011 in Kraft getretenen Freihandelsabkommen zwischen der EU und Korea bis zum Schluss um das Autokapitel gekämpft. Europäische Massenhersteller haben das Abkommen angegriffen, um den zehnprozentigen EU-Einfuhrzoll zu verteidigen, den ihre direkten Wettbewerber Kia und Hyundai bis dahin zahlen mussten. Umgekehrt war die koreanische Seite gerade wegen des leichteren Zugangs zum EU-Volumenmarkt bereit, die eigenen Einfuhrzölle zu opfern – auch wenn dies gerade den deutschen Premiumherstellern erhebliche Chancen für Wachstum in Korea ermöglichte, welche diese auch nachhaltig nutzten. Dass Korea bis heute in der öffentlichen Debatte und auch der politischen Diskussion bei weitem protektionistischer agiert als die EU, bleibt allerdings ein Fakt. Ein weiteres Beispiel: Seit über zehn Jahren diskutieren die EU und Indien ohne Ergebnis über ein Freihandelsabkommen. Die Weigerung Indiens, die über 60-prozentigen Auto-Einfuhrzölle aufzugeben und damit den eigenen Markt wirksam zu öffnen, ist einer der offenbar unüberwindlichen Blockadefaktoren.

2007 wurde der Versuch der WTO, ein weltweites Freihandelsabkommen mit einheitlichen Regeln für Zölle und Marktzugang zu erreichen, ins „Koma" versetzt. Die gebündelte Kraft all derer, die – als Industriesektoren und als Staaten – glauben, mehr zu verlieren als zu gewinnen zu haben, war stärker als die derer, die einen weiteren globalen Liberalisierungsschritt tun wollten. Daran hat sich bis heute nichts geändert. Seitdem ist aber nicht etwa ein stabiler Status Quo, eine Welthandelsordnung auf Basis des bis 2007 Erreichten eingetreten, sondern die Globalisierung befindet sich im Rückwärtsgang. Anders als die politische Rhetorik von angeblich immer durchlässigeren Märkten und immer mehr Standortwettbewerb, von einem gnadenlosen „Herunterkonkurrieren" der Investitionsbedingungen suggeriert, sieht die Realität im Automobilbau anders aus: Gerade die hohe Attraktivität dieses Sektors führt dazu, dass jede Regierung, die über ein hinreichend großes nationales Marktpotenzial verfügt, dieses nutzt, um Investitionen, Arbeitsplätze, lokalen Einkauf und Technologie-Transfer zu erzwingen.

Kaum ein Produkt ist technisch so hoch reguliert wie Autos. Das Design technischer Regeln ist daher ein beliebtes und intensiv genutztes Einfallstor für protektionistische Maßnahmen. Hierin spiegelt sich die enge Vernetzung der jeweils eigenen Hersteller mit der Regierung wider: Das technische Regelwerk der USA ist das Produkt von 100 Jahren Kooperation zwischen den Behörden und den „Großen Drei" in Detroit. In China wirken die großen staatlichen Autohersteller intensiver als andere an technischen Regeln mit und auch in Japan oder Korea kann von gleichberechtigter Mitwirkung von Importeuren keine Rede sein. In der EU sind zumindest die US-Hersteller, seit sie vor dem Krieg mit eigenen Produktionsstätten Fuß fassten, tiefer integriert als dies umgekehrt der Fall ist. Auch kann die EU mit Recht für sich in Anspruch nehmen, zwar natürlich nicht totale Gleichbehandlung aber doch erheblich höhere Transparenz und Mitwirkungsrechte für alle, mindestens in der EU angesiedelten, auch asiatischen Herstellern, realisiert zu haben.

Protektionismus wie er bisher war

Role Model China?

Ein marktwirtschaftlich und liberal denkender Deutscher hat gelernt, dass er das Recht hat, bei Erfüllung aller Auflagen in dauerhaft rechtlich abgesicherter Form Produktionsbetriebe eröffnen und betreiben zu können, um anschließend in einem von Angebot und Nachfrage definierten Rahmen seine Geschäfte betreiben zu können. Mit dieser Haltung hätte China heute wahrscheinlich auch eine Autoindustrie – aber eine in ausländischer Hand, mit einem weit höheren Importanteil und einer Lieferkette, die wohl ebenfalls aus dem Westen gesteuert würde. Die chinesische Sicht ist jedoch ganz anders. Die gesamte Automobilindustrie

Chinas ist seit den 80er-Jahren konsequent darauf gerichtet, China seinen „verdienten Platz" als (eine der) größten Volkswirtschaften zu sichern und diesen auszubauen. Der Umgang mit ausländischen Investoren lässt sich dabei vielleicht am ehesten mit einer Metapher schildern: Ein Beamter in der Nationalen Entwicklungs- und Reformkommission (NDRC) oder dem Industrieministerium (MIIT) ist in seiner Rolle durchaus vergleichbar mit dem Manager einer großen, attraktiv gelegenen Shoppingmall. Er hat die Kompetenz, die Türen auf und zu zu machen und er vermietet die Ladenlokale, er verschenkt sie nicht. Wer also seine Produkte an die vorbei flanierenden Kunden verkaufen möchte, zahlt dafür Miete. Und diese Miete richtet sich nach Angebot und Nachfrage. Das bedeutet, dass vor jedem neuen Investitionsprojekt eine politische Diskussion erfolgt über Produktportfolio, Investitionsvolumen und natürlich auch das lokale Subventionspaket. Dabei agieren die lokalen und regionalen Entscheidungsträger innerhalb des von der Zentralregierung und d. h. immer natürlich auch der Partei gesetzten Rahmens. Die „Mieten", die China auf diesem Weg über Jahrzehnte von den Internationalen Automobilherstellern einnehmen konnte, sind gewaltig. Der Joint-Venture-Zwang war seit dem Einstieg von Volkswagen zu Beginn der 80er-Jahre Grundvoraussetzung für ein halbwegs relevantes Marktvolumen in China und bis zu seiner gerade beginnenden Aufweichung der wichtigste Teil des Instrumentenkastens. Beim Thema Elektromobilität gehört aber auch der Einkauf chinesischer Batterien dazu. Bis Mitte der Nuller Jahre hat China auch noch offiziell eine Local Content Rate von 40 % gefordert. Diese wurde zwar für WTO-widrig erklärt und offiziell abgeschafft. Eingehalten wird sie seitdem aber immer noch – und übertroffen.

Während China in den letzten Jahren einen fundamentalen Wandlungsprozess angestoßen hat, weil es die Grenzen seiner bisherigen politischen Logik verstanden hat, hat die Grundlogik der Ansiedlungspolitik Chinas aber weltweit massive Nachahmer gefunden.

Die Nachahmer

Russland: Nachdem die Russische Föderation 2011 nach 18-jährigen Verhandlungen den Beitritt zur WTO unterschrieben hatte (wirksam ab 2012) und damit theoretisch der Weg für den zollfreien Import von Autos geebnet war, begann unmittelbar die Suche nach Maßnahmen, um genau dieses in der Praxis zu verhindern. Das Ergebnis war das 2011 pünktlich erlassene sog. „Dekret 166", das Mindestanforderungen an die lokale Wertschöpfung beinhaltete. Ausgegangen ist die politische Initiative für diese Konstruktion von einer kleinen Gruppe in Russland etablierter lokaler Hersteller bzw. ihren westlichen Partnern. Vor die Wahl gestellt, ob man die nationalen, zum Teil noch aus der Sowjetzeit hervorgegangenen und heute im Besitz einflussreicher Oligarchen befindlichen Produktionsstrukturen dem globalen Wettbewerb und dem Import aussetzt oder aber auf die oben genannte Lösung setzt, hat sich die Regierung klar entschieden. Zwischenzeitlich wurde das technische Design des regulatorischen Rahmens zwar immer wieder im Detail verändert – auch durch die Einführung einer sog. „Recycling-Abgabe", die „netto" nur von Importeuren gezahlt wurde, denen der Zugang zu Subventionen verschlossen blieb, die an lokale Produktion gebunden blieben. Die wirtschaftliche Substanz ist aber die gleiche geblieben. Nur wer dieses erfüllte, qualifizierte sich für den Erhalt staatlicher Subventionen. Dabei verhindert jedoch der Mangel an Freihandelsabkommen Russlands mit größeren Automobilmärkten bis heute die Realisierung der russischen Ambitionen, zu einem Automobil-Hub mit wesentlichem Exportanteil zu werden. Die im Rahmen der heute mit Russland bestehenden Abkommen zugänglichen Märkte der ehemaligen Sowjetunion sind dafür eindeutig zu klein.

ASEAN (Association of South East Asian Nations): Bis vor wenigen Jahren waren tatsächlich viele westliche Beobachter davon überzeugt, dass sich in ASEAN eine Konkurrenz zur EU im Sinne eines einzigen, integrierten Binnenmarktes entwickeln würde. Die Realität ist eine andere. Thailand, Malaysia oder Indonesien liefern sich im Automobilbereich einen harten Standortwettbewerb. Faktisch haben alle drei großen Player Anforderungen an lokale Mindestfertigung – kombiniert mit regionalem Produktionsanteil – etabliert, die es erschwert haben, beispielsweise aus einem einzigen regionalen Standort heraus die gesamte Region zu versorgen. Auch sind in der Region die Bedingungen hochdynamisch. Anforderungen werden immer wieder angepasst und dies mit einem bemerkenswert niedrigen Level an Transparenz. Teilweise kann man auch eindrucksvolle U-Turns besichtigen: Vietnam beispielsweise hat sich von einem total abgeschlossenen Markt um 180° in Richtung volle Öffnung und dann wieder zurückgedreht und dass alles innerhalb weniger Jahre.

In Brasilien herrschten für die dort tätigen Hersteller, bei denen er sich ganz überwiegend um die Ableger europäischer und amerikanischer Mütter handelte, lange „paradiesische" Zustände: Es war dort möglich, hinter hohen Einfuhrbarrieren mit recycelten Werkzeugen Baureihen, die in Europa oder Amerika bereits aus dem Markt genommen worden waren, kostengünstig weiter zu produzieren und aufgrund des Fehlens wirksamer Konkurrenz zu teilweise erstaunlichen Preisen lokal zu verkaufen. Dabei gehörte der Verzicht auf kostspielige technische Features auch in den Bereichen aktiver und passiver Sicherheit zu den Optionen. So wurden noch Ende der Nuller Jahre Autos ohne ABS und Airbag neu verkauft. In diesem Zustand verspürten weder Hersteller noch Lieferanten die Notwendigkeit, daraus mit einem Innovationsschub auszubrechen. Dies änderte sich ab 2010 mit dem drohenden Markteintritt von koreanischen und chinesischen Fahrzeugen, welche dem brasilianischen Kunden die Aussicht auf zweierlei boten: Entweder deutlich mehr Produktsubstanz fürs gleiche Geld oder aber gleich wenig Substanz für deutlich weniger Geld. Die von der Regierung der Arbeiterpartei unter Präsident Lula da Silva bzw. später Dilma Rousseff in enger Abstimmung mit der etablierten Industrie und den Gewerkschaften abgestimmte Antwort war einfach: Die in Brasilien fällige Industriegütersteuer wurde für alle importierten Fahrzeuge deutlich erhöht. Man hat also einen Zoll eingeführt, den man so nicht genannt, sondern als Inlandssteuer getarnt hat. Mit einer Überarbeitung des politischen Rahmens hat Brasilien allerdings inzwischen der Tatsache Rechnung getragen, dass die WTO die vorherige Regelung für rechtswidrig erklärt hat. Es blieb aber bei signifikanten wirtschaftlichen Vorteilen für lokale Produzenten.

Argentinien ist ein besonderer Fall: Um den prominenten Eigentümer eines argentinischen Textilunternehmens zu zitieren, „durchläuft das

Land immer Amplituden zwischen Wahnsinn und relativer Normalität". Die Wahnsinnsphase was die Behandlung importierter Autos angeht ist mit den Namen Christina Kirchner und ihrem Wirtschaftsminister Guillermo Moreno verbunden: Das wirtschaftspolitische Programm lautete, dass nur so viel importiert werden durfte, wie auch exportiert wurde. Streng nach den im 17. Jahrhundert von dem französischen Finanzminister Colbert definierten merkantilistischen Prinzipien wurde dieses Denken auch einzelwirtschaftlich angewandt. Von einem Tag auf den anderen wurden 2011 importierte Fahrzeuge im Zollhafen festgehalten. Dies wurde mit einer Einladung ins Wirtschaftsministerium begleitet. Bei dem dann stattfindenden Termin wurde unmissverständlich klargemacht, dass es, gerade angesichts der kommenden Hagelsaison, dringend geraten sei, einen Exportvertrag abzuschließen, dessen Volumen mindestens dem beabsichtigten Import zu entsprechen habe. Vor die Wahl gestellt, wirksam aus dem argentinischen Markt ausgeschlossen zu werden, wurden beispielsweise BMW aber auch alle anderen Hersteller, die nicht lokal produzierten, zu Exporteuren von landwirtschaftlichen Gütern wie Erdnüssen oder Rotwein. Nachdem diese und andere vergleichbare Maßnahmen den wirtschaftlichen Kollaps Argentiniens bewirkt hatten, wurden sie 2015 von dem neuen bürgerlichen Präsident Macri aufgehoben. Auch nach dessen Abwahl 2019 und der Rückkehr der Peronisten an die Macht ist jedoch der volkswirtschaftliche Turn-Around ausgeblieben – und damit auch eine Erholung des Automobilmarkts. Im Gegenteil, 2020 führte die peronistische Form der Außenwirtschaftspolitik erneut zu blockierten Importen und einem eingebrochenen Automobilmarkt.

Das 2019 final verhandelte Freihandelsabkommen zwischen der EU und den Ländern des Mercosur, zu dem auch Brasilien und Argentinien gehören, sieht einen Zollabbau über einen Zeitraum von 15 Jahren vor, der durch begrenzte Quoten für zollfreie Importe während der Übergangsphase ergänzt wird. Bereits hierdurch wird das Abkommen zu keiner abrupten Änderung der lokalen Realitäten führen. Hinzu kommt, dass dieses Abkommen sogleich auf Widerstand in der EU stieß. So kritisierten z. B. Frankreich und Irland das Abkommen ebenso wie Teile des Parlaments sofort nach seinem Abschluss. Die Ratifizierung und damit die Wirksamkeit des Abkommens sind daher unsicher, auch nachdem (nicht zuletzt angesichts Corona) der ursprüngliche Fahrplan für eine

Entscheidung bis Ende 2020 unter deutscher Ratspräsidentschaft nicht gehalten wurde.

Südafrika

Eine Sonderrolle spielte Südafrika: Dort wurde in Zeiten der Apartheid eine nationale Automobilindustrie hinter hohen Zoll-Schutzmauern aufgebaut. Die Evolution dieses Systems beinhaltete aber eine echte Innovation: Je mehr Fahrzeuge lokal gefertigt wurden, umso mehr andere Produkte konnten zollfrei importiert werden. Damit wurden Unternehmen mit lokaler Fertigung faktisch von den Hürden befreit, auf die reine Importeure stießen. Es musste aber nicht jedes Modell lokal gefertigt werden, sondern mit wenigen in höheren Volumina gebauten Autos konnten indirekt auch andere, importierte Modelle entlastet werden. Während die drei deutschen Hersteller und auch die aus den USA von diesem System lange profitierten, ging die europäische Union auf Betreiben Frankreichs (die französischen Hersteller waren nicht vor Ort präsent) bei der WTO gegen dieses System vor. Im Ergebnis wurde eine Revision der Automobilpolitik vorgenommen, bei der die direkte Verknüpfung mit der Verzollung von Importen entfiel, zugleich aber ein ähnlich wirksames System von Beihilfen für lokale Produzenten geschaffen wurde. Die Höhe der Erleichterungen für lokale Produzenten wurde ihrerseits in einer komplexen Formel an Produktionsvolumen und Lokalisierungstiefe gekoppelt. Zugleich war mit einer ganzen Reihe von Freihandelsabkommen, die Südafrika mit den USA der EU und einer Reihe asiatischer Märkte abgeschlossen hatte (und dabei von dem Sympathiebonus nach der Überwindung der Apartheid profitierte) eine erweiterte Rolle der lokalen Produktion ermöglicht: Fahrzeuge nicht für den südafrikanischen Markt zu produzieren, sondern für den Export, ermöglichte es, Volumina in Südafrika zu fertigen, die über die Nachfrage des Marktes selbst hinausgehen. Dieses auch historisch bedingt spezifisch südafrikanische Modell ist im Vergleich zu der Logik anderer Länder wie Russland deutlich innovativer: Es wird nicht lediglich aus dem abgeschotteten nationalen Markt heraus gedacht, sondern gerade die Öffnung für andere Märkte und Zugang zu diesen ist Teil des Systems. Zugleich ist es gerade die Exportkomponente, die angesichts der fortgesetzten binnenwirtschaftlichen Schwäche Südafrikas die Automobilproduktion einigermaßen stabilisiert hat.

Und die Industrie?

Der zunehmende Protektionismus stellte die Automobilhersteller immer wieder vor die gleiche Wahl: Sollen sie Zölle in voller Höhe zahlen und in der kleinen Nische derjenigen Kunden eingesperrt bleiben, für die der Preis am Ende kaum eine Rolle spielt? Oder aber vor Ort in Produktionsstätten investieren, die unter „normalen" Bedingungen unwirtschaftlich wären? Die betriebswirtschaftlichen Schlüsselfaktoren sind das erreichbare Absatzvolumen im Verhältnis zu der geforderten Lokalisierungstiefe: Je mehr Autos auf der Grundlage lokaler Produktion abgesetzt werden können, desto mehr Aufwand rechnet sich. Viele Jahre lang lagen die Preisschilder für den Marktzugang relativ niedrig. Es reichte in einer Reihe von Märkten (z. B. Indien) aus, eine so genannte SKD-(semi knocked down) Produktion aufzubauen. Praktisch heißt das, dass Autos in Europa in Baugruppen zerlegt in Container verpackt und dann im Bestimmungsland montiert werden. Hierbei musste lange nur ein überschaubarer Teil der Komponenten im Land selbst eingekauft werden. Die Wertschöpfung beschränkte sich hierbei überwiegend auf die Montagearbeiten. Mit dem Wachstum der Märkte in vielen Schwellenländern stiegen aber die Anforderungen deutlich. Heute erwarten Länder wie Indien, Thailand oder Brasilien, dass nur noch definierte Fahrzeugkomponenten importiert werden und zugleich wesentliche Vorleistungen im Land einzukaufen sind. Die Forderung nach Rohbau und Lackierung macht zugleich die Einfuhr kompletter lackierter Karosserien unvorteilhaft. Diese so genannte CKD-(completely knocked down) Produktion ist allerdings stückzahlbedingt weit einfacher für Massenhersteller mit hohen Produktionsvolumina wirtschaftlich darstellbar als für Nischenanbieter aus dem Premiumsegment.

Deshalb fällt gerade den Volumenherstellern die praktische Unterstützung protektionistischer Politik auch vergleichsweise leicht. So wurde beispielsweise der Chef von VW in Argentinien 2011 in den Medien dafür gepriesen, wie geschickt er die VW Produktion des Modells Amarok in Argentinien genutzt habe, um Importwettbewerber zu schädigen. Es ließe sich auch noch an diversen anderen Beispielen, vor allem aus Russland, zeigen, dass der Umgang mit den unterschiedlichen Graden von Marktzugangsbeschränkungen zu einem Wettbewerbsparameter zwischen den Automobilherstellern geworden ist. Idealtypisch liefern sich hier Massen- und Nischenhersteller einen über die Bande der Politik ausgetragenen Wettkampf: Die einen zeigen wenig Widerstand bei der Einführung neuer Lokalisierungsanforderungen. Die anderen versuchen, erleichterte Bedingungen zu verhandeln. Geschickte Regierungen testen dabei immer wieder die Möglichkeiten und Grenzen aus. Wenn z. B. ein Unternehmen den Schritt macht, lokal auch den Motor zu produzieren, setzt dieses den Rest der Industrie unter Druck. Die zuständigen Ministerien wiederum sind in der bequemen Position, die „Hypercompetition" der Hersteller um den Marktzugang moderieren zu dürfen – jedenfalls so lange wie der Markt wächst. Eine weitere Konsequenz protektionistischer Politik ist, dass nach deren Einführung die lokal präsenten Unternehmen zu dessen Unterstützern werden: Firmen, die für viel Geld lokale Produktion aufgebaut haben, protestieren natürlich als erste gegen Überlegungen, den Markt für den Wettbewerb mit importierten Autos zu öffnen. Auch aus diesen Gründen eignet sich die Automobilindustrie nicht für die ordnungspolitische „Heldenrolle".

Der U-Turn der USA

Es ist bemerkenswert, dass es die Denkungsart einer linkspopulistischen Regierung am Rio de la Plata es ab 2016 nahezu 1:1 in die Redemanuskripte des Präsidenten der Vereinigten Staaten von Amerika geschafft hat. Die Aussage von Donald Trump bzw. den ihm zuarbeitenden Experten wie Peter Navarro, wonach letztlich nur in Amerika verkauft werden solle, was auch in Amerika produziert wird, zeigte dies. Auch wenn unterstellt werden kann, dass bis in die Spitze der Administration hinein die Weiterentwicklung der wirtschaftspolitischen Theorie der letzten 300 Jahre präsent waren, zeigt dieses Beispiel dennoch, worauf die Rhetorik von Präsident Trump letztlich zielte: Die negative Auflading von Importen als Problem und erzwungene lokale Produktion als Lösung. Es drohten massive Strafzölle für Autos aus der EU und ein Handelskrieg mit China. Und USMCA, das NAFTA-Nachfolgeabkommen mit Mexiko und Kanada hat die regionalen Gewichte demonstrativ zugunsten der USA verschoben.

Ausgangslage

Bei dieser Politik spielte der Unterscheid in den arbeitsmarktpolitischen Regelwerken innerhalb der USA eine wesentliche Rolle: In den sog. „right to work states" ist eine gewerkschaftliche Interessenvertretung nicht erforderlich, erschwert oder sogar faktisch unmöglich. Dagegen besteht in den traditionellen Autostaaten, allen voran Michigan, ein starker Gewerkschaftseinfluss in den Automobilfabriken bei der „Großen Drei" (Ford, GM und Fiat-Chrysler). Dabei konnte sich die Automobilgewerkschaft im Norden jahrzehntelang auf die Unterstützung vor allem der Demokraten und hier wiederum deren linken Flügels verlassen. Dies spiegelte sich vor allem in deren protektionistischen Positionen in der Handelspolitik wider. So gehörte diese Gruppe zu den wichtigsten Gegnern beispielsweise des US-Handelsabkommens mit Südkorea. Und die Gewerkschaft forderte von Anfang an mindestens Nachbesserungen bei NAFTA oder gar seine Aufhebung. Donald Trump hat dieser Rollenverteilung ein Ende gemacht: Mit seinen handelspolitischen Positionen macht er sich 1:1 die Haltung linker Demokraten und von Gewerkschaften zu eigen, deren Existenzberechtigung von nicht wenigen seiner eigenen Parteifreunde grundsätzlich infrage gestellt wurde. Mehr noch, es gab innerhalb der Republikaner auch wichtige Player bis hin zu Gouverneuren, welche die Unterstützungsmaßnahmen für die Automobilindustrie durch die Obama Administration vehement ablehnten und mit Bezug auf die „Großen Drei" aus Michigan kristallklar forderten „Let them die". Die Trump-Administration löste sich also völlig von den ideologischen Vorprägungen der republikanischen Partei. Es war das klare Ziel des Präsidenten, die Grenzen, die liberale wirtschaftspolitische Position in der Vergangenheit für die Erreichbarkeit aus seiner Sicht attraktiver

Wählergruppen gezogen hatten, zu überwinden. Die Folgen für die Industrie waren erheblich:

Von NAFTA zu USMCA

Das Nordamerikanische Freihandelsabkommen (North American Free Trade Agreement) NAFTA zwischen den USA, Mexiko und Kanada wurde routinemäßig und jahrzehntelang von den Demokraten kritisiert – aber ohne praktische Folgen. Die noch im ersten Obama-Wahlkampf 2008 versprochene Revision ist nie geschehen. Die Revision passierte dann 2017–2018 im Rekordtempo unter Donald Trump. Mit der brachialen Drohung mit hohen Strafzöllen wurden im USMCA (United States-Mexico-Canada Agreement), dem Nachfolgeabkommen für NAFTA, erhebliche Vorteile für die Produktion in den USA festgeschrieben. Umgekehrt wurden die wirtschaftlichen Vorteile einer Verlagerung von Volumen aus den USA nach Mexiko deutlich geschmälert. Mit Vorgaben für den im Durchschnitt der drei Länder zu zahlenden Lohn, der nachzuweisenden Herkunft des verwendeten Stahls und Aluminiums aus den USA und mit einer extrem hohen „Regional Content Rate" wurden zugleich handelspolitische Innovationen in die US-Politik eingeführt, die bis dahin allenfalls in hochprotektionistischen Schwellenländern existierten. Mit der Vorlage detaillierter Umsetzungspläne wurde den Herstellern die Chance geboten, ihre Erfüllung der neuen Vorgaben innerhalb von 5 Jahren nachzuweisen und damit die Garantie auf Null-Zölle innerhalb Nordamerikas zu erkaufen. Als Folge davon mussten die deutschen Hersteller innerhalb von zwei Monaten entscheiden, ob sie sich zu der Einhaltung der neuen Lokalisierungsanforderungen in einem Zeitraum von fünf Jahren verpflichten, oder aber die zu erwartenden hohen Risiken in Kauf nehmen.

Es ist nicht wahrscheinlich, dass die Biden-Administration sich einer Debatte über eine Revision von USMCA aussetzt – zumal Joe Biden noch in einem Interview im September 2020 einräumte „USMCA is better than NAFTA" („Interview mit Jake Tapper, CNN, 10. September 2020, zitiert nach transcripts.cnn.com"). Er hat USMCA auch bereits 2019 im Vorwahlkampf gegen die Kritik seines Konkurrenten Bernie

Sanders verteidigt und auf die im Repräsentantenhaus von der demokratischen Mehrheit erreichten Verbesserungen bei Umwelt- und Arbeitsschutzstandards verwiesen. Wie die technische Implementierung allerdings durch die neue Administration gehandhabt wird, gehört zu den spannenderen Fragen für die Automobilindustrie.

Handelskonflikt USA – China

Die Obama-Administration startete 2012 parallel zu den Verhandlungen über eine transatlantische Handsls- und Investitions-Partnerschaft (TTIP) das Vorhaben eine transpazifischen Wirtschaftspartnerschaft (TPP) und hat damit auf den wachsenden wirtschaftlichen und politischen Einfluss Chinas reagiert. Barack Obama wollte hiermit eine stärkere Ausrichtung der US-Politik auf den pazifischen Raum einleiten. Donald Trump stieg 2017 aus diesem Vorhaben einseitig aus. Letztlich blieb davon nur ein Abkommen zwischen 13 Ländern (Australien, Brunei, Chile, Kanada, Japan, Malaysia, Mexiko, Neuseeland, Peru, Singapur, und Vietnam) übrig, mit dem diese Länder ein Zeichen setzen wollten, dass sie auch ohne die USA voranzugehen entschlossen waren. China hatte seinerseits bereits auf die Offensive unter Obama mit dem noch deutlich größeren Vorhaben der „Regional Comprehensive Economic Partnership (RCEP)" geantwortet. Pünktlich zur Abwahl von Donald Trump wurde dieser Vertrag zwischen 15 Staaten unterzeichnet, mit dem China seine handelspolitische Agenda – die engere Bindung der Märkte in der Region an China einen großen Schritt weitergebracht hat. Neben allen ASEAN-Staaten gehören Australien, Japan, Südkorea und Australien. Indien hat sich 2019 zugunsten seiner wirtschaftlichen und politischen Schutzinteressen aus dem Projekt zurückgezogen.

2017 eröffnete Donald Trump den direkten Handelskonflikt mit China. Die US-Regierung verhängte einseitig Strafzölle auf Produkte, die von solchen Industriesektoren in die USA exportiert wurden, die im Rahmen der industriepolitischen Initiative „China 2020" besonders gefördert wurden. Hierzu gehörte ab Mai 2018 auch der Automobilsektor. Auf diese Güter wurde ein Zoll in Höhe von 25 % verhängt. Dies hatte allerdings bei Automobilen keine praktische Relevanz, da China bislang so gut wie keine Autos in die USA ausführte. Die chinesische Seite reagierte formal betrachtet symmetrisch: Auch sie erhob 25 % Einfuhrzoll auf alle aus den USA eingeführten Automobile. Allerdings besteht hier ein fundamentaler materieller Unterschied: Die USA exportieren in erheblichem Umfang Autos nach China, wobei der bei weitem größte Teil auf die beiden deutschen Premiumhersteller BMW und Daimler entfällt, die aus ihren US-Fertigungsstätten in großen Mengen nach China exportierten – und diese weiter tun. Allein ein knappes Drittel der Produktion des BMW Werks in Spartanburg ging 2018 nach China. Dabei war der chinesischen Seite vollkommen bewusst, dass man nicht etwa die US-Unternehmen traf, sondern als „Kollateralschaden" deutsche Unternehmen schädigte. Dies unterschied sich von vergangenen handelspolitischen Auseinandersetzungen deutlich: Bereits unter der Obama Administration hatte China auf US-Strafzölle gegen Aluminiumfelgen aus China mit Zöllen auf US-Autos reagiert. Damals waren allerdings die Zollsätze stark differenziert worden: Die originären US-Hersteller waren weit stärker betroffen, mit der Begründung, dass sie im Rahmen der Rettungsmaßnahmen des Jahres 2009 durch die US-Regierung in unfairer Weise begünstigt worden seien. Für die deutschen Unternehmen beließ man es seinerzeit bei minimalen, wirtschaftlich irrelevanten Zollsätzen. Bei der Reaktion auf die Attacke der Trump Administration wurde dagegen von Seiten des chinesischen Handelsministeriums sehr deutlich gemacht, dass man die negativen Effekte für die Deutschen zwar bedaure, man jedoch darauf zielen müsse, die Wirtschaft der USA vor allem in solchen Bundesstaaten zu treffen, die starke Trump-Unterstützer waren. Dies war sowohl für Alabama, den US-Standort von Daimler, als auch für South Carolina und BMW der Fall. In der Folge wurden sofort Zölle von 25 % fällig, die natürlich den Erfolg der entsprechenden Produkte in China und die Profitabilität der beiden Unternehmen erhebliche belasteten.

Für Aufatmen in Stuttgart und München sorgte im November/Dezember 2018 der G20-Gipfel in Buenos Aires, bei dem die Staatschefs Trump und Xi vereinbarten, eine weitere Eskalation des Handelskonflikts vermeiden zu wollen. Als Signal des guten Willens an die Amerikaner setzten die Chinesen daraufhin die Strafzölle auf Automobile für zunächst 90 Tage aus (dabei bleib es dann). Präsident Trump feierte dies natürlich als großen und sichtbaren Erfolg einer harten Linie gegenüber China. Tatsächlich demonstrierte diese Geste, die nicht von entsprechenden Maßnahmen von Seiten der USA erwidert wurde, dass aus chinesischer Sicht ein Handelskrieg zu teuer war, um für ihn erhebliche volkswirtschaftliche Schäden in Kauf zu nehmen. Vielmehr passte sie in die übergreifende Positionierung der chinesischen Regierung, sich klar von der Trump Administration und ihrem protektionistischen Kurs als handelspolitischer „Good Guy" abzusetzen. Die generelle Absenkung der chinesischen Einfuhrzölle auf Automobile von 25 % auf 15 %, die gleichzeitig zu der Ankündigung der Strafzölle gegen die USA entschieden worden war, hatte dies bereits demonstrieren sollen: Leichterer Markzugang für alle Autos aus dem Rest der Welt als generelle Linie – Ausnahme für die USA als Reaktion auf deren Aggression. Zugleich setzte die angekündigte Aufhebung des symbolisch sehr wichtigen Joint-Venture-Zwangs ein konstruktives Signal. Man hatte sich dafür entschieden, dem US-Präsidenten den Weg in Richtung Kompromiss durch die Chance auf eine innenpolitisch positive Wahrnehmung zu erleichtern. Diese taktische Entscheidung durfte aber nicht darüber hinwegtäuschen, dass China für den Fall, dass die USA den Handelskonflikt fortsetzen wollten, in der Lage und vor allem bereit war, diesen bis zum Ende zu führen. Diverse Gespräche in Peking haben deutlich gemacht, dass man dort überzeugt war, diese Auseinandersetzung am Ende länger auszuhalten. Angesichts der erheblichen volkswirtschaftlichen Kosten hat sich China aber für eine aus seiner Sicht und gegenüber der eigenen Öffentlichkeit gesichtswahrend darstellbare friedliche Linie entschieden. Wäre diese gescheitert, bestand aber die klare Bereitschaft zur Rückkehr in den Konfrontationsmodus.

BMW spielte dabei eine spezielle Rolle: Sein Joint-Venture-Vertrag mit der Brilliance Group für die chinesische Produktion bei BMW Brilliance Automotive (BBA) lief bereits 2022 aus. Daher bot sich die notwendige Verlängerung dafür an die 2017 erfolgte Grundsatzankündigung der chinesischen Regierung umzusetzen, wonach die strikte 50:50 Pflicht aufgehoben werden soll. Premier Li Keqiang nutzte seinen Besuch bei Bundeskanzlerin Merkel im Sommer 2018 für eine deutliche öffentliche Ankündigung, wonach BMW 75 % der BBA-Anteile übernehmen werde. Hinzu kam die Ankündigung eines weiteren Joint Ventures mit dem privaten Unternehmen Great Wall Motors zur Produktion (elektrischer) MINIs in China. Dieses politische Signal sollte nicht nur untermauern, dass China seine Zusagen einhält, sondern hatte auch noch zwei weitere Stoßrichtungen: Erstens angesichts zunehmender Kritik an Übernahmen europäischer Unternehmen durch solche aus China (z. B. der Roboterhersteller Kuka) das Argument zu entkräften, dass China extern expandiert und zu Hause „mauert"; zweitens angesichts der zunehmend protektionistischen Politik der USA die „Öffnungspolitik" demonstrativ umzusetzen.

Re-Eskalation

Im Frühjahr 2019 sah es für eine Weile so aus, als stünde eine Einigung zwischen den USA und China unmittelbar bevor. Präsident Trump diskutierte bereits per Twitter die nächste Einladung an seinen chinesischen Kollegen in seine Ferienresidenz in Florida. Mit der Begründung, China habe zwischendurch gemachte Zusage zurückgezogen, verkündeten die USA jedoch im Mai 2019 neue zusätzliche Zölle. Bis dahin nur mit 10 % belegte Warenkategorien schnellten auf 25 % hoch. China reagierte sofort mit einem eigenen Zollerhöhungspaket. Zur großen Erleichterung der Automobilindustrie blieben jedoch die Strafzölle gegen Autoimporte aus den USA weiterhin ausgesetzt. Angesichts des geschwächten chinesischen Automobilmarkts und den bereits sichtbaren Auswirkungen des Handelskrieges mit den USA für die chinesische Industrie sollte hierdurch ein Signal der Verteuerung von Autos vermieden werden. Es blieb allerdings nicht bei einer Auseinandersetzung über Zölle. Der US-Präsident erlies ebenfalls im Mai einen Rechtsakt, mit dem es amerikanischen Unternehmen untersagt werden konnte, Geschäftsbeziehungen mit Unternehmen zu unterhalten, die als einzelne Firma eine Bedrohung für amerikanische Sicherheitsinteressen darstellen könnten. Auf der Basis dieser formal nicht spezifizierten Regelung wurde der Huawei Konzern sofort zu einem derartigen Sicherheitsrisiko erklärt. Die politische Legitimation hierfür lieferten vermutete bzw. behauptete Möglichkeiten der Ausspähung amerikanischer Telekommunikation über darin verbaute Huawai-Technologie. Sofort und mit erheblichen Folgen nicht zuletzt

7 Handels- und Standortpolitik 165

für die weltweiten Börsen reagierte Google auf diese Maßnahme und kündigte an, Huawei keine Technologie, vor allem keine Updates des Android-Betriebssystem mehr zur Verfügung zu stellen. Dieser Schritt machte schlagartig die potenzielle einzelwirtschaftliche Wirkung politischer Strafmaßnahmen deutlich, war sie doch geeignet, Huawei im globalen Markt für Smartphones von einem Tag auf den anderen schlagartig zurückzuwerfen. Allerdings war dieser Maßnahme bereits im Jahr 2018 die Festnahme einer hochrangigen Huawei-Managerin vorausgegangen. Diese wurde auf Antrag der USA in Kanada in Haft genommen, da dem Huawei Konzern die Zusammenarbeit mit der iranischen Regierung vorgeworfen wurde. China erwiderte seinerseits erneut symmetrisch: Es wurde eine spiegelbildliche Rechtsnorm erlassen, die es wiederum der chinesischen Regierung erlaubte, „unzuverlässige" Unternehmen zu bestrafen, welche aus nicht-wirtschaftlichen Gründen die Kooperationen mit Firmen der Volksrepublik verweigerten. Darüber hinaus wurde ein Ausfuhrverbot für sog. „seltene" Erden als weiteres potenzielles Vergeltungsinstrument öffentlich diskutiert. Eine im Westen bereits seit langem abstrakt diskutierte Bedrohung, die bislang allerdings immer unter der Erwartung einer von China ausgehenden Erpressungspolitik befürchtet worden war, wurde damit als Defensivschritt Chinas angesichts einer amerikanischen Drohung manifest. Unter den Vorzeichen von Corona blieb der Konflikt faktisch bis zur US-Wahl „eingefroren".

Mit der Wahl von Joe Biden hat sich an der weltwirtschaftlichen Konkurrenzsituation zwischen den USA und China nichts geändert. Allerdings ist zu erwarten, dass sich die US-Handelspolitik deutlich reprofessionalisieren und vor allem die Regeln der WTO wieder als Teil der Lösung und nicht nur des Problems ansehen wird. Auch dürfte die US-Regierung weit stärker als in den letzten vier Jahren wieder daraufsetzen, die eigenen Verbündeten in Asien als Asset im Verhältnis zu China zu nutzen. Zugleich dürfte die Suche nach gemeinsamen Interessen mit Europa gegenüber China an Stellenwert gewinnen. Die Automobilindustrie kann dabei hoffen, dass die fundamentale Tatsache, dass China (anders als Japan in den Achtzigern) eben bisher keine direkte Bedrohung für amerikanische Produktion und Arbeitsplätze im Automobilbereich darstellt, dazu führt, die handelspolitische Debatte auf diejenigen Sektoren zu fokussieren, in denen die USA und China tatsächlich Wettbewerber sind. Gerade für die deutschen Unternehmen würde hierdurch das Risiko, zwischen die Fronten zu geraten, deutlich gemindert.

Handelskonflikt USA – EU

Die Automobilindustrien in den USA und der EU haben seit Jahrzehnten einen Integrationsgrad erreicht, der nur von der Verflechtung innerhalb ihrer jeweiligen Heimatregionen übertroffen wird. Mit Ford und GM waren bereits seit der Zwischenkriegszeit US-Unternehmen in Europa und Deutschland mit großen Produktionsstandorten präsent. Umgekehrt haben alle drei deutschen Fahrzeughersteller in den USA Produktionsstätten aufgebaut, mit denen nicht nur der lokale Markt versorgt, sondern auch in hohen Stückzahlen in den Rest der Welt, inklusive Europa und Deutschland exportiert wurde. Dabei waren nicht die Überwindung von Zollhürden maßgeblicher Treiber, sondern die Erschließung des jeweiligen erheblichen Marktvolumens. Hinzu kam die Chance sich durch das sog. „natural hedging" gegen Währungsschwankungen abzusichern. Auch die Zulieferindustrie ist zwischen den beiden Märkten sehr eng verflochten, mit vielen Standorten von Unternehmen in beiden Regionen, die jeweils zu Unternehmen von der anderen Seite des Atlantiks gehören. Allerdings ist die Zollsituation bei Autos historisch asymmetrisch: Für Pkw erheben die USA bis heute lediglich einen Mindestzollsatz von 2,5 %, während es in der EU 10 % sind. Dagegen werden für Pick-Up-Trucks seit den 60er-Jahren 22 % Einfuhrzoll erhoben – die sog. „chicken tax" war damals eine US-Reaktion auf Maßnahmen der EU gegen US-Geflügelimporte. Die europäische Automobilindustrie hat in allen Diskussionen über ein Freihandelsabkommen mit den USA jeden Versuch unterlassen, die 10 % zu verteidigen: Die Einfuhrzölle der EU für Fahrzeuge aus den USA wurden und werden überwiegend nämlich nicht von den „Großen Drei" bezahlt (deren Importe von US-Produkten sind relativ gering), sondern von BMW und Daimler für ihre in Europa verkauften, in den USA produzierten Produkte wie Mercedes M-Klasse oder die X-Baureihen der BMW Group. Daher gehörten der VDA und ACEA zu den Unterstützern eines transatlantischen Zollabbaus, aber auch einer engeren regulatorischen Kooperation. Dabei war allerdings immer klar, dass die volle gegenseitige Anerkennung der technischen Standards oder gar deren volle Harmonisierung mindestens in den USA auf erhebliche rechtliche Hürden stoßen würde. Anstelle des illusorischen Ziels, ein Jahrhundert getrennt entwickelter technischer Regularien „rückabzuwickeln" erschien stets die Verabredung realistischer, bei neuen Fragen wie insbesondere bei Elektromobilität und autonomem Fahren im Dialog zu agieren und frühzeitig auf Vereinbarkeit der erst noch zu definierenden Anforderungen zu setzen.

Seit 2013 liefen die Verhandlungen zwischen der EU und den USA über das „Transatlantic Trade and Investment Partnership (TTIP)" Abkommen. In den USA haben die Republikaner dieses Vorhaben des Präsidenten Obama unterstützt, während von demokratisch-gewerkschaftsnaher Seite immer wieder kritische Fragen kamen. In Europa haben demgegenüber Christdemokraten und Liberale dieses Projekt angesichts der erheblichen wirtschaftlichen Chancen mitgetragen, während die Sozialisten (in Frankreich bereits offen unter Präsident Hollande) zunehmend schwankend und in Teilen offen auf der Seite der grünen, aber auch rechten und linken Gegner dieses Vorhabens agierten. Gerade die Haltung der deutschen Regierungspartei SPD war zunehmend ambivalent. Die Opposition gegen TTIP, die insbesondere im europäischen Parlament manifest wurde, war auch der prominenteste Fall, in dem europäische Politik ökologische und wirtschafts- bzw. handelspolitische Perspektiven im Zusammenhang diskutierte. Es war der aus europäischer Selbstwahrnehmung vorausgesetzte eigene Vorsprung in Sachen Gesundheits- und Umweltschutz, der ganz wesentlich gegen ein Projekt wirtschaftspolitischer Integration ins Feld geführt wurde. Hinzu kamen die Debatte um die Schutzrechte von Investoren und Schiedsgerichtsbarkeit, aber auch das öffentliche Auftragswesen. Die Zollsenkung für Industriegüter war dagegen unstrittig, befand sich aber in der gesamten Debatte in der „Geiselhaft" der politischen Streitfelder wie „Gen-Mais" und „Chlorhühnchen". Keiner von denen, die bis 2016 die TTIP-Entwürfe der Obama Administration bekämpften, konnte sich allerdings vorstellen, welch ein Szenario sich handelspolitisch unter Präsident Trump bieten würde:

Die EU war hauptsächlicher Adressat der Drohung mit Strafzöllen auf Autos auf der Grundlage der Section 232 der US Trade Bill. Dieses Gesetz aus dem Kalten Krieg ermöglicht es dem Präsidenten, Strafzölle auf Importe von Gütern zu erheben, deren heimischer Produktion in den USA strategische Bedeutung für die Sicherheit des Landes hat. Der Begriff „Nationale Sicherheit" wurde jedoch von der Trump-Administration extrem gedehnt: „Sicherheit schließt Sicherheit von Arbeitsplätzen ein. Jedes importierte Produkt könnte im Prinzip auch in den USA produziert werden. In dem Umfang wie dies nicht geschieht, gehen Amerika potentielle Jobs verloren. Um die Sicherheit wiederherzustellen, müssen Importe beschränkt werden."

Diese Argumentation war der politische Kern, auch wenn in formalrechtlicher Sicht andere (Schein-)Argumente herangezogen wurden. Auf dieser Grundlage behauptete die US-Administration auch gegenüber einem in Teilen kritischen Kongress das umfassende Recht, jegliche Art von Handelspolitik gegen ausländische Wettbewerber ergreifen zu können. Sie stellte damit zugleich den gesamten seit dem zweiten Weltkrieg von den USA selbst aufgebauten rechtlichen und institutionellen Rahmen des internationalen Handels infrage. Wie der Präsident unumwunden zugab, sah er dabei das Recht des Stärkeren als legitime Grundlage dafür, amerikanische Interessen gegen andere Staaten und deren Industrien durchzusetzen. Der handelspolitische Darwinismus fiel angesichts einer positiven binnenwirtschaftlichen Entwicklung umso leichter: Die Entscheider in Washington gingen davon aus, dass die negativen Effekte auf die eigene Volkswirtschaft erst mit hinreichend langem Zeitverzug einsetzen würden, während die Vorteile für die eigene Wirtschaft kurzfristiger wirksam würden.

Zu den ersten Aktionen der Trump-Handelspolitik gehörte 2017 die Androhung und ab Anfang 2018 die tatsächliche Verhängung 232er-Zölle auf importierten Stahl, da dieser geeignet sei, die Versorgung der USA z. B. mit Rohmaterial für Flugzeugträger aus eigenen, patriotisch-zuverlässigen Unternehmen in US-Besitz zu gefährden. Auf diese reagierten Korea und Japan wunschgemäß mit freiwilligen Ausfuhrbeschränkungen und entscheiden sich damit klar gegen Widerstand gegen die neue US-Politik und für sofortige „Kapitulation". Dazu dürfte auch ihre massive geostrategische Abhängigkeit beigetragen haben. Die EU dagegen machte bereits beim Thema Stahl deutlich, sich den USA widersetzen zu wollen. Eine analoge 232er-Untersuchung wurde im Frühjahr

2018 auch für den Bereich importierter Automobile initiiert. Die Maßnahme fügte sich in die bereits vor offiziellem Amtsantritt des Präsidenten hochgefahrene Rhetorik gegen die deutschen Premiumhersteller ein. Trump selbst kritisierte gleich am Beginn seiner Amtszeit die zu vielen Mercedes Autos auf den Straßen von New York. Seine Mitarbeiter verkündeten, dass die US-Standorte der deutschen Hersteller bei weitem nicht hinreichend tief lokalisiert seien, namentlich BMW unterhielte laut Peter Navarro ja nur ein „Montagewerk", nicht aber eine „richtige" Automobilproduktion mit Motoren- und Getriebebau. Sie erwarteten, dass beispielsweise die ausländischen Automobilproduzenten auf die Strafzölle mit mehr Lokalisierung in den USA reagieren würden, was dann als kurzfristiger politischer Erfolg wirksam hätte verkauft werden können.

Die 232er-Untersuchung wurde bis Ende 2018 im Handelsministerium formuliert und im Februar 2019 dem Präsidenten und seinen Mitarbeitern vorgelegt. Bemerkenswert waren dabei die vielen hundert Stellungnahmen, die zu der Frage beim Handelsministerium eingegangen sind, ob importierte Pkw die Sicherheit der Vereinigten Staaten gefährdeten. Die einzige offizielle Stellungnahme, welche diesen Schritt begrüßte, kam nicht etwa von einem der US-Autohersteller, die sich vielmehr ebenso wie ihre internationalen Wettbewerber klar dagegen aussprachen, sondern von der Automobil Gewerkschaft UAW.

Nachdem das Handelsministerium im Februar 2019 formal eine Gefährdung der US-Sicherheit als Möglichkeit festgestellt hatte, blieben dem Präsidenten 90 Tage Zeit für Maßnahmen. Die Reaktionen der betroffenen Handelspartner fielen sehr verschieden aus. Japan einigte sich mit den USA im September 2019 auf einen Handelsvertrag zu anderen Wirtschaftsgütern, der es erlaubte, die Autozollfrage zu vertagen. Analog verlief die Debatte mit Korea. Im Fall China hing alles von der ohnehin laufenden, bereits weit eskalierten Debatte ab. Blieb die EU. Für Europa waren die strategischen Voraussetzungen für ein Durchfechten einer harten Auseinandersetzung mit den USA zwar aufgrund ihres größeren Marktes und stärkeren Drohpotenzialen für US-Exporteure besser als für Japan und Korea, aber zugleich schlechter als für China: China ist politisch tatsächlich monolithisch – es kann nicht gespalten werden. In der EU gibt es dagegen 28 verschiedene Mitgliedstaaten, mit sehr unterschiedlichen Interessen und politischen Grundausrichtungen. Deutschland ist viel abhängiger vom US-Markt als insbesondere Frankreich. Dabei kam den USA ein zweiter Faktor zugute: Die EU ist sicherheitspolitisch von den USA abhängig. In einem End-Game-Szenario hätte Präsident Trump insbesondere die osteuropäischen Mitgliedsstaaten mit ihren Sorgen im Verhältnis zu Russland vor die Wahl stellen können, entweder die europäische Handelspolitik auszubremsen oder aber zuzusehen, wie die amerikanischen Garantien im Bereich Sicherheit infrage gestellt werden.

Auch diese Faktoren haben dazu beigetragen, dass insbesondere die Bundesregierung von Anfang an auf eine gemäßigte Haltung gegenüber den USA drängte. Es war daher durchaus bereits positiv zu werten, dass es der EU 2017 und 2018 gelang, eine einheitliche Linie durchzuhalten und damit dem Kommissionspräsidenten Juncker und der Handelskommissarin Malmström ein wirksames Agieren gegenüber der US-Seite zu ermöglichen. In einer ersten Runde der Diskussion zwischen Präsident Trump und Kommissionspräsident Juncker wurde ein Stillhalten so lange vereinbart, wie man sich noch in der Diskussion befand. Der Präsident entschloss sich vor diesem Hintergrund nicht dazu, nach Section 232 Strafmaßnahmen zu verhängen, sondern dafür, die Verhandlungen mit der EU fortzusetzen. Auf europäischer Seite begannen parallel die Vorbereitungen für die Verhängung von Einfuhrzöllen gegen amerikanische Produkte als Reaktion auf ein mögliches Scharfschalten der US-Strafmaßnahmen. Dabei wurde allerdings nicht symmetrisch reagiert, da eine Bestrafung der Importe aus den USA wiederum – wie im Fall China – vor allem die deutschen Hersteller getroffen hätte, deren Fahrzeuge auch in erheblichen Größenordnungen über den Atlantik exportiert werden. Daher standen nur Batteriefahrzeuge – also Tesla – auf der Kandidatenliste für EU-Strafzölle.

Die deutschen Automobilunternehmen taten natürlich alles, um gegenüber der Bundesregierung und der EU-Kommission für einen Kompromiss zu werben. Grund zur Sorge bot insbesondere die Rhetorik des französischen Präsidenten, der nach einer harten Reaktion Europas rief – wissend, dass die französischen Automobilhersteller in keiner Weise betroffen sein würden, da sie weder in die USA exportierten noch dort produzierten. Zugleich stand auf der Wunschliste der US-Regierung für eine Öffnung der EU der Agrarmarkt ganz oben. Dies war jedoch für

Frankreich schon immer ein „no go" und umso mehr in der innenpolitisch angespannten Situation, in der sich Präsident Macron seit Herbst 2018 befand. Ein Handelskrieg mit den USA, bei dem Deutschland die Verluste erleiden könnte, erschien hier also eine durchaus attraktivere Option als eine Debatte über Nachteile für französische Bauern. Eine Einigung innerhalb der EU konnte daher nur ohne ein Angebot für den Agrarsektor gelingen. Stattdessen wurde ein Angebot für ein reines Industriegüterabkommen gemacht. Für ein solches musste aber nach den geltenden und von der EU verteidigten WTO-Regeln der überwiegende Teil des transatlantischen Handels abgedeckt sein. Dies war rechnerisch wiederum nur möglich, wenn entweder der Agrar- oder der Automobilsektor einbezogen würden. Die Bundesregierung und die EU-Kommission erneuerten daher die bereits zuvor gemachten Angebote für einen vollständigen Zollabbau für Industriegüter über dem Atlantik. Dabei würde die EU mit ihrem zehnprozentigen Einfuhrzoll für Autos mehr opfern als die USA, die auf Pkw lediglich 2,5 % Zoll verlangen. Dies erschien als ein vertretbarer Preis dafür, dem Präsidenten einen Erfolg zu liefern, der es ihm ermöglichte, auf einen Konflikt zu verzichten.

Allerdings reagierte dieser nicht wie gewünscht. Die USA machten deutlich, dass Ihnen Gegenleistungen innerhalb des Automobilsektors nicht ausreichten, dieser vielmehr die Geisel für Zugeständnisse in anderen Feldern seien. Auch sagte US-Handelsminister Wilbur Ross unverhohlen, dass man sehr genau wisse, dass auch mit weniger Einfuhrzöllen die Europäer keine Pick-Up-Trucks von Chevrolet oder Ford kaufen würden. Die Erleichterungen für Ausfuhren deutscher Unternehmen, die bislang die größten Zahler der Einfuhrzölle der EU waren, erschienen offensichtlich als nicht hinreichende Motivation – es mussten schon die „Großen Drei" sein, die profitieren.

Während die EU Handelskommissarin Malmström in Washington für ein schnell abzuschließendes, schlankes Industriegüterabkommen warb, war das Europäische Parlament gespalten: Es gelang nicht, eine Mehrheit für eine gemeinsame Position zu finden, da sich die Unterstützer einer Verhandlungslösung mit den USA in einem Patt mit denjenigen gegenüberstanden, die lieber einen Konflikt in Kauf nehmen wollten. Bei Letzteren handelte es sich um eine Koalition aus globalisierungskritischen Linken und antiamerikanischen Rechten, aus den Sachwaltern der europäischen Agrar-Interessen und den Gegnern der Gentechnik. Dies galt für die Anhänger von Präsident Macron ebenso wie für bürgerlich-konservative, Grüne, Sozialisten und Kommunisten. Letztlich verhinderte die europäische Volkspartei das Zustandekommen einer EP-Position gegen Verhandlungen. Das Ergebnis war, dass das EP gar keine Haltung artikulierte.

Fallbeispiel: Besuch in Washington

Einen bemerkenswerten „Aufreger" brachte der 4. Dezember 2018: Die Vorstandsvorsitzenden von Daimler und Volkswagen sowie der Finanzvorstand von BMW reisten gemeinsam mit ihren Beratern nach Washington. Sie wurden begleitet von einem deutschen Medienaufgebot, welches aus wochenlangen Spekulationen um Anlass, Ziel und mögliches Ergebnis der Reise gespeist wurde. Die ganze Sache wurde regelrecht hochgehyped: „Deutsche Autobosse wollen Trump besänftigen." „Tauschgeschäft zur Verhinderung von Autozöllen" usw. Wie kam es dazu? Der faktische Gehalt war eher banal. Mit der Unterzeichnung von USMCA Ende November 2018 veränderte sich die Rechtslage für die Produktion von Automobilen im nordamerikanischen Raum tief greifend. Vierzehn in der Region tätig Automobilhersteller waren gezwungen, Pläne für die Erfüllung der geänderten Anforderungen vorzulegen. Auch die drei deutschen Hersteller hatten Ende November bereits entsprechende Pläne eingereicht. Diese mit den drei zuständigen US-Behörden bzw. deren Chefs zu diskutieren, war ein logischer nächster politischer Schritt. Seinen spektakulären Charakter bekam das ganze allerdings durch ein völlig anderes Moment: Der Botschafter der USA in Deutschland, Richard Grenell, hatte das Angebot gemacht, dass alle drei deutschen Hersteller gemeinsam in den USA versuchen sollten, den transatlantischen Handelskonflikt zu entschärfen, konkret die US-Regierung zu überzeugen, keine Strafzölle auf aus den USA importierte Pkw zu erheben. Umgekehrt rechnete sich der Botschafter wahrscheinlich auch die Chance aus, seinen Präsidenten in Gestalt zusätzlicher Lokalisierungsschritte in den USA einen Erfolg melden zu können. Diesen Vorschlag hat er allerdings über die Medien gespielt, so dass bereits die erste Idee

Anlass zu öffentlichen Debatten wurde. Sogleich fühlten sich Kommentatoren berufen, dieses Vorhaben zu werten und sich gegen eine „Nebendiplomatie" der Industrie zu positionieren.

Die Folge waren intensive Diskussionen, wie man denn nun vorgehen sollte. Auf der einen Seite galt es natürlich alles zu vermeiden, was das Verhältnis zur Bundesregierung oder zur europäischen Kommission hätte belasten können. Auf der anderen Seite wollte natürlich auch niemand einen Affront gegenüber der US-Regierung. Das Ganze wurde dadurch nicht leichter, dass weder Teilnehmer noch Tagesordnung noch Ergebnis der schließlich für den 4. Dezember 2018 organisierten Sitzung in Washington feststanden – jedenfalls nicht vor dem 3. Dezember. Erst dann wurde tatsächlich bestätigt, dass es jeweils Einzelbesprechungen der Unternehmen mit dem Handelsbeauftragten Robert Lighthizer, dem Handelsminister Wilbur Ross sowie dem Wirtschaftsberater des Präsidenten, Larry Kudlow, geben würde. Eine gemeinsame Runde aller drei Hersteller über „das Eingemachte" ihrer Strategien für den US-Markt wurde aus Wettbewerbsgründen vermieden. Noch bei einem Frühstückstreffen der Hersteller mit der deutschen Botschafterin gingen alle davon aus, dass es kein Treffen mit Präsident Trump geben würde. Zugleich bestand große Sorge, dass handelspolitisch toxische Ideen wie eine freiwillige Exportbeschränkung auf den Tisch gelegt werden würden.

Das kam dann alles anders. Während die BMW-Delegation sich auf dem Weg ins Eisenhower Building befand, kam der Anruf, dass man gleich nach ihrer Ankunft gemeinsam ein Treffen mit dem Präsidenten haben würde. Hierbei handelte es sich zumindest dem Anschein nach um eine spontane Aktion, zumal der offizielle Kalender des Weißen Hauses für diesen Vormittag leer war. Im Rahmen einer circa 40-minütigen Besprechung legte Donald Trump jedenfalls seine Sicht auf die Automobilindustrie aus einer ganzen Reihe von Facetten dar. Dazu gehörte seine offensichtliche Skepsis gegenüber Elektromobilität und autonomem Fahren. Es gab allerdings, zur positiven Überraschung aller, keine Drohungen mit weiteren Strafzöllen oder andere Eskalationssignale. Stattdessen folgte auf den offiziellen Teil eine lockere Runde im Oval Office. Die anschließende inhaltliche Diskussion mit den drei Kabinettsmitgliedern und deren Beratern verlief unspektakulär. In großer Detailtiefe wurden alle Elemente des USMCA-Umsetzungsplans diskutiert. Auch hier unterblieben problematische politische Signale. Unter dem Strich bleibt, dass die deutschen Hersteller bei dem Besuch jedenfalls alles in ihren Möglichkeiten Stehende getan haben, um Argumente dafür zu liefern, auf eine weitere handelspolitische Eskalation zu verzichten – mehr nicht.

Verschiebung

Im Mai 2019 endete die 90-Tage Frist mit einer Proklamation des Präsidenten, in der dieser feststellte, dass ihm das Handelsministerium einen Bericht zugeleitet habe, welcher folgendes darlegte: Die militärische Überlegenheit der USA basiere auf technischen Innovationen, die nicht allein aus der Verteidigungswirtschaft im engeren Sinne kämen, sondern auf Forschungs- und Entwicklungsleistungen aus dem Automobilsektor angewiesen waren. Die Fähigkeit der in amerikanischem Besitz befindlichen Automobilunternehmen, diese Leistungen zu erbringen seien aber durch ihre Ertragsschwäche gemindert. Für diese maßgeblich seien gestiegene ausländische Importe im amerikanischen Heimatmarkt. Deshalb empfahl das Handelsministerium Verhandlungen mit dem Ziel, Importe von Fahrzeugen vor allem aus der EU und Japan, deren eigene Märkte besonders stark geschützt seien, zu vermindern. Auf dieser Grundlage beauftragte das Weiße Haus den Handelsbeauftragten (United States Trade Representative – USTR) Robert Lighthizer mit entsprechenden Verhandlungen. Für diese wurde eine Frist von sechs Monaten gesetzt. Angesichts des ungelösten und sogar eskalierenden Konflikts mit China wurde mit dieser Ankündigung ein Zwei-Fronten-Krieg zumindest hinausgezögert.

Auf der europäischen Seite hat sich allerdings gleichzeitig die politische Lage nachhaltig gewandelt: Bei den Europawahlen Ende Mai 2019 verloren die bis dahin gemeinsam allein entscheidungsfähigen Fraktionen der EVP und der Sozialisten ihre bisherige Mehrheit. Sie waren durch das gestiegene Gewicht rechtsnationaler und populistischer Parteien auf der einen Seite und einen deutlichen Zuwachs bei Liberalen und Grünen auf der anderen Seite für eine tragfähige Mehrheit auf die Zusammenarbeit mit mindestens einer dieser beiden Gruppen angewiesen. Die dadurch gestärkte Rolle insbesondere Frankreichs, welches über die Partei von Präsident Macron „la republique en marche" schlagartig tonangebend bei den Liberalen wurde, und welches Verhandlungen mit den USA ablehnte, machte ein Szenario möglich, bei dem die EU auf das aggressive Vorgehen der USA mit einer Inkaufnahme eines Handelskriegs reagiert hätte. Die Bedrohungslage für die deutschen Automobilhersteller war damit deutlich gewachsen. Bis zur US-Wahl 2020 ist es letztlich bei diesem Zustand geblieben. Die Hersteller verhandelten über Lokalisierungsoptionen in den USA, während die Regierungsgespräche auf Fachebene weiterliefen. Donald Trump hat aufgrund anderer Themen darauf verzichtet, die Machtverhältnisse in Europa erneut zu testen. Corona hat dann dies alles überlagert.

Das Team Biden/Harris hat im Wahlkampf vor allem darauf geachtet, in unmittelbar handelspolitischen Fragen keine Risiken einzugehen: Angesichts der erheblichen Sympathien für protektionistische und vor allem anti-chinesische Positionen in den Gewerkschaften und anderen hart umkämpften Wählergruppen haben sie vielmehr gerade gegenüber China auf klare Abgrenzung gesetzt. Zugleich wurden aber deutliche Schritte zur Stärkung der NATO und von politischen Bündnissen mit demokratischen Staaten zur Durchsetzung gemeinsamer Interessen gerade auch gegenüber China in Aussicht gestellt. Die Wende, die Donald Trump dadurch vollzogen hat, dass er jahrzehntelange Verbündete der USA pauschal zu Gegnern erklärt hat, wird zurückgenommen. Ob und wenn ja wie stark die USA aber substanzielle positive Initiativen in Richtung der EU unternehmen, oder aber letztlich zum handelspolitischen „Status Quo ante Trump" zurückkehren, bleibt abzuwarten. Die Wahrung von US-Interessen insbesondere im Verhältnis zu den auf US-Technologie- und Plattformunternehmen zielenden Initiativen der EU-Kommission dürfte aber sicher sein. Umgekehrt bestehen aber auch in beiden Parlamenten in Washington und in Brüssel Mehrheitsverhältnisse fort, die einem umfassenden Handelsabkommen, welches auch Felder wie den Agrarmarkt und die von TTIP bekannten Streitthemen umfassen würde, kaum überwindbar Hürden entgegenstellen. Realistischer könnten aber eine Kooperation bei technisch-regulatorischen Fragen und eine Diskussion über Industriezölle sein.

Brexit

Es kann hier nicht der Versuch unternommen werden, dem Phänomen „Brexit" in all seinen Schattierungen gerecht zu werden. Nur so viel: Das Grundproblem, welches 2016 mit der Volksabstimmung zur Wahl gestellt wurde, war in der Tat fundamental. Es kann in Anlehnung an eine Rede des früheren Premierministers David Cameron von 2015 wie folgt auf den Punkt gebracht werden: Für Großbritannien waren die EU und die europäische Einheit von Anfang an ein Mittel zum Zweck, das vereinte Europa aber kein Ziel an sich. Die Vorstellung eines europäischen Bundesstaates wurde von einem großen Teil der britischen politischen Szene nach dem von Frankreich bis 1972 verzögerten Beitritt Großbritanniens nie geteilt.

In der Tat wurde die föderalistische Entwicklungsrichtung auch in der übrigen EU nie klar zur Abstimmung gestellt, sondern durch immer weitere schrittweise Integrationsschritte faktisch bewerkstelligt. Das Scheitern des Projekts einer Europäischen Verfassung an Volksabstimmungen in Frankreich und den Niederlanden 2005 und die mühsame Durchsetzung des Lissaboner Vertrags zeigten die Grenzen der Akzeptanz für eine offen kommunizierte weitgehende Aufhebung nationaler Souveränität auch auf dem Kontinent. Dieser Grundkonflikt musste mit jedem Integrationsschritt der EU in demjenigen Land immer größer werden, in dem die Skepsis immer am größten war. Der Machtzuwachs der europäischen Institutionen, vor allem aber die von Deutschland und Frankreich vollzogene schrittweise Annäherung an einen Bundesstaat lies das Konfliktpotenzial steigen – auch deshalb, weil sich die britischen Parteien durchaus nicht anstrengten, ihrem Volk den Wert der EU zu „verkaufen". Der schwelende Konflikt eskalierte, als mit der UK Independence Party (UKIP) eine neue Gruppierung erfolgreich auftrat, die in jeder Hinsicht „Fleisch vom Fleische" der regierenden Konservativen war, und sich ausschließlich dem Zweck verschrieben hatte, die europäische Union zu verlassen. Zusätzlich wurden die gesamten dem Murdoch-Imperium unterstehenden britisch-nationalistischen Medien auf das Ziel des Brexits ausgerichtet. Die Führungsleistung, welche erforderlich gewesen wäre, um die öffentliche Debatte in Großbritannien zu drehen und/oder mit den europäischen Partnern eine langfristig tragfähige, aktiv verkaufbare Strategie zu erarbeiten, wurde von der Regierung Cameron nicht erbracht. Die Kapitulation vor der immer panischeren Furcht seiner eigenen konservativen Anhängerschaft bewegte den Premier stattdessen schließlich zum Nachgeben und zur Durchführung eines Referendums. Dies geschah durchaus in der Hoffnung, mit einer ausdrücklichen Zustimmung zur EU die Debatte beenden zu können.

Die wirtschaftspolitische Realität war klar: Die heutige britische Automobilindustrie ist auf der Prämisse des vollen Zugangs zum europäischen Binnenmarkt aufgebaut worden. Zugleich ist gerade die Regulierung des Produkts Automobil ein Beispiel dafür, dass die europäische Union in vielen Teilen bereits faktisch eine föderale Ordnung ist. Die Gesetzgebungskompetenz für das, was Autos können müssen bzw. dürfen, ist vollständig auf die europäische Ebene übertragen worden. Die Möglichkeiten des Bundesstaats Kalifornien vom US-Bundesrecht abzuweichen, sind heute faktisch größer als die der Bundesrepublik Deutschland gegenüber der Europäischen Union. Deshalb gehörte die Automobilindustrie auch zu den wenigen Industriesektoren in Großbritannien, die trotz des harten medialen Gegenwinds von Anfang an klar für den Verbleib votiert und die Remain-Kampagne unterstützt hatten. Bezeichnend für die Stimmung bei der Abstimmung war jedoch z. B. die Kritik, der sich das Rolls Royce Management ausgesetzt sah, nachdem es gewagt hatte, die Haltung des Unternehmens zum Brexit auch ihren Mitarbeitern zu kommunizieren – Zitat aus dem Express im März 2016: „Manual workers spooked into voting to stay in EU as Rolls-Royce warns staff of job losses".

Die Situation keines anderen Industriesektors steht so sehr für die wirtschaftspolitische Absurdität des Brexits wie diejenige der Automobilindustrie. Mehr noch, vom britischen Handel mit „dem Kontinent" ist der deutsch-britische der größte und von diesem wiederum ist der Bereich Automobil deutlich vorne. UK ist der größte Exportmarkt der deutschen Premiumhersteller in Europa und zugleich auch unternehmerisch eng mit diesen verbunden. Die urbritischen Marken Rolls-Royce und MINI gehören zu BMW und in UK werden auch Motoren und Pressteile für die BMW Group produziert. Bentley gehört zum VW-Konzern und Aston Martin ist technologisch und wirtschaftlich eng an

Daimler gebunden. Die Automobilindustrie ist deshalb wie kaum eine andere Industrie von den Folgen einer Entscheidung betroffen, die letztlich aus einer Mischung von Nostalgie, Nationalismus, Fremdenfeindlichkeit, Angst um die Selbstbestimmung und vor allem einer großen Menge Unwahrheiten über die EU herausfiel und zugleich die Zerrissenheit des Landes dokumentierte. Wenige Tage vor der Abstimmung 2016 feierte BMW in London im „Roundhouse" die hundertjährige Existenz des Unternehmens. Die gesamte Veranstaltung kreiste um die Zukunft einer nachhaltigen und urbanen Mobilität. Diesen Event konnte man verlassen mit dem klaren Eindruck, dass für all die Menschen, die dort dabei waren, der Verbleib in der EU eine beschlossene Sache sei. Die Lektüre der Daily Mail im Flugzeug am nächsten Morgen korrigierte dieses Bild jedoch gründlich. Die ersten fünf Seiten bestanden aus verzerrender, wahrheitswidriger und einseitiger Propaganda gegen die Europäische Union.

Im Ergebnis wurde ein Premierminister zum Rücktritt genötigt, zu dessen letzten öffentlichen Werbeauftritten für den Verbleib in der EU die Mitwirkung an der Montage eines MINI in Oxford gehört hatte, mit der die enge Verflechtung der britischen mit der europäischen Wirtschaft handgreiflich demonstriert werden sollte. Der Brexit war zugleich das Ergebnis der Unfähigkeit der Labour Party und ihres Vorsitzenden Jeremy Corbyn sich klar zur EU zu bekennen. Und es war der Sieg eines Boris Johnson, der besonders gern anhand aus Deutschland importierter Autos zu behaupten pflegte, dass der Rest der Welt und insbesondere Europa und Deutschland es sich doch niemals leisten konnten, den Briten keine handelspolitischen Geschenke in Form des vollen Marktzugangs ohne Gegenleistung zu gewähren. Auch erweckte der zwischenzeitliche Außenminister ihrer Majestät den Eindruck, dass alle ehemaligen Kolonien Schlange stünden, um dem britischen Mutterland handelspolitische Geschenke darzubringen – die USA inklusive.

Nach Camerons Rücktritt, der Übernahme durch Theresa May und am Beginn der Verhandlungen mit der EU wurden zunächst bei allen Herstellern interne Taskforces aufgesetzt, um die Betroffenheit durch den Brexit genauer zu analysieren und die Politiker über diejenigen Punkte zu informieren, welche entscheidend dafür sein würden, ein Abreißen der Lieferketten, Produktionsunterbrechungen und Arbeitsplatzverluste zu vermeiden: Da waren zuerst die Einfuhrzölle von 10 % in die EU, die bei einem Ausstieg Großbritanniens ohne Nachfolgeregelung fällig würden und die z. B. auf jeden MINI, der aus England in die EU exportiert wird, erhoben werden müssten. Da wären umgekehrt analoge Zölle auf den gesamten Rest des aus der EU importierten Produktportfolios, mit deren Erhebung durch das Vereinigte Königreich ernsthaft zu rechnen wäre. Zugleich würden sich britische Fahrzeuge aber selbst dann nicht für Freihandelsabkommen mit Dritt-Märkten qualifizieren, wenn es mit der EU ein Freihandelsabkommen, also den Verzicht auf Zölle über dem Ärmelkanal gäbe. Der Grund ist, dass der ganz überwiegende Teil der in Großbritannien hergestellten Fahrzeuge einen zu niedrigen lokalen Fertigungsanteil aus UK aufweist. Vereinfacht gesagt: Die britischen Autos sind angesichts der hohen Wertschöpfungsanteile vom Kontinent keine britischen, sondern europäische Autos. So stammen z. B. die Union-Jack Rückleuchten beim MINI aus Polen. Ein MINI, der nach Korea exportiert wird, würde deshalb unter diejenigen Einfuhrzölle fallen, von denen er mit dem EU-Korea Freihandelsabkommen gerade erst befreit wurde. Damit war nur eine fortgesetzte Zugehörigkeit von UK zu einer nach außen gegenüber Dritten wirksamen Zollunion mit der EU (nicht ein bloßes Freihandelsabkommen) in der Lage, britischen Produkten alle Vorteile von Abkommen der EU zu sichern. Bei einer Zollunion erfolgt ein gemeinsamer Herkunftsnachweis gegenüber Dritten, also die gesamte Wettschöpfung aus UK und EU. Jedoch forderte die Mitgliedschaft in einer Zollunion den Verzicht Großbritanniens auf eigene nationale Handelsabkommen. Da war aber auch noch das Problem der Einfuhrabwicklung: Allein die BMW Group schickt jeden Werktag bis zu 100 Laster unter dem Ärmelkanal hindurch, und zwar in beide Richtungen. Niemand in Frankreich oder in Großbritannien war 2016 auch nur minimal darauf vorbereitet, die Warenströme, die bisher in einem Binnenmarkt flossen, einer Einfuhrkontrolle zu unterziehen. Schließlich ging es um die Übernahme europäischen Rechts: Bei einem harten Brexit würden z. B. die in der Republik Irland für die gesamte europäische Union zugelassenen BMW Fahrzeuge für den Verkauf in Großbritannien eine neue Zulassung benötigen. Die dort produzierten Fahrzeuge würden umgekehrt ebenfalls zweimal zugelassen werden müssen. Hinzu kämen nationale, von der EU abweichende Regelungen z. B. für CO_2 oder Schadstoffemissionen, die separat für den britischen Markt diskutiert werden müssten.

Alle Hersteller und auch Zulieferer waren deshalb von Anfang an dafür, auch nach dem Austritt aus der europäischen Union eine maximale Integration in den EU-Markt zu erhalten. Vor allem aber ging es darum, eine Übergangsfrist zu erreichen, mit der sichergestellt würde, dass es zu keinem abrupten Austritt kommt, sondern die Lieferbeziehungen weiterlaufen konnten. Besondere mediale Sichtbarkeit bekam die Diskussion zwischen der Regierung May und der Spitze von Renault-Nissan: Dessen Chef, Carlos Ghosn, hatte öffentlich auf dem Pariser Autosalon im September 2016 die Entscheidung für die Produktion der Modelle Quashqai und X-Trail am Nissan-Standort in Sunderland von einem wirksamen Schutz vor negativen Folgen des Brexits abhängig gemacht. Die Konsequenz war eine sofortige Einladung in die Downing Street, bei der Theresa May und Carlos Ghosn eine grundsätzliche Zusage für Kompensation von Schäden und „Zuversicht" hinsichtlich weiterer Nissan-Investitionen kommunizierten. Der Inhalt der Zusage, die Aussicht auf finanzielle Vorteile in Höhe von 91 Mio. €, wurde allerdings erst 2019 durch die britische Regierung veröffentlicht, nachdem Nissan sich angesichts der Unsicherheit durch den Brexit (und unter neuer Führung) gegen den Ausbau am Standort UK entscheiden hatte. Dieses Beispiel illustriert die Ambivalenz von politischen Drohungen und Versprechungen. Öffentliche „Deals" legitimieren Politik nur durch sicheren Erfolg. Und wenn eine Unternehmensleitung öffentlich die „Standortkarte" spielt, ist häufig der eigene Spielraum nachher kleiner als vorher. Das Risiko, Hoffnungen von Beschäftigten zu erzeugen und zu enttäuschen, aber auch eigener Gesichtsverlust des Managements sind umso wahrscheinlicher, wie dieses seine Optionen nicht wirklich vollständig durchdacht hat. Der sicherere (und seriösere) Weg ist, unter Abwägung der wahrscheinlichen Szenarien eine klare eigene Entscheidung zu treffen und diese dann politisch zu begründen, zu erläutern und kommunikativ zu vertreten. Und Diskussionen mit den politischen Entscheidern nicht über die Medien zu führen.

Der „Chequers-Vorschlag" von Premierministerin May von Mitte 2018, wäre auf einen Binnenmarkt für Industriegüter jedoch unter Ausklammerung des Dienstleistungs- und Finanzsektors hinausgelaufen. Er hatte jedoch auf Seiten der EU keine Chance: Diese wurde klar von dem Ziel der Integrität des Binnenmarktes in allen seinen Dimensionen inkl. Dienstleistungen und Arbeitnehmerfreizügigkeit geleitet, und davon, keinen Vertrag abzuschließen, mit dem Großbritannien zu weitgehende Rechte im Verhältnis zu seinen Pflichten bekommen und damit möglicherweise „Nachahmer" motiviert hätte. Um einen Teilnehmer der Verhandlungen zu zitieren „its loose-loose anyway – we just have to make sure the Brits loose more than we loose". Letztlich einigungsfähig war Ende 2018 ein Vertragsentwurf, der den Status Quo für zwei Jahre einfrieren sollte, um damit hinreichend Spielraum für die Aushandlung einer Nachfolgelösung zu bekommen. Im Bereich des Fahrzeug-Zulassungsrechts wurden parallel auch Fortschritte auf technischer Ebene erzielt. Der Vertragsentwurf verlängerte den Status Quo, d. h. das faktische Fortbestehen des Binnenmarktes für zwei Jahre. Er sah im Besonderen aber für die Grenze zwischen der Republik Irland und Nordirland eine für den Gesamtdeal entscheidende Lösung, den sog. „Backstop" vor: Sollte es nicht zu einem anderen Verhandlungsergebnis kommen, sollte automatisch, also „by default" nach Ablauf der Zweijahresfrist eine Zollunion gelten. Damit sollten die Wiedereinführung einer echten Außengrenze und die dabei befürchteten Risiken für den nordirischen Friedensprozess vermieden werden.

Die Erleichterung, welche die Verhandlungslösung zwischen Premierministerin May und dem Chefverhandler der EU-Kommission Michel Barnier auslöste, war aber nur von kurzer Dauer, da es der Premierministerin in über Monate hinweg unternommenen Anläufen nicht gelang, eine Mehrheit im britischen Parlament für dieses Abkommen zu Stande zu bringen. Um eine Einigung in London zu ermöglichen wurde sogar das Austrittsdatum im März 2019 auf Oktober des gleichen Jahres verschoben, was die u. a. von BMW auf den April 2019 als Vorsorge gegen einen „No Deal Brexit" vorverlegten Werksferien obsolet machte. Alle Versuche, ohne die oppositionelle Labour Partei eine Mehrheit zu erhalten, scheiterten jedoch an der von Boris Johnson geführten Brexit-Hardliner-Fraktion innerhalb der Konservativen, die auch einen Austritt ohne Einigung in Kauf zu nehmen bereit war und bis heute ist. Für diese Gruppe von Abgeordneten war der „Backstop" der entscheidende „Showstopper": Sie sahen durch die Vorfestlegung auf eine Zollunion die Fähigkeit Großbritanniens, eigenständige Verhandlungen mit Dritten zu führen, bedroht. Genau diese war aber immer ein entscheidender Teil der Souveränitätsrhetorik der Brexit-Kampagne gewesen. Auch die Tatsache, dass zwischenzeitlich alle begonnenen Vorverhandlungen Großbritanniens gezeigt hatten, dass die vielen versprochenen besseren Abkommen als diejenigen im EU-Rahmen eine Illusion waren, änderte an dieser Haltung nichts. Umgekehrt forderte die Labour-Partei eine klare und direkte Festlegung auf eine Zollunion im Anschluss an die Übergangsphase. Zu einem solchen Schritt waren jedoch nicht nur die absoluten Hardliner innerhalb der konservativen, sondern große Teile der Partei nicht bereit.

Die Folge war der Rücktritt der Premierministerin im Mai 2019 und die Machtübernahme durch Boris Johnson. Nachdem dieser auch die von ihm angesetzten Wahlen gewonnen hatte, wurde der Austritt Anfang 2020 vollzogen. Bis zum 31.12.2020 blieb Großbritannien noch Teil des Binnenmarkts und der Zollunion und die Uhr für die Verhandlungen über den anschließenden rechtlichen Status lief.

Spätestens nach diesem Wechsel an der Spitze waren die Belange der britischen Automobilindustrie nachrangig. Die Regierungen der Labour-Premierminister Tony Blair und Gordon Brown hatten gezielt auf die industrielle Entwicklung in Großbritannien und insbesondere auf die Automobilindustrie gesetzt und damit eine wirtschaftspolitische Kurskorrektur nach der Dominanz von Dienstleistungs- und Finanzindustrie der Thatcher-Ära vollzogen. Auch unter David Cameron wurde das Ziel weiterverfolgt, den Automobilsektor industriepolitisch zu unterstützen und den Standort Großbritannien auch für Zulieferer attraktiver zu machen. Nach der Entscheidung für den Brexit kam es dagegen zu einem „Abriss" zwischen den Fachebenen der zuständigen Ministerien und deren klarem Verständnis für die praktischen Konsequenzen des Brexits auf der einen Seite, der politischen Führungsebene auf der anderen. Unter Boris Johnson hat sich Letztere weitgehend zu Gunsten des National-Souveränitäts-Narrativs und symbolisch wichtigeren Fragen wie Fischereirechten von den realwirtschaftlich-technischen Implikationen des Brexit entkoppelt.

Mit der Einigung von Heiligabend 2020 auf ein bilaterales Handelsabkommen wurde das Drohszenario von Zöllen und anderen direkten Hindernissen für die Produktions- und Lieferbeziehungen im Automobilbereich beseitigt und so der Schaden aus dem Brexit begrenzt. Mit dem Ende der Zollunion wurden aber neue Nachweisverfahren für die Herkunft von Automobilen erforderlich. Dazu gehören auch Sonderregeln für batteriebetriebene Fahrzeuge, mit denen die EU über das Verhältnis zu UK hinaus ein Zeichen für die außenhandelsrechtliche Flankierung ihrer Anstrengungen für eine europäische Batterieproduktion setzen wollte. Zugleich wird jetzt der Aufbau einer Einfuhrabwicklungsbürokratie auf den beiden Seiten des Kanals erforderlich. Im Verhältnis zu Drittländern sind mit den US-Wahlen die von Donald Trump genährten Aussichten geschwunden, für britische Produkte einfach und schnell Vorteile im transatlantischen Handel gegenüber der EU zu erreichen. Vielmehr werden sich die EU und UK im Verhältnis zu Dritten als handelspolitische Wettbewerber wiedersehen. Zugleich kann sich die Industrie auf eine getrennte Umweltregulierung in Großbritannien einstellen, v. a. im Klimaschutz (siehe Kap. 11 und 12).

Szenarien

Der Kampf um den Kuchen der automobilen Wertschöpfung hat seit Gründung der Welthandelsorganisation nach dem Zweiten Weltkrieg noch nie so heftig getobt wie heute. Über einem gerade für Deutschland extrem erfolgreichen Exportmodell, bei dem arbeitsteilig an einer überschaubaren Zahl großer, weltweit synergetisch organisierter Standorte effizient produziert werden konnte, hing unter Donald Trump das Damoklesschwert unangekündigter Intervention. Daran, dass Schwellenländer sich abschotten, und kein internationaler handelspolitischer Prozess dies umkehrt, haben sich die Hersteller gewöhnt und mit auf die lokalen Anforderungen hin optimierten kleineren Produktionsstätten von Thailand bis Brasilien reagiert. Auch daran, dass China die Schwerkraft seines einmalig großen Binnenmarkts dazu nutzt, lokale Produktion zu erzwingen, hat sich nichts geändert – zumal sich dies angesichts der explodierenden Stückzahlen auch hervorragend gerechnet hat. Dass mit Großbritannien und den Vereinigten Staaten jedoch die Erfinder der liberalen Welthandelsordnung den Rückwärtsgang eingelegt haben, war schwerer verdaulich und potenziell extrem kostspielig. Dass umgekehrt

China sich als Bannerträger von offenem Marktzugang und Freihandel positioniert und in völliger Umkehrung der bisherigen Rollenverteilung agiert, ist die zweite grundlegende Veränderung. Es liegt jetzt v. a. an der neuen US-Administration zu zeigen, ob und wie schnell die Rückkehr zu einem regelbasierten weltweiten Handelssystem gelingen kann und zumindest Berechenbarkeit zurückkehrt. Und es liegt an der EU zu zeigen, ob die noch bei TTIP sichtbar gewordenen globalisierungskritischen und umweltpolitischen Vorbehalte gegen eine engere Kooperation mit den USA nach dem Wegfall des Blockadefaktors Trump auch gegen eine Biden Administration wirken.

Allerdings haben alle diese im dramatischen Licht öffentlich inszenierter Auseinandersetzungen stattfindenden Prozesse eines gemeinsam: Der Verteilungskampf wurde bisher mit dem konventionellen Mitteln der Handelspolitik um den heute vorhandenen Automobilkuchen geführt. Und die Kompromisse und „Deals" wurden ebenfalls mit diesem Instrumentarium gestaltet. Es zeichnet sich jedoch die Möglichkeit ab, dass dies anders wird: Mit klimapolitisch legitimierten Interventionen in den Kern der Automobiltechnik, seinen Antrieb, wird unmittelbar Industriepolitik gemacht. Vor allem aber wirft die Zukunft der Mobilität durch Vernetzung und autonomes Fahren die Frage nach einer fundamentalen Neuverteilung der Karten im weltweiten Spiel auf. Werden die USA chinesische Technologie für Fahrzeugnavigation und autonomes Fahren dulden – und umgekehrt? Was bedeutet die EU-Rhetorik von der „digitalen Souveränität" konkret angesichts der wachsenden technologischen Dominanz chinesischer und US-Unternehmen? Gerade die hier anstehenden Entscheidungen werden schon jetzt unter der klaren Perspektive der globalen Macht- und Wertschöpfungsverteilung getroffen. Die Handels- und Standortpolitik der Zukunft ist deshalb zwangsläufig in ihrem Verhältnis zu Verkehrs-, Klima- und Technologiepolitik zu sehen. Dies kann bedeuten, umweltpolitische Ziele für die eigene Industrie zu instrumentalisieren. Es kann auch heißen, den Marktzugang für politisch „gefährliche" ausländische Unternehmen zu sperren. Es kann heißen, gezielte Industriepolitik zu machen, um die strategische eigene Unabhängigkeit zu sichern.

In der EU haben sich zugleich die Mehrheitsverhältnisse mit den letzten Wahlen zum Europaparlament und mit dem Brexit zugunsten globalisierungskritischer Positionen und protektionistischer Interessen verschoben. Dies betrifft alle laufenden und künftigen Verhandlungen wie die Ratifizierung des Mercosur-Abkommens und das geplante Investitionsschutzabkommen mit China. Die Wahrscheinlichkeit, dass von der Kommission nach jahrelangen Verhandlungen erreichte Verhandlungsergebnisse auch akzeptiert werden, ist damit gesunken. Die Aussicht, dass neue. handelspolitische Projekte von vornherein an Themen wie Klima- und Umweltschutz sowie Menschen-/Bürgerrechte geknüpft werden, ist deutlich gestiegen. Zugleich werden China und die USA versuchen, die EU in ihrer bilateralen Konkurrenzbeziehung zu instrumentalisieren.

Ein umweltpolitisches Thema signalisiert zugleich eine mögliche Zeitenwende der europäischen Handelspolitik. Die von der Leyen-Kommission hat sich im Zuge des „Green Deal" ein seit Jahren von Frankreich vorgeschlagenes Instrument grundsätzlich zu Eigen gemacht, die klimabasierte Grenzausgleichsabgabe für importierte Produkte (in der EU „Carbon Border Adjustment Mechanism – CBAM" genannt). Mit ihr sollen Kostenvorteile ausländischer Anbieter durch – aus europäischer Sicht – zu geringe Klimaschutzanforderungen im Herkunftsland ausgeglichen werden. Diese Idee wirft natürlich eine ganze Reihe schwerwiegender Fragen auf: Wie kann der CO_2-Fußabdruck komplexer Endprodukte beurteilt werden, deren Lieferkette nicht im Ausfuhrland stattfindet, sondern wo zuvor Produkte aus Drittländern importiert werden? Sollen insbesondere Szenarien zur Herkunft von Strom für energieintensive Produkte wie Stahl und Aluminium einfach aufgrund in Europa vorliegender Durchschnittsdaten z. B. für China geschätzt und zur Basis für eine Strafsteuer gemacht werden? Oder gibt es eine Nachweispflicht/-möglichkeit für Unternehmen, den individuellen Energiemix darzulegen? Was ist, wenn ein chinesischer Aluminiumproduzent belegt, in China mit erneuerbaren Energien zu produzieren und nicht mit dem nach wie vor erheblich kohlelastigen chinesischen Durchschnittsstrommix? Abgesehen von solchen technisch-methodischen Fragen ist aber das Grundsatzproblem ungelöst: Die Regeln der Welthandelsorganisation sehen derartige Instrumente nicht vor und die WTO hat bereits Warnsignale geschickt. Die spannendste Frage ist daher, ob und wie es der Kommission gelingen wird, den gewünschten Effekt zu erreichen und gleichzeitig nicht offen gegen WTO-Regeln zu verstoßen.

In der Vergangenheit hat Europa immer auf die protektionistischen Offensiven insbesondere der Trump-Administration reagiert, hat solche aber nicht selbst angefangen. Je nachdem wann und wie die EU diesen Pfad beschreitet, und welche Produkte von dieser Maßnahme betroffen sind, beginnt Europa möglicherweise zum ersten Mal einen Handelskonflikt. Es gehört wenig Fantasie dazu sich vorzustellen, dass unabhängig von formaljuristischen Fragen ein solcher Schritt Anlass für Vergeltungsmaßnahmen der betroffenen Länder würde. Gerade wenn es sich um Ausfuhren wichtiger international gehandelter und energieintensiv hergestellter Produkte wie Stahl oder Aluminium handelt, dürfte das Endprodukt Automobil der sicherste Kandidat für Vergeltung sein. Und hier wiederum wären es die deutschen, nicht aber die französischen Hersteller, die den Preis bezahlen würden – und zwar dreifach: Wenn sie selbst z. B. in China hergestellte Fahrzeuge ihrer eigene Marken in die EU importieren und auf die darin enthaltenen Vormaterialien Abgaben anfallen, wirkt sich dies auf ihre Produktionskosten aus. Wenn Vormaterialien aus Drittländern für die Produktion in die EU importiert (und nicht durch Bezugsquellen in Europa ersetzt) werden, verteuert dies den Einkauf. Vor allem aber sind sie Kandidaten für Vergeltungsmaßnahmen der betroffenen Staaten.

Die Haltung der Bundesregierung ist hier ambivalent. Einerseits bekundete die Bundeskanzlerin öffentlich ihre grundsätzliche Unterstützung der Idee. Die Bundesregierung unterstrich aber auch das Erfordernis der WTO-Konformität und die Notwendigkeit, alternative Maßnahmen zu prüfen. Zu diesen gehört die Überlegung, Importeuren letztlich eine analoge wirtschaftliche Belastung aufzuerlegen, wie sie europäischen Herstellern durch die Beteiligung am Emissionshandelssystem abverlangt wird. Die Debatte zeigt aber, dass die Handelspolitik inzwischen von den europäischen Institutionen als „Dienstfunktion" der Klima- und Umweltpolitik verstanden und der Vorrang ungehinderten Marktzugangs für europäische Endprodukte auf Exportmärkten zur Disposition gestellt wird. Das weitere Schicksal der Idee einer Grenzausgleichsabgabe ist daher nicht nur für das Thema CO_2 wichtig, sondern für die Grundfrage, ob die EU auch bei anderen Themen (zur digitalen Souveränität s. u.) künftig eine aggressivere Politik verfolgt.

Auch Joe Biden hat sich in seinen Wahlkampfankündigungen die Grundidee einer Grenzausgleichsabgabe zu eigen gemacht – für Demokraten eine authentische Linie. Allerdings war dies nicht mit irgendeiner Konkretisierung verbunden und aus Sicht der USA erscheint China bei weitem eher als plausibles Ziel denn die EU. Das wirft die Frage auf, ob es mit den USA zu einer Zusammenarbeit (v. a. einem gegenseitigen faktischen „Nicht-Angriffspakt" bei der Klimapolitik) im Verhältnis zu China kommt.

Unter dem Strich bleibt, dass alle politischen Debatten die heute um das Produkt Automobil, seine Umweltbelastungen seine Klimaeffekte aber auch um seine Rolle im künftigen Mobilitätssystem geführt werden, auch Standort- und Industriepolitik sind.

8
Produktpolitische Evolution

Politik und Mobilität – Grunddesigns

Parallel zu seinem historisch beispiellosen Erfolg wurden auch die negativen Konsequenzen der Mobilität mit dem Auto zu einem politisch immer wichtigeren Handlungsfeld. Regierungen, die immer mehr die alltägliche Mobilität in Abhängigkeit vom Auto gestalteten, gerieten unter immer stärkeren Druck, seine drei wichtigsten negativen Folgen wirksam politisch zu adressieren (und zwar in dieser Reihenfolge): 1. Tote und Verletzte im Straßenverkehr, 2. Verschmutzte Luft und damit einhergehende Gesundheitsgefahren, 3. Emissionen von CO_2 und Auswirkungen auf das Klima. Parallel entwickelte sich die begrenzte Fähigkeit der Verkehrsinfrastruktur mit immer mehr Autos auf begrenztem Raum zurecht zu kommen (und damit der Stau als Katalysator für die umweltpolitischen Probleme des Autos) zu einer immer dringenderen Herausforderung. Die aktuellen Debatten um durchgreifend geänderte Anforderungen an das Auto lassen sich nur vor dem Hintergrund der historischen Entwicklung verstehen. Diese soll zunächst ausgeleuchtet werden, um diejenigen Faktoren zu rekonstruieren, welche zu den heutigen Konflikten geführt haben. Automobilpolitik weltweit ist zwar in thematisch parallelen Zyklen (Sicherheit, Emissionen, Klimaschutz, Elektrifizierung und Vernetzung) verlaufen – jedoch mit tief greifenden Unterschieden in den jeweiligen politischen Prozessen. Dabei haben die Hauptrollen gewechselt, von den USA nach Europa und nach China.

Zunächst aber sollen die grundsätzlichen Handlungsoptionen dargestellt werden. Politik, die anstrebt, das Geschehen auf einem Markt zu verändern, also Angebot und/oder Nachfrage umzusteuern, hat mehrere Optionen – bestehend aus „Nachfrage versus Angebot" und „Restriktion versus Motivation". Die erste Dimension des Politikdesigns, der Gestaltung einer Intervention in das Marktgeschehen, beschreibt, auf wen Politik zielt: Nachfrageseitige Politik adressiert die Kunden und verändert deren Entscheidungen. Angebotsseitige Politik zielt auf das Handeln der Hersteller von Produkten. Die zweite Dimension beschreibt ihre inhaltliche Ausrichtung: Restriktion beschränkt Handlungsmöglichkeiten – durch Verbot oder durch gezielte Verteuerung von Angeboten. Motivation unterstützt vorhandene oder neue Angebote durch Anreize – von Subventionen bis zu Steuervorteilen. Wenn man diese zwei Dimensionen zu vier Kombinationen verbindet, resultieren politische Grundszenarien mit gegenseitiger Abhängigkeit und Konkurrenzbeziehungen:

Die aggressivsten Diskussionen und die weitreichendsten Forderungen an die Industrie und die Bürger resultieren aus der Kombination angebotsseitiger Restriktion durch Verbote und der gleichzeitigen gesetzlichen Beschränkungen der Nachfrageoptionen bzw. deren nachhaltiger Verteuerung. Dieser Ansatz definiert sich durch die Beschränkung politisch nicht mehr gewollter Entscheidungen von Unternehmen *und* Bürgern. Genau auf diesen Pfad fokussieren viele Nichtregierungsorganisationen und eine Reihe vor allem europäischer Politiker z. B. mit der Forderung nach verbindlichen Ausstiegsdaten für die Verbrennertechnologie bzw. deren Verbot.

Das andere „Bookend" bilden reine Motivationsmaßnahmen: Diese können auf der Angebotsseite industriepolitische Subventionen, wettbewerbsrechtliche Flankierung gewollter Industriestrukturen, technische Normen und das gesamte restliche industriepolitische Instrumentarium sein. Auf der Nachfrageseite sind es Kaufanreize, Investitionen in Infrastruktur, Steuererleichterungen und ordnungsrechtliche Privilegien, die Vorteile für politisch gewollte Optionen gegenüber unverändert zulässigen Alternativen bieten. Hier liegt natürlich das primäre Interesse der Industrie, wenn es schon darum geht, neue Pfade, die politisch notwendig und entschieden sind, durchzusetzen.

Schließlich sind beide Ansätze kombinierbar: So kann ein angebotsseitig ordnungsrechtlich erzwungenes Ausstiegsszenario bzw. die zwangsweise Durchsetzung neuer Angebote mit primär motivationsorientierten Förderinstrumenten auf der Nachfrageseite kombiniert werden. Umgekehrt ist es genauso möglich, den Kunden heutige Wahlmöglichkeiten zu nehmen, jedoch gleichzeitig die Industrie bei der Anpassung an das dergestalt politisch zwangsweise veränderte Marktumfeld zu subventionieren. Ein erheblicher Teil realistischer Politikoptionen spielt sich in diesen beiden Quadranten ab. Dabei hängt der Charakter von Veränderungen immer davon ab, in welche Richtung sie im Vergleich zum Status Quo wirken: Eine selektive Erhöhung der Kfz-Steuer für einzelne Fahrzeugklassen wird als restriktive Maßnahme wahrgenommen. Steuersenkungen für Elektroautos haben dagegen motivierenden Charakter.

Für politische Entscheider stellen sich diese vier Optionen sehr unterschiedlich dar: Restriktion bietet den Vorteil, mit rechtlichen Eingriffen (wie Verboten, Steuererhöhungen und Schildern am Straßenrand) realisierbar zu sein – bei im Vergleich geringster Belastung der öffentlichen Haushalte bzw. sogar zu deren Gunsten, wenn Strafsteuern als Lenkungsinstrument eingesetzt werden. Sie stellen zugleich für die Vertreter einer harten Linie den klarsten, gegenüber ihrer Klientel als „Sieg über die Industrie" verkaufbaren Erfolg dar. Dieses Maximalmodell ist in Europa der Treiber vieler Diskussionen, von dem her alle anderen Szenarien als zweit- bis drittbeste Wahl, in jedem Fall aber als Kompromiss, beschrieben werden.

Spiegelbildlich sieht es bei einer rein motivationsorientierten Politik aus. Diese ist teuer. Sie bedeutet Einnahmeverzicht bei Steuerprivilegien oder sogar direkte Kosten für Subventionen gegenüber Industrie und Bürgern. Sie ist zudem mit der Unsicherheit ihres Erfolgs behaftet: Ein Verbot bewirkt, dass ein Thema aus der Sicht der Medien und Öffentlichkeit „erledigt" ist. Fördermaßnahmen dagegen werden bis zum Erreichen des Ziels immer kritisch hinterfragt, ihre Erfolgsaussichten werden angezweifelt und ihr Kosten-Nutzen-Verhältnis ebenso. Die Frage, ob Steuermittel richtig und für die Richtigen eingesetzt werden, wird vor allem unter einer Gerechtigkeitsperspektive stets kritisiert werden. Zugleich widersprechen Sie der ökologisch-ethischen Täter-Opfer- und daraus abgeleiteten Straflogik.

Aus der Sicht des politischen Risikos kann allerdings die reine Restriktionsvariante auch die größten Widerstände provozieren und das Risiko einer vollen öffentlichen Diskreditierung und Kapitulation. Das sichtbarste Beispiel hierfür war die Rücknahme der Kraftstoffsteuererhöhung in Frankreich nach dem Protest der „Gelbwesten". Das Fehlen ausgleichender, motivierender Maßnahmen erhöht die Angriffsflächen auf der Nachfrageseite. Auf der Angebotsseite ist der Ruf nach Subventionen für die Abfederung der sozialen Folgen ein beliebter Topos, der die politischen Ausstiegsdebatten um Kernenergie und Kohle in Deutschland seit Jahren begleitet.

Die politische Realität ist deshalb selten durch eine reine Umsetzung eines der beiden Extremszenarien bestimmt, sondern durch den Wechsel zwischen den vier Feldern, ein Vor und Zurück und durch Trial and Error. Weder süße noch bittere Pillen werden Bürgern und Unternehmen unverdünnt verabreicht. Vielmehr ist die Mixtur, die am Ende des politischen Prozesses entsteht, das Ergebnis politischer Kompromisse zwischen Parteien und Institutionen, der mehr oder weniger erfolgreichen Arbeit von Lobbyisten aus Verbänden und Unternehmen und der medial vermittelten öffentlichen Meinung. Vor allem aber sind die politischen Entscheidungen in verschiedenen Ländern von nachhaltigen Designunterschieden bestimmt.

Handlungsfelder und Instrumente

Die drei großen Felder von Herausforderungen für die Automobilindustrie – Sicherheit, Schadstoffe, Klimaschutz – unterscheiden sich politisch-instrumentell, vor allem aber in ihrer Nachvollziehbarkeit durch den Bürger und Autofahrer bzw. -käufer:

Sicherheit

Die Auseinandersetzung der Politik mit dem Automobil begann schon sehr früh nach seiner Erfindung. Die ersten technischen Auflagen betrafen Sicherheitsfragen im Sinne des Schutzes Dritter vor dem Auto. Die bekannteste von ihnen war der 1865 erlassene so genannte „Red Flag Act" in Großbritannien: Ein (damals noch überwiegend dampfgetriebenes) Automobil musste von einem Läufer begleitet werden, der eine rote Flagge trug, um den restlichen Verkehr vor dem (verglichen mit Pferden) relativ geräuschlosen und daher gefährlichen Fahrzeug zu warnen. Die Aufhebung dieser Gesetzgebung bereits sehr kurz nach ihrem Inkrafttreten wird noch heute mit einem überaus sehenswerten Oldtimerrennen begangen, dessen Teilnehmer auf Fahrzeuge vor dem Aufhebungsdatum 1896 beschränkt sind. Sehr früh fielen auch bereits die Entscheidungen zu der Frage, auf welcher Straßenseite zu fahren ist, wo das Lenkrad sitzt und ähnliche Themen. Dabei bekam mit zunehmender Popularisierung und Leistung des Autos auch der Schutz der Insassen immer höhere Bedeutung.

Sicherheit ist buchstäblich eine Frage von Leben und Tod. Die politische Mobilisierung für Intervention, das Entwickeln und Durchsetzen neuer Vorschläge fällt hier sehr leicht, Widerstand sehr schwer. Die technischen Defizite, welche die Sicherheit von Insassen und Öffentlichkeit gefährden, sind zugleich insofern einfach strukturiert, als es sich um direkt dem Automobil und seinem Halter zuzurechnende Probleme handelt, für die es für die Öffentlichkeit verlässlicher, rechtlich durchsetzbarer und auch für die Industrie einheitlicher Vorgaben bedarf. Es ist daher nicht verwunderlich, dass sich weltweit die Lösungen für diese Themen zwar mit technischen Unterschieden im Detail, aber doch mit ähnlicher Dynamik und in die gleiche Richtung entwickelt haben. Dies gilt zumindest so lange, wie vor allem Hardware im Automobil selbst der Schlüssel zur Lösung war: Mehr Metall im Dach und in den dieses tragenden Säulen schützt vor Überschlag. Airbags schützen bei Kollisionen usw. In ihrer Struktur sind diese Themen zugleich politisch einfach entscheidbar. Konfrontation kann es hier nur über das Verhältnis zwischen Aufwand, Kosten und Zeit geben, nicht aber über die Frage, warum diese

Veränderungen sinnvoll und die angebotsseitige harte Restriktion, also das Verbot, neue Autos ohne diese Eigenschaften anzubieten, notwendig erscheint. In der Konsequenz sind daher Sicherheitsthemen in der Vergangenheit auch unabhängig von politisch-gesellschaftlichen Rahmenbedingungen und vor allem unabhängig von politischen Grundpositionen und Ideologien vorangetrieben worden. Es hat hier keinen signifikanten Unterschied zwischen linksorientierten Regierungen in Europa, republikanischen Senatoren in den USA oder chinesischen Parteisekretären gegeben. Zugleich war auch zwischen hart konkurrierenden politischen Positionen, also z. B. zwischen Grünen und Christdemokraten, unstrittig, welcher Handlungsbedarf besteht und wie das jeweilige Thema zu lösen ist. Ein marktimmanenter Verstärkungsmechanismus kam hinzu. Nach der Einführung der Versicherungspflicht für Automobile zahlten sich neue Sicherheitseigenschaften vielfach unmittelbar für den Kunden in Form von niedrigeren Tarifen aus. Autos auf dem Stand der Technik hatten also früh eine messbar niedrigere „total cost of ownership (TCO)".

Luftqualität

Luftverschmutzung ist demgegenüber ein kollektives Phänomen, das aber immer noch – jedenfalls in extrem starken Ausprägungen – direkt erlebbar und spürbar ist. Eine Verknüpfung zur Gesundheit der Menschen ist direkt herstellbar. Mehr als beim Thema Sicherheit geht es hier aber nicht um Ereignisse, die jeweils einzelne Unfallopfer betreffen, sondern um die gleichzeitige Schädigung vieler betroffener Menschen durch eine Teilmenge der Bevölkerung und deren Eigentum. Politische Entscheider können sich also auch hier leicht als diejenigen positionieren, die einer Gefahr dadurch entgegentreten, dass sie deren Verursacher durch restriktive Politik zwingen, sie abzustellen. Dies galt jedenfalls für die Initialphase der 70er in Kalifornien in besonderem Maße, oder aber ganz aktuell für die Situation in China, Indien oder anderen großen Metropolen mit unhaltbarer Luftqualität. Hier war bzw. ist der Handlungsbedarf sicht- und spürbar. In den im Vergleich weit saubereren europäischen Städten werden die verbliebenen Gesundheitsgefahren mit Studien ermittelt, die politisch wirksame Ursache-Wirkungsbeziehung als Basis von Interventionen herstellen. Dies gelingt auf der Angebotsseite weltweit seit Jahrzehnten mit einer Serie von Schadstoffnormen, mit denen die Anforderungen an neue Autos immer weiter hochgeschraubt wurden. Auf der Nachfrageseite ist das Bild dagegen weit heterogener. Das Fahrverbot für einstmals regelkonforme zugelassene Autos, also eine politische Intervention, die ganz unmittelbar den Kunden betrifft, ist bislang in den USA nicht möglich. In einer Reihe europäischer Staaten ist sie dagegen schon lange eine Realität, in Deutschland beispielsweise mit der grünen, gelben und roten Plakette. Auch in Teilen Asiens wird sie angewendet.

Klima

Noch einen deutlichen Schritt abstrakter als Luftqualität ist die klimapolitische Herausforderung. Während Schadstoffe sich als lokal wirksame Schädigung der Luftqualität mit gesundheitlichen Folgen darstellen, und in extremer Ausprägung sogar sicht- und riechbar sind, ist die Veränderung des Klimas eine zukünftig eintretende und noch nicht konkret überall und für jeden als wirksamer Schaden greifbare Bedrohung. Er kann auch nicht durch lokale Restriktionen ausreichend wirksam bekämpft werden, sondern ist ein globales Phänomen. Es besteht daher auch keine so enge, lokalisierbare Verursacherrolle des einzelnen Fahrzeugs mehr wie bei Sicherheit und Schadstoffen. Kausalzusammenhänge zu gehäuften Extremwetterereignissen werden von Wissenschaftlern belegt, sind aber nicht als Kausalität erleb- und nachvollziehbar. Seine politische Wirksamkeit bezieht Klimaschutz deshalb einerseits aus der Schwere der Bedrohung (Anstieg der Meeresspiegel, Hitzewellen usw.) sowie der wesentlich geringeren Reversibilität einmal eingetretener Veränderungen. Während die Luft sehr schnell sauberer gemacht werden kann, ist das bei der Umkehr einer Klimaveränderung nicht der Fall. Handlungsleitend konnte Klimaschutz deshalb nur dadurch werden, dass diese gewaltige, aber abstrakte Bedrohung durch den größten Aufwand wissenschaftlicher Nachweisführung in der bisherigen Geschichte untermauert wurde. In kein anderes Thema sind derartig viele Ressourcen in derartig vielen Ländern geflossen, wie in die Erforschung des von

Menschen verursachten Klimawandels. Sein Ergebnis sind weltweite restriktive, aber auch motivationsorientierte Politiken auf der Angebotsseite und ein Mix auch bei der Nachfrage.

Wechsel der Hauptrollen – EU, USA, China

Die Geschichte der politischen Intervention in die technischen Eigenschaften von Automobilen ist extrem vielschichtig. Zunächst wird daher im Folgenden aus der „Helikoptersicht" dargestellt, wie sich ihre Geschichte in den letzten Jahrzehnten weltweit entwickelt hat. Diese Sicht wird in den folgenden Kapiteln durch eine detailliertere Beschreibung der beiden heute dominierenden Themenfelder „Klima" und „Luftqualität" vertieft.

Leadrolle der USA bei Sicherheit und Schadstoffen

Bis in die 60er-Jahre hinein war das Automobil im politischen Diskurs ganz klar ausschließlich positiv belegt. Es hatte sich eindeutig als Symbol von Wohlstand und Aufschwung durchgesetzt: Als Symbol für den Erfolg für seine Nutzer und als Symbol für wirtschaftliche Stärke für die Volkswirtschaft – und dies nirgendwo mehr als in den USA. Ohne hier die Entwicklung im Einzelnen nachzeichnen zu wollen, waren es in den USA entwickelte sicherheitstechnische Vorgaben, die nachhaltig auch die anderen automobilproduzierenden Länder unter Druck setzten und zur weltweiten gesetzgeberischen Aktivität in diesem Bereich führten. Die Kritik an fehlender Bereitschaft, nicht Fähigkeit, der Automobilindustrie, die Sicherheit der Fahrzeuginsassen und Fußgänger technisch zu gewährleisten, war der Ursprung der von dem Verbraucheranwalt Ralph Nader geführten Kampagnen. Verbraucherschutzorganisationen, Medien, die deren Themen aufgriffen, und schließlich Politiker, die sich das Thema zu eigen machten, übten wachsenden Druck auf die Gesetzgeber aus. Dieser wurde so stark, dass sich die Situation für die Industrie grundlegend änderte: Während sie zuvor neue Sicherheitsmerkmale aus sich heraus und zur Differenzierung im Wettbewerb entwickelte, deren

Durchsetzung „urwüchsig-marktwirtschaftlich" dadurch erfolgte, dass man sich im Vergleich zur Konkurrenz keine Schwächen aus Kundensicht leisten wollte, waren es nun Institutionen und Experten außerhalb der Industrie, die dieser vorgaben, was technisch möglich und machbar ist. So wurden 1966 in den USA Sicherheitsgurte vorgeschrieben (in Europa ab 1974) und zugleich mit dem Aufbau eigener Sicherheitsbehörden begonnen, der heutigen „National Highway Traffic and Safety Administration (NHTSA)". Das amerikanische Schadenersatzrecht, das auf individuellen aber auch kollektiv bündelbaren, sehr hohen Zahlungsverpflichtungen bei nachgewiesenem Fehlverhalten basiert, hat dies deutlich beschleunigt. Körperliche Verletzungen eignen sich für diese juristische Logik natürlich besonders gut.

Die technische Ausgestaltung folgte allerdings im Rest der Welt nicht 1:1 den US-Normen, sondern entwickelte sich teilweise sehr unterschiedlich. Augenfälligstes Beispiel sind die besonders dicken Stoßstangen bei US-Fahrzeugen der 80er-Jahre, welche den dort zwischenzeitlich geltenden einheitlichen Höhen- und Absorptionsanforderungen geschuldet waren. Zugleich haben sich zwischenzeitlich Vergleichskriterien und Vergleichsinstitutionen entwickelt, die in punkto Sicherheit Druck auch dort erzeugten, wo (noch) keine staatlichen Vorgaben bestanden. So ist das sog „New Car Assessment Programme (NCAP)", also die Vergabe von Sternen in punkto Sicherheit, heute ein wirksamer Druckmechanismus, über den technische Organisationen in Verbindung mit einer Vertretung gesellschaftlicher Gruppen dazu beitrugen, dass einzelne technische Features relativ schnell Industriestandard wurden. Die mediale Wiedergabe eines schlechten Abschneidens hat Folgeeffekte nicht nur auf die Wahrnehmung des jeweiligen Fahrzeugs, sondern auch einen Abstrahleffekt auf die Unternehmensreputation. Dabei ist es vor allem die unmittelbare Greifbarkeit für den Verbraucher, das wahrgenommene Mehr oder Weniger an Sicherheit von Leben und Gesundheit, die es wirtschaftlich erscheinen lässt, in technisch machbare neue Lösungen zu investieren. Hier einen Rückstand gegenüber Wettbewerbern aufzuweisen, kann sich kaum ein Hersteller leisten. Zugleich wurden im Bereich Fahrzeugsicherheit immer wieder von einzelnen Herstellern entwickelte technische Lösungen durch den Gesetzgeber für „allgemeinverbindlich" erklärt, so z. B. der Airbag oder der Gurtstraffer. Die EU-Fußgängerschutzrichtlinie erzwang weitgehende Designänderungen durch den Mindestabstand zwischen Motor und Frontklappe. Mit der 2018 vorgelegten und 2019 verabschiedeten Gesetzgebung („General Safety Regulation") für den verpflichtenden Einbau einer ganzen Reihe elektronischer Assistenzsysteme bis 2022 hat die EU-Kommission gleich ein ganzes Regulierungspaket definiert, das von Spurhalte- und Notbremsassistenten bis zur „Blackbox" bei Unfällen reicht. Dieses wurde von der Industrie wie auch von Verbraucherverbänden und Interessengruppen aus dem Bereich Sicherheit einhellig begrüßt. Eine aufgeheizte Debatte, wie sie die Umweltpolitik seit Jahren kennzeichnet, unterblieb.

Smog und Kalifornien

Es gibt in den USA keine durchgängige, einheitliche Haltung der Politik gegenüber der Automobilindustrie oder umgekehrt. Im Gegenteil, die Situation in den USA ist in vielfacher Hinsicht komplexer und widersprüchlicher als sie gerade aus einer europäischen Sicht erscheint. Nicht „die USA", sondern der Bundesstaat Kalifornien, war der Treiber der Entwicklung im Bereich Luftverschmutzung. Der unerträglich gewordene Smog im Großraum Los Angeles war der entscheidende Auslöser für eine Folge scharfer Umweltgesetze, die der Automobilindustrie die Reduzierung der Abgase abnötigten. Ronald Reagan hat 1967 als Gouverneur von Kalifornien die Kompetenzen für die Umweltregulierung und den Schutz der Atmosphäre vor Abgasen erstmals gebündelt und damit die institutionellen Voraussetzungen für die erste ambitionierte Umweltpolitik in den USA und darüber hinaus geschaffen. Formuliert werden die technischen Vorgaben bis heute durch die kalifornische Umweltbehörde und ein ehrenamtliches Entscheidungsgremium, das „California Air Resources Board (CARB)" dessen Mitglieder anerkannte Experten mit unterschiedlichem Hintergrund, überwiegend aus dem wissenschaftlichen Bereich sind. Die schrittweise ausgebaute Entscheidungskompetenz des CARB geht weit über diejenige z. B. des deutschen Umweltbundesamtes oder der-EU-Kommission hinaus. Das erste zentrale Produkt des CARB war eine Abfolge von Emissionsminderungsstufen, die mit zeitlichem Versatz letztlich auch die Vorläufer der entsprechenden Schadstoffklassen Euro 1 bis 6 gewesen sind.

Vereinfacht gesagt gilt bei Luftschadstoffen in Kalifornien das folgende Prinzip: Bis zu einem definierten Datum muss ein definierter Prozentsatz der neu verkauften Fahrzeuge eines Herstellers das vorgegebene technische Leistungsniveau erreichen. Dabei steigen die Prozentsätze über den Einführungszeitraum hinweg an. Auf diesem Weg hat Kalifornien den Stand der Technik im Bereich Abgas nachhaltig geprägt. Frühzeitig übernahmen andere US-Bundesstaaten und der Bund faktisch diese zunehmend restriktiven Anforderungen. Auch die europäischen, heute geltenden Abgasstufen reflektieren in einer anderen Nomenklatur weitgehend das technische Leistungsniveau, das in Kalifornien bzw. den USA jeweils zuerst gefordert wurde. Ähnliches gilt für Japan, Korea oder China. Dabei gibt es allerdings einen wichtigen formalen Unterschied: Die Einführungslogik mit einem sich über mehrere Jahre erstreckenden Hochlauf bis zur vollständigen Umsetzung einer neuen Schadstoffklasse in allen neu verkauften Fahrzeugen wurde in der EU nicht übernommen. Stattdessen folgt man hier dem Grundsatz, dass ab einem einzigen Stichtag nur noch Fahrzeuge, welche dem neuen Standard entsprechen verkauft werden dürfen. Dies beeinflusst die Diskussionen zwischen Industrie und Gesetzgeber nachhaltig, wie in Kap. 11 gezeigt wird.

Japan, EU und Klimapolitik

Die umweltpolitische Führungsrolle wurde von den USA abgegeben, als im Rahmen des Kyotoprotokolls 1997 weltweite Klimaschutzziele festgelegt wurden. Angesichts des republikanischen Widerstands im Kongress war es der Clinton-Regierung (und auch ihren kalifornischen Unterstützern) nicht möglich, nach ihrer Zustimmung zum Vertrag auch dessen Ratifizierung durchzusetzen. Die nachfolgende republikanische Bush-Regierung tat dies erst recht nicht. Die in den USA bereits bestehende, als Reaktion auf die Ölkrise geschaffene Flottengesetzgebung für den Verbrauchsdurchschnitt von Herstellern, „Corporate Average Fuel Economy (CAFE)" hatte zwar bereits seit 1975 exzessives „Gaz Guzzling" begrenzt, jedoch nur innerhalb sehr großzügiger Grenzen, deren

Verletzung auch nur mit vergleichsweise geringen Strafen („Gaz Guzzler Tax") geahndet wurde. Ein strukturell restriktiver Effekt auf die Produktentwicklung ging von ihr nicht aus. Japan und Europa übernahmen dann stattdessen die Lead-Rolle für Klimaschutz im Verkehr. Dies geschah auf zwei völlig verschiedenen Wegen:

Japan entwickelte den so genannten „Top Runner Ansatz". Dieser bedeutete vereinfacht gesagt, dass die gesamte Fahrzeugpalette zunächst in Gewichtsklassen eingeteilt wurde – von Kleinwagen unter 1 t bis zu schweren Fahrzeugen über 2 t, die einigermaßen mit verschiedenen den Fahrzeugsegmenten korrelierten. Anschließend wurde für jede Fahrzeugklasse das beste Angebot am aktuellen Markt in punkto Kraftstoffverbrauch ermittelt. Dieser „Top Runner" wurde dann der Zahlenwert, der von dem Durchschnitt aller Fahrzeuge dieser Klasse, die ein Hersteller in Japan verkauft, in einigen Jahren zu erreichen war. Der absatzgewichtete Durchschnitt von Ist und Soll aller Gewichtsklassen bestimmte die Erfüllung für die Gesamtflotte. Natürlich erfolgte auch hier eine politische Korrektur der Zielwerte. Im Kern war es aber die Technologie-Entwicklung, welche die Durchsetzungsgeschwindigkeit von neuen Technologien steuerte. Deshalb war es auch nicht überraschend, dass die Einführung dieses Prinzips zusammenfällt mit der Entscheidung des Toyota-Konzerns für die Entwicklung der Hybrid-Technologie. Konzeptionell blieb das japanische System aber klar technologieoffen, auch wenn ein Hersteller hier die Chance bekam, mit seinem Angebot die restliche Industrie unter Zugzwang zu setzen. Wenn es zufällig noch der größte von allen war, dürfte das die Realisierungschance nicht geschmälert haben. Zugleich weist das japanische System eine weitere Besonderheit auf: Die so genannten „Kei-Cars" d. h. Fahrzeuge mit sehr niedrigem Gewicht und schwacher Motorisierung wurden in Japan seit Jahrzehnten steuerlich erheblich begünstigt und stellen ein Segment dar, das im Rest der Welt so gut wie nicht existierte. Die Vorgaben für diese Fahrzeuge sind sehr großzügig ausgefallen, so dass auch bei härteren technologischen Anforderungen am oberen Ende der Fahrzeugpalette eine Kompensationsmöglichkeit am unteren geschaffen wurde, wenn am Ende des Jahres abgerechnet wird.

Die Entwicklung in Europa verlief völlig anders: 1998 schlossen Industrie und Kommission ein freiwilliges Abkommen zur Reduzierung

8 Produktpolitische Evolution

der CO_2-Emissionen. Partner der europäischen Kommission war der europäische Industrieverband ACEA mit seinem Präsidenten Bernd Pischetsrieder, damals Vorstandsvorsitzender der BMW AG. Die Zusage lautete, dass die Industrie bis zum Jahr 2008 den CO_2-Ausstoß um 25 % gegenüber 1995, also von 186 auf 140 g/km senken werde, um dadurch zum Erreichen des Kyotoziels beizutragen. Gegenstand war das CO_2-Emissions-Niveau des durchschnittlichen in der EU neu verkauften Fahrzeugs. Es blieb allerdings von Anfang an unklar, ob jeder Hersteller für sich an den 25 % Minderung gemessen wird, oder ob die Industrie als Ganze diesen Wert im Durchschnitt erreichen muss. Als im Jahr 2006 die Diskussion auf der Grundlage der 2005er Ist-Werte begann, war jedenfalls eines klar: Die Industrie wird ihre Zusage verfehlen. Es war erkennbar, dass nur wenige Hersteller hinreichende Anstrengungen unternommen hatten, die für eine 25-prozentige Minderung ausreichen würden (so BMW, Toyota, PSA). Dementsprechend reagierte die-EU-Kommission mit dem Vorschlag für eine gesetzliche Regelung. Diese stellte eine komplette Neuentwicklung dar, da außer dem japanischen Modell keine Vorbilder existierten. Dies war der Beginn eines politischen Dramas in mehreren Akten, auf das unten näher eingegangen wird. Hier nur so viel: Auch die EU wies einem Hersteller einen Zielwert für seinen durchschnittlichen CO_2 Ausstoß zu. Dieser war umso höher, je höher das Durchschnittsgewicht der Flotte war. Allerdings wurden hierbei durch die rechnerische Beziehung zwischen Gewicht und CO_2 den größeren Fahrzeugen relativ höhere Minderungslasten gegenüber dem Status Quo auferlegt als kleineren Herstellern.

Mit den 2008 in Kraft gesetzten Vorgaben für die bis 2012 zu erreichenden Flottenwerte wechselte konzeptionell und inhaltlich die Führungsrolle im Feld automobilerelevanter Politik für eine Reihe von Jahren zur EU. Die Obama Administration folgte mit dem 2009 in Kraft gesetzten Verbrauchs- bzw. CO_2-Flottenregime dem europäischen Vorbild, allerdings mit wesentlichen, industriepolitisch motivierten Modifikationen. Die Trennung zwischen Pkw und so genannten Light Trucks und die Entscheidung für die Fahrzeugfläche (Footprint) anstelle des Gewichts verschaffen der „Großen Drei" erhebliche Vorteile gegenüber importierten, insbesondere deutschen Herstellern.

Auch andere Länder wie Korea, Mexiko usw. übernahmen den Ansatz von Flottenzielen auf der Grundlage technischer Parameter – je nachdem mehr in Richtung des EU- oder des US-Modells. Gemeinsam ist allen, dass die damals gemachten Vorgaben „technologieneutral" definiert wurden, es also egal war, mit welchen technischen Lösungen der Verbrauch gemindert wurde. Zugleich zählte allein der Durchschnitt der Flotte, feste Obergrenzen für jedes Auto wie bei Luftschadstoffen gab es nicht.

Während die USA auf der nationalen Ebene den EU-Ansatz übernahmen, hat der Bundesstaat Kalifornien seit 1990 schrittweise einen gänzlich anderen Ansatz ins Spiel gebracht. Aufbauend auf der 1990 erlassenen Low Emission Vehicle (LEV)-Regulation wurden nach mehreren Änderungen die volumenstärksten Hersteller verpflichtet, ab 2003 Fahrzeuge ohne Emissionen zu verkaufen. Dies bedeutete allerdings noch nicht unbedingt, dass die Fahrzeuge gar keine Emissionen mehr haben durften. Das „Zero Emission Vehicle (ZEV)"-Mandat brachte vielmehr zunächst einen Schub für die Hybridtechnologie, wurde aber spätestens ab 2012 zum Treiber für die Entwicklung vollelektrischer Autos. Mit diesem kombinierten Ansatz, der sowohl auf gesundheitsschädliche Substanzen als auch auf CO_2 zielte, wurde auf subnationaler Ebene ein entscheidender, die Industrie tief verändernder technologiepolitischer Impuls gesetzt. Mit diesem Schritt hat Kalifornien die Grundlogik technologieoffener, auf die Minderung von Emissionsvolumina in Fahrzeugflotten zielender Gesetzgebung verlassen und damit einem neuen, für die Zukunft der industrieentscheidenden Player eine inhaltliche Vorlage geliefert.

Neuer Leader China?

China hat im Automobilbereich das Prinzip technologieneutraler Vorgaben Verlassen. Zusätzlich zu den Flottenzielen (nicht an deren Stelle) wird seit mittlerweile einem Jahrzehnt der Umstieg in die Elektromobilität gezielt vorangetrieben. Die Entscheidung, den gezielten Umstieg in den Elektroantrieb dazu zu nutzen, die reine Fokussierung auf den chinesischen Binnenmarkt zu verlassen, die Voraussetzungen für globale Wettbewerbsfähigkeit zu schaffen, der Einsatz dieses Hebels für industriepolitische Konsolidierungsziele und die Entwicklung einer Reihe neuartiger restriktiver wie motivierender Lenkungsinstrumente sind hierfür maßgeblich. In keinem anderen Land wurde beispielsweise die Genehmigung für neue Produktionskapazitäten von Automobilen an die Voraussetzung geknüpft, elektrisch angetriebene Fahrzeuge produzieren zu können und auch tatsächlich anzubieten (Restriktion). Und nirgendwo wurde dies so stark subventioniert (Motivation). Die Investition in technologische Kompetenz gerade im Bereich Batterieproduktion hat innerhalb weniger Jahre Erfolg gezeitigt. Auch in Richtung Verhaltensbeeinflussung der Kunden geht China weiter als andere Märkte: Die Nummernschildvergabepraxis im Wege von Lotterien oder Versteigerungen mit erheblicher Verteuerung konventioneller und Privilegierung elektrifizierter Fahrzeuge ist beispiellos.

Der Kern der chinesischen Autopolitik ist einfach: Der Umstieg auf elektrische Antriebe soll dazu genutzt werden, die Überlegenheit der westlichen Hersteller im Bereich Antriebstechnik zu brechen. Die umweltpolitische Motivation und das industriepolitische Ziel, eine global wettbewerbsfähige Automobilindustrie in chinesischer Kontrolle aufzubauen, wurden miteinander verbunden. Diese Vorgabe, der sich auch Teile der originär chinesischen Automobilhersteller zu widersetzen versucht haben, ist inzwischen in seiner Zielrichtung zementiert. Alle Diskussionen der letzten Jahre drehten sich alleine um das Tempo und um die Instrumente zu seiner Umsetzung, nicht mehr um das Ziel. Mit dieser, über die bisherige Orientierung an „im Westen" etablierten Regularien hat China die Debatten auch im Rest der Welt nachhaltig beschleunigt. Wenn Klimapolitik heute keine bloße Grenzwertdebatte mehr ist, sondern eine Technologiediskussion, dann auch wegen China.

9

Klimapolitik – Was bisher geschah

Kein Teil der Umweltpolitik hat die Autoindustrie so tief greifend verändert wie die Klimapolitik. Das Auto steht umgekehrt im Zentrum politischer Kontroversen, die über bloße technische Anforderungen weit hinausgehen und seine Rolle fundamental betreffen. Diese Entwicklung vollzog sich in mehreren Etappen mit direkten und indirekten Wechselwirkungen zwischen der EU, den USA und China und wird im Folgenden nachgezeichnet.

Gamechanger Klimaschutz

Seit der Verabschiedung des Kyotoprotokolls hat Klimaschutz ein Ausmaß an Eingriffen in das menschliche Handeln und Wirtschaften begründet, das ohne historisches Vorbild ist: In vielen Volkswirtschaften – und mehr als in allen anderen in Europa – wurden Steuern erhöht, technische Auflagen erlassen, Produkte beschränkt, verboten oder verteuert. Der Energieverbrauch von industriellen Anlagen und der Energieerzeugung wurde mit dem europäischen Emissionshandelssystem unter einen absoluten „Deckel" gebracht und der Ausstoß von CO_2 unter den

Vorbehalt des Erwerbs von Emissionsrechten gestellt. Zugleich wurde ein enormer Schub für regenerative Energieerzeugungstechnologien ausgelöst, die mithilfe erheblicher staatlicher Subventionen und der Verschiebung von Steuermitteln inzwischen zu schnell steigenden Anteilen CO_2-freier Energieerzeugung geführt hat. Das Energieversorgungssystem wird hieran angepasst. Märkte für effizientere Maschinen, Wärmedämmung und neue Heizungsanlagen erhielten einen enormen Schub und technologische Innovation wurde beschleunigt oder überhaupt erst initiiert. Hinzu kommen direkte restriktive Folgen für die Bürger z. B. in Gestalt gestiegener Steuern und höherer Energiekosten, aber auch motivierender Förderprogramme für neue Gebäude, Nachrüstungen von Heizungsanlagen usw.

Klimapolitik adressiert vor allem vier volkswirtschaftliche Sektoren: Energieerzeugung, Gebäude, Produzierendes Gewerbe/Industrie und Verkehr (die Landwirtschaft wird im Folgenden ausgeklammert). Der Verkehrssektor ist klimapolitisch durch mehrere spezifische Herausforderungen gekennzeichnet: Verkehr wuchs bisher in wirtschaftlichen Wachstumsperioden besonders schnell – sowohl der Individualverkehr mit steigendem Wohlstand, v. a. aber der Güterverkehr mit zunehmenden Logistikströmen. Damit steigen auch die CO_2-Emissionen. Gerade in der EU hat die Integration Osteuropas dazu geführt, dass der Verkehrssektor weit stärker steigende Emissionen aufwies als Industrie und Energieversorgung. Während bei diesen die Deindustrialisierung von Teilen Osteuropas und teilweise mit Transfers finanzierte Modernisierung der Industrie und des Kraftwerksparks zum Rückgang der CO_2-Emissionen führten, stiegen diejenigen im Verkehr rapide an. Ein Absinken der Emissionen ist erst in den letzten wenigen Jahren festzustellen, nachdem erst jetzt die technologischen Effizienzgewinne auf Fahrzeugseite die Zuwächse durch steigende Kilometerleistung (über-)kompensieren. Daher steht der Verkehrssektor in Europa unter besonders starkem Druck – auch von anderen Sektoren, die ihre eigenen Anforderungen begrenzen wollen.

Ein weiterer struktureller Unterschied zu anderen Sektoren prägt die politischen Debatten im Verkehr: In der Energieversorgung waren es immer wenige große Unternehmen mit historisch gewachsener, vielfacher staatlicher Verflechtung, deren Verhalten über den Strommix, die verwendeten Technologien und damit die Klimaeffekte entschied. Dezentrale, kleine Erzeugungseinheiten standen nicht im Zentrum der Debatte. Diese zielte vielmehr mit zum Teil hart-restriktiven, politisch relativ leicht legitimierbaren Interventionen voll auf die Anbieter von Strom, d. h. die „Energiekonzerne" – teilweise in Kombination mit sozialen Ausgleichsmaßnahmen. In der energieintensiven Industrie ging es demgegenüber stets um eine Vielzahl von Unternehmen mit sehr unterschiedlichen Graden der Betroffenheit. Diese sind aber identifizierbar und es handelt sich im politischen Diskurs immer noch um „die Industrie" als Anbieter, nicht aber Millionen einzelner Bürger als Nachfrager. Auch hier wurden restriktive angebotsseitige Politiken in unterschiedlichen Härtegraden in den verschiedenen Ländern durchgesetzt. Ein gewisses Korrektiv aufgrund von Arbeitsplatzrisiken bot sich in der EU nur Industrien mit hartem, direktem internationalem Wettbewerb aus Regionen mit geringeren Anforderungen. Nachfragelenkung im Rahmen des Klimaschutzes beschränkten sich bei Industrieprodukten bisher weitgehend auf motivierende Maßnahmen wir z. B. die Energieverbrauchskennzeichnung bei Elektroprodukten.

Im Gebäudebereich ist das anders: Hier gibt es Millionen von Entscheidungsträgern, die mit ihrem Verhalten in Summe entscheiden, welche Wirkungen auf das Klima eintreten. Der Sektor besteht zugleich aus einem Mix aus großen Wohnungsbaugesellschaften, kleineren Vermietern und einzelnen Privateigentümern. Diese lassen Gebäude individuell von Hunderttausenden von Baufirmen errichten – Häuser „von der Stange" mit einheitlichen technischen Eigenschaften sind kein bestimmendes Element des Marktes. Beide, Angebot und Nachfrage, sind also total fragmentiert. Hier ist Klimapolitik angesichts der drohenden Akzeptanzrisiken noch weit stärker motivationsorientiert ausgerichtet. Restriktionen wie Mindestenergiestandards für Mietgebäude werden mit parallelen Subventionen kombiniert, um Widerstand von Nachfrageseite gegen steigende Mieten usw. von vornherein zu begrenzen. Verbote, wie das 2020 im Rahmen des deutschen Klimapakets erlassene Verbot des Einbaus von neuen Ölheizungen ab 2025 wurde durch lang am Markt etablierte, wirksame Alternativen (Gas, Wärmepumpe, Solarthermie) legitimierbar und mit Subventionen flankiert. Zugleich wurde der Bestand ausgenommen.

Der Verkehrssektor ist wiederum anders: Direkter Verursacher sind Millionen von privaten und gewerblichen Autofahrern bzw. -nutzern. Sie verwenden aber ein industrielles Produkt, das von einer geringen Zahl sehr großer Unternehmen hergestellt wird. Hier kam deshalb ein Mix von restriktiven und motivierenden Ansätzen zum Einsatz: Steuererhöhungen für fossile Kraftstoffe in einigen Märkten, CO_2-basierte Kfz-Steuern in mittlerweile vielen Ländern, Subventionen für Fahrzeughalter (Prämien und Steuerausnahmen) und für Hersteller. Zugleich wird die Verbreitung sparsamerer Fahrzeuge nachhaltig durch Faktoren beeinflusst, die außerhalb der Kontrolle der Hersteller und zumindest teilweise des Gesetzgebers liegen. Insbesondere die Kraftstoffpreise entscheiden wesentlich darüber mit, ob sich Technologie zum Spritsparen beim Verbrennungsantrieb objektiv rechnet oder zumindest subjektiv als Vorteil wahrgenommen wird. Dabei zählt nicht nur der Status Quo, sondern vor allem die Erwartungen der Kunden für die Zukunft. Dennoch: Klimapolitik im Verkehr wird für die Industrie bisher ganz primär durch die Summe der angebotsseitigen, restriktiven Interventionen in die CO_2-Emissionen neuer Pkw wirksam. Vorschriften für neue Autos sind eindeutig der Hauptpfad der bisherigen Klimapolitik im Verkehrssektor.

CO_2 auf Fahrzeugseite zu regulieren ist jedoch industriepolitisch herausfordernder als alle vorangegangenen technischen Regulierungen der Automobilindustrie. Die gesetzliche Durchsetzung von Sicherheitsstandards trifft alle Hersteller gleich: Es kommt Technik ins Auto, die der Kunde bezahlen muss und die er auch bezahlt, weil es gar kein Angebot mehr ohne diese Features gibt. Die Wettbewerbsposition der Unternehmen untereinander ändert sich nicht. Das Gleiche gilt für Abgasreinigung: Alle Hersteller müssen am Ende die dieselben Anforderungen erfüllen, für die dieselben technischen Lösungen erforderlich sind. In Segmenten wo sich der damit verbundene Aufwand nicht mehr rechnet (also z. B. Euro 6 Abgasreinigung bei billigen Diesel-Kleinwagen) verändert sich das Angebotsspektrum der Hersteller in ähnlicher Weise. Das alles ist bei CO_2 und Verbrauch anders. Verschiedene Produkte und damit die sie herstellenden Unternehmen sind strukturell unterschiedlich betroffen: Weniger Gewicht zu bewegen, erfordert weniger Energie. Anders als die Wahrscheinlichkeit verletzt zu werden, oder auch die Menge an Schadstoffen, ist der Klimaeffekt je nach Fahrzeugart verschieden, der

Verbrauch und damit der CO_2-Ausstoß von kleineren Autos bei gleichem Technologiestand niedriger als bei großen. Ein niedriger Flottenwert ist mit kleinen Fahrzeugen im Durchschnitt leichter erreichbar als mit großen. Hersteller sind daher je nach Segment- und Antriebsmix wirtschaftlich sehr verschiedenen betroffen. Die Bereitschaft der Kunden höhere Preise zu akzeptieren, ist in den verschiedenen Segmenten ungleich verteilt. Kosten für umfangreiche Technologiepakete sind in teureren Fahrzeugen für die Kunden leichter zu akzeptieren als im Niedrigpreissegment. Damit ist Klimapolitik im Automobilbereich weit stärker als die Durchsetzung von Sicherheits- oder Abgasanforderungen auch Industriepolitik. Sie ist immer eine Debatte um die Verteilung der Lasten: Welche Hersteller trifft es am härtesten? Wer kann die Kosten am ehesten verdauen? Wo werden Jobs gefährdet? Wo entstehen neue?

Fahrzeugtechnische Innovation und industrielle Motivation

Der technische Werkzeugkasten der Verbrauchsabsenkung im Fahrzeugbau ist vielfältig und kann hier nur grob kategorisiert werden:

Kraftstoffeinsparung beginnt unmittelbar beim Verbrennungsprozess. Optimierter Druck durch Turbolader, bessere Einspritzanlagen und optimierte Verbrennungsprozesse sind Beispiele. Reduzierung von Reibung bei der Weiterleitung der erzeugten Bewegungsenergie an die Räder kommt hinzu – vom Motor bis zum Getriebe und Fahrwerk. Minimierung des Energieverbrauchs von Zusatzaggregaten äußert sich in stromsparenden Leuchten, effizienteren Klimaanlagen und Servolenkungen. Aerodynamik, also weniger äußerer Luftwiderstand, reduziert den Energiebedarf des Fahrzeugs und Reifen mit weniger Rollwiderstand führen zu weniger Verbrauch. Optimierte Automatikgetriebe sorgen für sparsamere Gangwechsel (v. a. im optionalen „Ökomodus") und können in Kombination mit Navigationsdaten situativ verbrauchsminimal gesteuert werden. Schaltzeitpunktanzeigen helfen dem Fahrer beim verbrauchsoptimierten Fahren.

Die Elektrifizierung des Antriebsstrangs ist im Vergleich zu dem „Finetuning" des Kraftstoffverbrauchs ein qualitativer Sprung – technisch und politisch. Elektrifizierung ist aber mehr als das reine Elektrofahrzeug. Sie passiert vielmehr graduell:

Die niedrigste Elektrifizierungsstufe war die seit 2007 bei BMW serienmäßig angebotene Ersetzung von hydraulischen durch elektrische Antriebe für einzelne Komponenten, beispielsweise bei der Lenkung, sowie das Zurückspeisen von beim Abbremsen erzeugter kinetischer Energie in die Batterie (sog. Rekuperation). Zugleich wurde mit der Start-Stopp-Automatik das kurzfristige Zuschalten des Verbrennungsmotors nach Ampelpausen ermöglicht, ein Feature das sich ebenso wie die anderen Maßnahmen inzwischen breitflächig in der Industrie durchgesetzt hat. Mit einer umfassenden Leistungssteigerung der elektrischen Bordnetze, der so genannten 48-Volt-Technologie, sind noch einmal höhere Reduktionen des CO_2-Ausstoßes durch stärkere Rekuperation, Abschalten während der Fahrt (sog. „Segeln") und elektrischen „Boost" beim Beschleunigen möglich. Einige Hersteller etikettieren dieses Elektrifizierungslevel als „Mild Hybrid".

Der von Toyota mit dem Prius zuerst in Japan und Kalifornien und dann weltweit eingeführte Hybridantrieb ohne Netzlade-Möglichkeit, sog. „Hybrid Electric Vehicle – HEV", ermöglicht anders als die vorgenannten Optionen, elektrisches Fahren für kurze Intervalle ohne Nutzung des Verbrennungsmotors. Zudem können auch hier Beschleunigungsphasen elektrisch so unterstützt werden, dass der Verbrauch gemindert wird. Seine deutlichen Verbrauchsvorteile spielt das System vor allem bei hohen Raten der Energierückgewinnung bei Bremsvorgängen und damit hohen Ladeständen der Batterie aus. Allerdings steht bei diesem Antriebskonzept immer nur so viel elektrische Leistung bereit, wie durch Rekuperation erzeugt wird.

Den nächsten Schritt stellt das „Plug-In-Hybrid-Electric-Vehicle – PHEV" dar. Der PHEV kann aus dem Stromnetz geladen werden und damit Energie auf die Straße bringen, die nicht vorher durch den Verbrennungsantrieb bereitgestellt werden musste. Hier sind unter der Voraussetzung ausreichender Ladehäufigkeit und nach Maßgabe des Mixes aus Kurz- und Langstrecke noch einmal deutlich höhere Verbrauchsminderungen möglich.

Der sog. „Extended Range Electric Vehicle – EREV" oder auch BEV-REX (REX für Range-Extender, also „Reichweitenverlängerer") ist ein Fahrzeug, das ausschließlich aus der Batterie heraus und mit einem Elektromotor angetrieben wird. Hierbei steht allerdings noch ein Verbrennungsmotor zur Verfügung, der aber nur dazu dient, eine entleerte Batterie nachzuladen. Er hat also die bloße Funktion eines Stromgenerators. Dieses Modell war insbesondere wichtig, um bei den ersten Batteriegenerationen und den noch relativ niedrigen Reichweiten vor allem bei kleineren Fahrzeugen wie dem BMW i3 eine „Rückversicherung" zu schaffen, mit der die Kunden sicher sein konnten, auch ohne Netzlademöglichkeit sicher nach Hause zu kommen. Hierbei werden nach inzwischen vorliegenden Verbraucherdaten nahezu 100-prozentige Verbrauchseinsparungen erreicht, da der Range Extender nur in wenigen Ausnahmefällen tatsächlich eingesetzt wird.

Die volle lokale Emissionsfreiheit und damit der maximale Hebel auf die Flottenziele wird mit dem Batteriefahrzeug („Battery Electric Vehicle – BEV") erreicht, das ausschließlich mit aus dem Stromnetz geladener Energie betrieben wird. Mit dem Ansteigen der in Batterien möglichen Energiedichte bei sinkenden Preisen wurden Reichweiten ermöglicht, die auch die Nachfrage nach REX-Konzepten deutlich gesenkt haben.

Noch höhere elektrisch gefahrene Strecken dank höherer Energiedichten werden mit der Wasserstoff-Brennstoffzelle in sog. „Fuel Cell Electric Vehicles – FCEV" ermöglicht, bei der der Strom anstelle der Speicherung in der Batterie im Auto selbst erzeugt wird. An die Stelle der Batterie treten ein Wasserstofftank und eine Brennstoffzelle. Der restliche Antriebsstrang entspricht einem BEV.

Aktuell werden BEV, EREV, FCEV und PHEV zusammenfassend auch als „xEVs" oder „Zero or Low Emission Vehicle – ZLEV" bezeichnet und damit von Fahrzeugen ohne Ladeoption unterschieden. China verwendet für xEV den Begriff „New Energy Vehicle – NEV".

In grober Vereinfachung lässt sich sagen, dass die Herstellungskosten in der Reihenfolge der Darstellung steigen, so dass sie nacheinander zum Einsatz kamen. Zugleich sanken die Kosten mit zunehmender Marktdurchdringung. Dabei konnten die Premiumhersteller am ehesten hohe Kosten in frühen Phasen „verdauen", während der Massenmarkt von den zuvor generierten Lernkurveneffekten bei den Lieferanten profitierte. Die rein konventionellen Maßnahmen haben bei Herstellern kleinerer Fahrzeuge zunächst ausgereicht, um die gesetzlichen Anforderungen zu erfüllen. Premiumhersteller, die vom Kunden gewollte Fahreigenschaften und hinreichende „Power" mit Verbrauchseffizienz unter einen Hut bringen mussten, waren dagegen als erste genötigt, mit der Elektrifizierung zu beginnen. Mit immer härteren Regulierungen waren es immer größere Teile der Industrie. Mit Maßnahmen wie Start-Stopp-Automatik waren z. B. Verbrauchsminderungen im einstelligen Prozentbereich möglich und dies in hohen Stückzahlen. Sie haben einen wesentlichen Beitrag zur Erreichung der vor 2020 geltenden Flottenziele geleistet. Die höheren Elektrifizierungsgrade wurden erst mit gesteigertem Druck gezogen. Dabei ist der erforderliche Flottenanteil umso niedriger, je höher die Elektrifizierungsrate pro Fahrzeug ist.

Die strategischen Entscheidungen der Hersteller für die Erfüllung der regulatorischen Anforderungen unterschieden sich dabei, weisen aber auch gemeinsame Nenner auf: Toyota beispielsweise hat darauf gesetzt, mit hohen Anteilen von Hybridfahrzeugen die Flottenwerte – ausgehend vom japanischen Regulierungssystem aber auch in der EU-Regulierung vor 2020 – hinreichend stark zu senken. Zugleich konnten die frühen ZEV-Anforderungen Kaliforniens erfüllt werden, bei denen Hybride vor allem während der Nuller Jahre lange auf das ZEV-Konto einzahlten, bevor dieses Privileg 2012 auf PHEVs beschränkt wurde (Die Geburtsstunde u. a. des Prius-PHEV und des FCEV Mirai). BMW hat die großflächige Nutzung der preiswertesten Einstiegsvarianten der Elektrifizierung mit frühzeitiger Ausrollung von BEV/EREV (i3) und PHEV (zunächst X5, 3er, 5er und 7er) kombiniert. Renault-Nissan hat zunächst ausschließlich auf die Kombination reiner Batteriefahrzeuge (Leaf und Zoe) und effizienterer Verbrennungsantriebe setzen können. Mit der Verabschiedung der europäischen Ziele nach 2020 und angesichts der Vorgaben aus China und Kalifornien ist die steigende Durchdringung mit BEV und PHEV Fahrzeugen weltweit zum entscheidenden Lösungspfad geworden. 48 V trägt zusätzlich dazu bei, die für die Flottendurchschnitte weiterhin erforderlichen Minderungen auch bei konventionellen Fahrzeugen zu erreichen.

Innovation und politischer Zwang – Wechselspiel

Innovation entwickelt sich vor allem dort, wo sie zu greifbaren Vorteilen für die Kunden und zur erfolgreichen Differenzierung vom Wettbewerb aus Sicht der Kunden beiträgt. Die Konkurrenz der Automobilhersteller untereinander konnte daher nicht im „luftleeren Raum" zu einer fundamentalen Veränderung der Antriebstechnologie führen. So haben in Europa selbst sehr hohe Kraftstoffpreise und die höchsten Mineralölsteuern nicht dazu geführt, dass es einen vom Kunden kommenden „Pull-Effekt" für alternative Antriebe gegeben hätte. Vielmehr lagen auf dem Höhepunkt der Kraftstoffpreise zu Beginn der Nuller Jahre die Verbrauchsniveaus weit höher als die heutigen und wurden vom Verbraucher akzeptiert. Die Entwicklung von Alternativen zum Verbrennungsmotor war daher von Anfang an das Ergebnis unmittelbarer politischer Vorgaben und deren unternehmerischer Antizipation. Die milliardenschweren Investitionen in sparsame Antriebe standen in den etablierten Automobilunternehmen von Anfang an in einem mehrfachen Spannungsfeld: Sie mussten zu den vom Gesetzgeber vorgegebenen Zielen führen, ohne den Kunden bei all denjenigen Eigenschaften der Fahrzeuge zu enttäuschen, bei denen tatsächlich im Wettbewerb entschieden und die Bereitschaft zum Bezahlen des Fahrzeugpreises definiert wird. Die Kunden sind bis heute nicht nachweisbar bereit, Einbußen bei Komfort, Luxus und Leistung in Kauf zu nehmen, nur um weniger Verbrauch oder eine Entlastung des Klimas zu erreichen. Letztere passieren deshalb umso schneller, wie sie Teil eines insgesamt attraktiven Gesamtpakets vieler Fahrzeugeigenschaften sind. Die mit alternativen Antrieben einhergehenden Mehrkosten erhöhen somit den Effizienzdruck in der Produktentwicklung, Produktion und Einkauf. Während vom Kunden wahrgenommene und mit der Kaufentscheidung honorierte Innovationen aus einer originär wettbewerblichen Motivation immer weiter getrieben und fortentwickelt werden, ist das bei regulatorisch getriebenen Anforderungen zunächst anders: Hier bleibt der Innovationsdruck auf den ersten Blick innerhalb der vorgeschriebenen Grenzen – wenn nicht strategische Analysen und erwartete künftige gesellschaftliche und politische Anforderungen zu einer vorausgreifenden Innovationsdynamik führen. Diese wiederum schafft dann neue Optionen, die bisherige Lösungen in Frage stellen und politische Debatten auslösen können. Hersteller, aber auch Zulieferer, die neue, regulatorisch getriebene und/oder abgesicherte wirtschaftliche Potenziale in kritischen Debatten sehen wirken dann als deren Verstärker. Es sind somit auch Unternehmen, die indirekt den politischen Prozess treiben und nicht nur die Politik. Neue technologische Optionen und neue regulatorische Anforderungen entwickeln sich also aus einem Wechselspiel heraus und nicht einfach linear. Je mehr sich Unternehmen Chancen aus der Erwartung versprechen, dass die Anforderungen verschärft werden, desto wahrscheinlicher werden diese.

Die all diese Entwicklungen treibenden Debatten sind in den wesentlichen Regionen völlig verschieden verlaufen:

Die ersten Flottengesetzgebungen – EU

Den indirekten Impuls dafür, CO_2 bei Autos überhaupt gesetzlich zu begrenzen, hatte der Europäische Gesetzgeber bereits in anderen Sektoren gesetzt. Mit der Einführung des Emissionshandelssystems für industrielle Energieerzeugung und die Stromwirtschaft war die grundsätzliche Weiche dafür, den CO_2-Ausstoß zu deckeln, bereits Ende der 1990er-Jahre gestellt worden. Dieses EU-Handelssystem hatte die bestehenden nationalen freiwilligen Vereinbarungen abgelöst, die z. B. in Deutschland zuvor als Hauptpfad zur Umsetzung der Verpflichtungen des Kyoto-Protokolls gedient hatten. Demgegenüber gab es aber bis 2006 auf EU-Ebene eine branchen- und EU-weite sektorale Vereinbarung mit der Automobilindustrie. Es brauchte hier die klar erkennbare Verfehlung der Zusage durch die Industrie selbst (s. o.), um das Pendel 2006 endgültig in Richtung einer gesetzlichen Regelung ausschlagen zu lassen.

Emissionshandel bei Autos?

Theoretisch hätte damals die Option bestanden, den Verkehrssektor in das zuvor neu geschaffene Handelssystem zu integrieren. Entsprechende Ideen aus Teilen der Industrie und der Politik gab es durchaus. Diese konnten sich aber schon in einer frühen Phase nicht durchsetzen – aus mehreren Gründen: Nachdem aufgrund der großzügigen Erstverteilung von Emissionsrechten der Preis im EU-Handelssystem extrem niedrig war, befürchteten Industriesektoren wie Chemie und Stahl einen deutlichen Kostenanstieg, wenn ein Sektor mit deutlich höheren Kosten für die CO_2-Vermeidung integriert würde. Diese wäre auch begründet gewesen, wenn es die Autohersteller gewesen wären, die Rechte für die von ihren Produkten ausgestoßenen CO_2-Mengen hätten erwerben müssen. Bereits damals lagen die Kosten für die Vermeidung einer Tonne CO_2 mit Fahrzeugtechnik weit über denjenigen in der chemischen oder der Stahlindustrie. Die Alternative hierzu, die Mineralölwirtschaft zu zwingen, für alle ihre Produkte CO_2-Rechte zu erwerben, hätte demgegenüber nicht nur zu einer Preiserhöhung an der Zapfsäule geführt – mit allen Folgen für die Akzeptanz beim Kunden. Die energieintensiven Industrien arbeiteten deshalb konsequent (und bis heute) gegen diese Idee. Denjenigen in der Umweltverwaltung und den Ministerien, die gerade mit der Implementierung des Handels-Systems beschäftigt waren, war die zu erwartende Komplexität eines erweiterten Systems zu hoch. Auch sie bekämpften das Vorhaben daher. Vor allem aber hätte eine volkswirtschaftlich effiziente Methode, nämlich den CO_2-Ausstoß auf Ebene der Kraftstoffhersteller zu deckeln und somit über den Preis von Benzin und Diesel zu steuern, bedeutet, dass es keinen direkten Zwang auf die Industrie zur Veränderung ihrer Produkte mehr gegeben hätte. Genau dies war aber das erklärte politische Ziel der Umweltpolitiker in der EU und den meisten Mitgliedsstaaten. Anstatt darauf zu setzen, dass die Kunden sich angesichts steigender Kraftstoffpreise für sparsamere Autos entscheiden und damit auch deren Mehrkosten finanzieren, bestand 2006 angesichts des industriellen „Wortbruchs" breiter Konsens, dass der Industrie die Technologiekosten per direktem Zwang aufgenötigt werden, und die Unternehmen dann gefordert sind, diese beim Kunden zu refinanzieren.

Und schließlich war auch in der Autoindustrie selbst die Sorge groß, dass nicht das Lehrbuchmodell eines einheitlichen sektorübergreifenden Handels realisiert werden würde, sondern ein getrenntes System, bei dem allein die Autohersteller untereinander handeln müssten. Dabei hätten sich jedoch politisch kaum lösbare Methodenfragen gestellt: Die absoluten Emissionen eines Ferrari oder Rolls-Royce liegen pro Jahr klar unter denen eines VW-Golf, da sie weit weniger Strecke zurücklegen. Sollte für sie also ein geringeres Zertifikatsvolumen gefordert werden? Oder sollte eine einheitliche Kilometerleistung angenommen werden, obwohl die Realität weit von ihr abweicht? Schließlich hätte ein solches System zu erheblicher Abhängigkeit der Hersteller untereinander führen können: Je ungleicher die Chancen zur Erreichung der Ziele verteilt worden wären, desto mehr hätten Hersteller, die Mühe haben diese zu erreichen, andere Unternehmen durch den Kauf von Zertifikaten dauerhaft subventionieren müssen.

Industrielle Positionierung

Es gab längere Debatten innerhalb der europäischen und deutschen Automobilverbände darüber, ob und wie lange man sich der Weichenstellung für eine gesetzliche Regelung widersetzen soll. Am Ende waren es aber die Entscheidungen innerhalb des VDA und die Diskussionen mit der Bundesregierung Ende 2006, die den Ausschlag gaben. Das Ergebnis lautete, dass die Industrie sich einer gesetzlichen Regelung nicht widersetzt, man aber versuchen wird, eine wirtschaftlich tragfähige Ausgestaltung zu finden, welche insbesondere die deutschen Hersteller nicht einseitig benachteiligt. Die folgende Diskussion spielte sich in der ersten Phase vor allem zwischen den wesentlich betroffenen nationalen Regierungen, der Industrie und der Generaldirektion Umwelt der EU-Kommission ab. Dabei ging es a) um die Höhe insgesamt zu erreichender Reduzierung und b) um die Methode, mit der diese auf die einzelnen Hersteller angewendet wird.

Die verfehlte Selbstverpflichtung definierte das Ambitions-Niveau der künftigen Regulierung. Die Industrie hatte sich verpflichtet, eine Minderung um 25 % zu erreichen, und dieses Ziel verfehlt. Bezogen auf den Ausgangspunkt von 160 g/km bedeutete dies, bis 2012 einen Flottendurchschnitt der Neufahrzeuge von 120 g/km zu erreichen, also eine Minderung um 40 g/km. Dies sollte jedoch – und diese Weichenstellung erfolgte relativ früh in der Debatte mit der europäischen Kommission – nicht alleine mit fahrzeugseitigen Mitteln erreicht werden, sondern in einer Kombination aus mehreren Elementen: Für die Neufahrzeuge wurde ein Zielwert von 130 g/Kilometer festgelegt. Hinzu kamen 5 g/km, die durch die gesetzlich vorgeschriebene Umstellung auf weniger klimaschädliche Kältemittel in Klimaanlagen realisiert werden sollten, sowie weitere 5 g/km durch die Beimischung von Biokraftstoffen. Diese beiden „vor die Klammer" des Herstellerzielwerts gezogenen Komponenten wurden von den Umweltorganisationen und Teilen des Parlaments hart kritisiert.

Lastenteilung

Als weit schwieriger erwies sich die Frage, wie dieses Ziel für die gesamte europäische Neuwagenflotte auf einzelne Hersteller und einzelne Fahrzeuge herunter gebrochen werden soll. Ein Einheitsziel, also 130 g/km für jeden Hersteller, hätte bedeutet, dass für Produzenten von Premiumfahrzeugen so gut wie sicher eine Zielverfehlung und damit Strafen eingetreten wären. Sie hätten nämlich kaum eine Chance gehabt, ihre Flotten auf einen Wert zu bringen, welcher einem Durchschnitt aller europäischen Fahrzeuge entspricht, der natürlich vor allem durch kleinere, leistungsärmere Produkte aus dem Volumensegment definiert wird. Selbst mit maximalem Technologieeinsatz erschienen die Werte nicht erreichbar (der Elektroantrieb lag noch nicht einmal am Horizont der europäischen Diskussion). Umgekehrt hätten Hersteller mit einem hohen Anteil an kleineren Fahrzeugen mit niedriger Motorisierung kaum noch Anstrengungen unternehmen müssen, um das Gesamtziel zu erreichen. Hier wäre also auch das „Liegenlassen" von technischen Optionen toleriert worden. Ein Einheitsziel hätte somit für die deutsche Automobilindustrie, aber auch für schwedische und britische Hersteller einen massiven Nachteil bedeutet und umgekehrt einen Vorteil für ihre französischen und italienischen Wettbewerber. Die Fallback-Überlegungen zu den Folgen der Option „Einheitswert" reichten bis zu Übernahmeideen zwischen Herstellern, da sich aus Sicht eines Premiumherstellers nur durch die Erweiterung des Portfolios um kleinere Fahrzeuge eine Kompensation innerhalb der Flotte hätte erreichen lassen. Auch aus politischer Sicht wurde damals schnell klar, dass durch solche industriepolitischen Effekte dem Klima letztlich nicht gedient wäre. Zugleich erwies sich der Fairnessgesichtspunkt als wirksames Argument: Kann eine Mercedes S-Klasse wirklich an dem Verbrauch eines BMW 3er (einem Fahrzeug, das ungefähr dem EU-Durchschnitt entspricht) gemessen werden? Und kann umgekehrt einem Fiat 500 wirklich zugebilligt werden, den Verbrauch eines 3er BMW zu haben?

Methodendebatten

Es entwickelte sich vor diesem Hintergrund bereits in der allerersten Phase der Diskussion mit der EU-Kommission die Idee, dass die Zielwerte auf der Grundlage eines technischen Parameters differenziert werden müssten, um von allen Fahrzeugen und allen Herstellern technologisch und wirtschaftlich „faire" Anstrengungen zu erzwingen. Auch die Tatsache, dass das einzige bis dahin existierende Flottenzielwertsystem, der japanische Top Runner, nach Gewichtsklassen differenzierte, und schwereren Fahrzeugen höhere CO_2-Werte zubilligte, spielte eine Rolle. Die entscheidende Frage war aber, auf welcher Basis differenziert werden sollte und wie stark. Hierum kreiste ein großer Teil der sich anschließenden kontroversen europäischen Debatte im Jahr 2007 und 2008.

Der erste Schritt war der Vergleich konkurrierender technischer Parameter, denen jeweils ein CO_2-Wert zugeordnet werden konnte. Im Wesentlichen hießen die Kandidaten: Gewicht, Fläche und Insassenanzahl. Mithilfe simpler Excel-Tabellen ließ sich schnell zeigen, dass die statistische Korrelation bei Gewicht am höchsten ausfällt. Diese Berechnung stellte natürlich jeder Hersteller für sich an und der VDA für alle. Es ist damals gelungen, Einvernehmen im VDA zu erreichen, dass man gegenüber der Bundesregierung den Parameter Fahrzeuggewicht als relevanten regulatorischen Anknüpfungspunkt unterstützte. In einem weiteren Schritt ist dies auch innerhalb von ACEA gelungen. In intensiven Diskussionen kam auch die Kommission zu dem Ergebnis, dass die Wahrscheinlichkeit, dass zwei sehr verschiedene Fahrzeuge das gleiche Ziel bekommen, bzw. sehr vergleichbare Fahrzeuge sehr verschiedene Vorgaben erhalten, beim Gewichtsparameter am niedrigsten ist. Faktisch hieß dies, dass das künftige System auf einer Geradengleichung basieren würde, bei der dem Gewicht auf der X-Achse ein CO_2-Sollwert auf der

Y-Achse zugeordnet wird. Wird für ein Jahr rückwirkend der Durchschnitt aller in der EU verkauften Fahrzeuge auf Basis der Zulassungsdaten ermittelt, resultiert daraus ein Durchschnittsgewicht, dem ein Durchschnittsverbrauchszielwert zugeordnet wird. Wird dieser in dem Jahr, ab dem die Verpflichtung gilt, verfehlt, muss der Hersteller Strafe zahlen. Dieses Prinzip gilt bis heute.

Nachdem dies nach Monaten der Debatte entschieden war, tauchte ein originär industriepolitisches Problem auf: Wie steil soll der Winkel der Geradengleichung ausfallen? Wieviel mehr CO_2 sollte ein Auto mit jedem Kilo Gewicht mehr ausstoßen dürfen? Die ursprüngliche Idee aus dem VDA lautete, dass zunächst der Status Quo statistisch ermittelt wird, also eine Ist-Korrelationsgerade durch den gesamten Pkw-Markt errechnet wird, und dann auf jeden Punkt der Geraden der gleiche prozentuale Minderungswert angewendet wird. Damit sollte berücksichtigt werden, dass die absoluten Emissionswerte zwischen den Herstellern unterschiedlich ausfielen und die französischen und italienischen Kleinwagenproduzenten nicht die gleiche *absolute* Minderung bringen sollten, wie die Premium-Marken aus Deutschland. Allerdings würde allen immer noch die gleiche *relative* Anstrengung abverlangt. Genau hiergegen gab es Widerstand aus Frankreich und Italien. Vor allem Frankreich setzte sich massiv dafür ein, dass die prozentuale Anspannung für seine Hersteller weit niedriger, der Steigungswinkel der Zielgeraden also flacher ausfiel als für die Deutschen, diese folglich also einen größeren Teil der Last schultern müssen. Dabei wurde als Droh- oder auch Wunschszenario (je nach Perspektive) auch die Option einer horizontalen Zielwertkurve, also eines Einheitsziels für alle Hersteller erneut in die Diskussion gebracht.

Ergebnis

So kam es schließlich 2008 zu einem Kompromiss innerhalb der europäischen Kommission mit den beiden Hauptkontrahenten Stavros Dimas (Umwelt) und Günther Verheugen (Industrie) sowie zwischen dem Parlament und dem Europäischen Rat. Die Zielwertkurve wurde so abgeflacht, dass eine moderate Lastenverlagerung von Frankreich und Italien nach Deutschland resultierte. Dies gelang allerdings erst nach weiterem monatelangem politischem Gezerre durch die politischen Hierarchien bis zu einer abschließenden Einigung zwischen Deutschland und Frankreich auf Ebene der Staats- und Regierungschefs mit entsprechender medial-öffentlicher Begleitung. Die Zusatzbelastung durch die Abflachung der Zielwertkurve wurde in dem letztlich gefundenen Paket für die deutschen Hersteller durch die sog. „Flexibilitäten" erreichbar gemacht, von denen aber nicht nur sie, sondern auch alle anderen Hersteller profitierten. Bei diesen handelte es sich zum einen um das sog. „Phase-In" d. h. die Möglichkeit, die vollen 100 % der Flotte erst im Jahr 2015 auf den Zielwert zu bringen statt schon 2012. Des Weiteren wurde es über die so genannten „Öko-Innovationen" ermöglicht, technische Maßnahmen, die nicht im regulären Messverfahren sichtbar werden, gesondert anzurechnen. Schließlich wurde die Möglichkeit geschaffen, im Rahmen des so genannten „Pooling" die Flotten zweier Hersteller gemeinsam zu erfassen und dadurch einen Ausgleich zur gemeinsamen Zielerreichung zu ermöglichen. Über- und Untererfüllungen der beteiligten Unternehmen können dabei miteinander verrechnet werden. Diese Option wurde beispielsweise bereits am Beginn der Regulierung von BMW und Alpina, einem auf in Richtung Hochleistung modifizierte BMW Modelle spezialisierten Kleinserienhersteller, genutzt. 2020 schloss Ford kurzfristig eine Vereinbarung mit Volvo um auf diesem Wege eine Verfehlung der eigenen Zielwerte zu vermeiden. Anders als der kurzfristig mögliche Handel von ZEV-Credits in Kalifornien, ist das europäische System auf eine ausdrückliche Vereinbarung zwischen Herstellern und damit Abhängigkeitsbeziehungen zwischen deren Flotten angelegt.

Für eine Verfehlung der Ziele wurde derweil ein Wert von 95 € je g/km CO_2 festgelegt, der mit dem Umfang der Verfehlung und der Zahl der abgesetzten Fahrzeuge multipliziert wird. Wenn also ein Hersteller mit 1 Million Autos um 10 g/km daneben liegt, ergibt sich eine Zahlungsverpflichtung von 950 Mio. € für das entsprechende Jahr. Bemerkenswert ist, dass dieser Wert, wenn man ihn in den Preis für die zu viel emittierte Tonne CO_2 umrechnet (bei 200.000 km Lebenslaufleistung werden von einem Auto mit 1 g/km Zielverfehlung letztlich 0,2 t zu viel emittiert, was bedeutet, dass eine Tonne Mehremission mit 475 €/t bestraft wird) um einen Faktor 10 über dem liegt, was etwa ein Stromerzeuger am

Zertifikatemarkt für eine Tonne des gleichen CO_2 bezahlen muss (25 bis 30 €/t in 2020).

Extrawürste

Eine besondere Rolle in dem ganzen Spiel kam Großbritannien zu: UK ist die Heimat einer ganzen Reihe kleiner aber hochverbrauchender Hersteller (wie Aston Martin, McLaren, Morgan), für welche die geplanten Werte eine letztlich kaum lösbare Aufgabe dargestellt hätten. Ein weiterer Punkt kam hinzu: Ford stand in Verhandlungen mit der indischen Tata-Gruppe über den Verkauf von Jaguar und Land Rover (heute zusammen JLR genannt). Es war sicher, dass bei Anwendung des diskutierten EU-Systems JLR sofort Strafzahlungen hätte leisten müssen, wenn nicht mehr die Möglichkeit bestand, die Mehremissionen der schweren Geländewagen durch die kleineren Ford-Modelle auszugleichen. Umgekehrt hatte Tata kein europäisches Produktportfolio zur Kompensation. Daher überrascht es nicht, dass es nur ein Thema der Lobbyarbeit der britischen Seite gab: Die Ausnahme-Regelung für Kleinst- und Kleinserienhersteller. Diese fiel zweistufig aus: Für ganz kleine Marken mit eigener Entwicklung (wie McLaren, oder auch Ferrari) gibt es lediglich die Verpflichtung, mit der Kommission bilateral leistbare Ziele zu vereinbaren. Statistisch ist bis heute aber nicht erkennbar, dass diese Vereinbarungen erhebliche Wirkung gezeigt hätten. Für größere Hersteller in der Liga von JLR wurde dagegen festgelegt, dass diese eine prozentuale Minderung entsprechend dem Industriedurchschnitt zu erbringen haben – allerdings angewendet auf ihren eigenen, weit überdurchschnittlichen Flottenwert im Jahr 2005. Mit dieser Lösung wurden sie insbesondere gegenüber ihren deutschen Wettbewerbern nachhaltig bessergestellt.

Europäische Hypotheken

Die CO_2-Gesetzgebung für Automobile beendete den Pfad freiwilliger Vereinbarungen im Bereich Auto. Ab jetzt ging es um direkte angebotsseitige, restriktive Regulierung. Es wurde letztlich 2008, also nach zwei

Jahren der Diskussion und formellen Beratung, ein Gesetz verabschiedet, dass die Automobilindustrie erstmals zu einem im gesamten Kollektiv ihrer Flotte zu erreichenden Klimaschutzbeitrag verpflichtete, dabei aber eine strukturelle Intervention in den Automobilmarkt vermied. Die Schlussphase der Debatte spielte sich im grellen Scheinwerferlicht einer medialen Debatte ab, die alle Zutaten für Dramatisierung aufwies: „Kleine gegen große Autos", „Deutsche gegen Franzosen", „teuer gegen billig". Begleitet wurde sie von einer bis dahin beispiellosen (aus heutiger Sicht allerdings sehr moderaten) medialen, v. a. von den NGOs befeuerten Debatte und deren massiver Kritik an allen Abweichungen vom Wunschmodell eines deutlich ambitionierteren Einheitsziels. Ein über die Klimapolitik erzwungenes Downsizing der Fahrzeugflotte war damals und ist bis heute das von einer Minderheit ausgesprochene, tatsächlich aber von einem erheblichen Teil der politischen Akteure gewollte Ziel. Das Recht, ungestraft Produkte anzubieten, die mehr leisten, mehr wiegen und mehr verbrauchen als nötig ist, um vier Personen verbrauchsminimiert von A nach B zu bringen, stand indirekt zur Verhandlung. Diese Grundfrage prägte viele der Debatten der folgenden Jahre bis zu den heute noch laufenden. Zugleich sind diese Hintergründe wesentlich für die andauernden Unterschiede der Entwicklung in der EU im Vergleich zu den USA und China oder Japan. Sie haben zu einem antagonistischen Klima, einer nachhaltigen Ideologisierung und zu einer medialen Lautstärke geführt, welche die symbolische Rolle der Automobilindustrie weit über das eigentliche Thema hinaus noch einmal verstärkt hat.

Erste Runde USA

Startpunkt: Kalifornien als Treiber

Das wichtigste Instrument der kalifornischen Politik ist das durch den Kalifornischen Clean Air Act 1987 rechtlich ermöglichte, in den 90er-Jahren immer wieder veränderte und 2003 von der kalifornischen Umweltbehörde CARB praktisch wirksam eingeführte ZEV-Mandat: Während die Schadstoffgesetzgebung zuvor lediglich festlegte, wie viele unterschiedliche Emissionen Verbrennungsfahrzeuge bis zu einem definierten Zeitpunkt noch haben dürfen, bedeutete das ZEV-Mandat den unmittelbaren Zwang, eine steigende Anzahl von Fahrzeugen zu verkaufen, die überhaupt nichts mehr emittieren, also batterieelektrisch oder mit Wasserstoff angetrieben werden – oder aber eine entsprechend höhere Anzahl von Fahrzeugen mit elektrischen Fahranteilen. Die Anforderung waren nach dem Marktvolumen der Hersteller gestaltet und betrafen Unternehmen wie GM oder Toyota früher als z. B. BMW. Die Erfüllung erfolgte über einen Punktescore, der über das gesamte Volumen eines Herstellers erreicht werden musste. Dabei wurde die Schwelle an Emissionsminderung, ab der ein Fahrzeug auf den Score einzahlen kann, im Zeitablauf angehoben. Wurde zunächst noch die einfache Hybridisierung durch das ZEV-Mandat unterstützt, sind heute nur noch netzladefähige Fahrzeuge (PHEV, BEV, EREV und FCEV) dafür qualifiziert. Je höher die elektrische Reichweite ist, desto höher der Punktescore. Das ZEV-Mandat hat also eine doppelte Blickrichtung. Es senkt Schadstoffe, womit es auch ursprünglich begründet wurde. Es ist aber inzwischen zu einem Instrument der Klimapolitik geworden, denn Kalifornien behandelt CO_2 als Luftschadstoff. Die ZEV-Quote ist mit harten Sanktionen abgesichert. Wer sie verfehlt, riskiert Strafen und letztlich ein Vermarktungsverbot für Teile seiner Fahrzeugflotte. Die Erfüllung ist daher zwingend. Es gibt hierbei noch eine weitere innovative Lösung: Wer nicht in der Lage ist, die Quote selbst zu erfüllen, kann Kredite kaufen, die ein Wettbewerber nicht selbst benötigt. Wer also mehr Null-Emissionsfahrzeuge verkauft als er braucht, kann diese Kredite meistbietend verkaufen. Die Folge ist ganz einfach – und ein Mitglied der kalifornischen Umweltbehörde hat es bei einem Vortrag in Brüssel auf den Punkt gebracht. „Wir haben Tesla überhaupt erst ermöglicht." Die Folgen werden weiter unten dargelegt.

So wichtig wie die Entscheidungen für Kalifornien selbst ist deren Übernahme durch die sog. „CARB-States". Dies sind New York, New Jersey, Massachusetts, Maine, Connecticut, Rhode Island, Pennsylvania, Vermont, New Mexico, Oregon, Washington, Maryland und Florida. Diese Staaten haben im Bereich Automobilgesetzgebung einen „gemeinsamen Markt" geschaffen, einschließlich der Option, z. B. die ZEV-Quoten untereinander zu verrechnen. Angesichts der wiederholten

Umschwünge der US-Bundespolitik haben diese Staaten mit starker und politisch stabiler umweltpolitischer Orientierung aus der Sicht der betroffenen Industrie einen eigenen, gegenüber dem Bund bei weitem stabileren Gesetzgebungsraum geschaffen. Dabei haben die Demokraten versucht, auch auf Bundesebene Regeln auf kalifornischem Niveau zu verankern. Umgekehrt gehört zum umweltpolitischen „Markenkern" der Republikaner (auf Bundesebene) das Ziel, die Sonderrolle der CARB-Staaten zugunsten eines föderalen Durchgriffs (auf niedrigerem Niveau) zu beseitigen.

Governor Schwarzenegger

Das Engagement für den Umweltschutz in Kalifornien hat bisher alle Wechsel der politischen Mehrheitsverhältnisse überlebt, es hat sich als stabiler Faktor erwiesen, der kaum noch Gegenstand tief greifender politischer Kontroversen ist. Der letzte Gouverneur, unter dem das ZEV Mandat weiterentwickelt und bedeutend verschärft wurde, war der Republikaner Arnold Schwarzenegger, Gouverneur von 2003 bis 2011. Er machte auf der LA Autoshow 2008 unmissverständlich klar, wie er die Sache sah „Es geht darum, eine Technologie – nämlich den Verbrennungsmotor – durch eine andere, nämlich den E-Antrieb zu ersetzen." Genau so klar war für den „Terminator" aber auch die Vorliebe für große Autos. Der Gouverneur war und ist ein Konservativer und zugleich ein Umweltschützer. Die LA Motor Show 2008, auf dem Höhepunkt der Finanzkrise, war ein Spiegelbild der Krise der Branche – sichtbar auch an stark reduzierten Messeauftritten. Da der Gouverneur hier nicht durch einen Auftritt mit einem ausländischen Hersteller ein falsches Zeichen gegen die eigene Industrie setzen wollte, fand die gemeinsame Probefahrt mit dem BMW CEO Norbert Reithofer im damals präsentierten MINI E, einem im Vorlauf zum i3 modifizierten MINI mit E-Antrieb im Keller des Staples-Centers statt. Diese war zugleich der Start eines weltweiten Programms, mit dem BMW mit 500 MINI E in einer Vielzahl von Märkten, Kundenerfahrungen testete und Fahrzeugdaten evaluierte (Neben dieser Rolle hatte allerdings dieses Fahrzeug auch eine ganz handfeste Funktion, nämlich die Erfüllung des kalifornischen ZEV-Mandats).

Schwarzeneggers letzter großer Triumph war im Übrigen eine Abstimmung, die 2011 parallel zur Wahl seines Nachfolgers stattfand. Eine ganz wesentlich von der US-Mineralölindustrie finanzierte Volksabstimmung sah die Aussetzung aller Umweltgesetze so lange vor, bis die Arbeitslosigkeit in Kalifornien weitgehend beseitigt wäre. Dieser Antrag fiel durch. Was Schwarzenegger wiederum mit dem Satz kommentierte: „With all their money, with all their lies and with all their friends in Washington, they could not betray the great people of California." Aus Sicht der Automobillobby hat man auch den anschließenden Übergang von dem Republikaner Arnold Schwarzenegger zu dem Demokraten Jerry Brown (2011 bis 2019) nicht bemerkt. Auch deshalb, weil dieser keinen einzigen Experten in der Umweltbehörde, geschweige denn deren Chefin Mary Nichols, ausgewechselt hat. Auch der Wechsel zu dem neuen Gouverneur Gavin Newsom 2019 ließ allenfalls die Verschärfung der kalifornischen Linie erwarten (s. u.).

US-Bundesebene

Während in Kalifornien Umwelt- und Klimaschutz inzwischen zum politischen Basiskonsens gehört, ist er im Rest der USA, und damit auch in der Debatte auf Bundesebene, bis heute Teil tief greifender Glaubenskämpfe – im wahrsten Sinne des Wortes. Nicht nur dort, wo unter Verweis auf die Bibel behauptet wird, dass es gar nicht möglich sei, das Klima zu verändern, sondern bis weit in die politische Mitte hinein herrscht erhebliche Skepsis gegenüber Positionen, die sich in der EU breitflächig durchgesetzt haben. Erhebliche Teile der Republikaner bezweifeln die Existenz des Klimawandels bzw. die Möglichkeit, dass dieser vom Menschen verursacht sein könnte. Sie haben seit der Verabschiedung des Kyoto-Protokolls verbindliche Verpflichtungen der USA mit Erfolg bekämpft. Während der Regierung von George W. Bush hat sich die Bundes-Umweltbehörde EPA daher acht Jahre lang konsequent geweigert, Kalifornien das Recht zuzugestehen, den Ausstoß von CO_2 zu regulieren. Gegenstand des Streits war die kalifornische Rechtsauffassung, wonach CO_2 ein Luftschadstoff sei und dem entsprechend auch beschränkt werden könnte. Dieses Patt hinderte Kalifornien daran,

Flottenverbrauch und CO_2 zu regulieren. Umgekehrt war aber der Bund nicht in der Lage, Kalifornien an der Quotenregelung durch das ZEV-Mandat zu hindern. Mit der Wahl von Barack Obama änderte sich diese Situation. Zu den allerersten Amtshandlungen der neuen Administration und der Klimaverantwortlichen im Weißen Haus, Carol Browner, sowie der EPA-Chefin Lisa Jackson gehörte es, Kalifornien die gemeinsame Entwicklung eines bundesweiten CO_2-Minderungsgesetzes für die gesamten USA vorzuschlagen. Kalifornien war gleichzeitig hart entschlossen, unter Gouverneur Schwarzenegger und der Chefin des CARB, Mary Nichols, auch eine originäre Flotten-Klima-Gesetzgebung durchzusetzen. Zugleich stiegen die Kraftstoffpreise und ein weiteres Anziehen war Prämisse für alle Beteiligten (dabei bewegte sich das absolute Kostenniveau für den amerikanischen Autofahrer natürlich weit unter demjenigen Europas). Die Vorstellung, dass sparsamere Fahrzeuge auch wirtschaftliche Vorteile für Ihre Kunden haben könnten, bekam zunehmende Relevanz auch für die amerikanische Debatte. Der Präsidentschaftskandidat Barack Obama hatte sich zugleich bereits im Wahlkampf zu dem Ziel einer Minderung der CO_2-Emissionen bekannt. Dies war Teil des Commitments der neuen Regierung zum Kyoto-Protokoll. Zentrale Figuren der Demokraten unterstützten das Vorhaben ebenso. Dazu gehörten mehrere Elemente: Erstens machte sich der Bund die Feststellung zu eigen, dass CO_2 ein Luftschadstoff sei und daher gesetzlich reguliert werden durfte. Zweitens war man bereit, Kalifornien das Recht zur Gesetzgebung auf Ebene des Bundesstaates zuzugestehen, also nicht die alleinige Gesetzgebungskompetenz an den Bund zu ziehen, also auf die sog. „Federal Preemption" zu verzichten. Drittens wurde Kalifornien in das Design der neuen Regulierung von Anfang an voll einbezogen.

Das Konfliktpotenzial war das gleiche wie in der EU – es wurde allerdings völlig anders angepackt. Das Autorenteam der neuen Gesetzgebung bestand dementsprechend aus den Bundesbehörden für Umwelt (EPA) und Verkehr (NHTSA) sowie der kalifornischen Umweltbehörde (CARB). Dabei gehörte es zu den Spezifika der Gesetzgebung in den USA, dass mit parallelen Gesetzen sowohl der Ausstoß von Treibhausgasen als auch der Verbrauch reguliert wurden. Die bestehende, allerdings relativ großzügige CAFE-Verbrauchsgesetzgebung wurde nämlich nicht ersetzt, sondern revidiert. Dies passierte parallel zum neuen

Greenhouse-Gas-Gesetz (GHG), das die Emissionen aller Treibhausgase, vor allem CO_2, regulierte. Beide Gesetze wurden aber im Großen und Ganzen kohärent ausgestaltet, wenn auch mit unterschiedlichen Strafsystemen belegt. Die Gesamtsteuerung des Vorhabens erfolgte zentral aus dem Weißen Haus heraus. Dieser Prozess war singulär und unterschied sich diametral von der zweijährigen Debatte in der EU: Das Team der Regierungs- bzw. Behördenseite, das aus nicht einmal zehn Personen bestand, und aus dem Weißen Haus moderiert wurde, lud zu jeweils getrennten initialen Beratungen nach Washington ein. Die drei Gruppen waren: US-Autoindustrie, d. h. die „Großen Drei" aus Detroit (Ford, GM, Chrysler), die asiatischen und die deutschen Hersteller. Parallel liefen die Gespräche mit den Umweltverbänden. In diesem Prozess wurden Ideen, die von den Experten der Behördenseite selber oder aber von einer der anderen beteiligten Seiten kamen, immer wieder mit den Stakeholdern, vor allem den Umwelt-NGOs, getestet und umgekehrt. Dies geschah nach den Auftaktbesprechungen in nahezu täglichen, bilateralen Telefonkonferenzen mit den Herstellern – einzeln mit jedem Unternehmen, nicht über den Verband oder in Gruppen. Der Moderationsleistung der Behörden war es zu verdanken, dass es in einer beispiellosen Geschwindigkeit gelang, ein Paket zu schnüren, das tatsächlich verabschiedet wurde, nachdem seine Eckpunkte in mehrere hundert Seiten formalen Gesetzestext gegossen worden waren.

Gerade die deutschen Hersteller hatten zu Beginn des Prozesses Angst vor einem protektionistischen Missbrauch der neuen Gesetzgebung: Die in den USA verkauften Autos deutscher Marken waren 2008 noch mehr als heute im Vergleich zum amerikanischen Durchschnitt teurer, kleiner, leichter, verbrauchsärmer und technisch effizienter. Würde dies dazu führen, sie gezielt gegenüber den schwereren, billigeren und weit weniger effizienten US-Fahrzeugen zu benachteiligen, ihnen also durch das Design der Gesetzgebung höhere und teurere Anstrengungen abzuverlangen? Sehr frühzeitig haben deshalb insbesondere BMW und Daimler die Kooperation und den Dialog mit den neuen US-Verantwortlichen gesucht und parallel auch in Berlin um politische Unterstützung gebeten. Entscheidende Etappe war in diesem Zusammenhang letztlich eine an einem Donnerstag ausgesprochene Einladung des Weißen Hauses für eine Besprechung am darauffolgenden Montag. Zu dieser wurden

Vertreter von BMW, Daimler, Porsche und Volkswagen eingeladen und diesen eine gleichberechtigte Möglichkeit zur Einbringung ihrer Vorschläge zugesichert. Dabei war allerdings allen Beteiligten klar, dass trotz der Produktionsstandorte deutscher Hersteller in den USA der prägende Einfluss auf Industrieseite aus Detroit kommen würde.

Für alle Überlegungen war neben dem Unterschied im Produktportfolio die Marktstruktur zwischen Idaho und New Jersey ein weiterer wichtiger Faktor: Ihre Spreizung ist weit größer als die zwischen Dänemark und Spanien. So setzt beispielsweise die Marke BMW deutlich über 50 % ihres gesamten US-Volumens an den beiden Küsten und wenigen anderen Regionen, also unter kalifornischer Jurisdiktion ab. Akzeptanz in Kalifornien und Rechtssicherheit dort war für sie immer entscheidend. Ihre Kunden sind zugleich ganz überwiegend wohlhabende Bewohner städtischer Großräume. Das Verhältnis war und ist bei den großen drei US-Herstellern genau umgekehrt. Für sie spielen die „fly-over-states" in der Mitte der USA eine weit größere Rolle. Und auch was die Produktstruktur angeht, sind die Hersteller völlig verschieden: Light Trucks, also SUVs und Pritschenwagen, waren schon 2008 bei weitem die meistverkauften Produkte von Ford, GM oder Chrysler. Sie waren und sind dabei in Preisregionen angesiedelt, die noch unterhalb eines MINI liegen – allerdings bei über 2 t Gewicht und vielfachem Verbrauch. Sie machten für die US-Hersteller mehr als die Hälfte ihres Absatzvolumens in deren Heimatmarkt aus. Bei den Importeuren dominierten damals dagegen die normalen Pkw-Fahrzeugkonzepte. Es ist keine Überraschung, dass sich diese Unterschiede auf die politische Positionierung direkt auswirkten: Bezahlbarkeit „für den Farmer aus Wyoming" war immer Argument Nummer 1 der „Großen Drei" in den Debatten um Umweltschutz und Sicherheit. Die Gewerkschaftssicht ging in die gleiche Richtung. Und anders als in Europa bedeutete dies politisch: Je größer und schwerer ein Auto war, desto niedriger der relative regulatorische Druck, Kraftstoffverbrauch zu reduzieren. Dem ein 3er Cabrio fahrenden Anwalt aus Los Angeles erschien dies dagegen weit eher zumutbar – auch wenn sein Auto absolut auf einem Verbrauchsniveau fuhr, das die Werte vergleichbarer US-Produkte (und erst recht eines Light Trucks) bei weitem unterbot.

Ergebnisse

Die Rücksichtnahme auf die „Großen Drei" wurde dann auch an den ersten Grundideen der Behörden sichtbar: Anders als in der EU entschieden sich die USA für den Parameter Aufstandsfläche (Footprint), also die Fläche zwischen den Rädern eines Fahrzeugs. Je länger und/oder breiter ein Auto also in den USA ist, desto mehr durfte und darf es bis heute verbrauchen bzw. emittieren. Während die absoluten Zielwerte mit dem Footprint stiegen sank der Abstand zwischen aktuellem Stand der Technik und Zielwert, also der relative Minderungsdruck. Dieser Anspannungsgrad nahm also umso stärker ab, je größer die Autos wurden, also genau umgekehrt zur EU, wo mehr Gewicht bedeutete, mehr einsparen zu müssen. Jeder Zentimeter mehr Länge oder Breite bedeutete dementsprechend weniger Kostenbelastung. Zweitens wurde der Markt in zwei Kategorien aufgeteilt. Es gibt bis heute separate Zielwertkurven für Pkw („Passenger Car") und so genannte „Light Trucks". Letztere wurden definiert durch Fahrwerksauslegung, Steigwinkel und Bodenfreiheit. Für diese ist der gesamte Anspannungsgrad von vornherein niedriger gewählt worden als bei Pkw, und auch hier sank er mit der Fahrzeugfläche. Das Ergebnis ist eindeutig: Die geforderte Verbesserung war und ist bis heute bei gleichem absolutem Verbrauchsniveau am geringsten bei einem Pritschenwagen mit langem Fahrwerk und am höchsten bei einem Kompakt-Pkw. Zur Zielerreichung mussten und müssen die „Großen Drei" deutlich weniger Geld in die Hand nehmen als ihre ausländischen Wettbewerber. Umgekehrt produzierten z. B. Fahrzeuge der Marke MINI in den USA Zielverfehlungen, obwohl ihr Verbrauch weit unter dem absoluten US-Durchschnitt lag. In ihrer Klasse effiziente Fahrzeuge wie z. B. kompakte Geländewagen produzieren dagegen Kredite für die Flotte. Da zwischen beiden Teilflotten verrechnet werden konnte, kompensierte ein BMW X3 lange die Zielverfehlung durch einen MINI. Dies ist wiederum der genau umgekehrte Effekt gegenüber der EU, wo es im Kleinwagensegment deutlich leichter fällt, Kredite zu erwirtschaften als im schweren. Dies galt jedenfalls solange die Option Elektrifizierung außen vor bleibt, welche das Spiel grundlegend verändern sollte.

Ein weiterer Faktor bestimmt das US-System bis heute: Während in der EU ein Zielwert in einem gegebenen Jahr zu erreichen ist, und danach so lange weiter gilt, wie nicht ein neuer definiert ist, erfolgen die Minderungen in den USA mit jährlichen Zwischenzielen. Während also in der EU die CO_2-Gesetzgebung eine Treppenkurve darstellt, handelt es sich in den USA um eine Gerade. Während man in der EU am Stichtag im Ziel sein muss oder bestraft wird, kann man in den USA in jedem Jahr innerhalb definierter Grenzen das Konto ausgleichen.

Die Argumentation der deutschen Seite in den Verhandlungen war darauf gerichtet, die politisch nicht vermeidbare strukturelle Benachteiligung durch a) den Flächenparameter und b) die Trennung der Light Trucks von den Passenger Cars quantitativ greifbar zu machen und Optionen zu entwickeln, mit denen trotzdem ein tragfähiges Ergebnis erreicht werden kann. Als Lösung boten sich hier wiederum so genannte „Flexibilitäten" an. Die erste: Frühzeitig erbrachte Minderungen lassen sich speichern und auf spätere Ziele anrechnen. Vergleichbar mit dem europäischen Phase-In wurde ein Übergangszeitraum definiert. Es wurden zweitens zusätzliche Kredite („super credits"), also Multiplikatoren, für Fahrzeuge mit besonders niedrigen Verbrauchswerten eingeführt. Sie bekamen dadurch einen höheren Hebel auf den Flottendurchschnitt. Dies sollte die frühe Investition in neue, besonders wirksame Einsparoptionen einschließlich Elektrifizierung belohnen. Drittens wurde eine ganze Reihe in den USA noch nicht als Industriestandard durchgesetzter Technologien (z. B. die Start-Stop-Automatik) mit einem Zusatzfaktor versehen. Auch dabei lautete das Prinzip: Wer diese Optionen nutzt, bekommt einen Bonus, wer sie nicht braucht (wie die „Großen Drei") hat aber keine Nachteile. Schließlich sieht das US-System einen Handel von Credits zwischen Herstellern vor. Wer z. B. in einem Jahr eine Unterdeckung hat, wird dafür nicht bestraft, wenn er stattdessen Credits kauft, die ein anderer Hersteller für sich selbst nicht benötigt. Dafür gibt es einen transparenten Markt. Dies ist ein Erbe der vorherigen CAFE-Gesetzgebung sowie des kalifornischen ZEV-Systems. Ferner hatte Kalifornien gerade einen Schadstoffstandard für Diesel erlassen, dessen Einhaltung auch aus seiner Sicht den Diesel als valide Option erscheinen ließ. Die beschleunigte Markteinführung des Diesels gehörte daher klar

zur Compliancestrategie vor allem der deutschen Hersteller, aber – gerade bei SUVs – auch der „Großen Drei".
Anders als es dem europäischen Selbstbild vom eigenen Vorreitertum entsprach, ist bei diesem Prozess eine Vorgabe herausgekommen, die im Hinblick auf den Grad ihrer Gesamtambition nicht hinter der europäischen zurückblieb. Die geforderten Änderungen wurden bei aller Kritik im Einzelnen letztlich nicht nur vom Staat Kalifornien, sondern auch von den US-Umweltverbänden ausdrücklich anerkannt und als gemeinsame Linie akzeptiert. Hierin zeigt sich jenseits aller technischen Inhalte ein zentraler Unterschied zu Europa: Es war möglich, dass im Jahr 2009 auf weißen Klappstühlen im Rosengarten des Weißen Hauses die Vertreter von Nichtregierungsorganisationen, der Industrie, der Behörden und der Ministerien gemeinsam zuhörten, wie der Präsident gemeinsam mit den Vorstandsvorsitzenden der Unternehmen und dem Chef der Autogewerkschaft sein neues Programm verkündete. Dabei dankte er mehr als allen anderen dem kalifornischen Gouverneur Arnold Schwarzenegger ausdrücklich für seine Führungsleistung. Mehr noch: Die wesentlichen Player aus Behörden, Industrie und NGOs gingen aufeinander zu, um sich die Hände zu schütteln und dem jeweils anderen für die faire Diskussion zu danken. Ähnliches passierte in Brüssel damals nicht und ist heute noch weit weniger möglich.

Kopenhagen 2009

Bereits bei der initialen Gesetzgebung verlief die Diskussion in der EU grundsätzlich anders als in den USA. Die Unterschiede manifestierten sich aber noch einmal deutlicher bei der Revision beider Systeme. Diese passierte in den USA erneut relativ schnell im Jahr 2012. In der EU war es wiederum ein zweijähriger Diskussionsprozess, der auch noch das Jahr 2013 in Anspruch nahm. Die Ausgangsvoraussetzungen hatten sich allerdings verändert: Das Scheitern des Klimagipfels in Kopenhagen 2009 hatte deutlich gemacht, dass es letztlich keinen wirklichen weltweiten Konsens über die Umsetzung des Kyotoprotokolls gab. Der Widerstand in den USA selbst, namentlich im republikanisch dominierten Kongress, gegen minimale Zugeständnisse der Obama-Administration in Richtung der Europäer war zugleich massiv. Auf der anderen Seite ist die EU auch dank der Rolle, welche die Verhandlungsführerin, die dänische Klimaministerin Connie Hedegaard gespielt hat, gescheitert. Stellvertretend hierfür nur eine anekdotische Beobachtung: In der Eröffnungs- und weiteren Reden tauchten am Beginn jedes Absatzes ihrer Redemanuskripte geradezu stakkatomäßig die Worte („we must" oder „we have to" auf – kein „we think", „one should" oder „let's discuss"). Es gab aber eine erhebliche Anzahl Beteiligter im Saal, für die es weder ein geteiltes „wir" noch ein akzeptiertes „müssen" gab. Dieses Beispiel illustriert die zuweilen als oberlehrerhaft wahrgenommene Attitüde, mit der es der EU 2009 misslungen ist, eine von allen wesentlichen Playern getragene gemeinsame Linie zu erreichen und die objektiv vorhandenen schweren Hindernisse einer globalen Einigung zu überwinden, also die Forderung der Schwellenländer (inkl. Chinas) nach weitgehenden Ausnahmen, die Haltung der Ölexporteure, die Schwierigkeiten der USA usw.

Bemerkenswert war Kopenhagen allerdings insofern, als diese Konferenz auch ein Schaulaufen der Industrie mit ihren politischen Positionen und technologischen Lösungsbeiträgen war. Dazu gehörten nicht nur Plakate, sondern auch Präsentationen, Diskussionen, Shuttleflotten mit ersten prototypischen Elektrofahrzeugen usw. Die BMW Group war z. B. mit dem vorher auf der LA Motor Show präsentierten elektrischen MINI dabei. Weiterhin gehörte zum BMW-Auftritt ein Art Car des Künstlers Olafur Eliasson welches aus einer gefrorenen Skulptur bestand, die nur in einem tiefgekühlten Container besichtigt werden konnte und in ambivalenter Weise auf den Zusammenhang von Klima und Auto anspielte. Dieses Riesenaufgebot an industrieller Technik und prominenten Vertretern war dem gigantischen Hype geschuldet, der politisch und medial zuvor um die Kopenhagener Konferenz gemacht worden war. Ein enormer Erwartungshorizont war von einer breiten Koalition aus Politikern, Medien und NGOs und sogar der Industrie aufgespannt worden, dem allerdings die Verhandlungsrealität nicht entsprach. Es wollte aber jeder dabei sein, wenn der erwartete große Durchbruch erreicht wurde.

Jedenfalls musste nach Kopenhagen der klimapolitische Prozess der Vereinten Nationen zunächst eine mehrjährige „Ehrenrunde" drehen, bevor er 2015 in Paris zu einer Etappe führte, die es, jedenfalls bis zur Wahl von Donald Trump, erlaubt hätte, tatsächlich einen global verbindlichen

Rahmen für nationales Handeln in tieferer Konkretisierung zu schaffen. Eine unmittelbare Konsequenz hatte Kopenhagen allerdings auch: Connie Hedegaard wurde zur ersten europäischen Klimakommissarin, nachdem die bisherige Generaldirektion Umwelt hierfür aufgespalten worden war. Das nächste „must" war damit für die Kommissarin klar – es musste ein deutlicher symbolischer Erfolg der EU im Bereich Klimapolitik her. Dafür bot die 2013 fällige Festlegung eines Zielwerts für die CO_2-Emissionen von Pkw im Jahr 2020 eine Gelegenheit.

Zweite Runde EU

Die Ausgangslage war auf den ersten Blick relativ einfach: Es hatte schon frühzeitig einen breiten politischen Konsens gegeben, dass in einem nächsten Schritt von 120 g/km in 2012/2015 auf 95 g/km in 2020 gemindert werden soll. Das europäische Parlament hatte die Zahl 95 in den Erwägungsgründen der Gesetzgebung für 2012/2015 bereits verankert und es war angesichts der institutionellen Logik der EU nicht zu erwarten, dass diese Zahl verändert werden konnte. Leitende Beamte der Generaldirektion Klima hatten hinter den Kulissen gegenüber ACEA signalisiert, dass man bei anderen Systemelementen bereit sei, auf Verschärfungen oder konfliktträchtige neue Elemente zu verzichten, wenn der Gesamtzielwert schnell akzeptiert werden und damit die Debatte vereinfacht und beschleunigt werden könnte. Unter den Mitgliedsunternehmen gab es allerdings auch Skeptiker, die angesichts der Vorgeschichte nicht an eine so einfache Lösung glauben wollten. Obwohl seit dem Start der Regulierung erhebliche Minderungen realisiert worden waren, war die Erreichbarkeit des 95 g/km-Ziels von einer Reihe von unsicheren Bedingungen abhängig, insbesondere der Stabilität der für den Zeitraum 2015 bis 2020 erwarteten hohen Dieselanteile. Der CO_2 Vorteil des Diesels bei gleicher Motorisierung und gleichem Fahrzeuggewicht war eine ganz wesentliche Größe dafür, die europäischen Vorgaben einhalten zu können. Gleichzeitig war für einen Teil der Hersteller, vor allem die deutschen Premium-Produzenten, bereits klar, dass 95 g nicht ohne emissionsfreie Fahrzeuge in relevanten Größenordnungen erreichbar sein würden. Ohne batterieelektrisch angetriebene Fahrzeuge (BEV) und Plug in Hybride (PHEV) war eine Zielerreichung des 2020er Ziels für die deutschen Premiumhersteller unrealistisch. Deren tatsächliches Marktpotenzial war aber kaum seriös abschätzbar, eine Vorhersage nationaler Politiken und deren Wirksamkeit beim Kunden stellte letztlich eine unsichere Wette dar.

Divide et impera?

Die Skeptiker in der Industrie sollten letztlich Recht behalten. Die Generaldirektion Klima eröffnete gezielt einen erneuten industriepolitischen Konflikt: Der Steigungswinkel der Zielwertgeraden wurde deutlich abgeflacht und damit eine nochmalige deutliche Verschiebung der Lasten von französischen und italienischen zu deutschen Herstellern vorgenommen. Das Ziel war klar: Genau wissend, welchen Konfliktstoff dieses Thema darstellte, ging es darum, neben dem umweltpolitischen Ziel selbst in der Lastenverteilung einen Erfolg gegen die Industrie eines einzelnen Mitgliedstaates zu erreichen. Dieses Vorgehen wurde von der deutschen Seite zunächst allerdings noch ohne die später so lautstarke mediale Begleitung mit dem Versuch einer gütlichen Einigung und auch des Dialogs mit Frankreich beantwortet. Es hat 2012 und auch noch 2013 mehrmals Versuche gegeben, einen Kompromiss zu finden, der die Sache für die deutsche Seite tragfähig gemacht hätte. Zumindest für die BMW Group lässt sich sagen, dass diese sich bereits seit Verabschiedung der 2012er Ziels darauf eingestellt hatte, dass 95 g/km-Ziel mit der Zielwertgeraden zu erreichen, die 2008 definiert worden war. Man sah sich nun aber mit einer deutlichen Erhöhung konfrontiert. Dies bedeutete, dass der zur Erfüllung der Ziele erforderliche Anteil insbesondere an xEVs würde steigen müssen. Andere Hersteller dagegen waren auf diese Technologie nicht oder weit weniger angewiesen (jedenfalls solange es nicht zu einem völlig anderen Diesel/Otto-Mix kam) und waren es mit der Änderung der Lastenverteilung noch weniger.

Da politisch klar war, dass eine Einigung nicht dadurch gelingen würde, Frankreich dazu zu bewegen, einen für seine Hersteller vorteilhaften Kommissionsvorschlag zu verschlechtern und erneute Mehrkosten in Kauf zu nehmen, musste eine andere Lösung gefunden werden. Diese bestand in den aus der US-Gesetzgebung übernommenen so genannten

„Super Credits". Die Logik lautete, dass es für einen begrenzten Zeitraum eine abschmelzende Höheranrechnung für besonders sparsame Fahrzeuge geben sollte. Mit einem Schwellenwert von 50 g/km wurden in diese Kategorie nur solche Fahrzeuge aufgenommen, die mindestens teilweise elektrisch fahren können. Gerade auf diese waren die deutschen Hersteller zur Zielerreichung angewiesen. Zugleich war hier aber auch die Unsicherheit der tatsächlich Marktakzeptanz am größten. Das Risiko, auf Elektrifizierung zu setzen sollte mit dem Super Credits honoriert werden. Der Umstieg auf eine neue Technologie wurde also durch das Design der Flottengesetzgebung zusätzlich unterstützt, ohne dass aber das Prinzip der Technologieneutralität preisgegeben worden wäre. Es wurde anders als in Kalifornien niemand direkt gezwungen zu elektrifizieren. Wenig überraschender Weise wurde diese Idee von den europäischen Umweltverbänden und den Grünen im Parlament massiv bekämpft, da sie hierin eine Aufweichung der Minderungsanforderungen und eben einen Vorteil für „die Deutschen" sahen.

Auch die Kommission widersetzte sich zunächst dieser deutschen Idee und hielt an ihrem Konfrontationskurs fest. Eine wirksame Kompromisssuche durch die irische Präsidentschaft in der ersten Hälfte 2013 unterblieb und es blieb in den entsprechenden Ratssitzungen beim Austausch der unterschiedlichen Positionen. Schwerer als die inhaltliche Thematik selbst wog zu diesem Zeitpunkt aber auch eine grundsätzliche politische Frage: Die Kommission hatte klar dokumentiert, dass sie bereit war, eine politische Position eindeutig gegen die Haltung eines der wichtigsten und vom Thema am stärksten betroffenen Mitgliedsstaats durchzufechten. Dies wäre auch deshalb ein negativer Präzedenzfall gewesen, weil in vergleichbaren Themen im Regelfall immer ein Kompromiss gefunden wurde, der in der Regel durch die Ratspräsidentschaft oder zwischen den wesentlich beteiligten Mitgliedstaaten vermittelt wurde. Hierfür bot erst wieder die litauische Präsidentschaft in der zweiten Hälfte 2013 eine Option und diese wurde auch von der Bundesregierung genutzt. Zugleich zwang die vorangegangene Diskussion zur Erhöhung des politischen Einsatzes. Dies geschah durch die klare Botschaft der Bundeskanzlerin auf der IAA im September 2013, bei der sie eine Änderung des Kommissionsvorschlags unterstützte. Dieses klare Bekenntnis brachte ihr schon damals eine Welle der Empörung ein: „Wie könnte es denn sein", so schallte es aus dem rot-grünen Teil der deutschen politischen Öffentlichkeit, „dass man sich für die Hersteller großer Autos ausspreche"? Umgekehrt versicherten französische Medien und NGOs ihrer Regierung, dass diese natürlich mit der Verteidigung der Belange des Kleinwagens dem Klimaschutz und dem nationalen Interesse gleichermaßen diene.

Am Ende wurde in einer Sitzung des europäischen Umweltministerrates nach erneuter Vorbereitung durch die Stäbe der Regierungschefs v. a. Deutschlands und Frankreichs ein Ergebnis verabschiedet, das genauso gut mit weniger Erbitterung, mit weniger öffentlichem Schlagabtausch und einer vernünftigen Diskussion ein Jahr vorher hätte erreicht werden können. Der Steigungswinkel blieb wie von der Kommission vorgeschlagen und es gab zum Ausgleich die Super Credits. Unter dem Strich war eine Konfrontation zwischen zwei großen Mitgliedstaaten, Misstrauen zwischen Kommission und Teilen des Rates und ein Vertrauensverlust in die Klimapolitik der EU in Kauf genommen worden, um einen letztlich nicht erreichten symbolischen Erfolg zu erzielen. Und auch die Industrie war, was ihre öffentliche Wahrnehmung angeht, auf der Verliererseite, und erneut vor allem die deutsche. Es gab politisch am Ende keine Gewinner. Der im Rat auf Deutsch gesprochene Satz der Klimakommissarin „Ende gut, alles gut" lag jedenfalls eher daneben.

Zweite Runde USA

Zugleich passierte in den USA erneut das genaue Gegenteil: In einem Prozess, der sich diesmal nicht über wenige Wochen, sondern immerhin ein paar Monate erstreckte, wurde ein neues verbindliches Ziel für 2025 definiert und verabschiedet. Der Verhandlungsmodus war wiederum vor allem gestützt auf direkte bilaterale Gespräche mit den einzelnen Herstellern und den Abgleich der jeweiligen Informationen mit den anderen wesentlichen politischen Akteuren in Sacramento und Washington. Dieser Prozess konnte auch darauf aufbauen, dass es aus der vergleichsweise einvernehmlich entschiedenen ersten Regulierungsphase heraus ein hohes Maß an Vertrauen zwischen den Beteiligten gab. Dies hat sicherlich vor allem auch in Kalifornien mit kulturellen Besonderheiten zu tun: Während die gesamte zuvor geschilderte Brüsseler Diskussion entweder in bilateralen Diskussionen mit einzelnen Akteuren stattfand oder in dem kollektiven Schaulaufen in Parlaments- und Kommissionsanhörungen mit teilweise aggressiv-polemischen Charakter, war das an der Westküste total anders. Mit Veranstaltungen wie der von der UC Davis ausgerichteten „Asilomar-Konferenz" bestehen Plattformen, bei denen alle Beteiligten bei einem Westküstenbier und einem saftigen Burger ums Lagerfeuer stehen und die Themen handlungsentlastet diskutieren können. Zugleich bestehen enge Netzwerke über die sehr wenigen Hochschulinstitute, die in der amerikanischen Regulierungsdiskussion eine Schlüsselrolle spielen.

Zwei-Schritte-Logik und Credits

Inhaltlich wurde in den USA ein weiterer innovativer Schritt gemacht. Das weiterhin auf jährlichen Zielen aufbauende Minderungsprogramm bis 2025 wurde durch einen sog. „mid-term-review" ergänzt, also eine Überprüfung der Ziele, durchzuführen im Jahr 2017 mit Vorlage der Ergebnisse in 2018. Hierdurch wurde der Industrie bereits ein längerer Horizont als in der EU aufgezeigt, es wurde aber systematisch die Möglichkeit eingebaut, auf Änderungen der Prämissen reagieren zu können. Eine mögliche Anpassung der Ziele war ausdrücklich Teil der im Mid Term Review vorgesehenen Optionen. In prozessualer Hinsicht hat insbesondere die Beteiligung der Autoverbände Alliance of Manufacturers und Global Automakers in der zweiten Regulierungsphase zugenommen. Während diese 2008 so gut wie keine Rolle spielten, wurden sie 2012 stärker in die Debatte einbezogen. Dies wurde auch dadurch erleichtert, das mit den zuvor definierten Grundkompromissen keine wesentlichen unüberbrückbaren Streitpunkte mehr zwischen den „Großen Drei" aus Detroit und den anderen Herstellern bestanden.

Im Ergebnis wurde jedenfalls das damals beschlossene System in der Öffentlichkeit nicht auch nur annähernd so kontrovers diskutiert wie die europäische Regulierung. Auch hat es dazu beigetragen, dass es einen deutlich größeren Bestand an Schnittmengen zwischen den Nichtregierungsorganisationen und Unternehmen wie BMW gab, als dies in der EU je der Fall war. So war z. B. die Schlüsselrolle der Elektromobilität und die Notwendigkeit, sie insbesondere durch einen zügigen Ausbau der Ladeinfrastruktur zu unterstützen, bereits seit 2008 Konsens. Elektrifizierung ohne Strukturintervention und Segmentumsteuerung stellt bis heute für die US-NGOs einen absolut akzeptierten Pfad dar. Demgegenüber ist in Europa lange ein Kernbestandteil jeder Argumentation der „grünen" Seite geblieben, dass es ja gar keiner fundamental neuen Technologien bedürfe, solange man nur das Potenzial für die Verkleinerung der Autos und die Reduzierung der Leistung ausschöpfe (bis mit Tesla ein neuer Argumentationspfad in Richtung bedingungsloser Elektrifizierung plausibler wurde). Diese im Vergleich zur EU produktivere Grundkonstellation in den USA und insbesondere in Kalifornien wurde nicht etwa durch einen Umweltverband, auch nicht durch die Industrie infrage gestellt, sondern durch den amerikanischen Wähler mit der Wahl Donald Trumps zum Präsidenten.

In Japan wurde zugleich das bestehende Programm fortgeschrieben, in typisch japanischer Manier konfliktvermeidend mit den lokalen Herstellern, aber in einer auch für die „Ausländer" tragfähigen Form. Diese ist sicherlich auch in Teilen der Tatsache geschuldet, dass man nicht die laufenden und soeben abgeschlossenen Verhandlungen über ein Freihandelsabkommen mit der EU durch Regulierungen belasten wollte, die als technische Handelshemmnisse hätten eingestuft werden können. Dabei zeichnete sich Japan durch eine Besonderheit aus: Diesel-Pkw wurden aufgrund ihres Verbrauchsvorteils seit Jahren als besonders klimafreundliche Technologie subventioniert. Sie wurden als ausdrücklicher Teil der Klimaschutzstrategie im Verkehrsbereich verankert.

Erste Runde China

Dagegen geschah in China entscheidend Neues: Die Volksrepublik hatte 2004 begonnen den Kraftstoffverbrauch für die Jahre 2005/2006 und in einem nächsten Schritt für 2008/2009 zu regulieren (Phase I und II) und zwar zunächst mit Zielwerten, die von jedem Fahrzeug – nicht dem Flottendurchschnitt erreicht werden mussten. Dabei wurde ein System von 16 Gewichtsklassen geschaffen, für die jeweils ein eigener Höchstwert galt. 2009 wurde eine neue Regelung (Phase III) definiert, die zusätzlich ab 2012 bis 2015 Flottendurchschnittsvorgaben enthielt und sich an die regulatorische Grundlogik der EU mit einem gewichtsbasierten Zielwertsystem anlehnte. Der Zielwert für 2015 lag zunächst bei 7 l/100 km (167 g/km), wurde aber 2012 auf 6,9 l/100 km leicht verschärft. Der Ende 2014 veröffentlichte Standard (Phase IV) für 2016 betrug 6,7 l/100 km, derjenige für 2020 lag bei 5l. Die 2016er Zielwerte wurden zwar von einzelnen Herstellern verfehlt, im Durchschnitt der Flotte aber erreicht. Das chinesische System ist zwar auf den Kraftstoffverbrauch und nicht auf den CO_2-Wert normiert. Da in China der Diesel jedoch bis heute irrelevant ist, läuft dies faktisch auf das Gleiche hinaus. Zusätzlich zu einer Flottendurchschnittsvorgabe wurde aber mit der Beibehaltung der Phase II-Werte eine absolute Rückfalllinie definiert. Primäres Ziel dieser bisher lediglich für Low-Tech Produkte kritischen Werte war das beschleunigte Ausscheiden technologisch nicht mehr hinreichend leistungsfähiger chinesischer Anbieter – dies war jedenfalls die Begründung aus dem Industrieministerium. Das Werkzeug bietet aber auch die technische, bisher aber ungenutzte Möglichkeit, Hochleistungsfahrzeuge mit konventionellem Antrieb de facto zu verbieten.

Mindestens ebenso wichtig wie die spezifisch chinesische Flottenregulierung ist aber die parallele Übernahme der kalifornischen ZEV-Quotenregelung: Mit der 2016 angekündigten Quote für „New Energy Vehicle (NEV)" wird der steigende Marktanteil dieser Produktkategorie unmittelbar über die Hersteller erzwungen und nicht allein über kundengerichtete Anreizmaßnahmen wie einfachere Nummernschildvergabe oder Steuervorteile. Im Gegenteil war es das erkennbare Interesse des chinesischen Finanzministeriums, die Einnahmeausfälle durch Steuerprivilegien zurückzufahren und das gewünschte Ziel stattdessen über industriepolitische Regulierung zu erreichen. China hat schrittweise europäischen *und* kalifornischen Input übernommen und in seine übergreifende umwelt- und industriepolitische Konzeption integriert. Konzeptionell bemerkenswert ist auch, dass dies nicht einfach additiv passierte. In dem chinesischen Modell kann, anders als in Kalifornien, eine Übererfüllung bei der Elektroquote genutzt werden, um Zielverfehlungen bei den Flottenwerten auszugleichen. Die Systeme stehen also nicht, wie dies in den USA der Fall ist, nebeneinander, sondern kommunizieren. Sie tun dies allerdings nur in eine Richtung: Auch noch so effiziente Verbrenner sind nicht in der Lage, fehlende E-Fahrzeuge auszugleichen. Diese Idee war echt neu und verstärkte die industriepolitische Wirksamkeit des chinesischen Doppelsystems nachhaltig: Mit zu wenig Elektrifizierung drohen auf jeden Fall Strafen. Mit mehr EVs als gefordert, kann man Defizite im konventionellen Bereich ausgleichen. Damit wird der „Königsweg" Elektrifizierung klar gegenüber dem Pfad konventioneller Verbesserungen verstärkt.

Kurzer Prozess

Aus der Sicht eines deutschen Herstellers noch schwerer als die inhaltliche Richtung der chinesischen Politik wog aber die Art und Weise wie diese vorbereitet, entschieden und umgesetzt wurde: Offensichtlich um einen alternativen und erkennbar erfolgreichen Pfad zu erkunden, lud das chinesische Industrieministerium die kalifornischen Experten im Jahr 2014 zu einem Workshop nach Peking ein, um über eine Übertragung des kalifornischen Ansatzes zu diskutieren. Die gesamte Industrie war hierzu eingeladen. Nachdem zunächst der Vertreter des CARB in griffiger Form dargelegt hatte, dass und wie mit der Übernahme einer Quotenregelung technologischer Wandel beschleunigt werden könnte, legte der Vertreter von Tesla dar, dass man das in seinem Unternehmen auch so sehe. Die gemeinsame Haltung der übrigen Automobilindustrie – vorgetragen von den Ausländern, aber (eher schüchtern) geteilt von den chinesischen lokalen Anbietern – lautete, dass die Voraussetzungen in China in mehrfacher Hinsicht anders seien als in Kalifornien, und dass eine einfache Übertragung des kalifornischen Rahmens nicht möglich sei. Dies wurde zur Kenntnis genommen blieb aber für die weitere Entwicklung ohne Wirkung. In den folgenden Diskussionen, wie auch z. B. einem Projekt, das von der University of California in Davis, dem wichtigsten wissenschaftlichen Zulieferer des CARB, maßgeblich getragen wurde, dem so genannten ZEV Policy Lab (an dem auch BMW teilnahm), gab es einen immer tiefer gehenden Expertendialog zum Thema ZEV bzw. NEV Politik. Wie in China durchaus üblich, diente dieser Prozess dazu, die Beamten in den Ministerien soweit zu qualifizieren, dass sie ihren Vorgesetzten Vorschläge vorlegen konnten.

Der letzte Teil des chinesischen Entscheidungsprozesses verlief allerdings völlig anders als in den USA oder Europa, er fand nämlich unter Ausschluss von Öffentlichkeit und Betroffenen statt. Auch hierbei kam es zu konkurrierenden Ideen verschiedene Ministerien, die schließlich in den offiziellen Vorschlag mündeten. Da zugleich aber die politische Vorgabe, wann dieser in Kraft zu treten habe, feststand, nämlich am 1. Januar 2018, entstand für die Industrie ein erhebliches Problem: Der Text der neuen Gesetze kam nämlich erst in der ersten Hälfte 2017 überhaupt auf den Tisch. Die Vorgaben waren zugleich so ausgestaltet, dass sie zwar mittelfristig erreichbar waren, insbesondere in den Jahren 2019 und 2020 aber eine Zielverfehlung für mehrere Importeure drohte, die diese gezwungen hätte, ihre chinesischen Wettbewerber durch den Kauf von NEV-Credits zu subventionieren. Dies war die Ausgangslage, die dazu führte, dass es im Rahmen der deutsch-chinesischen Konsultationen des Jahres 2017 zu einer Diskussion auf Ebene der beiden Regierungschefs im Rahmen eines Wirtschaftsdialogs kam. Im Ergebnis wurde der Druck auf die deutschen Hersteller leicht reduziert. Sie bleiben aber mit ihren importierten Fahrzeugen tendenziell benachteiligt, weil diese keinen Zugang zu einer Reihe bestehender Fördermaßnahmen, insbesondere Steuervorteilen, hatten. Diese Diskussion fand im Zusammenhang der ersten Forderungen nach einem „Verbrennerausstieg" in Deutschland statt und war dementsprechend aufgeladen. War China mit der Quote ein Vorreiter? Müssten nicht auch die deutschen Hersteller daheim mit einer Quote und einem Ausstiegsplan „auf Kurs" gebracht werden? Droht China Deutschland technologisch zu überholen?

10

CO_2 – aktuelle Debatten im Vergleich

War die Entwicklung seit 2006, bei allen Unterschieden, durch parallele Entwicklungen in den wichtigsten Automobilmärkten geprägt, so entwickelten sich die Dinge seit 2019 auseinander. Dies erhöhte nachhaltig die Unsicherheit für die Industrie. Und ein weiteres Mal stand die Automobildiskussion auch symbolisch für fundamentale Unterschiede in politischen Grundpositionen. Dabei wurden aber auch an den letzten Etappen der Klimagesetzgebung deren Grenzen deutlich – und die Optionen für ihre Umgestaltung in der Zukunft.

USA

Bereits die erste Gesetzgebung der Obama Administration war unmittelbar nach der Einigung mit Kalifornien von republikanischen Mitgliedern des Kongresses nachdrücklich in Frage gestellt worden. Dabei ging es vor allem darum, ob die Industrie durch die Drohung mit härteren gesetzgeberischen Interventionen zu einer Zustimmung zu dem Paket genötigt worden sei. Diese Logik mag aus einer europäischen Perspektive erstaunen. Die beteiligten Abgeordneten der Republikaner sahen dies aber als völlig logischen Teil ihres Versuchs, ihre generelle Ablehnung des Kyotoprotokolls und jeglicher Klimapolitik auch am Beispiel Automobil zu dokumentieren. Dies ging so weit, dass von den Unternehmen verlangt wurde, ihre Kommunikation mit den Bundesbehörden offenzulegen. All diese Maßnahmen waren weder 2008 noch 2012 erfolgreich. Sie bildeten aber den Hintergrund für die Konfrontation, die unmittelbar nach der überraschenden Wahl von Donald Trump eintrat. Während sich auch die US- sowie die kalifornischen Behörden sowie die Industrie und die NGOs auf die Fortschreibung des bisherigen Programms unter einer Präsidentin Hillary Clinton eingestellt hatten, kam jetzt ein Kandidat ins Weiße Haus, der ohne Wenn und Aber Stellung gegen die bisherige Klimapolitik bezogen hatte.

Mid term

Die Wahl fand mitten in der Zwischenüberprüfung der geltenden Ziele statt. Die Werte, die in der 2012 getroffenen Entscheidung festgehalten worden waren, wurden durch die Automobilindustrie, amerikanische und auch ausländische Hersteller, schon vor der Präsidentenwahl infrage gestellt und Vorschläge für Modifikationen gemacht. Dies hatte zweierlei Gründe: Da in den USA aufgrund der fehlenden Dämpfung durch hohe Mineralölsteuern alle Schwankungen des Spritpreises sofort beim Kunden wirksam wurden und werden, hatte sich das Planungsszenario durch den deutlichen Rückgang der Benzinpreise von über 3,5 \$/Barrel in 2012 auf unter 2,5 \$ in 2017 vollständig verändert. Die gesunkenen Preise an der Zapfsäule hatten zu einer Nachfrageverschiebung geführt, die darauf hinauslief, eher einen Light Truck als einen Pkw, eher einen Acht- als einen Sechs- oder eher einen Sechs- als einen Vierzylinder zu kaufen. Zugleich hat diese Entwicklung, die ganz maßgeblich die Chancen des Diesels auf dem US-Markt geschmälert. Da dort beide Kraftstoffarten aufgrund fehlender steuerlicher Differenzierung in etwa das gleiche kosten, war es allein der Verbrauchsvorteil, der wirkte – und dies eben umso weniger, je niedriger die Preise liegen. Die Enthüllungen über VW waren hierfür ein Verstärker – aber auch nicht mehr. Im Ergebnis konnte sich

Diesel daher zwar in einem Teilsegment des Light Truck Marktes etablieren, spielt aber bis heute bei Pkw kaum eine Rolle.

Schließlich tickte in dem US-System eine methodische Zeitbombe: In den USA gab und gibt es kein Emissionshandels-System für die Stromerzeugung und Elektromobilität könnte damit zu höheren CO_2-Emissionen in der Energieerzeugung führen (In der EU kann durch den „Deckel" auf dem CO_2-Ausstoß eine erhöhte Nachfrage aus dem Verkehr zu keiner Netto-Erhöhung führen). Daher wurde festgelegt, dass bei Überschreiten einer Volumengrenze die CO_2-Emissionen der Stromerzeugung bei Elektroautos angerechnet werden. Aus einem Auto mit Null-Emissionen würde so schlagartig eines mit 50 g/km. Diese Regelung würde die benötigte Menge an Elektroautos verdoppeln. Dies erschien jedoch unter den Bedingungen von 2017 noch unrealistischer als 2012. Alle Hersteller waren daher für die Beibehaltung der „Null-Lösung". Die Diskussion mit den Behörden kreiste daher bis zur Präsidentschaftswahl darum, in welchem Umfang und in welcher Form der Fahrplan für die Verbrauchsminderung modifiziert werden soll. Es ging aber zu keinem Zeitpunkt um eine fundamentale Revision oder gar eine Aufhebung des Systems.

Die in der zweiten Obama Administration eingesetzte EPA-Chefin Gina McCarthy entschied sich in dieser Situation gleich nach der Wahl und vor der Übergabe der Amtsgeschäfte an den neuen Präsidenten für eine (jedenfalls für die Industrie) überraschende Vorgehensweise: Die Behörde stellte offiziell fest, dass man die Zwischenüberprüfung abgeschlossen habe und dass es keinerlei Erfordernis für jedwede Änderungen gebe. Diese Entscheidung wurde natürlich in dem Wissen gefällt, dass sie unmittelbar nach Übernahme der Macht durch die neue Regierung aufgehoben werden würde. Sie stellte aber eine politische Geste in Richtung der Umweltorganisationen und Kaliforniens dar. Zugleich stellte sie die Industrie vor die Wahl, wie sie auf diesen Schritt reagieren sollte: Öffentliche Verbrüderung mit Präsident Trump oder Akzeptanz der bisher geltenden Regelungen. Der erste Pfad hätte natürlich zur vollständigen Diskreditierung der Automobilindustrie überall außerhalb des harten Kerns der republikanischen Anhängerschaft geführt. Dies hätte wiederum die Diskussionen in Europa, China, Japan usw. gleichermaßen nachhaltig belastet. Zum anderen sprach gegen einen derartig opportunistischen Kurs, dass nach einem erneuten Wechsel der Mehrheiten in den USA eine erneute politische Kehrtwende und damit das Gegenteil von Planungssicherheit zu erwarten waren.

Dieses Dilemma wurde dadurch verschärft, dass sehr schnell nach Amtsantritt von Donald Trump Einladungen und öffentliche Events mit der Automobilindustrie und deren Gewerkschaft stattfanden. Diese zielten ganz klar auf die Fortsetzung der erfolgreichen Wahlkampfstrategie des Präsidenten, die Demokraten bei ihrer Kernwählerschaft anzugreifen, den Industriearbeitern. Zugleich folgte der Präsident der Einschätzung seiner Berater, dass es keinerlei originäres Kundeninteresse nach sparsameren Fahrzeugen gebe und deren Erzwingung die Industrie mit unnötigen Kosten belaste. Die Botschaft hieß: „Die Industrie darf wieder die Autos bauen, die die Amerikaner wollen." Die Entwicklungen im Rest der Welt spielten in der primär binnenwirtschaftlichen Logik der neuen Administration keine Rolle. Auch wurde der Dualismus mit Kalifornien wieder so diskutiert wie in den Bush-Jahren: Die volle Konfrontation durch die Einführung einer neuen „Federal Preemption" zur Verhinderung von Gesetzen auf Staatenebene, die Aufhebung der Bewertung von CO_2 als Schadstoff und damit letztlich die Klärung durch den obersten Gerichtshof lagen wieder auf dem Tisch.

Stil und Form

Der erste Event geschah bereits im Januar 2017 im Rahmen der Detroit Motorshow. Die anwesenden Spitzenmanager (BMW und einige andere hatten sich höflich entschuldigt) durften ihre Anliegen und Meinungen vor laufender Kamera vortragen. Dazu gehörte die Bitte, den mid-term review wieder aufzunehmen, wobei allerdings keiner der Beteiligten aus Detroit soweit ging, einen totalen Rückbau der Gesetzgebung vorzuschlagen. Im Weißen Haus nahm man den Ball gerne auf – allerdings mit klaren Erwartungen: In einer bislang beispiellosen Weise wurde in Richtung der Industrie direkt kommuniziert, was man erwartete: Öffentliches Lob und Dank für die kommenden Entscheidungen des neuen Präsidenten am gleichen Tag. Dies wurde auch getan. Als die Entscheidung formell bekannt gegeben wurde, die Zwischenüberprüfung der geltenden

Ziele wieder aufzunehmen, bedankte sich die Alliance of Manufacturers, mit einer ganzseitigen Anzeige in mehreren großen Zeitungen der USA. Innerhalb der Verbände, die als Absender fungierten, gelang es den deutschen und den anderen Herstellern lediglich, das Auftauchen ihrer Markenlogos zu vermeiden.

Inhaltlich wurde dieses in Sachen Stil und Form beispiellose Agieren dadurch ermöglicht, dass es zuvor einen fragilen Zwischenkompromiss mit der Industrie gegeben hatte: Die Bundesebene hatte grundsätzlich zugestanden, dass man für die Revision der Ziele eine Zustimmung Kaliforniens suchen würde. Auch mehrere Hersteller hatten im direkten Gespräch mit der Führung der EPA und NHTSA dafür plädiert, keinesfalls in die Rechtsunsicherheit der Bush-Ära zurückzukehren, sondern an einer einheitlichen USA-weiten Gesetzgebung festzuhalten. Dies war auch bis heute die Position der beiden amerikanischen Automobilverbände – bzw. ihres aus der Fusion hervorgegangenen Nachfolgers. In den USA hätten nämlich sonst zwei gesetzliche Standards miteinander um die Geltung für die Industrie konkurriert. Einerseits ein sehr schwacher, im Extremfall faktisch wirkungsloser Bundesstandard, der es erlauben würde, überall dort, wo nichts Anderes galt, beliebig große und beliebig viel verbrauchende Fahrzeuge zu verkaufen. Auf der anderen Seite eine Fortgeltung des Obama-Standards in Kalifornien und den 13 anderen CARB-Staaten. Diese sahen die Wiedereröffnung der Überprüfung als formal rechtswidrig an und kündigten daher an, die Industrie an den zuvor geltenden Bundesregeln, aber auf der Grundlage ihrer eigenen Befugnisse zu messen. Die bis dahin vorliegenden rechtlichen Einschätzungen gingen davon aus, dass es bis zu einer finalen gerichtlichen Klärung durch den Obersten Gerichtshof, also jahrelang hochgradig fahrlässig wäre, eine der beiden Optionen als die letztlich verbindliche anzusehen. Die Hersteller müssten sich bis dahin dementsprechend nach beiden zugleich richten. Ein solches Szenario wollten so gut wie alle Hersteller zumindest so lange vermeiden, wie noch irgendeine eine Chance auf Einigung zwischen der kalifornischen und der Bundesseite bestand. Dieses Kompromissszenario hätte einen Bundesstandard vorgesehen, der in einem für Kalifornien noch gerade erträglichen Umfang abgemildert wird. Kalifornien würde zugleich am ZEV-Mandat festhalten können. Und die grundsätzliche Gesetzgebungskompetenz Kaliforniens wäre anerkannt geblieben. Hierüber wurde seit 2017 in mehreren Etappen verhandelt – allerdings ohne Ergebnis. Die neue Führung der EPA und vor allem der NHTSA nahmen eine harte Haltung ein, bei der auch die fachliche Bewertung der Experten in den eigenen Reihen, die die Position ihrer Hausleitung sehr kritisch sahen, nicht durchdrang. Umgekehrt signalisierte Kalifornien zwar in Einzelfragen Kompromissbereitschaft – aber nie um den Preis eines politischen „Einknickens" gegenüber der Bundesregierung.

Die Initiative für eine grundlegende Veränderung dieser Pattsituation ging im Frühjahr 2019 vom CARB aus. Dabei ging es darum, ob ein Abkommen mit Herstellern geschlossen werden könnte, das einerseits einen möglichen Kompromisspfad für eine neue föderale Regelung beinhaltete, andererseits aber auch für den Fall eines Scheiterns der Diskussion mit dem Bund eine erhöhte Planungssicherheit brächte. Im Kern ging es also um eine Vereinbarung, die zwar von Autoherstellern mit Kalifornien abgeschlossen wurde, sich aber auf alle 50 Bundesstaaten der USA und nicht nur die CARB-Staaten bezog und damit bundesweite Wirkung erzielte. Diese musste inhaltlich dem Ziel Kaliforniens gerecht werden, ein ambitionierteres Ergebnis zu erreichen als durch einen Markt, in dem ausschließlich in den CARB-Staaten kalifornisches Recht, im Rest der USA aber nur ein weit abgeschwächter Trump-Standard gelten würde. Das Ziel musste also besser sein als der Durchschnitt aus dem Obama und dem Trump-Standard. Zugleich sollte die Einigung den wichtigsten Vorbehalten der Industrie gegenüber dem Obama-Standard und den geänderten Rahmenbedingungen Rechnung tragen. Die Diskussion über einen derartigen „Deal" kulminierten im zweiten Quartal 2019 am Rande der Asilomar Conference in Monterrey. In bilateralen Gesprächen der CARB mit dem jeweiligen Hersteller wurde begonnen, mit Ford, Honda, Volkswagen und BMW entsprechende Vereinbarungen zu formulieren. Diese Gruppe der, wie sie inzwischen im kalifornischen Lager genannt wurden, „Fabulous Four" schlossen eine politische Vereinbarung mit der kalifornischen Umweltbehörde, die im Juli 2019 von Mary Nichols und Gouverneur Newsom verkündet und in der finalen Version im Sommer 2020 unterschrieben wurde: Anstatt der ursprünglich im Obama-Standard vorgesehenen jährlichen Minderung um 4,7 % wurde ein Pfad von 3,7 % für den Zeitraum von 2021 bis 2026 vereinbart. Zugleich wurde auf die Anrechnung der Strom-Vorkette verzichtet. Das CARB konnte belegen, dass hiermit ein erheblicher ökologischer Vorteil gegenüber dem Status Quo einherging und sicherte sich so eine konstruktive Haltung der Umweltverbände. Da es sich hierbei angesichts der Geltung der Vereinbarung auch in Staaten, die dem CARB nicht folgten, nicht um eine Gesetzgebung handeln konnte, wurde vorgesehen, jeweils bilaterale, privatrechtliche Verträge zwischen dem CARB und den einzelnen Herstellern zu schließen. Somit wurde Donald Trump indirekt zum Initiator einer bislang einmaligen Konstruktion, bei der ein von Politik und Unternehmen geteilter politischer Wille nicht in Gesetzen, auch nicht in einseitigen freiwilligen Zusagen, sondern in privatrechtlichen Verträgen umgesetzt wurde.

Die Reaktion der Trump Administration kam zunächst juristisch daher: Das US-Justizministerium startete eine Untersuchung, ob die Abmachung mit Kalifornien einen Verstoß gegen US-Wettbewerbsrecht darstelle. Diese wurde jedoch nach einigen Monaten eingestellt. Es setze sich auch in den US-Justizbehörden die Einschätzung durch, dass eine freiwillige Übererfüllung von Bundesrecht durch einige Hersteller kaum geeignet war, diesen einen unfairen Vorteil gegenüber denen zu verschaffen, die dies nicht taten. Politisch sammelte das Weiße Haus seine Verbündeten. Bei einem Treffen im Weißen Haus im Oktober 2019 unterstützen die Chefin von GM sowie der Vorstandsvorsitzende von Fiat-Chrysler die Haltung des Präsidenten. Für alle Beobachter ebenso wie Insider der Debatte überraschenderweise war auch Toyota mit von der Partie. Die übrigen Automobilhersteller haben es vermieden, sich zu einer der beiden Seiten klar zu bekennen. Sie warteten vielmehr den Ausgang der weiteren Debatten und rechtlichen Auseinandersetzungen, vor allen Dingen aber denjenigen der US-Wahlen im November 2020 ab. EPA und NHTSA veröffentlichten zu Beginn des Jahres 2020 denn auch wie erwartet einen Standard, der mit einer Minderungsrate von 1,5 % die erwartete massive Abschwächung vorsah und zugleich Kalifornien das Recht absprach, konkurrierende Regeln durchzusetzen.

State of Play

Der Präsidentschaftskandidat Joe Biden machte im Wahlkampf 2020 klare Ansagen in Sachen Klimapolitik: Rückkehr zum Pariser Klimaabkommen „on day one", die Entwicklung neuer CO_2-Grenzwerte für Autos mit dem allerdings nicht näher spezifizierten Ziel vollständiger Elektrifizierung (vermutlich inklusive Hybride), ein Bundesbeschaffungsprogramm für in den USA hergestellte saubere Fahrzeuge, 500.000 zusätzliche öffentliche Ladesäulen und neue Steuervorteile für den Kauf elektrischer Fahrzeuge – mit Priorität für Autos „made in Amerika". Hiermit machte er sich zusammen mit seiner kalifornischen Vizepräsidentschaftsbewerberin Kamala Harris die umweltpolitische Agenda Kaliforniens und des umweltpolitischen Flügels der demokratischen Partei umfassend zu eigen. Er setzte damit auf bereits laufenden Debatten innerhalb seiner Partei auf. Bereits 2019 hatten demokratische Abgeordneten unter Führung von Senator Chuck Shumer ein Papier lanciert, in dem diese eine Tauschprämie für den Wechsel von einem Verbrenner zu einem BEV, PHEV oder FCEV vorschlugen. Diese sollte bei 3000 $ beginnen und in Abhängigkeit der e-Reichweite steigen. Für Käufer mit niedrigem Einkommen sollten zusätzlich 2000 $ bzw. maximal 20 % des Preises bezuschusst werden. Zusätzlich sollten Autos mit „Strong Labor Standards" (d. H. Gewerkschaftsvertretung), mehr als 50 % US-Local Content und einer in den USA gebauten Batterie bis zu 50 % über dem Regelfall gefördert werden können. Auf Produktionsseite wurde ein 17 Mrd. $ Programm zur Subventionierung von neuen und der Umrüstung bestehender Standort auf Elektrofahrzeuge vorgeschlagen. Eine umfassende gesetzliche Neuregelung durch das Parlament wurde bereits durch den Senator Jeff Merkley aus Oregon 2020 vorgeschlagen und sollte 2025 eine xEV-Quote von 50 % und von 100 % in 2035 setzen. In einem Bericht aus dem August 2020 hatte sich eine Gruppe von demokratischen Senatoren explizit für ein ZEV-Mandat auf Bundesebene ausgesprochen.

Darüber hinaus beinhaltete das Biden/Harris-Wahlprogramm aber auch klare wirtschafts- und handelspolitische Aussagen wie die „Durchsetzung von Handelsregeln" spezifisch gegenüber der chinesischen Automobilpolitik, der bescheinigt wurde, gegenüber den USA dank der Passivität von Donald Trump die weltweite Führung im Bereich Elektrifizierung übernommen zu haben. Biden übernahm aber auch die europäische Idee von Grenzausgleichsabgaben oder Einfuhrquoten für CO_2-intensive Produkte aus Ländern, die ihre klima- und umweltpolitischen Verpflichtungen nicht erfüllten, sowie den Einsatz für ein weltweites Verbot von Subventionen für fossile Kraftstoffe. Die von dem Kandidaten Biden eingesetzte Klimataskforce wurde mit Senator John Kerry und der Abgeordneten Alexandria Ocasio-Cortez mit Leitfiguren der beiden großen Parteiflügel besitzt. Joe Biden wurde zugleich von einer Vielzahl von Umwelt-NGOs in seiner Kampagne unterstützt und sicherte sich frühzeitig die Mitwirkung einer ganzen Reihe von klimapolitischen Experten.

Eine Zäsur brachte die im September 2020 erlassene Executive Order des kalifornischen Gouverneurs Gavin Newsom, mit der er das CARB anwies, durch eine überarbeitete ZEV-Regelung mit einer 100 Prozent-Quote indirekt ein Verbot von Verbrennerfahrzeugen bis 2035 zu formulieren. Dieses Zieldatum hatte Kamala Harris im Zuge des Vorwahlkampfs ebenfalls befürwortet. Dies ausgehend von knapp 6 % Marktanteil von BEV und 2 % von PHEV im ersten Halbjahr 2020. Einen ersten Schritt soll eine anreizorientierte „Zero Emission Vehicle Market Development Strategy" bilden. Politisch-kurzfristig setzte der Gouverneur auf dem Höhepunkt der Waldbrandsaison in Kalifornien ein hartes Zeichen gegen die Trump-Administration. Er nötigte allerdings auch den Kandidaten Joe Biden zu betonen, dass er bei der Umstellung auf elektrisches Fahren an Incentives und nicht an Verbote gedacht habe. Eine vollständige Regulierung mit Verbotscharakter durch das CARB im kalifornischen Alleingang wäre jedenfalls ein Mehrjahresprojekt bereits ohne juristische Anfechtung. Eine solche wäre aber aus dem kalifornischen Parlament heraus möglich. Zugleich werfen die kalifornischen Pläne noch mehr als alle bisherigen Schritte Kaliforniens die Frage nach einer Zustimmung der Bundesregierung auf. Dass Donald Trump diese sogleich ausschloss war klar, und die EPA erhob sofort Zweifel an der Rechtmäßigkeit der Executive Order – auch unter Verweis auf die drohende Überlastung des instabilen kalifornischen Stromnetzes durch zu viele Elektroautos. Zugleich nahm Donald Trump aber für sich in Anspruch, Elektroautos stark gefördert zu haben und sagte in einer der Fernsehdebatten „I'm ok with electric cars too"

Mit der Wahl von Joe Biden steht jetzt die erneute Wende der US-Klimapolitik an – und eine Wende der Position von Teilen der Industrie: Die Ankündigung der GM-Vorstandsvorsitzenden vom Januar 2021, man wolle bis 2035 nur noch elektrische Pkw (aber nicht „Trucks") anbieten, markiert einen besonders auffälligen „U-Turn".

Für eine bundeseinheitliche Regelung wäre eine erneute Revision der geltenden Vorgaben geeignet, für die die Biden-Administration auch keine neue Kongressmehrheit benötigen würde. Angesichts der hauchdünnen Mehrheit der Demokraten im Senat (Patt mit entscheidendem Votum der Vizepräsidentin) wäre eine umfassende parlamentarisch-gesetzgeberische Lösung, also die Revision des Clean Air Acts der deutlich ambitioniertere Weg. Vor diesem Hintergrund könnte die Biden-Administration schnell die Weichen für eine erneute bundesgesetzliche Kehrtwende innerhalb des geltenden Rechtsrahmens stellen. Die Vereinbarung zwischen Kalifornien und den Herstellern aus dem Jahr 2019 könnte eine Absprungbasis für eine Fortentwicklung des Bundesstandards sein. Mit der Neubesetzung der EPA-Spitze und mit dem Start erneuter gemeinsamer Verhandlungen mit Kalifornien wird ein neuer Zielrahmen für die USA definiert. Dabei wird es um die Schlüsselfragen für die Antriebe der Zukunft gehen: Werden die kalifornischen Ambitionen für eine vollständige Elektrifizierung bis 2035 eine bundesgesetzliche Grundlage bekommen? Oder werden über eine weiterhin gleitende Flottendurchschnittslogik lediglich indirekt steigende Elektrifizierungsraten erzwungen? Wird es wie in der Obama-Gesetzgebung dabei bleiben, dass Kalifornien eine Bundeslösung befolgt? Wie weit würden auch die Nicht-CARB-Staaten einem von Kalifornien definierten Weg folgen? Oder gibt es eine „USA der zwei Geschwindigkeiten"? Wie sieht eine industriepolitische Flankierung aus? Wie werden die Kunden stärker motiviert? Wie wird eine hinreichende Infrastruktur außerhalb der heute bereits elektrofreundlichen (Küsten-)regionen ausgerollt? Die neue US-Administration steht damit 2021 vor den gleichen Fragen wie die EU – und dies zum gleichen Zeitpunkt.

EU

In Europa begann offiziell 2017 die Diskussion über die Ziele, die nach 2020 gelten sollten. Hierbei wollte die Kommission eine Wiederholung der Konfrontation des Jahres 2013 von Anfang an vermeiden. Der neue Klimakommissar Miguel Areas Canete hatte in seiner vorherigen Funktion als spanischer Umweltminister die von seiner Vorgängerin initiierte Auseinandersetzung ausgiebig miterlebt. Er sandte frühzeitig persönlich und durch seine Mitarbeiter das Signal, einen innerhalb eines normalen Verfahrens einigungsfähigen Vorschlag vorlegen zu wollen. Bei dieser Logik half ihm, dass die Neuwahl des europäischen Parlaments Mitte 2019 ein natürliches Enddatum für alle Gesetzesvorhaben definierte. Der von der Kommission Ende 2017 vorgelegte Vorschlag stellte daher eine evolutionäre Weiterentwicklung des bisherigen Systems dar. Es blieb bei den gewichtsbezogenen Flottendurchschnittszielen. Diese wurden für die Jahre 2025 und 2030 in einer weiterhin gestuften Logik festgelegt. Zwei Änderungen waren wichtig und würden in den weiteren Debatten eine wesentliche Rolle spielen:

Erstens wurde die Prüfmethodik zur Ermittlung der Ist-CO_2-Emissionen umgestellt – vom seit 1992 geltenden „Neuen Europäischen Prüfzyklus (NEFZ)" auf den „Worldwide Light Duty Test Procedure (WLTP)". Dieser unten näher beschriebene Umstellungsprozess dauerte aber bis 2020. Erst 2021 würden WLTP-Werte für die ganze Flotte vorliegen. Das bedeutete, dass niemand in 2018 sagen konnte, welcher CO_2-Wert in der Flotte, aber auch für jedes einzelne Fahrzeug 2020 gelten und damit die Absprungbasis für ein neues Ziel bilden würde. Angesichts eines erwarteten Anstiegs der Werte um bis zu über 20 % wäre bei Festlegung eines g/km-Wertes für 2030 völlig unklar gewesen, wie groß die damit einhergehende Verringerung sein muss. Daher hat die Kommission keinen absoluten g/km-Wert für die beiden Zieljahre vorgeschlagen, sondern eine prozentuale Minderung gegenüber dem 2021 mit dem neuen Messverfahren jeweils ermittelten neuen Herstellerwert.

Zweitens: Es würde keine Super Credits ab dem ersten verkauften BEV oder PHEV mehr geben. Stattdessen wurde eine Benchmark für deren Anteil an der gesamten Flotte festgelegt. Eine Übererfüllung dieses

Anteils und damit ein nachgewiesener Beitrag zu einer schnelleren Durchdringung des Pkw-Marktes mit Elektrofahrzeugen wurde mit einer bei 5 g/km gedeckelten „Prämie" in Gestalt eines abgemilderten Flottenwerts honoriert. Mit diesem Ansatz wollte die Kommission einen zusätzlichen Anreiz dafür schaffen, so früh wie möglich auf den elektrischen Pfad zu setzen und damit auch einen Beitrag zur Auslastung bzw. indirekt zum Ausbau der Ladeinfrastruktur in der EU zu leisten. Zugleich stellte dieser Schritt die erste (zwar nicht im technischen Detail aber konzeptionelle) Übernahme chinesischer regulatorischer Innovationen durch die EU dar.

Innerhalb der Kommission einigte man sich gegen den harten Widerstand einiger deutlich ambitionierter Mitgliedsstaaten bereits in der Vorbereitung des Vorschlags auf 15 % Minderung gegenüber 2020 in 2025 und 30 % in 2030. Die E-Benchmark entsprach diesen Werten. Für höhere Anteile als 15 % und 30 % sollten Gutschriften erfolgen.

Positionierungen

Der europäische Herstellerverband ACEA und die Unternehmen haben diesen Vorschlag in seiner Grundstruktur und Ausgestaltung unterstützt, kritisierten aber die Höhe der Ziele. Ihre Rechnung lautete wie folgt: Selbst bei denjenigen Herstellern, die bisher noch keine E-Fahrzeuge auf den Markt bringen mussten, würden die konventionellen Einsparmaßnahmen für nicht mehr als 2 % Minderung jährlich ausreichen. Zugleich dürften die gesunkenen Dieselanteile Effizienzvorteile in der Größenordnung von weiteren 1–2 % kosten. Das bedeutete, dass in dem Zeitraum von 2020 bis 2025 mit nicht mehr als 5 % Minderung über Verbrennungsmotorische Maßnahmen gerechnet werden konnte. Die restlichen 10 % müssten somit über Elektrifizierung erbracht werden, und zwar im Durchschnitt der Europäischen Union. Die ACEA-Position als Einstieg in die Debatte lautete daher 10 und 20 % als konservativeren und mit weniger Risiko für die Industrie erreichbaren Zielwerten für 2025 und 2030. In dieser Haltung bestand grundsätzliche Einigkeit zwischen den Herstellern. Am anderen Ende des Spektrums forderten die Umweltverbände und ihre Verbündeten eine Halbierung des CO_2-Ausstoßes bis 2030 und einen verbindlichen Ausstieg aus der Verbrennertechnologie bis 2040. Zudem sollten alle Vorteile für PHEV gestrichen und eine additive, strafbewehrte Quote für Nullemissionsfahrzeuge nach chinesisch-kalifornischem Vorbild ohne Vorteile für die Flottenwertberechnung eingeführt werden.

Rat und Parlament

Das treibende politische Moment für eine verschärfte Diskussion kam nicht aus der Kommission oder der Industrie, sondern vor allem aus den Mitgliedstaaten. In einem Schreiben wenige Tage vor der Beschlussfassung der EU-Kommission über den Canete-Vorschlag ging ein Brief des französischen Premierministers Edouard Philippe in Brüssel ein, der von anderen Ländern wie den Niederlanden unterstützt wurde. In diesem wurde ein Katalog an teilweise systemverändernden Elementen gefordert und der Entwurf der Generaldirektion Klima abgelehnt. Die wesentlichen Vorschläge lauteten: 40 und 20 statt 30 und 15 %, Festlegung eines Endes der Produktion von Verbrennungsfahrzeugen im Jahr 2050 und Einführung eines eigenen strafbewehrten E-Fahrzeugquotensystems nach kalifornischem Vorbild zusätzlich zur Flottengesetzgebung.

Dieser stark an den Forderungen der NGOs angelehnte Katalog wäre darauf hinausgelaufen, dass innerhalb von weniger als einem Auto-Lebenszyklus ein fundamentaler technologischer Wandel erreicht werden müsste, der in der bisherigen Industriegeschichte sicherlich ohne Beispiel wäre. Die Zahlen: Im Jahr 2017 betrug der Anteil von BEV und PHEVs in der EU 1,7 % (2018 gut 2 %). Selbst BMW als europäischer Marktführer des Jahres 2017 und 2018 hatte nur 7 % Anteil von E-Autos erreicht. Hinzu kam und kommt bis heute eine extreme Zersplitterung der EU auf Nachfrageseite (s. u.). Märkte mit starken steuerlichen Förder-Maßnahmen wie beispielsweise Frankreich brachten es auf 7–9 %, Deutschland gerade einmal auf 5 %. Diese Anteile wurden zwar in den skandinavischen Hochsteuerländern aufgrund der dortigen Steuerprivilegien überboten. Diese Märkte liefern allerdings nur geringe absolute Volumina. Dagegen lagen aber große Märkte wie Spanien oder Italien bei nur 2 bis 3 %. Der Vorschlag hätte also bedeutet, dass bis 2025 mehr als eine Verzehnfachung des Anteils dieser Produkte am Gesamtmarkt hätte erreicht werden müssen – mit Fahrzeugen, die erst seit 3–4 Jahren überhaupt existieren. Wenn davon ausgegangen wurde, dass Länder wie Rumänien oder Bulgarien oder v. a. Italien auch in Zukunft niedrigere Aufnahmeraten für neue Fahrzeugtechnologien haben würden, müsste in Ländern wie Frankreich oder Deutschland bereits sehr früh ein weit höherer als der Durchschnittswert erreicht werden. Nach strittigen Debatten im EP positionierte sich dieses mit einer Forderung nach 40 % und 20 % weitgehend auf der Linie Frankreichs. Diese Position bildete zugleich die „Mitte" zwischen der Haltung der EVP, welche den 30 % Vorschlag der Kommission unterstützte und den Grünen, welche die NGO-Forderungen teilten. Das Parlament verschärfte also wie immer den Kommissionsvorschlag. Ein Verbrennerverbot war dagegen nicht mehrheitsfähig und es gab auch keine Mehrheit für die Einführung einer ZEV-Quote. Bei der folgenden Debatte im Rat mischten sich mehrere Gesichtspunkte:

In Frankreich war der damalige Umweltminister Nicolas Hulot, ein prominenter Fernsehmoderator und Umweltschützer lange als „grünes Aushängeschild" für Präsident Macron nützlich und hatte daher Spielraum für sehr weitgehende Forderungen. Es kam hinzu, dass der Aufbau einer industriepolitischen Gegenposition zu Deutschland stets nützlich war, um bei völlig anderen Themen Entgegenkommen von der deutschen Seite zu erreichen. Die Niederlande haben im Bereich Automobil kaum etwas zu verlieren. Die einzige relevante Automobilproduktion war die Auftragsfertigung von Fahrzeugen der Marke MINI durch die BMW Group. Zugleich haben die Niederlande aufgrund der weitgehenden Dominanz des städtischen Großraums Rotterdam/Amsterdam ideale Voraussetzungen für schnelle Elektrifizierung. Dänemark, Schweden und Finnland sowie Luxemburg agierten analog. Großbritannien unterstützte ebenfalls eine Hardliner-Position. Dies geschah trotz einhelligen Widerspruchs aller etablierten Automobilhersteller. Ein vehementer Unterstützer der Regierungslinie war James Dyson, der über seine Staubsauger hinaus den Einstieg in die Produktion von Elektroautos lautstark kommuniziert hatte und zugleich einer der wichtigsten Brexitunterstützer war (inzwischen wurde der Dyson-Auto-Plan erst komplett nach Singapur verlegt, dann vollständig „beerdigt"). Verschärfend kam schließlich die

Luftqualitätssituation insbesondere in London und die von der dortigen Labour Stadtregierung parteiübergreifend unterstützte Anti-Auto-Linie hinzu.

In Italien waren die Zeiten vorbei, in denen man unbesehen von einer Gleichheit der Regierungslinie mit derjenigen von Fiat ausgehen konnte. Egal ob sozialdemokratisch oder von Christdemokraten oder von Forza Italia getragen, hatte Italien zuvor immer eine Linie unterstützt, die darauf zielte, für kleine Fahrzeuge minimale klimapolitische Anstrengungen zu fordern und insbesondere den Zwang zur Elektrifizierung soweit irgend möglich aufzuschieben. Die zu diesem Zeitpunkt auf den relevanten Ministerposten platzierten Vertreter der Fünf Sterne Bewegung dagegen haben sich ohne erkennbaren Dialog mit der italienischen Industrie auf die Seite Frankreichs geschlagen.

Auf der anderen Seite stand die Mehrzahl der Länder Mittel- und Osteuropas. Diese trugen mit ihrem erheblichen Anteil an Zulieferindustrien, die außerdem wesentlich von der Verbrennungstechnologie abhingen und -hängen, nicht unerhebliche volkswirtschaftliche Risiken. Mehr noch, die Rolle, welche Automobilinvestitionen für den wirtschaftlichen Wiederaufstieg von ganzen Regionen in Ungarn, Tschechien, Polen, oder der Slowakei gespielt hatten, bestärkte die dortigen Regierungen in ihrer ablehnenden Haltung gegenüber aus ihrer Sicht zu weitgehenden westeuropäischen Vorstellungen.

In Berlin ist es dagegen über Monate hinweg nicht gelungen, eine gemeinsame Haltung zu definieren. Dabei standen sich das Verkehrs- und Wirtschaftsministerium auf der einen Seite, das Umweltministerium auf der anderen Seite gegenüber. Wirtschafts- und Verkehrsressort, d. h. CDU und CSU, hielten den Canete-Vorschlag ebenso wie die EVP und ihr Chef Manfred Weber in der vorliegenden Form für annahmefähig. Das SPD-Umweltministerium hat sich dagegen die Haltung des Umweltbundesamtes und der NGOs sowie der Sozialisten im EP zu eigen gemacht. Bemerkenswert war, dass die SPD sich in diesem Projekt letztlich auch gegen die Position der Gewerkschaft IG Metall positionierte. Durch diese Blockade wurden alle Möglichkeiten für eine frühe, wirksame Steuerung der Diskussion in Brüssel vertan. Erst direkt vor dem offiziellen Abstimmungstermin setzte das Kanzleramt die Unterstützung des Canete-Vorschlags durch. Nur: Umweltministerin Schulze tat auch dann nichts, um für diese Haltung zu werben, sondern schwieg im Rat. Damit fiel Deutschland als gestaltender Faktor aus und überließ es allein der österreichischen Ratspräsidentschaft, einen Kompromiss der Mitgliedsstaaten zu definieren. Im Rat einigte man sich schließlich auf die Mitte zwischen 40 (Frankreich und andere) und 30 (Kommission), also 35 % Minderung bis 2030. Hiermit ging es in den Trilog mit Parlament und Kommission.

(Zwischen-)Ergebnis

Letztlich kam unter der Präsidentschaft Österreichs ein Ergebnis heraus, das genau der Brüsseler Arithmetik folgte: Für das relativ kurzfristige 2025er Ziel blieb es bei dem Vorschlag der Kommission von 15 % Reduktion. Für 2030, den wesentlich symbolhaltigeren Wert, einigten sich Rat und Parlament auf die genaue „Mitte" ihrer jeweiligen Positionen, also 37,5 %. Hinzu kamen technische Modifikationen, wie eine etwas bessere Anrechnung von PHEVs auf die Elektro-Benchmark, die es erleichtert, das volle Potenzial der Gutschrift von 5 g/km auf das CO_2-Flottenziel auszuschöpfen. Dieses Ergebnis bedeutete für ein Unternehmen wie BMW immer noch den Zwang, bis 2030 rund die Hälfte der Flotte in Europa zu elektrifizieren, den Anteil also gegenüber 2018 (knapp 7 %) zu versiebenfachen. Über diese heute schon berechenbaren Folgen hinaus beinhaltete das Brüsseler Paket aber zwei weitere noch nicht berechenbare Elemente: Die Kommission soll erstens bewerten, ob CO_2 auch auf Basis von Straßenwerten gemessen werden soll und zweitens soll die Option einer Lebenszyklusbetrachtung aller Fahrzeuge und Technologien geprüft werden. Das bedeutet, dass a) nicht klar ist, wie der CO_2-Ausstoß von Fahrzeugen nach 2030 gemessen werden wird, und b) ob auf diesen noch weitere Emissionen der Erzeugung von Energie, Batterien usw. aufgeschlagen werden. Damit ist das System in seiner heutigen Struktur in Frage gestellt – wie das passiert und was dies für die Industrie bedeutet, bleibt aber total offen.

Green Deal

Anfang 2020 verkündete die neue Kommissionspräsidentin Ursula von der Leyen ihren Plan für den „Green Deal" der EU. Dieser wurde im Herbst 2020 noch weiter präzisiert. Dieser stelle, einem Kennedy-Zitat folgend, den „Moonshot" der EU dar. Konkret schlug sie vor, dass sich die EU nicht mehr nur zu einer Minderung der Treibhausgase von 40 % bis 2030 gegenüber dem Stand von 1990 verpflichte, sondern zu 55 %. Entsprechende Studien und ein Konsultationsprozess für eine gesetzliche Festlegung Europas auf dieses Ziel wurden gestartet. Damit wurde rechtliches Neuland betreten: Mit einem solchen übergreifenden Gesetz würde ein Aufhänger für wesentlich erweiterte Gemeinschafts- und v. a. Kommissionskompetenzen geschaffen – gegenüber den Mitgliedsstaaten, aber auch gegenüber allen betroffenen Bürgern und Unternehmen. Verschärfungen von Regulierungen werden bei Umsetzung dieses Konzepts nicht mehr auf der Basis eines vollen Gesetzgebungsverfahrens, sondern im Wege der „Komitologie" ermöglicht, also in Regelungsausschüssen unter Kommissionsführung. Jede erwartete Abweichung vom verabschiedeten Zielpfad liefert in diesem Ansatz den Anlass für eine Intervention der Kommission. Konkret für die Automobilindustrie relevanter war aber ein anderer Vorstoß: Die Revision der gerade erst verabschiedeten CO_2-Zielwerte soll bereits 2021 erfolgen. Dahinter steht die Vorstellung, dass es kein gemeinschaftsweit erhöhtes Gesamtziel ohne eine härtere Anspannung im Verkehr insgesamt, und keine härteren Ziele im Verkehr ohne schärfere Ziele für neue Pkw geben könne. Implizit stand aber auch dahinter, dass die neuen Schwergewichte hinter der Kommission, also Frankreich und große Teile des seit den Neuwahlen gestärkten liberal-sozialdemokratisch-grünen Spektrums im Parlament der Meinung waren, dass die (deutschen) Hersteller „zu gut weggekommen" seien. In dieser potenziellen „Hochlaufphase" einer Neuauflage der Debatte wurde die EU von der Corona-Pandemie erreicht.

Verbrennerausstieg

Bei der Ankündigung des Green Deal klammerte die Kommission zunächst eine entscheidende Frage aus, die bereits auf ihrem Tisch lag: Die Diskussionen über den maximalen restriktiven Schritt zur CO_2-Minderung im Verkehr, das Ende des Verkaufs von Verbrennerfahrzeugen, hatte bereits 2017 auf nationaler Ebene begonnen. Eine Reihe von Ländern der EU definierte seitdem politische Ziele für die vollständige Elektrifizierung des Neufahrzeugangebots. So sieht der 2017 veröffentlichte verkehrspolitische Plan Norwegens das Ziel vor, bis 2025 einen vollständig dekarbonisierten Pkw-Markt zu erreichen. Allerdings sah diese Aussage keine rechtlichen Umsetzungsinstrumente wie ein Verkaufs- oder Zulassungsverbot vor. Die dänische politische Absichtsbekundung von 2018, bis 2030 keine reinen Verbrennungsmotorenfahrzeuge mehr neu in den Markt zu bringen und bis 2035 auch PHEV nicht mehr verkauft zu sehen, spricht sich für eine ganze Reihe von nachfrageorientierten Maßnahmen unterhalb der Schwelle eines Totalverbots aus. Die fast zeitgleich im Herbst 2018 gemachte Aussage Islands für das Jahr 2030 Null Emissionen bei Neufahrzeugen zu erreichen, ist ebenfalls nicht gesetzgeberisch weiter spezifiziert worden. Die Republik Irland hat 2019 mit einem Zieldatum 2030 ebenfalls keine direkten legislativen Maßnahmen verbunden. In den Niederlanden wurde das gleiche Ziel mit der Verstärkung von Anreizen und dem Aufbau von Ladeinfrastruktur verbunden. Ende 2019 kündigte die schwedische Regierung an, ab 2030 keine Benzin- und Dieselfahrzeuge mehr zulassen zu wollen, eine entsprechende Folgenabschätzung als Basis für einen Legislativvorschlag wurde angekündigt, ebenso wie gleichgerichtete Initiativen auf europäischer Ebene. Frankreich hat sich zunächst auf europäischer Ebene für ein Auslaufdatum für Verbrennungsmotoren im Jahr 2040 ausgesprochen (s. o.) und im Dezember 2019 in einem verkehrspolitischen Rahmengesetz dieses Ziel definiert, allerdings ebenfalls ohne bislang konkrete gesetzgeberische Umsetzungsmaßnahmen anzukündigen. Spanien hat schließlich 2019 ähnliche Ankündigungen gemacht, diese allerdings verbunden mit einer Verstärkung nachfrageseitiger Unterstützungsmaßnahmen. In Deutschland forderten die Grünen im Wahlkampf 2017 ein

Verbrennerverbot 2030 als Voraussetzung einer Koalitionsbeteiligung, eine Sicht, die sich der grüne Ministerpräsident von Baden-Württemberg jedoch nicht zu eigen machte. Die Bundesumweltministerin signalisierte Sympathie für Frankreich, während die Bundeskanzlerin darauf verwies, dass das Parisziel CO_2-Neutralität 2050 zwar nicht mit Verbrennern erreichbar, 2017 die Zeit für Ausstiegsdebatten mit Jahreszahlen aber nicht gekommen sei. Die CSU lehnte damals jede Verbotsdebatte klar ab.

Bei dieser Debatte ist eines zentral: Im europäischen Binnenmarkt ist ein Verbot von Produkten, die eine Zulassung für den europäischen Markt haben, rechtlich allenfalls unter Berufung auf eine lokale Extremsituation (Schadstoffsituation) möglich, nicht aber als nationale Abweichung vom europäischen Recht. Deswegen ist auch keine der nationalen Regierungen so weit gegangen, einen gesetzgeberischen Schritt zu machen, der im Widerspruch zum europäischen rechtlichen Rahmen stünde. Allerdings haben sich im Oktober 2019 zehn EU-Mitgliedsstaaten unter Führung Dänemarks Ende 2019 an die EU-Kommission mit der Aufforderung gewandt, nationale Verbote zu ermöglichen und eine Strategie für die Ermöglichung von nationalen Verboten bis 2030 gefordert. Die Kommission hat in Ihrer kurzfristigen Antwort die o. g. rechtliche Situation und ihr Bekenntnis zur Aufrechterhaltung des Binnenmarkts mit einer Einladung zu einer politischen Debatte über einen gemeinschaftsweiten Ansatz verbunden. Hiermit war absehbar, dass die Diskussion über die Fortsetzung der Klimaschutzpolitik im Automobilbereich eine Debatte über einen Ausstieg aus der Verbrennungstechnologie werden würde. Die im Hinblick auf die Bürger der EU aber natürlich auch mit Blick auf die wirtschaftlichen Konsequenzen für die europäische Industrie schwerwiegendste politische Frage lag damit jetzt offiziell auf dem Tisch. Mit einem gemeinsamen Schreiben an die EU-Kommission im März 2021 erneuerten Belgien, Dänemark, Griechenland, Irland, Litauen, Luxemburg, Malta, die Niederlande und Österreich die Forderung nach einem Enddatum für Benzin und Dieselfahrzeuge. Damit muss Europa die politisch-konzeptionelle Frage klären, ob es den bislang für Gesundheitsgefährdungen reservierten Weg des vollständigen Produktverbots nunmehr auch für klimapolitische Ziele ergreift. Der Schritt aus einer Logik, die immer weniger CO_2 einfordert, dabei aber den technischen Weg offen lässt, hin zum Ausschluss von Emissionen aus dem Fahrzeug würde konzeptionell natürlich den Weg für ein analoges Vorgehen auch in anderen Industrien ebnen (Heizungsanlagen, Baumaterialien, Energieerzeugungstechnologien usw.).

Die nicht mehr an EU-Recht gebundene britische Regierung hat derweil im November 2020 angekündigt, ein Gesetz zu erlassen, mit dem bis 2030 der Verkauf von rein verbrennungsmotorisch angetriebenen Fahrzeugen beendet werden soll. Für Fahrzeuge mit „hinreichender" elektrischer Reichweite (PHEV) soll die Frist bis 2035 dauern. Dies soll mit 1,3 Mrd. Pfund für den Ausbau der Ladeinfrastruktur flankiert werden. Hiermit wollte Premierminister Johnson ein politisches Signal im Kontext der ursprünglich für 2020 geplanten dann auf 2021 verschobenen Welt-Klimakonferenz in Glasgow setzen. Diese Entscheidung fiel trotz des Widerstands der Automobilindustrie und ihres Verbands. Greenpeace und andere NGOs lobten das Vorhaben.

Schließlich diskutiert die japanische Regierung seit Dezember 2020 einen Ausstieg aus reinen Verbrennerfahrzeugen ab der Mitte der 2030er-Jahre. Hierauf reagierte wiederum die Gouverneurin von Tokyo mit einer Aussage, sie strebe ein Verbot für „gasoline-only" Autos ggfs. schon für 2030 an. Allerdings beträgt der Anteil von „non-gasoline cars" (hierzu werden neben BEV, FCEV auch PHEV und bisher auch HEV gezählt) in Tokyo bereits 2019 bei 40 %. Konkrete gesetzgeberische Entscheidungen hierbei fielen aber bis Ende 2020 nicht.

CO_2 und Corona

Der Ausbruch der Corona Pandemie ereignete sich zu einem Zeitpunkt als die Klimadebatte gerade in Europa einen neuen Höhepunkt öffentlicher Sichtbarkeit und politischer Wirksamkeit erreicht hatte. Mit der „Fridays for Future"-Bewegung war ein Verstärker für die bis dahin etablierte Arbeit der grünen Parteien und der Umweltverbände aufgetreten, der im Laufe des Jahres 2019 mit enormer Geschwindigkeit die Debatte mitbestimmte. Aus einer Initiative der Familie Thunberg wurde – allerdings letztlich wirksam nur in Westeuropa – ein politischer Faktor, bei dem für alle bekannten klimapolitischen Forderungen und Konzepte ein neuer Kristallisationspunkt in Gestalt von Schülerprotesten geliefert wurde. In Deutschland beeilten sich die Parteien diese Bewegung entweder vehement zu unterstützen, oder aber mindestens zu betonen, dass man ja die Ziele und Anliegen teile, lediglich das Fernbleiben von der Schule doch vielleicht ein Problem darstelle. Inhaltlich stand das Automobil – mindestens das nicht-elektrische – natürlich von Anfang an im Fokus der Kritik. Die Diskussion um weitere Fördermaßnahmen für die Umstellung auf Elektroantriebe wurde beschleunigt. Die IAA im September 2019 bot dann auch die Gelegenheit für eine Blockadeaktion am Messeeingang, die bereits in der Phase ihrer Ankündigung einen medial massiv verstärken Effekt auf die öffentliche Kritik an der Automobilindustrie hatte (vor allem im Vergleich zu der niedrig dreistelligen Zahl der tatsächlichen Protestteilnehmer). Die Reaktion des VDA, der fehlgeschlagene Versuch, das Thema durch Gesprächsangebote frühzeitig zu entschärfen, die erkennbaren Absetzbewegungen der Frankfurter Stadtregierung von der Automobilmesse zeigten schlaglichtartig, wie stark gerade die Automobilindustrie in Deutschland klimapolitisch unter Beschuss stand. Die gesunkenen Besucherzahlen der Messe wurden dann auch durch große Teile der Medien weniger dem Trend zugeschrieben, der bereits seit längerem dem etablierten Automessegeschäft entgegenblies (und dem bereits Events wie die Detroit Motor Show zum Opfer gefallen waren) als vielmehr der politischen Debatte. In diese Phase fiel auch der Rücktritt des VDA-Präsidenten Mattes im September 2019.

Corona schien zunächst die Klimapolitik in den Hintergrund zu drängen. Schlagartig ging es um die kurzfristige wirtschaftliche Zukunft aller Industrien Europas. Und sofort tauchte die Frage auf, was denn Corona für die CO_2-Gesetzgebung der EU heißen könnte. Es gab Ideen für die Forderung nach einer Aussetzung oder Verschiebung der CO_2-Grenzwerte. Andere Hersteller, auch die BMW Group, widersprachen öffentlich und deutlich einer derartigen Positionierung. Es war an den Daten nicht erkennbar, dass potenzielle Käufer elektrifizierter Fahrzeuge durch die Corona-Folgen stärker vom Kauf abgehalten wurden als solche mit konventionellen Antrieben. Gemeinsam von ACEA und VDA vertreten wurde die Position, dass angesichts der Pandemie keine verfrühte Diskussion über weitere Verschärfungen der CO_2-Anforderungen an die Industrie Richtung 2030 und darüber hinaus geführt werden sollten. Soweit die ersten industriellen Reaktionen in der ersten Hälfte 2020. Strukturell ging aber die Wirkung der Pandemie in eine ganz andere Richtung als es zunächst schien. Die Coronakrise hat im Verlauf von wenigen Monaten eine Debatte zwischen Mitgliedstaaten und EU ausgelöst, die kennzeichnend für die mittlerweile erreichte Stabilität des klimapolitischen Primats in der EU ist:

Zunächst waren die Reaktionen, die von einzelnen Mitgliedstaaten unkoordiniert und mit extrem unterschiedlichem Erfolg gegen die Pandemie ergriffen wurden, ein Indiz für die Handlungsschwäche der europäischen Institutionen. Der alleinige Fokus in der Wahrnehmung von Öffentlichkeit und Medien lag auf den „starken Männern und Frauen" an der Spitze der Mitgliedsstaaten. Diese konnten sich als Krisenmanager gegen ein von außen in ihre Länder hineingetragenes existenzielles Problem positionieren. Dies lag natürlich auch an den Grenzen der europäischen Entscheidungskompetenzen im Bereich der Innen- und Gesundheitspolitik. Und daran, dass die sehr schnell erforderlich gewordenen tief greifenden Beschränkungen in der Ausübung von Grundrechten nach wie vor ausschließlich auf nationaler Ebene formal entschieden aber eben auch nur dort politisch legitimiert werden konnten. Die europäischen Institutionen standen daher über Monate am Rande. Während sich in China die nationale Führung die Bewältigung der Krise anrechnete, war die Kohärenz der direkten politischen Antworten in Europa weitaus geringer, die nationalen Unterschiede in der Schwere der Krise und der Wirksamkeit des politischen Managements waren erheblich.

Je mehr sich allerdings der Fokus der öffentlichen Debatte von der akuten Verlangsamung des Ansteckungsgeschehens auf die negativen Folgen der Maßnahmen für die Wirtschaft und die Frage richtete, wie die ökonomischen Einbrüche möglichst schnell überwunden werden könnten, änderte sich das Bild: Mit den im Mai 2020 vorgelegten Vorschlägen der französischen und der deutschen Regierung und dem darauf aufsetzenden, mit über 700 Mrd. € noch weiter gehenden europäischen Plan geschah zweierlei: Einerseits verlagerte sich die Diskussion auf die EU-Ebene, einschließlich der Frage, wie die wirtschaftlichen Lasten zwischen den Mitgliedstaaten verteilt werden sollten. Andererseits rückte die Verbindung zwischen Wirtschafts- und Klimapolitik ins Zentrum (s. o. beim Thema „Abwrackprämie"). Es war von Beginn der Diskussion an ein

Kernnarrativ der EU-Kommission, dass es für die Bekämpfung der globalen Klimakrise zentral auf EU-Ebene gestellte Weichen benötigt. Umso stärker war der Ehrgeiz von Kommission und Parlament, politische Handlungsfelder zu identifizieren, auf denen sie nicht nur Führungswillen, sondern auch bereits rechtliche Führungsfähigkeit haben. Die Forderung nach „Big Government" aus Brüssel konnte auf der These aufsetzen, dass es entschlossenes politisches Handeln und auch die Bereitschaft zu harter Intervention waren, die Corona eingedämmt haben. Während es sich hierbei, so das Narrativ der Kommission, um eine unmittelbar akute Bedrohung handelte, die national bekämpft wurde, stellt der Klimaschutz eine mittel- und langfristige, v. a. aber noch schwerere Gefährdung dar. Diese erfordere entschlossenes und nicht weniger tief in Wirtschaft und Gesellschaft eingreifendes Handeln – dies aber eben gemeinschaftsweit. Die These, wonach Corona eine Chance darstellte, die Rettung der Wirtschaft durch den Staat gleich so auszugestalten, dass die Dekarbonisierungsagenda vorangebracht wird, wurde sehr schnell aufgegriffen und breit von nationalen Politikern, Medien, Parteien und Verbänden übernommen. Die europäische Wirtschafts- und Industriepolitik wurde damit in einem erheblichen Teil letztlich zu klimapolitisch motivierter Strukturpolitik.

Das im Oktober 2020 vorgelegte Arbeitsprogramm der Kommission konkretisierte den umfassenden Anspruch des Green Deal. Es beinhaltete über die Revision der Richtlinie für die CO_2-Emissionen von Pkw und leichten Nutzfahrzeugen hinaus eine umfassende Überprüfung der bestehenden klimapolitischen Instrumente und deren Ausweitung: Revision des Emissionshandelssystems, Anpassung der gerade erst 2018 revidierten Richtlinie für Erneuerbare Energien (RED) und der Energieeffizienzrichtlinie. Mit einer neuen Diskussion über die Richtlinie über die Energiebesteuerung wird die Kommission die Debatte über die relative und absolute Besteuerung von Otto und Diesel wiedereröffnen. Die Revision der Richtlinie zur Alternativen Kraftstoffinfrastruktur (AFID) betrifft eine Schlüsselfrage der Elektromobilität. Zugleich sollen die Schadstoffstandards über Euro 6 hinaus diskutiert und neue Initiativen für Nachhaltige Produktgestaltung gestartet werden. Mit einer Gesetzgebung zu „Nachhaltiger Unternehmensführung" und einem EU-Standard für „Grüne Anleihen" werden weitere, zentral klimapolitisch begründete cross-sektorale Vorhaben angeschoben. Schließlich wurde die konkrete Ausarbeitung des „Border Adjustment Mechanism" angekündigt.

Dabei ist ein gemeinsamer Grundzug der Diskussionen auf nationaler wie europäischer Ebene die Rollenverschiebung zwischen wirtschaftlicher und politischer Sphäre: Staatliches Handeln zur Rettung der Gesundheit der Bevölkerung hat zunächst tief greifende wirtschaftliche Schäden ausgelöst, die angesichts dessen, was für alle auf dem Spiel stand, auch akzeptiert wurden. Im nächsten Schritt ist es dann wiederum die „starke Hand des Staates", die über die wirtschaftliche Zukunft der Industrie entscheidet. Corona ist also ein in doppelter Hinsicht wirksamer Schub für den Primat der Politik gegenüber der Wirtschaft – jedenfalls dann, wenn die Reparatur der Coronafolgen in der Wahrnehmung der Mehrheit gelingt. Während dies auf nationaler Ebene für die kurzfristige Bekämpfung der Krise ganz unmittelbar gilt, sind die Konsequenzen auf europäischer Ebene indirekt aber um nichts weniger wirksam. Die Logik lautet: Corona hat gezeigt, dass, wenn eine Bedrohung als unmittelbar und lebensgefährlich wahrgenommen wird, Interventionen von einer Breite und Tiefe möglich sind, die lange unvorstellbar erschienen. Muss es nicht gelingen, für die genauso große Bedrohung durch die Klimaerwärmung einen vergleichbaren Schub zu erzeugen?

Dieser Logik entsprach die programmatische Rede der Kommissionspräsidentin von der Leyen im September 2020, ebenso wie die parallelen Arbeitspapiere der Kommission. Die Frage, ab wann es in der EU keine verbrennungsmotorisch angetriebenen Fahrzeuge mehr geben dürfe, wurde offiziell auf die Agenda gesetzt und ein Vorschlag der Kommission hierzu angekündigt. Die Logik ist einfach: „Wenn Europa 2050 klimaneutral sein solle, dann darf es zu diesem Zeitpunkt keine Verbrenner auf der Straße mehr geben. Damit der Bestand auf „0" kommt, müssen rechtzeitig vorher die Neuzulassungen aufhören." Zugleich wurde vorgeschlagen, die 2030er Ziele zu verschärfen. Damit waren die Stellhebel für die anstehende Diskussion definiert: Verbot ja oder nein? Wenn ja, nur reine Verbrenner oder auch PHEV, EREV usw.? Synfuel als Option eines klimaneutralen Verbrenners – ja oder nein? Wieviel Verschärfung in 2030? Der politische „Bazar" zwischen den Mitgliedstaaten, der Kommission und dem Parlament wurde damit faktisch bereits vor der offiziellen ersten Kommissionsvorlage eröffnet. Zugleich nötigte diese Aussage den wesentlichen Playern eine Positionierung ab.

Die Automobilverbände ACEA und VDA hielten in ihren Reaktionen auf die Aussagen der Kommission wie auch angesichts der Executive Order aus Kalifornien an ihrer Grundposition für Technologieneutralität fest. Ein Signal in Richtung Verbrennerverbot sendete dagegen der bayerische Ministerpräsidenten Markus Söder auf dem CSU-Parteitag am 26. September 2020. Er sagte unter Bezug auf die kalifornischen Ansagen: „Wir sollten da ein Enddatum definieren." Auch wenn in späteren Statements offen bleib, ob hiermit nur „fossile" Verbrenner gemeint seien (und damit eine Tür Richtung Synfuel offenbleibe), und der SPD-Ministerpräsident von Niedersachsen sich gegen ein festes Ausstiegsdatum ausprach, war diese Aussage ein weiteres Indiz dafür, dass es in den 2021 beginnenden Debatten nur noch um das Design, den Zeitplan, die technischen Kriterien des europäischen Ausstiegsszenarios gehen könnte. Politisch-taktisch war damit begonnen worden, ein potenzielles Wahlkampfthema in Deutschland und ein Hindernis für eine schwarz-grüne Koalitionsoption 2021 frühzeitig zu entschärfen und die Latte für eine Einigung niedriger zu legen. Die Grünen ihrerseits erweiterten ihre schon 2019 formulierte Forderung nach jährlich steigenden Quoten für den Anteil von EVs mit einem Quotenkonzept für CO_2-neutrale Kraftstoffe. Dabei sollten Wasserstoff dem schweren Lkw und Synfuels dem Luft- und Schiffsverkehr vorbehalten werden.

Die Debatte über das größte klima- und industriepolitische Experiment der Geschichte der europäischen Automobilindustrie hat damit begonnen.

China

In China lief derweil die Umsetzung der zuletzt 2018 definierten Politik nach Plan, aber die Diskussion um die nächste Etappe hat auch hier begonnen. Mit der Ankündigung von Präsident Xi Jinping im September 2020, China wolle bis 2030 den Höhepunkt in der Entwicklung der CO_2-Emissionen und in den anschließenden Jahrzehnten bis 2060 Klimaneutralität erreichen, wurde ein übergreifendes Zeichen gesetzt.

Dieses wurde im März 2021 im Rahmen des 14. Fünfjahresplans bestätigt. China hat damit seine Rolle als zentraler Player für die Erreichung der in Paris definierten Ziele und als „Teil der Lösung" redefiniert. Mit dieser Ankündigung hat die chinesische Regierung zugleich die Angriffsflächen in Richtung der EU, aber auch der USA verringert. Sie hat dem Argument, China strebe ungebremstes Wirtschaftswachstum ohne klimapolitische Beschränkung an, das Narrativ entgegengesetzt, dass nach der Phase aufholender Entwicklung auch China auf den Weg einer konsequenten Dekarbonisierung einschwenkt. Diese Vorgabe von oben stellt damit die Richtschnur für die operative Politik in den kommenden Jahren dar. Die chinesische Administration befindet sich erneut in einer Phase des sorgfältigen Evaluierens und Testens von möglichen Veränderungen. Deren Ergebnis wird darüber bestimmen, in welcher Geschwindigkeit und mit welcher Härte die Umsetzung des definierten Kurses fortgesetzt wird. Dass seine Richtung noch einmal in Frage gestellt wird, erscheint jedoch unwahrscheinlich.

Seit 2015 führt China in punkto absolutem Verkaufsvolumen die weltweite Statistik der Elektrofahrzeugzulassungen an. Der Anteil der NEVs an den Gesamtneuzulassungen lag jedoch im August 2020 bei „nur" 5 %. Zwar hat das Marktwachstum zuletzt nicht voll auf dem von der Regierung 2016 definierten Zielpfad für 2020 gelegen und die gesamtwirtschaftliche Anspannung 2019 hat in China zu einer Unterbrechung des Wachstums des NEV-Markts geführt (allerdings war das Minus mit 4 % nur halb so hoch wie im Gesamtautomobilmarkt). Daher wurde das von der Staatsführung erst 2019 hochgesetzte Ziel für 2025, einen NEV-Anteil von 25 % am Gesamtmarkt zu erreichen, ein Jahr später im Rahmen des neuen „NEV Industry Plan" wieder auf 20 % gesenkt. Zugleich wurde in dem neuen Papier die Notwendigkeit fortgesetzter Nutzervorteile z. B. bei Parken und Laden anerkannt. Ende 2020 war aber noch kein Ausgang der konzeptionellen, konkurrierenden Arbeiten der verschiedenen chinesischen Ministerien (Industrieministerium, Umweltministerium, NDRC) für die konkrete Fortschreibung der NEV-Politik absehbar. Mit den Instrumenten der CO_2-Flottengesetzgebung und dem NEV-Mandat steht aber ein beliebig einsatzbares Instrumentarium zur Verfügung. Es gab in China bis Ende 2020 jedoch keinen Vorschlag für ein das ganze Land umfassendes Verbrennerverbot. Es ist aber durchaus vorstellbar, dass ein Pfad der härteren Restriktionen für Verbrennungsfahrzeuge zunächst auf städtischer bzw. regionaler Ebene getestet wird. So hat die 9 Mio. Einwohner zählende Insel Hainan im März 2019 ein Verbot allen nicht-NEV in 2030 angekündigt. Eine derartige flexible Vorgehensweise erscheint für China als plausible Alternative zu in Erz gegossenen Ausstiegsdaten.

Jedenfalls zeichnet sich ab, dass China mit einem anderen Teil des Instrumentenkastens den westlichen Playern voraus ist: Schon jetzt gelten für EVs in China Mindesteffizienzziele, also Vorgaben für den zulässigen Stromverbrauch. Damit soll gezielt einer Entwicklung vorgebeugt werden, die auch sehr schwere Fahrzeuge mit großen Batterien, hohem Luftwiderstand und geringem Gesamtwirkungsgrad als Lösungspfad ermöglicht. Lokale Emissionsfreiheit soll also nach dieser Logik nicht mit einem zu hohen Energieverbrauch erkauft werden. Die aktuelle politische Leitlinie für die Effizienz von BEV in China lautet 12 kWh/100 km bis 2025. Für PHEV und EREV sind 2 l pro 100 km als Zielwert definiert. Beide Werte sind ambitioniert: Der für BEV vorgesehene Stromverbrauch liegt unter der unter dem heutigen Verbrauchsniveau westlicher Hersteller, dass zwischen 13 und 25 kWh/100 km (WLTP) liegt. Auch das Ziel für PHEV ist härter als es zunächst scheint, da die Berechnungsmethode für den Verbrauch von PHEV in China höhere Werte ausweist als nach der europäischen Messmethodik. Dieser politische Ansatz ist pragmatischer als eine Gesamtbilanzierung der Fahrzeuge, wie noch zu zeigen sein wird.

Neue Regulierungslogik anstelle CO_2-Ausstoß?

Alle momentan in den Hauptmärkten USA, EU und China geltenden Regulierungssysteme für CO_2 weisen die gleiche Grundkonstruktionen auf: Es wird in absehbarer Zukunft erforderlich werden, dass ein Großteil der verkauften Fahrzeuge teil- oder vollelektrisch fährt. Die Ankündigungen, dass bis 2025 rund jedes vierte Fahrzeug entweder ein BEV oder PHEV sein werde, die inzwischen von mehreren Herstellern gemacht wurden, spiegeln das wider. Für 2030 fordert die bisherige

EU-Regulierung indirekt einen Anteil von 50 %, würde diese verschärft stiege auch dieser Wert deutlich. Hiermit, aber natürlich v. a. unter den Bedingungen einer erzwungenen vollständigen oder auch nur überwiegenden Elektrifizierung stellt sich die Frage nach der grundsätzlichen Regulierungslogik. Ist es sinnvoll, an eine Flotte, bei der in großen Teilen gar nichts mehr verbrannt wird, einen Maßstab anzulegen, der aus der Freisetzung eines Gases durch Verbrennungsprozesse definiert ist? Wird der elektrische Teil mit 0 gewertet, egal wieviel Energie dabei benötigt wird? Die heutige Logik hat gleich mehrere erhebliche konzeptionelle Schwächen:

Erstens geht jeder elektrisch gefahrene Kilometer mit 0 g/km CO_2 in die Rechnung ein. Wie viel Energie erforderlich ist, um elektrisch zu fahren, ist irrelevant. In der heutigen Logik gibt es in der EU und den USA keinen Anreiz dafür, beim elektrischen Antrieb möglichst effizient zu arbeiten. In der Öffentlichkeit wird zweitens immer wieder kritisch thematisiert, dass aus der Perspektive der Gesamtemissionsbilanz und auch volkswirtschaftlich Elektromobilität nur dann sinnvoll sei, wenn sie auch mit einer erneuerbaren Erzeugung der entsprechenden, zusätzlich erforderlichen Strommengen einhergeht. In der EU ist dieses Argument allerdings zu relativieren. Durch das CO_2-Emissionshandelssystem für die Energieerzeuger und die Industrie ist kein absoluter Zuwachs der Emissionen mehr zulässig, zusätzliche Strombedarfe können also nur ohne absolutes CO_2-Wachstum bereitgestellt werden. Gleichwohl ist konzeptionell die Frage zu stellen, ob die völlige Trennung der Regulierungssysteme für Verkehr und Energieerzeugung in einer immer stärker elektrifizierten Mobilität noch Sinn ergibt. Vor allem ist zu klären, wie sich die Ziele im Bereich Energie (mehr Erneuerbare) mit denen im Verkehr (mehr emissionsfrei gefahrene Kilometer) so intelligent kombinieren lassen, dass sie sich gegenseitig unterstützen. Vieles spricht also dafür, beide Fragen viel stärker integriert zu betrachten. Aus diesem Moment heraus erscheint es auch plausibel, in den kommenden Jahren auch in Europa und Amerika eine Debatte über den Stromverbrauch von Elektrofahrzeugen zu führen.

Ökobilanz?

Eine scheinbar einfache, jedoch letztlich zweifelhafte Idee zur Behebung dieser Frage kam 2018 aus dem Umweltausschuss des europäischen Parlaments. Hier wurde vorgeschlagen, für Automobile einen Gesamtlebenszykluswert zu Grunde zu legen, der auch die Vorkette der Energieerzeugung in ihren Klimaauswirkungen einschließt. Dieser Einfall hat jedoch erhebliche konzeptionelle vor allem aber auch politisch-praktische Defizite: Die Frage wie viel CO_2 freigesetzt wurde, um eine gegebene Menge an Energie bereitzustellen, egal ob in Form von elektrischem Strom, Verbrennungskraftstoffen oder aber Wasserstoff, wird weder von den Automobilherstellern noch von ihren Kunden entschieden, sondern ist das Ergebnis der Optimierungsentscheidungen der Energiewirtschaft unter starkem Einfluss nationaler politischer Weichenstellungen. Soll ein Elektrofahrzeug, das in Polen verkauft wird, mit mehr CO_2 belastet werden, als eines das in Frankreich zugelassen und mit Atomstrom betrieben wird? Wenn man in dieser Form nationale Unterschiede machen würde, hieße dies, dass der Antriebsmix innerhalb der europäischen Union vollständig fragmentiert würde. Die Hersteller müssten ihren Absatz dann voll auf Märkte mit hohen Anteilen nuklearer oder regenerativer Energie fokussieren. Der Binnenmarkt für Autos würde also nicht nur nicht vertieft, sondern gerade bei den modernsten Antriebstechnologien, bei denen die Unterschiede am größten sind (Elektroantrieb und Wasserstoff), würde der Rückwärtsgang in Richtung nationaler Unterschiede eingelegt.

Würde dagegen der umgekehrte Weg beschritten, den Automobilen also ein europäischer Durchschnitt angerechnet, müssten alle Mitgliedstaaten die Entscheidungen der großen Volkswirtschaften in ihren Konsequenzen mittragen. Die Folge wäre, dass die Anrechnung der Elektrofahrzeuge, die z. B. Renault in seinem französischen Heimatmarkt absetzt, und die für die Flottenbilanz dieses Herstellers natürlich besonders wichtig sind, durch eine stärker auf fossilen Energiequellen beruhende Energiepolitik anderer Mitgliedstaaten wie Polen „nach unten gezogen" würden.

Alternativen

Ein weit besseres System wäre einfach zu gestalten und wurde auch bereits in einer 2009 erstellten und in Kopenhagen präsentierten Studie des Potsdam Instituts für Klima-Forschung für die BMW Group formuliert. Es basiert auf der konsequenten Trennung der Verantwortung für die Effizienz des Fahrzeugs von dem CO_2-Ausstoß, der mit einem Energieträger verbunden ist. Die Eckpunkte: Anstelle von pro Kilometer emittierter Menge CO_2 würde die Effizienz des Fahrzeugs als Energieverbrauch pro Kilometer gemessen. Mit anderen Worten würde die Menge der verbrauchten Energie unabhängig davon gemessen, in welcher Form sie ins Fahrzeug hineingelangt und in ihm aufbewahrt und in Vortrieb umgewandelt wird.

Bei diesem System schneiden aufgrund der physikalischen Überlegenheit des elektrischen gegenüber dem Verbrennungsmotor eindeutig elektrische Autos nach wie vor deutlich besser ab. Zugleich werden aber Unterschiede zwischen effizienten und ineffizienten E-Angeboten messbar und wirken sich in der Flottenbilanz aus. Getrennt von der Energieumwandlung im Fahrzeug wird der CO_2-Gehalt der für das Auto relevanten Energieträger gelenkt. Dazu würden zunächst alle Verbrennungskraftstoffe, sowohl die heute dominierenden mineralölbasierten Varianten, Biokraftstoffe, als auch synthetische Kraftstoffe mit einem einheitlichen Verfahren hinsichtlich des bei ihrer Verbrennung freigesetzten CO_2 bewertet. Anschließend könnten Sie auf dieser Grundlage in das bestehende Emissionshandelssystem einbezogen werden. Damit erhielte jede Tonne CO_2 ihren Preis, egal ob sie als elektrischer Strom, als Wasserstoff, als synthetischer Verbrennungskraftstoff oder als normales Benzin angeboten wird.

Diese Grundlogik könnte dann zum Tragen kommen, wenn die Bremsfaktoren nicht mehr greifen, die in den letzten Jahren eine ernsthafte Diskussion über eine systematische Weiterentwicklung verhindert haben. Dies ist einerseits die Reserviertheit auf Seiten von Regierungen, ein einmal eingeführtes System (den auf Energiewirtschaft und Industrie begrenzten Emissionshandel) infrage zu stellen, wenn dies nicht unbedingt sein muss. Das ist zum anderen das Interesse der Industrie, so lange wie möglich einen maximalen Hebel durch Elektrifizierung in der Hand zu haben. Dies könnte sich aber jetzt ändern. Der Green Deal sieht ausdrücklich vor, die Erweiterung des Emissionshandelssystems in der EU auf Verkehr und Gebäude zu prüfen.

Option Wasserstoff?

Wasserstoff als Speichermedium für Energie wird seit über 30 Jahren als Alternative zu konventionellen Kraftstoffen diskutiert. Er bietet eine Reihe von physikalischen und energiepolitischen Vorteilen: Wasserstoff kann überall mit Hilfe von elektrischer Energie hergestellt werden. Die Abhängigkeit von fossilem Mineralöl könnte mit ihm durchbrochen werden. Wenn die zu seiner Erzeugung benötigte Energie regenerativ hergestellt wird, ist Wasserstoff klimaneutral. Schließlich weist er eine hohe Energiedichte auf und erlaubt damit die Speicherung von Energie so, dass mit Benzin oder Diesel gewohnte Reichweiten im Fahrzeug möglich sind. Das Verhältnis von Gewicht und gespeicherter Energie ist besser, gerade bei Langstreckenfahrzeugen. So hat BMW das eigene Bekenntnis zur Weiterentwicklung von Brennstoffzellenfahrzeugen im Sommer 2020 gerade mit dem Beispiel schwerer Fahrzeuge (im Extremfall mit Anhängerbetrieb) illustriert, welche die Speicherung in Batterien bei längeren Strecken an ihre Grenzen bringen.

Vor diesem Hintergrund wurden in den automobilen Hauptmärkten in den letzten zwei Jahrzehnten eine ganze Reihe von Pilotaktivitäten durchgeführt, um den Wasserstoffantrieb zur Serienreife zu bringen. Dabei konkurrierten zunächst zwei Optionen: Die Verbrennung von Wasserstoff in konventionellen Motoren und die Rückumwandlung von Wasserstoff in elektrische Energie in einer so genannten Brennstoffzelle, welche ihrerseits einen elektrischen Motor antreibt. BMW setzte auf den ersten Ansatz, da er technisch einfacher und schneller realisierbar schien. Daimler, Toyota und andere Hersteller verfolgten dagegen den Brennstoffzellenpfad. Letzterer verblieb als einzige regulatorische Option, nachdem das CARB 2006/2007 entschieden hatte, dass Wasserstoff-Verbrennungsmotoren nicht das gleiche ZEV-Creditvolumen bekommen konnten, wie Batterie- oder Brennstoffzellenfahrzeuge. Seitdem wird also nur noch über einen Antrieb diskutiert, bei dem der elektrische Motor mit dem eines BEV identisch ist, die Batterie als Stromspeicher jedoch durch einen Wasserstofftank und eine Brennstoffzelle ersetzt wird. Die technischen Herausforderungen liegen hierbei in der Leistungsfähigkeit der Brennstoffzelle sowie in Tanksystemen, die es erlauben, durch Kühlung und/oder Druck hinreichend große Mengen an Wasserstoff in einer explosionssicheren Form im Fahrzeug zu lagern. Weit schwerer als die fahrzeugseitigen Hindernisse wirkt aber die Infrastrukturfrage: Zunächst sind die Wirkungsgradverluste zwischen dem ursprünglich erzeugten Strom und der Rückumwandlung von Wasserstoff in Elektrizität höher als bei direkter Stromspeicherung in Batterien, das Gesamtsystem also immer weniger effizient. Dies macht ein regeneratives Erzeugungsmodell für eine positive Klimabilanz noch wichtiger. Wasserstoff erfordert somit genauso wie die direkte Betankung mit Strom eine Abstimmung mit energiepolitischen Weichenstellungen. Vor allem ist Wasserstoff aber angewiesen auf den Aufbau einer eigenen Tankstelleninfrastruktur mit im Vergleich zu Benzin oder Diesel deutlich höherem technischen Aufwand zur sicheren Lagerung und Abgabe des Kraftstoffs.

Anders als beim batterieelektrischen Fahren besteht hier aber ein echtes Henne-Ei-Problem: Bevor die Kunden sich nicht auf die Verfügbarkeit des Kraftstoffs an öffentlichen Tankstellen verlassen können, ist es nicht möglich, Wasserstoffautos zu betreiben. Es hätte daher von Anfang an sehr nahe gelegen, eine symmetrische Politik in Richtung Fahrzeughersteller einerseits, Mineralölunternehmen auf der anderen Seite zu verfolgen: Druck auf die Hersteller zum Anbieten der Fahrzeuge hätte einhergehen müssen mit Verpflichtungen der Mineralölwirtschaft zum Angebot des Kraftstoffs. Dies ist bis heute in keinem Markt der Welt geschehen. Stattdessen stagniert die Wasserstofftechnologie bis heute so gut wie überall im Experimentier- und Pilotiermodus.

Seit ausgehend von Kalifornien batterieelektrische Fahrzeuge zunehmend verfügbar wurden, fragen Politiker immer wieder kritisch bei der Industrie nach, ob der Pfad Wasserstoff weiterverfolgt werden soll. Das liegt natürlich auch an den nicht unerheblichen staatlichen Fördermitteln, die diese Technologie inzwischen in Anspruch genommen hat – vor allem, weil die Industrie über Jahrzehnte hinweg das Bild einer emissionsfreien Wasserstoffmobilität an die Wand geworfen hat. Auch unter Corona-Bedingungen wurden Förderprogramme für die Wasserstofftechnologie fortgeschrieben und sogar erheblich aufgestockt, in Frankreich z. B. um 2 Mrd. €. Auch in der industriepolitischen Strategie Chinas ist gerade erst die grundsätzliche Rolle von Wasserstoff als Energieträger im Verkehr bestätigt worden. Allerdings stehen auch hier konkrete Entscheidungen, die einen breitflächigen Infrastruktur Ausbau ermöglichen würden, noch aus.

Am Ende bleibt, dass Wasserstoff solange die Technologie der Zukunft bleiben wird, bis deutlich härtere Interventionen passieren: Erstens eine gesetzliche Behandlung (bei Flottenanforderungen und ZEV- oder NEV-Quoten), die auf Fahrzeugseite mindestens die Vorteile eines BEV gewährleistet. Parallel müsste vermutlich zweitens die Mineralöl-Wirtschaft durch eine Quote gezwungen werden, die Infrastruktur aufzubauen. Die Attraktivität für den Kunden könnte drittens durch eine steuerliche Privilegierung der Fahrzeuge und des Kraftstoffs sowie durch das gesamte sonstige Förder- und Anreizinstrumentarium der Elektromobilität gesteigert werden. Der erste Baustein wurde in Kalifornien realisiert. Das erste Wasserstoffserienfahrzeug, der Toyota Mirai, aber auch der Hyundai Nexo basieren auf dem hohen ZEV-Creditwert, den sie generieren und ersetzen in der Gesamtflottenoptimierung eine höhere Anzahl der ansonsten erforderlichen PHEV oder BEV. Hierfür reicht das inzwischen vorhandene kalifornische Infrastrukturbiotop aus, zumal das Absatzvolumen in wenigen städtischen Räumen konzentriert ist. Von einer flächendeckenden, massentauglichen Alternativoption ist Wasserstoff jedoch auch in den USA ebenso wie in Europa aufgrund des Fehlens des zweiten und dritten o. g. Bausteins weit entfernt. Es bleibt abzuwarten, ob Japan und Korea, die beide mit ihren industriellen Champions Toyota und Kia/Hyundai deutlich stärker die Wasserstofftechnologie fördern als die EU, den ernsthaften Versuch unternehmen werden, in einer ökologisch industriepolitischen Strategie dem Wasserstoff in ihren beiden relativ großen Märkten zum Durchbruch zu verhelfen. Für den globalen Maßstab wäre aber zwingend, dass einer der drei ganz Großen also die USA, die EU oder China den Hebel tatsächlich entschlossen in Richtung Wasserstoff umlegen.

In der EU gibt es eine mittelfristige Chance: Die CO_2-Anforderungen für Lkw, die aus Sicht von deren Herstellern mindestens so ambitioniert sind wie die für Pkw, sind mit der Optimierung der heutigen Technologie nicht mehr erreichbar. Zugleich ist für schwere Nutzlasten (weniger für städtische Lieferverkehre) der Strombedarf im Vergleich zur absehbaren Speicherkapazität von Batterien zu hoch, um ein attraktives Verhältnis von Ladehäufigkeit und Ladedauer zu erreichen. Wasserstoff könnte sich daher für die Lkw-Branche als bessere Alternative herausstellen und auf diesem Wege ein deutlich stärkerer politischer Schub kommen als aus einer reinen Pkw-Perspektive. Wenn für den Schwerlastverkehr aber ein wachsendes Ladenetz aufgebaut würde, könnte dies auch für Pkw genutzt werden. Dafür wäre allerdings die frühzeitige Einigung auf die Auslegung der Tankstelleninfrastruktur eine wesentliche Voraussetzung.

Option Bio- und Synfuels?

Ein grundsätzlich anderer Pfad als der Wechsel des Energieträgers ist die Senkung des CO_2-Ausstoßes durch die Dekarbonisierung von Verbrennungskraftstoffen. In der EU, aber auch in den USA wurde die Beimischung von Bio-Kraftstoffen zum Teil des klimapolitischen Instrumentenkastens. Das bedeutete, dass beispielsweise aus Mais (USA) oder Raps (Deutschland) biologisch hergestellte Benzin- oder Diesel-Komponenten den mineralölbasierten Kraftstoffen hinzugefügt wurden. Dadurch verbessert sich die Klimabilanz in dem Umfang, wie in den verwendeten Pflanzen zuvor CO_2 gebunden wurde. Und dies nicht nur bei Neufahrzeugen, sondern auch in der bestehenden Flotte, solange sichergestellt ist, dass die modifizierten Kraftstoffe auch von vorhandenen Autos „verdaut" werden können. Der europäische Gesetzgeber hat zunächst 2003 eine starre Quote für Bio-Kraftstoffe vorgeschrieben. In einem zweiten Schritt 2009 wurde diese flexibilisiert und anstelle einer direkten Mengenvorgabe eine CO_2-Einsparrate für die Mineralölwirtschaft (im einstelligen Prozentbereich) verpflichtend. Jedoch wird diese Politik seit ihrem Beginn aus ökologischer Perspektive kritisiert: Die negativen Folgen der landwirtschaftlichen Erzeugung stellen aus der Sicht von Kritikern den Gesamtnutzen infrage. Hinzu kam, dass für bereits im Markt befindliche Fahrzeuge der Anteil der Beimischung technisch begrenzt ist und die Fähigkeit der Motoren, höhere Beimischungsraten zu vertragen breit und negativ debattiert wurde. Die medial-öffentlichen Debatten haben in Deutschland 2011 zu monatelanger Verunsicherung der Verbraucher und Konflikten innerhalb der Regierung geführt. Inzwischen wurde die ökologische Kritik aufgegriffen und Mindestkriterien an die Nachhaltigkeit der landwirtschaftlichen Erzeugung von Biokraftstoffen festgelegt, die von deren Anbietern erfüllt werden müssen. So muss ihre Klimabilanz über alle Stufen der Herstellung hinweg bei nicht mehr als 50 % von Mineralöl liegen. Zugleich bieten Biokraftstoffe der zweiten Generation die Chance auf eine Überwindung der Konkurrenz mit der Nahrungsmittelproduktion, die zunehmend die Kritik z. B. an Diesel aus Raps bestimmte. Hier wird die Verwendung jeglicher Biomassen, also auch von Abfällen, möglich. Auch sind sie mineralölbasierten Kraftstoffen in den für den Verbrennungsprozess maßgeblichen Eigenschaften ähnlicher. 2018 wurden die Mengenanteile von erneuerbar hergestellten Kraftstoffen mit der zweiten Version der Richtlinie für erneuerbare Energien (Renewable Energies Directive – RED II) fortentwickelt und ein Wert von 14 % für den Bereich Verkehr definiert. Konzeptionell ist es bis heute bei einer Politik der Mengensteuerung geblieben, die sich allein an die Mineralölwirtschaft richtet. Ein systematisches Signal an Industrie und Verbraucher, möglichst weitgehend die Klimabilanz von Verbrennungskraftstoffen zu verbessern und durch wahrnehmbar niedrigere Kraftstoffpreise an der Tankstelle einen verbesserten CO_2-Footprint sichtbar und wirksam zu machen, gibt es aber bis heute nicht.

Ein weiterer Pfad neben aus Pflanzen erzeugten Kraftstoffen zur Verbesserung der Treibhausbilanz im Verkehr, sind die sog. synthetischen Kraftstoffe (e- oder Synfuels). Die Grundlogik lautet: Wenn es gelingt, Verbrennungskraftstoffe mit neutraler Klimabilanz herzustellen, wäre keine Änderung der Antriebstechnologie im Fahrzeug und der Distributionslogistik, d. h. dem bestehenden Tankstellensystem mehr erforderlich. Dies soll dadurch gelingen, dass Strom über mehrere chemische Umwandlungsschritte in für konventionelle Antriebe nutzbare Kraftstoffe umgewandelt wird. Diese auf den ersten Blick durchaus bestechende Idee, die auch eine ganze Reihe politische Unterstützer hat, wird allerdings mit ebenfalls durchaus plausiblen Argumenten angegriffen: Erstens bleibt die Energieumwandlung im Fahrzeug immer weit weniger effizient als ein elektrischer Antrieb. Mit anderen Worten: Um einen Kilometer zu fahren, ist immer mehr Energie nötig, wenn dies mit dem Verbrenner passiert als mit dem Elektroantrieb. Dieser Nachteil ist bei Synfuels sogar noch höher als bei fossilen Verbrennungskraftstoffen, denn es kommt zweitens für die Umwandlung von elektrischem Strom in einen Verbrennungskraftstoff zu erheblichen Umwandlungsverlusten gegenüber der direkten Speicherung in Batterien und der Nutzung im elektrischen Antrieb. Drittens ist die Frage der Verwendung von erneuerbar erzeugter Energie eine Schlüsselfrage. Solange sie nicht im Überfluss vorhanden ist, stellen höherwertige, d. h. effizientere Verwendungsalternativen immer ein Argument der Gegner dieser Option dar. Umweltverbände argumentieren daher, dass synthetische Kraftstoffe allenfalls dort eingesetzt werden sollten, wo die unmittelbare Nutzung elektrischer Energie nicht darstellbar ist, d. h. z. B. bei Flugzeugen oder im Eisenbahnverkehr, im Notfall auch noch bei Schwerlastwagen aber eben nicht im Pkw.

Umgekehrt verweisen die Befürworter darauf, dass eine ambitionierte Politik zur Stromgewinnung mit erneuerbaren Energien durchaus die Grundlage für einen breitflächigen Einsatz von synthetischen Kraftstoffen auch im Pkw-Bestand darstellen könnte. Hiermit seien schnellere und breiter in der Flotte wirksame Minderungen möglich als bei alleinigem Fokus auf der Elektrifizierung von Neuwagen. Dabei wird auch auf die Möglichkeit solarzellenbetriebener Anlagen z. B. in Nordafrika verwiesen. Zu dem letztgenannten Vorschlag weisen die Kritiker allerdings wiederum darauf hin, dass seit den Ideen für „Desertec" (Erzeugung von Flüssigwasserstoff durch Solarzellen in Nordafrika und Verschiffung des fertigen Brennstoffs nach Europa) vor über einem Jahrzehnt kein Investor angetreten ist, mit eigenem Kapital und eigenem Risiko unter den teilweise politisch instabilen Bedingungen der Region ein entsprechendes Vorhaben an den Start zu bringen.

Dies sind die Vorzeichen, unter denen auch im Rahmen der europäischen Regulierung 2017 bis 2019 diskutiert wurde, ob synthetische Kraftstoffe in die CO_2-Gesetzgebung integriert werden sollen. Den Befürwortern schwebte hier eine Lösung vor, bei der Automobilhersteller die Zusatzkosten der Kraftstofferzeugung übernehmen und dafür Gutschriften auf ihren Flottenwert erhalten – und zwar individuell und nicht kollektiv wie bei der 2008 beschlossenen Biokraftstoffanrechnung. Haupttreiber dieser Idee waren der VW-Konzern, insbesondere Audi, sowie Bosch als ganz wesentlich an der Verbrennertechnologie interessierter Zulieferer. Auch die Mineralölwirtschaft steuerte hier Argumente bei. Hierfür gab es aber keine Mehrheiten – weder im Rat noch im Parlament. Im Kern ging es um die Frage, ob den Fahrzeugherstellern eine kostengünstigere Alternative eröffnet werden soll als die beiden heute bestehenden Optionen der Verbesserung der Effizienz von konventionellen Antrieben und/oder höheren Anteilen von Elektrofahrzeugen. Zugleich ging es aber vor allem um die symbolische Frage, ob der Gesetzgeber die politische Lebenserwartung des Verbrennungsantriebs bei Neufahrzeugen gezielt verlängern will. Dies hat er verneint – CO_2-Minderung bedeutete bis auf weiteres weniger Verbrennungsmotoren.

Ob es in der kommenden Debatte eine realistische Option geben wird, dekarbonisierten Verbrennungskraftstoffen eine wesentliche Rolle zur Senkung der CO_2-Emissionen im Pkw-Bestand zuzuweisen, oder aber ob sie für Luftverkehr, und andere nicht elektrifizierbare Felder „reserviert" bleiben, ist eine der zentralen strategischen Weichenstellungen der kommenden Debatten. Mit dieser Frage eng verknüpft ist, ob durch die Verbesserung der CO_2-Bilanz der Kraftstoffe eine reduzierte, aber dauerhafte Rolle für Verbrenner im Neuwagenmarkt gesichert wird. Dies dürfte zu den wichtigsten anstehenden Kontroversen gehören. Dabei konkurriert das Narrativ, welches diesen Weg als CO_2-neutrale Alternative zum Umstieg auf BEV (und ggf. FCEV) und namentlich in Verbindung mit PHEV (s. o.) als Option sieht, mit der Sicht der „Umstiegsbefürworter", für die dieser Pfad immer nur als eine Hintertür zur Vermeidung des Verbrennerverbots erscheint.

Weitere Fragen für die nächsten Runden

Batterien – maximal oder optimal?

Die strategische Entscheidung von Tesla, mit dem Model S ein Fahrzeug der oberen Mittelklasse mit großer Batterie und hoher Reichweite zum

Einstieg in den Markt zu benutzen (anders als die gleichzeitige Logik beim BMW i3, der auf urbanen Einsatz bei maximaler Energieeffizienz optimiert wurde), hat ein Wettrennen eröffnet – ein Wettrennen um die maximale elektrische Reichweite. Die Logik ist bestechend: Je seltener das Fahrzeug auf Ladeinfrastruktur angewiesen ist, und ein je größerer Teil der gefahrenen Strecken mit der nächtlichen Auflandung zu Hause zu bewältigen ist, desto weniger schwer wiegt die Angst vor dem Liegenbleiben. Zugleich kommt eine elektrische Flotte mit Fahrzeugen langer Reichweite mit einer weniger dichten Ladeinfrastruktur aus.

Allerdings gibt es ein „nachhaltiges" Problem: Das hohe Gewicht großer Batterien bedeutet, dass immer dann, wenn die Reichweite nicht ausgenutzt wird, unnötige Energie durch das Bewegen großer Massen verbraucht wird. Die durchschnittliche Fahrstrecke in den Hauptmärkten liegt pro Tag zwischen 30 und 50 km. Damit ist für den täglichen Einsatz im Pendlerkehr ein BEV mit ausreichend großer Batterie in seiner Energiebilanz kaum zu schlagen. Aber: Ist es sinnvoll, die zehn- oder zwanzigfache Reichweite zu transportieren, um diese kurzen Strecken zurückzulegen? Sollte für nur wenige Fahrten pro Jahr tatsächlich ein derartig großer „Rucksack" vorgehalten werden? Hinzu kommt der erhebliche Bedarf an energieintensiv zu verarbeitenden Rohstoffen, der für das Rennen um maximale Reichweiten benötigt wird. Zugleich wirft dies die Frage auf, ob tatsächlich für jeden Kunden und für jede Nutzung des Fahrzeugs der reine elektrische Antrieb der Königsweg ist. Oder ob das Vorhalten eines Verbrennungsmotors – allerdings in einer anderen Verteilung mit dem E-Antrieb als bei den heutigen PHEVs – eine bessere energetische Gesamtbilanz liefern könnte? Oder ob gerade für lange Strecken und größere Fahrzeuge nicht Wasserstoff die bessere Option ist? Für die Politik bedeutet dies die Frage, mit welchem regulatorischen Rahmen die Suche nach tatsächlichen optimalen Lösungen unterstützt werden kann.

Aktuell spielt sich jedoch die folgende Wirkkette ab: Damit der Kunde ein reines Batteriefahrzeug kauft, muss dieses alles können – und zwar nicht objektiv, sondern in der vom Kunden (teilweise stark verzerrt) wahrgenommenen Nutzungsart. Deshalb muss maximale Reichweite ins BEV eingebaut werden – und hier darf bislang kein Hersteller in dem medial ausgetragenen Wettkampf um die Reichweite zurückfallen. Dank steigender Nachfrage sinkende Kosten für Batterien ermöglichen höhere Reichweiten. Immer mehr Autos mit immer höherer Reichweite beschleunigen zugleich die Kostendegression.

Eine gegenläufige Entwicklung könnte dadurch entstehen, dass mit einer hinreichend dichten Infrastruktur und verkürzten Ladezeiten der Zusatznutzen großer gegenüber kleineren Batterien im Verhältnis zu ihrem zusätzlichen Preis abnimmt. Zugleich erkennen Kunden mit überwiegend städtischem Nutzungsprofil und/oder Zweitwagennutzung, dass die Mehrkosten zusätzliche Reichweiten nicht unbedingt rechtfertigen (der Erfolg z.B. des elektrischen MINI in diesen Zielgruppen spricht für diese These). Insofern ist die Effizienz und Nachhaltigkeit des elektrischen Antriebs immer auch eine Funktion der Beziehung zwischen Nutzerverhalten, technologischer Entwicklung bei Batterien und Ladeinfrastruktur. Daher gibt es zwei entscheidende Fragen: Wie kann der regulatorische Rahmen so modifiziert werden, dass er Fehlsteuerungen vermeidet (s. o.)? Wie kann die Treffsicherheit erhöht werden, mit der jeder Kunde die für ihn richtige Antriebsart angeboten bekommt?

Batterieentsorgung und Verwertung – Circular Economy

Aus Teilen der Industrie selber, aber auch von Arbeitnehmervertretern kamen schon bisher immer wieder kritische Botschaften zum Lebenszyklus elektrischer Fahrzeuge. Dies betrifft sowohl den CO_2-Fußabdruck der Stromerzeugung als auch der Erzeugung von Schlüsselkomponenten wie Batteriezellen. Dies geschieht allerdings häufig in der erkennbaren Absicht, Argumente dafür zu liefern, die Umstellung auf elektrische Antriebe hinauszuzögern. Zu einer klaren, glaubwürdigen Botschaft an den Kunden trägt dieses natürlich nicht bei.

Richtig ist, dass Batterien für elektrische Antriebe selbst eine ökologische Herausforderung darstellen: Sie erfordern eine Reihe von mineralischen Rohstoffen, die bislang im Automobilbau nur eine untergeordnete Rolle spielten. Diese Lieferketten wurden bislang primär mit Blick auf die Umwelt- und Arbeitsbedingungen von Lithium und Kobalt politisch thematisiert (s. u.). Hinzu kommt allerdings, dass die Herstellung von Batterien und deren Vormaterialien sehr energieintensiv ist und sich dadurch auch der CO_2-Fußabdruck des Fahrzeugs in der Lieferkette erhöht. Mit anderen Worten wird ein Teil der Einsparungen, die elektrische Fahrzeuge in ihrer Nutzungsphase bewirken, durch erhöhte CO_2-Emissionen in ihrer Herstellung ausgeglichen. Die Gesamtbilanz bleibt dabei allerdings selbst dann positiv, wenn in der Lieferkette keine Gegenmaßnahmen ergriffen werden. Gleichwohl ist es in einer gesamthaften Betrachtung erforderlich, auch diesen Aspekt zu adressieren. Dies kann durch die Unternehmen selbst in ihrer Interaktion mit ihren Lieferanten erfolgen. So hat BMW beispielsweise 2020 mit den Lieferanten der Batteriezellen Vereinbarungen über deren Produktion geschlossen, welche die Verwendung erneuerbarer Energien und eine CO_2-neutrale Stromversorgung vorsehen. Die Wirkungen von Vereinbarungen innerhalb der Lieferkette können ohne gesetzliche Detailregulierung über die Berichterstattung der Unternehmen nachgewiesen werden, wenn diese Transparenz anhand der Kriterien erfolgt, welche z. B. im Rahmen der Science based Target Initiative (SbTI), der anerkannten Methodologie für die Zurechnung von CO_2-Emissionen festgelegt wurden.

Aus politischer Perspektive sind importierte Batteriezellen bzw. deren Vormaterialien zugleich ein potenzieller Kristallisationspunkt künftiger handelspolitischer Debatten rund um die Logik einer Grenzausgleichsabgabe (s. o.). Die Produktion von Batteriezellen in der EU steht unter einem erheblichen Erwartungsdruck bzw. unmittelbaren Anforderungen, mit möglichst geringem CO_2-Fußabdruck zu produzieren, um einen Beitrag zur Erreichung der Pariser Klimaschutzziele durch die Europäische Union zu leisten. Dies verbessert natürlich wiederum indirekt die Gesamt CO_2 Bilanz des Endprodukts Automobil. Der CO_2-Fußabdruck ist am höchsten bei der Erzeugung von Vormaterialien aus Primärrohstoffen. Eine wirksame Rückgewinnung und Recycling von Rohstoffen ist daher der zweite wichtige Hebel dafür, künftig die Klimabilanz des Automobils zu verbessern. Auch wenn es noch viele Jahre dauern wird, bis am Ende der Lebensdauer der heute fahrenden Elektroautos größere Mengen an Batterien aus dem Verkehr gezogen werden, wird gleichwohl bei der-EU-Kommission bereits an ambitionierten, speziell für den Hochvoltspeicher definierten Verwertungs- und Recyclinganforderungen gearbeitet. In dem im Dezember 2020 veröffentlichten ersten Entwurf einer neuen EU-Batterie-Verordnung werden gleich mehrere konzeptionell neue Schritte vorgeschlagen, die von Unternehmen wie BMW auch begrüßt wurden. So sollen künftig bei der Herstellung Anteile recycelter Materialien nachgewiesen werden. Zugleich soll der CO_2-Fußabdruck zunächst ab 2024 zwangsweise berichtet und ab 2027 auf einen noch zu entscheidenden Wert gedeckelt werden. Schließlich sollen Batterien in ihrem Lebenszyklus digital nachverfolgt werden. Dies erscheint nur folgerichtig insofern als die Reduzierung von Rohstoffbedarfen und die gleichzeitige Verbesserung der Klimabilanz eine attraktive politische Synergie darstellen. Diese komponentenspezifische Vorgabe wäre zugleich der erste größere neue politische Impuls im Bereich Automobilrecycling seit im Jahr 2000 mit der EU-Altautorichtlinie der grundsätzliche rechtliche Rahmen hierfür festgelegt wurde.

Elektrifizierung verändert die Wirtschaftlichkeitsrechnung des Verwertungsprozesses potenziell erheblich: Die Materialien stellen im Vergleich zu bisher verbauten Rohstoffen einen umso höheren Wert dar, wie das Volumen elektrischer Fahrzeuge in Relationen zu den Kosten der Primärenergiegewinnung (bzw. deren politisch motivierter Verteuerung) steigt. Zugleich wird es eine Diskussion darüber geben, ob und in welchem Umfang Batterien, die auch nachdem niemand das Auto mehr fahren will noch eine hinreichende Leistungsfähigkeit besitzen, in Zweitverwendungen, also als stationäre Energiespeicher eingesetzt werden können. Auch dies ist gegenüber Verbrennungsantrieben ein neuer Gesichtspunkt. Die Debatte über die Ausgestaltung eines elektroautospezifischen Verwertungsregimes steht gerade am Anfang, hat aber das Potenzial, zu einem länger andauernden, größeren politischen Projekt zu werden.

Auch hier hat China im Übrigen vorgelegt: Es hat bereits sehr strikte Anforderungen an die Verwertung über definierte Verwertungsunternehmen, vor allem aber auch für den behördlichen Nachweis der Verwertung erlassen. Die Arbeit an technischen Guidelines begann 2016 und bis 2020 wurde schrittweise ein erster stringenter gesetzlicher Rahmen geschaffen. Dabei sind die Hersteller selbst dafür verantwortlich, den Nachweis über die Sammlung und Verwertung der Batterien zu erbringen. Auch in der politischen Automobil-Industriestrategie für 2021 bis 2035 stellt die weiter Entwicklung der Batterie-Wertschöpfungskette eines der Fokusfelder dar. Der industriepolitische Anschub für die

Batterieentwicklung wurde frühzeitig auch mit der Frage der Rückgewinnung von Materialien und einem geschlossenen Stoffkreislauf verbunden. Politische Vorgaben definieren wesentliche Elemente des Batterielebenszyklus von der Herstellung über den Vertrieb die Lagerung bis hin zum Recycling.

Die Diskussion um die Rücknahme und Verwertung von batterieelektrischen Fahrzeugen ist schließlich ein Katalysator für die übergreifenden Diskussionen rund um eine „Circular Economy" im Automobilbereich. Anders als in der Diskussion der Jahrtausendwende ist diesmal der Klimaschutz der entscheidende Antreiber. Kreislaufwirtschaft wird hier verstanden als ganz wesentlicher Pfad zur Verringerung der CO_2-Emissionen von Primärmaterialproduktion. Gerade bei energieintensiven Vormaterialien wie Stahl, Aluminium und Kunststoffen stellt sich die Frage, wie durch einen höheren Anteil von Recyklaten an den Materialien, die für neue Pkw verwendet werden, die Gesamtbilanz wirksamer als heute abgesenkt werden kann.

Rolle von PHEVs?

Die bisher vorliegenden Statistiken zeigen relativ klar, dass für viele Kunden der direkte Wechsel von einem Verbrennungsfahrzeug, insbesondere einem Diesel, in das reine elektrische Fahren noch zu groß ist. Hauptgrund ist die Sorge vor unzureichenden Reichweiten im Verhältnis zu einer nicht hinreichend dichten Ladeinfrastruktur. Diese wiegt vor allem dort schwer, wo das Auto nicht alleine für Kurzstrecken genutzt wird und Langstreckenfähigkeit (einschließlich Urlaub) zum objektiven, v. a. aber zum subjektiven Filterkriterium wird. Gerade angesichts der in weiten Teilen der EU unzureichenden und auch kurzfristig nicht erwartbaren Infrastrukturausstattung spielen PHEVs eine erhebliche Rolle für die Erreichung der CO_2-Flottenziele. Da sie aufgrund der Netzladeoption und der im Vergleich zu Mild Hybrids größeren Batterien eine deutlich größere CO_2-Einsparung ermöglichen (bei hinreichend häufigem Laden und entsprechend hohen elektrischen Fahranteilen), besitzen Sie einen großen Hebel für die Durchschnittswerte der Hersteller.

PHEVs der ersten Generation waren Kompromisse in mehrfacher Hinsicht: Die Mehrkosten eines zweifachen Antriebssystems erlaubten zunächst keine Deckungsbeiträge, die denjenigen reiner Verbrennungsfahrzeuge entsprachen. In technischer Hinsicht waren es vor allem die Konzessionen beim Bauraum, die Probleme verursachen: Auch wenn der Benzintank verkleinert wurde (und damit die Reichweite im Verbrenner-Modus) ging durch den zusätzlichen Einbau der Batterien Platz verloren – vor allem zulasten des Kofferraumvolumens. Dieses wiederum schmälerte den Nutzwert für den Kunden. Die aktuellen PHEVs und die noch kommenden Modelle bieten demjenigen deutlich erhöhte Reichweiten bei deutlich geringeren Einbußen an Raum.

Aus Betriebskostensicht, und die spielt vor allem für Unternehmenskunden eine erhebliche Rolle, gibt es mehrere relevante Effekte: Auf der einen Seite stehen Steuervorteile durch die niedrigen Emissionen im NEFZ und auch noch im WLTP und andere Anreize. Auf der anderen Seite ist aber der laufende Betrieb nur dann preiswerter als der eines Verbrenners, wenn hohe elektrische Fahranteile erreicht werden. In dem Maße, wie das Fahrzeug überwiegend fossil genutzt wird, schrumpft nicht nur der klimapolitische Vorteil, sondern es entstehen auch höhere Kosten für Benzin (zumindest in Ländern mit einem entsprechenden Verhältnis Strom-/Benzin bzw. Dieselpreise). Der Grund ist das höhere Fahrzeuggewicht. Das bedeutet, dass dieses Antriebskonzept a) zwar deutlich größere Flexibilität als ein reines Elektrofahrzeug bietet, es b) aber nur dann einen Mehrwert bietet, wenn es soweit irgend möglich im elektrischen Modus genutzt wird, weshalb es c) überall dort sinnvoll einsetzbar ist, wo Ladeinfrastruktur möglichst am Wohnort und am Arbeitsplatz dies unterstützt.

Genauso wichtig wie die Infrastrukturfrage ist aber die Erhöhung der elektrischen Reichweiten: Je länger eine Ladung reicht, desto weniger läuft der Verbrenner. Nur in der Kombination beider Faktoren kann der PHEV seine ökologischen und auch wirtschaftlichen Vorteile im Realbetrieb ausspielen. Hier ist eine sehr kritische Debatte darüber zu erwarten, ob PHEVs auch in Zukunft eine politische Unterstützung in Form von Anreizen beim Kunden und hohen Hebelwirkungen auf die Flottenwerte verdienen. Die ab 2022 erhobenen Daten aus Fahrzeugen im Feld („On Board Fuel Consumption Metering – OBFCM") werden zeigen, wie stark der tatsächliche Verbrauchsvorteil eines PHEVs von den Rahmenbedingungen seiner Nutzung abhängt. Wobei wahrscheinlich das Ergebnis so lautet: PHEVs, die nicht „artgerecht", d. h. überwiegend für Kurzstrecken genutzt und/oder zu viel fossil gefahren werden, sind keine signifikante Verbesserung, solche, die „richtig" genutzt werden, sind es dagegen schon. Die politische Frage wird dann lauten, wie mit diesem Befund umgegangen wird: Werden die für ihre Anrechnung auf die Flotte relevanten CO_2-Werte überprüft und nach oben korrigiert? Werden Steuervorteile gestrichen wie in den Niederlanden? Was können die Hersteller tun, um elektrische Fahranteile zu steigern? Wie können Kunden so informiert werden, dass der PHEV v. a. in den Händen von Menschen landet, die selten lange Strecken fahren (diese aber wichtig finden), ihre täglichen Pendeldistanzen zur Arbeit aber elektrisch fahren können und wollen? Wie können Arbeitgeber, deren Mitarbeiter von Steuervorteilen profitieren, motiviert werden, in das Laden am Arbeitsplatz zu investieren? Wird gewährleistet, dass Nutzer von Firmenwagen auch den getankten Strom vom Arbeitgeber erstattet bekommen und nicht nur die Benzin- oder Dieselrechnung? Vor allem schwebt über dem PHEV die Frage, ob er in den anstehenden Verbotsdiskussionen wie ein Verbrenner oder wie ein E-Fahrzeug behandelt wird. Hat er eine dauerhafte Perspektive? Oder tickt der Zeitzünder von Verboten nur etwas langsamer? Wie werden Kunden auf die politischen Ansagen reagieren? Lohnen sich für die Hersteller und die Lieferanten weitere Verbesserungen – oder können sie diesen Pfad „abschreiben".

Szenarien

Die Klimapolitik der letzten zehn Jahre hat das Instrument der Flottengesetzgebung weltweit verankert und über mindestens zwei Runden immer weiterentwickelt. Es wurde zugleich schrittweise um Elemente der unmittelbaren Technologiesteuerung in Gestalt von Sonderregimen für emissionsfreie Fahrzeuge ergänzt. Auf diesem Wege wurde das ursprünglich leitende Prinzip der Technologieneutralität der Klimagesetzgebung im Automobilbereich faktisch untergraben – und Kalifornien und Europa diskutieren jetzt als erste die maximale restriktive Lösung, die Verbotsoption. Corona ist hierfür keine Bremse gewesen, sondern ein Beschleuniger. Klimapolitik hängt jetzt – auch ohne Verbrennerverbot – von dem Erfolg einer definierten Technologie und damit indirekt von all deren infrastrukturellen, psychologischen und wirtschaftlichen Erfolgsvoraussetzungen ab. Die Politik hat gegenüber dem Bürger die Haftung dafür übernommen, dass dieser Pfad richtig ist – und die Industrie muss ihr dabei helfen, dies zu beweisen. Beide stehen dabei vor der Schlüsselfrage, ob die künftigen Politiken auf der Angebots- und der Nachfrageseite ausreichen und ob sie zusammenpassen und elektrisches Fahren tatsächlich und mit vertretbaren wirtschaftlichen und sozialen Kosten zum Erfolg bringen.

Damit nicht genug – es wurde zugleich eine Reihe von Fragen aufgeworfen, die nicht mehr aus der Binnenlogik des bisherigen Regulierungsansatzes heraus beantwortet werden können: Wie soll das Verhältnis zwischen konkurrierenden Energieträgern, die alle mit sehr unterschiedlichen CO_2-Fußabdrücken produziert werden können, künftig gesteuert werden? Werden alle Chancen genutzt, die moderne Technologien bieten, um eine Synergie zu erzeugen zwischen weniger Staus, weniger Toten und einer geringeren Belastung des Klimas? Welche Eingriffe im Energieversorgungssystem sind geeignet und richtig, um die Dekarbonisierung des Straßenverkehrs voranzutreiben?

Bereits aus sich heraus wird die Diskussion über die Verringerung der von individueller Mobilität ausgehenden Umweltbelastung immer stärker mit der Frage verknüpft sein, wie Fahrzeuge genutzt werden. Dies führt zu zwei weiteren großen Handlungsfeldern: Digitalisierung, Vernetzung und die „Sektorkopplung" zwischen Verkehr und Energieerzeugung. Offen ist aber die Frage, ob dies in den getrennten Silos der getrennten Klima-, Verkehrs-, Digitalisierungs-, Datenschutz-, Energie- und Industriepolitik geschieht, oder ob die qualitativ gestiegenen Interdependenzen berücksichtigt werden. Erfolgreiche Klimapolitik im Verkehr, die bisher ein eigenständig mit erheblicher politischer Energie vorangetriebenes (oder auch bekämpftes) Handlungsfeld war, wird um ihres eigenen Erfolgs willen nicht mehr ohne systematische Vernetzung mit den benachbarten Politikbereichen gestaltet werden können. Umgekehrt wird ihr Erfolg und wird auch letztlich ihre Legitimität umso stärker infrage gestellt werden, wenn die Politik es nicht schafft, ihre Ziele in ein für die Bürger akzeptables Angebot zur individuellen Mobilität insgesamt zu integrieren. Davor liegen aber erhebliche Hindernisse …

11

Luftqualität

In dem Jahrzehnt seit Beginn der CO_2-Regulierung hatte es den Anschein, als ob dieses Thema allein die weitere regulatorische Debatte um das Automobil beherrschen würde. Die andere Seite der Fahrzeugemissionen, also die Luftschadstoffe, würden demnach zwar stetig in der etablierten regulatorischen Logik weiter verschärft werden, jedoch keinen Anlass mehr für heftige ideologische Auseinandersetzungen liefern. Die Realität hat diese Annahme Lügen gestraft: Von 2015–2019 tobte vor allem in Deutschland eine Auseinandersetzung um Autoabgase ohne historisches Vorbild. Rückblickend, aus der Perspektive des Jahres 2020, haben allerdings auch Kommentatoren von Medien, die noch ein bis zwei Jahre zuvor zu den härtesten Treibern einer eskalierenden Debatte gehörten, den deutschen Hang zur Panik und Übertreibung kritisiert – allerdings aus einer inzwischen massiv geänderten Datenlage und den Wirkungen der Corona-Krise heraus. Davor aber wurde die Autoindustrie in beispielloser Art und Weise von erheblichen Teilen der politischen Öffentlichkeit pauschal zum Feind erklärt. Dies reichte soweit, skrupellose Managemententscheidungen unmittelbar für Krankheit und vorzeitigen Tod zehntausender von Menschen verantwortlich zu machen. Zugleich wurde das Etikett „Betrüger" und „Kriminelle" pauschal dem gesamten Sektor aufgeklebt – angestoßen durch den Nachweis von Gesetzesverstößen zunächst eines, dann weiterer Unternehmen. Aufgedeckt wurde der Betrug in den USA durch amerikanische Nichtregierungsorganisationen und Behörden. Eine kleine Umweltorganisation, die DUH, konnte in Deutschland mithilfe der gerichtlichen Klageoptionen, die sie noch dem Umweltminister Jürgen Trittin zu verdanken hatte, Politik und Industrie gleichermaßen unter Druck setzen. Eine Abfolge von „Autogipfeln" kreiste immer wieder um die Frage, wie die Folgen der sich anbahnenden juristisch erzwungen Beschränkungen für die Bürger, die bis zur Enteignung in fünfstelliger Höhe zu reichen drohten, begrenzt werden können.

Zugleich war der „VW-Skandal" ein Katalysator für die Debatte um die Rolle des Automobils im urbanen Raum. Das europäische Recht lieferte den Aufhänger dafür, Forderungen stellen zu können, die in ihrer Radikalität und der Schwere ihrer Folgen für die Bürger weit über alles hinausgingen was bis dahin auch nur diskutiert werden konnte. Diese Entwicklung stoppte nicht nur den bis dahin kontinuierlichen Anstieg der Dieselanteile. In vielen europäischen Ländern haben der VW Abgasskandal und darauf folgende politische Reaktionen (angekündigte Aussperrungen in Paris, London, Oslo, Steuererhöhungen in Frankreich und UK usw.) zu einem Rückgang der Dieselnachfrage geführt. Diese sank zwischen 2015 und 2018 von über 50 auf unter 30 %. Zugleich haben sich immer mehr Kunden für ein Benzinfahrzeug entschieden. Hiermit verschärfte sich das CO_2-Problem. Aufgrund der geringeren Effizienz von Benzin Pkw bei unverändertem Konsumentenverhalten in Punkto Segment und Leistung beträgt der daraus resultierende CO_2-Zuwachs 10 % bis 15 % gegenüber einem Diesel. Elektrofahrzeuge profitierten auch deutlich – aber zunächst nicht genug, um den Anstieg der CO_2-Flottenwerte vieler Hersteller zu stoppen. In der Folge wurden für eine Erfüllung der 2020er Vorgaben noch höhere Anteile von elektrischen Antrieben und Fahrzeugen erforderlich. Den Schub hierfür lieferten erst die Reaktionen auf die Corona-Krise (s. o.). Die Planungen der Automobilhersteller für ihren Antriebsmix wurden über den Haufen geworfen und ihre Lieferanten mussten sich hieran anpassen.

Dieses Phänomen rückblickend zu beschreiben ist nicht einfach. Es ist nicht nur die Folge des VW-Betrugs, sondern hatte vielmehr ganz spezifische rechtliche und politische Voraussetzungen. Es ist letztlich das Ergebnis mehrerer vorangegangener paralleler Entwicklungen, die zu einem „perfekten Sturm" zusammenliefen:

Die letzten Regulierungsstufen der Schadstoffemissionen von Diesel-Pkw haben zunächst die Voraussetzungen dafür geschaffen, dass der Diesel seinen Marktanteil nachhaltig steigern konnte. Die Schadstofflücke zum Benziner wurde, jedenfalls auf dem Papier, geschlossen und damit ein wesentliches Argument gegen diese Technologie entkräftet. Hiermit konnte der Diesel die Schlüsselrolle dabei übernehmen, den CO_2-Ausstoß neuer Pkw zu senken. Für die Hersteller war er eine technische Lösung, für die Politik die Chance, härtere CO_2-Grenzwerte durchzusetzen. Zudem wurde in Europa auch festgelegt, welche Luftschadstoffwerte in Städten maximal erreicht werden durften. Es wurde also nicht mehr nur Technologie in Fahrzeugen reguliert, sondern es wurde ein Anspruch auf saubere Luft definiert, der sich nicht an den gültigen und geplanten Pkw-Regulierungsstufen orientierte. Dieser konnte aber immer nur das Ergebnis der Kombination aus Fahrzeugtechnologie, der Geschwindigkeit, mit der diese sich in der Gesamtflotte durchsetzt, und den politisch-gesetzlichen Rahmenbedingungen auf kommunaler Ebene sein. Das Trio der EU-Politiken (Emissionen, Immissionen, Messverfahren) wurde schließlich ergänzt durch die Umstellung der Prüfverfahren für die Messung von CO_2 und Luftschadstoffen. Der Übergang vom NEFZ auf den WLTP zielte darauf ab, den Umfang zu verringern, in dem die Real-Emissionen auf der Straße von den Werten abwichen, die in dem engen Band der Prüfstandsverfahren gemessen wurden.

Am schwersten wog am Ende, dass diese drei Regulierungsprozesse nicht miteinander synchronisiert wurden. Letztlich wurde die Entwicklung der lokalen Imissionen falsch eingeschätzt und die Änderungen der Gesetzgebung bei den Emissionen und deren Messung kamen zu spät. Wären die drei wesentlichen Aspekte rechtzeitig miteinander verknüpft worden, wäre die Debatte völlig anders verlaufen.

Emissionsgesetzgebung

Kalifornien, CO_2 und Diesel

Am Beginn der Regulierung von Auto-Emissionen stand der von der 1970 in den USA neu gegründeten EPA auf Pkw Emissionsstandards erweiterte Clean Air Act. Mit ihm reagierten die USA auf den zuerst in Los Angeles nachgewiesenen Zusammenhang von Luftverschmutzung und Autoabgasen. Die von der US-Umweltbehörde erlassenen immer schärferen Regulierungen (einschließlich der Veränderung der Zusammensetzung von Kraftstoffen) führten zunächst zur massiven Reduktion der Belastungen durch Kohlenwasserstoffe (HC), Kohlenmonoxid (CO), Stickoxide (NO_X) und Partikel (PM). Die Entwicklung und der Einsatz von Katalysatoren begann in den späten 70er und frühen 80er Jahren. Seit den 90ern wurden die Emissionsanforderungen bei HC, NO_X und CO deutlich verschärft, zuletzt 2014. Auf Kraftstoffseite wurden Blei und Schwefel reguliert bzw. verboten (Bleiverbot 1995). Treiber dieser bundesweiten Regeln war wiederum Kalifornien. Mit der zu Beginn der 90er erlassenen Low Emission Vehicle (LEV I) Anforderung wurde umfassend und für mehrere Schadstoffe der zulässige Ausstoß gesenkt – mit weiteren Verschärfungen bis hin zur stufenweisen Einführung des kalifornischen LEV III Standards von 2015 bis 2025. Der bundesweite amerikanische EPA-Standard (US Tier 2) wurde zwischen 2000 und 2009 eingeführt. Die Nachfolgeregelung US Tier 3 (ähnlich dem kalifornischen LEV III) wurde 2014 verabschiedet mit Einführung von 2017 bis 2025. Zudem besteht eine Kennzeichnungspflicht für die Emissionsklassen von Pkw. Gemessen an den Schadstoffgrenzen wurden Fahrzeuge in Klassen eingeteilt wie beispielsweise „ULEV (Ultra Low Emission Vehicle)" oder „Super Ultra Low Emission Vehicle (SULEV)" mit zugehörigen emissionsabhängigen Untergruppen.

China hat im Bereich Pkw nachholend scharfe Abgaskriterien eingeführt, die sich an den europäischen und amerikanischen Vorbildern orientierten. Dabei betreffen diese ausschließlich Benzinfahrzeuge, da aufgrund einer übergreifenden strukturpolitischen Entscheidung Diesel für Pkw nicht vorgesehen ist. Diesel ist in Abstimmung mit der staatlichen

Mineralölindustrie ganz klar dem Nutzfahrzeug und der Eisenbahn vorbehalten. Die Umsetzung der angebotsseitigen, politisch weit weniger brisanten Benziner-Grenzwerte in China wird daher im Weiteren nicht nachgezeichnet, da sie auch den westlichen Schritten nahezu synchron folgte. Die spezifischen Antworten Chinas auf die Luftqualitätssituation in den Städten wird vielmehr im Zusammenhang urbaner Mobilität und hier der Steuerung der Nachfrageseite einen Schwerpunkt bilden.

Die USA und Kalifornien sind der Ursprungsort der kritischen Diskussion um den Diesel. Und dies nicht etwa, weil dort die Betrugssoftware von VW aufgedeckt wurde, sondern wegen der US-Luftreinhaltungspolitik zu Beginn der Nuller Jahre, also ungefähr zehn Jahre zuvor. Mit der kalifornischen Umweltbehörde als Treiber wurde damals entschieden, den Ausstoß von Partikelemissionen und NO_X nachhaltig zu begrenzen. Damit wurde eine komplett neue Abgasreinigungstechnologie erforderlich, wenn der Diesel überhaupt noch eine Zukunft in den USA haben sollte. Ohne hier die grundsätzlichen technischen Optionen im Einzelnen erläutern zu wollen (oder zu können), kann man unterscheiden zwischen sog. „$DeNO_X$-Speicher-Katalysatoren" und der „SCR (Selective Catalytic Reduction)"-Technologie. Letztgenannte erfordert die Beimischung einer Harnstofflösung in den Abgasstrom, um die maximale, über den $DeNO_X$-Kat hinausgehende Wirkung zu erreichen. Die SCR-Technologie erforderte damit zum einen zusätzliche Tank- und Leitungssysteme im Fahrzeug, zum anderen die Verfügbarkeit der 2009 mit Blick auf eine positive Kundenwahrnehmung „AdBlue" getauften Flüssigkeit an der Tankstelle, um nachfüllen zu können, sobald der Vorrat verbraucht ist. Die Umsetzung der sehr strengen Höchstemissionswerte durch die Fahrzeughersteller war wiederum die politische Voraussetzung dafür, dass der Staat Kalifornien erhöhte Diesel-Anteile ausdrücklich als Teil seiner Klimaschutzstrategie anerkannte.

Die positive Rolle des Diesels wurde auch in der kalifornischen Haltung während der klimapolitischen Diskussion mit der Automobilindustrie und den Bundesbehörden in den Jahren 2008 und 2009 deutlich (s. o.). Bereits damals gab es eine klare Verbindung zwischen Luftqualitäts- und Klimaperspektive. Gerade die deutschen Hersteller, aber nicht nur sie machten in der Diskussion mit EPA und CARB 2008 deutlich, dass für sie eine Erhöhung der Dieselanteil in den USA ein wesentlicher Pfad zur Reduzierung der CO_2-Emissionen war. Das Szenario steigender Dieselanteile hing unmittelbar vom Niveau der Kraftstoffpreise am Markt ab – und von den für die Fahrzeuge durchsetzbaren Preisen. Der europäische Rückenwind durch hohe und zu Gunsten des Diesels differenzierte Steuern fiel und fällt bis heute in den USA weg. Auf der Wahrnehmungsseite stand der im VDA definierte Begriff „Clean Diesel" zugleich für die gezielte Abgrenzung gegenüber der in den USA ausgesprochen schlechten, vom Lkw geprägten Grundwahrnehmung. Diese wurde dort und wird auch heute noch assoziiert mit Schwerlastwagen, was durch die teilweise unvermeidbare Betankung an Lastwagen-Zapfsäulen noch verstärkt wurde.

In Europa bildeten steigende Dieselanteile erst recht eine ganz wesentliche Komponente für die Erreichung der EU-Klimaschutzziele von 2012 bis 2015 bzw. 2020. Diesel-Fahrzeuge wurden einerseits aus Kundenperspektive deutlich attraktiver, da Ihre Fahrdynamik wesentlich verbessert wurde – bei gleichzeitig sehr hoher Wirtschaftlichkeit. Diese wurde von vielen Kunden bis heute sogar noch überzeichnet wahrgenommen: Ein nicht unerheblicher Teil der Diesel-Käufer entschied sich aufgrund der wahrnehmbaren Preisunterschiede an der Zapfsäule selbst dann für den Diesel, wenn sich dies angesichts des höheren Fahrzeugpreises und der höheren Besteuerung des Fahrzeugs gar nicht lohnte. Aber auch in Märkten, in denen Diesel einen deutlich geringeren steuerlichen Vorteil hatten, wie z. B. Großbritannien, stiegen die Anteile deutlich an. Dabei hat auch eine Rolle gespielt, dass diese nicht mehr gegenüber dem Benzinfahrzeug als ökologisch nachteilig wahrgenommen wurden und zugleich hohe Reichweiten, ein hohes Drehmoment bei niedrigen Drehzahlen mit souveräner Fahrcharakteristik boten. Nach dem Verschwinden der Rußwolken durch die zuvor eingeführten Partikelfilter bei Neufahrzeugen trugen hierzu auch steuerliche Anreize für die Einführung von Euro 5 und Euro 6 Fahrzeugen bei, wie sie z. B. in den Niederlanden als traditionell besonders ökologisch ausgerichtetem Markt gewährt wurden. Schließlich profitierten Diesel-Fahrzeuge auch von dem Erneuerungsschub, der durch die Abwrackprämien großer Märkte im Jahr 2009 ausgelöst wurde. Dabei etablierten sich Diesel auch zunehmend bis hinunter ins Kleinwagensegment.

Rußpartikelfilter und Feinstaubplaketten

In der deutschen Debatte über Luftqualität gab es eine spezifische Hypothek: Der französische Konzern Peugeot Citroën (PSA) machte im Jahr 2000 aus der Not eine Tugend und senkte die (gemessen an den Anforderungen der Schadstoffnorm Euro 4 viel zu hohen) motorenseitigen Rußpartikelemissionen seiner Fahrzeuge durch einen nachgeschalteten Partikelfilter. Er erreichte damit ein allerdings deutlich niedrigeres Niveau als dies den auf Motorseite technisch überlegenen, insbesondere deutschen Herstellern gelungen war. Deren Emissionsverhalten entsprach zwar bereits ohne zusätzliche Nachbehandlung der Euro 4 Norm, auf die man die Motoren erfolgreich und aufwändig optimiert hatte, war aber politisch kaum mehr zu verteidigen. Unter dem Druck der Umweltverbände und deren Kritik an der deutschen Industrie aufgreifender Medien wurde die Diskussion zwischen Bundesregierung und Verband der Automobilindustrie (VDA) in der ersten Phase gleichwohl darüber geführt, ob der PSA-Weg überhaupt der richtige war. Es sei doch nur ein Ausdruck technischer Minderleistung im Motor, die PSA auf diesen Ausweg gebracht habe. Diese Debatte wurde jedoch medial mit dem Bild eines Taschentuchs vor einem Auspuffrohr zugunsten „der Franzosen" (so die Sicht deutscher Akteure, obwohl auch Renault noch gar keine Filter einsetzte) entschieden. An dem Punkt, an dem damals die Debatte „kippte", gab es Überlegungen aus Berlin, dass sich die deutschen Hersteller auf eine steigende Filter-Ausrüstungsquote und einen Zeitrahmen freiwillig verpflichten, was die Debatte entschärft hätte. Das Instrument freiwilliger Selbstverpflichtungen war damals, Jahre vor dem Scheitern der CO_2-Zusage auf EU-Ebene (s. u.), noch eine echte politische Option. Diese Option wurde verworfen. Während die Hersteller und Zulieferer an Filterlösungen arbeiteten, erhielt der VDA den grundsätzlichen Widerstand gegen vorgeschriebene Partikelfilter aufrecht. Auf der folgenden IAA 2001 besuchte Umweltminister Jürgen Trittin demonstrativ ausschließlich Toyota und die französischen Hersteller. Auf der nächsten Messe 2003 hatten die deutschen Hersteller dann nachgezogen.

Letztlich wurde 2004 nach langen und medial für die Industrie immer belastenderen Debatten zwischen VDA und Bundesregierung beschlossen, bis 2009 alle neuen Diesel mit Partikelfilter anzubieten (faktisch geschah dies dann deutlich eher). Dies wurde mit der Ankündigung einer steuerlichen Förderung für die Nachrüstung wirksamer Partikelfilter für bereits im Feld befindliche Diesel-Pkw ab 2006 verbunden. Auch verständigten sich Industrie und Bundesregierung auf eine gemeinsame Haltung zu den mit der geplanten neuen EU-Norm Euro 5 zu erreichenden Grenzwerten bei Rußpartikeln, die auf ein Niveau gelegt wurden, das faktisch nur noch mit Filtern erreichbar war. Diese Entscheidung führte dazu, dass die deutschen Hersteller letztlich schneller als die anderen Anbieter alle ihre neuen Autos mit Partikelfiltern ausgerüstet haben. Soweit das Ergebnis in der Substanz. Am Ende hat der Widerstand der Industrie es dem Bundesumweltminister und den Umweltverbänden ermöglicht, eine überproportional polarisierende und emotionalisierende Wirkung in dem Thema zu erzeugen, die bis heute nachhallt. Bis heute kann in der Auseinandersetzung mit der Industrie die Erinnerung an ihr damaliges Verhalten abgerufen werden. Es wurde in Sachen Glaubwürdigkeit und Legitimität ein sehr hoher Preis für eine letztlich erfolglose politische Taktik gezahlt. Es gibt deshalb heute nur wenige in der Branche selbst, die dieses Vorgehen nicht für einen schweren Fehler halten – aber eben erst im Nachhinein

2006 verabschiedete der Bundestag das zum 1. März 2007 in Kraft getretene System der sog. Feinstaubplaketten: Eine grüne Plakette erhielten alle Fahrzeuge mit Euro 4, 5 und 6. Eine gelbe Plakette gab es für Euro 3 (oder Euro 2 mit Partikelfilter) und rot für Euro 2 und 1. Mit Ihnen wurde es den Kommunen ermöglicht, je nach Luftbelastungssituation Fahrzeuge der Schadstoffklasse Euro 3 und davor aus innerstädtischen „Umweltzonen" auszusperren. Hiervon machte z. B. die Stadt München gestaffelt Gebrauch: Ab Oktober 2008 für Autos ohne Plakette, ab Oktober 2010 für solche mit einer roten und schließlich ab Oktober 2012 für solche mit einer gelben Plakette. Angesichts des inzwischen erreichten Alters und damit gesunkenen Anteils der betroffenen Fahrzeuge haben derartige Entscheidungen damals zu relativ wenig öffentlicher Debatte geführt. So betraf der Ausschluss von Euro 1 Autos mit Erstzulassung vor 1996. Bei Euro 2 und 3 waren es die Jahrgänge vor 2000 bzw. 2005. Es mutet bizarr an, wenn in Deutschland mit breiter Berichterstattung die im Vergleich zu Deutschland „nachholende" 2019 getroffene Entscheidung z. B. der Stadt Paris für die Aussperrung von Fahrzeugen der Schadstoffklasse Euro 1 und 2 vielfach als „Dieselverbot" kommentiert wurde, während in deutschen Großstädten schon lange weit restriktivere Regelungen galten.

Eine „historische" Randnotiz: In einer sehr knappen Entscheidung zwischen Bundestag und Bundesrat wurde 2007 entschieden, dass historische Fahrzeuge mit einem Alter von mehr als 30 Jahren (Qualifikation für das sog. H-Kennzeichen) von diesen Sperrungen ausgenommen wurden. Damals standen sich die Haltung der Union, welche Wert darauf legte, dass das historisch-industrielle Erbe Deutschlands auch noch in Städten erfahrbar sein sollte, mit der Haltung der SPD gegenüber, welche dies zunächst mit der Begründung ablehnte, Oldtimer seien ein Hobby für „Besserverdiener". 2020 waren über 390.000 Oldtimer mit diesem Kennzeichen in Deutschland zugelassen.

Immissionsgesetzgebung

Parallel – aber eben nicht synchron – zur Steuerung der Emissionen verlief die Regulierung der zulässigen Immissionen in den Städten. Diese folgte einer völlig anderen Logik: Sie legt nicht fest, was aus einem Auto herauskommen darf, sondern bezieht sich auf die Schadstoffbelastung, die in einer Stadt entstehen darf, und zwar aus allen Quellen, Autos, Busse, Laster, Heizungen, Industrieanlagen usw.. Dabei wurden Grenzwerte für verschiedene Belastungsarten festgelegt. Für das Automobil am relevantesten ist neben Feinstaub insbesondere Stickstoffdioxid (NO_2). Der Jahresmittelwert von 40 µg NO_2 pro Kubikmeter wurde in der EU bereits im Jahr 1999 von Kommission und Rat festgelegt. Man orientierte sich dabei an Bewertungen der Weltgesundheitsorganisation (WHO). Während die USA weit stringenter und schneller bei der Absenkung der fahrzeugseitigen Emissionswerte waren, setzen sie zugleich für die Immissionsseite in den Städten bei NO_2 einen doppelt so hohen Jahresdurchschnittswert an. Der tägliche Höchstwert, der 1-Stunden-Grenzwert, wurde jedoch mit 188 µg ähnlich hoch, sogar etwas schärfer, angesetzt als in der EU mit 200 µg. Zugleich war die US-Gesetzgebung bei Feinstaub, bei dem die Kausalkette zu Gesundheitsschäden wesentlich direkter verläuft als bei NO_2, deutlich schärfer als der damalige Stand der europäischen Gesetzgebung.

Seit 1999 wurden in Europa Messstationen aufgestellt, Statistiken befüllt und Daten nach Brüssel geliefert. Die Behörden der Mitgliedstaaten, der regionalen Aufsichtsbehörden und der kommunalen Verwaltungen wurden verpflichtet, Messstationen zu errichten, mit denen die relevanten Schadstoffwerte ermittelt wurden. Hierfür wurden Kriterien festgelegt, die allerdings erhebliche Spielräume zuließen. Die Frage, ob die Werte eingehalten oder überschritten werden, hängt seitdem nachhaltig vor allem davon ab, wo die Messstationen platziert wurden. Gerade in Deutschland entschieden sich die Behörden vielfach dafür, die Messstationen an Punkten aufzustellen, an denen extrem hohe Werte erreicht werden. In München beispielsweise auf der Landshuter Allee, einer vierspurigen, sehr stauträchtigen Hauptverkehrsstraße, an der die Messstation nah an einer Bushaltestelle platziert wurde. Dementsprechend wurden die Schwellenwerte in München bereits früh überschritten in anderen Städten teilweise bis heute nicht.

Die Werte zeigten bereits nach wenigen Jahren, dass in der EU extrem verschiedene Messwerte erreicht werden – auch zwischen Städten, die durchaus vergleichbar sind. Des Weiteren wurde aber beim Vergleich der Werte auf der Zeitachse sichtbar, dass es in vielen Regionen keine hinreichend schnelle Bewegung zu einer Absenkung der Emissionen in der Stadt gab. Die vorliegenden Daten wurden jedoch nicht zum Anlass genommen, zu analysieren, ob es nötig wäre, die Messverfahren in den Städten weit stärker zu vereinheitlichen. Dies hätte bei der Konsolidierung der verschiedenen einzelnen europäischen Luftqualitätsregelungen unter der neuen übergreifenden, 2009 verabschiedeten Luftqualitätsrichtlinie der EU geschehen können. Auch wurde nicht diskutiert, wie wahrscheinlich es war, dass die Grenzwerte an den damals bereits sichtbaren besonders problematischen Punkten erreicht werden können. Es wurde daher keine Entscheidung darüber herbeigeführt, mit maximaler Beschleunigung die Anforderung an die Fahrzeuge so zu verschärfen, dass ein beschleunigter Reduktionspfad erreicht wird.

Schließlich unterblieb auch der Versuch, die Unklarheit über die Realemissionen im Unterschied zu den Prüfstandswerten kurzfristig zu schließen – beispielsweise durch die Übernahme des US-Prüfzyklus. Und dies ein Jahr, bevor 2010 die ursprünglich 1999 definierten Immissionswerte hätten eingehalten werden sollen. Ein Impact-Assessment, wie es seit einigen Jahren zu den Grundvoraussetzungen von Entwürfen der Kommission gehört, erfolgte damals noch nicht. Man hat also letztlich einen Immissionsgrenzwert einfach bestätigt, an dessen Erreichbarkeit unter Fachleuten bereits damals erhebliche Zweifel bestanden, zugleich aber keine Diskussion über eine EU-weite Strategie zur beschleunigten Umsetzung der seit zehn Jahren geltenden Emissionsgrenzwerte geführt. Die Chance, die Handlungsfelder integriert zu sehen und zu synchronisieren wurde verpasst.

Während also seit 2008 klar war, dass die Schadstoffemissionen in Städten massiv sinken müssten, hat die EU im Hinblick auf die Anforderungen an die Fahrzeuge erst mit Beschluss von 2015 und Wirkung ab 2017 nach intensiven und kontroversen Diskussionen gegenüber den USA nachgezogen – mit der neuen Real Driving Emission (RDE) Messprozedur zum Schadstoffgrenzwert Euro 6, der bereits 2007 bis 2008 festgelegt und 2014 eingeführt wurde. Erst diese Kombination aus Grenzwert und Messmethode brachte einen echten Schub bei der Minderung von NO_x, denn die realen Emissionen von Euro 5 Fahrzeugen (gültig ab 2009) lagen allenfalls geringfügig über denen der seit 2005 verkauften Pkw mit Euro 4. Gegenstand der Euro 6-Gesetzgebung waren zunächst allerdings nur die in dem gesetzlich vorgegebenen Neuen Europäischen Testzyklus (NEFZ) ermittelten Werte. Diese waren für sehr große Teile der EU-Fahrzeugflotte, gerade der kleineren, nicht in den USA angebotenen Modelle, bereits mit der preiswerteren $DeNO_X$-Technologie ohne SCR erreichbar. In den USA dagegen war dies nicht möglich – oder eben nur mithilfe von Betrug.

Innerhalb des europäischen Automobilverbands ACEA wurde damals durchaus darüber diskutiert, ob nicht eine einfache Übernahme der US-Vorschriften sowohl hinsichtlich der Emissionszielwerte als auch mit Bezug auf das Messverfahren, eine Option wäre. Angesichts der ganz anderen Ausgangslage gerade im europäischen Volumenmarkt (weit höhere Dieselanteile mit hoher Preissensitivität) war diese Option aber nicht einigungsfähig, so dass ACEA letztlich eine eigene EU-Regelung unterstützte. Auch die deutschen Hersteller und der VDA trugen diese Position mit und vertraten Sie gegenüber der Kommission und den Mitgliedsstaaten. Hier hat die Industrie die Mitverantwortung für die Folgen.

Messverfahren und die konkurrierenden „Wahrheiten"

Die Diskussion in der EU wurde in den vergangenen Jahren immer wieder durch Kontroversen über die „Wahrheit" der Verfahren zur Messung von Verbrauch und Emissionen beeinflusst. Auslöser der Kritik war regelmäßig die Abweichung zwischen dem im Rahmen des NEFZ ermittelten Verbrauchswert einerseits, dem auf der Straße im Normalbetrieb gemessenen Wert andererseits. Immer wieder rühmten sich politische Akteure, Verbände und Medien, einen solchen Unterschied „entdeckt" zu haben – verbunden mit dem Vorwurf an die Industrie, sie täusche vorsätzlich die Verbraucher. Organisationen wie der ADAC haben zugleich eigene Testverfahren entwickelt, mit denen sie beanspruchten, dem Verbraucher endlich „die Wahrheit" zu sagen. In der Realität ist die ganze Geschichte allerdings bei weitem trivialer.

In der EU wurde mit dem NEFZ bereits in den 90er-Jahren ein Verfahren festgelegt, dessen Hauptzweck es war, unterschiedliche Fahrzeuge hinsichtlich ihres Verbrauchs- und Emissionsverhaltens vergleichbar und reproduzierbar zu messen. Da dieses Verfahren die Grundlage für die Erfüllung gesetzlicher Vorschriften war, wurde es selbst gesetzlich normiert. Die Fahrzeughersteller verwendeten also gegenüber ihren Kunden nicht irgendein von Ihnen selbst erfundenes, künstlich die Realität verfälschendes Verfahren, sondern erfüllten eine gesetzliche Vorschrift. Diese legte den Fokus auf eindeutige Reproduzierbarkeit. Der NEFZ sollte zugleich nie 100 % repräsentativ für die Realität auf der Straße sein – und alle Experten wussten dies von Anfang an. Es war nicht der Anspruch dieses Instruments, jegliches denkbares Verhalten im Realbetrieb abzubilden. Es ging vor allem um die Vergleichbarkeit von Fahrzeugen untereinander. Es wurde ein Verfahren definiert, das es erlaubte, bei einem auf einem Rollenprüfstand gefahrenen Fahrzeug reproduzierbare Werte zu erzeugen. Hierfür wurde ein Fahrprofil erstellt, das von einem Fahrer auf

11 Luftqualität 301

dem Prüfstand mit größtmöglicher Genauigkeit nachgefahren wurde. Dieses Profil sollte eine Kombination aus statischen Bedingungen, Landstraße und Autobahnfahrt abdecken. Der NEFZ schloss ausdrücklich eine ganze Reihe von in der Realität anzutreffenden Rahmenbedingungen aus: Weder wurden starke Beschleunigungen noch länger andauernde Hochgeschwindigkeitsfahrten abgebildet. Auch simulierte er keine Staufahrten. Der Test fand bei Temperaturen statt, die weder dem Sommer noch dem Winter Mitteleuropas, sondern eher einem deutschen Frühjahr oder Herbst entsprachen. Hinzu kam, dass für den Test keine Sonderausstattungen (breitere Reifen usw.) berücksichtigt wurden und auch Beleuchtung und Heizung bzw. Klimaanlage ausgeschaltet waren.

Daher war es – jedenfalls in Expertenkreisen – immer vollkommen klar, dass der Normverbrauch nur in statistischen Ausnahmefällen auch derjenige des Kunden sein würde. Es war jedoch absolut möglich, mit entsprechendem Fahrverhalten einen solchen Wert zu erreichen. Nicht zuletzt angesichts der öffentlichen Kritik begannen jedoch schon vor einigen Jahren die Arbeiten am WLTP. Dieser korrigierte in mehrfacher Hinsicht die Defizite des NEFZ: Der Zyklus ist in drei unterschiedliche, wesentlich längere Teilzyklen aufgeteilt, die die Fahrsituation im städtischen, außerstädtischen und Autobahnbereich deutlich realistischer abbilden. Des Weiteren werden bei der Ermittlung der Ergebnisse Sonderausstattungen wie beispielsweise breitere Reifen, Komfortsitze oder Schiebedächer berücksichtigt. Die Folge ist, dass es nicht mehr nur für eine Kombination von Motor und Getriebe (also z. B. einen BMW 320d Automatik) einen einzigen ausstattungsunabhängigen Wert gibt, sondern sich für jede individuelle Fahrzeugkonfiguration ein eigener Wert ergibt. Deshalb liegen die mit dem wir WLTP ermittelten Verbrauchs- bzw. CO_2-Werte je nach Ausstattung erheblich über denjenigen, die das gleiche Auto im NEFZ erreicht hätte. Dabei ist die Schwankungsbreite erheblich. Es dürfte Modelle geben, bei denen die Wertung 5 % nach oben geht und andere, bei denen es 30 % sind. Konkret wird sich dies im Durchschnitt der Flotte erst an den 2021 vorliegenden 2020er Zahlen ablesen lassen, wenn tatsächlich die ganze Flotte umgestellt ist.

Bezeichnenderweise ist das „W" in WLTP schon frühzeitig zum Etikettenschwindel geworden. Die USA haben sich aus den internationalen Normierungsarbeiten bereits frühzeitig verabschiedet und halten an ihrem etablierten Testverfahren fest. China hat zugleich einen dem WLTP nicht unähnlichen, aber für die eigenen nationalen Bedürfnisse modifizierten, chinesischen Standard definiert.

RDE

Die US-Emissionsanforderungen wurden von Beginn an in einem komplexeren Prüfstandsverfahren als dem europäischen NEFZ überprüft, dem sog. „US-Combined Test". Dieser liefert nahezu so realistische Ergebnisse, wie das zehn Jahre später in der EU vorgeschriebene, jedoch wesentlich schwerer zu reproduzierende RDE-Verfahren. In den USA hat es aus diesem Grund auch weder unter der Obama-Regierung auf Bundesebene noch beim CARB in Kalifornien eine Notwendigkeit gegeben, den etablierten Prüfzyklus zu Gunsten von Messungen mit portablen Geräten infrage zu stellen bzw. diese zusätzlich vorzuschreiben wie in Europa. Dieses US-Testverfahren zu umgehen, war das Ziel der Entwicklung der Betrugssoftware durch die VW Ingenieure – zunächst mit Erfolg.

Bis in Europa mit dem Projekt gestartet wurde, Realemissionen v. a. von NO_X verlässlicher zu messen als dies auf dem Prüfstand möglich ist, wartete die Kommission bis 2011, also drei Jahre nachdem die Höchstwerte festgelegt wurden. Erst dann begann das sog. „Technical Committee on Motor Vehicles (TCMV)", ein Gremium aus Kommission, Mitgliedstaaten und technischen Experten damit, die genauen technischen Vorgaben für „Real Driving Emissions (RDE)" zu erarbeiten. Dieses Verfahren wurde mit den Schadstoffklassen Euro 6d Temp und Euro 6d zur Pflicht und ermöglichte es der Industrie bzw. zwang sie dazu, ihre technischen Anlagen im Fahrzeug neu auszulegen. Faktisch bedeutete dies den Zwang zum Einbau des SCR in allen Fahrzeugen und damit die Gleichwertigkeit zu den in den USA schon lange geltenden Anforderungen. Es war also die Messmethode, die zur Anpassung der Technologie zwang, nicht die Ziele, die unverändert blieben.

Der Grund ist ein zentrales gemeinsames Merkmal von WLTP und NEFZ: Es ging bei ihrer Ermittlung um die Ermittlung eines gut reproduzierbaren und bei WLTP zusätzlich auch weltweit repräsentativen Durchschnittswerts sowohl für den Verbrauch als auch für Schadstoff-

11 Luftqualität 303

emissionen und nicht um die Ermittlung von minimalen oder maximalen Werten. Die Abbildung dieser Extremwerte ließ sich mit einer Durchschnittslogik nicht vereinbaren. Bei RDE ging es deshalb darum, abzusichern, dass auch auf der Straße die Abweichungen von dem im WLTP gemessenen Wert nicht zu groß ausfallen. Dafür wird nicht ein Rollenprüfstand verwendet, sondern eine tragbare Messeinrichtung im Kofferraum des Fahrzeugs. Allerdings hat der Gesetzgeber hier eine Einschränkung vorgenommen: Die Bedingungen müssen sich im „Normalbereich" bewegen. Denn mit jedem Fahrzeug ist es jederzeit möglich, die zugelassenen Werte zu überschreiten, beispielsweise dann, wenn in einem sehr niedrigen Gang dauerhaft mit sehr hohen Geschwindigkeiten gefahren wird. Auch eine schwere Zuladung und steile Anstiege, die mit Volllast bewältigt werden, führen zu Grenzwertüberschreitungen. Ein Beispiel hierfür war der Versuch, mit dem die Deutsche Umwelthilfe einen BMW 3er trotz vorhandenem Automatikgetriebe durch die Kombination aus einem manuell eingelegten sehr niedrigen Gang und hoher Drehzahl gezielt in Fahrbereiche getrieben hat, die kein Fahrer dieses Fahrzeugs im regulären Automatikbetrieb jemals erreichen dürfte. Auch Journalisten, denen in einer Testfahrt vorgeführt wurde, wie sich die DUH Versuchsanordnung im wirklichen Leben anfühlte, ließen sich davon überzeugen, dass es sich, wie später auch vom Kraftfahrtbundesamt festgestellt, nicht um normale Betriebsbedingungen handelte.

Die Diskussion über das konkrete Design von RDE zog sich in Brüssel hin, unter anderem deshalb, weil die für die Absicherung der Prüfstandswerte auf der Straße erforderlichen portablen Messgeräte zunächst nicht in ausreichender technischer Reife verfügbar waren. Die Arbeiten des TCMV dauerten deshalb bereits vier Jahre an als 2015 mit dem Start des behördlichen Vorgehens gegen Volkswagen in den USA schlagartig der Handlungsdruck stieg und innerhalb von drei Monaten eine Entscheidung getroffen wurde, wie in zwei Schritten, die Euro 6 Grenzwerte auch in Straßenmessungen nachzuweisen sind. Dabei wurde zunächst ein sog. Konformitätsfaktor (also eine erlaubte maximale Abweichung vom Grenzwert) von 2,1 zugelassen, der im zweiten Schritt ab 2020 auf 1,0 sank.

Dieses gestufte Vorgehen wiederum, welches die Anpassung der Industrie angesichts Ihrer Produkt- und Entwicklungszyklen ermöglichen sollte, wurde Ende 2018 vom Europäischen Gericht Erster Instanz für ungültig erklärt – und zwar nach einer Klage der Städte Paris, London und Madrid. In den zwei Jahren bis zum Urteil hatte sich die Situation allerdings öffentlich soweit zugespitzt, dass die Kommission zunächst darauf verzichtete, ihren Rechtsstandpunkt zu verteidigen. Die Folge der Rechtswirksamkeit des Urteils wäre gewesen, dass die inzwischen vorgenommenen Zeitpläne der Unternehmen um ein Jahr nach vorne hätten verschoben werden müssen, was wiederum nur noch um den Preis von Produktionsunterbrechungen und daraus resultierende Kurzarbeit realisierbar gewesen wäre. Der Druck einer Reihe von Mitgliedstaaten sowie die Widersprüche u. a. Deutschlands und Ungarns führten dazu, dass die Kommission schließlich doch Widerspruch gegen das Urteil einlegte. Inzwischen wurde die Regelung revidiert und ohne schwerwiegende Änderungen in der Substanz EU-rechtskonform gemacht.

Sprengsatz NO_X

Mit den oben geschilderten Bausteinen wurde eine je nach Mitgliedstaat unterschiedlich brisante Zeitbombe installiert. Die Automobilhersteller steigerten den Absatz von Euro 5 und dann Euro 6 Diesel-Fahrzeugen, um ihre Klimaziele zu erreichen. Der Dieselanteil an den Neuzulassungen und auch am Bestand stieg rapide. Die Frage, wie schnell die Realwerte vor Ort tatsächlich sinken würden, hing aber immer davon ab, wie schnell ältere Fahrzeuge der Klassen Euro 3 und 4 durch Euro 5 und vor allem durch Euro 6 ersetzt und aus den Städten verschwinden würden. Für die Vorhersage der lokal wirksamen Immissionen und damit die Politiken zur Einhaltung der Immissionsgrenzwerte wurden jedoch Modelle benutzt, welche die Lücke zwischen dem Produkt aus Anzahl der Fahrzeuge und deren Emissionen einerseits und den in den Städten tatsächlich vorhandenen Immissionen andererseits nicht korrekt wiedergaben. Die angenommenen Fahrzeugemissionen wurden zugleich gegenüber der Realität unterschätzt. Das lag daran, dass auf Basis der bis dahin einzigen verfügbaren Testwerte (NEFZ) ein Aufschlag für die realen Emissionen nur geschätzt werden konnte. Es war daher auch immer nur näherungsweise möglich, zu berechnen, in welcher Geschwindigkeit sich neue

Abgas-Reinigungstechnologien am Markt durchsetzen mussten, um ein festgelegtes Luftqualitätsniveau zu erreichen.

All dies führte dazu, dass in einer Reihe von Kommunen die Stickoxidgrenzwerte öfter überschritten wurden als dies der europäischen Rechtsrahmen zuließ – und weit öfter als in Modellrechnungen zuvor prognostiziert worden war. Alsbald begannen auch die kritischen Nachfragen der Kommission bei denjenigen Mitgliedstaaten, in denen so gemessen wurde, dass Verfehlungen dokumentiert wurden. Es wurden nationale Konzepte vorgelegt und Besserung gelobt – jedenfalls von den Mitgliedsstaaten, bei denen die Luft nicht so sauber war wie in Athen, Neapel oder Wien, wo nach den dortigen Messungen überall ja viel weniger immittiert (oder nur anders gemessen?) wurde als in Stuttgart oder München. Ergebnis war, dass weitere Fristen verstrichen, innerhalb derer in deutschen Städten endgültig die Werte erreicht werden müssen. Zugleich wurde der Druck aus Brüssel mit Vertragsverletzungsverfahren gegen Deutschland und mittlerweile 11 weitere Mitgliedstaaten verstärkt. Diese Verpflichtung auf die Erreichung von nationalen Emissionsminderungen in 2020 war einer der rechtlichen Nägel, an denen alle Fahrverbotsdebatten in Deutschland aufgehängt wurden.

Damit wiederum wurde es Bürgern bzw. Organisationen, die für sich in Anspruch nehmen konnten, in deren Namen zu handeln, ermöglicht, gegen die Städte und die für die Rechtsaufsicht zuständigen Landesbehörden vorzugehen und Maßnahmen zur Einhaltung der Zielwerte zu verlangen. Es wurde damit in die Entscheidung der Gerichte gelegt, zu entscheiden, ob die von der Stadt ergriffenen Maßnahmen ausreichen oder nicht. Diese Option hat insbesondere die DUH intensiv genutzt, um in denjenigen Kommunen, in denen Messwerte überschritten wurden (den so genannten „Hotspots"), Urteile in der ersten, teilweise in der zweiten Instanz zu erwirken, welche die Kommunen zu Verkehrsbeschränkungen verpflichteten. Das Bundesverwaltungsgericht hat dann 2018 im Rahmen der Revisionsverfahren zu erstinstanzlichen Urteilen in Düsseldorf und Stuttgart festgelegt, dass Kommunen das Recht haben, Fahrverbote für Euro 4 und Euro 5 Fahrzeuge zu verhängen. Allerdings müssten sie nachweisen, dass diese Maßnahmen im Hinblick auf die Konsequenzen für die Bürger und die kommunale Wirtschaft verhältnismäßig sind. Die Bundesregierung hat wiederum zur Lenkung der Verhältnismäßigkeitsprüfung eine Änderung des Bundesimmissionsschutzgesetzes vorgelegt, mit der eine Verhältnismäßigkeit von Fahrverboten bei Werten unter 50 μg verneint wird. Mit dieser neuen Regelung wurde die politische und die rechtliche Latte für die tatsächliche Verhängung von Fahrverboten deutlich höher gelegt.

Der „VW-Skandal"

Nach allem, was heute an Information vorliegt (und unter diesem Vorbehalt) begann der VW Diesel-Betrugsskandal mit den kalifornischen und US-Anforderungen an die Schadstoffemissionen von Diesel-Pkw. Damals war absehbar, dass Diesel-Pkw und Light Trucks für die Erfüllung der in den USA geltenden Pkw-Verbrauchsvorschriften nur dann einen wirksamen Beitrag leisten konnten, wenn sie zugleich auf der Schadstoffseite die geforderte Emissionsminderung bringen. Zu diesem Zeitpunkt lag die Verfügbarkeit von fahrbaren Messeinrichtungen auch noch Jahre in der Zukunft. Die sichere Einhaltung der kalifornischen und US-Vorschriften im Realbetrieb hätte aber den Einbau einer deutlich leistungsfähigeren Abgasreinigungsanlage erfordert. Zugleich hätte die Erfüllung aller Anforderungen bedeutet, entsprechende Kompromisse im Zielkonflikt zwischen Abgasreinigung, AdBlue-Verbrauch und weiteren Fahrzeuganforderungen sorgfältig auszubalancieren. Mit der softwarebasierten Betrugslösung für die Nutzung im Prüfstandstest wurden dagegen scheinbar mehrere Fliegen mit einer Klappe geschlagen: Die Schadstoff-Werte wurden auf der Rolle eingehalten, da das Fahrzeug über eine gut versteckte Prüfroutine erkannte, dass es sich nicht auf der Straße befand und dementsprechend das Abgasreinigungssystem in dieser Situation auf höchster Leistung gefahren werden konnte. Der technische Aufwand und damit die Kosten wurden minimiert, was wirtschaftlich attraktivere Angebote für die VW-Expansionsstrategie in den USA ermöglichte. Die Auswirkung auf den AdBlue-Verbrauch auf der Straße, welcher anders als der von Schadstoffen durch Dritte einfach und nachvollziehbar gemessen werden konnte, hielt sich in Grenzen. Der werbliche Anspruch auf Kraftstoff- und Kostenersparnis konnte glaubwürdig belegt werden.

Diese Rechnung funktionierte so lange, bis die Umweltorganisation „International Council for Clean Transportation (ICCT)" 2014 im Rahmen einer Studie der West Virginia University zum Einsatz neuer portabler Messgeräte einen Vergleichstest zwischen einem BMW X5, dieser ausgerüstet mit SCR-Katalysator und zwei VW-Fahrzeugen, davon eines mit SCR und eines mit DeNO$_X$-Speicher-Kat ausgerüstet, durchführte. Der X5 hielt alle Werte ein, beide VW-Fahrzeuge verfehlten sie bei weitem. Dies war der Auslöser für eine Überprüfung durch die kalifornische Umweltbehörde sowie durch die EPA auf Bundesebene. Es schlossen sich Strafverfahren gegen eine ganze Reihe von VW-Managern in den USA und anschließend auch in anderen Ländern an.

Soweit die dürren Fakten. Der Versuch einer Einordnung der Sache selbst und ihrer Folgen fällt deutlich schwerer und ist mehrschichtig: In allen Automobilunternehmen war es die Aufgabe der Ingenieure, die für die Nachweise der Konformität mit gesetzlichen Anforderungen verantwortlich sind, dies so zu tun, dass wirtschaftliche Nachteile bei gleichzeitiger sicherer Erfüllung der gesetzlichen Vorgaben minimiert werden. Was bei VW getan wurde, war aber qualitativ etwas ganz Anderes: So wie sich vorsätzlicher Steuerbetrug durch den falschen Ausweis von Einkünften und verdeckte Geldtransfers ins Ausland von der legalen Optimierung der Einkommenssteuer mit Hilfe eines fähigen Steuerberaters unterscheidet, unterscheidet sich das Verhalten von VW von dem rechtmäßigen Agieren anderer Hersteller.

Die Reaktion der US-Behörden und der Justiz entsprach dieser Konstellation genau: Der überführte Täter wurde bestraft – und zwar in voller Härte des Strafrechts. Mehrere Mitarbeiter, derer der US-Justiz habhaft werden konnte, wurden zu hohen Gefängnisstrafen verurteilt. Zugleich traf VW die volle, milliardenschwere Wucht des amerikanischen Schadenersatzrechts in Gestalt von Zahlungsverpflichtungen an die betroffenen Kunden. Dieser gesamte Vorgang wurde in den amerikanischen Medien natürlich intensiv verfolgt und kommentiert, aber immer mit einer klaren Grundlinie: Das Verhalten eines Rechtsbrechers wird verfolgt und geahndet. Es gab und es gibt bis heute in den USA aber keine „Dieseldebatte" wie in Europa und vor allem in Deutschland. Das Thema war in der amerikanischen Öffentlichkeit sehr schnell weitgehend „abgehakt". Auch die Behörden, vor allem die in Kalifornien, haben deutlich gemacht, dass sie an der Vorteilhaftigkeit des Diesels aus klimapolitischer Sicht ungeachtet der Rechtsverstöße von VW festhielten. Das Verhalten von VW wurde und wird weder als Symbol für das Agieren der gesamten Industrie noch als Problem der Dieseltechnologie interpretiert und diskutiert. Dies galt auch für die sich anschließenden Untersuchungen bei anderen Herstellern und die dort verhängten Maßnahmen.

Die europäische Situation war vollkommen anders. Hier gab es zunächst ganz konkrete politisch-gesetzgeberische Folgen: Das europäische Recht sah bisher deutlich schwächere Sanktionsmöglichkeiten vor. Die Folge ist eine Diskussion darüber gewesen, warum die europäischen Kunden von Volkswagen nicht in den Genuss ähnlich hoher Entschädigungen kamen, wie diejenigen in den USA. Jedoch dürfte eine 1:1 gleiche Behandlung von VW in Europa wie in den USA mit hoher Wahrscheinlichkeit zum Kollaps des Unternehmens und zu einer Diskussion über eine staatliche Rettung zu Gunsten der Arbeitsplätze und zulasten des Steuerzahlers geführt haben. Für die Zukunft wurde mit der sehr schnellen Verabschiedung einer Sammelklagemöglichkeit in der EU eine neue Option für Kunden geschaffen, gegen Unternehmen vorzugehen. Die Folgen sind momentan noch nicht abschätzbar.

Es folgte in Europa (anders als in den USA) jedoch 2019 eine Verschärfung der Zulassungsgesetzgebung mit dem Ziel, die behördliche Überwachung erheblich zu verstärken und die nationalen Zulassungsstellen unter die Aufsicht einer europäischen Überwachung zu stellen. Hierfür war nicht zuletzt ausschlaggebend, dass sich beispielsweise die italienischen und französischen Kollegen des Kraftfahrtbundesamtes nicht zu ähnlich harten Maßnahmen gegenüber Fiat und Renault bewegen ließen, wie diese von deutschen Behörden gegenüber Volkswagen, Daimler und Opel verhängt wurden. All diese Unternehmen wiesen bei Überprüfung ihres Realemissionsverhaltens Abweichungen vom Prüfwert auf, die aus Sicht der deutschen Behörden weit über das zulässige Maß hinaus gingen. Dabei wurden insbesondere die temperaturabhängige Steuerung des Abgasnachbehandlungssystems (insbesondere die Höhe der Temperaturschwellen unterhalb derer das Reinigungssystem abgeschaltet wurde, um den Motor zu schützen, das sog. „Thermofenster") und im Fall Fiat auch die zeitliche Begrenzung des Betriebs der Anlage kritisiert. Der römische Verkehrsminister erklärte jedoch alle diesbezüglichen Vorwürfe für irrelevant – wogegen es nach dem bis dahin geltenden EU-Recht auch keine Handhabe gab.

Indirekte Folgen

Über diese direkten politischen Implikationen hinaus wiegt bis heute der VW Skandal aber noch einmal schwerer was seine indirekten Effekte angeht: Die Manipulationen haben das Vertrauen in die Automobilindustrie nachhaltig erschüttert. Während in den USA mit der Zahlung der hohen auferlegten Geldbußen und den Urteilen gegen einzelne Manager der Fall „erledigt" wurde, hat er in Europa das Verhältnis der Politik zu einem industriellen Kernsektor nachhaltig verändert. Die Umwelt- und Verbraucherverbände vor allem aber auch die Parteien griffen das Thema begierig auf, und zwar nicht im amerikanischen Modus der Anklage gegen ein einzelnes Unternehmen, sondern durch die Generalisierung auf die Industrie insgesamt. Dies fiel umso leichter, da VW in der EU anders als in den USA kein kleiner Nischenimporteur, sondern mit Abstand der Marktführer war. Er stand damit stellvertretend für die behauptete „Lobbymacht" und den politisch-wirtschaftlichen Einfluss von Automobilherstellern schlechthin. Nach dem Motto „Ein reicher Mann hat Steuern hinterzogen – also sind alle Reichen Steuerhinterzieher" wurde allen Unternehmen das gleiche Verhalten unterstellt – bis hin zur faktischen Beweislastumkehr in der medialen Debatte. Das Verhalten der VW-Führung und die besondere Geschichte der Verbindung zwischen Bundes- und Landespolitik auf der einen, Eigentümern und Management auf der anderen Seite machte diese Angriffsfläche nur noch größer. Das Potenzial, mit Verweis auf VW auch auf anderen Themenfeldern härtere Interventionen rechtfertigen zu können, hätte nicht größer sein können.

Dabei war es besonders bemerkenswert, dass in Deutschland diese Generalisierung bei den originär deutschen Herstellern Halt machte: Nachdem auch Daimler gezwungen wurde, in mehreren Wellen Korrekturen an der Steuerungssoftware seines Abgasreinigungssystems vorzunehmen, und auch Opel zu derartigen Schritten gezwungen wurde, war in der Öffentlichkeit die Beweislast endgültig umgekehrt. Mit der Durchführung von Rückrufen und Software-Updates taten die betroffenen

Hersteller das gleiche wie ein Steuerhinterzieher, der unter der Drohung von harten Strafen den Weg der freiwilligen Nachzahlung wählt. Trotz auch dort festgestellter problematischer Messergebnisse, standen aber weder Renault (immerhin die Nummer 1 der Importeure in Deutschland) im Kreuzfeuer der Kritik noch etwa Fiat. Stattdessen wurde mit BMW auch ein deutscher Hersteller pauschal attackiert, bei dem intensive weltweite behördliche Prüfungen keine Belege für einen vorsätzlichen Verstoß gegen Abgasgesetze ergeben haben. Zugleich geriet das Verkehrsministerium und das ihm nachgeordnete Kraftfahrtbundesamt unter erheblichen Druck – bis hin zum Vorwurf der Komplizenschaft mit „der Industrie". Die politische Strategie einzelner Interessengruppen aus Umwelt- und Verbraucherschutz, die in Teilen der etablierten Medienlandschaft konsequent mitgetragen wurde, war klar: Es galt den politischen Entscheidern die Hemmschwelle für eine Unterstützung der Belange der deutschen Autoindustrie – egal bei welchem Thema – so hoch zu legen wie nur irgendwie möglich. Namentlich das Durchsetzen von Fahrverboten wäre ohne den VW-Skandal auf erheblich früheren und härteren Widerstand der politischen Entscheider gerade auf städtischer Ebene gestoßen.

Rollenspiele

Viele in den zuständigen Verwaltungen wussten lange, dass ohne deutliche Maßnahmen zur Verringerung der Emissionen, Eingriffe zulasten der Halter von Diesel-Pkw erforderlich werden könnten. Viele von ihnen haben aus ihrer eigenen politischen Grundhaltung heraus diese Konsequenz nicht nur immer für richtig gehalten, sondern auch ihr Eintreten mindestens billigend in Kauf genommen. Insbesondere für diejenigen Bürgermeister und Stadträte, für die Verkehrspolitik nach dem Muster „Verlagerung vom Auto in den öffentlichen Nachverkehr" zu funktionieren hatte, waren Fahrverbote das maximale restriktive Durchsetzungsinstrument. Dieses war nur jahrzehntelang politisch nicht ohne das Risiko des Verlusts der Mehrheiten durchsetzbar. Offen für Verbote einzutreten und dies mit den eigenen echten politischen Zielen zu begründen, wagten selbst Hardliner unter den Amtsträgern selten.

Verursacht durch das Agieren von VW und anderen bot sich allerdings plötzlich ein völlig anderes Umfeld für die Zuordnung der Schuld für das sich anbahnende Debakel: Erstens konnte industrieller „Betrug" pauschal dafür verantwortlich gemacht werden, dass die Grenzwerte nicht erreicht wurden. Dabei wurde gezielt die Grenze zwischen Betrugssoftware einerseits, dem Unterschied von Prüfstands- und Straßenmessung andererseits verwischt. Zweitens konnte das angebliche Versagen der Bundesregierung bei dem Abstellen des industriellen Fehlverhaltens genutzt werden, den Ball nach Berlin zu schieben. Es war also auf einmal sehr einfach zu sagen: „Ich bin gesetzlich verpflichtet, die Gesundheit meiner Bürger zu schützen, das Versagen der Industrie und der Bundespolitik lässt mir keine andere Wahl als Straßen zu sperren".

Das nächste Problem in dieser Logik war aber, zu entscheiden, auf welcher Grundlage Fahrzeuge von Städten ausgesperrt werden sollten. Hier lautete die Forderung der Städte sehr schnell, dass der Bund auch die Verantwortung dafür übernehmen soll, festzulegen, wer noch reinkommt und wer nicht. Mithilfe einer so genannten „Blauen Plakette", die 2018 auch vom Bundesumweltministerium unterstützt wurde, sollte den Kommunen die technische Auswahlentscheidung – und damit der Rechtfertigungszwang gegenüber den Betroffenen – abgenommen werden. Die Bundesregierung und vor allem das Bundesverkehrsministerium unter den Ministern Alexander Dobrindt und Andreas Scheuer setzen sich jedoch gegen diesen Vorschlag zur Wehr, da ihnen völlig klar war, dass damit ihnen die volle Verantwortung für den Ärger der Betroffenen zugewiesen werden würde. Außerdem wäre mit einem deutschlandweit einsetzbaren Plaketteninstrument auch dort das Aussperren ermöglicht worden, wo die Luftqualitätssituation dies möglicherweise gar nicht erzwang. Die Plakette wäre möglicherweise ein Freifahrtschein für jeden Bürgermeister gewesen, der seine eigene „Verkehrswende" organisieren wollte. Die Industrie hat diese Haltung des Bundes wenig überraschender Weise unterstützt.

Gipfelgeschichten

Das Format für die Berliner Diskussion über mögliche Lösungen für die Stickoxidthematik war eine Abfolge von „Dieselgipfeln", bei denen die Getriebenen aus Bund, Industrie und Kommunen immer wieder versuchten, das Thema unter Kontrolle zu bringen.

In einer ersten Phase wurde 2017 ein Maßnahmenpaket geschnürt, dessen Ziel es war, Fahrverbote zu verhindern, also die Flottenstruktur, aber auch andere Einflussgrößen so stark bzw. so schnell zu verändern, dass die Gerichte Verbote als überflüssig bewerten konnten. Das Ergebnis war ein Fonds, zu dem die Industrie und der Bund beitrugen und mit dem die Kommunen bei Angeboten z. B. für elektrisches Fahren und der Umstellung öffentlicher Fahrzeuge unterstützt wurden. Die deutschen Automobilhersteller (ohne Ford und Opel) sagten ihrerseits Anreizprogramme zu, mit denen Kunden motiviert werden sollten, neue Euro 6 Fahrzeuge anstelle ihrer älteren Autos (Euro 4 und davor) zu kaufen. Kein einziger Importeur beteiligte sich hieran. Des Weiteren sagten die deutschen Hersteller zu, mit Hilfe von Softwareupdates für Euro 5 Fahrzeuge noch brachliegende Optimierungspotenziale bei der Wirksamkeit der Abgasnachbehandlung zu mobilisieren und damit eine Minderung der Emissionen bereits im Jahr 2018 zu erreichen.

Nachdem weitere Verwaltungsgerichtsurteile Zweifel an der Wirksamkeit der zuvor angeführten Maßnahmen bestätigt und darüber hinausgehende Sperrungen gefordert hatten, wurde es jedoch 2018 zur politischen Prämisse, dass es in den zehn stärksten betroffenen Kommunen zu Fahrverboten kommen musste – und zwar auch für Euro 5 Fahrzeuge. Dies hieß für die Halter, dass relativ neue Fahrzeuge mit fünfstelligem Restwert ausgesperrt würden. Das wirtschaftliche Volumen der faktischen „Enteignung" der Halter wäre sprunghaft gestiegen. Es ging daher im Sommer 2018 nur noch darum, wie man die Industrie dazu bringen könnte, den Kunden dabei zu helfen, nicht Opfer von Fahrverboten zu werden. Hierfür hatte sich mindestens die sozialdemokratische Hälfte der Regierung die Idee der DUH und der Grünen zu Eigen gemacht, Euro 5 Fahrzeuge nachträglich durch den Einbau von SCR Katalysatoren auf Euro 6 hochzurüsten – und der markige Satz „Software reicht nicht –

wir müssen an die Hardware ran" mutierte zum parteiübergreifenden Versatzstück der Redenschreiber. Diese Idee konnte sich praktisch zunächst jedoch nicht durchsetzen. Nachdem die Nachrüster selbst eine Gewährleistung gegenüber dem Kunden ablehnten, hat dieser Lösungsweg zunächst an Attraktivität eingebüßt. Stattdessen wurde ein mit 6000 € verdreifachtes Programm beim Kauf neuer Fahrzeuge aufgelegt, welches über Euro 4 hinaus auf Euro 5 ausgedehnt wurde. Durch die enge zeitliche Befristung auf 15 Monate sollte der Anreiz in Richtung Konsumenten für einen Wechsel verstärkt werden. Damit sollte ein nochmals beschleunigter Impuls zur Flottenerneuerung gegeben werden. Auch dieses Programm wurde ausschließlich von den Unternehmen BMW, Daimler und Volkswagen zugesagt.

Schlagendstes Beispiel für die Rolle einiger Medien waren die permanent aus dem Bundesverkehrsministerium an den SPIEGEL durchgestochenen Überlegungen für den jeweils nächsten Schritt bei der Handhabung der Dieselthematik. Diese wurden unmittelbar und entsprechend der Sicht der DUH bewertet und quasi in Echtzeit von anderen Medien übernommen. Dem dauernden medialen Druck und den Forderungen von Teilen der Kommunen nach einer noch weitergehenden Inanspruchnahme „der Industrie" meinte der Verkehrsminister am Ende Rechnung tragen zu müssen. Die aufeinanderfolgenden Dieselgipfel der Jahre 2017 und 2018 waren zum erheblichen Teil auch das Ergebnis des Drucks, unter dem sich die deutschen Politiker von der Bundeskanzlerin abwärts durch das negative Medienumfeld sahen. Dies stand im bemerkenswerten Gegensatz zu der Situation in Frankreich, wo auch in starken Leitmedien über Seiten hinweg die Verfehlungen und offensichtlichen Regelabweichungen von französischen Herstellern thematisiert und angeprangert wurden – dies jedoch ohne vergleichbar schwere Folgen für das Handeln der Regierung und die Industrie.

Sympolpolitik – Hardwarenachrüstung

Beim Dieselgipfel im November 2018 ging es nur um eines: Die Hardwarenachrüstung. Bezeichnenderweise wurden die Importeure, aber auch Opel und Ford, gar nicht mehr eingeladen, da ihre ablehnende Haltung ja unmissverständlich feststand. Die deutsche Debatte um die Hardwarenachrüstung folgte einer klaren politischen Logik: Das Auto hat aufgrund der Abweichung der Real- von den Prüfstandsemissionen einen „Fehler", der repariert werden kann. Die Täter – die „betrügerischen deutschen Hersteller" – sind klar identifiziert, das Opfer ist der unschuldige Autofahrer. Der Täter wird zu Sühne bzw. Schadenersatz verurteilt – entweder durch Nachrüstung in Eigenregie oder Übernahme der Kosten. Dabei gerieten aber ganz wesentliche Aspekte unter die Räder: Erstens waren die Fahrzeuge nicht fehlerhaft, sondern haben – mit Ausnahme der „Zwangsrückrufopfer" etwa von VW, Daimler und Opel – die gesetzlich geforderten Eigenschaften stets eingehalten. Daher ignorierte die Forderung, dass diese Aktion von der Autoindustrie zu bezahlen sei, das Fehlen einer rechtlichen Grundlage hierfür. Überall dort, wo die für die Schadstoffklasse Euro 5 geltenden Grenzwerte von den Herstellern eingehalten wurden, bedeutete die Forderung nach Hardwarenachrüstung das gleiche, wie wenn von den Herstellern von Heizungsanlagen verlangt würde, allen Eigenheimbesitzern die Umrüstung auf ein aktuelles Heizungsmodell zu finanzieren. Zweitens bestanden bis heute nicht widerlegte erhebliche Zweifel an Wirksamkeit und Verlässlichkeit der angeblichen technischen Lösung. So war durch das Zusatzgewicht ein Mehrverbrauch gegenüber den behördlich im Fahrzeugschein ausgewiesenen wie auch den realen CO_2-Emissionen zu erwarten. Auch waren die Dauerhaltbarkeit der nachträglichen Einbauten und auch ihr Wirkungsgrad gerade im innerstädtischen Betrieb unbewiesen – erst recht was eine Performance auf mit RDE nachgewiesenem Euro 6d Niveau angeht. Drittens wurde die kontraproduktive Wirkung dieses Vorschlags für das behauptete Schutzziel sauberer Luft ignoriert: Die Empfehlung an den Kunden, darauf zu warten, dass jemand ein derartiges Angebot macht, konnte schließlich auch dazu führen, dass die Schadstoffemissionen noch für Jahre auf einem höheren Niveau bleiben, als wenn sich die Kunden für ein neueres Fahrzeug entscheiden. Die von Politikern erzeugte Hoffnung, der Autofahrer könne durch das Abwarten dieser Lösung den Restwert seines Autos stabilisieren, war von Anfang an eine extrem unsichere Wette.

Zugleich hätte zu denken geben können, dass diese so bestechende Idee in keinem einzigen Land außerhalb Deutschlands, auch solchen mit stark umweltpolitischer Orientierung, auch nur diskutiert wurde. Dieser Forderung lag also die starke These zu Grunde, dass es eine einfache Lösung gibt, an die ausschließlich 2–3 deutsche Nachrüstanbieter, ein Umweltverband und eine kleine Handvoll deutscher Gutachter glauben und die der Rest der Welt anscheinend nicht verstanden hat. Ein erheblicher Teil der politischen Entscheider hat sich allerdings dennoch – jedenfalls vorübergehend – zur Geisel des Königswegs der Nachrüstung gemacht. Die Forderung war zu griffig, als dass man sie dem politischen Gegner überlassen könnte. Zugleich hatte die unterschiedslose Übernahme dieser Idee durch alle Parteien für diese den Vorteil, dass auch alle gleichermaßen für ihr Scheitern politisch haften werden, was wiederum bedeutet, dass es nur wenige politische Gewinner bzw. – relativ betrachtet – auch Verlierer geben würde.

Es wurde in Berlin schließlich verabredet, dass auch nach dem Auslaufen der erhöhten Umtauschprämie 2019 weitere Unterstützungszahlungen in Höhe von 3000 € an diejenigen Halter gezahlt werden sollen, denen immer noch Fahrverbote drohten. VW und Daimler wollen dies auch als Erstattung für Hardwarenachrüstungen durch Dritte leisten. BMW hat dagegen ausgeschlossen, diesen Weg mitzugehen – und die Realität heute bestätigt diese Linie: Die damals versprochene Erfolgsstory von mehreren Anbietern, großformatige erfolgreiche, also RDE-feste Nachrüstungen umzusetzen, ist bisher ausgeblieben. Die Zahl der tatsächlichen Umrüstungen ist trotz politischer Unterstützung und Finanzierungszusagen von Herstellern dreistellig geblieben.

Die Wende – Corona und andere Faktoren

Eine weitere Zuspitzung der Debatte, allerdings in die entgegengesetzte Richtung, ergab sich zum Jahresbeginn 2019 durch eine öffentliche Positionierung von gut 100 Lungenfachärzten gegen die wissenschaftliche Rechtfertigung der Emissionsgrenzwerte von 40 µg. Zwanzig Jahre nachdem dieser Wert in Brüssel ohne detaillierte technisch-wissenschaftliche Debatte beschlossen worden war und zwischenzeitlich beispiellose

Interventionen ausgelöst hatte, wurde seine Grundlage von Wissenschaftlern infrage gestellt. Unabhängig hiervon vollzog der Münchner Oberbürgermeister, also der Regierungschef einer der beiden heißesten „Hotspots" eine Wende angesichts neuer Messungen: Die deutlich niedrigeren Zahlen an anderen Standorten als denjenigen, die über Jahrzehnte die Verstöße produziert hatten, ließen ihn die Notwendigkeit von Fahrverboten in Frage stellen. Die alleinige Geltung der an der Landshuter Allee gemessenen Maximalwerte als Auslöser für Verbote wurde in Frage gestellt.

2019 begannen dann die NO_X-Messwerte in wesentlichen Städten einschließlich München und Stuttgart signifikant zurückzugehen. Die Zahl der Städte mit überhöhten Werten jenseits 50 µg sank deutlich von 15 auf 5. Die Flottenerneuerung mit dem zusätzlichen Schub durch die zwischenzeitlich ergriffenen Maßnahmen führte dazu, dass mit einem steigenden Euro 6-Anteil die europäisch vorgeschriebenen Werte tatsächlich in Reichweite kamen. Hierdurch sank der Druck auf die Politiker von der kommunalen bis zur Bundesebene erheblich. Ein Gutachten der Akademie der Wissenschaften Leopoldina verstärkte die Zweifel an der Wirksamkeit von Fahrverboten und prognostizierte eine zeitnahe Einhaltung der Zielwerte. Die Zahlen boten den Anlass dafür, in einer Reihe von Städten die Verbotszonen nicht noch einmal weiter auszudehnen und vor allem flächendeckende Sperrungen ganzer Stadtgebiete für die neueren Dieselgenerationen zu unterlassen. Es blieb zunächst bei den wenigen, auf kurze Strecken begrenzten Fahrverboten in Hamburg (2 km), Berlin (3 km) und Darmstadt (1 km). Es gab gerichtliche Vergleiche zwischen Stadtverwaltungen und DUH, die flächendeckende Verbote vermieden.

Anfang 2020 brachte schließlich Corona einen weiteren Wendepunkt: Wären die Werte trotz massiv gesunkenem Verkehr hoch geblieben, wäre die Wirksamkeit der Fahrverbote diskreditiert worden. Sanken sie aber, verschafften sie durch die Senkung der Jahresdurchschnittswerte die Chance auf Gesetzeskonformität in 2020 und damit Zeit für die nachhaltige Einhaltung der EU-Ziele. Die Werte sanken und erhöhten damit das politisch-legitimatorische „Preisschild" für ein Festhalten an Fahrverbotsdrohungen erheblich. Das bereits für Juli 2020 in Stuttgart geplante, einzige flächendeckende Fahrverbot für Euro 5 Fahrzeuge in Deutschland wurde von der Stadt und der Landesregierung umgehend verschoben, dann jedoch durch das Verwaltungsgericht bestätigt. Eine

Verfolgung von Verstößen unterblieb aber zunächst bis zur nächsten Runde vor Gericht. Andere Städte sind bislang nicht gefolgt.

Zu der Normalisierung der öffentlichen Debatte passt die Stabilisierungstendenz der Dieselanteile. Zu deutlich sind gerade für gewerbliche Kunden die Gesamtvorteile eines Euro 6 Diesel der neuesten Abgasstufe und die wahrgenommenen Vorteile der Produktsubstanz gerade bei denjenigen Langstreckenfahrern, für die Elektromobilität (noch) keine Option ist. Ein positiver – allerdings teuer erkaufter – Effekt: Die Dieseldebatte beschleunigte den Ausbau der Elektromobilität. Anreize, die von Staat und Industrie als Ergebnis der immer wieder neuen Diskussionsrunden in den Ministerien und im Kanzleramt gestartet wurden (siehe das folgende Kapitel), haben immerhin dazu beigetragen, gerade den deutschen Rückstand gegenüber dem Rest der EU zu verringern. Die Hersteller mussten ihrerseits ihre Preis- und Volumenpolitik deutlich offensiver in Richtung BEV und PHEV ausrichten, um die Risiken einer CO_2-Nicht-Erfüllung zu mindern.

Szenarien

Die Geschichte der politischen Diskussion der letzten vier Jahre in Deutschland um das Thema Fahrverbote darf unabhängig vom eigenen Standpunkt als Tiefpunkt gesehen werden – dazu einige Beobachtungen: Der Kern des Problems, nämlich das Hinterherhinken der Durchsetzung neuer Schadstoffklassen bei neuen Pkw im Verhältnis zu der Umsetzung der europäischen Luftqualitätsrichtlinie um ca. 3 Jahre, war in den Umweltministerin aller Länder der EU, überall in der Industrie und auch bei allen Umweltorganisationen seit Jahren bekannt. Auch waren natürlich die Messwerte in den Städten für jeden, den es betraf, zugänglich. Die Treuherzigkeit, mit der einige Beteiligte so taten, als habe sie die Überschreitung der Grenzwerte im Jahr 2017 überrascht ist wenig glaubhaft. Von der Politik auf Bundes-, Landes- oder kommunaler Ebene hat es keine rechtzeitigen strategischen Konzepte dafür gegeben, wie die Bestandsstruktur bei Pkw positiv hätte verändert, die Marktdurchdringung mit insbesondere Euro 6 Fahrzeugen oder emissionsfreien Antrieben hätte beschleunigt werden können. Im Gegenteil, das steuerliche Instrumentarium wird in Deutschland bis heute nicht genutzt, um stärker zwischen unterschiedlichen Emissionsniveaus bei Verbrennungsmotoren zu differenzieren als dies bereits vor zehn Jahren entschieden worden ist. Euro 3 und Euro 6 werden bei der Kfz-Steuer bis heute gleichbehandelt.

Aber auch die Industrie hat ausschließlich defensiv agiert und im Hinblick auf die zusätzlichen Kosten der Einführung von RDE das erwartbare Problem auf städtischer Ebene beiseitegeschoben. Auch wenn die Folgen des Themas Betrugssoftware natürlich nicht in Rechnung gestellt wurden, hat es keinen Versuch gegeben, frühzeitig auf die Politik zuzugehen und ein Lösungskonzept anzumahnen. Das Gegenteil wäre richtig gewesen – oder gleich ein klares Votum für die Übernahme des kalifornischen bzw. amerikanischen Rechts.

Letztlich hat sich unter den Entscheidern niemand wirklich vorstellen können oder wollen, welche Ausmaße das Thema (auch aber nicht nur durch den Faktor „VW-Skandal") bekommen würde und in welchem Umfang es die eigene Glaubwürdigkeit aber auch die Situation am Markt negativ beeinflussen würde. Die Dieseldebatte hat insgesamt eine Menge Verlierer produziert: Bürger und Kunden, denen Lösungen versprochen wurden, die nicht kamen und denen zugemutet wurde, im Abstand von wenigen Monaten oder nur Wochen immer neue Lösungsvorschläge der Politik mit sinkender Halbwertzeit zu verdauen. Politiker denen sichtbar die Kontrolle über die Folgen von Jahrzehnten des „Nicht-genug-getan-Habens" entglitt und deren Ohnmacht bei der Durchsetzung eines behaupteten einfachen Lösungspfads offensichtlich geworden ist. Eine Industrie, die über Jahre hinweg öffentlich immer weiter diskreditiert wurde – auch dort, wo das geltende Recht immer befolgt wurde. Vor allem aber: Die massive Verschwendung von Energie in Politik und Industrie, die von den eigentlichen Zukunftsherausforderungen ablenkt und dazu führte, dass sich beide Seiten in Konfrontation und Konflikt verbissen, wo eigentlich Kooperation und strategischer Dialog erforderlich wäre.

Zugleich wurde keine Fantasie aufgebracht, jenseits des groben Instruments der Fahrverbote Lösungen zu finden. Das Vorgehen über Kaufanreize kam letztlich zu spät und bekam erst dann einen wirklich durchschlagenden Effekt, als für die Kunden mit dem absehbaren Fahrverbot ein greifbares Drohszenario eintrat. Die Geschichte dieses Debakels ist

11 Luftqualität

deshalb exemplarisch für die Defizite im heutigen Verhältnis zwischen Automobilindustrie und politischen Entscheidern.

Hätte es nicht möglich sein können, bereits vor 2015 Szenarien zu entwickeln, was passieren könnte, falls die Vorgaben der Luftqualitätsrichtlinie verfehlt würden? Die technischen Anforderungen von RDE schneller zu entscheiden? Früher ein stärkeres Paket zu schnüren, mit dem sich die Entscheidung für ein neueres, sauberes Fahrzeug und vor allem für einen elektrischen Wagen für mehr Bürger lohnte?

Im Nachhinein wäre die einfache Übernahme der US-Vorschriften der weit bessere Weg gewesen. Die Lücke, die sich in vielen Städten zwischen Emissions- und Immissionsdaten geöffnet hatte, wäre so mit großer Wahrscheinlichkeit geschlossen worden. Auch mit einem eigenen europäischen Vorgehen hätte diese Chance aber noch bestanden, wenn man unmittelbar bei Verabschiedung der Luftqualitätsrichtlinie und Nutzung der damals bereits vorhandenen Datenlage klar entschieden hätte, mit maximaler Beschleunigung (beispielsweise mit entsprechenden Aufträgen an Entwicklungs-Unternehmen) Straßentest-Einrichtungen schneller zu entwickeln und in beispielsweise zwei statt vier Jahren die Vorschriften für deren Anwendungen formuliert worden wären.

Letztlich waren es eine Dominanz kurzfristiger Überlegungen auf Industrieseite einerseits, jahrelanges politisches Zuwarten und die ideologische Instrumentalisierung gegen eine zum Feindbild erklärte Industrie auf der anderen Seite, die zusammen auf dem Rücken der Kunden ausgetragen wurden. Es bleibt also nur zu hoffen, dass es jetzt möglich wird, die politische Energie im Bereich Mobilität, die zum großen Teil vier Jahre lang in „Vergangenheitsbewältigung" geflossen ist, in die Themen der Zukunft umzuleiten.

Die EU-Kommission kündigte 2020 an, mit einer neuen Schadstoffklasse Euro 7 den nächsten Schritt bei der Verringerung von Luftschadstoffen aus Verbrennungsmotoren zu gehen. Neben der Option, diesen Schritt vor allem zur Konsolidierung und Fortentwicklung des bisher erreichten Standards zu nutzen besteht die andere Option darin, vor allem auf eine deutliche materielle Verschärfung zu setzen. Diese Diskussion wird jetzt im Zusammenhang des Ausstiegs aus der Verbrennertechnologie insgesamt geführt werden. Eine mögliche motivationsorientierte Logik in diesem Zusammenhang könnte lauten, der Industrie für eine

Technologie, die ohnehin ausläuft, zusätzliche wirtschaftliche Belastungen zu ersparen, damit sie sich voll auf „die Zukunft" und den „Umbau" fokussieren kann. Die alternative restriktive Logik lautet dagegen, die betriebswirtschaftliche Position der Verbrennungstechnologie aus Herstellersicht über verschärfte Abgasauflagen soweit zusätzlich zu verschlechtern, dass der Umstieg auf die Elektroantriebe einen weiteren ökonomischen Schub bekommt. In beiden Szenarien wird allerdings die Frage der künftigen Abgasgesetzgebung Teil der politischen Verhandlungsmasse und damit der im Bargaining-Prozess zur Verfügung stehenden Spielmasse der politischen Akteure.

Zu der Frage nach dem künftigen Politikdesign gehört ganz zentral auch eine letzte Lektion der Dieseldebatte: Wenn auf der höchsten politischen Entscheidungsebene (der EU) Rechte und Pflichten für die niedrigste (die Stadt) definiert werden, diese aber von getrennten Vorgaben an einen Dritten (die Industrie) abhängen, wäre eine institutionelle Verknüpfung erforderlich, die es in der EU nicht gab – und bis heute nicht gibt. Wenn vorhandene Daten nicht politisch wirksam werden, weil Prozesse getrennt gesteuert werden und erst zusammenfließen, wenn es zu spät ist, dann muss dies Folgen für den politischen Managementprozess haben. Das Luftqualitätsthema ist damit ein weiterer Indikator dafür, dass neue Formen der Zusammenarbeit zwischen den politischen Ebenen, aber auch zwischen der Industrie und den politischen Akteuren dringend nötig sind.

12

Elektromobilität

Strukturell ist die technologische Betroffenheit der Automobilindustrie von der Klimapolitik auf den ersten Blick mit derjenigen der Energiewirtschaft vergleichbar. Auch hier hat die Debatte in Europa und Deutschland längst die Frage hinter sich gelassen, wie weit die Effizienz etablierter technischer Prozesse noch gesteigert werden kann. Genauso wenig, wie es heute noch in der Stromerzeugung darum geht, nur den Stromoutput pro eingesetzter Tonnen Steinkohle oder Erdgas zu steigern, geht es in der Automobilindustrie noch bloß um die Verbrauchssenkung des Verbrenners. Stattdessen ist in beiden Sektoren die politische Auseinandersetzung zu der Frage nach der Basistechnologie geworden. Die Ersetzung des fossilen Kraftwerks durch die Windanlage oder Fotovoltaik ist durchaus analog zu derjenigen nach der Ersetzung des Verbrennungsmotors durch Elektroantriebe. Damit geht eine industriepolitische Verschiebung einher. Die Frage, wie sich vorhandene Anbieter umstellen lassen und dabei wirtschaftlich erfolgreich bleiben, ist genauso relevant, wie das letztlich durch staatliche Vorgaben initiierte Auftauchen neuer Anbieter und damit einer neuen Wettbewerbskonstellation im Markt.

Allerdings gibt es einen fundamentalen Unterschied: Strom ist ein homogenes Produkt, d. h. für die Verbraucher macht es keinen Unterschied, wie Elektrizität erzeugt wird. Die von Ihnen in Anspruch genommene Leistung ist unabhängig von der Erzeugungsweise exakt die gleiche. Der Kunde kann sich zwar für unterschiedliche Stromerzeugungsarten entscheiden. Dies bedeutet aber nur den Nachweis, dass irgendwo im Stromerzeugungssystem entsprechende Mengen eingespeist worden sind. Der Unterschied zwischen Windkraftanlage und Gaskraftwerk bleibt für ihn abstrakt. Das ist bei alternativen Antrieben von Autos vollkommen anders. Diese unterscheiden sich in vielfacher Hinsicht vom Verbrennungsmotor und entscheidende, konkrete Parameter der vom Automobil für den Kunden erbrachten Leistungen sind anders. Deshalb stehen Industrie und Politik im Bereich Automobil auch vor einer gänzlich anderen Herausforderung: Der Kunde muss zunächst einmal überzeugt werden, dass ein völlig anderes Produkt tatsächlich eine glaubwürdige Alternative ist. Gelingt dies nicht, droht auch für die politischen Entscheider ein Legitimitätsproblem, gerade dann, wenn sie mit immer höherem Druck den Umstieg von einer in eine andere Technologie erzwingen wollen. Darum geht es in diesem Kapitel.

Mütter und Väter

Die Wiege der elektrischen Mobilität steht eindeutig in Kalifornien. Hier wurde sie regulatorisch erzwungen und jedes zweite Elektroauto, das in den USA zugelassen ist, fährt heute in Kalifornien. Die Eltern waren die im weltweiten Vergleich sehr früh dramatisch gewordene Luftqualitätssituation in den kalifornischen Metropolen einerseits, der Wille und die gesetzlich geschaffene Autorität der Behörden, dieses auch mit radikalen Mitteln zu ändern, andererseits. Wenn heute elektrische Autos eine relevante Rolle im Straßenbild spielen, dann ist dies einer Handvoll politischer Entscheider, genauer Entscheiderinnen (Fran Pavley aus dem kalifornischen Parlament und Mary Nichols, die Chefin des CARB), in Sacramento zu verdanken.

Die direkte Erzwingung von Elektromobilität wurde gegen den Widerstand der Automobilindustrie durchgesetzt. Die industrielle Logik, technologieoffen zu regulieren, also nur die Ziele vorzugeben, die jeweilige Lösung aber offen zu lassen, wurde vom CARB ausdrücklich verworfen. Dem lag die klar artikulierte Analyse zu Grunde, dass die Automobilindustrie sich für die Erfüllung gesetzlicher Ziele immer für die kurzfristig kostengünstigste Lösung entscheiden werde. Ein disruptiver technologischer Wandel könne dagegen durch solche verstetigten Anpassungsprozesse nicht erzwungen werden.

Nachdem strombetriebene Autos lange vor dem ersten Weltkrieg das Wettrennen gegen den Benzinmotor verloren hatten (v. a. wegen der deutlich höheren Energiedichte von mineralölbasierten Kraftstoffen), erzwang die Erfindung der Quote für Zero Emission Vehicle (ZEV) Ihre Wiedergeburt. Die Regierung Kaliforniens hat den Schalter in Richtung Elektrifizierung allerdings erst wirklich umlegen können, als aufgrund der Entwicklung von miniaturisierten Energiespeichern für mobile Endgeräte ein Leistungsniveau der Batterietechnik erreicht war, dass für kundenverträgliche Produkte auszureichen versprach. Ohne hier die polemisch geführte Diskussion über die ersten Versuche, den Elektroantrieb in den 90er-Jahren durchzusetzen („Who killed the electric car?") führen zu wollen, ist festzustellen, dass es spätestens ab 2006/2007 keine wirkliche Rechtfertigung für die Industrie mehr gab, in das Thema nicht erneut einzusteigen.

Das ZEV-Mandat definierte eine komplizierte Arithmetik, die in grober Vereinfachung darauf hinausläuft, dass die Hersteller einen Punkte-Score erreichen müssen, auf den die Fahrzeuge in unterschiedlicher Höhe einzahlen. Die ohne Emissionen fahrbare Reichweite legt den Beitrag des einzelnen, in Kalifornien oder einem der anderen CARB-Staaten verkauften Pkw zum Punktekonto des Herstellers fest. Dabei erreichen BEV mit großen Batterien (wie Tesla S) oder FCEV (wie Toyota Mirai) die höchsten Punktzahlen. Die erreichte Gesamtpunktzahl wird zu den Nicht-ZEV-Autos ins Verhältnis gesetzt. Wer das erforderliche Verhältnis übertrifft, kann seine überschüssigen Punkte an andere Hersteller verkaufen, deren Konto eine Unterdeckung aufweist. Ein Hersteller ohne Verbrenner (wie Tesla) kann alle Credits verkaufen. Hiermit hat der Gesetzgeber der Industrie die Wahl gelassen: Selber erfüllen, oder andere Hersteller dafür bezahlen. Das ZEV-Mandat ist also weit mehr als eine technische Regulierung. Es definiert Antriebs- und Geschäftsstrategien, Abhängigkeiten zwischen Herstellern und verteilt wirtschaftlichen Erfolg um.

Bemerkenswert ist aber, dass es die kalifornische Politik nicht geschafft hat, die Infrastruktur- und damit die Energieträgerfrage genauso stringent zu beantworten, wie sie dies auf der Seite der Fahrzeughersteller getan hat. Dies hatte erhebliche Auswirkungen auf die technologischen Optionen. Während die Automobilindustrie mit einer Quote reguliert wurde, bei deren dauerhafter Verfehlung harte Sanktionen bis hin zur Beschränkung des Absatzes drohten, geschah auf Seiten der Mineralölindustrie nichts Vergleichbares. Dazu ein Gedankenexperiment: Wenn es parallel zu dem Mandat für die Automobilindustrie eine Wasserstofftankstellenquote für die Mineralölwirtschaft gegeben hätte, z. B. „Nur wer an jeder zehnten Säule Wasserstoff verzapft, verkauft noch konventionelles Benzin", wäre das Wasserstoff-Brennstoffzellen-Auto (FZEV) heute wahrscheinlich Teil des Straßenbilds in der Bay Area, so wie es batterieelektrische Fahrzeuge jetzt sind.

Tesla

Das mit Abstand „politischste" Unternehmen der Automobilindustrie ist Tesla. Die Rolle, die sein Eigentümer Elon Musk und die Entwicklung dieses Unternehmen seit 2008 im Diskurs über die Zukunft der Industrie gespielt haben, ist in mehrfacher Hinsicht historisch einmalig: Ohne den klaren, berechenbaren Fokus der kalifornischen Regierung auf der Erzwingung von Elektromobilität, die Entscheidung, einen neuen Markt für eine neue Technologie zu erzwingen, würde es Tesla nicht geben. Der Transfer von ZEV-Credits an andere Hersteller war zugleich eine nicht zu unterschätzende Voraussetzung für die betriebswirtschaftliche Machbarkeit des Tesla-Geschäftsmodells bzw. die Glaubwürdigkeit seiner zukünftigen Profitabilität gegenüber Investoren und Aktionären. Jeden Tag subventionierten die Käufer anderer Hersteller über den ZEV-Credit-Kauf bei Tesla dessen Expansion in den CARB-Staaten. Ab 2020 ist dies auch in Europa der Fall: Die Gründung eines gemeinsamen Emissions-Pools mit Tesla gemäß der 2008 definierten EU-Flottengesetzgebung ermöglichte Fiat Chrysler (FCA) die Erreichung der europäischen Ziele, trotz des Fehlens ausreichender eigener emissionsfreier Angebote. In der Folge subventioniert jeder italienische Fiat-Käufer einen kalifornischen Elektroautohersteller in den europäischen Markt hinein. FCA wird zugleich unmittelbar und strukturell abhängig vom Geschäftserfolg von Tesla in Europa: Je mehr Teslas verkauft werden, desto mehr hochprofitable Geländewagen der Marke Jeep kann FCA in Europa verkaufen, ohne Strafen fürchten zu müssen. Auf diesem Weg unterstützt der europäische Tesla-Käufer zugleich den Import eines konventionellen amerikanischen Geländewagens. Mit der 2020 kurz vor der regulatorischen „Ziellinie" getroffenen Entscheidung von Honda, dem europäischen Emissions-Pool von Tesla und FCA beizutreten, hat sich ein weiteres Unternehmen für die Erfüllung seiner europäischen Vorgaben an den Erfolg von Tesla in Europa gebunden. Auch hier konnte in den Medien über den Preis nur spekuliert werden.

Wenn dieser Vorgang und der Preis von (wie es in den Medien hieß) „hunderten Millionen", den FCA geleistet habe, von einer großen deutschen Tageszeitung mit „Elon Musk verkauft seine Seele" (Die Welt im April 2019) kommentiert wurde, zeigt dies ein profundes Missverständnis: Tesla ist gerade nicht bloß das Ergebnis urwüchsiger unternehmerische Kreativität und Innovation oder einer idealistischen „Weltrettungsmission", sondern das konsequente unternehmerische Ergreifen einer vom Regulator geschaffenen Gelegenheit. Dabei ist aber der Unterschied zu den übrigen Automobilherstellern fundamental: Während für diese das Erfüllen gesetzlicher Anforderungen eine externe Restriktion bzw. zu erfüllende Forderung war, stellte sie für Tesla eine originäre Chance und Gelegenheit dar.

Hinzu kommt, die spezifische Wettbewerbskonstellation im Verhältnis gerade zu den deutschen Premiumherstellern: BMW hat mit dem i3 zum gleichen Zeitpunkt ein originär für den Elektroantrieb entwickeltes Fahrzeug auf den Markt gebracht wie Tesla sein Model S. Während BMW aber an der untersten Grenze seines bisherigen Produktportfolios angesetzt hat, und ein Fahrzeug vorstellte, das für Kurzstrecken im urbanen Raum bei maximaler Energieeffizienz optimiert war, hat der Tesla mit dem Model S am oberen Preis- und Ausstattungsende angesetzt, also dort wo die Kernkundschaft prestigebewusster Premiumkunden liegt. Dabei wurde auf Innovationen im Bereich Architektur oder Leichtbau verzichtet zu Gunsten einer Maximierung der Reichweite für den Mittelstreckeneinsatz. Den Erfolg dieses Vorgehens haben die deutschen Premiumhersteller unterschätzt. Angesichts der sich jahrelang ansammelnden Verluste haben sie nicht geglaubt, dass das Vertrauen der Anleger ausreichen würde, Tesla so lange wie nötig zu finanzieren, um ein hinreichend breites Produktportfolio und v. a. einen ausreichenden globalen Produktionsfootprint aufzubauen. Während zugleich alle anderen Hersteller darauf setzten, dass Ladeinfrastruktur nicht zur Wettbewerbsdifferenzierung genutzt, sondern zu einer diskriminierungsfrei für alle Elektroautofahrer nutzbaren Infrastruktur ausgebaut wird, hat Tesla auch hier den entgegengesetzten Weg mit einem eigenen Ladenetz beschritten. Auch dies beeindruckte natürlich Kunden wie Politiker nachhaltig. Der Hinweis der Wettbewerber, dass all dies eine von Investoren vorfinanzierte Wette auf die Zukunft ohne kurz- bis mittelfristig Profitabilitätsperspektive sei, wurde mit dem Verweis darauf weggewischt, dass es sich hier aber um marktwirtschaftliche Entscheidungen unter Risiko handele. Zugleich haben sich auch die gemessen an etablierten Branchenindikatoren erheblichen Qualitätsdefizite weit weniger auf die politische Sonderrolle von Tesla ausgewirkt, als von den etablierten Anbietern erwartet. Das Thema Qualität wurde in einer Kundenwahrnehmung, die in jeder Hinsicht durch „Pionierrolle bei Nachhaltigkeit" dominiert wird, offenbar nicht so stark gewichtet, wie dies nach einem Jahrhundert Automobilbau von den vor allem durch die Industrie selbst und untereinander definierten statistischen Maßstäben suggeriert wird. Auch von dem getöteten Tesla Fahrer, der das Wort „Autopilot" zu wörtlich genommen und ein Video schauend unter einen Lasteranhänger gefahren war, blieb letztlich kein wirklicher Schaden. Tesla konnte auf die korrekte Darstellung der Grenzen des Systems in der Gebrauchsanleitung verweisen und hat die kommunikative Darstellung des Spurhalteassistenten zwischenzeitlich angepasst.

Schließlich hat es Tesla geschafft, ein weiteres Asset aufzubauen: Die digitale Vernetzung der Fahrzeuge wurde konsequent von Anfang an als differenzierendes, starkes Markenmerkmal positioniert. Kein anderes Unternehmen hatte zuvor so intensiv mit den Kunden kommuniziert und immer wieder neue Features „over the air" im Auto nutzbar gemacht. Und kein anderer Hersteller hat so konsequent alle Daten aus dem Fahrzeug genutzt, um das Produkt kontinuierlich zu optimieren. Die Logik digitaler Unternehmen wurde voll ins Automobil übertragen. Tesla ist klar in Analogie von Apple unterwegs – und nicht von Samsung. Das Auto ist die Plattform digitaler Dienste, ist aber im Auge des Kunden als solche klar differenziert. In Verbindung mit einem starken Stromspeicher hat dies auch weitere Vorteile: Ohne ausreichende Stromversorgung im Stand sind Updates im stehenden Auto nicht möglich – in einem BEV schon. Tesla kann so Fehler beseitigen, ohne dass es die Halter merken. Angedockt an neue Software-Features werden Fehler der alten unauffällig und über Nacht beseitigt. Für konventionelle Fahrzeuge mussten die Hersteller dagegen einen aufwändigen und breit sichtbaren Rückruf durchführen, bis diese Option inzwischen auch von ihnen angeboten wurde.

Lieblingskind

Tesla erfüllt eine entscheidende Funktion für die Automobilpolitik. Dass das Projekt Tesla nicht gescheitert ist, liefert eine entscheidende Legitimation für den Abschied von der Technologieoffenheit. Es ist der Beleg für die Machbarkeit einer direkten Erzwingungslogik. Es liefert politischen Entscheidern die Möglichkeit, sich selbst zu einer solchen Politik zu bekennen und dabei kein überzogenes Risiko einzugehen. Es ist daher nur logisch, dass sich Tesla als Lieblingskind für all diejenigen politischen Entscheider positionierte (bzw. von diesen positioniert wurde), die den Druck auf die etablierte Automobilindustrie erhöhen wollten. Die Textbausteine bleiben dabei immer die gleichen: „Tesla zeigt, wie es geht", „Der Erfolg von Tesla beweist, welche Chancen die anderen Hersteller verschlafen haben", „Wer die europäische Industrie vor sich selbst retten will, muss sie zwingen, dem Tesla Beispiel zu folgen". Diese Politiker und Journalisten sind umgekehrt dankbar dafür, dass mit Elon Musk ein Unternehmer antrat, der ein persönliches Kontrastprogramm zu der als konservativ verschrienen und für erhebliche Teile der politischen Öffentlichkeit gerade in Europa fest als Gegner verankerten Industrie lieferte. Im politischen Schema ist die Sache klar: Der politischen Partei der Retter vor den von der Automobilindustrie ausgehenden Bedrohungen ist mit Tesla ein Verbündeter erwachsen, der zeigt, dass es auch anders geht. Aber auch für konservative Politiker bietet Tesla eine Vorlage, der übrigen Industrie väterlich-strenge Ratschläge zu erteilen, wie dies z. B. Bundeswirtschaftsminister Altmaier tat, als er 2019 sagte: „Ich möchte, dass wir bei den neuen Antriebstechnologien genauso gut und noch besser werden, wie zuvor bei den klassischen Antriebstechnologien."

Auf einen einzigen Tweet von Elon Musk hin, in dem die Möglichkeit einer Produktion in Europa angedeutet wurde, gaben 2018 gleich sofort mehrere deutsche Ministerpräsidenten öffentliche Angebote für ein Ansiedlungspaket ab. Dies ist umso erstaunlicher, als es für deutsche Länderchefs eher unüblich ist, so wie dies ihre amerikanischen Gouverneurskollegen tun, etwa Werbereisen für Ihren Staat zu potenziellen Investoren anzutreten. Am Ende gewann Brandenburg und lieferte 2020 einen weiteren Beleg der Sonderrolle von Tesla: Als Umweltschützer drohten, unter Berufung auf die Gefährdung seltener Arten den Bau zu verzögern, geschah Unerhörtes. Vom Bundeskabinett bis hin zur Spitze der Grünen wurde vor der Gefahr gewarnt, dass sich „Deutschland blamiert", wenn Tesla nicht pünktlich bauen dürfe. Nach Jahrzehnten und vielen an Umweltauflagen gescheiterter und verzögerter Projekte in Deutschland, bei denen das Schutzgut „Umwelt" immer vor „Industrieinteressen" politischen Vorrang hatte, überwog ganz klar das Interesse an dem Erfolg von Tesla.

Heute müssen die etablierten Hersteller akzeptieren, dass die politische Rolle dieses Unternehmens robust ist. Deshalb ist die einzig verbleibende Antwort, zu beweisen, dass man es besser kann. Den Kunden von der Überlegenheit der eigenen Produkte zu überzeugen, wird für die etablierten Hersteller der einzige Weg sein, das nervenstrapazierende „Tesla Argument" los zu werden.

Mehr Newcomer

Ein weiteres industriepolitisches Signal, das von Tesla ausging, lautete, dass es möglich sei, mit genug Geld, mit dem richtigen regulatorischen Support und mit geeignetem Personal aus dem Stand einen Automobilhersteller aufzubauen. Industriegeschichtlich ist das umso bemerkenswerter, als die Nettoanzahl von weltweiten Automobilunternehmen in den letzten Jahrzehnten immer weiter gesunken ist. Elektrifizierung und Vernetzung erhöhten jedenfalls auf kurze Sicht erst einmal die Diversität der Branche. Politisch wurde hiermit die jahrzehntelange Wahrnehmung gebrochen, dass die Automobilindustrie aus einem sehr kohärenten Block politisch gleichgerichtet agierender Unternehmen besteht, die noch dazu über lange bestehende lokale Präsenz und damit einhergehende politische Verankerung verfügen und unter dem Gesichtspunkt Arbeitsplätze unverzichtbar sind.

Zwischendurch traten weitere neue Anbieter auf dem Plan. Teilweise mit nahezu vollständig von deutschen Anbietern übernommenen Management machte sich mit Byton z. B. ein chinesisches Unternehmen auf den Weg, im Premiumsegment für Elektroautos weltweit anzutreten. In China traten weitere Hersteller wie Nio erfolgreich mit einem elektrischen Programm an. Auch wenn andere lautstark angekündigte neue Einsteiger (wie Faraday Future) und deren Schwierigkeiten belegen, dass es doch nicht so leicht ist, wie zwischenzeitlich vermutet, leistungsfähige Automobile aus dem Stand zu bauen, ist zu erwarten, dass neue Spieler gegen die etablierten Hersteller antreten werden. Dazu gehört auch Geely, das seit der Übernahme von Volvo 2010 eine etablierte Marke und ein breites Vertriebsnetz sein Eigen nennt und über sein vorhandenes konventionelles Portfolio hinaus nachdrücklich in EVs investiert hat. Chinesische EV-Technologie wird daher nicht als Geely, sondern als Volvo in Europa antreten und politisch eine Rolle spielen.

Angebot und Nachfrage – Treiber und Bremser

Der Hochlauf des xEV-Angebots lässt sich grob nachzeichnen: 2007/2008 wurden erste elektrische Fahrzeugmodelle vorgestellt. Der in einer begrenzten Testserie aufgelegte elektrische MINI startete etwa zeitgleich mit dem Tesla Roadster, beides Derivate vorhandener Modelle (im Fall des Tesla von Lotus). Der Mitsubishi i-MIEV und seine Ableger von PSA starteten 2009/2010. 2010 begann auch der Verkauf des Nissan Leaf, 2012 folgte der Renault Zoe. 2013 starteten der vollelektrische BMW I3 und der i8 PHEV. Tesla startete das Model S in 2012 gefolgt von X, Y und 3. Gleichzeitig unternahm General Motors 2011 mit dem Volt(in Europa Opel bzw. Vauxhall Ampera genannt) einen wesentlichen Schritt in die PHEV-Technologie und ging damit einen deutlichen Schritt über die bis dahin dominierenden Hybridisierungsoptionen ohne Netzladefähigkeit hinaus. In den Folgejahren verbreiterte sich das Angebot gerade bei dieser Antriebsoption erheblich (bei BMW z. B. mit den PHEV-Varianten in 3er, 5er, 7er und den X-Modellen sowie bei MINI), vor allem nachdem feststand, dass für die Erfüllung der entweder bereits beschlossenen oder aber absehbaren Flottenregulierungen in den Hauptmärkten auf Elektrifizierung nicht verzichtet werden konnte. Das Angebot vollelektrischer Fahrzeuge, das zunächst aus mehreren Klein/Kompaktfahrzeugen (Zoe, Leaf, i3) und oberen Mittelklassefahrzeugen zunächst nur von Tesla bestand, verbreitete sich ab 2018 mit Mittel- und Oberklasseprodukten wie Audi e-tron, dem Polestar von Volvo, Mercedes EQC und anderen. Der chinesische NEV-Marktführer 2019, BYD, hat sein Portfolio schrittweise in die wichtigsten Segmente ausgedehnt. Im Westen weitgehend unbekannte Autos wie BAIC EU, BYD Yuan oder SAIC Baojun entwickelten sich zu Treibern des Marktes – allerdings v. a. im unteren Preissegment.

Ein immer breiteres Angebot schafft sich seinen Markt nicht von allein. Ein ganz wesentlicher Faktor bei der Diskussion um die Elektrifizierung ist das Zusammenwirken der Wahrnehmung dieser Technologie durch den Kunden, der Art und Weise, wie die Hersteller die Kundenwahrnehmung ihrerseits interpretieren und bewerten, und wie beide von externen Faktoren vor allem aber von deren vermuteter weiterer Entwicklung beeinflusst werden. Auf allen diesen Ebenen gibt es zugleich eine Überlagerung von rationalen, berechenbaren Faktoren auf der einen Seite, emotionalen, teilweise irrationalen Beweggründen auf der anderen Seite.

Die bisher dominierenden Autos können alles: Sie sind jederzeit verfügbar, können nahezu unbegrenzte Strecken zurücklegen, bieten eine für den Kunden gewohnte Leistungsentfaltung und sind in jeder Hinsicht berechenbar. Ihre Betriebskosten, vom Kraftstoff bis zur Reparatur und Versicherung, sind gelernt, etabliert und akzeptiert. Ganz wesentliche Aspekte der konventionellen Mobilität spielen im Entscheidungsprozess für den Autokauf faktisch keine Rolle mehr, sondern werden vorausgesetzt: Die Themen „Tanken", „Reichweite", „Verfügbarkeit" sind „no brainer". Viel wichtiger sind stattdessen Design (der wie alle Studien belegen, wichtigste Kauffaktor bei Premiumfahrzeugen), Fahrleistung, Testberichte usw. Markenwahrnehmung als komplexe, aber tief greifend analysierte und verstandene Kombination aller mit einer Markenpersönlichkeit identifizierter Eigenschaften prägen das Kaufverhalten nachhaltig. Begeisterung und Enttäuschung passierten bisher in einem relativ engen Band von Eigenschaften, die auch die mediale Diskussion über neue Fahrzeuge maßgeblich bestimmen: Fahrleistung, Handling, Komfort usw.

Letztlich ging es deshalb von Beginn der Entwicklung von Elektroautos an um die Frage, ob ein elektrisches Fahrzeug in der Summe aus technischer Leistung und Preis eine Chance hat, gegen ein konventionelles Angebot zu gewinnen. Der Erfolg elektrischer Fahrzeuge beim Kunden hängt zunächst davon ab, ob das Fahrzeug im Alltag überhaupt genutzt werden kann. Solange Laden nur zu Hause möglich ist, bleibt das elektrische Auto eine Option für die tägliche Kurzstrecke – im Zweifelsfall als Zweit- oder Drittauto. Solange nicht von einer praktischen Nutzbarkeit von Elektrofahrzeugen ausgegangen werden kann, stellt sich ein Kunde noch nicht einmal die Frage, ob dieses eine Alternative sein könnte. Dabei können und müssen die Fahrzeughersteller helfen. So bietet z. B. BMW den Kunden fertige Lösungen für das Laden zu Hause oder am Arbeitsplatz an, also dort, wo der Kunde allein einschneiden kann. Staatliche Zuschüsse und Vorteile können dies wesentlich unterstützen. Der wesentliche Bremsfaktor ist aber das Laden im öffentlichen Raum. Den Bremsfaktor „Ladeinfrastruktur" wegzunehmen, ist umso wichtiger, als er bereits in der Erwägungsphase für ein neues Fahrzeug wirkt. Die weltweiten Vorreitermärkte zeigen, dass es durchaus gelingen kann, mit einem funktionierenden und vor allem auch öffentlich gut sichtbaren Infrastrukturangebot die Kaufschwelle deutlich zu senken. Es macht eben einen Unterschied, ob es wie in Amsterdam einen Ladepunkt je 100 Einwohner gibt, oder 0,3 wie in München (ein Wert, der in Deutschland schon auf sehr hohem Niveau liegt). PHEV senken die Schwelle zum Einsatz als universell einsetzbares Fahrzeug durch die Rückfalloption des Verbrennungsantriebs, v. a. so lange, wie die Infrastrukturdichte z. B. für den Urlaub nicht ausreicht.

Die nächste Frage ist die nach der wahrgenommenen wirtschaftlichen Vorteilhaftigkeit. Je stärker der vom Hersteller geforderte Preis durch staatliche finanzielle Vorteile gesenkt wird oder aber umgekehrt, je mehr das relative Preisschild auf konventionellen Technologien erhöht wird, desto eher steigt die Wahrscheinlichkeit, dass ein elektrisches Fahrzeug erst erwogen und am Ende des Entscheidungsprozesses zu Gunsten dieser Option entschieden wird. Hier geht es neben dem Kaufpreis auch um die Betriebskosten – Strom gegen Benzin und Diesel – aber auch um die Höhe von Steuern oder zusätzliche finanzielle Anreize. Die Daten zeigen, dass der Verbraucher umso wirksamer motiviert werden kann, wie bei der Kaufentscheidung selbst und damit sofort durch einen Bonus oder eine deutliche Steuererleichterung greifbar Geld gespart werden kann. Während hierbei die „Regel" für alle anderen Autos zunächst erhalten bleibt, bedeutet die Erhöhung der Lasten auf dem „Normalauto" den umgekehrten restriktiven Pfad.

Die dritte Form der Einflussnahme auf die Nachfrage ist die relative Behandlung zum Verbrenner in der Steuerung des Verkehrs. Motivation kann aus Privilegien beim Zugang zum öffentlichen Raum resultieren, etwa die Privilegierung gegenüber konventionellen Fahrzeugen bei der Nutzung von Fahrspuren, Parkplätzen usw., Ausnahmen von Citymaut etc. Etwas zu dürfen, was andere nicht dürfen, ist ein wirksamer Motivator. Hier geht es zunächst um Ausnahmen von den Regeln für Verbrenner, also z. B. kostenloses Parken. Das schwerste Geschütz im potenziellen Arsenal politisch gestalteter Rahmenbedingungen ist aber schließlich die umkehrte Vorgehensweise, die Restriktion dessen was Verbrenner dürfen durch Fahrverbote, Beschränkungen und Strafabgaben.

Gegenseitige Abhängigkeit

Die Entscheidungsträger in der Automobilindustrie konnten die Planungen für neue Elektrofahrzeuge angesichts der regulatorischen Anforderungen nicht davon abhängig machen, wie Kunden tatsächlich auf neue Angebote reagieren. Ein tastendes Trial and Error Vorgehen, dass alleine auf der im Nachhinein beobachteten, „echten" Kundenpräferenz basierte, wäre eindeutig zu langsam gewesen. Stattdessen war es ein notwendiger Kern der produktstrategischen Entscheidungsprozesse bei den Herstellern, abzuschätzen, wie sich die oben genannten nachfrageseitigen Umfeldbedingungen entwickeln würden und wie die Kunden auf diese reagieren. Das heißt, dass die Produktpolitik der Unternehmen zu einer Wette auf die Wirksamkeit politischer Maßnahmen wurde. Die Größenordnung, in der Investitionen und viele Milliarden Forschungs- und Entwicklungsaufwendungen auf der Grundlage von politischen Umfeldannahmen getroffen wurden, ist ohne Vorbild. Bisherige technische Anforderungen an das Auto wurden gesetzlich vorgeschrieben und umgesetzt – ohne dass der Kunde gefragt werden musste. Steuerliche Erleichterungen wurden als Beschleuniger für die Implementierung neuer Abgasstufen eingesetzt – waren aber nicht Voraussetzung für deren Erfolg. Die Einführung einer neuen Antriebstechnologie mit neuen infrastrukturellen Voraussetzungen und hohen initialen Akzeptanzhürden gegenüber einer attraktiven, gelernten Alternative setzte dagegen Maßnahmen auf der Nachfrageseite unbedingt voraus.

Diese Entwicklungen zeigen strukturell, dass bereits deutlich vor den jüngsten Debatten über eine flächendeckende Elektrifizierung des gesamten Neufahrzeugangebots der Prozess der faktischen Teilung der Verantwortung zwischen Industrie und Politik begonnen hatte. Die Politik forderte und förderte die neue Technologie (allerdings nicht unbedingt die gleichen politischen Entscheider). Die Industrie forderte umgekehrt von der Politik, die Voraussetzungen für ihre neuen Angebote zu schaffen. Mit den Programmen für den Aufbau öffentlicher Infrastruktur aber auch mit den späteren Kaufanreizen (s. u.) akzeptierte die Politik, dass sie eine Mitverantwortung für den Erfolg eines spezifischen Technologiepfads übernehmen musste, um die von ihr definierten Ziele erreichen zu können. Damit war zugleich eine permanente Debatte darüber vorprogrammiert, ob die Politiken auf der Angebots- und der Nachfrageseite zueinander in dem richtigen Verhältnis stehen. Die Legitimität der Intervention auf der Angebotsseite musste auch durch Nachfragepolitiken gesichert werden. Erfolgreiche neue Angebote rechtfertigten Politik nun umgekehrt durch die positiven Entscheidungen ihrer Käufer.

Die Westküsten-Motivationspakete in Kalifornien

Kalifornien hat sehr frühzeitig und über einen langen Zeitraum hinweg – also nunmehr zehn Jahre – einen robusten Rahmen gesetzt, der elektrisches Autofahren für den Kunden attraktiv machte:

Ein elektrisches Fahrzeug kann die reservierten Fahrspuren (sog. „HOV-Lanes") nutzen, die ansonsten nur Fahrgemeinschaften zur Verfügung stehen, und mit denen sich die im Stau verbrachte Zeit deutlich verkürzen lässt. Grundlage hierfür ist ein Aufkleber, der auf Basis immer wieder angepasster technischer Kriterien vergeben wird. Während die ersten Nutznießer dieser Regelung Hybride wie der Toyota Prius und sein Pendant von Honda waren, sind diese Fahrzeuge der ersten Hybrid-Generation heute nicht mehr im scope des Systems. Stattdessen kommen heute nur noch Fahrzeuge in den Genuss dieser Vorteile, die netzladefähig sind (also BEV und PHEV). Von einer weiteren Beschränkung entsprechend der Entwicklung elektrischer Reichweiten ist parallel zum Wachstum des Gesamtbestandes an Elektrofahrzeugen und in der durch den Gouverneur beauftragten Fortschreibung des ZEV-Mandats auf 100 % auszugehen.

Die regulatorischen Anforderungen, die an die Stromerzeuger gestellt werden, sind zugleich durch den „Low Carbon Fuel Standard" mit der Elektromobilität auf der Straße verknüpft. Vereinfacht gesagt: Je stärker ein Stromanbieter nachweisen kann, elektrische Mobilität zu unterstützen, desto leichter fällt ihm die Erreichung seiner eigenen Anforderungen. Diese seit Jahren bestehende Form der so genannte „Sektorkopplung" ist bislang weltweit einmalig. Kalifornien handelt, während andere – wie Deutschland – hierüber bisher nur diskutieren.

Obwohl der Staat Kalifornien über mehrere Jahre so gut wie zahlungsunfähig war, was sich noch heute in dem teilweise sehr schlechten Straßenzustand widerspiegelt, wurde der Kauf eines Elektroautos mit einer Cash-Prämie von 2500 $ unterstützt. Kalifornien gehörte ferner zu den wesentlichen Unterstützern der von der Obama Regierung eingeführten Einkommenssteuergutschrift von noch einmal 7500 $. Bemerkenswerterweise hatte diese bundesweite Steuergutschrift auch die

Steuerreform der Trump-Regierung 2017 überstanden. In der Folge konnte sich ein Autokäufer in Kalifornien über 10.000 $ Vorteil freuen. Dies hat sich allerdings geändert, seit die Bundes-Steuergutschrift ab 2019 (wie noch unter Obama vorgesehen) schrittweise abgebaut wurde, also bei Herstellern entfällt, die einen Absatz-Schwellenwert überschreiten. Joe Biden kündigte im Wahlkampf an, sie wieder einzuführen.

Schließlich hat die Ladeinfrastruktur in Kalifornien, und hier in den großen Ballungsräumen im Süden des Staates und in der Bay Area schneller als z. B. in Deutschland eine aus Kundensicht ausreichende Dichte erreicht. Dies gilt natürlich vor allem für den mit mehreren Fahrzeugen bestückten und in einer eigenen Garage untergebrachten Fuhrpark der Angehörigen des oberen Einkommenssegments, denen eindeutig eine Pionierrolle für die Elektromobilität an der Westküste zukam. Durch einen schnellen Ausbau öffentlicher Ladestationen wurde zugleich die Angst vor dem Liegenbleiben wirksam gesenkt. Darüber hinaus flossen 1,2 Mrd. $, die der VW-Konzern als Strafzahlungen für die Manipulation von Dieselfahrzeugen bezahlen musste, in die öffentliche Ladeinfrastruktur und die Elektrifizierung öffentlicher Verkehrsmittel.

Kalifornien weist eine im weltweiten Vergleich einmalige Ballung von entschlossenen Regulierern, Investoren, von diesen gepushten Pionierunternehmen im Bereich Digitalisierung auf, und all das in Verbindung mit der Hauptrolle im weltweiten Unterhaltungs- und Filmgeschäft. Diese Faktoren unterstützten sich im Hinblick auf eine positive Kundenwahrnehmung von neuen Technologien im Allgemeinen, von grünen Technologien im Besonderen und beim elektrischen Antrieb im ganz speziellen. Die erste Welle von Elektroauto-Kunden entsprach durchaus dem Klischee des Westküsten-Mehrfach-Autobesitzers, der zusätzlich zu seinem sonstigen Fuhrpark noch ein elektrisches Fahrzeug erwirbt. Aber auch jenseits dieser kleinen, teilweise öffentlich sehr sichtbaren Gruppe (Hollywood-Stars inklusive) half aber das an anderer Stelle dargestellte Anreizarsenal objektiver Motivationsfaktoren. Hinzu kam ein erheblicher psychologischer Coolness-Faktor für elektrische Fahrzeuge. Zugleich löst jegliche neue Technologie in Kalifornien bis heute überwiegend unkritische Begeisterung aus – egal ob es um digitale Angebote oder elektrisches Fahren geht.

Alle diese Faktoren erklären, warum die BMW Group bereits im Jahr 2018 einen zweistelligen Anteil elektrifizierter Fahrzeuge an ihrem Absatz in Kalifornien erreichte. Dies war das Fünffache des Anteils in Deutschland und lag klar über dem Anteil, der selbst in ambitionierten Märkten wir Frankreich, UK, Niederlanden oder Dänemark erreicht wurde. Dies geschah, weil der Gesetzgeber dies zwingend fordert. Aber: Er konnte es verlangen, weil der Kunde mitging. Die entscheidende Lektion aus Kalifornien ist, dass Zwang auf die Hersteller und Motivation für die Kunden es gemeinsam ermöglichten, eine neue Technologie wirksam voranzubringen. Die Synchronisierung beider Seiten der Medaille, die Symmetrie von angebots- und nachfrageseitigem Politikdesign, ist die zentrale Rolle, welche die Umweltbehörde von Kalifornien spielte. Dieser Abgleich stützte sich auf einen etablierten permanenten Diskussionsprozess.

Chinesischer Plan

Der Start von Serien-EVs in China war von Anfang an wesentlich geprägt von den nationalen politischen Strategien und Projektionen für den Markthochlauf. In Deutschland verkündete die Bundesregierung bereits 2008 – also bevor überhaupt ein relevantes Fahrzeugangebot existierte, das Ziel von 1 Million elektrischen Fahrzeugen im Jahr 2020. Die Obama-Administration hat ebenfalls 2008 ein Ziel von 1 Mio. xEVs in den gesamten USA verkündet – allerdings bis 2015. Beide Ziele wurden nicht erreicht. Weder in den USA außerhalb Kaliforniens noch in Deutschland waren offenbar die Voraussetzungen für eine derartige Entwicklung rechtzeitig geschaffen worden. In China wurden dagegen bereits 2017 über 1 Mio elektrische Autos, New Energy Vehicles (NEV), was BEV, EREV, PHEV und FCEV umfasst, zugelassen, ein Ergebnis der konsequenten Förderpolitiken, die 2009 im „Auto Industry Restructuring and Revitalization Plan" offiziell definiert worden waren. Dieser machte klare Vorgaben für die Industrie, bei der neue Investitionen wirksam an den Einstieg in die Elektrotechnologiekompetenz geknüpft wurden. Der BMW Pilotversuch mit dem elektrischen MINI war das erste derartige Projekt, das 2009 in China durchgeführt wurde. In der Diskussion über neue Produktionsstandorte oder die Verlängerung von bestehenden Joint Venture Verträgen wurde spätestens ab 2010 der Gesichtspunkt „NEV-Kompetenz" integriert – einschließlich eines Fokus auf Batterieentwicklung und -einkauf in China. Ohne den Nachweis, über lokale Entwicklungskapazitäten und Fähigkeit zur Produktion von NEV zu verfügen, war faktisch eine entsprechende Erlaubnis ausgeschlossen. Darüber hinaus setzte die Nationale Entwicklungs- und Reformkommission (NDRC) durch, dass die Joint Ventures der ausländischen Hersteller eigene Marken für NEV zu gründen hätten. Allerdings gab man sich in den Folgejahren damit zufrieden, dass diese Marken reine Hüllen mit teilweise nur marginaler Stückzahl blieben, zumal andere Ministerien diese Linie des NDRC nicht voll unterstützten (Ausdruck für den in der chinesischen Administration durchaus vorhandenen Konzeptwettbewerb). Im Ergebnis wurden diverse neue Marken chinesischer Unternehmen gegründet (und verschwanden teilweise wieder) – und die Palette der westlichen Marken wurde um lokale NEV-Angebote erweitert. So startete BMW bereits 2011 mit der Produktion des 5er PHEV in Shenyang.

Zugleich wurde auch der Aufbau einer öffentlichen Ladeinfrastruktur forciert, mit einem klaren Fokus auf den großen Metropolen – mit über einer halben Million Ladestationen in 2019 (Deutschland: 20.000 in 2020). Dabei haben die beiden einzigen chinesischen Stromnetzbetreiber State Grid und Southern Grid eine wesentliche, politisch definierte Rolle gespielt. Auch im Gebäudebereich wurde der Infrastrukurausbau forciert, zuletzt z. B. mit der Vorgabe der Stadtverwaltung in Chengdu, dass in Neubauprojekten 30 % der Parkplätze mit Ladestationen zu versehen sind und die Fähigkeit zur 100-prozentigen Abdeckung technisch vorzuhalten ist. Der Kauf von NEV wurde zugleich deutlich steuerlich incentiviert, v. a. für Autos aus lokaler Produktion. Zahlenmäßig dominieren chinesische Produkte ihren heimischen Markt – sowohl solche aus den chinesischen Unternehmen selbst als auch aus den Joint Ventures.

Hinzu kommen nicht unmittelbar objektiv messbare Faktoren. Wer die heute noch dominierende Form der Mobilität bereits von der Rücksitzbank von Vater und Großvater kennt, hat natürlich eine andere Bindung an dieses Modell als ein chinesischer Autokäufer, der möglicherweise erst das zweite Fahrzeug in der Geschichte der eigenen Familie kauft. Gerade in China sind Kundenerwartungen viel dynamischer und plastischer. Die geringe Bindung an gelerntes Nachfrageverhalten in

Kombination mit einer erheblichen Aufgeschlossenheit für Neues fällt heute zusammen mit einer politischen Botschaft, dass Elektromobilität der richtige und langfristig einzige Weg zur individuellen Mobilität ist. Dazu kommen die erheblichen praktischen Vorteile: Steuererleichterungen und in einigen Kommunen Prämien, Ausnahmen von Ban Days und Nummernschildrestriktionen und ein schneller, breitflächiger Infrastrukturausbau. Die Botschaften an den Kunden sind in der Ausgestaltung vor Ort unterschiedlich, aber in der Richtung konsistent – von der Zentralregierung bis zum Bürgermeister.

Europa heute – kein Binnenmarkt für Elektroautos

Gemeinsam ist so gut wie allen umweltpolitisch ambitionierten (west-) europäischen Regierungen, dass sie in abstrakter Form fordern, dass innerhalb von Rekordgeschwindigkeit der Übergang vom Verbrennungs- zum Elektroantrieb zurückzulegen sei. Damit sind die Gemeinsamkeiten aber auch schon zu Ende. Stattdessen lassen sich sehr unterschiedliche Entwicklungen feststellen, die sich in sehr unterschiedlichen Arten der Marktdurchdringung widerspiegeln: Bis Juni 2020 erreichten laut ACEA-Daten BEV und PHEV einen Anteil von 7,1 % an den europäischen Neuzulassungen. Hinter diesem Durchschnitt verbargen sich allerdings deutliche Unterschiede zwischen den Mitgliedstaaten. An der Spitze lag Schweden mit 26 %. Während zur Spitzengruppe Finnland mit 16 %, die Niederlande mit knapp 14 % gehörten, lag Deutschland mit 8 % hinter Frankreich (knapp 10 %) und in etwa gleichauf mit Großbritannien. Aber: Weder Spanien noch Italien – zwei der größten EU-Märkte – erreichten am anderen Ende der Skala auch nur einen Anteil von 4 %. Während im europäischen Durchschnitt leicht mehr BEV als PHEV verkauft wurden, überwogen in Frankreich, Großbritannien und den Niederlanden sowie Österreich die BEV. Umgekehrt war der Anteil von PHEV in Schweden, Belgien und Finnland deutlich höher. Das Nicht EU-Land Norwegen lag mit 56 % im Jahr 2019 uneinholbar vorne. 80 % allerdings dort verkauften BMW und MINI hatten in diesem Jahr einen Stecker.

Offensichtlich sind es verschiedene Faktoren, welche die Unterschiede zwischen den einzelnen Märkten definieren. Die Top-Märkte in Skandinavien haben mehrere Gemeinsamkeiten: Hohe Konzentration der Bevölkerung in sehr wenigen städtischen Ballungsräumen, extrem hohe Steuern auf konventionelle Autos, wodurch Steuerbefreiungen eine sehr hohe Wirkung haben. Und schließlich eine gut ausgebaute Ladeinfrastruktur. Einmalig gezahlte hohe Abgaben bzw. deren Entfall haben in den Lead-Märkten eine deutlich stärkere motivierende Wirkung auf den Kunden als jährlich zu leistende niedrigere Abgaben wie in Deutschland. In Großbritannien haben zwei Faktoren zusammengewirkt. Einerseits eine stark auf CO_2 fokussierte Besteuerung von Firmenfahrzeugen. Auf der anderen Seite die Vorteile, welche emissionsarme Fahrzeuge in London durch die Staffelung der dortigen städtischen Maut haben. Frankreich hat frühzeitig auf der Basis der CO_2-Emissionen das Kfz-Steuersystem verändert und darüber hinaus mit der sog. „Bonus-Malus-Regelung" eine direkte Subventionierung kleinerer Fahrzeuge durch solche mit hohem Verbrauch eingeführt (die einen zahlen einen gestaffelten Malus, der wiederum den Bonus für die anderen finanziert). Dieses System wurde in dem Maße, wie insbesondere das BEV-Angebot von Renault und Nissan ausgedehnt wurde, um erhöhte Förderbeträge für elektrische Fahrzeuge erweitert. Die steuerlichen Regeln für die Jahre 2021 bis 2023 beinhalteten in Frankreich eine weitere Verschärfung. Der Schwellenwert, ab dem Fahrzeuge belastet werden, um umgekehrt Boni für elektrische Fahrzeuge zu finanzieren, sinkt in 2022 auf 123 g/km, ein Wert, der kaum über dem Durchschnitt der Flottenemissionen liegen dürfte. Zugleich wird die Strafzahlung für Fahrzeuge, die mehr als 225 g/Kilometer emittieren, auf 50.000 € angehoben. Zugleich sind die Boni für elektrische Fahrzeuge für die nächsten Jahre degressiv vorgesehen, so sinkt er für Privatkunden bei Autos mit reisen zwischen 45.000 und 60.000 € von 3000 auf 1000 €. Zusammengenommen bedeutet dies, dass sich die Waage deutliche zur Malus-Seite des Systems neigt, das somit per Saldo immer restriktiver wirkt. Hinzu kommt ein im Oktober 2020 vorgelegter Strafaufschlag von 10 € je kg Fahrzeuggewicht über einem Schwellenwert von 1800 kg. Auch hier ist die Zielrichtung der

Verteuerung größerer Fahrzeuge offensichtlich. Die öffentliche Wahrnehmung, dass diese neue Steuer v. a. auf deutsche Autos wohlhabender Kunden zielt, ist Teil der politischen Logik dieser Idee, die aus den aus den Gelbwestenprotesten resultierenden „Bürgerdialogen" des Präsidenten stammte. Die Ausnahme für technologiebedingt überdurchschnittlich schwere BEV und PHEV dürfte aber wiederum den elektrifizierten Varianten der pönalisierten Fahrzeugkategorien zugutekommen.

Das Bild der Fragmentierung zwischen sehr schnellen und sehr langsamen Märkten zeigt sich analog beim Thema Infrastruktur: Nach einer Auswertung von ACEA befanden sich von den insgesamt 144.000 öffentlichen Ladepunkten in der EU drei Viertel in den Ländern Deutschland, Frankreich, Großbritannien und den Niederlanden, wobei die Niederlande mit 26 % absolut deutlich mehr Lademöglichkeiten aufwiesen, als das bei weitem größere Deutschland mit 19 %. In diesen vier Staaten wurden 2019 zugleich fast 70 % aller BMW Elektrofahrzeuge verkauft. Demgegenüber wies am anderen Ende Rumänien, dass etwa sechs Mal so groß ist wie Niederlande nur 125 Lade Punkte auf. Auch wenn man Zählungenauigkeiten und unvollständige Datenerfassung in Rechnung stellt, zeigt dieses Bild, dass von einer EU weiten, wirksamen Politik des Ladeinfrastrukturaufbaus keine Rede sein.

Die Niederlande liefern Indizien für die Bedeutung von (Un-)Stetigkeit im politischen Rahmen. Hier wurde schneller als in allen anderen Märkten außer Norwegen die Schwelle von 10 % Verkaufsanteil bei BMW und MINI überschritten (2015). Dabei hat der schnelle und dichte Ladeinfrastrukturausbau eine wesentliche Rolle gespielt, aber auch und vor allem die vierstelligen Kauf-Steuervorteile für elektrische Fahrzeuge. Dies änderte sich schlagartig, als das Finanzministerium 2016 die Aufhebung der Steuervorteile für die PHEV durchsetzte, was zu einer „Delle" im Anstieg der xEV-Anteile führte. Den Anlass für die Beseitigung der bis dahin gewährten Steuervorteile bot eine Studie, welche mit einer Firmenwagenflotte von Opel Ampera Fahrzeugen durchgeführt wurde. Diese zeigte, dass diese überwiegend im Verbrenner-Modus gefahren und nur selten an der Steckdose geladen wurden. Die Sache hatte nur einen Haken: Die Nutzer der Fahrzeuge wurden durch ihren Arbeitgeber mit einer Tankkarte dabei unterstützt, für sie kostenfrei konventionelles Benzin zu tanken – und zwar überall. Zugleich wurden Ihnen die Kosten für das Aufladen ihres Fahrzeugs insbesondere an der eigenen Steckdose zu Hause jedoch nicht erstattet. Dieses Beispiel zeigt, dass eine deutlich intensivere Analyse der tatsächlich wirksamen Steuerungseffekte staatlicher Politik und individueller Verhaltensweisen und der vom Arbeitgeber zu leistenden Beiträge zu einem „artgerechtem" Nutzerverhalten nötig gewesen wäre, um zu einem sachgerechten Ergebnis zu kommen. Die niederländische Politik stellte dagegen letztlich den Kunden nur noch vor die Wahl zwischen voll elektrischen oder konventionellen Fahrzeugen und unterstützte den Mittelweg der PHEVs nicht mehr.

Die politischen Schlussfolgerungen sind eigentlich einfach: Es gibt heute keine Evidenz dafür, wann in der Europäischen Union eine vollständige Elektrifizierung der Neuwagenflotte allein aus einer originären Kundennachfrage heraus erreicht werden kann, wann also die Kunden „von sich aus" keine Autos mit Verbrennern mehr wollen. Wer über unmittelbaren Zwang auf die Hersteller hinaus eine schnellere Entwicklung will, muss Rahmenbedingungen schaffen, die berechenbar einen greifbaren Vorteil für den Kunden schaffen. Dabei ist entscheidend, dass die Erwartungen an die politischen Rahmenbedingungen so stabilisiert werden, dass nicht nur der Kunde diese als verlässlichen Kaufmotivator wahrnimmt, sondern auch die Unternehmen die Wirksamkeit von Politik beim Verbraucher zu einer robusten strategischen Prämisse machen. Der starke gesetzgeberische Druck auf die Anbieter bei gleichzeitig fehlendem gemeinschaftlichem Handeln auf der Nachfrageseite erhöht deshalb die Unsicherheit in der Industrie. Sie ist konfrontiert mit einer strukturellen Asymmetrie: Einerseits zwischen der gemeinschaftsweiten Regulierung und gegenüber wirtschaftspolitischen Zielen klar priorisierten klimapolitischen Imperativen. Andererseits einer Fragmentierung des Binnenmarkts bei allen die Umstellung unterstützenden nachfrageseitigen Politiken und gleichzeitig erschwerter regionaler Preisdifferenzierung.

Deutschland

Das 2008 gesteckte Ziel der Bundesregierung, Deutschland zum Leitmarkt für Elektromobilität zu machen, wurde bisher nicht erreicht. Deutschland liegt bei dem Anteil elektrifizierter Fahrzeuge an den

Gesamtzulassungen knapp über dem europäischen Durchschnitt und deutlich hinter der skandinavisch-niederländischen Spitzengruppe. Dabei sind allerdings einige strukturelle Faktoren zu berücksichtigen: Die Latte, eine für deren Bedürfnisse hinreichende Infrastrukturdichte zu erreichen, liegt in Ländern, in denen ein großer Teil der potenziellen Kunden in großen städtischen Ballungsräumen und deren Umfeldern lebt, deutlich niedriger als in Deutschland, wo eine weit dezentralere Siedlungsstruktur auch eine deutlich breitere Abdeckung mit elektrischer Ladeinfrastruktur erfordert. Zugleich ist das deutsche Kraftfahrzeugbesteuerungssystem so angelegt, dass es keine auch nur annähernd vergleichbare positive Anreizwirkung durch Ausnahmen vom Regelsatz entwickeln konnte, wie diese aufgrund des sehr hohen Grundniveaus in Skandinavien und den Niederlanden möglich waren. Eine Bonus-Malus-Regelung wie in Frankreich, die letztlich eine massive Steuererhöhung für Verbrennerfahrzeuge beinhaltet, wäre ein grundsätzlicher Wechsel der deutschen Steuersystematik und war bisher angesichts der klaren (von der Autoindustrie geteilten) Ablehnung von Steuererhöhungen durch CDU/CSU politisch nicht mehrheitsfähig. Schließlich wurde 2015 im Rahmen des Elektromobilitätsgesetzes die bundesweite rechtliche Grundlage für Privilegien z. B. beim Parken oder bei der Nutzung von Fahrspuren geschaffen, von denen allerdings auf kommunaler Ebene nur zum Teil sehr zurückhaltend und uneinheitlich Gebrauch gemacht wurde. Eine für eine gesamte Volkswirtschaft wirksame Situation wie z. B. in Oslo, wo derartige Vorteile einen großen Teil des Gesamtmarktes erreichen, war natürlich in Deutschland nicht möglich.

Schließlich stellen die Strompreise in Deutschland ein Problem dar. Der ADAC hat in einer Auswertung 2020 festgestellt, dass die Kosten pro Kilometer beispielsweise im Vergleich eines BMW i3 (46 ct) mit einem eins 118d (55 ct) immer noch relativ nah beieinanderlagen. Und auch andere Auswertungen zeigen, dass ein Kostenvorteil für das Elektroauto vor allem dann nicht mehr erwartet werden kann, wenn höhere Anteile des Stroms öffentlich geladen werden müssen, da hier die Tarife noch einmal deutlich über den Strompreisen für Privatkunden liegen. Hinzu kommt, dass gerade der zunehmende Anteil regenerativer Energien beim Kunden vielfach in Form steigender Strompreise angekommen ist, was wiederum über die Wirtschaftlichkeit von elektrischen Fahrzeugen deren Nachfrage belastet – v. a. wenn gleichzeitig die Kunden Konstanz oder Sinken der Priese für Benzin und Diesel unterstellen. Für Deutschland mit seinem weltweiten Spitzenplatz bei den Strompreisen ist dieser Faktor bei weitem akuter als z. B. für Frankreich, wo Strom bei weitem preiswerter ist. Vor diesem Hintergrund war die relative Vorteilhaftigkeit von Elektroautos aus Sicht der Kunden in Deutschland während der vergangenen Jahre sehr stark auf die Signalwirkung von Fördermaßnahmen beim Kauf angewiesen.

Eines kommt hinzu: Die Akzeptanz von elektrischer Mobilität wurde vor allem in Deutschland durch seit Jahren wiederkehrende Kritik in den Medien und interessierter politischen Akteure am Strommix infrage gestellt: Solange noch fossile Energie verbraucht werde, so heißt es, sei ja für die Umwelt gar nichts gewonnen, wenn mit Strom statt mit Benzin gefahren würde. Dieses Argument wird sowohl von denjenigen genutzt, die das Thema Mobilität als Hebel für die Dekarbonisierung der Stromerzeugung nutzen wollen, vor allem aber auch von denjenigen, deren Ziel es ist, die Elektrifizierung auszubremsen. Aus beiden Perspektiven droht die Frage „Ist ein elektrisches Auto für mich die richtige Entscheidung?" negativ beantwortet zu werden. Beide Themen wurden bisher politisch in Europa nicht angepackt. Angesichts der nationalen Kompetenzen für die Energiepolitik ist dies auch gemeinschaftsweit äußerst schwierig, solange nicht der Schritt in Richtung eines erweiterten Emissionshandelssystems (s. o.) gegangen wird.

Ein weiteres vielfach gerne auch polemisch zugespitztes Argument gegen elektrisches Autofahren sind Menschenrechtsverletzungen in der Lieferkette. Unter Verweis auf die Verhältnisse insbesondere in sog. „artesanalen" Kobaltminen in der Demokratischen Republik Kongo wurde die Frage gestellt, ob man sich mit dem Erwerb eines elektrischen Fahrzeugs nicht indirekt an Kinderarbeit, Ausbeutung und Umweltverschmutzung in Afrika schuldig macht. Dieses Thema wurde in der Öffentlichkeit in der Wirklogik verhandelt: „Unzumutbare Verhältnisse im Kongo – im Kongo wird Kobalt gefördert – Batterien brauchen Kobalt – Elektroautos haben Batterien – also sind das Auto und seine Hersteller schuld an den Verhältnissen im Kongo." Im Januar 2019 glaubte daher das deutsche Bundesministerium für Arbeit auch, seine Kampagne für die Einhaltung von Arbeitsnormen mit einer bundesweiten Anzeige untermauern zu müssen, in der mit der schematischen Abbildung eines Elektrofahrzeuges vergiftete Gewässer und Kinderarbeit verknüpft wurden. Dieses Motiv wurde eingestellt, nachdem das Bundesministerium für Wirtschaftliche Zusammenarbeit seinerseits intervenierte – auch deshalb, weil es gerade selbst mit Unternehmen aus der Elektronik-, der Automobil- und der chemischen Industrie dabei war, ein Projekt zur Analyse und Bekämpfung der Zustände im Kongo zu starten. So hat BMW mittlerweile seine Lieferanten verpflichtet, nicht aus artesanalen Minen im Kongo Rohstoffe zu beziehen und arbeitet zugleich mit der Gesellschaft für internationale Zusammenarbeit (GIZ) gemeinsam mit anderen Unternehmen wie der BASF, Samsung, Google und VW an einem Projekt für menschenrechtlich einwandfreie Förderung von Kobalt.

Nationale Plattformen

In Deutschland wurden über mehrere Jahre hinweg im Rahmen der sog. „Nationalen Plattform Elektromobilität (NPE)" und seit 2018 ihrem Nachfolger „Nationale Plattform Zukunft der Mobilität (NPM)" alle gesellschaftlichen Akteure versammelt, um den Hochlaufpfad mit geeigneten Vorschlägen zu unterstützen. In der NPE waren die Ministerien der Bundesregierung sowie das Kanzleramt, Vertreter der Energiewirtschaft, der Automobil- und Mineralölindustrie, der Kommunen, der Bundesländer, Verbände und wissenschaftliche Experten in mehreren Arbeitsgruppen tätig. Sie konnten sich jedoch lange zu keinem vergleichbaren Unterstützungspaket durchringen, wie es in den erfolgreichen anderen Märkten für Elektromobilität erreicht wurde. Insbesondere kam es erst dann zu einer Entscheidung für eine im internationalen Vergleich äußerst moderate direkte Kaufunterstützung, als Bayern und die CSU diese in der großen Koalition 2017 auf den Tisch gelegt hatten. Bis dahin war nicht nur das Bundesfinanzministerium mit einnahmepolitischen und das Wirtschaftsministerium mit ordnungspolitischen Argumenten dagegen, sondern auch einige Automobilhersteller, die sich hier relativ im Nachteil gesehen hätten. Die letztlich verabschiedete Prämie beinhaltete 4000 € für BEVs und 3000 € für PHEVs, wobei die Hälfte dieser Summe vom Staat, die andere vom Autohersteller kam. Im Zuge der Dieselkrise wurde diese

Prämie mit weiteren Anreizen kumuliert, so dass ein i3-Käufer bis zu 10.000 € Nachlass bekam. Einen mindestens so großen Schub für die Nachfrage brachte aber die Änderung des Einkommenssteuergesetzes zum 1. Januar 2020: Seitdem werden bei E-Fahrzeugen nicht mehr 1 % des Bruttolistenpreises als privat zu versteuernder geldwerter Vorteil fällig, sondern nur noch 0,5 %. Das ist ein messbarer Vorteil jeden Monat, der leicht höher ausfallen kann, als die Kfz-Steuer, die pro Jahr zu entrichten ist. Mit dieser Maßnahme hat der Bundesfinanzminister Olaf Scholz, der schon in seiner Zeit als Hamburger Bürgermeister intensiv die Elektrifizierung gefördert hatte, einen echten Impuls gesetzt.

Während zugleich eine Reihe von Programmen gestartet wurden, um die Kommunen beim Aufbau von Ladeinfrastruktur zu unterstützen, war der Erfolg dieser Initiativen doch lange äußerst unterschiedlich. Die Stadt München beispielsweise wies noch im Jahr 2017 gerade einmal 100 öffentliche Ladesäulen auf, während in Amsterdam bereits mehr als 2000 standen. Hamburg war ebenfalls weit schneller unterwegs. Es war letztlich erst die verschärfte Luftqualitätslage, die dazu beitrug, auch in relativ langsamen Kommunen den Ausbau der Ladeinfrastruktur voranzubringen. 2020 lagen München und Hamburg mit gut 1000 Ladepunkten in absoluten Zahlen in etwa gleichauf (pro Kopf war München die deutsche Nr. 1) – aber immer noch klar hinter den europäischen Spitzenreitern.

Ein weiteres Indiz dafür, ein wie starker politischer Wille gegen die Beharrungskräfte aufgeboten werden musste, ist der Umgang mit dem Wohneigentumsrecht. Während beispielsweise in Frankreich schon seit Jahren grundsätzlich geklärt war, dass auch in gemeinschaftlich genutzten Tiefgaragen ein Ladestecker angebracht werden kann, ohne dass andere Miteigentümer dies verhindern können, wurde eine Klärung dieses wirksamen „Showstoppers" in Deutschland erst Mitte 2018 auf den Weg gebracht – und erst 2020 verabschiedet. Eine wichtige motivationsorientierte Weichenstellung auf der Nachfrageseite stellte im November 2020 der Start eines zusätzlichen Förderprogramms der Kreditanstalt für Wiederaufbau (KfW) für die Installation von Ladestationen dar. Bis zu einem Betrag von 900 € konnten seitdem Geräte und deren Einbau bezuschusst werden.

Schließlich blieb die Debatte über die Sektorkopplung in Deutschland bisher weitgehend abstrakt. Konkrete Debatten, mit welchen Instrumenten beispielsweise bei der Ausstattung von Privathaushalten mit elektrischem Strom und dessen Abrechnung der Betrieb von Elektroautos attraktiver gemacht werden könnte, werden bisher nicht geführt. Stattdessen sitzt in den Köpfen die Wahrnehmung „Strom wird teurer – Benzin wird billiger." Dies in eine stabile Wahrnehmung zu drehen „Der elektrische Kilometer ist der billigere Kilometer" ist bislang weit entfernt. Über Jahre wurde behauptet, dass etwa eine Synchronisierung von Angebot regenerativer Energie und Netzbeanspruchung durch E-Autos nur um den Preis milliardenschwerer Investitionen in sog. „Smart Meter" zu haben sei. Ohne diese drohten aber Netzüberlastung und Stromausfall, wenn BEVs und PHEVs größere Marktanteile erreichen – so jedenfalls die vielfach medial verstärkte „Expertenmeinung". Die Folge war bis heute Stillstand.

Praxistest

Gerade der letztgenannte Punkt kontrastiert mit der Entwicklung in Kalifornien: In einem 2015 gestarteten Pilotprojekt der BMW Group konnten die Halter von elektrischen Fahrzeugen direkt über ihr Smartphone festlegen, zu welcher Uhrzeit sie ein voll geladenes Fahrzeug benötigten. Dies ermöglichte wiederum dem Stromanbieter, den Strombedarf in der Tageslastverteilung besser zu steuern. Wenn sich herausstellte, dass beispielsweise am frühen Abend, wenn viele Nutzer gleichzeitig einstöpselten, eine zu hohe Last im Netz auftrat, wurde der Ladevorgang in die späte Nacht verschoben. Dies erforderte keine smarte Infrastruktur in der Wand mit milliardenschwerem Aufwand, sondern funktionierte ganz einfach über die Kommunikation zwischen Stromhersteller, einem Server bei BMW und einem Signal an das Auto. Letzteres ist nämlich in der Lage, die relevanten Daten zu ermitteln und weiterzugeben.

Der Kunde in der Bay Area bekam ein paar klare Signale: Elektrisch Fahren hilft dem Hochlauf der Erneuerbaren. Vernetzung des eigenen Handelns wird honoriert. Richtiges Handeln zahlt sich aus – in Cash. Diese Ergebnisse bestätigen einen Befund, der bereits bei ersten Studien im Jahr 2009 und 2010 mit Testnutzern eines elektrischen MINI in Deutschland zusammen mit Vattenfall gemacht wurden: Auch hier nahmen die Kunden sehr bereitwillig die Möglichkeit an, – damals noch über den heimischen Laptop – die Synchronisierung von verfügbarer Windenergie und Ladezyklus des Fahrzeugs zu unterstützen. Allein dieses kurze Beispiel zeigt, in welchem Umfang gute, schnelle und einfach realisierbare Ideen zum Nutzen aller liegen gelassen zu werden drohen. Vor allem aber zeigt es, welche neuen Potenziale für einfachere, schnellere und nutzerfreundlichere Lösungen durch die Vernetzung des Automobils erschlossen werden und welches Synergiepotenzial in den politischen Handlungsfeldern Digitalisierung und Dekarbonisierung steckt (siehe Kap. 12).

Arbeitsplatzeffekte

Die Auswirkungen der Elektromobilität auf die Beschäftigung in der Automobilindustrie wurden über Jahre hinweg immer wieder diskutiert. Da lediglich rund 20 % der Wertschöpfung im Automobilbau auf die letzten Produktionsschritte beim Fahrzeughersteller entfallen, war von Anfang der Debatte an die Hauptfrage, wie stark die Zulieferindustrie von einem Umstieg auf elektrische Antriebe getroffen würde. Dies wurde in der Studie „Wirkungen der Fahrzeugelektrifizierung auf die Beschäftigung am Standort Deutschland – ELAB 2.0" des Fraunhofer Instituts für Arbeitswirtschaft und Organisation (IAO) im Auftrag der IG-Metall in Zusammenarbeit mit den Zulieferern Bosch, Schaeffler, Mahle und ZF sowie den Herstellern Volkswagen, BMW und Daimler untersucht. Dabei wurden 2018 drei Szenarien für 2030 definiert, in denen der Anteil von elektrifizierten Fahrzeugen bei 40, 60 oder 80 % lag. Die Netto Job-Verluste nach Gegenrechnung von neu entstehenden Arbeitsplätzen durch die Produktion von elektrischen Antrieben lagen hierbei zwischen 75.000 und über 100.000 Beschäftigten. Letzteres entspricht über der Hälfte der über 200.000 in der Antriebsproduktion Beschäftigten in Deutschland und einem Achtel der Gesamtbeschäftigung in der Automobilindustrie. Grund hierfür war, dass ein elektrischer Motor bei weitem weniger komplex ist (und nur rund ein Fünftel der Teile aufweist) als ein Verbrennungsmotor und auch wesentliche Komponenten wie Kupplung Getriebe usw. entfallen. Ein BEV benötigt deshalb inklusive Batterie und Batteriezellen weit weniger Arbeitsstunden als ein konventionelles Fahrzeug. Bei einer harten Umstellung auf batterieelektrische Fahrzeuge käme es daher zu erheblichen Arbeitsplatzverlusten. Bei PHEVs sieht das anders aus. Die zusätzlichen Komponenten im Antriebsstrang (Elektroantrieb im Getriebe) bedeuten einen komplexeren, aufwändigeren Antrieb. Die Batterie ist hier zusätzliches Element und ersetzt nicht andere Teile der Wertschöpfung. Dies bedeutet Stabilität bei den erforderlichen Arbeitsstunden pro Einheit und der Anzahl der zugelieferten Teile. Dieses Beispiel zeigt, dass das Arbeitsplatzargument sich vor allem dann stellt, wenn ein radikales Ausstiegsszenario über einen kurzen Zeitraum und ohne sozial verträgliche Anpassungsmöglichkeiten diskutiert wird. Daher ist auch der Mix zwischen BEV und PHEV ein wesentlicher Parameter der Untersuchung gewesen. Zugleich wurde deutlich, dass die Beschäftigungsrisiken auch innerhalb der Zulieferindustrie sehr unterschiedlich verteilt sind, je nachdem wie groß die Abhängigkeit von der Motorenkomponentenproduktion innerhalb des eigenen Portfolios ist.

Die zentrale politische Botschaft der Studie war, dass ein schneller, disruptiv erzwungener Wandel zu reinen Elektrofahrzeugen einen bei weitem härteren und mit arbeitsmarktpolitischen und personalpolitischen Maßnahmen schwerer abzufedernden Effekt hätte, als ein berechenbarer, zeitlich gestreckter Übergang, bei dem insbesondere PHEV eine wesentliche Rolle spielen. Zugleich machte diese Untersuchung deutlich, dass die Arbeitsplatzfrage weder von der Industrie noch von der Gewerkschaft als Argument für eine Bekämpfung der Elektromobilität als zentrale Säure für die CO_2-Minderung im Verkehr genutzt werden würde, sondern vielmehr Teil ihrer Argumentation für die Organisation und Geschwindigkeit eines Übergangsprozesses war. Dies passte zu der von der überwiegenden Zahl der politischen Akteure vertretenen Position, dass der Wegfall heutiger, gut bezahlter und bisher äußerst stabiler Arbeitsplätze in der Automobilindustrie ein zu akzeptierender Effekt der unvermeidbaren Anstrengungen für den Klimaschutz sei. Dieser erfordere Maßnahmen zur Umqualifizierung heutiger Beschäftigter und staatliche Unterstützung für den Übergang. Die IG Metall forderte im Zusammenhang mit der Veröffentlichung der Studie die Unternehmen zugleich auf, einen möglichst großen Teil der für elektrische Fahrzeuge erforderlichen Komponenten in Deutschland zu produzieren.

Batteriefabrik – Investition, Risiko und staatliche Hilfe

Es ist einfach für Politiker zu sagen „einen Subventionswettlauf um Zukunftstechnologien darf es nicht geben". Mit der Realität hat das nichts zu tun. Die chinesische Zentralregierung, aber auch die Provinzen subventionieren die Investitionen in Automobilentwicklung und -produktion in Größenordnungen, die vergleichbare EU-rechtlich zulässige Beihilfen um ein Vielfaches übersteigen. Hiervon hat der Aufbau der Elektrokompetenz in China nachhaltig profitiert. In den USA profitieren die Unternehmen ebenfalls von erheblichen direkten (Tesla/Panasonic Batteriefabrik in Nevada) und indirekten (z. B. DARPA) Fördermaßnahmen. Beide, die USA und China, fördern ganz unmittelbar die Technologieentwicklung im Bereich autonomes Fahren und vernetzte Mobilität. Das betrifft zum einen Beihilfen für Projekte, die unmittelbar Automobiltechnologie betreffen, mindestens genauso sehr aber Investitionen in Basistechnologien, die indirekt der zukünftigen Nutzung in der Automobilindustrie zugutekommen.

Die europäischen Institutionen haben sich lange damit begnügt, den Mitgliedstaaten die Förderung nationaler Projekte gemäß den Spielregeln des Beihilferechts der EU zu gestatten oder aber auch zu versagen. Die Beihilfen, die der Freistaat Sachsen z. B. der BMW Group für den Bau der ersten Elektroautofabrik Deutschlands zugestehen wollte, wurde von der EU-Kommission um rund die Hälfte gekürzt. Der verbleibende, niedrig zweistellige Millionen-Betrag entspricht einem Bruchteil dessen, was für den Bau einer Fabrik in China zum gleichen Zeitpunkt problemlos möglich war. Das gleiche galt lange für Investitionen in Forschungsaufwendungen im Bereich vernetztes und autonomes Fahren.

Zu einem Kristallisationspunkt der industriepolitischen Diskussion in Europa und in Deutschland ist zunehmend die Frage einer eigenen Zellproduktion für elektrische Antriebe geworden. Mit den ersten E-Fahrzeugen wurde überdeutlich, dass die einzigen hinreichend leistungsfähigen Anbieter für Batteriezellen aus Asien kamen. Diese hatten technologisch von dem Zwang zur Miniaturisierung für die Stromversorgung von Laptops, Smartphones usw. profitiert. Den in diesen

Produktkategorien über die letzten Jahrzehnte erarbeiteten Vorsprung konnten Anbieter wie Samsung, LG und Panasonic voll ausspielen. Die ersten Elektroautos, die 2007 und 2008 auf den Markt kamen, waren denn auch mit kombinierten Laptopbatterien bestückt. Aber auch für automobilspezifische Anwendungen waren diese Anbieter führend. China hat bereits ab 2009 konsequent einen nationalen Champion, „Contemporary Amperex Technology Limited (CATL)", gefördert, mit dem auch BMW seit Beginn der xEV-Produktion in China zusammenarbeitet. In den USA wurde die sehr starke asiatische Kompetenz weitgehend akzeptiert, eine breitere nationale Diskussion über den Aufbau von eigenen Champions fand dort nicht statt. Der Bundesstaat Nevada hat mit Fördermitteln, die alle in Europa zulässigen Umfänge bei weitem überstiegen, die Batteriefertigung von Tesla gemeinsam mit dem Zelllieferanten Panasonic unterstützt.

China in Europa

Inzwischen wurden große Zellfabriken in Europa von asiatischen Unternehmen gebaut, egal ob es Samsung in Ungarn, LG in Polen oder CATL in Deutschland war. Diese Anbieter haben einen starken Fußabdruck im europäischen Markt aufgebaut, bevor es europäische Konkurrenten gab. Die politischen Reaktionen auf diese Engagements zeigten den Zwiespalt: Während Ungarn den Einstieg koreanischer Anbieter massiv unterstützte und begrüßte, gab es in Deutschland 2018 bei der Ankündigung von CATL, in Thüringen eine Zellfabrik zu bauen, durchaus gemischte Reaktionen, die bis zu der Aufforderung an die Bundesregierung reichten, eine Unterstützung für dieses Projekt zu verweigern. Ein bemerkenswerter Kontrast zu dem Jubel, den die Ansiedlung von Tesla später auslöste. Aus thüringischer Perspektive sah das natürlich gänzlich anders aus: Angesichts der Sorge um die Arbeitsplätze insbesondere bei Opel in Eisenach hat die Landesregierung alles darangesetzt, diese Investitionen ins eigene Land zu holen. Dieses Beispiel dokumentiert über den Einzelfall hinaus die generelle industriepolitische Sorge vor einer Asymmetrie im Verhältnis zu dem Ausgreifen chinesischer Unternehmen nach Europa. Mit dem Erwerb von Anteilen oder Mehrheiten an etablierten Unternehmen mehrten sich auch die politischen Vorbehalte und die Ängste vor Abhängigkeit. Diese wiederum sind Verstärker für die Motivation, europäische Alternativen aufzubauen. Umgekehrt ist aber zu erwarten, dass China die viel beschworene Offenheit der EU für ausländische Investoren zu fairen Bedingungen wörtlich nimmt und von Mitgliedstaaten und EU eine Gleichbehandlung chinesischer Unternehmen mit europäischen Standorten einfordert.

In Europa hingegen entwickelte sich ein auch medial nachhaltig verstärktes Bedrohungsszenario mit folgender „Storyline": „Ein wesentlicher Teil der Technologiekonzernes der Zukunft ist in Europa nicht verfügbar; In dem Maße, wie den klimapolitischen Imperativen folgend, Wertschöpfung in konventionellen Antrieben entfällt, kommt es zu Netto-Jobverlusten; Die industriepolitische Kontrolle über wesentliche Teile des Antriebsstrangs wird an „die Asiaten" verloren." Daher kam es aus unterschiedlichen Motivationslagen heraus zu nachdrücklichden Forderungen an die Industrie, das Thema Zellfertigung in Europa selbst in die Hand zu nehmen: Einerseits aus echter Furcht vor einem Verlust an Wettbewerbsfähigkeit andererseits aber auch als proaktive Argumentation gegen die Warnungen vor einer überhasteten Elektrifizierung: Das Arbeitsplatzargument sollte durch den Verweis darauf entkräftet werden, dass ja es nur an der Industrie selbst läge, konventionelle Wertschöpfung durch Zellproduktion zu ersetzen.

Aus strategisch-industriepolitischer Sicht war die Frage, ob es anderen Anbietern als den etablierten Asiaten gelingt, technologische Kompetenz aufzubauen, die mindestens gleichwertig ist. Um einseitige Abhängigkeiten zu vermeiden, ist die Grundvoraussetzung letztlich, gleiche Produktleistung zu mindestens dem gleichen oder einem niedrigen Preis anbieten zu können oder aber das bessere Produkt zu vertretbaren Kosten bieten zu können. Diese Anforderungen erfüllte aber zunächst keiner der europäischen Kandidaten. Im Gegenteil, der Ausstieg vom Bosch aus dem 2008 gegründeten Batterie Joint Venture mit Samsung nach nur 4 Jahren hat das öffliche Bild erzeugt, dass ein etablierter europäischer Anbieter den Wettbewerb aufgibt.

Die Antwort der Politik in Brüssel und Berlin, aber auch in Frankreich lautete, staatliche Unterstützung für ein Konsortialprojekt von Automobilherstellern anzubieten, mit dem diese mit eigenem, direktem unternehmerischen Engagement einen Batteriezellhersteller aufbauen. Politiker und Gewerkschaftsvertreter forderten in diesem Zusammenhang Abnahme- und Preisgarantien, um Planungssicherheit für potenzielle Investoren zu gewährleisten. Diese Ideen wurden von den Fahrzeugherstellern zunächst freundlich zurückgewiesen: Garantien für unbekannte Produkte mit unbekannter Leistung zu einem unbekannten Preis garantiert abzunehmen, widerspricht der betriebswirtschaftlichen Logik fundamental. In der Folge konzentrierte sich die Diskussion zunächst auf Konzepte für die Unterstützung von Forschung und Entwicklung und darauf aufbauend zum Aufbau von wirtschaftlich unabhängig agierenden europäischen Lieferanten. Unter Schlagworten wie „Airbus für Batterien" wurden unterschiedliche Konsortien diskutiert. Konkret gehandelt wurde mit der Ankündigung der Kommission im Oktober 2018, unter der Überschrift „Important Project of Common European Interest (IPCEI)" den Mitgliedstaaten zu ermöglichen, in einem beschleunigten Verfahren größere Beihilfen für den Aufbau einer europäischen Batteriezellproduktion bereitzustellen. Diese beihilferechtliche Sonderregelungen gilt für Vorhaben, die über mehrere Mitgliedstaaten hinweg positive wirtschaftliche Effekte erzeugen. Auf dieser Grundlage stellte das Bundeswirtschaftsministerium in Deutschland potenziellen Investoren 2019 bis zu 1 Milliarde € Fördermittel in Aussicht. Einen wesentlichen politischen Schritte unternahmen Deutschland und Frankreich im Februar 2019, als die beiden Wirtschaftsminister sich in einem Treffen mit Vertretern von u. a. Total, PSA und BMW darauf verständigen, ein Gemeinschaftsprojekt beider Länder für die Produktion von Batteriezellen in zwei nicht mehr benötigten Produktionsstätten von PSA und mit der Firma SAFT, einer Total-Tochter als Kern eines Produktions-Joint Ventures, mit erheblichen Subventionen unter dem Dach eines IPCEI zu unterstützen. Zusätzlich wurden weitere Anträge für Projekte, unter anderem mit dem schwedischen Batterie-Startup Northvolt gestellt, unter anderem von BMW und Volkswagen. Beide Projekte wurden 2020 bewilligt.

Politische Optionen für die EU

Mit den CO_2-Vorgaben der EU für 2030 wurde auf Gemeinschaftsebene eine Wette auf das Handeln der Mitgliedstaaten abgeschlossen, ohne dass dieses wirksam in die gleiche Richtung gesteuert und garantiert werden könnte. Der Umweltministerrat hat einer Gesetzgebung zugestimmt, für deren Erfolg am Ende des Tages die einzelnen Finanzminister der Mitgliedstaaten verantwortlich sind. Deren Agieren – vor allen Dingen aber das Handeln der jeweils nächsten und übernächsten nationalen Regierungen ist bis heute offen. Dies ist ein qualitativer Unterschied zu anderen umweltpolitischen Entscheidungen Europas: Flächendeckende angebotsseitige direkte rechtliche Vorgaben der EU (also Verordnungen mit unmittelbarer Wirkung) wurden bisher direkt umgesetzt und die Mitgliedstaaten mussten lediglich ihrer Rechtsaufsichtspflicht gerecht werden. Dort wo eine Richtlinie die Mitgliedstaaten verpflichtete, selbst unmittelbar eigenes Recht zu setzen, war zwar auch bisher keine zwingende 100-prozentigen gemeinschaftsweite Konsistenz zu erwarten. Die nationale Verantwortung bedeutete aber immerhin die Verpflichtung, die Umsetzung nationalen Rechts auch lokal zu unterstützen. Die von der EU ausgesprochene Garantie an ihre Bürger, die Luftqualität in Städten und die Emission von Schadstoffen unter ein gemeinschaftsweit definiertes Level zu drücken, war von entsprechendem Handeln der Mitgliedstaaten abhängig. Dessen Ausbleiben unterlag der Androhung von Strafe in Form von Vertragsverletzungsverfahren. Dieser Mechanismus gilt bei einer Schlüsselfrage wie dem Aufbau von Ladeinfrastruktur bisher nicht.

Die aktuelle Situation ist für die Automobilindustrie dagegen weit zwiespältiger: Die Politik erzwingt ein schnelles Hochfahren des Anteils emissionsfreier Antriebe und droht mit Verbot, erheblichen Strafen und einem nachhaltigen Glaubwürdigkeitsverlust. Auf der anderen Seite hält aber bis heute die Nachfrageentwicklung mit den politischen Erwartungen nur in einem Teil der Märkte Schritt. Und auch in diesen hängt bisher die Zunahme der Elektrofahrzeuge von äußerst kostspieligen, in ihrer Nachhaltigkeit fraglichen fiskalischen Anreizen ab. Zugleich besteht die erhebliche Gefahr, dass die Kunden nicht mitspielen: Wenn der Infrastrukturausbau in wesentlichen Märkten nicht schnell genug passiert, wenn Strom als nicht preiswürdig verglichen mit Benzin erscheint, wenn negative Kommunikation zu angeblichen höheren Klimaauswirkungen von Elektrofahrzeugen das Vertrauen in die Technologie erschüttert, droht die Rechnung weder für die Hersteller noch für die Politik aufzugeben. Die angebotsseitig erzwungene Transformation zur Elektromobilität in Verbindung mit gleichzeitig fehlenden Vorgaben für und fehlendem Durchgriff auf die nachfrageseitigen Voraussetzungen sind daher riskantes Neuland. Sollte sich vor dem 2025 gesetzten Zwischenziel oder auf dem Weg nach 2030 herausstellen, dass die Wette auf gleichgerichtetes Handeln hinreichend vieler Mitgliedstaaten nicht aufgeht, könnte die Umweltpolitik der EU mit einer Premiere konfrontiert werden – einer offenen Diskussion über eine Abschwächung umweltpolitischer Anforderungen. Solange sich die Mehrheitsverhältnisse in Europa nicht grundlegend ändern, ist dieses Szenario aber extrem unwahrscheinlich. Realistischer ist, dass die EU die angebotsseitigen Ziele noch weiter verschärft und zugleich zu zusätzlichen Instrumenten greift, um den Ausbau zu beschleunigen.

All dies wirft die Frage auf: Was muss passieren, damit es verlässlich schneller geht? Die folgenden Optionen von mehr Motivation bis hin zu weit härterer Restriktion stehen zur Verfügung:

Angebotsseite

Auf Angebotsseite ist die erste Option, die heutige Regulierungslogik fortzuschreiben. Mit einem weiter deutlich abgesenkten Flottenwert im Jahr 2030 und darüber hinaus kann der erforderliche Anteil elektrischer Fahrzeuge im Prinzip beliebig weit erhöht werden. Dabei müssten die o. g. konzeptionellen Fragen im Design einer revidierten Gesetzgebung gelöst werden. Dabei bietet die Flottenwertlogik die Option, dauerhaft technologische Alternativen zur Elektrifizierung aufrecht zu erhalten. Antriebsarchitekturen blieben möglich, in denen Verbrennungsmotoren den E-Antrieb effizient ergänzen. Desgleichen die Dekarbonisierung über synthetische Verbrennungskraftstoffe. Auch kleine Volumen von reinen Verbrennern blieben denkbar. Damit würde der europäische Gesetzgeber darauf setzen, dass sich die neuen Antriebsoptionen gegen eine weiterhin zulässige Alternative durchsetzen. Die kostenseitige Attraktivität von insbesondere reinen Verbrennern könnte parallel mit einer verschärften Schadstoffgesetzgebung gemindert und damit die letztlich verbleibende Nische verkleinert werden. Ihr bliebe aber eine Überlebenschance. Politisch würde das Etikett „Technologieneutralität" gewahrt und der Grad der Verantwortung des Gesetzgebers für den Strukturwandel bliebe begrenzt. Anstatt direkt und offen für die Folgen eines Umstiegs verantwortlich zu sein, könnten die Entscheider auf die verbliebenen Optionen der Industrie verweisen. Schließlich bietet dieses Vorgehen die – je nach Standpunkt – Chance oder Bedrohung, sich weit eher als harte Verbotslösungen bei unerwarteten realen Marktentwicklungen gesichtswahrend anpassen zu lassen.

Mit einem für den ganzen europäischen Binnenmarkt geltenden Auslaufdatum für die Verbrennungstechnologie (ggfs. als Endpunkt zuvor weiter gesenkter Flottenwerte) durch ein Neuzulassungsverbot würde dagegen der Umstieg auf elektrische Antriebe unmittelbar erzwungen. Die Kundenpsychologie würde dabei eine wesentliche Rolle schon vor dem Inkrafttreten spielen: Die relative Zahlungsbereitschaft für „zukunftssichere" Neufahrzeuge in Relation zu einer auslaufenden Technologie und damit die Durchsetzbarkeit von Preisen mit höheren Margen könnte einerseits gestärkt werden. Allerdings wäre es andererseits auch denkbar, dass ein solcher Ansatz, der sich nur auf neu zugelassene Fahrzeuge bezieht, dazu führen würde, dass Bestandsfahrzeuge deutlich länger gefahren würden und das Neuzulassungsvolumen in Relationen zum Bestand zunächst deutlich sinken, das Durchschnittsalter dagegen steigen würde. Dies könnte wiederum nur dadurch vermieden werden, dass auch für den Bestand ein Enddatum definiert würde, das den Gebrauchtwagenbestand dann sicher entwerten würde. Eine derartig heftige, enteignungsgleiche Intervention legt aber die politische Latte noch einmal ungleich höher als bereits eine „nur" die Neuzulassungen adressierende restriktive Politik. Sicher wären aber bei einer reinen Neuwagenregelung direkte wirtschaftliche Effekte auf die Industrie, ihre Lieferanten, ihre Beschäftigten sowie die Servicenetzwerke. Diesewürden umso schneller eintreten, wie die Nachfrage nach Verbrennern sänke. Schließlich würde ein klares Signal gesetzt, die heutige technologische Kompetenz von den Zulieferern bis in den Bereich Ausbildung und Hochschulen aufzugeben.

Politisch steht in diesem Szenario ein Bargainingprozess zwischen den europäischen Institutionen und den Mitgliedstaaten bevor, der mit den Parametern a) Auslaufdatum? b) Verschärfung der CO_2-Werte 2025 und 2030?, c) Umstellung der technischen Regulierung wie und wann?, d) Rolle von Wasserstoff und Synfuels?, f) Verschärfung Schadstoffemissionen? für miteinander eng verflochtene kontroverse Debatten gut ist. Ein Konflikt gerade mit den Mitgliedsstaaten, die heute nachhaltig von der Verbrennertechnologie profitieren, wie den Visegrad-Ländern ist wahrscheinlich – und deren „Go" ggf. nur mit Transferzahlungen zur Finanzierung des Strukturwandels „erkaufbar". Eine analoge beschleunigte Debatte mit Anleihen bei der Diskussion um den Kohleausstieg könnte in Deutschland eintreten, wenn eine künftige Bundesregierung ihr Einschwenken auf den Verbotskurs anderer, weniger hart betroffener Mitgliedsstaaten mit einem Transformationsprogramm für die am meisten betroffenen Zulieferunternehmen verbände, übernähme sie voll und offen die Verantwortung für die industriepolitischen Folgen.

Eine Alternative zu einem offenen gemeinschaftsweit verbindlichen Verbotskurs wäre es, wenn es bei EU-weiter Technologieneutralität bliebe, die Kommission aber darauf verzichten würde, gegen nationale Verbote vorzugehen und diese ggf. sogar „anfeuern" würde. Bisher vorliegende rechtliche Bewertungen der Kommission besagen, dass nationale Verbote EU-rechtskonformer Produkte nicht zulässig sind. Anders könnte dies aber aussehen, wenn prohibitive Steuern verhängt oder subnational unter Rückgriff auf Luftqualitätsargumente Verbote eingeführt werden. Egal ob offiziell oder faktisch, wäre ein solcher Pfad in einer Konstellation denkbar, in der ein EU-weites Zulassungsverbot nicht mehrheitsfähig ist, ein „Freifahrtschein" für nationale Lösungen dagegen schon. Mit einer solchen Linie nach dem Motto „Entschlossenes umweltpolitisches Handeln ist wichtiger als der Binnenmarkt" würde jedoch eine der wirtschaftspolitischen Grundlagen der EU in Frage gestellt und die Kommission würde eine ihrer institutionellen Kernfunktionen als deren Garant preisgeben. Für die Industrie wäre damit ein zentraler Mehrwert der EU zur Disposition gestellt und ein Präzedenzfall auch für andere Sektoren gesetzt. Zugleich würde ein erhebliches politisches Konfliktfeld eröffnet: Wahrscheinlich würde in Skandinavien, den Niederlanden, Frankreich und möglicherweise in Deutschland ein solches Vorgehen eine Mehrheit bekommen und eine deutliche Beschleunigung des Hochlaufs im EU-Durchschnitt bringen. Politisch würde dies aber bedeuten, eine EU der zwei oder mehr Geschwindigkeiten im Bereich Umwelt einzuführen, bei der die Entscheidungen eines Teils der Mitgliedsstaaten sich industriepolitisch bei anderen Ländern auswirken würde, welche die dahinter liegenden Ziele nicht teilen. Letztlich wäre dieser Weg also eine politische Hochrisikostrategie – ausgeschlossen ist sie aber nicht.

Nachfrageseite

Auf der Nachfrageseite stößt die EU heute an ihre Grenzen – mit allen o. g. Folgen. Welche Optionen bestehen hier überhaupt?

Seit 2014 fordert die EU-Richtlinie zur alternativen Kraftstoffinfrastruktur („Alternative Fuel Infrastructure Directive – AFID") die Mitgliedsstaaten auf, nationale Pläne für den Ausbau von Ladeinfrastruktur in der EU zu entwickeln. Im Kern forderte die Richtlinie die Erstellung nationaler Pläne und Berichte, hatte jedoch keinen „Biss" etwa in Gestalt einer direkten sanktionsbewehrten Verpflichtung auf definierte Zielwerte (wie Ladestationen pro Einwohner o. ä.). Eine Bewertung der Kommission hat bereits festgestellt, dass das Ziel der Richtlinie nur äußerst ungleichmäßig, wenn überhaupt, erreicht wurde (s. o.). Auch die Absicht, eine hinreichende Planungssicherheit für die beteiligten Akteure zu schaffen, wurde klar verfehlt. In der Notwendigkeit, diese Richtlinie grundlegend zu überarbeiten besteht weitgehender Konsens zwischen den europäischen Institutionen, den NGOs und der Industrie. Es ist daher nur folgerichtig, dass in der Kommunikation zum Green Deal auch das Projekt einer AFID-Revision für 2021 angekündigt wurde. Während die Kommission für das Jahr 2025 eine Anzahl von 1 Million öffentlicher Ladestationen für erforderlich hält, um ein Volumen von 13 Millionen elektrifizierter Fahrzeuge zu unterstützen, gehen andere Experten von einem höheren Bedarf mit einem weiteren Anstieg auf 3 Millionen bis 2030 aus. Gegenüber dem heutigen Status Quo von deutlich unter 200.000 Ladestation ist der erforderliche Zuwachs in jedem Fall gewaltig. Es ist daher keine Überraschung, dass für die Finanzierung eine Verknüpfung zwischen dem „Post Corona Recovery Plan" und einem Einsatz der EU Finanzierungsinstrumente zur Unterstützung des Infrastrukturaufbaus vorgeschlagen wurde.

Die erste Frage an die Ausgestaltung einer revidierten Richtlinie lautet: Wie hoch ist die Verbindlichkeit für die Mitgliedsstaaten? Indikative Ziele und die Verpflichtung zur Berichterstattung werden nicht ausreichen, um aus der europäischen Union einen echten Binnenmarkt für elektrisches Autofahren zu machen. Die zweite Frage ist die nach den anderen beteiligten Entscheidern. Bei der Ladeinfrastruktur für schnelles Hochvoltladen (High Power Charging) mit dem Ziel von 400 Ladestationen à 6 Ladesäulen entlang der EU-Hauptverkehrsachsen ist mit dem von mehreren Autoherstellern getragenen Unternehmen Ionity immerhin bereits ein industrieller Partner vorhanden. Dieser kooperiert mit den Betreibern der Autobahnraststationen, in der Regel großen nationalen Playern. Dagegen stellt sich die Frage nach der Ladeinfrastruktur im urbanen und suburbanen Raum ganz anders. Hier haben noch nicht einmal die Nationalstaaten den direkten Durchgriff, sobald öffentlicher Verkehrsraum oder kommunale Flächen benötigt werden. Hier muss ein wirksamer politischer Rahmen letztlich auf ein Mehrebenenmodell zielen, bei dem auch die subnationale Ebene stärker als heute in die Pflicht genommen wird, Ein Binnenmarkt ist mit der heutigen Freiheit der Bürgermeister und Stadträte, nichts zu tun, unvereinbar. Allerdings stellt sich hier angesichts der kritischen – und durch Corona verschärften Finanzsituation der Kommunen zugleich die Frage nach der Ausweitung europäischer (Ko-)Finanzierung. Eine weitere, im politischen Prozess zu klärende Frage ist, ob und inwieweit die Mineralienindustrie in den Bereich der elektrischen und/oder Wasserstoff-Infrastruktur tatsächlich und wirksam investiert. Mit ihren Standorten im stadtnahen und auch städtischen Raum bieten schnellere Ladeangebote als zu Hause einen möglichen „Anker" für das Einkaufsgeschäft an der Tankstelle jenseits von heutigen Zapfsäulen. Zugleich wird die Latte für Bewohner von städtischen Altbauten, die bisher auf das „Laternenparken" angewiesen waren, deutlich niedriger gelegt. Die Realisierung dieser Option hängt neben der Frage, wie schnell die Mineralölunternehmen (von denen sich einige 2020 in öffentlichen Commitments zu CO_2-Neutralität überboten) einen echten Rückgang der Benzin- und Dieselnachfrage erwarten, auch entscheidend vom politischen Willen der EU ab. In Deutschland hat die Große Koalition im November 2020 beschlossen, die Mineralölwirtschaft beim Wort zu nehmen und von ihr bis 2026 die Ausrüstung von 75 % aller Tankstellen mit Schnellladesäulen zu fordern.

Eine weitere Voraussetzung für eine gesteigerte Attraktivität von xEVs wäre, dass für einen hinreichend großen Teil des europäischen Marktes verlässlich vereinbart würde, dass der Preis fossiler Kraftstoffe und des Erwerbs, der Zulassung und des Betriebs rein verbrennungsmotorisch angetriebener Fahrzeuge steigt, bzw. derjenige der Nutzung emissionsfreier Mobilität sinkt. Hierfür steht das gesamte Instrumentarium der Besteuerung von Kraftstoffen und Fahrzeugen, von städtischen und überregionalen Mautsystemen bis hin zu den Preisen von Parkraum einerseits, der steuerlichen Behandlung von elektrischem Strom und der Förderung von Ladeinfrastruktur andererseits zur Verfügung. Die Erweiterung des Emissionshandels auf Kraftstoffe im Verkehr könnte einen Beitrag zur faireren Anlastung der Klimaeffekte konkurrierender Kraftstoffe leisten. Da kaum erwartet werden kann, dass die Mitgliedstaaten der EU ihre steuerpolitische Kompetenz einfach vergemeinschaften lassen, wäre ein vorstellbarer Weg, dass zumindest ein Teil der Mitgliedstaaten entsprechende nationale steuerpolitische Maßnahmen in Verbindung mit einem durch die EU definierten Rahmen vereinbart. Letzterer könnte insbesondere auf die verschärfte Mindestbesteuerung von Energie, und die klimapolitische Ausrichtung von Straßenbenutzungsgebühren abstellen. Die in Deutschland von den Grünen bis zur CDU gewachsene Sympathie für die Bepreisung von CO_2-Emissionen hat 2020 zu der Entscheidung für einen CO_2-Preis von 25 € geführt, der ab 2021 Benzin und Diesel um einige Cent verteuern wird und dann schrittweise bis 2025 auf 55 € steigen soll. Im Gegenzug wird die Pendlerpauschale erhöht. Die Sichtbarkeit eines über die Nutzungsphase wirksamen Kostenimpulses für den Kunden ist zwar geringer als bei Maßnahmen, die unmittelbar beim Fahrzeug und zu einem Erwerb ansetzen – dies gilt jedenfalls für den Privatkunden und weniger für betriebswirtschaftlich stringent optimierende Flottenbetreiber. Und die Verschiebung der Relation durchsetzbarer Preise wird hier nur indirekt angeschoben. Immerhin böte sich aber die Chance, in Verbindung mit einer Senkung der Abgaben auf den Strom, die heutige Wahrnehmung der relativen Preiswürdigkeit der Antriebe zu ändern. Eine Einigung auf einen EU-weiten Rahmen bleibt gleichwohl ein erheblicher politischer „Stretch". Die zur Überwindung der Coronakrise initiierte, enorm ausgeweitete Gemeinschaftsfinanzierung von Beihilfen für die Mitgliedsstaaten könnte aus diesem Blickwinkel aber eine Chance sein, gerade dort einen Nachfrageschub auszulösen, wo ansonsten der Druck auf die Staatsfinanzen dieses verhindern würde (also z. B. in Spanien oder Italien).

Szenarien

Die Automobilindustrie ist heute für die Erfüllung der politisch definierten Anforderungen essenziell auf Unterstützung angewiesen: Ohne berechenbare motivierende Rahmenbedingungen für die Kunden elektrischer Fahrzeuge werden diese keinen hinreichenden Erfolg haben, um einen Hochlauf in Richtung 50, 80 oder 100 % zu ermöglichen. Die Industrie ist also angewiesen auf eine Symmetrie zwischen der angebotsseitigen Regulierung, deren Objekt sie selbst ist, und der Motivation ihrer Kunden. In Kalifornien und China ist diese Symmetrie grundsätzlich vorhanden und die zuständigen Behörden haben bisher beide Seiten der Medaille im Verhältnis zueinander wirksamer gesteuert als die EU. In Kalifornien und in China hat kein Bürgermeister und keine Bezirksregierung die Option zum Nichtstun in Sachen Elektromobilität. In Europa steht es den Mitgliedsstaaten aber auch den subnationalen politischen Entscheidern völlig frei, den Kunden beim Thema elektrisches Autofahren allein zu lassen. Gerade in Europa stellt sich daher die Frage, wie der regulatorische Rahmen, der unmittelbar die Entscheidungen der Kunden beeinflusst, künftig konsistenter gestaltet werden kann.

Zugleich hängt die Wahl zwischen konventionellen Fahrzeugen einerseits, den unterschiedlichen Graden der Elektrifizierung andererseits, natürlich von den materiellen Weichenstellungen ab: Wie lange können die Halter von elektrischen Fahrzeugen auf rechenbare Vorteile beim Kauf zählen? Wie stabil sind Steuervorteile und Prämien? Oder wird umgekehrt die Erwartung erzeugt, dass die Tage des Verbrenners gezählt sind? Wird eine leistungsfähige Ladeinfrastruktur integraler Bestandteil der Verkehrsplanung oder nicht? Wann wird eine so robuste, positive Wahrnehmung im Markt erreicht, dass auf staatliche Unterstützungsprogramme verzichtet werden kann? Wie schnell steigt der Druck auf die Halter hohe Emissionen verursachender, vor allem älterer, konventioneller Fahrzeuge? Welche Alternativen haben alle, für die ein neues Auto zu teuer ist? Welchen Einfluss werden städtische Verkehrsregulierungen auf die Marktentwicklung haben? Wird es eine Konvergenz erfolgreicher Übergangsprogramme auf nationaler oder europäischer Ebene geben – oder wird sich stattdessen die Fragmentierung noch verstärken? Wie schnell werden smarte, innovative Steuerungs- und Anreizmechanismen (z. B. das mühelose Navigieren zu einer reservierten Ladestation mit kostenlosem Parken) das heutige, relativ grobe Instrumentarium der städtischen Verkehrspolitik ablösen?

Der historische Zusammenfall der Dekarbonisierung der individuellen Mobilität mit ihrer Digitalisierung wirft die Frage auf, ob diese beiden neuen Imperative sich gegenseitig unterstützen, parallel laufen oder sich vielleicht sogar widersprechen. Die kommenden Diskussionen um die Zukunft des Verkehrssystems unter dem Zeichen der Digitalisierung hängen daher auch eng mit der Entwicklung des Antriebsmixes zusammen. Darum geht es in den folgenden Kapiteln.

13
Digitalisierung

Die Funktionen des Automobils wurden seit Jahrzehnten elektronisch unterstützt. Es war immer Einsatzort der neuesten Technologien, vom elektronischen Fahrwerksmanagement bis hin zum Navigationssystem. Ein immer größerer Anteil der Entwicklungsaufwände der Automobilhersteller, vor allem aber auch bei ihren spezialisierten Zulieferern ist in elektronische Systeme geflossen, welche die Steuerung von Motoren optimierten, das Fahrwerk und die Bremsen besser managten, Verbrauch senkten und Komfort erhöhten. Das letzte Jahrzehnt hat dagegen eine tief greifende Veränderung gebracht: Die digitale Kommunikation des Fahrzeugs mit seiner Umwelt, die Zugänglichkeit für Informationen und Befehle von außen, die Fähigkeit zur Interaktion mit anderen Fahrzeugen und der Infrastruktur hat neue Möglichkeiten geschaffen – und dies auf drei Ebenen:

1. Das Automobil ist zum Marktplatz für Dienstleistungen geworden. Es ist eine weitere Plattform für die Angebote von Unterhaltung bis Übernachtung, von Sightseeing bis Parken. Das „Endgerät Auto" mutiert zum „Smartphone auf Rädern". Die Zeit, die Menschen im Auto verbringen, wird damit zum Geschäftspotenzial für eine Vielzahl von Anbietern, vor allem aber für die großen Plattformbetreiber.
2. Vernetzung ermöglicht neue Formen der Nutzung des Automobils durch „Mobility as a Servive (MaaS)" oder „On demand Mobility (ODM)". Ride Hailing-Dienste wie Uber, optimierte Taxi Services, Car Sharing und so weiter sind neue Optionen – und Alternativen. Zum privaten Auto, so wie es ein Jahrhundert lang benutzt wurde, aber vor allem auch zum öffentlichen Nahverkehr.
3. Der Fahrer wird schrittweise von der Aufgabe, sein Auto zu „managen", entlastet. Das Fahrzeug übernimmt seine Aufgaben – von der Navigation über das Halten von Fahrspuren, automatisierte Überholvorgänge bis hin zum Zielbild des vollständig automatisierten Fahrens. Die Software im Auto und die Daten, die es von außen unterstützen, definieren damit eine zentrale neue Fähigkeit des Automobils, nicht mehr nur die Hardware von Antrieb und Fahrwerk.

Alle drei Aspekte der Evolution des Autos haben eines gemeinsam: Die entscheidenden technologischen Innovationen, aber auch die ersten Anwendungen und damit die Perspektiven für völlig neue wirtschaftliche Erfolgspotenziale kommen nicht mehr aus Europa. Zum ersten Mal in der technologischen Geschichte des Automobils kommen die wesentlichen Impulse aus den USA und zunehmend aus China. Und die Impulse kommen – auch dies zum ersten Mal – nicht mehr aus der Automobilindustrie selbst, sondern sie kommen von außen, von Unternehmen, die ihren Ursprung im internetbasierten Geschäft haben, oder aber im Hinblick auf neue Chancen überhaupt erst gegründet wurden. Ein völlig anders geartetes industrielles Biotop mit anderer wirtschaftlicher Binnenlogik und gigantischen finanziellen Ressourcen expandiert in die individuelle Mobilität. Die Folge sind völlig neue politische Herausforderungen:

Erstens: Märkte entwickeln sich nicht im regulierungsfreien Raum. Rechte und Pflichten von Anbietern, Ansprüche des Kunden, am Ende des Tages die Machtverteilung zwischen Industrien und Unternehmen hängen von Marktordnungspolitik ab, der Zugang zum Kunden, vor allem aber zu seinen Daten. Die Spielregeln für die Generierung und Weitergabe von Informationen, die im Auto erzeugt werden, sind Gegenstand der politischen Debatte und damit Austragungsort konkurrierender wirtschaftlicher Interessen und von ihnen geleiteter politischer Forderungen.

Zweitens: Die Verkehrspolitik muss auf die neuen Möglichkeiten, die Nutzung des Automobils zu organisieren, antworten. Digitalisierung erweitert den Möglichkeitsraum der Verkehrsplanung deutlich – es wird aber politisch entschieden, ob und wie dieser Raum auch genutzt wird. Auch das Spektrum der Mobilitätsdienstleistungen, ihre Rolle insbesondere in urbanen Räumen, die Konkurrenzbeziehung zwischen den alternativen Möglichkeiten von A nach B zu kommen, wird letztlich ganz wesentlich politisch entschieden – durch Handeln genauso wie durch Nichtstun.

Und drittens: Die Ablösung des Autofahrers durch eine Technologie, die auch seine bisherige alleinige rechtliche Verantwortung übernimmt, muss vom Gesetzgeber begleitet werden, um überhaupt stattfinden zu können. Ohne Änderung des um den Fahrer und das Automobil herum entstandenen rechtlichen Rahmens wird es kein autonomes Fahren geben. Und auch jede Stufe auf dem Weg dorthin bedarf bereits der regulatorischen Flankierung.

Alle diese drei Handlungsfelder sind unmittelbar von der technologischen und wirtschaftlichen Entwicklung getrieben und Politik ist hier ihrer Natur nach reaktiv. Während in der Umweltpolitik seit Jahrzehnten die Politik der die technologische Veränderungen aktiv treibende Teil der Gleichung ist, ist es bei Digitalisierung und Vernetzung umgekehrt. Politisches Handeln wird hier dadurch legitimiert, dass neue technologische Chancen, die für die einzelnen Nutzer, aber auch für die Gesellschaft insgesamt entstehen, ergriffen werden müssen, oder aber dadurch, dass drohende Gefahren abgewehrt werden. Die politische Bedeutung der Digitalisierung des Automobils endet hier aber nicht. Im Gegenteil sie öffnet noch weitere Fragen, auf die Politik eine Antwort geben muss:

Die gesamte Verkehrsinfrastruktur, in denen sich Autos heute bewegen, ist analog. Die Instrumente, mit denen auf der Nachfrageseite reguliert, mit der das Verhalten von Menschen im Verkehr gesteuert wird, wird durch Digitalisierung mit der Frage konfrontiert: Ginge es auch anders? Ginge es auch besser? Die Chancen und Risiken digitaler Verkehrslenkung, der elektronischen Regulierung von Zufahrtsrechten, Höchstgeschwindigkeiten und Gebühren stehen zur Diskussion. Zugleich erweitert sich der Möglichkeitsraum politischer Intervention von Leitplanken, über deren Einhaltung letztlich der menschliche Autofahrer entscheidet, hin zur direkten Begrenzung und Steuerung seines Verhaltens durch den externen Zugriff auf das Automobil.

Die technologische Entwicklung und die aus ihr abgeleiteten neuen Möglichkeiten werfen die Frage nach dem grundsätzlichen Verhältnis zwischen privatwirtschaftlichen Akteuren und staatlichen Entscheidungen auf. Das reale Geschehen auf der Straße wird künftig nicht mehr nur bestimmt durch politisch definierte Rahmenbedingungen auf der einen Seite, individuelle Entscheidungen von Bürgern auf der anderen. Unternehmen werden möglicherweise an die Stelle von Verkehrsbehörden, Stadträten und Verkehrsplanern treten, wenn die Frage beantwortet wird: Wo ist der Verkehr am dichtesten? Wo bildet sich der Stau? Wie komme ich am schnellsten von A nach B? Die Rollenverteilung von Politik und Staat auf der einen, privatwirtschaftlichen Playern auf der anderen Seite wird zum politischen Gestaltungsfeld.

Der Stellenwert der Digitalisierung im Automobil macht diese zwangsläufig zur industriepolitischen Frage. Es geht um die Machtverteilung im globalen Geschäft, vor allem aber auch um die Konsequenzen für Unternehmen und deren Beschäftigte, für künftige Arbeitsplätze, letztlich für die industriepolitische Zukunft des Sektors. Diese Aufgabe stellt sich vor allem für die europäische Union. Dabei ist zugleich die internationale, handelspolitische Dimension besonders brisant: Es geht erstmals in der Geschichte der Automobilindustrie nicht mehr einfach nur um Export und Import, Wertschöpfungsanteile und Marktzugang, sondern es geht um den Zugriff auf das Verhalten der Bürger, ihre Rechte, und die Transformation eines ganz entscheidenden Lebensbereichs und die Spielregeln, die hierfür gelten.

In allen drei Dimensionen hat die Debatte begonnen, werden Verheißungen und Bedrohungen diskutiert. Und auch hier verlaufen die Diskussion zwischen den drei Hauptmärkten extrem unterschiedlich. Anders als bei den bisher geschilderten Fragen befindet sich aber auch der politische Entwicklungsprozess noch in einer frühen Phase. Der Raum der Möglichkeiten, in die sich die Debatten entwickeln können, ist ungleich breiter. Die folgenden Abschnitte sind daher eine Momentaufnahme in einem schnell voranschreitenden Prozess. Dabei geht es zunächst um die drei unmittelbar drängenden Handlungsfelder „Marktordnung und Daten", „Mobilität als Dienstleistung" und „Autonomes Fahren". Die zuletzt angesprochenen übergreifenden politischen Fragen werden in den folgenden Kapiteln adressiert.

Marktordnung und Daten

Digitale Dienstleistungen rund um das Automobil lassen sich in viele Kategorien einteilen. Eine mögliche Unterscheidung ist die in solche, die bei Erwerb und Nutzung des Fahrzeugs ansetzen, also der Frage, „wie kommt der Kunde zu seinem Auto?" Und solche, bei denen es darum geht, welche Dienste im Auto genutzt werden können, während man fährt.

Automobilhersteller verdienten ihr Geld bisher vor allem mit dem Verkauf von Autos an Autohändler. Die gesamte Automobilvertriebslogik des ersten Jahrhunderts Automobilgeschichte basiert auf dem Vertrieb über Händlernetzwerke. Diese generieren letztlich ihren eigenen und zugleich den Erfolg des Herstellers. Das Ziel der Kommunikation der Automobilhersteller mit dem Kunden, der gesamte milliardenschwere Marketing-Aufwand zielte bisher auf einen Kaufvertrag, den der Kunde mit einem Händler schließt. Die Händler sind auch diejenigen, denen die Kundendaten zunächst einmal gehören. Alle Formen der Weiterreichung von Informationen über den Kunden mit Blick auf alle Aspekte des Fahrzeugkaufs, Wartung und Reparatur usw. sind Gegenstand von vertraglichen Vereinbarungen zwischen Händler bzw. Werkstatt und dem Hersteller. Eine direkte Kundenbeziehung und eine direkte Kommunikation erfolgten dagegen bislang nur dort, wo der Kunde unmittelbar vom Hersteller selbst angebotene Dienste in Anspruch nahm. Dabei wurde der Barverkauf der automobilen Frühzeit durch Finanzdienstleistungen ergänzt, die von den Automobilherstellern bzw. mit ihnen verbundenen

Unternehmen angeboten werden. Der Auto-Finanzsektor von heute, die Autobanken und Leasinggesellschaften sind mit dem Händlernetzwerken verbunden, haben jedoch eine deutlich zentralere Struktur, da sie unmittelbar bei den Fahrzeugherstellern andocken.

Die Digitalisierung der Kommunikationsprozesse im Automobilvertrieb vom Neuwagenkonfigurator bis zum Gebrauchtwagenmarkt, die Fähigkeit schneller und flexibler und auch kundengerechter Angebote machen zu können, hat dieses auch umfassend verrechtlichte Grundmodell bei den etablierten Automobilherstellern bisher zwar nicht grundlegend verändert. Sie haben es aber um zahlreiche Möglichkeiten erweitert, mit denen der Kunde bis an die Schwelle des Vertragsabschlusses seine Entscheidungen in einem „virtuellen Showroom" treffen kann. Corona hat in einer Reihe von Märkten die Flexibilisierung der Kundeninteraktion beschleunigt, etwa mit Probefahrten von der eigenen Haustür aus. Tesla hat es auch hier von vornherein anders gemacht und die direkte Kommunikation mit dem Kunden in den Mittelpunkt seiner Positionierung gestellt. Zugleich haben neue Anbieter von „außen" alternative Vertriebsmodelle entwickelt. Anbieter wie Fair, die Auto-Abonnements anbieten, also einen Service, bei dem der Kunde auf Basis eines Vertrags immer wieder neue junge gebrauchte Fahrzeuge beliebiger Hersteller mieten kann, die Interaktion mit dem Automobilhersteller und -händlern jedoch einem neutralen Dienstleister überlässt, ist hierfür ein Beispiel. Die Subskriptionsmodelle von Fahrzeugherstellern, also das als „Auto-Abo" beworbene Rundumpaket für die Nutzung von Neufahrzeugen soll die Hürde für die Entscheidung zugunsten einen Neufahrzeugs senken. Digitalisierung ermöglicht bzw. unterstützt hier eine ganze Reihe von weiteren, über das Leasing hinausgehenden Zwischenformen zwischen den beiden „reinen" Modellen des Autokaufens und das Automietens. Flexibilität und Schnelligkeit bei einfacher „Bedienung" sind hierfür die entscheidenden Assets.

Digitalisierung im Kaufprozess bietet auch Potenzial aus dem Blickwinkel der Nachhaltigkeit, denn Vernetzung liefert z. B. auch mögliche neue Antworten auf die Frage nach dem richtigen Antrieb. Die über die Datenbank eines Fahrzeugherstellers generierbaren Daten über das reale Nutzungsverhalten der Kunden, aber auch die Informationen über abgerufene Energie, verbrauchte Kraftstoffe, Tank- und Ladezyklen usw.

13 Digitalisierung

ermöglichen einen weit besseren „Fit" von Angebot und Nachfrage als dies jemals zuvor in der Geschichte des Automobils der Fall war. Es ist technisch mühelos möglich, bei der Kundenberatung für den nächsten Autokauf zunächst mit einer Evaluierung des Nutzungsprofils des vorherigen Fahrzeugs zu beginnen. In sehr anschaulicher Form kann dargestellt werden, welche Fahrtstrecken, wie oft, mit welchen Beschleunigungsintervallen und Zeitdauern und mit welchem Verbrauch gefahren wurden. Hieraus lässt sich eine klare Empfehlung für das richtige Antriebskonzept herleiten. Dieses kann von einem reinen Batteriefahrzeug für den städtischen Einsatz mit relativ geringer Reichweite und dementsprechend geringem Gewicht bis hin zu einem reinen Langstreckenfahrzeug mit Brennstoffzellenantrieb oder allen Abstufungen von Hybridisierung reichen.

Für die Nutzung des Autos in Kundenhand, die zweite Seite der Medaille, wurden eine Vielzahl digitaler Dienste entwickelt, die sich zunehmend als wesentlicher Aspekt für die Kaufentscheidung etabliert haben: Navigationssysteme, ein breites Angebot an Musik und Unterhaltungsprogrammen, Unterstützung beim Finden von Hotels, Restaurants, Sehenswürdigkeiten, Reservierungsdienstleistungen etc. wurden hierbei bislang von den Fahrzeugherstellern bei spezialisierten Dienstleistern eingekauft. Die Fahrzeughersteller blieben zunächst die alleinigen „Gatekeeper" gegenüber dem Kunden. Diese Rolle verändert sich aber: Die großen Plattformunternehmen haben Ökosysteme geschaffen, die den Kunden in seinem gesamten Alltag außerhalb des Autos begleiten. Deshalb erwartet er, dass sich das Auto in diese einfügt. Mehr noch: Die volle Nutzbarkeit aller digitalen Dienste ist in China bereits zu einem der Hauptfaktoren bei der Kundenentscheidung geworden. Differenzierung herstellereigener Angebote fällt zugleich immer schwerer. Google, Apple und ihre chinesischen Pendants sind deshalb auch schon jetzt in der Lage, als Gegenleistung dafür, dass ihre vom Kunden nachhaltig geschätzten Produkte auch auf der Plattform Auto „seamless" laufen, Fahrzeugdaten zu verlangen und haben diese Forderung auch gegenüber den Automobilherstellern in unterschiedlichen Umfang bereits durchgesetzt. Mit Android Auto und Apple CarPlay ermöglicht der Automobilhersteller die unmittelbare Nutzung der in Smartphones genutzten Dienste auf der Plattform des Autos. Dieses wird damit zum

Trägermedium von Angeboten Dritter. Die konsequenteste Ausprägung hiervon wäre die Übertragung des Verhältnisses zwischen der Betriebssystembetreiber Google und den Smartphone-Lieferanten wie Samsung auf die Automobilindustrie: Alles, was die tatsächliche Performance für den Kunden und seine Schnittstelle zur digitalen Außenwelt betrifft, liegt in der Hand des Plattformbetreibers. Der Hardwarelieferant stellt noch den „Look and Feel" für das Trägergerät. Die aktuelle (hier nicht zu vertiefende) wirtschaftliche Debatte zwischen Herstellern und Plattformbetreibern dreht sich darum, bis wohin der Durchgriff ins Auto hinein und der „Export" von Daten aus dem Auto herausgeht.

Datenzugriff

Verglichen mit der Frage, wie neue digitale Möglichkeiten das Automobilhandels- und Vertriebsgeschäft verändern, ist der Umgang mit den Kundendaten während der Nutzungsphase des Fahrzeugs eindeutig politisch brisanter: Hier geht es nicht um die wirtschaftlichen Belange von Unternehmen auf verschiedenen Wertschöpfungsstufen, sondern um den Bürger und Wähler in seiner Eigenschaft als Autofahrer. Es geht um seine Sicherheit in einem ganz umfassenden Sinne: Von der Sicherheit das Fahrzeugbetriebs bis hin zur Sicherheit seine Privatsphäre. Es geht aber auch um die Entscheidungsfreiheit des Kunden, um die Auswahl der ihm zur Verfügung gestellten Möglichkeiten, um die Wettbewerbsregeln auf dem Marktplatz Automobil. Die Nutzungsrechte an Fahrzeugdaten sind ein wirtschaftlich aber auch juristisch entscheidendes Handlungsfeld. Hier prallen konkurrierende Interessen aufeinander.

Die zentrale Auseinandersetzung kreist um die Frage, wer und unter welchen Voraussetzungen Daten nutzen darf, welche das Auto in Kundenhand erzeugt (im Unterschied zu den politisch unkritischen Daten, die bereits im Rahmen der Produktion erzeugt und vom Hersteller in ihm angelegt wurden). Auf diese hat zunächst der Autohersteller den technischen Zugriff über die direkte Kommunikation mit dem Fahrzeug. Gegen dieses „Privileg" richten sich die politischen Vorstöße einer ganzen Breite von Sektoren, welche diese Daten als wichtige Ressource ihres eigenen Geschäfts sehen. Bereits seit 2014 Jahren läuft in der EU, aber z. B. auch in einigen Bundesstaaten der USA, eine konflikthaltige Diskussion zwischen Automobilherstellern, Lieferanten und Reparaturbetrieben bzw. Werkstätten. Vereinfacht gesagt wollen die Serviceanbieter in dieser Auseinandersetzung durchsetzen, dass sie alle im Fahrzeug generierten Daten ebenfalls und kostenlos nutzen und direkt mit dem Fahrzeug kommunizieren dürfen: Versicherungen wollen ihre Tarife daten- und verhaltensbasiert optimieren, Teilehändler wollen Ersatzteile direkt über den Bildschirm im Fahrzeug anbieten. Abschleppdienste wollen automatisch verständigt werden und Zulieferer wollen die Funktion der von ihnen gelieferten Komponenten überwachen können. Diese Forderungen verschärfen eine jahrzehntelange Debatte innerhalb der Wertschöpfungskette: In der Mehrzahl der Automärkte hat der Gesetzgeber bereits seit Jahrzehnten in die Beziehung zwischen Automobilherstellern, den an diese vertraglich gebundenen Werkstätten, den so genannten „freien" Werkstätten und den Teilelieferanten interveniert. Dabei ging es stets darum, eine befürchtete beherrschende Rolle der kleinen Handvoll Automobilhersteller gegenüber tausenden mittelständischen Betrieben und eine Wettbewerbsverzerrung im Reparaturgeschäft zu verhindern. Mit der Begründung, die unabhängigen Anbieter dürften nicht benachteiligt werden, wurden die Hersteller verpflichtet, ihnen Zugang zu Reparaturinformationen zu gewähren und sie mit dem zur Erbringung ihrer Dienstleistungen erforderlichen Know-how auszustatten. Dabei ging es um Ersatzteile, Spezialwerkzeuge, aber auch um Daten z. B. zur Programmierung von Steuergeräten. Heute wird vor allem das mit den Herstellergarantien verknüpfte Servicegeschäft mit relativ neuen Fahrzeugen durch die Hersteller und deren Händlerorganisation dominiert, während bei stark vereinfachter Darstellung, mit zunehmendem Fahrzeugalter der Anteil der unabhängigen Akteure steigt. Letztere zu stärken ist die erklärte Absicht der politischen Initiativen zum Datenzugriff im Fahrzeug: Das Wissen über den Kunden vor allem aber das über den Zustand des Fahrzeugs, soll jegliche potenzielle Anbieter von Dienstleistungen in die Lage versetzen, gegen die Fahrzeughersteller anzutreten.

Es gibt aber einen latenten Widerspruch dieser Zielsetzungen zu anderen politischen und rechtlichen Imperativen: Der Automobilkunde, der erste und der letzte, hat einen Anspruch darauf, dass sein Fahrzeug sicher gegen unberechtigten Zugriff ist, dass unter allen Bedingungen auch datenbasierte Fahrzeugeigenschaften technisch funktionieren und seine Privatsphäre geschützt ist. Zugleich muss die Gesellschaft insgesamt ein Interesse daran haben, Risiken für Cyber Security zu minimieren. Gerade unter dem Gesichtspunkt der Kriminalitätsbekämpfung spielen autonome und vernetzte Fahrzeuge eine zweischneidige Rolle. In einer ganzen Reihe internationaler Sicherheitsbehörden wurden die Risiken bereits durchgespielt, die sich daraus ergeben könnten, dass kriminelle oder terroristische Akteure Zugriff auf einzelne Fahrzeuge oder sogar ganze Flotten erlangen könnten. Der Adressat für diesbezügliche künftige Auflagen, technische Mindestsicherheitsvorkehrungen aber auch für Datenzugriff staatlicher Stellen ist allein der Automobilhersteller. Sicher ist jedenfalls, dass kein Verkehrsminister behaupten kann, die Risiken nicht gekannt zu haben: In Brüssel beispielsweise hat BMW schon 2017 für ein ausgewähltes Publikum in einer geschlossenen Veranstaltung live vorgeführt, wie leicht sich Autos „hacken" lassen, wenn sie nicht wirksam durch die Hersteller gegen einen direkten Datenzugriff geschützt werden können. Auch mehreren europäischen Verkehrsministern wurde dies live in München demonstriert.

Für alle diese Themen ist bislang allein der Fahrzeughersteller verantwortlich. Die erzwungene Abgabe der direkten Fahrzeugschnittstelle an Dritte würde neue Zugangsmöglichkeiten und damit erhebliche neue Risiken schaffen. Keiner derjenigen, die Forderungen nach unbegrenztem Zugriff erhoben haben, hat sich jedoch darum beworben, diese Verantwortung zu übernehmen. Daten wollen viele, die Garanten-Rolle gegenüber dem Kunden und der Öffentlichkeit für umfassende Datensicherheit möchte niemand. Die Politik wird – durch aktives Tun oder passives Nichtstun – eine Entscheidung zwischen diesen konkurrierenden Zielen, oder aber für einen Kompromiss treffen müssen. Zugleich ist die Frage des Zugriffs aufs Auto auch immer eng verbunden mit der generellen politischen Debatte über Erzeugung und Nutzung von personalisierbaren Daten. Dabei geht es denjenigen, die Zugriff fordern um Rohdaten, die direkt aus dem Fahrzeug gewonnen werden, nicht um „veredelte", also aggregierte, interpretierte und auf eine bestimmte Nutzung hin aufbereitete Daten.

EU

In Europa gibt es insbesondere auf der liberalen, grünen und sozialistischen Seite des politischen Spektrums erhebliche Vorbehalte gegen die Erzeugung und wirtschaftliche Nutzung von Daten überhaupt. Die negative Assoziation mit unbefugter Kontrolle der Bürger, wirtschaftlicher Ausbeutung und politischer Manipulation ist allgegenwärtig – und auch in Medien jederzeit abrufbar. In der Kombination zwischen großen Mengen an generierten Daten auf der einen Seite, wenigen großen Unternehmen auf der anderen Seite bieten die Automobilhersteller eine erhebliche Angriffsfläche. Auch ein erheblicher Teil liberaler Parteien ist bereit, hier enge Grenzen zu ziehen. Bürgerrechte gegen den Zugriff übermächtiger Großkonzerne zu schützen, ist eine politisch attraktive „Grundmelodie", die bereits in frühen Phasen des vernetzten Automobils wirksam wurde. Bei Christdemokraten und Konservativen sowie liberalen Parteien hat sich auch die „Mittelstandsargumentation" als wirksam erwiesen: Bei der Thematik des Datenzugangs gibt es eine große Bereitschaft, in wirtschaftlichen „Verteilungsfragen" die Seite von Werkstattbetrieben, Zulieferern und anderen Interessengruppen zu unterstützen. Die Sympathiefaktoren sind hier bereits asymmetrisch verteilt – und dies nicht zum Vorteil der Autohersteller. Diese Debatte wird in einer seit Jahrzehnten etablierten Frontstellung geführt: Wenige mächtige Hersteller gegen tausende kleiner Lieferanten, Werkstätten und Dienstleister. Sie blendet aber bisher einen entscheidenden „Gamechanger" aus.

Den scheinbaren empirischen Imperativen der Plattformökonomie gehorchend, sind Mono- oder Oligopole von maximale Datenvolumina aggregierenden Plattformbetreibern eine reale Option. Diese könnten durch ihre Marktmacht ihren entscheidenden Vorteil auch in Richtung derer ausspielen, die heute nach ihrem individuellen Datenzugang rufen. Es wäre geradezu erstaunlich, wenn sich der Wissensvorsprung von Google, Amazon, Alibaba und Tencent über den Kunden nicht auch beim „Endgerät" Auto in einer Position des „Gatekeepers" niederschlüge. Zwischen dem Kunden einerseits, einem atomisierten Markt der Werkstätten, Teilehändler und Abschleppdienste andererseits. Wenn auch ihnen durch das einfache „I agree" auf der Smartphoneoberfläche ein allumfassender Zugang zu den Fahrzeugdaten eingeräumt würde, wären sie es, die höchstwahrscheinlich als erste beim Kundenbedürfnis andocken können. Dies gilt insbesondere dann, wenn man der Linie folgt, wie sie der US-Botschafter bei der EU (noch unter Präsident Obama) gegenüber den wettbewerbspolitischen Vorstellungen der Kommission vorzutragen pflegte: „Wettbewerb bedeutet nicht unbedingt mehrere Anbieter, die gleichzeitig Angebote an die Kunden machen, sondern es genügt, wenn ein Monopolist immer wieder durch einen technologisch besseren abgelöst wird." In diesem Szenario könnte sich ein sehr einseitiger Wettlauf entwickeln zwischen immer neuen, innovativen Angeboten der Plattformbetreiber einerseits, einer „hinterherhechelnden" Politik, die versucht deren faktisch immer weiter expandierende Macht zu begrenzen, andererseits.

In der EU wird die Machtkonzentration digitaler Dienstleistungen in den Händen weniger US-Unternehmen zunehmend kritisch gesehen und politisch bekämpft. So hart auch die Auseinandersetzung zwischen den Regierungen Europas und der Autoindustrie sind, so wenig Appetit haben die Ersteren auf eine Situation, in der Westküsten-Oligopolisten auch noch die Kontrolle über die Kundenschnittstelle im Auto übernehmen. Das würde für chinesische Unternehmen, die bislang in Europa noch keine wesentliche Rolle spielen, erst recht gelten. Die EU-Wettbewerbspolitik wird hier mit hoher Wahrscheinlichkeit ihre Instrumente reaktiv schärfen und versuchen (mit ungewissem Ausgang) mehr Wettbewerb zu erzwingen. Dies wird sich insbesondere auf die Frage auswirken, welche Chancen Google, Apple, Amazon und andere haben werden, den Zugang zum Automobilkunden an sich zu ziehen – und dies auch gegen die Interessen der Automobilhersteller oder anderer in der Automobilen Wertschöpfungskette. Zugleich begünstigt diese Situation die politische Förderung europäischer Kooperationen und Konsortien. Die politische Rhetorik schwankt zugleich zwischen dem Ziel, eigene, global wettbewerbsfähige Player etablieren zu können, bis hin zu einer offen protektionistischen Abwehrhaltung. Dabei ist heute offen, ob die Vermachtungsrisiken, die sich gerade aus einer vermeintlich wettbewerbsfördernden erzwungenen Öffnung ergeben, in ihrem Zusammenhang gesehen werden. Die-EU-Kommission hat noch im Dezember 2020 zwei umfassende Entwürfe für Richtlinien zu der Verantwortung von Plattformunternehmen beim Umgang mit Daten („Digital Services Act") sowie zum Markt für digitale Dienstleistungen („Digital Markets Act") vorgelegt. Sie hat hiermit den Anspruch verbunden, einen umfassenden Rechtsrahmen für datenbasierte Geschäftsmodelle zu definieren. Vor allem aber Grenzen für die Machtposition der als „Gatekeeper" definierten Digitalunternehmen gegenüber dem Endkunden, aber auch gegenüber anderen Anbietern von Produkten und Dienstleistungen zu ziehen. In diesen beiden Gesetzentwürfen, die Gegenstand einer langen und umfassenden Auseinandersetzung zwischen politischen und wirtschaftlichen Interessen sein werden, erfolgte jedoch keinerlei spezifische Bezugnahme auf die Belange des Verkehrssektors.

Mit dem Erwerb der Mehrheit an dem Kartendienst HERE durch die deutschen Fahrzeughersteller 2017 (inzwischen wurde die Eigentümerstruktur deutlich diversifiziert) wurde das Risiko, bereits bei der unverzichtbaren Basis des vernetzten und autonomen Fahrens, nämlich einer Plattform für das Teilen von ortsbasierten Daten, in die Abhängigkeit amerikanischer Anbieter zu geraten, zunächst abgewendet. Nach diesem von der Industrie selbst gestarteten, allerdings von den nationalen und europäischen Behörden positiv flankierten, seiner Natur nach jedoch defensiven Schritt, ist jetzt die Frage nach der Fähigkeit der europäischen Hersteller und ihre Zulieferer aufgeworfen, auch bei den darauf aufbauenden technologischen Schlüsselkompetenzen rund um das autonome Fahren ihre Unabhängigkeit zu sichern.

Aus dieser Gemengelage heraus hat die deutsche Automobilindustrie auf der Plattform des VDA seit 2018 einen Kompromiss für die strittige Frage des Datenzugangs gesucht. Zunächst hatten die Hersteller darauf beharrt, dass sie alleine Anspruch auf die in Ihrem Produkt erzeugten Daten hätten, während die Zulieferer die Haltung unterstützen, dass jeder Zugang zu Fahrzeugdaten haben sollte. Im Ergebnis haben sich die Fahrzeughersteller und ihre Lieferanten jedoch darauf geeinigt, dass Fahrzeugdaten dem Fahrzeughalter gehören und dieser über ihre Verwendung bestimmt. Da aber ein ungeregelter Informationsfluss aus und in das Fahrzeug hinein erhebliche Sicherheitsrisiken aufwirft, erfolgt die Weitergabe von Daten aus dem Fahrzeug über einen Server beim Hersteller. Von diesem aus werden die Daten ohne Verzögerung und ohne Diskriminierung an jeden weitergegeben, der eine Einwilligung des Halters hierfür besitzt. Die Frage, welches Modell sich am Ende politisch durchsetzen wird, oder ob es zu Mischformen der beiden Positionen kommt, ist gegenwärtig noch nicht abzusehen. Ein konkret ausformulierter Aufschlag der von der Leyen-Kommission stand auch Ende 2020 noch aus.

USA und China

In den USA gab es bisher keine harten, wirksamen politischen Vorbehalte gegen die Vorstellung, dass der Detroiter Teil der amerikanischen Mobilitätsindustrie ein Lieferant der kalifornischen wird. Die Tatsache, dass die weltweite Internet-basierte Wirtschaft von US-Unternehmen beherrscht wird (mit Ausnahme Chinas), stellt eine industrielle Erfolgsstory sondergleichen da. Sie ist zugleich der Durchsetzung der Sicherheit der politischen Interessen der USA dienlich. Auch wenn es in den USA Kritik an deren dominanter Rolle oder auch aus der Perspektive des Datenschutzes gab – insgesamt konnten Google, Apple und Co. bisher darauf zählen, ihr Geschäftsmodell ohne nachhaltige politische Intervention weiterentwickeln zu können. Wettbewerbspolitische Ansätze, insbesondere gegen die Dominanz von Google am Suchmaschinenmarkt vorzugehen, wurden lange fallengelassen bzw. gar nicht erst unternommen. Auch haben die großen Player aus dem Silicon Valley massiv in ihre Präsenz in Washington und ihre politischen Netzwerke investiert. Aus den Reihen der Demokraten wurden 2020 jedoch zusätzliche Initiativen im Kongress (so z. B. ein CEO-Hearing im August 2020) initiiert, die den Missbrauch dominanter Marktpositionen durch Amazon, Google, Facebook etc. zum Gegenstand hatten. Der anschließende Bericht des Repräsentantenhauses aus dem Oktober 2020 enthielt weitgehende Forderungen wie die Trennung zwischen Suchmaschinengeschäft und eigenen kommerziellen Angeboten. Er blieb aber wegen der republikanischen Mehrheit im Senat im Parlament erfolglos. Die Trump-Administration reagierte jedoch mit einer Klage gegen Google wegen des Missbrauchs von dessen Vormachtstellung. Das US-Justizministerium folgte damit den deutlichen und während dessen Amtszeit noch gewachsenen politischen Vorbehalten des Präsidenten. Es eröffnete zugleich ein Verfahren mit voraussichtlich mehrjähriger Dauer und ungewissem Ausgang. Der neue Präsident Biden und seine Administration standen damit von Beginn der Amtszeit an vor der Frage, wie stark sie den von ihrer Partei im Kongress gesetzten veränderten politischen Tenor jetzt in direkter Verantwortung für die Marktaufsicht praktisch durchtragen.

Die Realität der politischen Relevanz und Wirksamkeit der „Internetgiganten" steht jedenfalls in bemerkenswerten Kontrast zu dem Image urwüchsig-kreativer, staatsferner Innovation und Disruption. In diesem Zusammenhang relevant ist auch die viel diskutierte Rolle des „Defense Advanced Research Projects Agency – DARPA", dem Mechanismus, mit dem erhebliche Mittel aus dem US-Verteidigungsministerium mobilisiert wurden und werden, um aus dessen Sicht relevante Themen über Industrie-Wettbewerbe voranzubringen. Die in Teilen die EU und vor allem in Deutschland äußerst wirksame politisch motivierte Grenze zwischen Verteidigungspolitik, Rüstungsforschung und regulärer industrieller Forschung und Entwicklung ist in den USA nicht vorhanden. Davon hat in der Frühphase in den USA z. B. die Technologieentwicklung für autonomes Fahren profitiert.

Aus all diesen Faktoren heraus wird die Diskussion über Vernetzung anders geführt als in Europa. Es dominiert der Ansatz, die Industrie zunächst einmal „machen zu lassen" und nicht bereits von vornherein Grenzen unter den Gesichtspunkten Datenschutz oder Ethik zu ziehen. Zugleich sieht sich die Automobilindustrie auf Ebene der Bundesstaaten erheblichen Forderungen nach vollständiger Datenweitergabe an jedwede Dritte konfrontiert. Hier vollziehen sich zwar inhaltlich ähnlich harte Debatten wie in der EU, dies geschieht aber eben nicht entlang parteipolitischer Linien, sondern nach Maßgabe der jeweiligen lokalen Lobby-Situation. So fand am 3. November 2020 in Massachusetts eine erfolgreiche Volksabstimmung statt, mit dem Ziel, durch ein bundesstaatliches Gesetz den Dienstleistunganbietern das Recht auf den Zugriff auf Fahrzeugdaten einzuräumen. Das hiermit manifeste und unter Trump vier Jahre lang ignorierte Risiko eines föderalen „Flickenteppichs" angesichts einer fehlenden bundesweiten Regelung dürfte den Handlungsdruck auf die Biden-Administration erhöhen.

In China hat die politische Führung klar entschieden, in diesem Feld keine entscheidende Rolle für ausländische Anbieter zu akzeptieren, und „digital" gehandelt: Keiner der US-Player kommt rein – stattdessen wurden gezielt nationale Unternehmen politisch gefördert (Baidu, Tencent, Alibaba usw.). Die Geschwindigkeit, mit der neue, internetbasierte Dienste in China aufgegriffen werden, die einmalig hohen Kundenzahlen, die für jede attraktive Idee sehr schnell erreichbar sind, aber auch die große Offenheit für im Alltag greifbare Erleichterungen tragen hierzu bei. Das Verhältnis der Internetplayer zu den Autoherstellern ist jedoch auch in China noch ungeklärt.

Daten für den Staat

Datenzugang betrifft nicht nur die Akteure am Markt, sondern auch den Staat. Die technischen Voraussetzungen für alle politischen Entscheidungen rund um Mobilität, von Sicherheit über Luftverschmutzung bis hin zur Klimapolitik, verändern sich radikal: Es werden schon jetzt Datenpools erzeugt, mit denen das Geschehen auf der Straße in einem Umfang erfasst wird wie nie zuvor. Künstliche Intelligenz ermöglicht eine weit verbesserte Vorhersage des Verkehrsgeschehens in „Echtzeit" und dessen Simulation. Die Voraussetzungen sind heute vorhanden, buchstäblich auf Knopfdruck zu erfahren, wo Gefahren drohen, wo Staus zu überhöhten Schadstoffimmissionen führen, oder welche neuralgischen Punkte auf der Landkarte einen besonders hohen Beitrag zu Klimagasemissionen verursachen. Der Straßenzustand kann durch Fahrwerksdaten aus Autos (Schlaglöcher, Glatteis usw.) weit besser überwacht werden als durch sporadische Kontrollfahrten von Autobahnmeistereien. Mit entsprechend veredelten Daten könnten digitale Straßenkarten entstehen, die permanent an den Realzustand angeglichen werden. Damit steht den Verkehrsplanern bereits heute, jedenfalls theoretisch, ein riesiger exponentiell wachsender Pool an Daten über die Verkehrssituation in ihrem Verantwortungsbereich zur Verfügung. Eine breitere Informationsbasis für Verkehrsplaner und Verkehrsteilnehmer macht zwar das Geschehen für beide Seiten theoretisch berechenbarer als es früher jemals gewesen ist. Dies bedeutet aber noch nicht, dass alle Potenziale dafür genutzt werden, das Verkehrsgeschehen auch wirksam zu verändern bzw. zu verbessern. Dafür, einen wesentlichen Schritt nach vorn in der tatsäch-

lichen Verbesserung von Mobilität zu erreichen, gibt es zwei Ansatzpunkte, die wirksam miteinander kombiniert werden müssen:
Erstens: Anstatt bei der Datensammlung von Systemen zur Erfassung der realen Verkehrssituation lediglich von den Symptomen (also z. B. vielen vor einer Kreuzung stehenden Autos) auszugehen, wäre es sinnvoll, wenn z. B. die Steuerungsdaten von Ampeln durch die Verkehrsbehörden mit den Verkehrsteilnehmern geteilt würden. Hierdurch könnten wesentlich zielgenauer Routenplanung, Abfahrtszeiten, Geschwindigkeiten usw. unterstützt werden. Das gleiche gilt in umgekehrter Richtung: Daten, die durch Fahrzeugsensoren erfasst werden, erlauben es, ein genaues und aktuelles Bild von relevanten Faktoren wie Verkehrsfluss, Straßenzustand, Wetterbedingungen oder anderen Faktoren zu erzeugen und unmittelbar den Behörden in anonymisierter Form und gegen unbefugten Zugriff geschützt zur Verfügung zu stellen.
Zweitens: Über den Austausch von Informationen hinaus wird eine qualitativ andere Form der tatsächlichen Verkehrssteuerung möglich: Zum einen können Verkehrsplaner auf städtischer Ebene nachhaltig von der Evaluation von Verkehrsdaten profitieren, welche von Automobilherstellern, aber auch von anderen Produzenten relevanter Daten angeboten werden. Dies gilt sowohl für die längerfristige Entscheidung über den Ausbau bzw. die Umgestaltung der Verkehrsinfrastruktur als auch für die kurzfristige Modifikation beispielsweise des Ampelsystems, zulässiger Geschwindigkeiten oder auch die Parkraumbewirtschaftung. Umgekehrt würde es die effiziente Nutzung der Verkehrsinfrastruktur nachhaltig erleichtern, wenn die Informationen über die an einem bestimmten Ort erwartbaren Bedingungen konsequent in die Vorschläge für Routenplanung, Fahrzeiten, aber auch den Kraftstoffverbrauch einflössen.
Beide Fragen ernten bei diesbezüglichen Diskussionen in der (Fach-)Öffentlichkeit regelmäßiges „Kopfnicken". Es ist aber bisher zu keiner wirklich konsequenten Anwendung und damit zur Realisierung des Potenzials für eine bessere Verkehrslenkung gekommen. Plattformen für ortsbezogene Daten, wie etwa HERE stellen ein ständig wachsendes Reservoir für die Analyse der aktuellen Situation dar, aber auch für die Ableitung von wirksamen und unwirksamen Eingriffsmöglichkeiten oder

deren Simulation. Daher haben auch das Unternehmen bzw. die hinter ihm stehenden deutschen Automobilhersteller klar kommuniziert, dass für sie die Bereitstellung der entsprechenden Daten jederzeit eine Option darstellt, vor allem dann, wenn umgekehrt Informationen der Verkehrsbehörden für die in dem Netzwerk verbunden Fahrzeuge und deren Fahrer ebenfalls nutzbar gemacht würden. Das Interesse auf Behördenseite ist in Europa jedoch bisher gering.

Für einen weit effizienteren Verkehr nutzbare Daten werden natürlich nicht nur dort generiert, wo dies unmittelbar mobilen Zwecken dient. Vielmehr haben Unternehmen wie Google, Amazon, Uber oder Apple bereits heute über die Smartphones von Milliarden von Kunden Zugriff auf einen Datenpool, der diejenigen Informationen, die in Autos generiert werden, um ein Vielfaches übersteigt. Dies wirft die Frage auf, wie es um die Nutzungsrechte an diesen Daten bestellt ist. Der Status Quo in den USA ist klar: Freiwillig abgegebene Benutzerdaten können von den entsprechenden Unternehmen unbeschränkt genutzt werden. Dies schließt die Möglichkeit ein, zum eigenen Vorteil Angebote an jegliche öffentlichen oder privaten Kunden zu machen, bei denen mit Hilfe dieses Datenpools eine überlegene Kompetenz die Grundlage ist – von der Analyse bis zur konkreten Steuerungsvorschlägen. Bisher fehlen jegliche politische Initiativen, um die hieraus möglicherweise erwachsende Machtposition im Verkehrsbereich zu kontrollieren oder gezielt zu beschränken. In China ist dagegen beides gegeben: eine (innerhalb der vom Staat justierten Grenzen) wirtschaftliche Nutzbarkeit der mobilitätsrelevanten Daten durch die entsprechenden privatwirtschaftlichen Plattformbetreiber sowie zugleich die volle, jederzeitige Durchgriffsmöglichkeit des Staates auf diesen Datenpool. Die EU wiederum ist in der schwierigsten Lage: Die größten und stärksten „Datensammler" sind nicht in Europa beheimatet und unterliegen auch keinerlei öffentlichem Zugriff. Anders als in China, wo die Regierung z. B. alle Fahrdaten sämtlicher elektrischer Fahrzeuge unmittelbar erfasst, steht den europäischen Entscheidern kein auch nur annähernd vergleichbarer Wissenspool zur Verfügung. Und es gibt auch keine politische Dynamik, diesen nutzbar zu machen. Deshalb gehört die Frage, wie der europäische Gesetzgeber mit diesem Zustand umgeht, zu den Stellschrauben der Zukunft.

Autonomes Fahren – oder ferngesteuertes?

Die Levels der Autonomie

Bei der Automatisierung des Fahrens wird zwischen verschiedenen Levels unterschieden: Level 1 repräsentiert die lange etablierten Tempomaten und Einparkhilfen, bei denen jeweils eine einzelne Funktion (bremsen, beschleunigen *oder* lenken) vom Fahrzeug übernommen werden, allerdings unter permanenter und vollständiger Kontrolle des Fahrers. Bei Level 2 werden Geschwindigkeit und das Halten der Fahrspur vom Fahrzeug übernommen, beides allerdings mit unveränderter Überwachung durch den Fahrzeuglenker. Das ist der heutige Stand serienmäßiger Angebote. Bei Level 3 wird ein Leistungsniveau erreicht, das selbstständiges Fahren und die „Abwendung" des Fahrers vom Verkehrsgeschehen ermöglicht – aber mit der Möglichkeit zum jederzeitigen Rückruf des Fahrers in die Verantwortung. Level 4 stellt dagegen einen erheblichen Sprung dar. Hier wird es möglich, den Fahrer dauerhaft von der Verantwortung für das Fahrzeug zu entlasten, er kann also beispielsweise schlafen. Dies kann als erstes auf Autobahnen gelingen, wo alle in die gleiche Richtung fahren und keine Querverkehre oder überraschend auftauchende andere Verkehrsteilnehmer zu erwarten sind. Die Realisierung von Level 4 im städtischen Raum ist dagegen das bei weitem noch nicht erreichte weit schwierigere Entwicklungsziel für die kommenden Jahre – jedenfalls solange, wie in Städten „gemischt" gefahren und keine getrennte Infrastruktur für automatisierte Fahrzeuge vorgesehen ist (siehe nächstes Kapitel). Level 5 schließlich beschreibt ein Fahrzeug, das generell ohne Fahrer auskommen kann (wie bei einem Robo-Taxi – s. u.).

Allerdings ist die anfängliche Euphorie beim autonomen Fahren inzwischen einer Ernüchterung gewichen. Der Zeithorizont, zu dem ernsthaft damit gerechnet werden kann, nicht nur auf Autobahn und Landstraße, sondern auch im komplexen städtischen Umfeld sicher ohne aktiven Fahrer unterwegs sein zu können, verschob sich deutlich nach hinten. Zugleich steigen die erwarteten Preisschilder für diese Technologie. Es wird aktuell zunehmend davon ausgegangen, dass ein wirtschaftlicher Einsatz zunächst allenfalls in Flotten von hoch ausgelasteten, kommerziellen Robo-Taxis möglich ist. Eine Sonderausstattung für autonomes Fahren mit vollständiger Aufgabe der Kontrolle durch den Fahrer dürfte jedoch für einige Jahre selbst für Luxusfahrzeuge in einem schwer durchsetzbaren Preisniveau liegen. Schließlich bleibt der Energieverbrauch der Technologie als mögliche umweltpolitische Fragestellung.

Kaum eine Veränderung in der Automobilgeschichte war je so auf den Gesetzgeber angewiesen wie das (teil-)autonome Fahren. Ohne Gesetze ist autonomes Fahren nicht möglich. Das heutige Recht, das bei weitem in der Mehrzahl der Nationalstaaten immer noch gilt, erlaubt es gar nicht, die Hände vom Steuer und die Füße von den Pedalen zu nehmen. Diese Gesetze zu ändern, ist also eine ganz banale Notwendigkeit. Dazu gehört zwingend die Festlegung von technischen Mindestleistungsniveaus der Fahrzeuge. Der Gesetzgeber wird keine unterschiedlichen Leistungsniveaus bei hoch sicherheitsrelevanten Funktionen dulden. Diese müssen durch Dritte überprüfbar sein. Des Weiteren gehört in diese Kategorie die Klärung der rechtlichen Verantwortung also der Frage, wer für den Eintritt von Sach- und Personenschäden haftet und in welchem Umfang (inklusive der Frage nach den Grenzen dessen, was Algorythmen dürfen).

Selbst die beste Technologie allein kann nicht das Vertrauen beim Konsumenten erzeugen, sondern die Industrie braucht den Gesetzgeber dafür, dass ihre Kunden künftige Angebote tatsächlich nachfragen werden. Es war daher die Industrie selbst, die gefordert hat, zumindest einen Rahmen für einheitliche gesetzliche Regelung in den Hauptmärkten zu schaffen. In keinem von ihnen, weder der EU noch den USA oder China sind diese Arbeiten aber bislang abgeschlossen. In Europa ist die Novelle des deutschen Straßenverkehrsrechts ein Beispiel für nationale Initiativen, denen aber noch die EU-weite Überwölbung und damit die Voraussetzung für einen Binnenmarkt für autonome Fahrzeuge fehlt. Dagegen wurde die Einsetzung einer eigenen Ethikkommission durch das Bundesverkehrsministerium im Jahr 2016 von der öffentlichen Debatte getrieben, wie autonome Autos in „Dilemmasituationen" entscheiden würde. Es ging um die Frage, ob und wie ein Auto „auswählt", welches Schutzinteresse bei unvermeidbaren Unfällen überwiegt. In einer aus Juristen, Technikern, Bischöfen und Verbandsvertretern besetzten Kommission wurden 20 Grundregeln definiert, die länger als noch bei Vorlage des Abschlussberichts 2017 erwartet Theorie bleiben, aber gleichwohl den politischen Handlungsdruck abgefangen haben. Zugleich wurde die Legitimationsbasis der Politik für die Unterstützung der Technologie gefestigt.

Die US-Bundesbehörden begnügten sich bis zum Ende der Obama Administration damit, Erfahrungen zu bewerten und Daten einzusammeln. Erst danach wurde auf Druck der Industrie eine Rechtsgrundlage im Kongress für eine einheitliche Regelung geschaffen, die aber noch nicht ausgefüllt ist. Hierbei ist natürlich die ganz andere juristische Grundlogik des amerikanischen Straßenverkehrssicherheitsrechts zu beachten. Die sehr weitgehenden Haftungspflichten bei dem Hersteller zuzurechnenden Unglücksfällen stellen einen Unterschied zu anderen großen Märkten dar. Großzügige städtische und bundesstaatliche Ausnahmen ermöglichen die Pilotierung von fahrerlosen Autos.

Inzwischen läuft das Wettrennen um die technologischen Schlüsselkompetenzen. Der Vorstandsvorsitzende von Waymo, der von Google ausgegliederten Firma zur Entwicklung von autonomen Fahrzeugen, hat es in Las Vegas im Januar 2019 klar auf den Punkt gebracht: „Wir entwickeln keine Autos – wir entwickeln Fahrer." Dies ging einher mit dem Angebot an Automobilhersteller, auf das Waymo-Navigationspaket zurückzugreifen. Es geht mithin nicht, wie noch vor 4–5 Jahren von vielen vermutet wurde, primär darum, dass die Tech-Giganten des Silicon Valley in das Autogeschäft einsteigen und selbst Entwicklung, Produktion und Vertrieb übernehmen, sondern darum, sein „Betriebssystem", die Steuerung des Fahrzeugs, die komplette Orientierung in seiner Umwelt bereitzustellen. Die Kompetenz, den Insassen sicher und ohne dessen Zutun von A nach B zu bringen, kann sich aus der Sicht von Waymo/Google ihrerseits natürlich bruchlos in eine digitale Infrastruktur einfügen, die auch alle beruflichen und privaten Interessen und Aktivitäten abdeckt. Die Zeit, die durch automatisiertes Fahren gewonnen wird, steht für die Nutzung der digitalen Dienste zur Verfügung.

Der Schwerpunkt der Technologieentwicklung außerhalb Chinas liegt eindeutig an der US-Westküste. BMW arbeitet mit dem Chiphersteller Intel zusammen und Daimler mit Nvidia. Unter dem Dach des Toyota Research Institute beteiligen sich die japanischen Hersteller Toyota, Mazda, Honda, Subaru und Isuzu an einer transpazifischen Kooperation zwischen wie es auf der Web Page heißt „Silicon Valley Innovation und japanischem Handwerk". Uber ist hieran ebenfalls beteiligt, und nutzt zugleich Volvo-Fahrzeuge für die Erprobung seiner Technologie. Diese wiederum kommt aus einem Spin-Off, Uber ATG, an dem sich auch Toyota und der Zulieferer Denso beteiligt hatten und welches Ende 2020 wiederum von Aurora übernommen wurde, einem eigenständigen US-Unternehmen, an dem sich umgekehrt Uber beteiligte. Toyota engagierte sich zugleich bei dem US-Unternehmen Pony mit mehreren 100 Millionen. Parallel sind GM und Honda an dem US-Unternehmen GM Cruise beteiligt, in das auch das chinesische Unternehmen Roewe investiert hat. Ford und Volkswagen betreiben als Joint Venture das Unternehmen Argo. Daimler und Bosch kooperieren unter dem Namen Athena und testen die Technologie in Kalifornien. Waymo nutzt für die im Branchenvergleich bei weitem größten laufenden Erprobungsaktivitäten seiner Technologie Fahrzeuge von Fiat Chrysler und Land Rover, beides Unternehmen, die eigene Ambitionen im Bereich autonomes Fahren aufgegeben haben. Diese Landschaft ist sehr dynamisch und wird mit Sicherheit noch neue Konstellationen und damit auch künftige technologische und wirtschaftliche Abhängigkeitsverhältnisse hervorbringen.

Insgesamt war der technologische „Fußabdruck" der EU jedenfalls noch bei keiner Technologie so schwach wie beim autonomen Fahren. Europäische und v. a., deutsche Hersteller lagen jahrzehntelang bei konventionellen Antrieben, Fahrwerken ebenso wie bei vielen Sicherheitsthemen eindeutig an der Spitze. Bei Elektromobilität findet ein technologisches Wettrennen „auf Augenhöhe" zwischen Herstellern und Zulieferern in der EU, USA, Japan und China statt. Beim autonomen Fahren ist dies deutlich weniger der Fall. Dass aktuell die Zeithorizonte bei der Realisierung v. a. von Level 4 deutlich nach hinten rücken, alle Hersteller ihre Ankündigungen korrigieren, weil die technischen Herausforderungen deutlich größer sind als erwartet, ist insofern aus einer EU-Sicht geradezu positiv.

Autonomie oder Fernsteuerung

Um die Vision des unabhängig vom Fahrer navigierenden Fahrzeugs zu beschreiben, werden unterschiedliche Begriffe verwendet – autonom oder automatisiert. Gängig ist die Definition, dass bei Level 4 und 5 von „autonom" gesprochen wird, unterhalb dieser Stufen aber nur von „automatisiert". Dies ist nur an der Oberfläche eine semantische Unterscheidung und auch nicht allein eine Frage technischer Leistungsstufen. Dahinter steht aber die Frage, in welchem Umfang Information, die nicht im Fahrzeug selbst generiert werden, sondern von außen einwirken, das Agieren des Automobils bestimmen: Der Begriff „Autonomes Fahren" suggeriert, ein Fahrzeug sei in der Lage, eigenständig und ohne den Fahrer, aber nach dessen Vorgaben, ein Ziel zu erreichen und dabei alles richtig und nichts falsch zu machen. Zu diesem Begriffsverständnis gehört einerseits, dass das Auto auch in der Lage sein muss, bei einem Abreißen der externen Vernetzung ohne Übergabe an den Fahrer zurecht zu kommen. Auf der anderen Seite gehört zu dieser Vorstellung, dass der Fahrer alleine entscheidet, was das Auto tun soll. Sein Wille entscheidet. Es gibt keine Vorgaben, die zwischen den Fahrer und das Agieren des Autos treten. Alle Wahlentscheidungen werden nur dort an das Fahrzeug delegiert, wo der Fahrer dieses will. Diese Vorstellung trägt aber der Tatsache keine Rechnung, dass das Fahrzeug nicht wirklich eigenständig handelt, sondern nach Vorgaben, die aus seiner eigenen Vorprogrammierung und/ oder der es umgebenden Informationsinfrastruktur kommen. Es entscheidet demnach also nicht selbstständig, sondern folgt einer Kombination von Vorgaben des Fahrers in Verbindung mit externen Angeboten bzw. Befehlen.

Das Beispiel des Parksuchverkehrs illustriert, warum der Begriff „ferngesteuert" inhaltlich weit treffender sein kann (sich allerdings weit weniger sympathisch anhört): Wenn ein Fahrzeug auf Wunsch seines Halters immer und ohne Umwege und Verzögerungen denjenigen freien Parkplatz ansteuert, der sich am nächsten an dessen Arbeitsort befindet, und sich dabei nach Daten über die Verfügbarkeit von Parkhäusern orientiert (dabei gegebenenfalls Preisobergrenzen für Parkgebühren berücksichtigt), dann wird ein Vorgang automatisiert, der bisher den Entscheidungen des

Fahrers überlassen wurde, der sich hierbei auf mehr oder weniger vollständige Informationen oder aber auf Intuition und eigenes gelerntes Verhalten verließ. Hinter der Frage des Begriffsverständnisses steht aber auch eine nicht nur technologische, sondern letztlich politische Dimension: Welche Freiheitsgrade bleiben dem Automobil und vor allem seinem Halter? Ist für die Auswahl einer bestimmten Fahrstrecke oder den Abstellort eines Fahrzeugs alleine die Vorgabe des Fahrers maßgeblich? Werden extern beziehbare Daten ausschließlich dafür genutzt, entsprechend der individuell definierten Kriterien die beste Lösung zu finden? Oder aber folgt das Fahrzeug automatisch Vorgaben von außen? Entscheidet ein Algorithmus der Verkehrsbehörde darüber, wie Verkehrsströme geordnet und knapper Parkraum optimal genutzt werden?

Die Antworten auf diese Fragen zieht die Grenze, ob Automatisierung letztlich Fernsteuerung bedeutet. Diskussionen mit Experten zeigen, dass es insbesondere in China deutliche Tendenzen gibt in der Evolution des automatisierten Fahrens letztlich zu einem Stadium faktischer Fernsteuerung zu gelangen. Die hierhinter liegende Top-Down-Logik ist einfach: Abfahrts- und Zielort bestimmt der Autofahrer (oder gibt es auch hierfür „Empfehlungen" oder Vorgaben?). Den Rest erledigt die Kombination aus Fahrzeug und Verkehrsmanagementinfrastruktur. Wie weit hierbei Interventionen des Fahrers tatsächlich beschränkt werden und wie viele Freiheitsgrade verbleiben, ist natürlich momentan noch völlig offen. Klar ist aber, dass in den kommenden Jahren die Frage zur Diskussion stehen wird, wohin die Reise gehen soll. Es geht hier um eine originäre politische Entscheidung über den Grad an Freiheit auf der Straße. Oder umgekehrt formuliert um den Umfang, in dem sich das Auto zu einem privat erlebten, aber öffentlich gesteuerten Verkehrsmittel wandelt.

Bislang dominierte ein sachlich-technokratischer Kommunikationsduktus die politische Debatte solange, wie es um die Frage ging, wie vernetztes und autonomes Fahren funktioniert und was nötig ist, um es voranzubringen. Dies wird sich aber dann ändern, und die Diskussionen werden härter werden, wenn es um die verkehrs- und umweltpolitischen Implikationen des Vernetzten und automatisierten Fahrens geht: Eine ökologisch differenzierte Bepreisung des Zugangs zu Städten, der Möglichkeit zum Parken usw., ein automatisches Einhalten des Tempolimits, eine Steuerung des Betriebsmodus eines Fahrzeugs nach Effizienzgesichtspunkten, die Pönalisierung der Abweichung hiervon – dies alles sind Optionen, die durchaus das Potenzial für härtere Auseinandersetzungen haben.

Auto-Mobilität als Dienstleistung

Das Geschäftsmodell der Automobilhersteller vor Henry Ford beruhte darauf, denjenigen, die sich eine eigene Kutsche (oder mehrere davon) leisten konnten, ein alternatives Fortbewegungsmittel zu bieten. Dieses bot nicht nur den Vorteil technischer Überlegenheit in Sachen Reichweite und Fahrdynamik, sondern ermöglichte auch den Verzicht auf Stallungen, Kutscher und Stallknecht. Massenfertigung durchbrach dann die Gefangenschaft des Autos in der Nische der Reichen. Das Grundmodell der Verwendung des Autos blieb jedoch 100 Jahre lang das gleiche: Das private Auto wird zu Hause aufbewahrt, legt die gewünschte Strecke zurück, wird an deren Ende geparkt und abends wieder nach Hause gefahren. Es steht 90 % der Zeit herum – damals wie heute. Auch das Taxi ist allein eine technische Weiterentwicklung der Mietdroschke, ihre Funktionsweise wurde vollständig beibehalten. Der Zugang zu diesem Geschäft und damit die Sicherheit für den Kunden wurde reguliert. Und auch das Mietautogeschäft blieb ein Jahrhundert lang das, was es bereits zum Zeitpunkt seiner Erfindung war, eine leihweise Überlassung des Fahrzeugs zur zeitlich begrenzten Nutzung. Fahrgemeinschaften durch die manuelle Vermittlung von Mitfahrwilligen mit Mitfahranbietern kamen hinzu, allerdings bei Wahrung des Privateigentümermodells bei den Fahrtanbietern.

Systemische Innovationen kamen erst 100 Jahre später als Folge neuer kommunikationstechnologischen Möglichkeiten: Die Verkürzungen der Miete auf Minutenintervalle sowie die Parkmöglichkeit an jedem Ort anstelle der Rückgabe an einem definierten Platz unter der Überschrift Car Sharing. Und die Ersetzung des selbstständigen oder aber regulär angestellten Taxifahrers durch einen formal eigenständig agierenden, faktisch aber abhängigen Anbieter von „Mitfahrgelegenheiten". Dabei Ersetzung der vertrauensstiftenden städtischen Taxilizenz durch einen digitalen Punktescore aller anderen Kunden z. B. bei Uber und Lyft.

Hierdurch wurden die Kosten (sowohl die monetären als auch die organisatorischen) des Zugriffs auf ein Auto oder auf ein Auto mit Fahrer massiv gesenkt und eine neue Mobilitätsoption definiert – das Auto als Dienstleistung, genannt „Mobility as a Service (MaaS)" oder „On demand Mobility (ODM)". Vernetzung betrifft damit nicht nur den effizienteren Einsatz des privat genutzten Fahrzeugs, sondern vor allem neue Formen kollektiver und halböffentlicher Mobilität. Letztlich haben sich die ODM-Anbieter zwischen die bisher strikt getrennten Sphären von „individueller, flexibler und privat verantworteter Auto-Mobilität" und „kollektiver, starrer und öffentlicher Mobilität mit Bus und Bahn" geschoben. Dies geschah aber im Modus klarer wirtschaftlicher Konkurrenz. Die Frage, ob es hier künftig kollaborative, arbeitsteilige Lösungen geben kann, ist offen.

Das rasante Wachstum des von Uber entwickelten aber auch von anderen Unternehmen wie Lyft oder Didi Chuxing in China angebotenen Mobilitätsmodells in vielen Märkten hatte wenige, einfache Ursachen: Die Kundenschnittstelle ist extrem bedienerfreundlich und überall auf der Welt genau die gleiche. Ein Auto mit Fahrer steht in mindestens der gleichen Geschwindigkeit zur Verfügung wie ein Taxi, und zwar wann und wo der Kunde es will. Diese Dienste sind damit in punkto Individualität, Privatheit und Flexibilität dem öffentlichen Nahverkehr mit Bus und Straßenbahn überlegen. Die Dienstleistung ist (mehr oder weniger) preiswerter als ein Taxi. Zugleich bleibt die Möglichkeit erhalten, wie im Taxi, alleine oder im Gegenzug für noch mal niedrigere Gebühren in per score überprüfter Gesellschaft zu fahren. Das Fahrzeug ist zuverlässig, technisch in Ordnung und sauber. Die Zuverlässigkeit der Fahrer wird ebenfalls durch das Kundenfeedback gewährleistet.

Car Sharing (ShareNow, Zipcar usw.) bietet eine Reihe sehr ähnlicher Vorteile, was Flexibilität und Schnelligkeit angeht. Allerdings bleibt man hier allein im Fahrzeug und nutzt es in einem zeitlich maximal flexibilisierten Mietmodus. Entscheidend für den Sprung nach vorne ist dabei, dass es anders als in früheren Modellen wie StattAuto nicht mehr erforderlich ist, das Fahrzeug an wenigen definierten Punkten abzugeben, sondern überall, wo Parken nicht verboten ist, abstellen und abholen zu können. Dafür werden Parkgebühren vom Betreiber pauschal gezahlt. Aus verkehrs- und umweltpolitischer Sicht hat Car Sharing einen Vorteil gegenüber Ride Hailing, es finden fast keine Leerfahrten statt: Der Kunde steigt ein und fährt zum Ziel. Kein Fahrer muss Strecken zurücklegen, um Kunden abzuholen oder kreist in attraktiven Zonen, während er auf Kundschaft wartet. Die Auswertung der Daten z. B. von DriveNow in München haben zudem gezeigt, dass Carsharing private Pkw ersetzt, die zuvor wenig genutzt wurden, dabei jedoch Kosten incl. Anwohnerparkgebühren verursachten und wenig genutzt wurden. Zugleich haben sie – anders als von deren Betreibern befürchtet – nicht die Nachfrage nach ÖPNV gesenkt. Der deutsche Gesetzgeber hat 2017 mit der Begründung, die umwelt- und klimabezogenen Vorteile des Carsharings fördern zu wollen, im Carsharinggesetz und einer 2019 folgenden Novelle der Straßenverkehrsordnung die bundesrechtliche Grundlage für Privilegien im Straßenraum, insbesondere den Ausweis reservierter Stellflächen durch Städte geschaffen. Der Umfang, in dem dies geschieht bleibt aber den Kommunen überlassen.

Beim Ride Pooling ist anders als beim Hailing die gemeinschaftliche Nutzung eines Fahrzeugs durch mehrere Passagiere das Grundprinzip. Hierdurch werden die Kosten für den einzelnen Fahrgast gegenüber dem Einzeltransport in Taxi oder Hailing-Dienst gesenkt, allerdings um den Preis einer digital optimierten, jedoch im Zweifelsfall etwas langsameren Routenführung. Die Nutzer bestellen also ein Fahrzeug und werden dann, je nachdem, wie viele andere Kunden in der gleichen Richtung unterwegs sind, Fahrzeugen und deren Fahrern zugeordnet. Diese Option steht bei Uber als Variante mit niedrigerem Preisschild gg. dem „privaten" Modell zur Verfügung. Der von Volkswagen 2016 gegründete Ride Pooling-Dienst MOIA wird in Hamburg und Hannover als eigenständiges Unternehmen betrieben. Anders als bei Uber werden hier ausschließlich voll elektrifizierte Kleinbusse für bis zu fünf Fahrgäste mit eigenen Fahrern eingesetzt, die zugleich mit Komfort-Features wie entsprechenden Sitzen, WLAN und Stromanschluss ein gegenüber dem öffentlichen Nahverkehr besseres und dem Taxi mindestens gleichwertiges Angebot liefern sollen. Der Fahrpreis liegt zwischen 5 und 10 €. Die Berliner Verkehrsbetriebe haben 2018 gemeinsam mit dem Startup ViaVan einen neuen Dienst namens BerlKönig gegründet, mit dem ein ähnliches, gegenüber Bus und U-Bahn deutlich flexibleres Kundenangebot, ebenfalls mit Kleinbussen angeboten wird. In München haben die städtischen Verkehrsbetriebe unter dem Namen Isartiger einen experimentellen Ride Pooling Dienst gestartet.

Im Unterschied zu einem Taxi werden bei diesen Ride Pooling Diensten in Deutschland digital definierte Haltepunkte in der Nähe des Abhol- und Zielorts des Kunden angefahren. Eine unmittelbare Abholung direkt am Standort des Kunden ist dagegen nicht möglich, da dies regulatorisch den Taxis vorbehalten bliebt. Die vierstellige Anzahl an Haltepunkten z. B. an Straßenecken sorgt jedoch dafür, dass sich die erforderlichen Fußwege in Grenzen halten. Konzeptionell liegt damit ein derartig organisiertes Ride Pooling näher am Bookend des öffentlichen Nahverkehrs, während Hailing nah am Taxi angesiedelt ist. Neben dem Betrieb als eigenständiger Dienstleister ist Ride Pooling aber auch anders möglich. So können etwa Unternehmen, die viele Mitarbeiter haben, deren Fahrstrecken zur Arbeit sich auf den gleichen Strecken ballen, berufliche Fahrgemeinschaften durch entsprechende digitale Dienste flexibel organisieren. BMW stellt seinen Mitarbeitern in der App Urby beispielsweise eine derartige Option für Ride Pooling in dem Auto eines Kollegen zur Verfügung. Insgesamt ermöglicht Ride Pooling also um den Preis der Aufgabe des Faktors „Privatheit" eine Reduzierung von Fahrten im Auto durch deren Bündelung und trägt damit zu einer nachhaltigeren Mobilität bei. Digitale Steuerung ermöglicht zugleich im Vergleich zum öffentlichen Verkehr größere Flexibilität, die allerdings nicht den vollen Individualisierungsgrad eines Taxis oder von Ride Hailing erreicht.

Einen Engpassfaktor haben viele ODM Lösungen für die Betreiberunternehmen allerdings gemeinsam: Ihre Wirtschaftlichkeit ist kritisch. Bei seinem Börsengang 2019 kommunizierte Uber ganz offen, dass Profitabilität nicht garantiert werden kann. Den Anlegern wurde dargelegt, dass sie mit ihrer Investition in das Unternehmen eine Wette abschließen. Auch die Erfahrungen der europäischen Anbieter zeigen, dass es herausfordernd ist, mit Ride Hailing und Car Sharing tatsächlich Geld zu verdienen. Vielmehr ist eine Profitabilität dieser Geschäfte von der Kumulation mehrerer Faktoren abhängig: Beim elektronischen Vermitteln von formalisierten Taxidiensten, aber mehr noch beim informellen Ride Hailing, müssen die Fahrer soweit incentiviert werden, dass eine hinreichende Abdeckung des Operationsgebiets mit bereitstehenden Fahrern erreicht wird. Die Kosten hierfür können die Erlöse über Jahre hinweg übersteigen. Die Betriebswirtschaft von Car Sharing wird durch Erwerb und Betrieb der Flotte durch den Betreiber belastet, während Hailing auf dem Eigentum des Fahrzeugs durch den Fahrer basiert und sich der Systembetreiber auf eine mehr oder weniger starke Rolle als „Unterstützer" des formal selbstständigen Fahrers bei der Finanzierung beschränkt. Beim Car Sharing sind es neben den Bereitstellungskosten für die Fahrzeuge auch die Parkgebühren, die darüber entscheiden, ob die erreichten Auslastungsgrade ausreichen, um einen „schwarzen" Business Case zu realisieren. Alle diese Faktoren wiegen umso schwerer, wie es in einem Markt, und der relevante Markt ist eine Stadt, wirksamen Kostenwettbewerb gibt. Das Konzept von Uber zielt deshalb darauf, einen Markt möglichst weitgehend zu dominieren und Preise definieren zu können. Die Investoren „vorfinanzieren" diese Strategie. Die Logik der Plattformökonomie „The Winner takes it all" ist also für digitale Mobilitätsdienste möglicherweise nicht das Ergebnis eines offenen Wettbewerbsprozesses, sondern die Voraussetzung für die mittel- und langfristige wirtschaftliche Tragfähigkeit. Auch hierin liegt ein potenzielles Spannungsfeld zu den Interessen von Kommunen aber auch der Wettbewerbspolitik.

Wette auf politisches Tun – und Nichtstun

Ein großer Teil der neuen Player im Mobilitätsgeschäft gründen ihr Geschäftsmodell und damit ihre Attraktivität für Investoren einschließlich deren Bereitschaft, erhebliche Zeiträume ohne Gewinne zu finanzieren, indirekt auf den politischen Rahmen und dessen künftiges Design. Neben der Behauptung eines besseren Angebotes für den Kunden in der Kombination aus Flexibilität, Leistung und Preis und der Erwartung, den Wettbewerbern Taxi, Bus und privates Auto Anteile der Mobilitätsleistung abnehmen zu können, ist für die Anbieter zentral, dass politische Entscheider dieses zulassen bzw. aktiv ermöglichen und fördern. Die 56 Mrd. $, die laut einer Schätzung von McKinsey allein von 2010 bis 2018 in Hailing investiert worden sind, sind Ausdruck des Glaubens der Investoren an die Veränderbarkeit des heutigen Mobilitätssystems und die Bereitschaft der Politik, diese (mit)zumachen.

Grundlage dafür, dass in den USA durch Ride Hailing eine deutlich bessere Leistung als die etablierten Taxi Anbieter zu einem niedrigeren Preis realisiert wurde, war ein Geschäftsmodell, dass auf der rechtlichen Kooperationsstruktur von privaten Fahrgemeinschaften basiert (bei der die Beteiligten durch eine digitale Plattform vermittelt werden), jedoch aus Sicht der Kritiker in der Realität einem Abhängigkeits- und Beschäftigungsverhältnis ohne Sozialversicherung entspricht. Deshalb war und ist bis heute der Streit um das ursprüngliche Uber-Modell nicht eines um technische Leistung, sondern um sozial- und arbeitsmarktpolitische Fragen: In New York hatte sich der Bürgermeister zum Fürsprecher des bestehenden Taxi-Oligopols unter seiner regulären Beschäftigten gemacht. Allerdings musste er 2015 eine Niederlage gegen eine über soziale Medien extrem effizient organisierte Uber-Community einstecken, was zunächst Signalwirkung für die gesamten USA hatte. Auch in Europa trat Uber zunächst mit der impliziten Haltung an „Spielregeln, die erlassen wurden, bevor es uns gab, gelten für uns nicht". Anders als in den USA sind in Europa aber nicht nur städtische, sondern auch nationalstaatliche Regulierer bereits in einer Frühphase gegen das UberPop Geschäftsmodell der „Organisierten Scheinselbständigkeit" eingeschritten. Daher konnte nur die Variante UberX starten – zu deutlich höheren Preisen. Dabei werden Mietwagen mit Fahrern durch Uber vermittelt, also keine Privatautos von formell selbstständigen Fahrer-Unternehmern. In der Folge betrug der Preisvorteil gegenüber einem regulären Taxi etwa in München bei UberX lediglich circa 20 %. Die seit 2019 andauernde Diskussion um die Novelle des Personenbeförderungsgesetzes in Deutschland kreiste wesentlich um die Pflicht eines Mietwagenbetreibers, Aufträge am „Betriebssitz" entgegenzunehmen, also nicht während der Fahrt oder an einem beliebigen Punkt in der Stadt (dies ist historisch nur Taxis gestattet). Ob diese Auflage physisch – also mit Zeitverlust, Mehrkosten und Mehremissionen – oder nur formal (durch zentrale digitale Buchung und Abrechnung) erfüllt werden musste war eine wesentliche, hart umstrittene wirtschaftliche Frage in der Konkurrenz von Taxi und Ride Hailing. Zugleich ist es bei einem Privileg des Taxis gegenüber Hailing-Diensten geblieben, nämlich der exklusiven Nutzbarkeit reservierter Flächen zum Warten auf Kunden. Hiermit wird dem Taxi die Chance eingeräumt, ohne Kosten und ohne die Notwendigkeit des leeren „Warteschleifen-Fahrens" in Gegenden mit hoher Buchungswahrscheinlichkeit, auf Kunden zu warten.

Die bisher ehrgeizigste Initiative für die Bündelung von Mobilitätsdienstleistungen in Europa war der Zusammenschluss der diesbezüglichen Aktivitäten von Daimler und BMW. Dieser umfasste seit Anfang 2019 neben den zusammengeführten Car Sharing-Diensten Car2go und DriveNow, die Plattformen ReachNow und Moovel, die Ride Hailing Anbieter mytaxi, Chauffeur Privé, Beat und Clever Taxi, den Abrechnungsdienst für elektrisches Laden ChargeNow sowie die Plattform für digitales Buchen und Bezahlen ParkNow und ParkMobile. Das in FreeNow umbenannte MyTaxi bot eine zu Uber gleichwertige Kundenerfahrung, ohne aber an Bezahlung und gewerblicher Rechtsstruktur des Taxi-Betriebs Änderungen vornehmen zu müssen. Später hat FreeNow dieses Angebot um eine UberX-analoge Variante auf Mietwagenbasis erweitert. Zugleich haben sich die zusammengeschlossenen Unternehmen aus dem Hailing und Sharing Markt der USA zurückgezogen. VW hat neben MOIA mit WeShare auch einen Sharing-Dienst gestartet. Sixt nutzt seine ohnehin vorhandenen Mietwagenflotten in deutschen Städten für seinen Service Sixt Share. Die Entwicklung dieser Unternehmen, aber auch weiterer noch kommender Anbieter, wird zweierlei zeigen: Ob europäische industrielle Akteure erfolgreich in dem neuen Geschäftsfeld Mobilitätsdienstleistungen gegen die amerikanischen Anbieter bestehen können. Und den politischen Willen europäischer Entscheider, ein europäisches Angebot für das Design nationaler und kommunaler Verkehrspolitik zu nutzen und wirksam zu unterstützen.

Auch nach der Initialphase des Ride Hailing kamen fortgesetzter Widerstand und Kritik in den USA auch in Kalifornien selbst zunächst aus sozialpolitischer Richtung: 2019 wurde dort gerichtlich festgestellt, dass Uber-Fahrer durchaus nicht unabhängig und selbstständig sind. Das Parlament des Bundesstaates hat sich dieser Sicht 2020 angeschlossen. Das Team Biden/Harris hat im Präsidentschaftswahlkampf die „Gig Economy" zum Problem erklärt und Maßnahmen zur Behandlung der Beschäftigten als Mitarbeiter und nicht als (Schein-)Selbstständige angekündigt (Reaktion Donald Trump: „Biden/Harris will cost millions of Uber and Lyft Drivers their Jobs"). Gegen die Neuregelung des Status von Fahrern durch den kalifornischen Gesetzgeber haben Uber, Lyft und andere Unternehmen der „Gig-Economy" jedoch sofort eine Volksabstimmung initiiert und damit eine Option des kalifornischen Rechts genutzt. Unter der Überschrift „Proposition 22" hatten die kalifornischen Wähler am gleichen Tag wie der Präsidentschaftswahl die Möglichkeit, über eine Ausnahme von der veränderten kalifornischen Arbeitsschutzgesetzgebung abzustimmen. Mit 58 % stimmten sie dafür, zu Gunsten des freiwilligen Angebots der Fahrdienstbetreiber für verbesserte Konditionen in den Verträgen mit den Fahrern (Unterstützung bei Kranken- und Unfallversicherung, Mindesteinkommen auf 120 % des US-Mindestlohns) auf eine Umklassifizierung als abhängig Beschäftigte zu verzichten. Laut Medienberichten haben die Dienstleistungsanbieter hierfür gemeinsam eine Summe von über 200 Mio. $ in Form von Wahlkampfwerbung aufgewendet. Jedoch ist er mit dieser Entscheidung die Auseinandersetzung um das rechtliche Design der „Gig-Economy" nicht vorbei, weder in Kalifornien noch in den USA insgesamt.

Kritik kommt aber zunehmend auch aus umwelt- und verkehrspolitischer Richtung: Zahlen aus Kalifornien zeigten in den vergangenen Jahren, dass ein erheblicher Teil der Kunden nicht ihr privates Auto gegen einen Fahrvermittlungsdienstleister ausgewechselt hat, sondern vielmehr eine faktische Ersetzung des öffentlichen Nahverkehrs stattfand. Dies ist den Faktoren Sauberkeit, Sicherheit, Verlässlichkeit in Verbindung mit niedrigen Preisen geschuldet, die zu Lasten des ÖPNV und für die neuen Dienstleister ausschlugen. Deshalb hat in Los Angeles, also am kalifornischen Geburtsort des Ride-Hailing, im April 2019 die Diskussion über die Einführung einer Sondersteuer auf die Angebote von Uber und Lyft begonnen. Diese Idee wurde ausdrücklich damit begründet, dass öffentliche Infrastruktur kostenlos genutzt und damit erhebliche private Gewinne durch die Diensteanbieter generiert werden. Alternativ wird Road-Pricing als Chance gesehen, Einnahmen zu generieren, die dem ÖPNV helfen sollen, die Leistungsdefizite abzubauen. Der Ausgang dieser Diskussion ist momentan noch offen. In New York wurde 2018 angesichts der deutlich gesteigerten Verstopfung der Straßen durch Hailing-Dienste die Zahl der zugelassenen Uber-Fahrer gedeckelt – die politischen Machtverhältnisse hatten sich auch hier gedreht. 2019 wurde zusätzlich eine Begrenzung der Lehrfahrten auf 31 % der Gesamtfahrleistung eingeführt. Parallel plant die Stadt eine Congestion Charge, deren

Genehmigung durch Bundesbehörden allerdings aussteht. Zusätzlich hat der Staat Kalifornien 2019 die Rechtsgrundlage dafür geschaffen, ODM-Anbietern ab 2023 eigene Ziele für die Minderung des von ihren Flotten emittierten CO_2 bzw. die Erhöhung emissionsfrei gefahrener Meilen aufzuerlegen.

Bei Car Sharing ist nicht nur die Duldung eines neuen Angebots erforderlich, sondern Vereinbarungen mit der Stadt sind seine Voraussetzung. Das Recht zum Parken muss ebenso ausgehandelt werden wie Konditionen dafür, die Fahrzeuge für flexible Zeiten im öffentlichen Parkraum abstellen zu können, ohne den Nutzer mit Parkgebühren zu behelligen. Gerade mit der Steuergröße pauschalisierter Parkentgelte für stationsunabhängiges Car Sharing entscheidet kommunale Politik schon jetzt darüber mit, ob es für diese Dienstleistungen die Aussicht auf Wirtschaftlichkeit gibt oder nicht. Denn am Ende geht es ja darum, welche Kosten für die Inanspruchnahme von Parkraum berechnet werden und wie sich diese zu den erreichbaren Auslastungsgraden der Fahrzeuge verhalten. Letztere wiederum sind vor allem von soziodemografischen Faktoren abhängig. Bevölkerungsdichte, geografische Ausdehnung und die Kombination von Wohn – und Geschäftsstrukturen definieren die letztlich entscheidenden wirtschaftlichen Größen, wie den zu erwartenden Auslastungsgrad von Fahrzeugen, erforderliche Flottengrösse, Aufwand für Betankung und Reinigung usw.

Blickt man weit über den heutigen Stand der Technik hinaus, in Richtung Level 5 ändert sich mit der Möglichkeit, Fahrzeuge autonom vor allem im städtischen Raum einsetzen zu können, also mit den so genannten „Robo-Taxis", zunächst die wirtschaftliche Seite: Mit Entgelt und gegebenenfalls Sozialabgaben für den Fahrer entfiele der bei weitem größte Kostenblock von Ride Hailing und Pooling. Zugleich würde der Faktor „Privatheit" beim Hailing voll zum Tragen kommen. Für den Nutzer würden zugleich Ride Hailing und Car Sharing zu einem Angebot verschmelzen: Dort wo ich ein Auto brauche, finde ich auch eines. Die Preislücke zum öffentlichen Nahverkehr könnte sich zugleich noch einmal verringern. Dies ist heute noch Zukunftsmusik – wenn sich die Option materialisiert, dürfte sie aber zu einem noch einmal stärkeren Treiber einer politischen Debatte werden, als die heutigen ODM-Angebote es schon sind.

Nicht nur Taxis, auch Bus und Straßenbahn würden durch die Option Robo-Taxi gefährdet: Gegen eine Alternative, die vor der eigenen Haustür angeboten wird, bei der die Notwendigkeit entfällt, die körperliche Anwesenheit fremder Menschen in Kauf nehmen zu müssen, und die 24 Stunden lang auf Abruf zur Verfügung steht, wären heutige öffentliche Verkehrsmittel in einer deutlich geschwächten Position, wenn ihnen die Politik nicht zu Hilfe käme. Letztlich geht es hier vor allem um den Preisabstand und sein Design durch Steuern und Abgaben einer-, Subventionen andererseits. Aber auch um die Frage, ob öffentliche Verkehrsanbieter selbst derartige Dienste anbieten, mit deren Anbietern kooperieren oder letztere zur Kooperation mit dem ÖPNV gezwungen werden. Umgekehrt wäre die Wahrscheinlichkeit, dass sich der Kunde anstatt seines eigenen Fahrzeugs für einen automatisierten Mobilitätsdienst entscheidet, umso höher, je niedriger die Bereitschaft zur Investition in ein noch schneller verfügbares Auto vor der eigenen Haustür ist. Und je niedriger das Bedürfnis nach Differenzierung und Prestige durch ein individuelles Luxusprodukt ist, je niedriger umgekehrt das verfügbare Einkommen ist und je schneller ein Fahrzeug abrufbar wäre (d. h. eher in Städten als im ländlichen Raum). Dabei ist die heute noch offene Frage eine wesentliche Stellschraube, wie teuer Level 4 als Angebot für Privatkunden würde, wie lange es für diese eine exklusive Option am obersten Ende der Preisskala bliebe und wie stark dieses Feature umgekehrt auf gewerblichen Einsatz beschränkt bleiben würde. All das heißt, dass Mobilitätsdienste, die schon jetzt v. a. zu gebrauchten, wenig genutzten Fahrzeugen von Innenstadtbewohnern eine attraktivere Alternative darstellen können, mit automatisierten Autos breitere Zielgruppen erreichen könnten.

Die wirtschaftliche Position von ODM im städtischen Raum würde sich schließlich verbessern, wenn privaten Pkw der Zugang zu Innenstädten erschwert, verteuert oder verboten würde und damit nur noch die „organisierte" Form der Mobilität im Auto zur Verfügung stünde. In diesem Fall könnten ODM-Anbieter von gesteigertem Nachfragevolumen und ggf. auch von der Chance auf höhere durchsetzbare Preise profitieren. Insofern böte die starke ökologische Orientierung von Bürgermeistern europäischer Großstädte eine politische Chance für das Ride Hailing Geschäftsmodell, die sich in dessen Heimatmarkt kaum bieten würde.

Lenkungsoptionen

Das Spektrum der politischen Eingriffsmöglichkeiten ist erheblich: Mit einem schlichten Verbot des Betriebs von Sharing-, Pooling- und Hailing-Diensten und künftig automatisierten Fahrzeugflotten lässt sich der Status Quo theoretisch am einfachsten konservieren. Das heißt aber, den Menschen unverhohlen den Zugang zu einem attraktiven modernen Alternativangebot zu entziehen. Das untergräbt potenziell Legitimität und bietet Angriffsflächen für politische Konkurrenten. Die bloße Verteidigung des Taxis gegen Uber ist wirtschaftlich und politisch ein Rückzugsgefecht.

Technisch-restriktive Anforderungen sind ein nicht nur digital sondern graduell einsetzbares Instrument: Sie reichen von Mindestanforderungen an die Fahrer (so hat die Stadt Peking beispielsweise den Einsatz von Wanderarbeitern bei Didi beschränkt und damit den Fahrerpool erheblich verkleinert), die Fahrzeuge (insbesondere was z. B. ihren elektrischen Antrieb sowie eine künftig geforderte Performance im automatisierten Betrieb angeht) bis hin zu beispielsweise einem Zwang zur Integration in staatlich kontrollierte, verkehrsträgerübergreifende Kommunikationsplattformen.

Durch technisch-infrastrukturelle Maßnahmen lässt sich die Wettbewerbsposition deutlich verändern: Höhere Geschwindigkeit auf reservierten Spuren kann einen deutlichen Vorteil für Bus und Straßenbahn sichern, wenn ihre Wettbewerber in einem nach wie vor langsameren regulären Straßenverkehr aufgehalten werden. Die Privilegierung von Pooling ist eine andere Option.

Die wirtschaftliche Attraktivität von Alternativen ist natürlich auch durch Steuern und Abgaben für die betreibenden Unternehmen aber auch durch die Preise für öffentliche Infrastruktur (Straßenbenutzungsgebühren, Parkgebühren usw.) politisch gestaltbar. Parkgebühren können Car Sharing wirksam ausbremsen. Abgaben pro gefahrenem Kilometer können z. B. den Business case von Ride Hailing und dessen Kostenvorteil deutlich verschlechtern und dies mit weniger politischer Angriffsfläche als Fundamentalopposition mit Verboten.

Schließlich verbleibt umgekehrt das gesamte Spektrum an Subventionen, mit denen durch die gezielte Stärkung politisch gewünschter Optionen lenkend eingegriffen werden kann. Preise im ÖPNV nach unten zu subventionieren, ist eine ohnehin gängige Praxis.

Schließlich ist es denkbar, dass private ODM-Dienste mehr oder weniger stark mit dem Angebot des originären ÖPNV kooperieren. Von einer technisch-wirtschaftlich unterstützen Ergänzung durch z. B. eine gemeinsame Buchungs- und Bezahlplattform kann das Spektrum bis zu aufeinander abgestimmten regionalen und zeitlichen „Demarkationslinien" reichen, wenn etwa ODM gezielt Lücken im öffentlichen Angebot ausfüllt. Zugleich können ÖPNV-Anbieter selbst in das ODM-Geschäft einsteigen (so neben dem o. g. Berliner Beispiel die Deutsche Bahn mit dem Sharing Dienst Flinkster) und ihr Angebot so erweitern.

Bisher war die politische Debatte in Europa v. a. defensiv-reaktiv gegen das Uber Ride Hailing Modell gerichtet. Dabei ging es um die Verteidigung des Taxis und des Taxifahrers. In der sozialpolitischen Logik wird es auch unterschiedlich hartnäckigen Widerstand gegen fahrerlose Autoflotten geben. In dem Moment, wo der Fahrer aber am Ende doch wegfiele, würde sich die Debatte zwangsweise verschieben. Es würde vor allem um den ökologischen Fußabdruck der künftigen Fahrzeugflotten einerseits, um die wettbewerbspolitischen Spielregeln für ihren Betrieb andererseits gehen: Ist eine Flotte von hoch ausgelasteten elektrischen Robo-Taxis effizienter was den Energieverbrauch pro Kilometer angeht als die Straßenbahn oder Bus? Würde es akzeptiert, dass ein privatwirtschaftliches Unternehmen faktisch den Verkehr in einer Stadt direkt kontrolliert, ohne gegenüber städtischen politischen Entscheidern verantwortlich zu sein? Würde es hingenommen, dass ein solches Unternehmen heute politisch gut verdrahtete städtische Betriebe und deren Management aushebelt, im Extremfall überflüssig macht? Würde es akzeptiert, dass globale Plattformbetreiber weltweit kooperieren und den gesamten Datenfluss über das Mobilitätsgeschehen beherrschen?

Es ist vor diesem Hintergrund nicht überraschend, dass Uber 2018 eine weltweite Rekrutierungskampagne für Lobbyspezialisten gestartet hat, um die eigenen Dienste attraktiv zu positionieren. Darüber hinaus sucht Uber gezielt unter der Überschrift „Uber Community" die Zusammenarbeit mit kommunalen Entscheidern. Das schießt ein, sich als

Alternative zur Ursache von Staus und Luftbelastung darzustellen. Elektrifizierung der Flotten gehört dazu. So startete Uber in London 2019 damit, einen Preisaufschlag auf die Fahrdienstleistung für die Subventionierung des Kaufs von Elektroautos durch die Fahrer zu verwenden – mit positivem Echo. Lyft kündigte im Juni 2019 an, „seine" Flotte bis 2030 vollständig zu elektrifizieren und bot seit 2018 CO_2-Kompensation an. Auch umweltpolitische Argumente werden also mit Sicherheit vorgebracht, um das eigene Angebot gegenüber Stadtregierungen so zu positionieren, dass es unterstützenswert erscheint. Um eine Vertreterin von Lyft auf einem Event in LA Ende 2019 zu zitieren: „Die Städte und wir haben einen gemeinsamen Gegner – und das ist das private Auto."

Industriepolitische Fragen

Die industriepolitischen Herausforderungen der Digitalisierung sind mehrstufig und miteinander verflochten: Die Politik wird darüber entscheiden, ob und wer mit im Auto erzeugten Kundendaten Geld verdient. Sie wird die Rollenverteilung zwischen Automobilherstellern, Dienstleistern, Lieferanten, vor allem aber den großen Plattformunternehmen wesentlich mit definieren. Hierbei spielt der europäische Gesetzgeber angesichts der Regulierungskompetenz für den gesamten Binnenmarkt die Schlüsselrolle. Jedoch wird diese bisher nicht der gesamthaften Tragweite der anstehenden Entscheidungen gerecht, sondern verharrt in der „Digitalisierung" jahrzehntealter Verteilungskonflikte. Dabei bleibt auch das Potenzial, das für eine leistungsfähigere Steuerung des Verkehrssystems besteht, systematisch unterbelichtet. Strukturell ganz anders sieht es bei dem künftigen Zusammenspiel von Mobilitätsdienstleistungen, privater „Normalmobilität" und öffentlichem Verkehr aus. Hier sind die EU-Kompetenzen extrem beschränkt und die Entscheidungskompetenz liegt zu einem großen Teil auf der lokalen Ebene. In der Folge sehen sich alle Player im ODM-Markt einem bunten Spektrum an politisch sehr verschieden ausgerichteten, extrem heterogenen lokalen Märkten gegenüber. Umgekehrt sind die Städte mit einer sehr kleinen Zahl an ODM Anbietern konfrontiert, die ihre unter sehr verschiedenen Bedingungen gemachten Erfahrungen, ihr Daten und ihre Kommunikationsbudgets lokal mobilisieren können. Beim autonomen Fahren dagegen ist es wiederum der europäische Gesetzgeber, der die Voraussetzungen für ein rechtssicheres Funktionieren im Binnenmarkt schaffen muss und der gleichzeitig die Grenzen der Anwendbarkeit neuer Optionen definiert.

Auf allen drei Feldern ist eine entscheidende Herausforderung, dass der größte Teil der neuen starken Player keine europäischen Wurzeln hat, sondern Europa als zu eroberndern Markt betrachtet. Dabei ist mit den beiden Schwesterunternehmen Google und Waymo in zwei der genannten drei Schlüsselfelder die gleiche Firma dabei, eine wesentliche Rolle zu spielen. Die Kombination aus umfassendem Wissen über die Interessen der Kunden mit der Chance, das „Betriebssystem" des Autonomen Fahrens zu definieren, ist aus der Perspektive der viel zitierten technologischen Souveränität Europas eine erhebliche Herausforderung. Von einer europäischen Strategie, welche diese Herausforderungen in ihren verschiedenen Konsequenzen für eine ganze Anzahl von Rechtsgebieten (Datenschutzrecht, Verkehrsrecht, Zulassungsrecht, Wettbewerbsrecht und so weiter) überblickt, kann bisher allerdings keine Rede sein.

Mit dem Projekt „GAIA-X" haben zunächst die Regierungen Deutschlands und Frankreichs, dann 2020 auch die EU-Kommission in einer europäischen Initiative das Ziel formuliert, mit einer europäischen Cloud-Infrastruktur eine Alternative zur amerikanischen Dominanz aufzubauen. Zu den Gründungsmitgliedern gehören neben wissenschaftlichen Institutionen wie der Fraunhofer-Gesellschaft eine Reihe von Unternehmen wie BMW, Bosch, Deutsche Telekom, Electricité de France, France Télécom, Orange, SAP, Safran und Siemens. Als eines der initialen politisch definierten Anwendungsfelder soll im Mobilitätsbereich die Voraussetzung dafür geschaffen werden, in sicherer Form Daten zu verknüpfen und innovativ zu nutzen zu („Datenraum Mobilität"). Soweit der Anspruch. Viele Fragen sind offen, nicht nur die technische Leistungsfähigkeit und wirtschaftliche Standfestigkeit, sondern auch die Frage, ob und wenn ja wie auch US-Unternehmen oder solche aus China eingebunden oder aber ausgeschlossen werden sollen, und wie die Rollenverteilung von politischen und wirtschaftlichen Beteiligten letztlich ausfällt.

In China ist das Thema Vernetzung und autonomes Fahren demgegenüber bereits jetzt integrierter Teil der industriepolitischen, zentral definierten Strategie. Während aus dem chinesischen Industrieministerium im

Herbst 2020 durchaus Botschaften kamen, die den vorangegangenen Technologiehype um automatisiertes Fahren relativierten, wurde zugleich nachdrücklich die Notwendigkeit der technischen Sicherheit, einheitlicher technischer Standards und einer geteilten Datenbasis herausgestellt. Zugleich sieht die Industriepolitische Strategie für den Automobilsektor als eines ihrer Kernelemente vor, die gesamte technologische Kompetenz vom Betriebssystem des Fahrzeugs bis zur Vernetzung mit seiner Umwelt sowie die Interaktion mit der digitalen Infrastruktur als chinesische technologische Kernfähigkeit abzusichern und weiter zu entwickeln. Dabei wurde die Vernetzung zwischen den entsprechenden Industriebereichen als wesentliches Element eines „industriellen Ökosystems" benannt. Die entsprechenden Kompetenzen in der Automobilindustrie zu entwickeln, damit diese global wettbewerbsfähig wird, ist dabei aber nur die „Grundlast". Um das chinesische Verkehrssystem selbst umzugestalten, werden die wesentlichen Industriesektoren in top down organisierte Kooperationsmodelle gebracht. Internationale Unternehmen können sich beteiligen – aber nach chinesischen Regeln. So läuft die Entwicklung eines hochleistungsfähigen „City Brains" zwar z. B. in Shenzhen als lokalem „Testgelände" (und parallel in anderen Städten), aber natürlich mit dem Ziel der nationalen Skalierbarkeit. Didi startete im Juni 2020 offiziell mit dem Testbetrieb einer Robo-Taxi Flotte in Shanghai, Baidu ein halbes Jahr später in Peking. Dabei spielen die Kommunikation mit der Verkehrsinfrastruktur in hierfür besonders befähigten Teilen der Metropole und ein zentrales Steuerungszentrum mit Unterstützungs- und gegebenenfalls Interventionsfunktion eine wichtige Rolle.

Die strategische Richtung ist jedenfalls klar: Es werden gemeinsam, in Kooperation zwischen Behörden und politisch autorisierten Dienstleistern, Alternativen zum privaten und chaotisch-selbstgesteuerten Individualverkehr entwickelt. Die Ausgestaltung dieser Strategie im Einzelnen, also der Grad, in dem unterschiedliche Formen von Mobilität gegenüber dem Kunden gefördert oder aber bestraft werden, ist allerdings noch offen. Dazu gehört Ausprobieren und Scheitern. Wie in der Kombination aus allen dem Staat zur Verfügung stehenden Daten, der Änderung der Rollenverteilung von privatem Verkehr, ODM und ÖPNV und der Automatisierung des Fahrens letztlich die Zukunft aussieht, ist offen. Diese Trial and Error Methode, dürfte noch für Überraschungen sorgen. Dazu gehören auch Konflikte zwischen den politischen Beteiligten. Industriepolitische Konkurrenzen spielen natürlich auch in China eine nachhaltige Rolle, allerdings immer vermischt mit den relativen Positionen der jeweiligen politischen Protektoren der betroffenen Sektoren und Unternehmen. Anders als in Europa gibt es aber keine Überlagerung durch grundsatzpolitische, ideologische Konfliktlinien. Und anders als in den USA gibt es in der einzigen relevanten Partei Chinas auch keinen Mechanismus, der die Interessen von Unternehmen und deren Aktionären zu einer wirksamen Beschränkung von Geschwindigkeit, Umfang und Tiefe von politischen Veränderungen macht. Anders gesagt: China wird sich weder durch politische Grundsatzdiskussionen noch durch partikulare Wirtschaftsinteressen bremsen lassen.

Vieles spricht deshalb dafür, dass für die Industrie wiederum das Umfeld in Europa das herausforderndste sein wird. Gerade für die hier beheimateten deutschen Automobilhersteller stellt sich verschärft die Frage nach einer anders definierten Rolle und einem anderen Agieren: In China dabei zu bleiben und auch nur die Chance zu haben, die dortigen Prozesse mitgestalten zu können und nicht allein deren Ergebnisse implementieren zu müssen, erfordert eine erheblich erhöhte Präsenz und auch den Aufbau originärer technologischer und strategischer Kompetenzen. Zugleich ist die Plausibilität genauso stark, in den USA ebenfalls Partnerschaften im Technologiebereich einzugehen, um dort nicht abgehängt zu werden. Das führt natürlich zu erheblicher Ambivalenz der eigenen Haltung gegenüber der EU: Einer Logik nach der es gilt, europäische Industriekompetenz gegen China oder die USA zu verteidigen, wird die Automobilindustrie aus ihrer eigenen unmittelbaren Interessenlage heraus nicht so einfach folgen können. Das Verhältnis zu den gesellschaftlichen und politischen Einflussnehmern und Entscheidern in der EU könnte nicht nur schwierig bleiben, sondern womöglich noch schwieriger werden.

Digitale Regulierung

Der permanente Austausch von immer mehr und immer differenzierteren Daten zwischen dem Fahrzeug, anderen technischen Geräten, Fahrzeugen untereinander sowie staatlichen Stellen und vor allem privaten

Dienstleistern ermöglicht neue direkte regulatorische Interventionsoptionen, die noch für erhebliche Kontroversen sorgen könnten. Dabei geht es auf einer ersten Ebene darum, wie schon bestehende Regeln digital besser überwacht werden können: Autonome Autos ermöglichen (und erzwingen) die tatsächliche, permanente Einhaltung von Verkehrsregeln, einschließlich Geschwindigkeitsbegrenzungen. Der „sportliche" Aspekt des Zuschnellfahrens erledigt sich, wenn dieses mit einhunderterprozentiger Wahrscheinlichkeit und ohne Zeitverzug entdeckt, genauer vom eigenen Auto gemeldet wird. Geschwindigkeitsbegrenzungen, Vorfahrtsregeln und Durchfahrtsverbote müssen nicht mehr unbedingt durch ein Stück Blech am Straßenrand kommuniziert werden, sie können direkt online im Auto zugreifen. Parkgebühren könnten immer und in exakt der richtigen Höhe automatisch erhoben und bezahlt werden. Das Auto könnte sich zugleich einfach „weigern", in einer Fläche mit absolutem Halteverbot ausgeschaltet und verlassen zu werden. Technisch wird es kein Problem sein, Schuldfragen bei Verkehrsunfällen zu klären. Es wird nicht mehr auf die Aussagen der Fahrer ankommen müssen, sondern die beteiligten Fahrzeuge sind gleichzeitig auch unbestechliche Zeugen. Die Aufnahmen der Kameras im Auto und außen am Auto werden heute nicht gespeichert und sind von außen nicht zugänglich. Wird das immer und überall so bleiben? Die Frage, wer an einem Schaden schuld ist und wie man sich dagegen absichert, wird neu buchstabiert: Welche Folgen hat es für die Haftung eines Fahrers, wenn er sich z. B. manuell über die automatischen Funktionen des Fahrzeugs hinweggesetzt hat? Wird das bedingungslose Sichanvertrauen an das Auto von individueller Verantwortung entlasten? Wird dies zu günstigeren Versicherungen führen? Umgekehrt: Wie teuer wird es künftig sein, ein „dummes" Auto zu fahren?

Das sind nur einige Stichworte, die sich beliebig fortsetzen ließen für das, was die Technologie an Gestaltungsmöglichkeiten bzw. -zwängen bereits in der bisherigen regulatorischen Grundlogik bereithält. Bei der Gestaltung des Rahmens für vernetztes und autonomes Fahren wird es in den kommenden Jahren aber auch um die Abwägung zwischen qualitativ völlig neuen Möglichkeiten der Kontrolle, der Sicherheit, aber auch der Überwachung in der Abwägung mit Unabhängigkeit, Freiheit aber auch Verantwortungslosigkeit gehen. Die Technik schafft völlig neue Möglichkeiten der Einflussnahme auf den einzelnen Fahrer, sein Auto und ganze

Flotten. Sie schafft Optionen für regulatorische Systeme, die je nach Perspektive Traum oder Albtraum werden können. Sie ermöglichen, Entscheidungen des Fahrers in vielfältiger Weise zu beeinflussen. Hier nur einige gedankliche Experimente:

Die Frage, wo ein Stau entsteht, wo sich Luftbelastungen konzentrieren, wird heute in einem chaotischen System entschieden, bei dem die Verkehrsplaner nur eine Handvoll Input- bzw. Outputgrößen wie Verkehrsvolumen, Straßenkapazität, Ampelschaltungen usw. kennen bzw. beeinflussen können. Zunehmend vernetzte Fahrzeuge bieten die Option, dies grundlegend zu ändern und mit der wachsenden Durchdringung der entsprechenden Technologien steigende Anteile des Fahrzeugbestands unmittelbar dirigieren zu können. Dies kann völlig verschiedene Ausprägungen annehmen. So wäre es z. B. möglich, „no-drive-through-areas" zu definieren, die systematisch umfahren werden. Umgekehrt kann Verkehr gezielt auf wechselnd definierte Straßenzüge geleitet werden. Differenzierte Fahrverbote könnten fahrzeuggenau und permanent überwacht werden. Selbst mit den wirksamsten politischen Abstimmungsmechanismen auf nationaler Ebene ist Treffsicherheit für die Situation auf lokaler Ebene immer weniger zu gewährleisten – hier schaffen neue Technologien neue Flexibilität. Räumliche Differenzierung ist technisch in einem weit höheren Maße als heute möglich und auch sinnvoll. Die Lenkungsimpulse in unterschiedlichen Regionen und Städten können sehr verschieden ausfallen.

Ein aktuelles Beispiel: Während der Corona-Krise testete die Verkehrsbehörde in Peking eine schon zuvor konzipierte App, mit der zur Vermeidung der Warteschlangen vor Bussen und U-Bahnen, Zeitslots vergeben wurden. Das hieß praktisch, dass die elektronischen Tickets nur in einem definierten, vorher gebuchten Zeitfenster gültig waren. Dadurch wurden die Warteschlangen vor dem Gleis beseitigt. Das Experiment war aus Behördensicht ein voller Erfolg. Es zeigte sich auch, dass die Verlagerung von Arbeit ins Home-Office und die damit einhergehende Chance zur Entzerrung der Rush-Hour diese Regelung nachhaltig begünstigte. Der nächste Schritt ist logisch: Dieses Prinzip soll jetzt auch bei Autos getestet werden. Dieser Ansatz ist nur ein Beispiel für Optionen, die über die bloße Digitalisierung von etablierten Prozessen (wie eine städtische Mobilitätsapp) qualitativ hinausgehen. Pendlermobilität zeitlich zu strecken und zu steuern ist eine Option, die erst durch digitale Vernetzung überhaupt ermöglicht wird.

Es entstehen auch völlig neue Möglichkeiten der preislichen Steuerung. Gesamtstaatliche Steuern erfolgen beim Kauf oder jährlich – ohne jede Differenzierung. Die heutigen Parkbewirtschaftungssysteme kennen überwiegend nur einheitliche Preise zu definierten Uhrzeiten oder aber alternativ das kostenfreie Parken. Anwohner kommen in den Genuss einheitlich geregelter Tarife für ihr Wohngebiet. Hier werden weitaus differenziertere Systeme möglich: Egal ob es um Gebühren für die Nutzung von Straßen, Parkplätzen oder andere Abgaben geht – nationalstaatliche vor allem aber städtische Entscheider stehen vor keinen administrativen Restriktionen mehr wie heute. Es müssen keine Steuerbescheide erstellt, Parkuhren umgerüstet und Überwachungspersonal umgeschult werden. Diese Funktionen können vom Auto in seiner Vernetzung mit einer staatlich überwachten Infrastruktur übernommen werden. Bei höheren Anteilen vernetzter Fahrzeuge können Preissignale an die Kunden kurzfristig und extrem flexibel geändert werden. Je nach Nachfrage kann zu unterschiedlichen Uhrzeiten fein zwischen unterschiedlichen Parkdauern differenziert werden. Schließlich ist es absolut machbar, ökologische Kriterien zur preislichen Differenzierung einzusetzen. Das alles gilt nicht nur fürs Parken. Die Voraussetzung sind da, Straßenbenutzungsgebühren nach ähnlichen Prinzipien auch für sämtliche Autobahnen und Landstraßen zu implementieren. Es käme dabei auf das richtige Einstellen mehrerer Stellschrauben an: Wie hoch sollte die Preisdifferenz zwischen Straßenbahn und Bus einerseits, einem Fahrdienst mit einem Pkw mit drei oder vier Insassen andererseits ausfallen? Wie groß ist der Preissprung z. B. von einer per Algorithmus optimierten Fahrgemeinschaft zum Alleinsein im Auto? Sollte es Unterschiede in der erwartbaren Reisegeschwindigkeit durch die Nutzung verschiedener, physisch oder per Steuerungsbefehl getrennter Fahrspuren geben? Welche Kombinationen dieser Steuerungsmöglichkeiten kommen infrage – z. B. das Nutzungsrecht von schnelleren Strecken im Gegenzug für eine elektronisch erhobene Zusatzgebühr?

Ein weiterer Faktor verändert das politische Instrumentarium: Über Smartphones können auf das Auto bezogene regulatorische Eingriffe nicht nur bei Neufahrzeugen, sondern auch im Bestand angewendet werden.

Park-Apps benötigen nur das Nummernschild als per Stichprobe kontrollierbaren Sachverhalt, um z. B. in der Verknüpfung mit bei der Zulassungsstelle hinterlegten Informationen über das Schadstoffverhalten differenzierte Gebührenhöhen zuzuweisen. In Parkhäusern kann bei der Einfahrt das Nummernschild abgelesen und dann ein Gebührentarif differenziert festgesetzt und dann direkt abgebucht werden. Es müssen also anders als bei einer Änderung der Kfz-Steuer keine millionenfachen neuen Steuerbescheide verschickt werden. Restriktive wie motivierende Eingriffe sind vielmehr absolut flexibel möglich. Angesichts der Tatsache, dass so gut wie alle Menschen in den industrialisierten Volkswirtschaften über ein Smartphone verfügen, reduziert sich die Notwendigkeit für eine analoge Default-Lösung auf ein extrem kleines Nischenphänomen. Dessen theoretisches Vorhandensein dürfte eigentlich nicht in der Lage sein, den Verzicht auf klar überlegene regulatorische Optionen zu legitimieren.

Eine weitere Kategorie ökonomischer Steuerungsinstrumente bezieht sich auf den Nutzungsmodus des Fahrzeugs. Schon heute erkennen eine Vielzahl von Autos die Anzahl ihrer Insassen (diese Information wird von den Sitzbelegungssensoren, welche die Gurtstraffer steuern, bereitgestellt). Es wäre somit kein technisches Problem, Steuern und lokale Abgaben daran zu knüpfen, wie intensiv ein Fahrzeug genutzt wird. Das gleiche gilt für Privilegien für definierte Straßenabschnitte oder umgekehrt für entsprechende negative Sanktionen, also z. B. die Kontrolle der sachgerechten Nutzung von HOV-Lanes. Künftige ODM-Geschäftsmodelle können so, auch wenn sie in privatwirtschaftlicher Verantwortung angeboten werden, durch zusätzliche Systeme privilegiert, andere Formen der individuellen Mobilität mehr oder weniger stark beschränkt werden. Umgekehrt können neue Gebühren und Abgaben exakt auf der Basis der von Dienstleistern erbrachten Transportleistung erhoben werden. Jenseits der Regulierung des Fahrverhaltens einzelner Fahrzeuge geht es hier um Marktregulierung: Technische Instrumente könnten es erlauben, die Wettbewerbspositionen konkurrierender Anbieter durch regulatorische bzw. preisliche Eingriffe kurzfristig zu verändern.

Schließlich kann der optimale Einsatz von Fahrzeugen, die in der Lage sind, Energie zu speichern und ins Energienetz zurück zu speisen, deutlich incentiviert werden. Da Elektrofahrzeuge schon heute alle hierfür erforderlichen Daten bereitstellen können, ist es kein Problem, zu Zeiten starker Stromverfügbarkeit getankte Energie beispielsweise niedriger zu besteuern. Ein zusätzlicher Bonus könnte für den Umfang gewährt werden, in dem ein Fahrzeug zum Lastausgleich auch durch die Rückspeisung ins Netz beiträgt. Diese Systeme können schließlich auch in der Kommunikation zwischen Energieversorger und Fahrzeug zu einem optimierten Lastmanagement und zu differenzierteren Tarifstrukturen beitragen.

Chinesische Alternative?

In China könnte sich ein völlig anderes Modell der Koordination von Unternehmen, politischen Entscheidungsträgern der verschiedenen Ebenen und Reaktionen der Öffentlichkeit entwickeln. So ist eine direkte Berücksichtigung von Reaktionen und Meinungen der betroffenen Bürger aufgrund der vollständigen digitalen Erfassung nicht nur ihrer Mobilität, sondern auch ihrer Meinungen und ihrer Reaktionen auf politische Lenkungsimpulse möglich. In dieser Logik wird Repräsentanz „überflüssig" durch den direkten Zugriff der Entscheider auf die Betroffenen. Dies kann bedeuten, dass eine weit höhere Schnelligkeit, Reagibilität und Treffsicherheit ermöglicht wird. Zugleich erfolgt eine „Teilprivatisierung" von kommunikativen Prozessen. Die Rolle der großen chinesischen Internetkonzerne zwischen Staat und Kunde könnte künftig auch im Bereich Verkehr zwei gleichzeitige Ausprägungen annehmen – Übertragung staatlicher Lenkungsimpulse, z. B. durch eine optimierte Routenführung bei Fahrzeugen, eine Frühwarnfunktion für die Akzeptanzgrenzen getroffener Entscheidungen und ein frühzeitiges Erkennen von Fehlentscheidungen. Lösungen, die auf der hybriden Kombination von staatlichem und privaten Handeln basieren, sind daher deutlich wahrscheinlicher. Während Digitalisierung in den USA bedeutet, Unternehmen so lange bei der Gestaltung des Lebens der Bürger freie Hand zu lassen, wie keine erheblichen Dysfunktionalitäten auftreten, kann sie in China immer auch gleich von der Perspektive staatlicher Lenkung her gedacht werden. Daher ist es durchaus möglich, dass China Steuerungsmechanismen entwickelt, welche den bisherigen Modellen des Westens in Sachen Effektivität und Effizienz gleichermaßen überlegen sind: Das heutige grobe Instrumentarium z. B. der selektiven Nummernschildvergabe könnte durch weit schnellere und einfachere Kontrollsysteme ersetzt werden, die Fahrerdaten, Behördeninformationen und den Abgleich von Standortinformationen aus Mobilgeräten und Fahrzeugen kombinieren. Jenseits der preislichen Lenkung über nur wenige Steuern sind weit differenziertere Zahlungs-, Abrechnungs- und Bestrafungssysteme möglich, mit denen die Inanspruchnahme öffentlicher Infrastruktur, Straßenbenutzung, Parken, Laden von Batteriefahrzeugen usw. differenziert und auch im Zeitablauf anders gelenkt werden können als heute. Innerhalb eines Territoriums können für Autofahrer völlig verschiedene Bedingungen definiert, im Zeitablauf schnell verändert und angepasst werden. Es entstehen also ganz neue technische Optionen für flexible Eingriffe. Mehr noch, sie werden nirgendwo so einfach und mit so wenig Widerstand ausprobiert werden können, wie in China.

Dazu ein weiteres Beispiel: Die Stadtverwaltung von Peking startete im Herbst 2020 ein neues Anreizsystem, die „Mobility as a Service, Travel, Green Life Carbon Inclusion Initiative". Hinter dem sperrigen Titel steckt eine einfache Idee: Durch die Benutzung klimafreundlicher Mobilitätsformen werden Punkte gesammelt, die in barwerte Gutscheine für Mobilitätsdienste, Taxis oder auch Hotels und Einkäufe gewandelt, gespendet oder gar für ein mögliches künftiges CO_2-Handelssystem als Guthaben gespeichert werden können. Das Ganze beruht auf der engen Zusammenarbeit der Verkehrskommission der Stadt und den Unternehmen Autonavi und Baidu, die auf ihren Plattformen alle Bewegungs- und Aktivitätsdaten der Teilnehmer erfassen. Zu den dergestalt incentivierten Aktivitäten gehört neben dem Zu-Fß-gehen die Nutzung und Befolgung einer eigenen ökologisch operierenden Navigations-App und die Nutzung des ÖPNV. Die heute hinterlegten monetären Werte sind mit weniger als einem Cent pro gespartem kg CO_2 noch gering, zeigen aber a) das technische Potenzial neuer technologischer Optionen und b) den Willen, dieses auszuschöpfen.

Eine besondere, wiederum absolut chinaspezifische Rolle könnte hierbei dem sog. „Social Score System" zukommen. 2014 wurde mit der Konzeption eines Punktesystems begonnen, welches einen Index für die „Vertrauenswürdigkeit" von Bürgern und Unternehmen darstellen soll.

Es stellt ein digitales Konto dar, auf das richtiges Verhalten z. B. beim Steuernzahlen „einzahlt" und von dem bei Fehlverhalten „abgebucht" wird. Wie weit es über den Kern, die Aggregation verstreuter Daten über das zuverlässige Geschäfts- und Finanzgebaren, Gesetzestreue usw. hinausgehen wird und wie heftig die negative Sanktionierung ausfällt, ist angesichts breiter medialer Spekulation und auch heftiger politischer Kritik aus dem Westen nicht sicher absehbar. Das technische Potenzial ist jedenfalls erheblich. Auch Entscheidungen im Zusammenhang mit Automobil und Verkehr, von der Wahl des Fahrzeugsegments bis zur Anzahl der Geschwindigkeitsüberschreitungen könnten in den elektronischen „Wohlverhaltensindex" eingehen. Neue digitale Verkehrssteuerungssysteme könnten hiermit verknüpft werden. Ganz klar – das alles ist heute Spekulation. Klar ist aber auch: Alle diese Maßnahmen werden in dem China-spezifischen politischen Prozessmuster entwickelt und durchgesetzt oder aber auch verworfen werden. Vor allem in Europa könnte über die Erwünschtheit von vielen dieser Lösungen zugleich lange kritisch und wahrscheinlich ergebnislos diskutiert werden. Egal, was man jedoch von ihnen hält – es kann erwartet werden, dass sich in China Optionen herauskristallisieren werden, die vor allem eins tun: funktionieren. Die Frage, ob und wo diese dann von politischen Entscheidern aufgegriffen oder liegen gelassen werden, ist heute völlig offen.

Szenarien

Digitale Innovation verändert die Mobilität mit dem Auto umfassend. Der Umfang dessen, was Menschen in ihrem Auto tun können, erweitert sich exponentiell nicht erst, aber dann natürlich ganz besonders, wenn Autofahren nicht mehr zwangsläufig selbst erledigt werden muss. Alternative Nutzungsformen werden erschlossen, die das Mobilitätssystem verändern. Und auch den politischen Entscheidern eröffnen sich Gestaltungsspielräume, die sie selbst erst in Ansätzen erfasst haben. Dieser qualitativ erweiterte Lösungsraum trifft aber auf ein politisches System, das neue Optionen aus den alten Fragen heraus betrachtet. Dies ist eine Hypothek, die insbesondere Europa mit sich herumschleppt, während China möglicherweise nur eine weitere Stufe der Transformation vollziehen wird: Das Mobilitätssystem, das sich in Europa seit der Nachkriegszeit und in den USA noch früher entwickelt hat, und aus dem heraus alle aktuellen Debatten geführt werden, ist in China gerade einmal gute 20 Jahre alt. Länger ist es nicht her, dass die breiten Fahrradspuren dem Auto weichen mussten. Die mentale Schwelle dafür, Verkehr völlig anders zu organisieren, ist nicht nur weit geringer, auch die Bereitschaft diese Umgestaltung vor neuen technologischen Optionen leiten zu lassen und nicht von eingeübten politischen Routinen, ist viel niedriger. Technologie kann weit weniger als Bedrohung wahrgenommen werden, weil sie ja per se der staatlichen Kontrolle unterliegt. Zugleich sind die Sphären zwischen politischem Regulator und industriellen Umsetzern bei weitem nicht so deutlich getrennt wie in Europa.

Digitalisierung spielt aber nicht nur eine Schlüsselrolle für die Fragen rund um das Verkehrssystem. Sie bietet auch die Chance auf eine wirksamere Regulatorik zur Senkung von Umweltbelastungen. Weniger Abgase, weniger Staus, Emissionen, Falschfahren und eine bessere Integration elektrischer Fahrzeuge in das Energiesystem profitieren maßgeblich von digitaler Vernetzung. Das Testfeld für alle diese Möglichkeiten ist die Stadt. Im urbanen Raum ballen sich alle Probleme rund um das Automobil. Hier müssen Sie auch gelöst werden.

14

Städte – Brennpunkte und Kampfplätze

Für die Zukunft der Automobilindustrie wird der städtische Raum immer wichtiger (2018 lebten 55 % der Weltbevölkerung in Städten, Prognose 2050: 68 %). Mit der weltweiten Urbanisierung lebt ein immer größerer Teil der potenziellen Automobilkunden in Städten und städtischen Umfeldern. Dabei ist das Auto für sehr viele seiner Nutzer, die in außerstädtischen Räumen leben, so gut wie unverzichtbar. Mobilität ist für viele von ihnen zugleich Pendlermobilität. Das heißt, dass die Autos zwar nur zu einem relativ kleinen Teil Strecken innerhalb der Zentren der Städte zurücklegen, diese aber gleichwohl Endpunkt täglicher Bewegungen aus dem ländlichen und suburbanen Raum sind. Dies ist besonders für Premium-Neufahrzeugkunden der Fall, die häufig Vorortbewohner mit einem Arbeitsplatz in der Stadt sind. Die Bedingungen in Städten strahlen deshalb auf das Umland ab – teilweise auf ganze Staaten: Was in Paris oder Kopenhagen entschieden wird, hat erheblichen Einfluss auf die Mobilität in Frankreich und Dänemark, Peking setzt „die Pace" für China und LA County ist als Markt allein größer als so mancher Staat der USA oder Europas. Zugleich manifestieren sich die Grenzen des heutigen Verkehrssystems nirgendwo so stark wie in den Städten – genauso aber auch die neuen technologischen Lösungsoptionen. Politische Debatten werden in Städten gestartet, die auf nationale und globale Diskussionen durchschlagen und diese wesentlich beeinflussen. Die politischen Medien und ihre Redaktionen sitzen in Städten und berichten aus der hiervon geprägten Perspektive heraus. Für mediale Wahrnehmung und wahrgenommene Trends sind Städte ein Brennpunkt. Kontroversen finden gerade in Städten besonders stark statt. Dabei hat sich eine stadtzentrische politische Debatte entwickelt, die v. a. in Europa durch teilweise deutliche Unterschiede in den politischen Mehrheitsverhältnissen zwischen Stadt und Einzugsgebiet gekennzeichnet ist, z. B. in München oder Paris, wo die Kernstadt bislang weitaus weiter links und grüner wählte als das Umland. Die Innenstadtbewohner sind dabei häufig auch deutlich weniger auf das Auto angewiesen als die Pendler aus dem Umland. Die Optimierung ihres städtischen Lebensraums folgt einer anderen Logik als bei Umlandbewohnern. Die in den „Echokammern" der Kernstädte geführten öffentlichen und medialen Diskussionen haben sich daher teilweise erheblich von der Perspektive der umliegenden Regionen entkoppelt.

Herausforderungen für urbane Räume

In vielen urbanen Räumen weltweit hat das im 20. Jahrhundert entwickelte städtische Mobilitätsmodell seine Grenzen erreicht, vielfach überschritten. Die individuellen Mobilitätsbedürfnisse von immer mehr Menschen führten zu mehr Staus, Überlastung der öffentlichen Verkehrsmittel und Parkraumknappheit. Der Zuwachs an Lieferverkehren infolge von immer mehr Bestellvorgängen bei Onlinediensten ist im letzten Jahrzehnt ein weiterer Katalysator geworden. Mit der starken Zunahme des motorisierten Verkehrs gingen gerade in Städten mit schnell steigendem Wohlstand Luftverschmutzung, CO_2-Emissionen und Lärm einher. All dies erfordert deshalb neue Konzepte und politische Führungsleistung. Dies gilt in den „für das Auto" gebauten Städten in den USA genauso wie in den Megacities Chinas, in den historischen Städten Europas mit ihren „autogerechten" Nachkriegsumbauten ebenso wie in den wachsenden Metropolen der Schwellenländer. Immer mehr Städte wollen über die städtische Verkehrspolitik CO_2-Emissionen wirksam senken. Gerade in städtischen Milieus in Westeuropa und den US-Küstenregionen haben umwelt- und klimapolitische Imperative deutlich an Stellenwert gewonnen und sind zu wahlentscheidenden Themen geworden. Interventionen in den Straßenverkehr stellen einen der wichtigsten und sichtbarsten politischen Stellhebel der lokalen Politiker dar und können nationale oder sogar globale Sichtbarkeit erzeugen. In der „C40 Cities Climate Leadership Group" haben sich klimapolitisch ambitionierte Stadtregierungen weltweit zusammengeschlossen. In der Gründung dieser Initiative 2005 war die Stiftung des ehemaligen US-Präsidenten Bill Clinton wesentlich involviert. Erster Vorsitzender war der Londoner Bürgermeister Ken Livingstone (s. u.).

Städte spielen eine sehr wichtige Rolle für die Durchsetzung neuer Antriebssysteme. Anders als der ländliche Raum haben Städte zahlreiche Gründe, entsprechende Anreizstrukturen für saubere Antriebe sowie für ein verändertes Mobilitätsverhalten zu setzen. Zugleich haben tatsächlich vollzogene oder angedrohte Beschränkungen für die Zufahrt von Fahrzeugen mit bestimmten Antriebsarten oder Emissionsklassen erhebliche Auswirkungen auf die Kundenwahrnehmung – einschließlich der daraus resultierenden Verunsicherung und politischen Konflikten. Gerade die Elektromobilität ist auf verbesserte städtische Rahmenbedingungen angewiesen, welche bei Käufern einen entsprechenden Kaufanreiz setzen. Zugängliche Ladeinfrastruktur für elektrifizierte Fahrzeuge, Nutzervorteile wie kostenloses Parken oder dedizierte Fahrspuren bestimmen den Hochlauf dieser Technologien wesentlich mit. Wer als Stadtbewohner ohne eigenen Parkplatz nicht die Chance hat, öffentlich oder am Arbeitsplatz zu laden, kauft sich kaum ein Elektroauto.

ODM ist schließlich ein städtisches Phänomen. Die Frage, ob Car Sharing und Ride Hailing z. B. eine Alternative zu Gebrauchtwagen sind, die ansonsten von Kernstadtbewohnern gefahren würden, oder ob sie jemals eine Alternative zum Neuwagen werden, wird in Städten entschieden. Das gilt erst recht – je nach politischem Rahmen – für die Ersetzung oder Ergänzung des ÖPNV. Es gibt dabei aber keine angebotsseitige „Silver Bullet", mit der alle Herausforderungen der urbanen Mobilität gelöst würden. Gerade einige der stark „gehypeten" digitalen ODM-Lösungen in den vergangenen Jahren werden immer kritischer diskutiert. Auch wer E-Roller fährt, ging die gleiche Strecke zuvor mit nicht geringerer Wahrscheinlichkeit zu Fuß als dass er Auto fuhr. Zugleich wuchs aber die Erkenntnis, dass nicht automatisch von einer wirtschaftlich nachhaltigen, also profitablen On Demand Mobilität ausgegangen werden kann. Aber auch künftige technologische Optionen verloren an Glanz: Nicht nur die technologischen Horizonte für das vollautomatische Fahren rückten immer weiter in die Zukunft. Es wurde auch in seinen Wirkungen auf die Stadt immer deutlicher kritisiert: Gerade in Kalifornien werden die Risiken einer noch stärkeren Zersiedelung durch die Inkaufnahme längerer Pendeldistanzen sehr kritisch diskutiert. So verliere der Stau seine „abschreckende Wirkung", wenn die Zeit im eigenen Auto für Arbeit, Unterhaltung usw. genutzt werden kann. Die Auflösung der Grenze von Arbeit und Freizeit durch die „freie Zeit" im autonomen Auto stellt bisherige Grundkonstanten des Verkehrsmanagements in Frage. Als Reaktion sprachen sich Verkehrswissenschaftler in Kalifornien bereits vor Jahren (so etwa 2018 Prof. Dan Sperling von der UC Davis, der auch dem CARB Board angehört im Jahr) dafür aus, über regulatorische und fiskalische Instrumente nicht nur sicherzustellen, dass Level 5 mit elektrischen Antrieben einherzugehen habe, sondern v. a. Pooling wirksam zu privilegieren.

Die Dominanz des Automobils als Verkehrsträger wird politisch zwar immer stärker in Frage gestellt, zugleich sind aber die jahrzehntelang propagierten Instrumente zur Verlagerung von Verkehr aus dem Auto in den ÖPNV an ihre Grenzen gelangt, mitunter auch klar gescheitert. Durchfahrtverbote und verkehrsflussverschlechternde Ampelschaltungen haben zwar vielfach Frustration und Ärger, aber kaum eine Verhaltensänderung bewirkt. Auch die Förderung des Fahrradverkehrs mit deutlicher Reduzierung des Straßenraums für Autos ging nicht automatisch zulasten des privaten Autos, sondern ersetzte auch den Bus. Kopenhagen wurde lange gefeiert für die Fahrradautobahnen, deren Nutzer saßen aber vorher mit ebenso hoher Wahrscheinlichkeit im Bus wie im Auto.

Von einer echten, durchgreifenden Leistungssteigerung des öffentlichen Nahverkehrs mit Bus, Bahn usw. kann zugleich in vielen Regionen keine Rede sein. Der entscheidende systemische Vorteil des eigenen Autos – maximale Flexibilität und Privatheit, die freie Wahl der Mitreisenden, die Integration in die eigene Lebenswelt und Emotionalität – hat sich bisher aus Sicht der Kunden gegen die Perspektive der „objektiven Bedürfnisse", des „von A nach B Kommens" durchgesetzt. Öffentliche und mediale Kritik an SUVs hat deren Zunahme nicht gestoppt. Die Corona-Krise hat das Wesensmerkmal des ÖPNV, das kollektive Fahren, zum wahrgenommenen Risikofaktor gemacht – und das Auto als sicheren privaten Raum zur bevorzugten Wahl für viele. Die Angst vor der Krankheit hat einen steigenden Anteil der Menschen für ihre verbliebene Mobilität zum Auto und zum Fahrrad anstatt zu Bus und Bahn greifen lassen. Zugleich hat die erzwungene Mobilarbeit einen erheblichen Effekt bei der Entlastung des Straßenraums gehabt. Wie nachhaltig diese Effekte sind, hängt natürlich davon ab, wie schnell die Gesundheitssituation sich normalisiert und Arbeitgeber, Arbeitnehmervertretungen und der Gesetzgeber Homeoffice zum Teil des wirtschaftlichen „Regelbetriebs" machen.

Auf der anderen Seite haben viele Bürgermeister die Gelegenheit ergriffen, angesichts des durch Corona verringerten Verkehrsaufkommens Verkehrsraum kurzfristig umzuwidmen und hofften darauf, diesen Zustand auch gleich aufrecht erhalten zu können. In Brüssels Kernstadt wurde Tempo 20 verhängt, in New York, Berlin, Paris und vielen anderen Städten wurde aus Straßenraum Fahrradwege und Straßenzüge wurden voll gesperrt (von der Rue de Rivoli bis zur Friedrichstraße). Dies sind preiswerte und zugleich sehr sichtbare und politisch griffige restriktive Maßnahmen gegen das Auto – aber noch keine wirksame Politik zugunsten alternativer Optionen. Eine wirksame, auf Freiwilligkeit zielende Politik des Umstiegs kostet aber: Die stärksten und nachhaltigsten „Erfolge" bei der Verlagerung von Personenkilometern vom Auto in Züge, Straßenbahnen und Busse wurden bisher in solchen Metropolen erreicht, wo extrem stark in die Infrastruktur investiert wurde, um auch Pendlerverkehre akzeptabel anbieten zu können (z. B. Tokio), oder wo Pendlerbewegungen ganz entfallen (z. B. Singapur).

Die Maßnahmen in europäischen Städten, die mit dem Anlass Corona ad-hoc zur Zurückdrängung des Automobils im städtischen Raum ergriffen wurden, sind auch insofern bemerkenswert, als nach Jahren einer Debatte, die von den digitalen Veränderungsmöglichkeiten der Mobilität bestimmt war, ausschließlich analoge Instrumente zum Zuge kamen. Während die Verheißungen von Mobilitätsdienstleistungen und digitalem Verkehrsmanagement abstrakt diskutiert wurden, bestanden die konkreten Maßnahmen, die 2020 ergriffen wurden, aus Farbe auf Asphalt und Blechtafeln am Straßenrand. Eine Diskussion über fortschrittlichere Instrumente, über differenziertere Managementoptionen, die auf die Unterschiedlichkeit von Mobilitätsbedürfnissen eingehen, fand nicht statt. Auch der Vorschlag, der im September 2020 von der Berliner Umweltsenatorin gemacht wurde, nämlich eine City-Maut von 8 € für die Einfahrt in das Berliner Stadtgebiet entsprach 1:1 dem technischen Konzept, welches Jahrzehnte zuvor in London (s. u.) eingeführt worden war. Die gesamten Flexibilisierungs- und Differenzierungsoptionen, die technologisch inzwischen möglich geworden sind, kamen nicht vor. Dementsprechend konfrontativ war natürlich auch die Reaktion auf diesen Vorschlag. Einzelhändler protestierten und auch die politischen Parteien positionieren sich unverzüglich dafür oder dagegen. Insofern haben die analogen Corona-Interventionsmaßnahmen nicht dazu beigetragen, die konzeptionelle Diskussion über eine tatsächlich zukunftsfähige Verkehrspolitik, die nicht die gescheiterten Rezepte der vergangenen Jahrzehnte fortschreibt, weiter zu entwickeln, sondern vielmehr die etablierten Reaktionsmuster und ideologischen Positionen gefestigt.

Alle diese Faktoren sprechen für eine grundsätzliche, unvoreingenommene Neubewertung und Überprüfung des verkehrspolitischen Werkzeugkastens, wenn die übergreifenden Ziele einer ressourcenschonenderen, sichereren und umweltgerechteren Mobilität erreicht werden sollen. Dabei müssen die unterschiedlichen Bedingungen in den verschiedenen Märkten Ausgangspunkt aller Diskussionen sein. So ist z. B. eine Vollsperrung von historischen europäischen Stadtkernen, die nie für ein Auto gebaut wurden, anders zu bewerten als eine analoge Maßnahme in multizentrischen, gemeinsam mit dem Auto entstandenen Städten in den USA. Ebenso sind die Bedingungen für die Durchsetzung von sehr hohen Preisschildern auf Betriebserlaubnis und Zulassung von Fahrzeugen in Singapur anders zu bewerten als in Deutschland.

Wer braucht überhaupt ein Auto?

Zunächst eine Zustandsbeschreibung: Die Abb. 14.1, die auf einer Umfrage der BMW Group mit der Universität Karlsruhe (KIT) unter städtischen Autofahrern in Berlin, San Francisco und Shanghai im Jahr 2019 beruht, unterscheidet anhand der Antwort auf zwei einfache Fragen: „Muss ich ein Auto benutzen?" (Objektive Autoabhängigkeit) und „Will ich Autofahren?" (subjektive Autoabhängigkeit).

Beide Dimensionen zusammen ergeben vier Gruppen, die sich wie folgt verteilen:

- Menschen, die Auto fahren, obwohl sie es „objektiv" weder müssten noch es subjektiv wollen (Auto-unabhängige Pragmatiker), Anteil 33 %. Sie sitzen im Auto, v. a. weil ein entsprechend gelerntes Verhalten nicht hinterfragt wird und auch kein Anlass besteht, dies zu tun. Möglicherweise sind auch Alternativen nur unzureichend bekannt bzw. es bestehen Hemmnisse, diese zu nutzen. Oder sie sind schlichtweg nicht attraktiv und leistungsfähig genug.
- Fahrer, die objektiv auf das Auto angewiesen sind, dies aber nicht genießen (Auto Captive), Anteil 9 %. Sie würden sofort umsteigen,

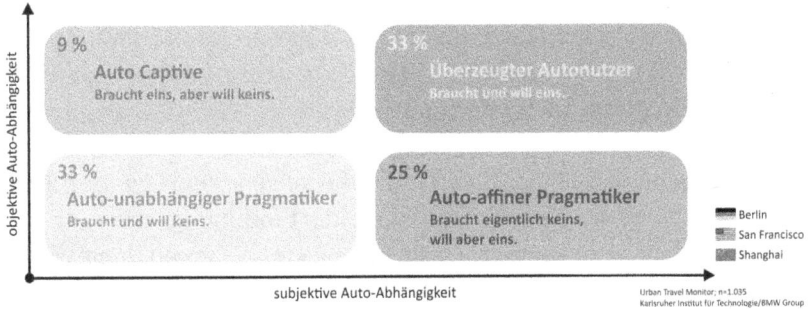

Abb. 14.1 Notwendigkeit des Autos. (Quelle: Urban Travel Monitor 2019)

wenn sie nur könnten. Dazu wären in der Regel entsprechende Verbesserungen des Mobilitätsangebots notwendig. Fehlende Angebote z. B. für das Pendeln aus dem Umland zwingen aber zur Nutzung des Autos.
- Auf der anderen Seite Menschen, die zwar theoretisch eine Alternative haben und diese auch akzeptieren, für die das Autofahren aber ein so positives Erlebnis bedeutet, dass sie mehr Autofahren, als sie es objektiv betrachtet müssten (Auto-affine Pragmatiker), Anteil 25 %.
- Und schließlich all diejenigen, die sich selbst als auf das Auto angewiesen sehen und zugleich mit dessen Nutzung deutlich mehr in Verbindung bringen als ein Fortbewegungsmittel (Anteil 33 %). Sie werden unabhängig von alternativen Angeboten so lange wie möglich beim privaten Pkw bleiben.

In der Realität gibt es natürlich keine klar definierten „Typen" von Menschen, sondern ein Kontinuum graduell unterschiedlicher Bedürfnisse und wahrgenommener Handlungsoptionen und Präferenzen, die sich in dieser vereinfachenden Einordnung niederschlagen.

Soweit die Studienergebnisse. Die Vermutung liegt nahe, dass die Menschen in den beiden rechten Quadranten im Durchschnitt mehr für ihr Auto ausgeben, als diejenigen in den linken und auch im Schnitt die neueren Autos fahren. Die Kunden neuer Premiumautos gehören erst recht überwiegend zum oberen rechten Viertel des Schaubilds. Die Verteilung zwischen diesen Quadranten ist in den drei untersuchten Märkten erstaunlich ähnlich. Diese Städte eint zugleich, dass sie alle ein relativ gutes ÖPNV-Angebot aufweisen. Die objektive Abhängigkeit von einem eigenen Pkw dürfte in Städten mit schlechteren ÖPNV-Systemen also noch höher sein bzw. dort dürften sich die Anteile zugunsten höherer Abhängigkeit verschieben. Eine Größe dürfte aber konstant sein: Menschen mit hoher und positiv empfundener Bindung an das Auto sind bereit, deutlich mehr auszugeben als diejenigen, die „gegen ihren Willen" Auto fahren. Und zugleich sind diejenigen in den beiden linken Quadranten durch mehr und verbesserte Alternativangebote möglicherweise bereit, auf ihr Fahrzeug zu verzichten. Die Annahme erscheint plausibel, dass gerade die Autos dieser Menschen einen geringeren Durchschnittswert

14 Städte – Brennpunkte und Kampfplätze

haben und zugleich eine höhere spezifische Belastung der Umwelt bewirken.

Eine Schlüsselfrage für die politische Intervention im städtischen Raum ist, ob diese Unterschiede in den Bedürfnissen und Interessen in deren Design einfließen oder nicht. Dazu einige Thesen:

Erstens: Pauschale Fahrverbote betreffen alle Autofahrer gleichermaßen, aber am härtesten diejenigen, für die es keine Alternative zum Auto gibt. Auch Menschen, für die Autofahren ein positiv besetztes Erlebnis darstellt, reagieren negativ. Akzeptanz kann allenfalls dann erwartet werden, wenn ein so starker Schub bei dem Ausbau und der Qualitätssicherung alternativer Verkehrsmittel erfolgt, dass große Teile der Betroffenen in den unteren linken Quadranten vom ÖPNV neu überzeugt werden. Auf der rechten Seite ist aber politischer Widerstand unvermeidbar.

Zweitens: Ökologisch-selektive Beschränkungen, wie beispielsweise diejenigen, die in der Dieselkrise diskutiert wurden (Fahrverbot für ältere Diesel), betreffen zwar mit höherer Wahrscheinlichkeit Menschen mit niedrigerer Bindung an das Auto und mit niedrigeren Einkommen, unter diesen aber gerade auch solche, die auf das Auto angewiesen sind. Die soziale Dimension von Legitimität prallt hier auf die ökologische. Für die Halter neuer und teurer Autos sind diese Maßnahmen dagegen weniger schädlich, im Gegenteil sie profitieren von weniger Staus. Zugleich sind neuere Autos relativ wohlhabenderer Halter ökologisch klar überlegen, was zu einem zentralen „verteilungspolitischen" Dilemma für Stadtregierungen führt. Der Verweis städtischer Politiker in der Dieseldebatte auf unausweichliche rechtliche Zwänge ist daher auch unter dem Gesichtspunkt der sozial problematischen Lastenverteilung nachvollziehbar. Genauso wie der Verzicht auf diese Maßnahme, in dem Moment, wo ein externer Zwang wegfällt.

Drittens: Eine pauschale Verteuerung des Zugangs zum städtischen Raum hat strukturell ähnliche Effekte: Auch hier wird der Druck auf den städtischen Verkehr abnehmen und das Mobilitätserlebnis für diejenigen verbessern, die nicht in den öffentlichen Verkehr abgedrängt werden. City-Mautsysteme und hohe Parkgebühren wirken dort am stärksten, wo sie auf knappe Haushaltsbudgets und niedrige Bindung an das Fahrzeug treffen und die Entscheidung für die Option des öffentlichen Nahverkehrs anstößt. Für diejenigen, die keine Ausweichoption haben, wirken sie dagegen wie eine unvermeidbare Steuer. Das ökonomische Argument, wonach eine Maut auch als Kompensation für niedrigere Mieten und Hauspreise im „Speckgürtel" gesehen werden könnte, verfängt bei den Betroffenen kaum. Die Verteuerung des+ Zugangs zur Stadt kann allerdings von den Angehörigen der beiden rechten Quadranten nicht nur eher verkraftet werden, diese haben wahrscheinlich auch eher die innere Bereitschaft, sich ihre Mobilität etwas kosten zu lassen.

Viertens: In einer anreizorientierten Logik die Alternativen zum Auto politisch zu unterstützen, und nachhaltig in ihren Ausbau zu investieren, lässt die beiden linken Quadranten schrumpfen vor allem aber ist eine solche Politik in der Lage, bei denjenigen, die „unten links" eigentlich nur darauf warten, ein für ihre Bedürfnisse besseres Angebot zu erhalten, oder aber die dieses bisher aus Gewohnheit nicht wahrgenommen haben, eine Veränderung zu bewirken. Sie ist allerdings teuer.

Die Verkehrspolitik in vielen Städten ist dadurch gekennzeichnet, dass sie einzelne dieser Optionen isoliert betreibt und dabei zugleich an deren Grenzen stößt: Der Ausbau von Alternativen zum Auto wird durch in sehr vielen Kommunen begrenzte Haushaltsspielräume eingeengt. Zugleich stoßen kostenlose Verbotsmaßnahmen, aber auch Preiserhöhungen für Straßenbenutzung und/oder Parken an die Grenzen ihrer politischen Akzeptanz, da sie als unfaire „Abzocke" ohne Gegenleistung wahrgenommen werden. Gerade aus der Sicht von Pendlern erscheint der restriktive Werkzeugkasten als Optimierung des eigenen Lebensraums durch die Kernstadtbewohner – aber zulasten Dritter.

Eine mögliche Antwort hierauf, die in Kap. 17 näher geschildert wird, könnte lauten, Verkehrspolitik flexibler zu gestalten, und zwar durch eine digitale, differenzierte Bepreisung, mit der in fairer Form Haushaltsmittel generiert werden, die anschließend für eine Verbesserung des Alternativangebotes zum Automobil eingesetzt werden. Mit dieser Politik würde die Zahlungsbereitschaft des einen Teils der Autofahrer genutzt – dies allerdings mit der Gegenleistung einer merklichen Verringerung von Stau und Parksuchverkehr. Letzteres dadurch, dass diejenigen, die eigentlich aus dem Auto raus wollen eine Option hierfür bekommen – aber keine zu der sie gezwungen werden, sondern eine die sie freiwillig wählen, weil sie attraktiv genug ist. Zunächst aber ein Blick auf die Realität heute.

Restriktive Politik

Der Londoner Labour-Bürgermeister Ken Livingstone hat 2003 mit der Einführung der „Congestion Charge", einer emissionsabhängigen, mit lückenloser Kameraüberwachung erfassten städtischen Maut, eine weltweite Pionierrolle für Beschränkungen individueller Mobilität gespielt. Das System erhebt eine nach Antriebsarten gestaffelte Gebühr, die ab dem Überfahren der Grenze des Territoriums mit Maut in einheitlicher Höhe fällig wird (egal wie weit anschließend gefahren wird). 2020 betrug sie 15 Pfund pro Tag, die an Wochentagen ab dem ersten Meter innerhalb des Territoriums erhoben werden. Das Aufkommen ging überwiegend in den ÖPNV, aber auch die städtische Verkehrsinfrastruktur. Einen Abschlag von 90 % erhalten Anwohner. Zugleich sind bis 2021 BEVs und PHEVs ausgenommen und ab 2025 nur noch BEV. Livingstones konservativer und bereits vor seiner Wahl als harter Autokritiker profilierter Nachfolger Boris Johnson sorgte mit der englischen Version des Bike Sharing, im Volksmund zunächst „Boris Bike" genannt, für Aufsehen, ließ die Congestion Charge aber bestehen, ebenso wie sein Nachfolger Sadiq Khan (wiederum Labour). Da die alleinige Entscheidungsgewalt für Parkgebühren aufgrund deren uralter Rechte bei den einzelnen Stadtteilen, den „Boroughs") liegt, hatte es Car Sharing sehr schwer, zu berechenbaren und gleichen Konditionen flächendeckende Angebote zu machen, was zum Rückzug von ShareNow 2019 beitrug. Zugleich wurde aber der Anteil elektrischer Taxis relativ schnell hochgefahren – mit einem EREV der chinesischen Firma Geely, das im Design den traditionellen London-Taxis entlehnt ist. Über die Tätigkeit von Uber hat es auch in London längere Auseinandersetzungen gegeben. Im Ergebnis ist dieser Dienst heute zu geringfügig niedrigeren Preisen als Taxis verfügbar. Für private Autofahrer sind die Folgen klar: Wenn man überspitzt formuliert, wurde der Zugang zur Stadt für alte, billige, dreckige Auto armer Leute wirksam verteuert, während die relative Belastung der Halter neuer, teurer und sauberer Autos wesentlich leichter verkraftet werden konnte. Ob der Stau heute geringer ausfällt, als es ohne die Abgabe der Fall wäre, oder ob es nur eine Verlagerung in das Umland gegeben hat, ist umstritten. Dem Absatz von Herstellern wie BMW hat all dies nicht geschadet. Die

Kunden aus dem oberen rechten Quadranten zahlen und bekommen dafür eine Gegenleistung – privilegierten Zugang. Bisher hat es in London keine harte Kontroverse um die Abgabe gegeben, es wurde mit der territorial deckungsgleichen Ultra Low Emission Zone vielmehr noch eins draufgesetzt: Hier werden für alle Fahrzeuge, die nicht mindestens Euro 4 bei Otto und Euro 6 bei Diesel erfüllen, noch einmal 12,50 Pfund fällig. Dass das eigene Auto im Großraum London durch die exorbitanten Kosten für Wohnen bereits bei vielen Innenstadtbewohnern dem Sparzwang zum Opfer gefallen ist, und zugleich mit einem dichten ÖPNV-Netz eine gute Abdeckung der Basismobilität gewährleistet ist, mag zu der relativ hohen Akzeptanz beigetragen haben.

Paris steht für den Weg aus einer zunächst anreiz- und alternativenorientierten in eine hart restriktive Politik. Dort hat der sozialistische Bürgermeister Betrand Delanoe bereits 2011 versucht, eine Führungsrolle bei der Ersetzung des privat betriebenen Automobils durch ein städtisches Sharing-Angebot zu spielen. Mit „Autolib" wurde der zuvor bei Fahrrädern (Velib) praktizierte Ansatz auf eine Flotte von 4000 elektrischen Fahrzeugen übertragen. Für diese wurde mit erheblicher staatlicher Bezuschussung ein großes, die gesamte Innenstadt abdeckendes Netz mit elektrischen Ladestationen an attraktiven Standorten aufgebaut, dies allerdings exklusiv ohne Nutzungsoption für andere E-Fahrzeuge. Die Fahrzeugflotte selbst bestand aus eigens hierfür entwickelten reinen Stadtfahrzeugen des Unternehmens Bolloré, die jedoch im Hinblick auf Komfort und nach einiger Zeit vor allem in Hinblick auf ihren Erhaltungs- und Sauberkeitszustand erhebliche Defizite aufwiesen. Dieses Modell war auch zu keinem Zeitpunkt auch nur annähernd profitabel, sondern beanspruchte dauerhaft eine erhebliche Bezuschussung durch die Stadt Paris – zum Schluss mehrere hundert Mio. €. Die nachfolgende, ebenfalls von Sozialisten und Grünen gestützte Bürgermeisterin Anne Hidalgo hat das Modell daher Ende 2018 beendet. Der Versuch von Uber mit dem auf Privatfahrzeugen basierenden UberPop in Paris Fuß zu fassen, wurde 2014 nicht zuletzt durch im EU-Vergleich besonders gewaltbereite Taxifahrer (die zudem sechsstellige Lizenzgebühren für den Zugang zum regulierten Markt zahlen mussten) zunächst im Keim erstickt. Auch heute ist mit UberX nur die teurere, mietwagenbasierte Variante im Angebot. Parallel hierzu verfolgt die Oberbürgermeisterin eine besonders konse-

14 Städte – Brennpunkte und Kampfplätze

quente restriktive Politik der Beschränkung des Verkehrsraums für private Autos (tageweise Fahrverbote und „Rückbau" von zentralen Verkehrsadern) und der Androhung von weitergehenden Verboten. So wurde das in ganz Frankreich eingeführte Plakettensystem Crit'Air, vergleichbar mit den deutschen Feinstaubplaketten, genutzt, um eine schrittweise Sperrung für Diesel anzukündigen, beginnend mit den ältesten und schmutzigsten. Das Ziel der Bürgermeisterin heißt Halbierung des Autoverkehrs. Hidalgo hat sich ausdrücklich mit der Forderung ausgedehnter Fahrverbotszonen im Kernstadtbereich, einem Dieselverbot ab 2025 und einem kompletten Verbrennerverbot ab 2030 positioniert. Die französischen Kommunalwahlen Ende Juni 2020 bestätigten (mit den Stimmen der Kernstadt-Bewohner) den Kurs der Pariser Bürgermeisterin, die sich gegen ihre Konkurrenten von der Partei des Präsidenten Macron durchsetzen konnte.

Beide Modelle sind Beispiele dafür, wie die Stadt „exklusiver" wird. Die Entwicklung des Automobils zum demokratisierten Massenverkehrsmittel wird hier letztendlich in Frage gestellt, v. a. für diejenigen, die sich kein Fahrzeug mit neuester Abgastechnologie leisten können. Genau dies provoziert aber natürlich auch politischen Widerstand. Grenzen der Akzeptanz werden dabei immer wieder ausgelotet. In Madrid hat sich dies 2019 gezeigt, als die oppositionellen Konservativen die Kommunalwahl mit dem Versprechen gewannen, die unter der zuvor regierenden Podemos-Bürgermeisterin eingeführte strikte Beschränkung des Zugangs zur Innenstadt auf elektrifizierte Autos, Anwohner, Taxis und Ride Hailing sowie Car Sharing aufzuheben. Die Debatte hat zwischenzeitlich zu einer aufgeweichten Variante des ursprünglichen Regimes geführt.

Die Entwicklung in Frankreich ist in mehrfacher Hinsicht bemerkenswert: Die sog. „Gelbwesten" haben 2019 die Rücknahme eines ökologischen Umsteuerungsprojekts erzwungen. Dabei wurde die Regierung Macron gezwungen, nicht nur die angekündigten Erhöhungen der Benzin- und Dieselsteuern zurückzunehmen. Sondern es wurden quasi zur Kompensation der zwischenzeitlichen Sympathie- und Kontrollverluste auch noch die klassischen Instrumentarien französischer Sozialpolitik wiederbelebt, bei denen eigentlich Korrekturen angestrebt wurden: Indirekte Mindestlohnerhöhung und Verbesserung der Altersversorgung. Zugleich zeigt aber ein Interview des französischen Umweltministers aus dem Dezember 2018 tiefere Wurzeln der Konfrontation. Er stellte sinngemäß fest, dass Teile der französischen Bevölkerung „in der Abhängigkeit vom Automobil gefangen seien." (Interview mit Francois de Rugy, Le Parisien, 18.11.2018) Dies zeigt, dass die reale Lebenssituation von Pendlern, die ihren Arbeitsplatz kaum anders erreichen können als mit dem Auto, offenbar kaum noch nachvollzogen wurde.

Ban Days
In den Megacities Chinas erreichten mit dem rasanten Wirtschaftswachstum die Luftbelastungen sehr schnell ein unerträgliches Ausmaß, dass in den frühen Nuller Jahren demjenigen in Los Angeles in den 60er- und 70er-Jahren entsprach. Dazu trugen Energieerzeugungs- und Heizungsanlagen auf unzureichendem Stand der Technik, aber auch das enorme Wachstum des Pkw-Bestands in Verbindung mit Dauerstaus bei. Nachdem die Klagen in der Bevölkerung über die gesundheitlichen Folgen immer größer und auch die Daten für die Bürger immer transparenter wurden, griffen die Zentral- und lokalen Regierungen zu immer härteren, restriktiven Maßnahmen. Zunächst wurden die Abgasgrenzwerte der USA bzw. der EU übernommen und durchgesetzt. Dies reichte jedoch nicht aus, weshalb in die Nutzung der Fahrzeuge eingegriffen wurde. Die ersten Beschränkungen griffen während der Olympiade 2008 und knüpften an Notmaßnahmen an, die bereits zuvor auch z. B. in Athen und anderen Städten wie Sao Paulo ergriffen worden waren (gerade vs. ungerade Endziffern). In einigen der größten Städte Chinas wurde mit den sog. „Ban Days" der Verkehr wesentlich reduziert. An jedem Tag der Woche wird eine andere Endziffer auf dem Nummernschild von der Einfahrt in das Stadtgebiet beispielsweise Pekings ausgeschlossen. An diesen Tagen bietet sich den betroffenen Haltern nur die Alternative öffentlicher Nahverkehr, das Taxi oder aber ein Zweitwagen als Lösung – oder aber die Nutzung des Ride Hailing Dienstes Didi, der von den Sperrungen profitierte. Damit wurde ein umweltpolitisches, hartes und analoges Interventionsinstrument zum Katalysator eines digitalen Mobilitätsdienstes. Das Instrument endziffernbasierter Fahrverbote ist beliebig skalierbar und kann mit geringem behördlichem Aufwand der Belastungssituation angepasst werden. Da in chinesischen Großstädten eine automatisierte Vollerfassung des Verkehrs mit Kameras ohnehin die Regel

ist, ist auch die Überwachung der Einhaltung dieser Restriktion kein Problem. Die Ausnahme vom Ban Day, welche für NEV gewährt wurde, war zugleich ein Anschub für die Nachfrage nach emissionsfreien Fahrzeugen. Damit funktionieren die politischen Imperative ‚Luftreinhaltung' und ‚Klimaschutz' in China gleichgerichtet zwischen einander und auch gleichgerichtet mit den industriepolitischen Zielen der Regierung.

Option Vollsperrung?
Die sozial diskriminierende Wirkung von restriktiver Politik entfällt bei der radikalsten Ausprägung städtischer Intervention, nämlich der Sperrung ganzer Stadtbereiche für jeglichen Automobilverkehr – egal ob emissionsfrei oder nicht. Allerdings hat dieses Vorgehen eine Reihe von politisch-legitimatorischen Voraussetzungen: Die erste Voraussetzung ist die mehrheitliche Akzeptanz dieses Kurses, der die Aussicht hat, auch über einen längeren Zeitraum durchgehalten zu werden. Wirtschaftliche Risiken insbesondere für städtische Geschäftsleute aus der Verlagerung in vorstädtische Einkaufszentren müssen zweitens wirtschaftlich beherrschbar bzw. in ihrer Wirkung auf die politischen Mehrheitsverhältnisse begrenzbar sein. Drittens ist ein Verkehrssystem erforderlich, das in punkto Pünktlichkeit, Sauberkeit, Bequemlichkeit und Taktzahl den Verlust der Option Privatauto zu kompensieren in der in der Lage ist (in der kalifornischen Realität ist LAX, einer der größten Flughäfen der Welt bisher nicht an den öffentlichen Schienenverkehr angebunden). Ergänzend sind viertens Angebote für die „letzte Meile" insbesondere in Form von Sharing-Systemen für Fahrräder, E-Scooter und ähnliches nötig. Die Übernahme des Leihscooter-Anbieters Lime durch Uber 2020 kann auch in der Logik komplementärer Angebote von Auto-Mobilität bis zu deren Grenzen und einem Angebot für die letzten paar hundert Meter gesehen werden.

Diese Faktoren sind am ehesten in den Kernbereichen nordwesteuropäischer Städte gegeben. Diese sind kleinräumig und aufgrund ihrer historisch gewachsenen Strukturen ohnehin wenig autogeeignet. Zugleich bestehen hier die wirtschaftlichen Voraussetzungen für die staatlichen Investitionen in leistungsfähige Alternativen weit eher als in haushaltstechnisch unter Druck stehenden Metropolen Zentral- und Südeuropas.

Ferner sind hier ökologische Argumente über das originär grüne Spektrum hinaus soweit verankert und akzeptiert, dass eine längerfristige Durchhaltbarkeit wahrscheinlicher ist. Vor allem aber sind die räumlichen Distanzen so gering, dass das gesperrte Gebiet in seiner Fläche – überspitzt formuliert – gerade einmal einer Pekinger Fußgängerzone entspricht.

Dagegen sieht die Situation in den USA deutlich anders aus: Mehrheiten für großflächige – und großflächig bedeutet hier Kernstadt-Bereiche, die teilweise größer sind als nordeuropäische Hauptstädte insgesamt – sind hier deutlich schwerer zu erreichen. Bei all dem spielen schließlich die Anbieter von öffentlichen Verkehrsleistungen eine weitaus geringere Rolle als in der EU. So ist es selbst im „grünen" Kalifornien bis heute nicht gelungen, die politischen Voraussetzungen für eine schnelle Bahnverbindung zwischen Los Angeles und San Francisco zu schaffen. Hinzu kommt, dass (sieht man vielleicht von dem historischen Stadtkern von Boston und ähnlichen relativen Alt-Städten) ab, die gesamte Geschichte vieler amerikanischer Städte sich buchstäblich um das Automobil herum und mit ihm abgespielt hat. Dass in LA heute überhaupt eine Bepreisungsdebatte stattfindet ist umso bemerkenswerter. In New York wird über eine Abgabe für Manhattan diskutiert, die aber bereits auf etablierten Preisen für die Zugangswege aufbauen kann.

In China dagegen ist – jedenfalls bei für die Bevölkerung akzeptablen Alternativen – die politische Durchsetzbarkeit weit weniger der Engpass. Maßnahmen wie die Ban Days oder die Lotterie für neue Nummernschilder wurden extrem schnell umgesetzt. Auch neu aus dem Boden gestampfte Stadtteile und ganze Städte bieten die Option für umfassend veränderte Stadtplanung. So ist es das ausdrückliche Ziel, in dem zur Entlastung der Hauptstadt Peking geplanten Xiong'An New District den Verkehrsmix durch eine gezielte Bündelung von Wohnen und Arbeiten „from scratch" zu ändern. Das Volumen an Pendelbewegungen entlang der Logik „aus der Peripherie ins Zentrum und zurück" soll durch die Ansiedlung von Wohnquartieren in direkter Durchmischung mit Gewerbe und Industrie von Anfang an durchbrochen und Verkehrsbedarf so „an der Quelle" vermindert werden. Hierbei werden auch radikal neue Methoden diskutiert, etwa im Straßennetz nur noch auf jeder x-ten Straße im Grid private Autos zuzulassen und diejenigen dazwischen für Fahrräder und ggfs. ODM zu reservieren. Die politische Durchsetzung ist dagegen noch offen. Einen vergleichbaren gesamtstädtebaulichen Ansatz haben sich auch z. B. Paris und Barcelona als Zielbild zu eigen gemacht pilotieren ihn unter Überschriften wie „15-Minuten-Stadt" oder „Super Blocks".

Szenario Singapur
Singapur, das ja bereits Anfang der 80er-Jahre als Blaupause für Deng Xiaopings Öffnungspolitik und die Gründung der chinesischen Sonderwirtschaftszonen diente, liefert einige Hinweise, in welche Richtung restriktive Politik unter „Idealbedingungen" laufen kann: Die Steuern auf ein neues Fahrzeug und der Erwerb eines Nummernschildes summieren sich dort auf das das Doppelte des Fahrzeugpreises. In Singapur muss man also dreimal so viel dafür bezahlen, ein Neufahrzeug auf die Straße zu bringen, wie in Deutschland. Dabei ist die Haltedauer auf zehn Jahre begrenzt. Hinzu kommt eine elektronische, fahrleistungsabhängige Maut für wichtige Teile des singapurischen Straßennetzes. Nachdem der Stadtstaat bereits 1975 ein mit Plaketten kontrolliertes Gebührensystem eingeführt hatte, wurde bereits seit 1998 auf eine elektronische Erhebung umgestellt. Dabei kommuniziert eine „in-vehicle-unit" an der Windschutzscheibe mit an Brücken installierten Erfassungsanlagen. Der nach Tageszeiten differenzierte Mautsatz erreicht bis zu ca. 1,20 € für eine halbe Stunde und wird alle drei Monate auf der Basis von gemessener Verkehrsdichte und Fließgeschwindigkeit überprüft. Die Folge dieses Systems ist, dass es a) in Singapur keine alten Autos gibt und b) die Autodichte pro Einwohner deutlich niedriger ist als in Städten mit vergleichbar hohem Einkommensdurchschnitt. Zugleich wurde die Wahrscheinlichkeit von Staus nachhaltig gesenkt und die Fließgeschwindigkeit des Verkehrs erhöht. Deshalb ist auch das Emissionsniveau im Straßenverkehr eines der niedrigsten der Welt (dasjenige der tausenden Schiffe, die ständig auf Reede liegen, und von denen Singapur als asiatischer Logistik-Hub wesentlich lebt, jedoch nicht). Zugleich ist der Premiumanteil am reduzierten Gesamtmarkt besonders hoch. Ergänzt wird diese Politik durch ein sehr gut ausgebautes öffentliches Nahverkehrssystem, welches die gesamte Insel (in der längerer Pendelverkehr kaum stattfindet) erschließt. Dreck und Vandalismus kommen aufgrund des drakonischen

singapurischen Strafrechts nicht vor. Taxis oder Hailing z. B. mit dem Anbieter Grab kosten wenig. Die Folge ist natürlich auch, dass zu den großen, staatlich hochsubventionierten Apartmentkomplexen, in denen die Durchschnittseinwohner Singapurs leben, keine großen Parkhauskomplexe gehören, sondern das eigene Auto ein klares Privileg der Mittel- und Oberschicht ist. Dies wird angesichts der leistungsfähigen und preiswerten Alternativen aber akzeptiert.

Kooperation?

Aus politischer wie wirtschaftlicher Perspektive lautet eine wichtige Frage, inwieweit der mehr oder weniger hart verfochtene Pfad der pauschalen Bekämpfung des Automobils ergänzt bzw. flankiert wird durch Optionen, die Mobilität mit dem Auto auch ohne Pkw-Eigentum ermöglichen. Car Sharing aus der Nische zu holen, erfordert Unterstützung durch städtische Politik: Je mehr Parkplätze zur Verfügung stehen und je leichter es fällt, profitabel Parkraum in Anspruch zu nehmen, je leichter der Zugriff insbesondere auf eine elektrische Ladeinfrastruktur möglich ist, desto schneller können Städte diesen Pfad nutzen. Dies ist ein möglicher Weg um auch denjenigen, für den das eigene Fahrzeug aufgrund seines Alters und seiner Emissionsperformance oder aber aufgrund noch weitergehender Beschränkungen keine Option mehr darstellt, die Chance zu bieten, gleichwohl ‚Auto-mobil' zu bleiben. Bisherige Daten zeigen, dass vor allem in großstädtischen Räumen gebrauchte private Pkw durch die Option, ein attraktives Auto im Sharing-Modus zu nutzen, ersetzt werden, zumal wenn dieser preiswerter ist als Hailing oder Taxis. Dies kann umso eher gelingen, wie die Kommunikation von Stadtregierungen positive Alternativangebote exakt denjenigen macht, bei denen eine negative Betroffenheit von Restriktionen zu erwarten ist. Das Projekt „Neue Mobilität Berlin", an dem auch BMW beteiligt war, und in dem gezielt Alternativen zum temporär „weggeparkten" Auto getestet wurden, hat gezeigt, dass dies möglich ist.

Hierbei wäre eine gezielte Kooperation zwischen städtischen Verwaltungen und entsprechenden Dienstleistungsanbietern eine Schlüsselgröße, denn es werden kategorial neue Formen der Intermodalität möglich. Kombinierte Abrechnungssysteme für Nutzungsgebühren für den privaten Pkw, Tickets für den öffentlichen Nahverkehr oder aber auch die Inanspruchnahme von Mobilitätsdienstleistungen könnten nachhaltig den Wechsel zwischen Verkehrsträgern und die flexible Reaktion auf unterschiedliche Verkehrssituationen erleichtern. Hiermit würde eine veränderte Arbeitsteilung zwischen öffentlichen Verkehrsträgern und Anbietern von ODM möglich. So ist es eine grundsätzlich plausible Option, in Zeitfenstern und in Regionen, in denen z. B. Busse für sehr geringe Nachfrage keine nachhaltige Option darstellen (z. B. wegen exzessivem Pro-, Kopf-Verbrauch an Energie), Taxis oder Ride Hailing Dienste zu vertretbaren, ggf. subventionierten Raten einzusetzen. Umgekehrt können z. B. Straßenbenutzungsgebühren für kommerzielle Mobilitätsanbieter in stark nachgefragten Zonen und Zeiten höher angesetzt werden und einen Finanzierungsbeitrag für verbesserte öffentliche Angebote leisten. Spätestens, wenn automatische Taxis und Busse eine reale Option werden, und sich die Fahrzeuge nur noch in Insassenanzahl und Ausstattung unterscheiden, erscheint die Logik einer integrierten Steuerung dieser Dienste zwingend. All dies könnte insbesondere dann gelingen, wenn es zu einer wesentlich engeren, bisherige Feindbilder überwindenden Kooperation zwischen öffentlichen Verkehrsunternehmen und privatwirtschaftlichen Anbietern von Mobilitätsdiensten käme. In Kopenhagen wurde seit 2015 deutlich innovativer vorgegangen als in London und Paris: Mit Arrival steht dort ein international vernetzter Betreiber des Nahverkehrssystems für das Ziel einer Integration unterschiedlicher Verkehrsmittel in ein gesamthaftes kommunales Angebot. Mit einem einzigen Bezahlsystem können nicht nur öffentliche Verkehrsmittel genutzt, sondern auch Car Sharing Fahrzeuge in Anspruch genommen werden. Diese können auch elektrisch betrieben werden, da im gesamten Stadtgebiet eine hinreichende Dichte an elektrischen Ladestationen existiert. Auch in der Schweiz bietet die SBB als Bahnbetreiber die Option des direkten Umstiegs auf Car Sharing Autos an, und zwar auch im ländlichen Raum.

Kurzfristig noch größer sind die Chancen, die sich durch die Ausweitung und Differenzierung des finanziellen Lenkungsinstrumentariums bieten. Heutige Mautsysteme basieren auf dem Überschreiten territorialer Grenzen, bei denen der Zwang zum Bezahlen eines einheitlichen Tarifs ansetzt. Wer reinfährt zahlt, egal ob nur ein Kind in der Schule abgeliefert, oder aber den ganzen Tag lang Lieferdienste erbracht werden. Hinter dieser „Schranke" (egal ob Staatsgrenze oder Ortseingang) spielt der tatsächliche Umfang, in dem die öffentliche Infrastruktur genutzt wird, keinerlei Rolle mehr. Dies ist bei einer fahrleistungsabhängigen elektronischen Bepreisung völlig anders: Hier wird es möglich, tatsächlich pro gefahrenem Kilometer abzurechnen. Und dies ohne auf Kontrolle an bestimmten Einfahrtstellen (egal ob Auffahrt auf einer Autobahn oder Einfahrt in den Stadtkern) angewiesen zu sein. Das bedeutet, dass Pendler, die lediglich zu ihrem Arbeitsplatz fahren, anders behandelt werden als z. B. Lieferdienste. Zugleich ermöglicht die Erfassung über Smartphones und/oder das Auto selbst den Verzicht auf kostspielige Investitionen in technische Überwachungsstrukturen (Kameras, Mautbrücken, Toll-Gates usw.), bei denen die Einnahmen zunächst für die Kompensation des Investmentaufwands benötigt werden wie bei der deutschen Lkw-Maut. Des Weiteren kann auf unterschiedliche Belastungsgerade von Straßen flexibel reagiert und auch innerhalb eines Gebietes unterschiedliche Anreize gesetzt werden. Dies gilt auf der Ebene der Unterscheidung zwischen Landstraßen und innerstädtischen Gebieten, aber auch innerhalb von Städten, wo zwischen superurbanen Kernen und Peripherie wirksam unterschieden werden könnte. Neben der räumlichen Differenzierung wird auch die zeitliche Unterscheidung ermöglicht bzw. nachhaltig vereinfacht: Verkehrsarme Zeiten können so günstiger behandelt werden als Stoßzeiten. Auch kann Verkehrsraum weit flexibler allokiert werden. Mit einem digitalen Verkehrsmanagementsystem ist es z. B. möglich, über Navigationssysteme die privilegierte Nutzung von Fahrspuren zu regeln. Das kann z. B. heißen, die Reservierung von Teilen des Straßennetzes für Fahrgemeinschaften oder Elektrofahrzeuge bedarfsgerecht zu verringern oder auszudehnen. Mit all diesen Ansätzen lässt sich das Konfliktpotenzial einer Neuorganisation des Verkehrs mindern. Differenzierung von Preisen erlaubt mehr wahrgenommene Fairness. Mehr und bessere Alternativen machen den Verzicht auf das Automobil leichter.

Diese Beispiele zeigen mehrerlei Implikationen für die Perspektiven einer nachhaltig veränderten urbanen Mobilität in Europa: Die Verankerung neuer Mobilitätsmodelle kann in Europa leicht zu einem

"Häuserkampf" werden. Eine gemeinschaftliche Politik, die Anforderungen an, aber auch Möglichkeiten für ODM definiert, fehlt bisher. Konsequent integrierte Angebote sind bis heute extrem selten, da sie eben zur Voraussetzung haben, auch das Auto als möglichen Bestandteil eines öffentlichen Angebots zu sehen. Dem stehen natürlich jahrzehntelang gelerntes Verhalten und eingewurzelte Wahrnehmungsmuster bis hin zu Feindbildern gegenüber, die gerade in sozialen Medien unversöhnlich aufeinanderprallen. Erhebliche Vorbehalte kommen von staatlichen Nahverkehrsmonopolen, die einen umfassenden Legitimitätsvorteil gegenüber jeglicher Mobilität mit dem Auto reklamieren. Die kommunalpolitische Beweislast liegt jedenfalls immer bei den neuen Angeboten und nicht bei städtischen Verkehrsunternehmen, das gilt für Sharing und Hailing gleichermaßen. Es erschiene aber nur fair, auch den unmittelbaren Vergleich zum öffentlichen Verkehrssystem im heutigen Sinne sachorientiert zu führen: Wieviel Energie ist beispielsweise erforderlich, um mit Bus oder Straßenbahn eine vergleichbare Verkehrsleistung zu erbringen? Ist es richtig, in einem 20 Meter langen Gelenkbus 2 Fahrgäste um 23.00 zu transportieren? Wäre ein öffentlich lizenzierter Pkw-Mobilitätsdienst hier nicht eine bessere Wahl? Optimierung eines städtischen Verkehrssystems könnte in letzter Konsequenz auch systeminternen Leistungswettbewerb unter klar definierten und messbaren Kriterien beinhalten. Hierdurch wäre es möglich, die abstrakt geführte Systemdebatte zwischen einem hochflexiblen aber wenig effizienten automobilbasierten Verkehr auf der einen Seite, dem (jedenfalls bei entsprechender Nachfrage) effizienten aber inflexiblen öffentlichen System auf der anderen Seite, durch eine differenziertere Steuerung zu ersetzen. Die Möglichkeiten hierfür sind mit den heute verfügbaren bzw. absehbaren technologischen Optionen qualitativ gestiegen. Das individuelle Verkehrsmitteloptimum ist heute für unterschiedliche Stadtviertel, demografische Gruppen und sogar den einzelnen Bürger weit besser beschreibbar, als es dies in den analogen Zeiten der Verkehrszählung und händischen Umfragen jemals gewesen ist. Diese Chancen müssten genutzt werden. So gibt es jedenfalls kaum noch technische Gründe dafür, nicht in Abhängigkeit von Anlass, Ziel, Tageszeit, Verkehrsbelastung, oder diversen anderen Parametern Verkehrsträger zielgenau in einem Menü von Angeboten miteinander zu verknüpfen. Umgekehrt ist es möglich, knappere und geldwerte Ressourcen unter öffentlicher Kontrolle (von der Straßenbenutzung bis zum Parkraum) differenziert zu bewerten und den verschiedenen Betreibern anzubieten.

Ende 2020 haben sich im Rahmen der Plattform Urbane Mobilität (PUM) Unternehmen der Automobilindustrie, der VDA sowie die Städte Köln, Bremen, Stuttgart, München, Leipzig, Düsseldorf und Ludwigsburg auf gemeinsame Thesen für Mobilität im städtischen Raum verständigt. Dabei wurden eine Reihe von Maßnahmen, wie die Differenzierung von Preisen für die Nutzung der öffentlichen Infrastruktur, die Erleichterung von alternativen Mobilitätsangeboten wie Ride Pooling, Änderungen im Stadtplanungsrecht, die Unterstützung der Elektromobilität, die Digitalisierung der Verkehrssteuerung, ein rechtlicher Rahmen für (teil-)autonomes und vernetztes Fahren, aber auch Anforderungen an eine nachhaltigere städtische Logistik sowie Anreize für umweltfreundliches Pendeln zum Arbeitsplatz diskutiert und Handlungsoptionen identifiziert. Dieses nach langen Diskussionen zu Stande gekommene Papier zeigt, dass es ein Potenzial für eine intensive Diskussion zwischen den politischen Entscheidungsträgern der verschiedenen Ebenen, der Industrie und den Betreibern von Mobilitätsangeboten gibt. Zugleich wird zumindest die Chance aufgezeigt, nicht konfrontativ, sondern lösungsorientiert zu diskutieren.

Optionen und Spekulationen – Neue Kombinationen von Technologie und Regulierung

Fallbeispiel e-Drive-Zones für PHEV
Was bereits heute möglich ist: PHEVs können vor allem in der EU eine wichtige Rolle spielen, gerade weil sie hier nicht das zweite, dritte oder vierte Auto im Haushalt sind, sondern häufig das erste und einzige. Ein Neufahrzeug wird in Europa auch noch einige Zeit mit der Vorstellung gekauft werden, alle nur denkbaren Mobilitätsbedürfnisse gleichzeitig erfüllen zu können. Genau dies werden BEVs aber zumindest im Zeit-

horizont bis 2030 noch nicht überall in Europa leisten können – Stichwort Ladeinfrastruktur. Zugleich wollen die Städte die Emissionen in den Zentren deutlich senken. Hierzu kann auch die Nutzung der Option PHEV gehören.

Der reale CO_2-Vorteil eines PHEVs hängt davon ab, ob er hinreichend oft elektrisch geladen und im elektrischen Modus gefahren wird. Entscheidend ist daher die Motivation des Fahrers zum Aufladen. Hierfür sind Verfügbarkeit von Ladestationen und ein im Vergleich zu fossilen Kraftstoffen günstiger Strompreis die eine Schlüsselgröße. Die andere Frage ist die optimale Kombination von Verbrenner- und Elektromodus mit maximalem Anteil des elektrischen Antriebs. Und aus der Sicht der Stadt die Priorität für das elektrische Fahren dort, wo es besonders auf die Luftqualitätswerte ankommt. Technisch ist es mittlerweile problemlos möglich, bei diesen Fahrzeugen eine elektrische Fahrt innerhalb definierter territorialer Grenzen (Geo-Fencing) zu erzwingen. Mit dem von der BMW Group seit 2018 in Rotterdam und mit Begleitung durch die Erasmus-Universität pilotierten „e-Drive-Zone"-Konzept wurde der Mix aus konventionellem und elektrischem Antrieb außerhalb der Stadt so optimiert, dass ein möglichst günstiger Gesamtverbrauch erzielt wurde und zugleich bei Überschreiten der Stadtgrenze die volle elektrische Antriebsleistung zur Verfügung stand. Ab Überschreiten der Grenze zur Innenstadt wurde dann automatisch im vollelektrischen Modus gefahren. Die Erfahrungen mit den Kunden, die dieses im experimentellen Modus getan haben, bestätigten deren Bereitschaft, das Management ihres Fahrzeugs einer derartigen Logik folgen zu lassen. Dieses Feature ist heute für viele Städte in Europa auf der Basis der offiziellen Umweltzonen serienmäßig einprogrammiert, in Deutschland für die Umweltzonen. Es ist zugleich mit einem Anreizsystem analog den „Flugmeilen" von Airlines verknüpft. Je mehr elektrisch gefahren wird, desto höher die Belohnung durch sog. „BMW Points". Diese können gegen elektrische Ladeleistung eingetauscht werden.

Kommunikation Fahrzeug – Infrastruktur
Die Logik einer direkten Verbindung zwischen einem politisch definierten Rahmen wie den städtischen Umweltzonen einerseits, dem Manage-

ment von Fahrzeugfunktionen auf der anderen Seite, lässt sich auch auf weitere Themen übertragen. Bereits heute bieten viele Fahrzeuge einen Hinweis auf Geschwindigkeitsbeschränkungen oder kommende Baustellen als Standardelement des Navigationssystems. Ein weiteres Beispiel ist die von BMW gemeinsam mit der bayerischen Polizei entwickelte Aufforderung zur Bildung einer Rettungsgasse im Zentraldisplay des Fahrzeugs. Die sich an das Stauende nach einem Unfall annähernden Fahrzeuge erhalten einen mit den Rettungskräften abgestimmten Hinweis, auf welcher Fahrspur eine Rettungsgasse zu bilden ist. Auf der Grundlage entsprechender Daten der Gebietskörperschaften könnten weitere Verhaltenshinweisen, Warnungen usw. kommuniziert werden. So wären z. B. deutliche, sehr auffällige Warnhinweise möglich, wenn sich Fahrzeuge Schulen oder anderen sensiblen Punkten nähern. Diese Optionen stehen bereits unter dem heutigen rechtlichen Rahmen zur Verfügung, mit dem Anforderungen auf Fahrzeugseite entweder freiwillig mit den Herstellern vereinbart oder aber als Mindestanforderungen vorgegeben werden können. Weitere Kommunikationsoptionen zwischen Fahrzeug und Infrastruktur könnten in die andere Richtung laufen. So könnten z. B. Ampelschaltungen schon heute weit flexibler auf die Anzahl der Fahrzeuge reagieren, die auf sich kreuzenden Strecken fahren. Die heutige Technologie, die mit Induktionsschleifen in der Straße erst kurz vor einem Kreuzungspunkt registriert, ob Fahrzeuge diesen ansteuern, könnte durch eine weit frühere Anpassung der Signale abgelöst werden.

Ein noch einmal anderes, deutlich „härteres" Verhältnis zwischen dem Verkehrsmanagement und dem Fahrzeug entstünde dann, wenn aus der öffentlichen Infrastruktur heraus unmittelbar Eingriffe in das Fahrzeug vorgenommen werden sollten, also z. B. ein automatisches Abbremsen an sensiblen Punkten oder die flächendeckende Durchsetzung von Tempolimits. Die rechtlichen und politischen Hürden liegen hier ungleich höher und gehen an den Kern der „Selbstbestimmung" im Auto. Es ist ein grundsätzlicher Unterschied, ob das Fahrzeug seinem Fahrer in mehr oder weniger deutlicher Form nahelegt, z. B. die Geschwindigkeit zu reduzieren, oder ob es selbst die Kontrolle übernimmt. Eine weitere praktische Implikation eines solchen Schritts beträfe die Mischung zwischen Neufahrzeugen und Bestand: Wenn Fahrzeuge auf dem Stand der Technik auf Kommando heruntergebremst würden, würden sie zu „fahrenden Hindernissen" für diejenigen, die weiter die Möglichkeit hätten, sich für das Risiko einer Überschreitung zu entscheiden. Dieser Effekt träte im Übrigen auch dann ein, wenn autonome Fahrzeuge nicht nur auf Autobahnen exakt die Höchstgeschwindigkeit einhielten, sondern auch im städtischen Verkehr, wo keine Überholmöglichkeiten bestehen, konsequent regelkonform unterwegs wären.

Diese kurzen Beispiele zeigen, dass die technischen Möglichkeiten der Interaktion zwischen dem Fahrzeug, seinem Fahrer und dem öffentlichen Rahmen, in dem sie unterwegs sind, sich nachhaltig erweitert, und den heute etablierten, in Jahrzehnten gewachsenen Spielregeln des Verkehrs davoneilen. „Gewünschtes" Verhalten kann in unterschiedlichen Graden der technischen Intervention gefördert, unerwünschtes beschränkt werden. Die technischen Optionen sind als solche politisch neutral. Die vorgenannten Beispiele lassen sich sowohl einsetzen, um den Verkehr mit dem Auto flüssiger zu machen, sie eignen sich aber natürlich auch dazu, Teil eines restriktiveren Instrumentenkastens zu sein. Sie berührten zugleich bereits unterhalb der Schwelle zum autonomen Fahren einen Kernbereich der Mobilität mit dem Auto, nämlich die individuelle Entscheidungsfreiheit. Sie täten dies allerdings noch ohne die „Gegenleistung" der Entlastung vom Management des Fahrzeugs, wie sie bei der Realisierung von höheren Graden automatisierten Fahrens geboten würde.

Fernsteuerung durch das „City Brain"?
Die komplexeste Herausforderung für autonomes Fahren auf Level 4 ist der städtische Verkehrsraum mit seinen ungeordneten, unvorhersehbaren anderen Verkehrsteilnehmern. Er ist das technische und angesichts der Mehrkosten auch wirtschaftliche Haupthindernis, das entspanntes, voll entlastetes Fahren, tägliches Pendeln im privaten Passagiermodus noch für Jahre verhindert. Dies ist aber ein Faktor, der regulatorisch verändert werden könnte. Dazu eine spekulative Überlegung: Wenn Teile der Straßeninfrastruktur für dazu technisch qualifizierte Fahrzeuge reserviert, also der Störfaktor des restlichen Verkehrs ausgeschaltet würde, könnte die technologische Latte deutlich abgesenkt werden. Das Fahrzeug müsste hier nicht mehr selbst alle extrem komplexen und teuren Fähigkeiten vor-

halten, welche erforderlich sind, um tatsächlich eigenständig im Verkehrschaos zu navigieren. Stattdessen könnte eine zentrale Steuerungsinfrastruktur diesen Job übernehmen. Vom Selberfahren voll entlastetes Reisen wäre somit a) früher und b) billiger möglich. Fahrzeuge, die sich auf den entsprechenden Strecken bewegen, würden also einerseits teilweise ferngesteuert, andererseits könnte ihr Einsatz gesamthaft optimiert werden. Vorstellbar wären damit getaktete, sich auf einer separaten Infrastruktur schnell bewegende Fahrzeuge, in denen man deutlich schneller vorankommt, als im chaotischen, staugeplagten Restverkehr.

Eine solche Kombination aus physischer, getrennter Straßeninfrastruktur, einem zentralen „City Brain" und Fahrzeugen mit einem gegenüber Level 4 oder gar 5 „abgespeckten" technologischen Paket könnte in rechtlicher und wirtschaftlicher Hinsicht verschiedene Ausprägungen annehmen. So wäre es denkbar, dass Fahrzeuge die technisch dafür qualifiziert sind, unmittelbar das Recht haben, sich in das städtische Steuerungssystem „einzuklinken", also die Kontrolle des Fahrzeugs an dieses abzugeben. Eine weitere Option wäre es, das Recht zur Benutzung einer solchen Infrastruktur mit einem Preisschild zu versehen, also eine spezifische Maut zu erheben, oder aber die Zugangsberechtigung an den Erwerb des Fahrzeugs bzw. seine Zulassung zu knüpfen. Eine dritte Variante wäre, dieses System ausschließlich für eine Flotte von einem oder mehreren ausgewählten Unternehmen betriebenen Robo-Taxis zu reservieren, deren Anzahl damit auch begrenzt werden könnte. Auch nachdem Level 4 verfügbar ist, könnte diese Logik beibehalten werden. Auf einer getrennten Infrastruktur ist auch dann eine wesentlich schnellere Fortbewegung ohne Stau möglich. Schließlich böten sich auch bei einem solchen System alle Optionen für die Differenzierung von verschiedenen Nutzungsmodi. So könnte z. B. die Insassenanzahl unterschiedliche „Preisschilder" steuern. Auch hiermit ließen sich die mit autonomem Fahren verbundenen Befürchtungen vor ungebremster Zersiedelung usw. dämpfen.

Die Voraussetzungen für ein solches System sind physisch in den USA und China günstiger als in Europa, da hier breite, vielspurige Straßen bis in unmittelbare Stadtkerne hineinführen und die Reservierung von Fahrspuren damit deutlich einfacher ist als in europäischen Kernstädten, in denen bereits die heutigen Busspuren zeigen, wie schwer eine wirklich exklusive Vergabe von Straßenraum in der Praxis ist (Parken, Lieferverkehre und regelwidriges Verhalten von Privatfahrzeugen sowie Radwege). In China kommt noch einmal hinzu, dass die Voraussetzungen für die elektronische Überwachung gegen Verstöße a) einfacher und b) wirksamer organisiert werden könnte als andernorts. Es wäre nicht unbedingt erforderlich, zwischen den solcherart abgetrennten Fahrspuren und den anderen zwei bis vier Spuren der Durchgangsstraßen Betonmauern zu ziehen. Der Systembetrieb ließe sich in China zugleich in der bereits heute funktionierenden öffentlich-privaten Partnerschaft unter Oberhoheit der jeweiligen Regierungsstellen realisieren. Aus einer westlichen Sicht wäre der Preis, der hinsichtlich Datenschutz und Selbstbestimmung für mehr Effizienz gezahlt werden müsste, politisch potenziell prohibitiv. In den USA stellt es auch schon ein erhebliches Fragezeichen dar, ob die Städte aus eigener Kraft die Investitionen in eine gänzlich neue technologische Infrastruktur stemmen könnten. Hier ist es plausibler, dass sie warten, bis private Unternehmen Angebote machen, sobald automatisierte Taxi Services auf Level 4-Niveau möglich sind. Auch wäre es politisch eine Frage, ob eine klare Zweiklassengesellschaft gewollt ist, bei der das Privileg schnellerer Fortbewegung entweder an ein technisch qualifiziertes Neufahrzeug oder an den Service eines Unternehmens geknüpft ist. Dies ist legitimatorisch herausfordernder als die HOV-Logik, bei der Privilegien an eine jedermann zugängliche Option wie die Fahrgemeinschaft geknüpft ist.

Szenarien

All diesen grundsätzlichen Optionen stehen eine ganze Reihe Herausforderung gegenüber, die letztlich politische Entscheidungen erfordern: Die technische Kompetenz für ein durchgreifend modernisiertes Verkehrssystem liegt gegenwärtig in der EU ganz und gar nicht bei städtischen Behörden oder kommunalen Unternehmen, sie ist vielmehr am allerstärksten bei den großen digitalen Plattformbetreibern. Das bei Google beispielsweise inzwischen vorhandene Wissen über die Mobilität der Bürger nahezu jeder nicht-chinesischen Stadt oder der Datenpool von Uber oder Lyft in den USA übersteigen alles, was an reinem Datenvolumen vor allem aber auch an Methodenkompetenz bei öffentlichen Akteuren vorhanden und (angesichts totaler Zersplitterung) nutzbar ist. Mit kaum einer anderen Kategorie von Informationen lässt sich zugleich leichter aus der Perspektive von Datenschutz und Kontrollängsten Meinung mobilisieren – insbesondere in Deutschland – als mit Daten darüber, wer?, wann?, von wo?, wohin? und mit wem? fährt. Eine vernetzte Mobilität würde in Europa politisch erst recht als Bedrohung wahrgenommen, wenn sie von amerikanischen oder chinesischen Unternehmen gesteuert und kontrolliert wird. Und dies während die Bürger selbst jegliche Daten mit diesen Unternehmen freiwillig teilen.

Die Herausforderung könnte als Szenario gerade in Europa so lauten: Eine Kooperation mit amerikanischen Plattformbetreibern findet nicht statt, sie werden politisch wohl oder übel geduldet. Zugleich bleibt die Nutzung von individuell erzeugten Fahrzeugdaten durch die öffentliche Hand eng begrenzt. Das in Autos erzeugte Wissen über die tatsächliche Mobilitätssituation bleibt ein „privates" Gut und in seinem Potenzial für eine Optimierung von Verkehrsflüssen ungenutzt. Der Möglichkeitsraum für die Zukunft der städtischen Mobilität droht auch hierdurch von vornherein auf die Fortsetzung der Auseinandersetzung von heute begrenzt zu werden.

Es ist so noch wahrscheinlicher, dass die Leistungsvorteile derjenigen Unternehmen, die schon heute über das mit Abstand mit Abstand größte Wissen über Bürger, Konsumenten, Verkehrsteilnehmer usw. verfügen, Angebote ermöglichen, die letztlich öffentlich verantwortetes Handeln und Steuern aushebeln. Wer wird wirklich entscheiden, an welcher Stelle wie viele Bürger in den Bus steigen? Wie bisher nur diejenigen, die Fahrpläne ins Netz stellen oder aber die Plattformbetreiber, die zu jeder Tageszeit eine einigermaßen zuverlässige Aussage zur tatsächlichen Erreichbarkeit eines Ziels mit verschiedenen optionalen Verkehrsmitteln anbieten können? Wer wird wirklich darüber entscheiden, wo der Stau entsteht: Verkehrsplaner, die mit dem groben Instrument der Anzahl von Fahrspuren und Ampeln glaubt, Nachfrage umlenken zu können oder aber der Anbieter von Mobilitätsdaten, der herstellerübergreifend und unter Rückgriff auf die Bewegung von Flotten mit Hunderttausenden oder Millionen Autos Navigationsinformationen bzw. -befehle verteilt?

14 Städte – Brennpunkte und Kampfplätze

Die ineffiziente Parallelentwicklung verkehrstechnologischer Instrumente auf der Grundlage fragmentierter, kommunalpolitischer Entscheidungen verschärft diese Lage. Es gibt bisher keinen wirksamen Mechanismus, mit dem effizient kollektives Entwickeln von Instrumenten und deren breitflächige Anwendung effektiv unterstützt wird. Die Möglichkeit, dass die reale Verkehrssituation in einer europäischen Mittelstadt künftig letztlich weniger vom Bürgermeister, sondern weit stärker von einem Algorithmus in den USA gesteuert wird, ist umso größer, je negativ-defensiver europäische Politik agiert und je weniger Koordination es unter Kommunen gibt.

Zuspitzend formuliert könnte die Welt in einigen Jahren wie folgt aussehen: In China fügen sich vernetzte, teil- und später voll automatisierte Fahrzeuge in ein mit lokalen Varianten ausgestaltetes, aber mit zentraler Intelligenz ausgestattetes Steuerungssystem. Der politische Wille einerseits, die Zahlungsfähigkeit und Bereitschaft der Kunden andererseits, entscheiden darüber, wie groß die Rolle für die Mobilität mit dem privaten Auto im heutigen Sinne bleibt. In den USA bleibt das Recht auf Zugang zu den Städten weitgehend frei, allerdings je nach politischer Situation auf Ebene des Bundesstaats bzw. der Stadt mit unterschiedlich starken Rollen von Mobilitätsangeboten der Silicon-Valley-Unternehmen und steigenden Kosten konventioneller Auto-Mobilität. Europas Städte werden zum Kampfplatz in mehrfacher Hinsicht: Einerseits ideologisch zwischen dem Beharren auf städtischer Eigenständigkeit vs. Kooperation sowie zwischen Verbots- vs. Angebotsorientierung. Anderseits als „Battleground" der weltweit stärksten Mobilitätsunternehmen mindestens derjenigen aus den USA aber ggf. auch denen aus China, die jeweils bewiesen haben, dass sie über die Fähigkeit verfügen, einen Beitrag zur Verbesserung der Verkehrssituation zu leisten.

Europa wird möglicherweise mit zwei Szenarien konfrontiert, die beide erhebliche Herausforderung darstellen und eine Antwort verlangen: Das „kalifornische Modell", bei dem das urbane Verkehrsgeschehen in erheblichem Umfang von privaten Unternehmen mitbestimmt wird, welche eines Tages faktisch die Flotten (teil-)autonomer Autos (privater wie ODM) managen, während Stadtregierungen und öffentliche Verkehrsteilnehmer im reaktiven Modus verharren. Und das „chinesische Modell", in dem staatliche Vorgaben mithilfe dienstbarer

Unternehmen auf die städtische Ebene bis zum einzelnen Bürger heruntergebrochen werden. Gemeinsam ist beiden eine sehr weitgehende Integration der Lebensbereiche: Daten aus dem Mobilitätsverhalten fließen zusammen mit Informationen aus allen anderen Feldern von Kommunikation und Konsum. Zugleich ermöglichen ständig wachsende Datenpools maximale Bequemlichkeit und festigen die Attraktivität der entsprechenden Dienstleistungen für den Kunden. Die technische Performance macht es im kalifornischen Modell politisch schwer, in diese Entwicklung lenkend einzugreifen. Dagegen ist die Legitimation durch die staatliche Macht im chinesischen Modell bereits eingebaut, wird aber durch die technische Performance der aus ihr abgeleiteten Angebote zusätzlich stabilisiert. Während das kalifornische Modell die Gestaltungsfähigkeit der Politik potenziell untergräbt, wird der Primat der Politik, des Staates und der Partei im chinesischen Modell tief in alle Bereiche des Alltags projiziert.

Die Frage ist damit aufgeworfen, ob in Europa Politik auf den verschiedenen Ebenen, ihre Stakeholder und die Industrie versuchen, eine Antwort zu geben, die sich aus dem bisherigen Modus löst. Nirgendwo stellen sich die Herausforderungen eines nicht zukunftsfähigen Verkehrs, die Defizite des bisherigen politischen Prozesses und die Grenzen des etablierten Instrumentenkastens so deutlich wie in den Städten. Und nirgendwo ist die Chance größer, die Grenzen zu überwinden, neue Lösungen zu entwickeln und so Mobilität nachhaltiger zu machen.

15

Neue Zusammenhänge – die ersten drei T-Kreuzungen

Ein Zwischenfazit: Alle bisher beschriebenen Themen, Umwelt-, Handels- und Technologiepolitik verlaufen nicht mehr nebeneinander und als nationale oder regionale Diskussion. Sie überlappen sich in ihren Auswirkungen und sind politisch interdependent. Immer wieder orientierten sich neue politische Instrumente zwar an erfolgreichen oder gescheiterten Ansätzen in anderen Regionen und modifizierten diese, sie wirkten jedoch nicht direkt aufeinander ein. Dies ist jetzt anders: Die chinesische Elektrifizierungsagenda wirkt sich industriepolitisch in der EU schon jetzt aus. Die Produkte dieser Politik bauen Batteriefabriken in Deutschland. Das CARB hat mit dem ZEV-Mandat neue Anbieter auch in den europäischen Markt und in die politische Debatte Europas „hineinreguliert". Die Produktion von Tesla in Brandenburg wäre ohne kalifornische Gesetze nicht passiert. Bei der digitalen Agenda wird durch staatliches Handeln aber auch durch staatliche Zurückhaltung globale wirtschaftliche Macht (um-)verteilt. Neue technologische Optionen produzieren politischen Handlungsbedarf, erweitern aber auch weltweit den Raum politischer Möglichkeiten.

In der Folge werden Marktzugangschancen, die bisher als sicher galten, fraglich, Wertschöpfungsketten werden verändert, Arbeitsplätze und

Steuereinnahmen werden beeinflusst – durch Prozesse, die nicht nur „Zuhause", sondern am anderen Ende der Welt stattfinden. Letzteres passiert nicht mehr einfach nur durch die Konkurrenz besserer oder preiswerterer Produkte der gleichen Art, sondern durch den Wettkampf um die Substanz des Produkts selbst. Die Fähigkeit politischer Entscheidungsträger aber auch der Industrie und ihrer Vertreter, diese veränderte Realität zu verstehen und mitzugestalten, wird zum entscheidenden Erfolgs- oder eben auch Misserfolgsfaktor für die beteiligten Volkswirtschaften.

Die Chancen, welche die neuen technischen Möglichkeiten einer vernetzten Mobilität für weniger Belastungen des Klimas und sauberere Luft bieten, sind gewaltig: Eine Reduktion der auf der Straße fahrenden und stehenden Autos. Eine Verjüngung der Flotte und damit die Durchsetzung eines effizienteren und saubereren Stands der Technik. Die Überwindung des politischen Fundamentalkonflikts „individuelle vs. kollektive Mobilität". Diese Chancen sind dann mobilisierbar, wenn es zu anderen Formen der Kooperation zwischen Politik, Gesellschaft und Industrie und zu neuen Mechanismen der Legitimierung politischer Entscheidungen aber auch der Rolle von Unternehmen gegenüber dem Bürger und den relevanten Stakeholdern kommt. Umgekehrt werden die neuen Möglichkeiten so lange ungenutzt bleiben, wie ideologische Vorbehalte konserviert, an dem sehr beschränkten politisch-regulatorischen Instrumentenkasten des vergangenen Jahrhunderts festgehalten und die Rolle von Staat und Industrie allein im etablierten Modus von Subjekt und Objekt verhandelt wird. Zugleich ist die Bereitschaft, neue Optionen auszuprobieren, schnell zu lernen (auch aus dem Scheitern heraus) eine entscheidende Voraussetzung. Endlose theoretische Analyse, Bedenkenträgerei und Angst sind dagegen der sicherste Weg überholt zu werden. Es ist letztlich auch der Umgang mit den Risiken der neuen Optionen, der entscheidet: Werden sie erkannt, angepackt und aus dem „Machen" herausgelöst? Oder lähmt die Diskussion über die möglichen Nachteile das Handeln?

Obsolete Silos

Über die weltweite Interdependenz der Prozesse hinaus, lösen sich die Silos zwischen den einzelnen politischen Handlungsfeldern auf und entwerten institutionelle Routinen, segmentierte Zuständigkeiten und gelerntes Verhalten. Politische Entscheider haben seit der Erfindung des Automobils negative Effekte des Verkehrssystems insgesamt bis hinunter zum einzelnen Fahrzeug zu korrigieren versucht und negativen Auswirkungen mit Gesetzen Schranken gesetzt. Die Handlungsfelder ließen sich in drei Bereiche aufteilen:

1. Tote und Verletzte. Am Beginn der technischen Regulierung des Automobils stand die Verringerung des Risikos, in ihm zu sterben oder andere zu töten bzw. zu verletzen und verletzt zu werden. Aktive und passive Sicherheit dominierten die Debatte um das Automobil bis in das Ende des 20. Jahrhunderts hinein.
2. Stau und Parkplatzmangel. Die Frage, wie das Verkehrssystem die Nutzungskonkurrenz zwischen dem Auto und anderen Formen der Fortbewegung organisiert, ist bis heute eine der zentralen Herausforderungen der Auto-Mobilität geblieben.
3. Umweltverschmutzung und Belastung des Klimas. Beginnend mit der Bekämpfung der Luftverschmutzung in Los Angeles ist der Beitrag von Autos zum Smog zu einem zentralen Handlungsfeld der Umweltpolitik geworden. Ende der 90er-Jahre kam die klimapolitische Herausforderung hinzu.

Auf allen drei Gebieten haben sich zudem große kollektive Organisationen zur Vertretung der Belange von Verbrauchern, Autofahrern, Fußgängern, Fahrradfahrern, Stadtplanern, der Umwelt, des Klimas usw. etabliert. Für sie alle ist das Auto und seine Nutzung sowie die darum herum gebaute Infrastruktur ein zentrales Objekt des Drucks auf politische Entscheider. Alle drei Handlungsfelder hatten bisher einige wesentliche Charakterzüge gemeinsam:
Es haben sich spezialisierte, getrennte Rechtsbereiche, Behörden, politische Strukturen und Verantwortlichkeiten entwickelt. Selbst in der Minderheit der Länder, wo Umwelt- und Verkehrsbehörden in einer

Hand sind, sind fachliche Expertise und rechtliche Kompetenzen weitgehend getrennt – jedenfalls bisher.

Die wirksamste und einfachste Lösung war bisher Technik. Und nicht nur das – es war Technik aus der Automobilindustrie. Die Antwort auf Lenkstangen, die sich in den Brustkorb bohrten, waren Schutzsysteme aus den Werkstätten von Automobilherstellern und Zulieferern. Die Antwort auf Feinstaub waren Abgas-Nachbehandlungssysteme – entwickelt von Autotechnikern. Und die Antwort auf zu hohen Verbrauch und zu viel Klimagase waren zunächst effizientere Verbrennungsmotoren und bessere Aerodynamik. In der Konsequenz drehte sich die politische Auseinandersetzung am Ende vielfach darum, wie schnell die Industrie Lösungen einführt, die sie selbst hervorgebracht hat. In diesem Modell setzte sich mit der Identifikation eines politischen Handlungsbedarfs der folgende Prozess in Gang: Technische Lösungen wurden identifiziert und im politisch-öffentlichen Diskurs aufgeladen als Weg zur Rettung von Leben, Umwelt oder Zukunft. Oder einfach nur als Instrument, um neue Chance zu nutzen oder gesellschaftliche Kosten zu senken, wenn es weniger dramatisch zuging. Der nächste Schritt war stets die Auseinandersetzung darum, ob überhaupt, und wie schnell der angedachte technische Pfad beschritten werden musste. Es ging also darum, wie schnell die Industrie dazu gebracht wird, etwas zu tun, was nur sie selber kann, aber ggfs. (noch) nicht wollte. Und es ging immer wieder in relativ berechenbaren Zyklen darum, vorhandene Regeln zu überprüfen und an den so genannten „Stand der Technik" anzupassen. Diese Zyklen wurden wiederum von den technischen Möglichkeiten und Forderungen bestimmt. Dieses Tauziehen war immer der entscheidende Teil der allermeisten Auseinandersetzung und endete in der überwiegenden Zahl der Fälle mit einem Kompromiss – mal mehr auf der einen, mal mehr auf der anderen Seite. Zugleich war bisher dasjenige Problem am schwersten zu lösen, in dem es keine rein technische Lösung gibt. Die Verkehrsprobleme gerade in den urbanen Räumen ließen sich nicht einfach „im" Auto lösen. Auch diese Debatte verblieb aber in ihren eingefahrenen inhaltlichen Bahnen und der thematischen „Ownership" einer analogen Verkehrspolitik.

In allen drei der zentralen Handlungsfelder fuhren Politik und Industrie bisher letztlich gleichermaßen wie auf einer Autobahn in die Zukunft. Der Weg zu einem Langstreckenziel – mehr Sicherheit, weniger

Emissionen und so weiter – war in der Richtung immer klar und verstanden. Geschwindigkeit und damit die Entfernung zum Ziel wurden durch technische Innovation und politische Durchsetzungsfähigkeit modifiziert. Politische „Staus" und „zähfließender Verkehr" bremsten immer wieder die Geschwindigkeit. Die Richtung blieb aber klar. „Rastplätze" und „Ausfahrten" boten die Gelegenheit aufzutanken und neue Ressourcen zu mobilisieren, um die Reise fortzusetzen. Wie jede Metapher hat auch diese natürlich Grenzen und zeichnet vermutlich ein zu „gemütliches" Bild der bisherigen Realität. Die jetzt anstehenden Entwicklungen bedeuten aber, dass, um im Bild zu bleiben, die Autobahnen der verschiedenen Handlungsfelder eine nach der anderen wie an einer T-Kreuzung enden und nur noch die Wahl lassen, rechts oder links abzubiegen. Geradeaus liegt hinter der Leitplanke nur noch die grüne Wiese (oder der Morast). Und es ist auch nicht klar, welche der Abbiegeoptionen noch direkt zum bisherigen Ziel führt oder aber erst nach der Einbiegung auf eine der Straßen, an denen eine der anderen Autobahnen endet.

Zwang zur Veränderung

Die thematischen Silos des politischen Diskurses und der technischen Lösungen werden mit neuen technologischen Optionen fraglich. Das Versprechen des emissionsfrei betreibbaren, vernetzten und autonomen Fahrzeugs, das eigentümerunabhängig flexibel genutzt werden kann, bietet eine einzige Lösungsoption für alle genannten Herausforderungen: Es bietet die Chance auf eine massive Verminderung von Verletzten und Toten. Es erlaubt weitaus mehr Intelligenz im Verkehrssystem und verspricht, mit weniger Fahrzeugen eine gleiche Transportleistung zu erbringen. Und es vermeidet Schadstoffe ebenso wie Klimagas-Emissionen. Es wäre also tatsächlich eine „eierlegende Wollmilchsau" oder neudeutsch eine „silver bullet". Zugleich schafft Vernetzung neue regulatorische Optionen, die nicht allein für ein Politikfeld einsetzbar sind. Das sind die Punkte, an denen die bisher befahrenen Straßen enden und die T-Kreuzungen eine Entscheidung fordern.

Das bedeutet, dass beide Seiten, Politik und Industrie, sich neu aufstellen und organisieren müssten – auch dann, wenn sich nicht alle technischen Wunschvorstellungen erfüllen. Aber auch die Forderungen der NGOs können nicht mehr der einfachen Logik folgen, nach der die Industrie nur gezwungen werden müsste, technische Lösungen früher und weitergehend zu implementieren als sie will. Auch an die Kritiker der Branche richtet sich die Frage, nach ihrer Rolle bei der Umgestaltung des Verkehrssystems. Die schlichte Logik Autoverkehr zu vermeiden, zu verteuern und zu verlagern, genügt den notwendigen Diskussionen um umfassend vernetzte Mobilitätslösungen und deren Infrastruktur nicht mehr.

Die Konsequenzen von politischen Vorgaben für den Wettbewerb der Unternehmen sind fundamentaler als früher: Wenn alle den gleichen Katalysator einbauen mussten, wenn Airbags Pflicht wurden, dann bedeutete dies Mehrkosten für alle. Natürlich fiel dies den Herstellern von Luxusfahrzeugen immer leichter als denjenigen von preiswerteren Autos. Mit den Kostendegressionseffekten wurden sie aber letztlich für alle leistbar. Schon die Klimaschutzgesetzgebung der Jahre 2006–2009 hat aber gezeigt, dass CO_2-Minderung beim Auto Industriepolitik ist. Noch weit schärfer stellte sich dies beim Thema Elektrifizierung der Antriebe heraus. Der Übergang zu einer ganz anderen Technologie heißt auch, dass die Automobilindustrie nicht mehr nur staatliche Vorgaben umsetzt, wie bei sparsameren Einspritzanlagen, sondern dass sie unmittelbar auf die Politik angewiesen ist. In keinem Markt der Welt kann erwartet werden, dass sich Elektromobilität ohne drei Voraussetzungen durchsetzt: Erstens eine leistungsfähige Infrastruktur fürs Aufladen, zweitens eine Besserstellung bei Steuern, Abgaben oder eine Förderung durch Prämien und drittens klare positive politische Botschaften an die Öffentlichkeit und die Kunden.

Wieder anders stellt sich die Herausforderung beim vernetzten und autonomen Fahren. Die Realisierung all der technischen Möglichkeiten, an denen Automobilingenieure (und eben auch Innovatoren aus ganz anderen Sektoren) weltweit arbeiten, hängt davon ab, dass Gesetzgeber die rechtlichen Voraussetzungen dafür schaffen, diese Autos auch benutzen und versichern zu können und damit einen Markt für diese Produkte überhaupt erst ermöglichen. Damit hängt die Zukunft dieser Technologie davon ab, ob Politiker motiviert werden, einem als legitim akzeptierten Anliegen zu folgen und den geltenden Rechtsrahmen so zu verändern, dass der Weg in ein fundamental verändertes Verkehrssystem freigemacht wird. Das gilt jedenfalls dann, wenn die technischen Verheißungen von Level 4 und 5 auch tatsächlich eintreten.

Ein weiteres Element verändert das Spielfeld: Bisher fielen alle wesentlichen Entscheidungen auf Ebene nationaler Regierungen bzw. supranationaler Körperschaften. Dies ändert sich mit immer stärkeren politischen Ambitionen kommunaler Entscheider. Eine Stadt, die nur noch von emissionsfreien Fahrzeugen genutzt wird, Regelungssysteme, die z. B. Preisunterschiede bei Congestion Charges vorsehen und damit ODM deutlich begünstigen, sind eine reale Option geworden. Zugleich müssen Städte die Infrastruktur für andere Antriebsarten aktiv unterstützen, um diesen zum Durchbruch zu verhelfen. Über Erfolg und Misserfolg nationaler Politik und über die Zukunft neuer Technologien wird auch aus dieser Perspektive immer stärker lokal entschieden. Und lokal treffen auch die politischen Positionen – auch die Extreme – am heftigsten aufeinander.

Die Lösungen sind schließlich nicht mehr nur technisch im Sinne von Hardware in dem bisherigen Sinne und sie kommen nicht mehr nur aus der Automobilindustrie. Den Anspruch, die Schlüsseltechnologien für das autonome Fahren zu entwickeln erheben neue Akteure sowohl aus den USA als auch aus China. Große Plattform-Player werden zu direkten, starken Konkurrenten der Automobilhersteller und ihrer Lieferanten um a) die direkte Kundenschnittstelle, b) zentrale Elemente der Lösungskompetenz für die das bestmögliche Management des Verkehrs der Zukunft. Doch nicht nur das – sie treten c) auch in Wettbewerb zu den bisherigen Verkehrsplanern und Regulierern. Wenn private Unternehmen letztlich erhebliche Anteile des „Designs" der Transportdienstleistung übernähmen, würden sie selbst nicht nur zum Adressaten von Verkehrspolitik – indirekt machten sie selber welche.

Neue, integrierte Lenkungsoptionen

Bereits die bisherigen Darstellungen zeigen, dass die Frage, wie Fahrzeuge betrieben und genutzt werden, künftig anders und wirksamer beeinflusst werden kann, als dies heute der Fall ist. Die bisherige Grundlogik, nach der staatliche Stellen Leitplanken setzen, innerhalb derer allein der Fahrer entscheidet, wird fraglich. Die Grenze zwischen dem regulatorischen Rahmen und dem Management des Fahrzeugs wird im digitalen Modus fließend, wenn nicht mehr allein der menschliche Fahrer zwischen dem was er tun soll und dem, was das Fahrzeug macht vermittelt.

Digitalisierung ist auch die Klammer für die in China politisch in den Entwicklungsplänen für den Zeitraum von 2021 bis 2035 definierte Idee einer mehrfachen „industriellen Fusion": Zwischen NEV und Stromnetz durch die Weiterentwicklung von gesteuertem Laden und Rückspeisefähigkeit sowie die Nutzung von NEV zur Unterstützung des Hochlaufs erneuerbarer Energien. Digitale Vernetzung zwischen Verkehrsinfrastruktur und Fahrzeug sowie Fortentwicklung von Mobilitätsdienstleistungen über „one stop" Plattformen. Volle Vernetzung sämtlicher Informationsströme in dem Konzept einer „Human-Vehicle-Road-Cloud", also einer integrierten Datenbasis für alle Informationsströme im Verkehr. Dies sind auch in China noch überwiegend politische Überschriften, die aber zeigen, dass die Integration der bisher getrennten Handlungsfelder als Aufgabe erkannt und damit die Grundlage für die entsprechenden Rollenzuweisungen an die beteiligten Akteure gelegt ist.

Technologie kann, muss aber nicht notwendigerweise zu mehr Gängelung und Bevormundung führen – im Gegenteil: Anstatt über wenige, symbolisch hoch aufgeladene und politisch immer wieder kontrovers diskutierte Instrumente bietet sich eine Vielzahl an unterschiedlichen Ansatzpunkten, die es auch dem Fahrzeugnutzer erlauben, differenziert zu entscheiden.

So wie sich die technischen Modelle massiv flexibilisiert und differenziert haben, könnte dies auch mit lenkenden Eingriffen des Staates erfolgen. Das unbeschränkte Recht, so gut wie jede Straße zu jederzeit und zu jedem Ziel benutzen zu können, die Bereitstellung dieser Infrastruktur durch den Staat und auf Kosten des Steuerzahlers – all diese gewohnten Rahmenbedingungen werden durch neue technologische Möglichkeiten infrage gestellt. Warum sollten nicht auf jede Minute und jeden Kilometer Gebühren erhoben werden können, die z. B. nach Strecke, Uhrzeit oder Antriebsart differenzieren? Warum wäre es nicht möglich für vollständig vernetzte Fahrzeuge die Nutzung unterschiedlicher Fahrspuren unterschiedlich zu bepreisen? Umgekehrt könnte die sehr weitgehende mögliche technische Transparenz über die Wirkung sämtlicher verkehrs-

15 Neue Zusammenhänge – die ersten drei T-Kreuzungen

politischer Steuerungsmaßnahmen über einen (in westlichen Gesellschaften sicherlich strikt anonymisierten) Datenaustausch mit den Behörden es diesen ermöglichen, mit sehr großer Genauigkeit, einmal getroffene Systemeinstellungen zu modifizieren.

Dabei ermöglicht das Lernen des Fahrzeugs erhebliche Verbesserungspotenziale gegenüber dem Status Quo: Wenn das Fahrzeug z. B. morgens bei der Abfahrt erkennt, dass mit hoher Wahrscheinlichkeit die normale Pendelstrecke zurückgelegt wird, ist eine weitere Optimierung des Energieeinsatzes möglich, auch z. B. in Verbindung mit der Vorreservierung einer Ladestation am Zielort. Der Fahrer kann permanent über alle Kosten des Betriebs seines Fahrzeugs in der Kombination aus Preisen für die unterschiedlichen Kraftstoffe, sowie gegebenenfalls Straßenbenutzung und Parkgebühren usw. auf dem Laufenden gehalten werden. Das Kriterium der Kostenoptimierung kann in das Fahrzeugmanagement automatisiert integriert werden. Dabei ist es möglich, alle relevanten Rahmenbedingungen von der physischen Verfügbarkeit von Infrastruktur bis hin zu politisch definierten Preissignalen, zu integrieren.

Eine erfolgversprechende politische Strategie müsste und könnte deshalb die o. g. drei Weichenstellungen nicht getrennt voneinander, sondern integriert anpacken. Es könnte also gerade in Europa nicht darum gehen, die bisherigen politischen Silos durch andere Silos zu ersetzen, sondern vielmehr die Blickrichtung zu ändern: Am Ende ist die entscheidende Frage, welche Signale beim Bürger in seinen multiplen Rollen ankommen – als Eigentümer eines Autos, als Nutzer von öffentlichen Verkehrsmitteln, als Käufer von Strom und anderen Kraftstoffen, als Nutzer von neuen Mobilitätsdienstleistungen usw. Von den technologisch erweiterten Handlungsoptionen, die ihm offenstehen, aber auch denen, die beschränkt werden, und von den Preisen für unterschiedliche Angebote, gälte es, eine nachvollziehbare Wirkkette zu den übergreifenden, politisch legitimierten gesamtgesellschaftlichen Zielen herzustellen. Diese sollte ihrerseits nicht nur mit Blick auf die Formulierung abstrakter politischer Ziele, sondern auch in den Schritten ihrer Übersetzung in die einzelnen politischen Instrumente legitimierbar sein.

Unter diesen neuartigen Herausforderungen und Möglichkeiten lassen sich zunächst drei direkten inhaltlichen Kreuzungspunkte beschreiben, auf die es in den kommenden Jahren ankommen wird. Sie definieren den

Rahmen, innerhalb dessen die Entscheidungen für die Rollenverteilung der Handlungsebenen und das konkrete Instrumentendesign (Kreuzung 4 und 5) abspielen. Wohin Europa letztlich abbiegt, ist schwer vorhersagbar – wie die zu beantwortenden Fragen heißen dagegen nicht:

Kreuzung 1: Wahl der Antriebe

Die Entscheidung über den Antriebsmix ist eine originär politische Wahl, bei der es darum geht, wie viel Wahlfreiheit den Kunden und der Industrie in den kommenden Jahren gelassen wird. Für alle großen Märkte stellt sich die Wahl zwischen den folgenden Grundmustern, zunächst was die Regulierung der Angebotsseite, also der Autohersteller, angeht:

- Im Laissez-Faire Szenario unterbleiben direkte Vorgaben für die Automobilindustrie. Umwelt- und Klimapolitik „begnügen" sich mit Anforderungen und Anreizen, die nicht unmittelbar eine Veränderung der Antriebstechnologie erzwingen, sehr wohl aber indirekt auf diesen Pfad lenken können. Dieser Pfad ist für die EU aktuell nicht mehr relevant und würde einen fundamentalen politischen Pendelschwung mit Verabschiedung des klimapolitischen Leitparadigmas voraussetzen.
- Flottenvorgaben, die nur mit sukzessive gesteigerten Anteilen von Null-Emissionsfahrzeugen bzw. emissionsfreien Antriebskomponenten erreichbar sind, stellen bisher den weltweit dominierenden Ansatz dar. Bei diesem Modus wird indirekt ein Elektro- bzw. Brennstoffzellenanteil erzwungen, bei dem allerdings die Geschwindigkeit, mit der die Schraube angezogen wird, unterschiedlich hoch ausfallen kann. Der Entscheidungsspielraum der Unternehmen wird begrenzt – die Option konventioneller Antriebe bleibt aber erhalten und kann über dekarbonisierte Kraftstoffe zusätzlich abgesichert werden.
- Bei einem Verbrennerverbot entweder direkt und unmittelbar oder indirekt über einen Flottenwert von Null ohne Option für Synfuel entfallen konventionelle Antriebe und es wird der heutige Technologiepfad „abgeschaltet".

Auf der Nachfrageseite sind ebenfalls drei Grundmodelle unterscheidbar:

- Eine neutrale Haltung des Staates, bei der keine Technologie aus der Perspektive des Kunden privilegiert oder besonders gefordert wird.
- Eine unterschiedlich stark ausgestaltbare motivierende Förderung emissionsarmer Technologien bzw. Benachteiligung konventioneller Antriebe durch das gesamte dargestellte Instrumentarium von Steuern bis Zufahrtsbeschränkungen. Je nachdem, wie drastisch diese Politik ausgestaltet wird, nimmt der Preis eines Festhaltens des Kunden an der heutigen Antriebstechnologie immer weiter zu.
- Schließlich kann Politik künftig auch dem Kunden die Wahlfreiheit nehmen – entweder durch ein Verbot, entsprechende Fahrzeuge anzubieten oder aber durch die Verweigerung einer Zulassung bzw. des Betriebs durch den Kunden. Das Ergebnis ist in jedem Fall dasselbe.

In einer Matrix mit den Kombinationen dieser jeweils drei Ausprägungen sind die strategischen Folgen für die Automobilindustrie extrem unterschiedlich: Laissez-Faire in beiden Dimensionen ist für die USA, die EU und für China keine realistische Option mehr.

Eine konsequente Verbotspolitik in beiden Dimensionen dagegen bedeutete in dem Umfang, wie sie sich für die weltweiten Märkte durchsetzt, eine maximale Veränderung mit massiven Konsequenzen für die heutigen Wertschöpfungsketten und natürlich auch für die Beschäftigten. Sie beinhaltete aber kein strategisches Entscheidungsproblem mehr, sondern würde den unternehmerischen Entscheidungsbedarf auf die wirtschaftliche optimierte Anpassung reduzieren. Zugleich haben auch die Kunden in diesem Szenario keine Wahl mehr: Entweder ein emissionsfreies Auto oder kein neues Auto.

Das ist bei den verbleibenden Kombinationen völlig anders. Die Realität könnte für die überwiegende Anzahl der Märkte aus einem Mix teilweise inkonsistenter politischer Signale bestehen: In der EU geht schon heute eine scharfe angebotsseitige indirekte Elektrifizierungspolitik einher mit dem Fehlen ausreichender gemeinschaftsweiter nachfrageorientierte Politiken. Zwischen völligem Laissez-Faire auf Nachfrageseite reicht das Spektrum bis zu punktuellen, vor allen Dingen von Städten verantworteten Abschaltszenarien für den Verbrenner. In China ist die Situation wie dargestellt deutlich konsistenter. In den USA kämpften die Bundesregierung und Kalifornien in den Jahren unter Trump um die Zukunft der angebotsseitigen Politik, während auf Nachfrageseite das Spektrum ebenfalls von „Laufen lassen" bis hin zu starken Anreizen (allerdings bisher ohne radikale Verbotsoptionen) reicht. Mit der Wahl von Joe Biden und Kamala Harris könnte sich dies jetzt grundlegend ändern.

Im Szenario der vollen Restriktion bei Neufahrzeugen stellt sich eine nicht zu unterschätzende Frage: Wenn aufgrund eines Verbots auf Angebotsseite nur noch BEVs oder FCEVs eine Option für den Kauf eines neuen Autos darstellen, hat der Kunden immer noch eine Wahl: Das vorhandene oder gebraucht gekaufte Verbrennerauto einfach so lange weiterfahren wie möglich. Das Weiterfahren im gebrauchten Auto kann für Märkte, bei denen die nachfrageseitige Unterstützung fehlt, zur relevanten Alternative zum Neuwagen werden – und die entsprechenden Länder zum Zielmarkt für Verbrenner aus den „Frontrunner-Ländern". Das bedeutet, dass in Regionen ohne die Voraussetzungen für einen attraktiven Umstieg die Geschwindigkeit der Fuhrparkerneuerung sinken, der Bestand altern und das CO_2-Aufkommen nur unterproportional sinken würde. Wenn also z. B. Regierungen in Osteuropa sich zwar der Mehrheit in Rat und Parlament für ein Neuzulassungsverbot beugen müssten, ihren Bürgern aber national versprechen, dass ihnen niemand verbieten wird, vorhandene Verbrenner zu benutzen, könnte genau dies eintreten.

Von einer globalen Konvergenz auf ein einheitliches, berechenbares Szenario kann gegenwärtig keinerlei Rede sein. Auch kann nicht von einer linearen, berechenbaren Entwicklung ausgegangen werden. Genauso plausibel sind politisch motivierte Sprünge und Rückwärtsentwicklungen bei sich ändernden Mehrheitsverhältnissen und/oder gescheiterten Vorgaben. Für die Industrie bedeutet dies, die Fähigkeit vorhalten zu müssen, mit unterschiedlichen Entwicklungen in den verschiedenen Märkten und auf der Zeitachse fertig werden zu können. Die Wahrscheinlichkeit, dass so oder so Ressourcen vergeudet und Zeit verloren wird, ist dabei extrem hoch.

Für Europa stellt sich also am ersten „T" die Entscheidung, ob es sich weiter ganz überwiegend darauf verlässt, dass durch die Regulierung des

Angebots der Verkehr entscheidend klimafreundlicher gemacht werden kann. Oder ob es gelingt, eine wirklich integrierte, symmetrische Politik für den ganzen Binnenmarkt durchzusetzen. Die Entscheidung für das jeweils zweite der o. g. Szenarien wäre in der Kombination ein Pfad, der eine in sich konsistente Alternative zu einer harten Verbotslogik mit tief greifender Intervention, aber auch zu einem asymmetrischen Vorgehen bieten könnte.

Wichtiger für die Zukunft als eine Debatte über die „Nachbesserung" der heute für 2025 und 2030 geltenden Ziele für neue Autos ist erstens eine echte, strategische Debatte darüber, wie es anschließend weitergehen soll. 2030 wird auch schon nach geltendem Recht jeder zweite BMW und mehr als ein Drittel aller insgesamt zugelassenen neuen Fahrzeuge in der EU einen Stromstecker haben. Die Frage muss beantwortet werden, ob es das nächste Ziel Europas ist, den Verbrennungsmotor abzuschaffen, oder ob ein Nebeneinander mehrerer Technologien unter Einschluss fossiler Antriebe dauerhaft gewollt ist. Ohne eine solche Entscheidung wissen weder die Fahrzeughersteller noch die Zulieferer, ob es sich noch lohnt, Geld in diejenige Technologie zu stecken, mit der heute immer noch der größte Teil der Fahrzeuge in der EU verkauft werden. Wenn das Verbot käme, nachdem noch Milliarden fehlinvestiert wurden, wäre dies nicht besser, als wenn sich ein Verbot im Nachhinein als mindestens ebenso teurer Fehlschlag erwiese. Diese Entscheidung ist auch wichtig, um absehen zu können, ob Lehrstühle, Ingenieurdienstleister, spezialisierte Zulieferer und viele andere aus der Wertschöpfungskette einen Grund haben, ihre Zukunft an diese Technologie zu knüpfen. Und ob sich die Investition in alternative Kraftstoffe lohnt – und in welche. Die Mitgliedsstaaten und Städte wissen dann, ob sie mit ihren Entscheidungen zu einer gemeinschaftsweit gewollten Entwicklung beitragen oder ihr zuwiderhandeln. Und vor allem ist es für die Bürger und Kunden wichtig, zu wissen, wo die Reise hingeht.

In diesem Zusammenhang ist zweitens die Infrastrukturfrage EU-weit zu klären. Indikative Ziele, deren Verfehlung aber folgenlos bleibt, reichen nicht aus. Die Verbindlichkeit der Richtlinie für Alternative Kraftstoffe (AFID) müsste erhöht, die finanziellen Optionen zur Unterstützung von Ladeinfrastruktur erweitert werden. Die für die tatsächliche Marktentwicklung von Elektromobilität entscheidenden, nachfrageseitigen politischen Fragen weiter dem Agieren der Mitgliedstaaten und der Kommunen zu überlassen wiegt schwerer als der Unterschied zwischen 70 und 80 % Elektrifizierungsquote auf Herstellerseite: Die heutige Asymmetrie zwischen harter angebotsseitiger Regulierung und nachfrageseitigem Laissez-Faire würde wachsen. Dabei würden die Ergebnisse nationaler Politik lediglich im Nachhinein und in der Form von Berichten für die EU-Kommission erfasst und kritisch bewertet werden können. Dann wäre aber die Wirkung des Problems bereits eingetreten.

Viertens ist hinsichtlich der Speichertechnologie zu entscheiden, ob Wasserstoff „im Ernst" und nicht nur im „Probiermodus" zu dem europäischen Fahrplan in die Zukunft gehört oder nicht. Wenn die Vorteile (hohe Energiedichte und schnelle Betankung) mit den Nachteilen (Umwandlungsverluste) abgewogen sind, muss klar sein, ob parallel zur Ladeinfrastruktur für batteriegetriebene Fahrzeuge eine zweite Infrastruktur für Wasserstoff aufgebaut wird. Wenn diese Frage bejaht wird, müsste der nächste Schritt ein verbindliches, ordnungsrechtlich verankertes Wasserstoffmandat für die Mineralölwirtschaft sein. Schließlich ist die Entscheidungen nötig, ob die Dekarbonisierung des Verkehrssektors auch durch die forcierte Senkung des CO_2-Fußabdrucks von Verbrennungskraftstoffen erfolgt oder nicht. Beim Thema synthetische Kraftstoffe heißt dies, politisch klar zu entscheiden, ob dieser Pfad auf Flugzeuge, Eisenbahn, Schiffe und Schwerlastverkehr begrenzt werden soll, oder aber ob sie auch bei Kraftstoffen für individuelle private Mobilität zum Tragen kommen soll.

Die vierte Weichenstellung betrifft die Managementlogik der CO_2-Minderung auf den beiden Ebenen Energieträger und Fahrzeug. Ein EU-übergreifendes Emissionshandelssystem, das alle Energieträger einbezieht, könnte eine die nationale Energiepolitik überwölbende Steuerungslogik schaffen, mit der verlässlich erreicht werden kann, dass die CO_2-Emissionen tatsächlich absolut sinken. Die angekündigte Reform der Energiebesteuerung ist ein weiterer Weg, allerdings indirekter und immer durch nationale Ziele und die Geschichte der jeweiligen Steuersysteme beeinflusster Weg, um die CO_2-Intensität von Energieträgern auf der Nachfrageseite wirksamer zu machen. Beides bietet die Chance, einen gleichmäßigen Druck in Richtung der Verkleinerung des CO_2-

Fußabdrucks auszuüben. Mit einer solchen Weichenstellung würden zugleich die Voraussetzungen dafür geschaffen, bei allen Antrieben und energieträgerunabhängig Anforderungen an deren Effizienz zu stellen. Ein Fahrplan zur Umstellung von der Zielgröße CO_2 in Gramm pro Kilometer auf die Effizienz der Energieumwandlung im Fahrzeug wäre dann ein konsequenter weiterer angebotsseitiger Schritt und komplementär zu der Abbildung des CO_2-Fußabdrucks auf Seiten der Energieträger. Die Verbraucher innerhalb der ganzen EU würden erfahren, wie viel Energie das Fahrzeug braucht, um einen Kilometer zu fahren. Und sie könnten bei konsequenter Ausgestaltung eines Handelssystems und bei hinreichender Knappheit der Emissionsrechte auch am Preis eines Energieträgers erkennen, wie CO_2-intensiv er ist.

Diese vier Aspekte der Antriebsfrage definieren, wohin die EU letztlich den Blinker setzt – in Richtung einer differenzierten neuen Logik oder in Richtung einer bloßen Verschärfung der bisherigen. Und dieses Signal wird die strategischen Entscheidungen der Hersteller, ihrer Lieferanten und damit die Zukunft der Beschäftigten prägen – so oder so.

Kreuzung 2: Machtverteilung im Mobilitätssystem

Während sich die bisherigen, bereits konflikträchtigen politischen Diskussionen um die Kundenschnittstelle im Auto und den Zugang zu Fahrzeugdaten im Bereich Entertainment, Service, Reparatur und damit an dessen „Peripherie" abgespielt haben, gehen die weitergehenden technischen Optionen an den Kern nämlich die Frage „was macht mein Auto?" und „was mache ich mit dem Auto?". Es geht also politisch um Plattformen für den Betrieb des Autos und um die Rolle des Autos in digital vernetzten Angeboten an den Kunden.

Zur ersten Frage: Die Automobilindustrie verliert eine zentrale Größe für die Positionierung und Vermarktung ihres eigenen Produkts, sobald zentrale Kompetenzen für die Steuerung des Fahrzeugs zwar noch hardwareseitig in das Produkt Automobil integriert sind, auf der Seite seiner „Intelligenz" jedoch zum Bestandteil eines Angebots Dritter werden. Dabei geht es auch darum, wo letztlich über die Sicherheit im Verkehr entschieden wird. Dies ist ein zugespitztes Szenario, die Frage nach der technologischen Souveränität Europas stellt sich schon weit früher. Angesichts der Schlüsselrolle von US-Unternehmen für jeden weiteren Schritt in Richtung des automatisierten Fahrens ist die Frage nach der wirtschaftspolitischen Machtverteilung aufgerufen.

Die zweite Frage bezieht sich auf die Entscheidungsautonomie, die dem Fahrzeughalter bei der Nutzung des Automobils freisteht: Während diese heute unbegrenzt ist und sich Angebote wie z. B. die vom Navigationssystem empfohlene Routenführung auf Empfehlungen beschränken, die jederzeit missachtet werden können, stellt sich die oben diskutierte Frage nach der Abgabe genau dieser Entscheidungskompetenz des Autofahrers: Im Modus der freiwilligen Übergabe oder aber im Modus der Akzeptanz von Vorgaben durch Dritte. Die Spannweite reicht also von einem wettbewerblich ausgetragenen Kampf konkurrierender Anbieter um die beste Fähigkeit, nach den Präferenzen des Kunden das beste Angebot zu machen, bis zu der mit dem Drücken des Startknopfes akzeptierten Übergabe der Steuerungskompetenz für das Fahrzeug an eine alternativlose Steuerungsinstanz. Für die Frage, von wo externe Intervention passiert ist die Frage nach der Rollenverteilung von privaten Akteuren und staatlichen Institutionen aufgerufen.

Beide Fragen sind in der politischen Entscheidung, wohin Europa will, miteinander verbunden. Die Frage, wieviel Entscheidungsmacht an eine Organisation außerhalb des Autos und seines Fahrers abgegeben wird ist politisch direkt verbunden mit der Frage, wer denn diesen Einfluss ausüben darf.

Politische Optionen

Der Grad, in dem politische Entscheidungen die Kundenschnittstelle der Zukunft definieren, lässt sich wie folgt differenzieren:

Im passiven Laissez-Faire Modus überlässt die Politik dem Kräftespiel der Unternehmen den technologischen Innovationsprozess genauso wie die Neuverteilung der Marktmacht. Politik bleibt Zuschauer und wird frühestens dann aktiv, wenn unbeabsichtigte Nebenwirkungen auftreten, die Passivität aus der Sicht der Öffentlichkeit und das relevanten Medien-

15 Neue Zusammenhänge – die ersten drei T-Kreuzungen 457

umfeld nicht länger als akzeptabel erscheinen lassen. Mit anderen Worten, wenn die Legitimität des „Laufen lassens" infrage gestellt ist. Das passierte gerade in Kalifornien in Sachen Ride Hailing.

Bei frühzeitiger ordnungspolitischer Intervention setzt die Politik dagegen Leitplanken für die Akteure auf dem erweiterten Markt für Mobilität. Hierzu gehört vor allem das Wettbewerbsrecht und die frühzeitige Kontrolle von Monopolisierungs- und Vermachtungstendenzen. In diesem Modus bleibt das Selbstverständnis des Staates aber auf der Ebene der Spielregeln, eine Intervention in das Spielgeschehen selbst passiert nicht. Bisher geschieht dies nicht.

Dies ändert sich bei industriepolitischem Engagement der Politik: Die ausdrückliche Förderung von Kooperationen sowohl innerhalb der Automobilindustrie als auch zwischen Autounternehmen und anderen Akteuren und das Streben nach dem Aufbau eigener Champions als Alternative zu fremden Anbietern, machen den Staat zum „Coach" der eigenen Mannschaft. Darüber redet Europa – allerdings bisher ohne konkrete Wirkung. Die Frage lautet, ob es künftig gelingt eine europäische technologische Infrastruktur aufzubauen, die als Basis unabhängiger Technologieanwendung dienen kann.

Den vorletzten Schritt markiert die Übernahme der „Schiedsrichterrolle" durch die Politik: Sie behält sich vor, explizit selbst im Spielverlauf einzugreifen und dem Kunden diese Kompetenz abzunehmen. Die Politik definiert Gewinner und Verlierer in einem nicht mehr nur marktwirtschaftlich im Wettbewerb ausgetragenen Spiel.

Auf der letzten Stufe übernimmt Politik die Kontrolle über das Spiel insgesamt von den Regeln bis zu den Spielzügen. Der Wettkampf um den Kunden wird ersetzt durch die vollständige Integration des Automobils in ein öffentlich definiertes Verkehrssystem, bei dem die Wahlfreiheit des Kunden sich vollständig nach den politischen Vorgaben bemisst. China arbeitet an den beiden letzten Optionen.

Natürlich sind politische Debatten in ihrem Verlauf schwer prognostizierbar. Es gehört aber nicht viel Fantasie dazu sich vorzustellen, dass der „kalifornische" Ansatz zunächst die stärkeren politischen Widerstände in Europa provozieren wird: Eine noch weiter wachsende Vormachtstellung von Unternehmen aus den USA ruft politische Affekte aus einer eher linken oder grünen, aber auch aus einer konservativ-protektionistischen

Perspektive ab. Bereits heute sehen sich die amerikanischen Player breitflächigem politischen Widerstand gegenüber, von Taxi-Protesten bis hin zum Vorgehen der europäischen Wettbewerbskommission gegen die US-Internetgiganten oder den Vorschlägen für eine europäische Digitalsteuer zur Kompensation der von Mitgliedstaaten wie Irland eingeräumten Steuerprivilegien für Amazon und andere. Es spricht daher einiges dafür, dass es für die amerikanischen Plattformbetreiber trotz ihrer erheblich erweiterten Lobbyanstrengungen schwer werden wird, das theoretische Potenzial in Europa voll auszuschöpfen. Die virtuelle Allianz aus den Verteidigern des etablierten öffentlichen Nahverkehrs, Datenschützern, antiamerikanisch eingestellten Handelspolitikern, globalisierungskritischen NGOs und entsprechend gelagerter Medien dürfte für Widerstand sorgen. Die in diesem Milieu gepflegte Antipathie gegen Google, Amazon und Co ist vielleicht sogar noch stärker als diejenige gegen die eigene Automobilindustrie. Auf der anderen Seite steht aber der Zugriff auf den gigantischen, für eine rationalere Verkehrspolitik nutzbaren Datenpool und das professionell vorgebrachte Angebot „den Städten zu helfen, Mobilität besser zu organisieren". Werden Beispiele für erfolgreiche Kooperation einzelner europäische Städte die Vorbehalte in der politischen Szene Europas überwinden?

Die andere spannende Frage wird aber sein, was in Europa passiert, wenn in China in vielleicht nur wenigen Jahren sichtbare, schnelle und fundamentale Erfolge bei der Reorganisation städtischer Mobilität sichtbar würden. Wenn also das chinesische Modell seine Fähigkeit unter Beweis stellte, diejenigen Herausforderungen zu bewältigen, mit denen Europa über drei Jahrzehnte lang im Modus einer unfruchtbaren Kontroverse zwischen öffentlicher und privater Mobilität vergeblich gerungen hat. Mehr noch: Wenn China aus den am übelsten verschmutzten Metropolen der Welt in Rekordgeschwindigkeit saubere Städte machte und die Dauerstaus durch einen deutlich reduzierten und effizienteren Verkehr ersetzte – verbunden mit einer Renaissance des Fahrrads und starkem Öffentlichen Nahverkehr. Während hierbei der staatliche Datendurchgriff Sympathien hemmen dürfte, bedeutete der durchgesetzte Primat der Politik gegenüber den Unternehmen vielleicht doch für manchen eine „autoritäre Versuchung".

Europa steht also an der zweiten Kreuzung vor der Wahl zwischen einer aktiven, frühzeitigen Gestaltung der Rechte und Pflichten aller Beteiligten im künftigen Mobilitätssystem oder dem bloßen Nachvollziehen, der politischen Reaktion auf tief greifende Veränderungen, auf deren Kern es keinen Einfluss mehr hat. Es trifft eine bewusste Entscheidung zwischen den o. g. Optionen oder aber es sieht zu, wie seine Handlungsoptionen schrumpfen. Viele politische Ankündigungen setzen abstrakt den Blinker in die Richtung des Anspruchs auf aktive Gestaltung. Aber die konkrete technologische und wirtschaftliche Realität könnte in die andere Richtung laufen und der EU keine andere Wahl lassen als hinter einer Dynamik „herzuregulieren", deren Richtung und Geschwindigkeit andere bestimmen.

Kreuzung 3: Die EU im globalen Wettbewerb der Politiken

Über 100 Jahre lang konnte die Automobilindustrie sich darauf verlassen, ein homogenes Produkt, das lediglich an der Peripherie seiner technologischen Eigenschaften an lokale Bedürfnisse und rechtliche Anforderungen angepasst werden musste, in allen Märkten der Welt erfolgreich anbieten zu können. Politische Interventionen änderten dies nicht: Beschränkungen des Marktzugangs, Zollhürden und technische Handelshemmnisse dienten dazu, zu steuern, wie viele Autos mit welcher Herkunft in einem Markt angeboten werden konnten und zu welchem Preis. Sie zielten nicht darauf zu entscheiden, was für Autos in einem Markt eine Chance haben und wie sie betrieben werden. Protektionismus zielte auf die „Verteilung des Kuchens" nicht auf sein „Backrezept". Industriepolitik zielte auf die nationale Produktion und Wertschöpfung, nicht auf Antriebsoptionen und Kundenschnittstellen. Wettbewerbspolitik richtete sich auf das Verhältnis zwischen Automobilherstellern, Automobilhändlern, Zulieferern und Dienstleistern und nicht auf das Verhältnis zu amerikanischen Plattformunternehmen. All dies ist zu Ende – stattdessen stehen Industrie und Politik vor mehrdimensionalen Weichenstellungen:

Konventionelle Handelspolitik: Wenn sich der protektionistische Trend fortsetzten würde, ginge dieser klar zulasten der EU und Deutschlands. Das Gewicht der USA und Chinas reicht aus, um im Konfliktfall die verstärkte Lokalisierung von wesentlichen Teilen der Wertschöpfungskette durchzusetzen. Protektionismus bei neuen Technologien mit niedrigen Verkaufsvolumina ist wirtschaftlich sogar noch belastender als Protektionismus in etablierten Angeboten mit hohen Stückzahlen. Je mehr Wachstumsmärkte mit relativ niedrigen absoluten Volumina Teile des elektrischen Antriebsstrangs zwangsweise lokalisieren wollen, desto schwieriger wird Rentabilität, wenn nicht ein massiver nachfrageseitiger Stimulus hinzukommt. So ist die Lokalisierung von E-Antriebskomponenten in Thailand nur deshalb wirtschaftlich darstellbar, weil hier auch gleichzeitig der Markt wirksam angeschoben wurde. Inkonsistenz von angebots- und nachfrageseitigen Instrumenten wird in einem protektionistischen Szenario aber noch gefährlicher.

Digitale Industriepolitik: Es ist gegenwärtig offen, wie viele verschiedene Ökosysteme für vernetztes und vor allem autonomes Fahren sich weltweit entwickeln werden. Es werden aber wohl mindestens zwei sein. Weder China noch die USA werden eine beherrschende Stellung des jeweils anderen bei sich zuhause zulassen. Die inhaltlichen Schlüsselfragen lauten: „Wie viel nationale Abgrenzungsbestrebungen wird es in zehn Jahren geben?" Wie viel Kooperation zwischen Wirtschaftsblöcken bei technischen Spielregeln? Welchen Grad an marktbeherrschenden Rollen für Unternehmen außerhalb der Automobilindustrie werden Regierungen zulassen, fördern oder gar erzwingen? Sie alle werden nicht nur unter dem reinen Gesichtspunkt einer möglichst sicheren, nachhaltigen und sauberen Mobilität diskutiert und entschieden werden, sondern unter der industriepolitischen Perspektive, was dies für die jeweils „eigenen" Interessen und Unternehmen bedeutet.

Umweltpolitik: Die EU ist dabei, einen Pfad einzuschlagen, mit dem sie die Handelspolitik an umweltpolitische Imperative koppelt. Nicht nur werden Umweltkriterien entscheidend für die Zustimmung von Parlament und Rat zu neuen Handelsabkommen, sondern mit Instrumenten wie dem CBAM könnte Handelspolitik zur Dienstfunktion der EU-Klimapolitik werden. Zugleich ist China dabei, die Ausgangslage der letzten 30 Jahre nämlich die Rolle des wirtschaftlichen Aufholers durch

15 Neue Zusammenhänge – die ersten drei T-Kreuzungen

diejenige des globalen Treibers für eine kombinierte Umwelt- und Industriepolitik zu ersetzen. Die USA werden unter Präsident Biden klären, ob und wie sie von einem rein (pseudo-)ökonomisch getriebenen „Rambo-Protektionismus" zu einer intelligenteren und differenzierteren Handelspolitik mit umweltpolitischen Elementen umschwenken.

Politisch sind alle drei Fragen miteinander verbunden: Die handelspolitische Relevanz der Digitalisierung wird beispielhaft an einem Statement des französischen Präsidenten im Januar 2019 sichtbar. Man müsse, so Emanuel Macron sinngemäß, Donald Trump regelrecht dankbar sein: Während Präsident Obama in freundlich werbender Form das klare Ziel verfolgt habe, die technische Standards des Silicon Valley in der ganzen Welt durchzusetzen, habe sein Nachfolger so viele der anderen Länder vor den Kopf gestoßen, dass sich jetzt eine Chance für Europa bieten können die technologischen Spielregeln mitbestimmen zu können. Die Frage ist, wie dies unter geänderten transatlantischen Bedingungen passiert.

Die EU muss sich nach der Erleichterung über den Abgang von Donald Trump schnell selbst die Frage beantworten, mit welchem Ehrgeiz sie das Verhältnis zu den USA neu gestalten möchte. Die technologischen Zukunftsthemen rund um das Automobil bieten hierfür per se eine Chance: In beiden Regionen müssen die Spielregeln für das Mobilitätssystem in technischer und wirtschaftlicher Hinsicht gestellt werden. Die gleichen regulatorischen Fragen rund um höhere Automatisierungsgerade sind offen. Beide Regionen stehen vor der gleichen Frage, wie die CO_2 Minderung im Verkehr gesteuert werden soll. Zugleich sind die Industrien von den transnationalen Fahrzeugherstellern bis hin zu großen Zulieferern nach wie vor enger verflochten als die meisten anderen Industriesektoren. Gerade dann, wenn es nicht angestrebt und/oder nicht geschafft wird, ein umfassendes Handelsabkommen mit den USA erneut anzugehen, könnte eine sektorbezogene Kooperation auch im Interesse eines besseren bilateralen Verhältnisses liegen.

Internationale Kooperation

Protektionismus und über digitale Infrastrukturen ausgetragene Industriepolitik sind also keine zwangsläufigen Entwicklungen. Wenn es etwa gelingt, den Handelskonflikt zwischen den USA und der EU zu befrieden, dann spricht zugleich vieles dafür, dass es auch zu einem Dialog über technologische Zukunftsfragen kommt. Die bisherigen Gespräche zwischen den USA und der EU über ein Handelsabkommen schlossen ausdrücklich die Kooperation bei technologischen Spielregeln für künftige Automobiltechnologien ein. Dem lag die richtige Analyse zu Grunde, dass es angesichts der tief institutionalisierten, rechtlich abgesicherten und technisch implementierten unterschiedlichen Regularien der letzten 120 Jahre Automobilgeschichte wenig erfolgversprechend ist, rückwirkend die Anforderungen an Blinkern und Stoßstangen zu ändern. Stattdessen ist es weit aussichtsreicher, die sowohl auf EU-Gemeinschaftsebene, als auch auf US-Bundesebene noch nicht verankerten Spielregeln für vernetzte Mobilität und autonomes Fahren gemeinsam zu definieren, oder aber mindestens zu versuchen, diese widerspruchsfrei auszugestalten. Ausdrücklich wurde dabei von beiden Seiten betont, dass man mit dieser Zusammenarbeit dem Risiko einer chinesischen Dominanz entgegentreten will. Hier waren Europa und auch Deutschland allerdings unter den Vorzeichen der Trump-Politik ambivalent. Sie versuchten letztlich, in beide Richtungen offen zu bleiben. Ob und wie lange diese Strategie durchhaltbar ist, hängt ganz entscheidend davon ab, ob und wie schnell die EU in der Lage ist, selbst eine eigene Strategie zu entwickeln, die das volle Potenzial des Binnenmarktes für den Aufbau wettbewerbsfähiger, eigener technologischer Kompetenzen nutzt.

In Brüssel wird abstrakt die Idee der „Digitalen Souveränität" beschworen. Zugleich wird über handelspolitische Maßnahmen zur Absicherung bzw. Durchsetzung umweltpolitischer Ziele debattiert. Hier ist eine industrie-, wirtschafts- und handelspolitische Grundsatzentscheidung erforderlich – die dritte T-Kreuzung. Die EU muss zwischen zwei „Bookends" ihre Position definieren. Das eine lautet, auf die Kooperation mit den Technologieunternehmen aus den USA und perspektivisch vielleicht auch aus China zu setzen. Dabei würde Europa akzeptieren, dass diese in technologischen Schlüsselfeldern wahrscheinlich überlegen sind und diese Überlegenheit auch kommerziell ausspielen dürfen. Der politische Rahmen würde hierbei fokussiert auf eine möglichst wirksame Aufsicht über wenige, akzeptierter Maßen dominierende Unternehmen. Im Rahmen der regulatorischen Kooperation könnte versucht werden, technische Regeln zu vereinbaren, die für beide Seiten akzeptabel sind. Diese „Umarmungstaktik" ist in einer frühen Phase der Technologieentwicklung allemal erfolgversprechender, als wenn der Markt bereits verteilt ist.

Die Alternative dazu lautet, es China gleich zu tun, und klar zu entscheiden, dass Technologien, die eine immer wichtigere Rolle für das öffentliche Leben spielen, in der EU selbst zu entwickeln sind und ihre Anwendung durch die europäische Politik zu kontrollieren ist. In diesem Fall wäre es erforderlich, die hierfür relevanten „eigenen" Unternehmen in Konsortien mit sehr klar definierten Zielen zusammenzuschließen. Dazu müsste konsequenterweise das klare Commitment gehören, deren Ergebnisse vor dem Wettbewerb mit außereuropäischen Anbietern zu schützen – ggf. auch unter Rückgriff auf Argumente aus den Feldern Datenschutz, Cyber- und National-Security (siehe die Diskussion um die Rolle von Huawei bei der Ausrollung des 5G-Standards). Entscheidend wäre auch hier, dass eine solche Wahl gründlich diskutiert und abgewogen, dann aber konsequent durchgezogen wird. Sie müsste von den wichtigsten Mitgliedstaaten und dem Parlament mitgetragen werden. Und dazu gehörte natürlich auch der Wille zu milliardenschweren Investitionen und Subventionen.

Im Handlungsfeld Umwelt selbst könnte mindestens die Entscheidung über den CBAM zeigen, wohin die EU abbiegt: In Richtung eines klimapolitischen Führungsanspruchs, der auch handelspolitische Konflikte in Kauf nimmt und „testet", wie hart die Betroffenen reagieren (mit der Autoindustrie als Teil der „Versuchsanordnung"). Oder in Richtung einer verstärkten multilateralen Kooperation, z. B. bei der Senkung des CO_2-Fußabdrucks der Industrie in China? Wenn die EU aggressiver agiert, stellt sich die nächste Frage: Sucht sie die Auseinandersetzung mit den USA und China zugleich? Oder sucht Europa einen „Accord" mit den USA? Tut man dies auch um gemeinsam China unter Druck zu setzen?

16

Der Mindset entscheidet – wo es „hakt"

In Phasen tief greifender Veränderung und sich weit öffnender Räume neuer Möglichkeiten kommt es entscheidend auf die Frage an, wie die wesentlichen Akteure aus dem „Heute" in das „Morgen" blicken: Betrachten Sie neue Möglichkeiten aus den Dogmen der Vergangenheit? Setzen Sie den möglichen künftigen Szenarien selbst Grenzen? Schließen sie aus den Konflikten der Gegenwart auf die Zukunft? Oder suchen und finden sie die Zukunft aus ihr selbst heraus? Stellen sie alle heutigen Grenzen in Frage? Es geht damit um die Überwindung von Ideologie durch Innovation und Pragmatismus. Innovationen, neue Antworten werden durch mehrere, gleichzeitige und sich gegenseitig verstärkende Faktoren erzwungen:

Die fundamentale Unsicherheit von Fragen der Marktakzeptanz neuer Technologien unterscheidet sowohl die Themen „Dekarbonisierung und Elektrifizierung" als auch „Automatisierung und neue Mobilitätsmodelle" von der regulatorischen Vergangenheit. Es kann nicht mehr von der automatischen Akzeptanz neuer und besserer technischer Funktionen ausgegangen werden. Zugleich wird die Einflussnahme auf das Kundenverhalten zu einem Erfolgs- oder Misserfolgsparameter für die gesetzgeberische Intervention gegenüber den Automobilherstellern. Deren

Fähigkeit, zum Erfolg von politischen Zielen beizutragen hängt wiederum mehr denn je von politischen Entscheidungen ab.

Technologische Entwicklungen sind zugleich viel weniger vorhersagbar und damit auch vorschreibbar als das früher der Fall war. Das gilt für die Kapazitäten von Batterien für Elektrofahrzeuge ebenso wie für die Fähigkeit selbstgesteuerter Fahrzeuge mit hinreichend hoher Wahrscheinlichkeit unfallfrei zu fahren. Horizonte der normalen Gesetzgebung von fünf oder zehn Jahren werden durch die technische Entwicklung obsolet.

Die Zahl der beteiligten Akteure steigt: Der einfache lineare Wirkungsmechanismus „Gesellschaftliche Gruppen bzw. politische Entscheider erzeugen Druck – die Industrie muss die technischen Lösungen einführen", gilt nicht mehr. Mit neuen konkurrierenden ‚Problemlöserkandidaten', aber auch mit Akteuren, die für den Erfolg neuer Technologien zum Flaschenhals werden können (insbesondere auf städtischer Ebene), sind die Zeiten des Entscheidens auf nationaler Ebene und der Umsetzung durch die Industrie vorüber.

Alle drei Faktoren zusammen genommen bedeuten zunächst einmal, dass eigentlich jetzt eine Phase der Innovationen im Bereich regulatorischen Prozesse nötig wäre. Wenn es jemals erforderlich war, von den bisher gewohnten Freund- und Feindbildern zurückzutreten und den Blick für die Positionen und die strategischen Binnenlogiken anderer Beteiligter zu öffnen, dann jetzt. Gerade dann, wenn Akzeptanz immer weniger vorausgesetzt werden kann, wenn Erfolg von Politik von mehr als nur der Umsetzung durch einige wenige Unternehmen abhängt, wenn Politik an Faktoren scheitern kann, die zum Entscheidungszeitpunkt nicht vorhersehbar waren, müssten neue Interaktions- und Entscheidungsformen entwickelt werden.

Viele Faktoren bewirken jedoch, dass heute aus der Vergangenheit und der Gegenwart heraus und in verengender Form über die Zukunft diskutiert wird – und zwar bei allen Beteiligten. Im Folgenden wird an einigen Teilaspekten illustriert, wie Chancen ausgeblendet, eigene und fremde Handlungsräume ohne Not verengt, ideologische Vorbehalte konserviert und der Weg in Konflikte und gesellschaftliche Verlustszenarien geebnet wurden. Dieses Kapitel tritt daher einen Schritt von den zuvor grob nachgezeichneten Entwicklungen und den unmittelbaren inhaltlichen Entscheidungsbedarfen zurück und beleuchtet die Lücke zwischen der Art und Weise, wie einerseits heute diskutiert und entschieden wird, und wie sich andererseits die Anforderungen an politisches und industrielles Entscheiden und Handeln verändern.

Engpassfaktor Legitimität

Der Grundmechanismus der repräsentativen Demokratie – Wahlen von Parlamenten alle vier Jahre und die Übertragung der Gesetzgebungskompetenz an diese – beruht auf zwei technischen Grundvoraussetzungen bzw. Grenzen technischer Möglichkeiten. Auch diese verändern sich und werfen die Frage nach Rückwirkungen auf den politischen und staatlichen Entscheidungsprozess auf. Gegenüber den Urtagen der Demokratie, in denen ein Abgeordneter für eine begrenzte Sitzungsperiode von einigen Wochen mit Pferd oder Kutsche in die Hauptstadt reiste, um die Belange seiner Heimatregion zu vertreten, haben sich bisher lediglich zwei fundamentalen Veränderungen ergeben: Erstens die Entwicklung des Vollzeitpolitikers, der ohne eine andere Tätigkeit auszuüben, ausschließlich seine politische Funktion wahrnimmt und in der Regel von seinem Arbeitsplatz im Parlament oder Ministerium aus mit den von ihm vertretenen Menschen kommuniziert. Dies geschieht zweitens nicht mehr direkt, sondern über die Medien als dem bisher dominierenden Kommunikationsmittel. Dabei haben sich der Umfang und die Schnelligkeit der Information der Bürger über das, was Politiker sagen und tun, vervielfacht – und umgekehrt wissen Politiker viel mehr über die Meinungen der Bürger als je zuvor.

Was sich jedoch nicht verändert hat, ist die inhaltliche Grundlogik: Die Bürger delegieren die Entscheidungen über Richtung und Inhalte der Politik zu 100 % und für eine gesamte Wahlperiode an ihre Vertreter. Kommunikation der Politiker mit dem Bürger dient der Legitimation der eigenen Entscheidungen und der Werbung für diese. Eine direkte Rückbindung einzelner Entscheidungen an eine explizite Entscheidung der von Ihnen Betroffenen ist nicht vorgesehen. Allein die Wahlkämpfe in mehrjährigem Abstand bieten die Chancen auf eine Wahl zwischen verschiedenen inhaltlichen Bündeln politischer Projekte und Angebote. Volksabstimmungen über einzelne, explizit eingegrenzte Themen sind

Ausnahmeerscheinung geblieben – auch weil sie drohen, immer auch als umfassende Abstimmung über die Regierung genutzt zu werden. In der Folge korrespondieren zwei Faktoren miteinander: Die sehr weitgehende Delegation einer umfassenden, inhaltlich nicht differenzierten Entscheidungsgewalt über mehrere Jahre hinweg. Und die weitgehende Begrenzung dieser Entscheidungsgewalt auf die Setzung von Rahmenbedingungen, die über den gleichen Zeitraum hinweg stabil bleiben und zugleich umfassend für alle Bürger des jeweiligen Territoriums gleichermaßen gelten.

Die bislang ganz überwiegend politisch zu entscheidenden Fragen entsprachen dieser Relation auch. Das klassische Beispiel sind Änderungen von Steuern, die einmal beschlossen an einem definierten Stichtag für alle gelten – aber nur für die Zukunft und nicht rückwirkend. Sie werden zugleich mit Ihren Motivationen – von Einnahmeverbesserung bis Konsumlenkung – in der Projektphase kommuniziert, dann diskutiert und letztlich entschieden. Je tiefer staatliche Intervention in die Handlungsoptionen des einzelnen konkret eingreift, je weniger Ausweichoptionen bestehen, und je weniger Alternativen bleiben, desto anspruchsvoller ist die Legitimation dessen, was letztlich als Intervention beim einzelnen Bürger ankommt.

Prekäre Legitimation

Die in Zukunft anstehenden Entscheidungen im Bereich Mobilität sind aber anders strukturiert: Sie betreffen verschiedene Bürger sehr verschieden, je nachdem wo sie leben (Stadt oder Land, Vorort oder Kernstadt), sie belohnen oder bestrafen möglicherweise Entscheidungen der Vergangenheit, die unter anderen Bedingungen getroffen wurden, und sie lassen teilweise keine Wahlmöglichkeit mehr. Die Kausalkette zwischen dem eigenen Wissen und Willen des Bürgers und Wählers und dem, was „ihm geschieht", könnte immer „dünner" werden, wie die folgende Rekonstruktion der politischen Wirkkette bei der Diesel-Fahrverbotsdebatte illustriert:

- Die Verhängung eines Diesel-Fahrverbotes – z. B. in Stuttgart – könnte Tausende Bürger direkt zum Erwerb eines anderen Autos oder aber zum Verzicht auf individuelle Mobilität zwingen. Indirekt würden sie durch den Zwang zum Verkauf des Autos zu verschlechterten Restwerten faktisch „enteignet".
- Der Betroffene wurde dieser Entscheidung ausgesetzt, weil er sich Jahre zuvor, ohne dass ein Fahrverbot auch nur absehbar war, für dieses Produkt im guten Glauben entschieden hat.
- Das Fahrzeug war zum Zeitpunkt seiner Kaufentscheidung nach allen europäischen nationalen und kommunalen rechtlichen Rahmenbedingungen überall in der EU zulassungsfähig.
- Das Verbot wäre das Ergebnis einer Entscheidung der jeweiligen Stadt und der sie überwachenden Landesbehörden. Diese haben vor über einem Jahrzehnt nach ihrem alleinigen Ermessen und ohne Beteiligung der Bürger darüber entschieden, an welchen Stellen die Luftbelastung gemessen wird.
- Die politischen Entscheider haben seit 1999 keine hinreichend wirksamen Alternativen mit weniger heftigen Eingriffen vorgeschlagen, geschweige denn durch- oder umgesetzt.
- Keiner der gewählten Amtsträger hat um seine Wählerstimmen mit der Ankündigung eines Fahrverbots geworben. Stattdessen wurde das Fahrverbot durch das Urteil eines Verwaltungsgerichts erzwungen, bzw. das Gericht hat den Vorwand geliefert, eine inhaltlich gebilligte, aber nicht zur Wahl gestellte Entscheidung treffen zu können.
- Rechtsgrundlage hierfür war das deutsche Bundesimmissionsschutzgesetz, welches seinerseits zur Umsetzung der europäischen Luftqualitätsrichtlinie mehrere Jahre vor der Kaufentscheidung des Kunden erlassen wurde. Auch bei dieser Entscheidung kam das Thema möglicher Fahrverbote nicht vor.
- In dem Bundestagswahlkampf für die Wahl des Parlaments, welches über dieses Gesetz abstimmte, spielten Beschränkungen der Mobilität ebenfalls noch keinerlei Rolle.
- Die EU-Luftqualitätsrichtlinie ihrerseits ist das Ergebnis eines politischen Deals zwischen Europaparlament und Ministerrat von 2009, in dem ein vorhandener Grenzwert ohne Studien zu Erreichbarkeit und

Folgen und trotz klarer Indizien erheblicher Probleme übernommen wurde.
- Der Grenzwert seinerseits ist das Ergebnis der Recherche von Kommissionsmitarbeitern, die 1998 (20 Jahre vor dem Eintritt der anfangs genannten Folgen) bei der Weltgesundheitsorganisation fündig geworden sind.

Kein einziger der materiell massiv betroffenen Bürger hätte jemals auch nur annähernd „eine Wahl" gehabt. In keinem politischen Angebot, über das er entscheiden konnte, tauchte auch nur die Möglichkeit einer derartigen Konsequenz auf. Diejenigen, die die Weichen ursprünglich gestellt haben, standen zum Teil auch gar nicht mehr zur Wahl. Zu keinem Zeitpunkt hatten die betroffenen Bürger alternative Optionen für eine nachhaltigere städtische Verkehrspolitik mit weniger radikalen Folgen – und auch die Industrie hat ihnen keine geboten. Die Führungsdimension im Bereich Legitimität dürfte jedenfalls bei kaum einem politischen Thema der letzten Jahrzehnte so stark negativ ausgeschlagen haben, wie bei diesem. Dass letztlich viele Bürgermeister alle argumentativen Chancen genutzt haben, an noch weitergehenden Beschränkungen politisch „vorbeizukommen", ist neben der inzwischen erkennbar verbesserten Faktenlage auch der berechtigten Angst geschuldet, die eigene politische Legitimität zu überdehnen.

Verglichen hiermit kann sich eine Intervention auf städtischer Ebene, auch wenn sie mit harten Beschränkungen einhergeht, wesentlich leichter auf ein direktes Mandat der Bürger durch die entsprechenden Wahlentscheidungen berufen. Während ein Zufahrtsverbot, dass über eine mehrstufige, vorher nicht absehbare, von mehreren handelnden Parteien getriebene Wirkkette zurückgeht, schwer legitimierbar erscheint und entsprechend heftige Konflikte ausgelöst hat, ist die Basis für eine wirkungsgleiche Maßnahme weit stärker, wenn die kommunalen Entscheidungsträger auch den Willen haben, sie zur Wahl zu stellen und dafür ein ausdrückliches Mandat von den Wählern bekommen.

Allerdings gibt es zwei Nebenwirkungen: Erstens werden Menschen direkt getroffen, die selbst keine Wahl hatten – nämlich die Umlandbewohner. Zweitens ist eine Fragmentierung der Verkehrsverhältnisse in Europa der Preis, der hierfür von den Autofahrern und Bürgern gezahlt werden muss, wenn es keinen Gemeinschaftsweiten Rahmen gibt. Die Frage nach dem Verhältnis von Berechenbarkeit, EU weiten Kriterien für Eingriffe, die geeignet sind, den Binnenmarkt infrage zu stellen und Legitimität der konkreten Wirkung vor Ort nicht zuletzt aus der Perspektive der direkt Betroffenen ist bisher unbeantwortet.

Unter diesen Rahmenbedingungen kann zugleich die (Ir-)Reversibilität von Entscheidungen zu einem Engpass erfolgreichen politischen Gestaltens werden. Die oben beschriebenen Faktoren, ihre Unsicherheit im Verlauf und ihre Interdependenz bedeuten zusammengenommen, dass die Wahrscheinlichkeit sinkt, dass politische Entscheidungen dauerhaft stabil bleiben. Dies gilt auch dann, wenn sie auf dem bestmöglichen Informationsstand getroffen und unter allen bekannten Rahmenbedingungen abgewogen wurden. Geschwindigkeit und Richtung technischer Entwicklungen, aber auch Überraschungen beim Thema Akzeptanz von Lösungen könnten mehr Korrekturen, Richtungsänderung und gegebenenfalls auch das Rückgängigmachen von einmal gefundenen Lösungen erfordern als dies in der Vergangenheit der Fall war. Auch dieser Faktor betrifft Europa qualitativ besonders stark. Das Auseinanderfallen von gemeinschaftlichen und nationalen bzw. subnationalen Kompetenzen kann dazu führen, dass gerade die Gemeinschaftsebene unter Druck gerät, einmal für richtig befundene Lösungen in Frage zu stellen, weil diesen dezentralen Entwicklungen entgegenlaufen. Gerade angesichts des Selbstverständnisses der europäischen Institutionen ist es hier aber besonders schwer, eine einmal eingeschlagene politische Richtung zu ändern.

Verengung auf einzelne Instrumente

Die Antwort auf ein politisch wirksames Problem fokussiert in der Regel schnell auf die instrumentelle Ebene. Von der Frage „Was läuft falsch?" führt die Antwort auf die Frage „Was muss passieren?" so gut wie automatisch zu „Was ist die (einzige) Lösung?". Diese Konkretisierung macht eine Politik für die Öffentlichkeit nachvollziehbar und vor allem auch für die politische Auseinandersetzung mobilisierungsfähig. Dies passiert ganz automatisch und völlig zu Recht bei einfach strukturierten Herausforderungen, wie etwa dem gesetzlich vorgeschriebenen Zwang zur Verwendung von Kindersitzen: Diese stellen eben die einzige und einfache Antwort auf Verletzungsrisiken durch Rückhaltesysteme dar, die für Erwachsene ausgelegt sind. Das Gleiche passiert aber auch bei hochgradig komplexen Themen wie der Reinigung von Abgasen. Hier entscheidet die „Griffigkeit" einer technischen Lösung über ihren politischen Erfolg wesentlich mit. Dies geschieht dann allerdings auch um den Preis, die Komplexität von Ursache- und Wirkungszusammenhängen weitgehend auszublenden. Exemplarisch ist das bei der deutschen Debatte um die Hardwarenachrüstung von Diesel-Pkw passiert, bei der bereits das Versprechen einer einfachen Reparaturlösung zu einer weitgehenden Beschränkung der öffentlichen Debatte auf diesen Weg geführt hat. Bei diesem Prozess der Einengung der Debatte auf eine einzige Lösung erfolgt automatisch eine Zuspitzung: Die politischen Akteure sind entweder dafür oder dagegen und die Debatte kreist darum, wer sich durchsetzt. Zugleich droht eine Einengung des Lösungsraums: Eine einzige Lösung ist immer leichter vermittel- und für die Medien besser konsumierbar. Alternativen im Muster „dafür oder dagegen" sind viel einfacher aufzubauen als Diskussionen nach dem Muster „dies zuerst, dann auch noch jenes und bei Bedarf noch weiteres". Lösungspakete aus mehreren Teilantworten sind deutlich schwerer vermittelbar, auch dann, wenn sie insgesamt eine höhere Wirkung haben könnten.

So läuft die Diskussion über die CO_2-Emissionen von Pkw bis heute nahezu ausschließlich darüber, wie die Emissionen von Neufahrzeugen gesenkt werden können. Rein physikalisch sind aber die CO_2-Emissionen der privaten Mobilität das Produkt aus a) den spezifischen Emissionen des gesamten Fahrzeugbestands, b) der Laufleistung der Flotte und c) dem individuellen Fahrverhalten von Millionen Autofahrern. Die Geschwindigkeit, mit der neue Technologien im Markt durchgesetzt werden, d. h. mit der alte Fahrzeuge durch neue ersetzt werden, ist somit ein ganz wesentlicher Parameter. In vielen Märkten steigt das Durchschnittsalter der Fahrzeugflotte. In Deutschland sind ca. 50 % der Fahrzeuge älter als 10 Jahre. Das bedeutet Schadstoffklasse Euro 4 oder älter und mehr als 40 % höhere CO_2-Emissionen als Neufahrzeuge. Die Geschwindigkeit, mit der ältere Fahrzeuge mit hohen Emissionen durch neuere ersetzt werden, sinkt daher. Die technologischen Verbesserungen werden zugleich weniger schnell in der Flotte und damit in der Atmo-

16 Der Mindset entscheidet – wo es „hakt"

sphäre wirksam. Auch bisherige städtische Interventionen haben dies in den allermeisten Märkten nicht „gedreht". Anhaltende Unsicherheit über Rahmenbedingungen, die unmittelbar die eigene Mobilität betreffen, verstärkt zusätzlich den Attentismus. Die Bestandsstruktur kam aber in den letzten 20 Jahren Klimadebatte so gut wie kaum vor. Eine denkbare Erklärung ist natürlich, dass Maßnahmen, die ältere, hochemittierende Fahrzeuge deutlich verteuern würden, die Bestandskunden träfen, also Millionen von Bürgern und Wählern, die nicht mehr vor der Wahl ihres Fahrzeugs stehen, sondern diese schon getroffen haben. Dagegen erlaubt es die alleinige Konzentration auf Neufahrzeuge, scheinbar ausschließlich die kleine Gruppe der Automobilhersteller zu adressieren. Erst indirekt, also durch die Weiterreichung der Mehrkosten an die – per Definition im Vergleich zu Bestandshaltern – zahlungsfähigeren Neufahrzeugkunden, trifft es dann Kunden und Wähler. Zugleich werden all diejenigen, für die sich der Kostensprung für den Erwerb eines neueren Fahrzeugs vergrößert, motiviert, ihr altes Auto erst einmal weiterzufahren.

Während die aktuell dominierende angebotsseitige Diskussion von der Frage kommt „Wann muss ich spätestens verbieten, damit es 2050 für die Kunden keine andere Wahl mehr gibt?" führt eine nachfrageorientierte Analyse zu einer ganz anderen Fragestellung: „Welche Voraussetzungen müssen erfüllt sein, damit sich möglichst viele Kunden möglichst früh für ein CO_2-freies Fahrzeug entscheiden? Wie schnell muss ein Hochlauf sein, damit auch für diejenigen, die sich kein neues BEV oder FCEV leisten können, ein hinreichend breites Gebrauchtfahrzeug-Angebot vorhanden ist? Was ist ein realistischer Hochlauf für die Verfügbarkeit öffentlicher Infrastruktur, damit überall in Europa solche Fahrzeuge auch mit vertretbarem Aufwand und vertretbaren Kosten betrieben werden können?"

Der objektiv vorhandene Lösungsraum wird heute beschränkt und Einsparpotenziale für Klimagase werden ungenutzt gelassen: Die Möglichkeit, durch eine höhere Besteuerung von älteren Fahrzeugen einen Impuls für neue Technologien auf der Nachfrageseite zu schaffen, wurde bei den CO_2-basierten Kfz-Steuerreformen der Vergangenheit fast immer ausgeschlossen. Vielmehr wurde allein bei der Wahl zwischen zwei konkurrierende Neufahrzeugen ein Lenkungsimpuls gesetzt. Straßenbenutzungsgebühren, die an der Kilometerleistung ansetzen, und dabei zugleich zwischen unterschiedlichen Verbrauchsklassen differenzieren können, gibt es bisher nirgends. Stattdessen bestehen die entsprechenden Systeme aus Einheitstarifen für die Inanspruchnahme entweder des gesamten betroffenen Straßennetzes oder aber für ein betroffenes Teilstück. Eine politische Debatte darüber, wie das Fahr- und Mobilitätsverhalten in Zukunft verändert werden kann, findet bislang nahezu ausschließlich in der Form kommunaler Fahrverbots- und Verteuerungsdebatten und damit ausschließlich als Drohszenario statt.

Erfolgreiche Klima-, Umwelt- und Verkehrspolitik der Zukunft müsste aber alle Optionen, welche neue Technologien bieten, konsequent nutzen. Das bedeutet, die Schnittstellen der Politikbereiche gezielt anzupacken. Elektrifizierung der Autos muss mit der Steigerung des Anteils erneuerbarer Energie zusammen gedacht werden. Die Möglichkeiten von Wasserstoff und vielleicht auch dekarbonisierten Verbrennungskraftstoffen (für die Bestandsflotte) können nur mobilisiert werden, solange deren Gesamtbilanz stimmt. Neue Mobilitätsangebote können die Schwelle senken, den heutigen Autohaltern einen Umstieg zuzumuten.

Fallbeispiel: Deutsche Kfz-Besteuerung

Steuerliche Instrumente haben eigentlich ein sehr hohes Potenzial zur politischen Beeinflussung der Automobilindustrie und ihrer Kunden. Zugleich sind sie aber in der politischen Praxis eines der nur mit großer Vorsicht angepackten Instrumente. Deutschland ist hierfür ein gutes Beispiel.

Die deutsche Kfz-Steuer war ursprünglich eine rein hubraumbasierte Abgabe. Sie wurde seit 1985 um eine auf Luftschadstoffe bezogene ökologische Komponente mit zunächst drei, ab 1997 sechs EU-Schadstoffklassen erweitert. Der nächste Änderungsschritt erfolgte im Juli 2007. In der damaligen Debatte ging es darum, die Kfz-Steuer erstmals auch als klimapolitisches Lenkungsinstrument einzusetzen. Zugleich bildeten aber auch Initiativen anderer Länder, insbesondere die parallelen Gesetzgebungsvorhaben in Frankreich, einen wesentlichen Einflussfaktor. Die deutschen Hersteller kritisierten damals, dass in Frankreich die Sprungstufen der CO_2-basierten Steuer passgenau auf das Produktportfolio von

Renault und Peugeot Citroën angepasst worden waren. Oberhalb dieser Werte stiegen die Steuern teilweise mit einem einzigen zusätzlichen Gramm um erhebliche Größenordnung an (bis heute). Letztlich wurde ein deutsches Steuer-Design verabschiedet, das einen linearen Anstieg mit 2 € pro g/km CO_2 vorsah. Reine Elektroautos wurden von der Steuer befreit. Ferner entfiel die Steuer zunächst für Fahrzeuge mit weniger als 120 g/km, später 100 bzw. 90 g/km. Für die schadstoffbasierte Komponente wurde für alle Fahrzeuge mit Schadstoffklasse Euro 3 und besser ein einheitlicher Satz eingeführt, bei dem nur noch zwischen Otto- und Dieselfahrzeugen unterschieden wurde. Dabei sollte der höhere Diesel-Steuersatz von 9,50 € je 100 ccm Hubraum gegenüber 2,00 € je 100 ccm bei Otto die Steuervorteile des Diesels bei der Mineralölsteuer ausgleichen.

Bemerkenswert ist, dass das deutsche Kfz-Besteuerungssystem damit seit 2009 keine Option mehr dafür bot, Unterschiede im Abgasverhalten im Bestand auch steuerlich unterschiedlich zu behandeln. Vielmehr wurde lediglich die vorzeitige Einführung von Euro 6 Neufahrzeugen von 2011 bis 2013 mit einem Steuervorteil von 150 € honoriert. So gut wie alle Akteure waren in der Diskussion vor der o. g. Novelle davon überzeugt waren, dass der wichtigste politische Schauplatz der Klimaschutz sein würde. Auch die Verabschiedung der europäischen Luftqualitätsrichtlinie (und die damit einhergehende „Zeitbombe") nur zwei Jahre später hat nicht dazu geführt, dass über eine erneute Schärfung der steuerlichen Instrumente unter dem Gesichtspunkt Emissionsklassen diskutiert worden wäre. Stattdessen wurde der Bundesregierung angesichts der Grenzwertüberschreitungen eine Debatte um das Nutzungsverbot dieser Fahrzeuge aufgezwungen. Anders gesagt: Anstatt z. B. mit einem moderaten, zeitlich gestaffelten Signal der höheren Besteuerung älterer die Erneuerung des Bestands mit überschaubaren, 3-stelligen jährlichen Folgen für die Halter zu beschleunigen, führte man letztlich eine Debatte über die faktische schlagartige Enteignung in vier- bis fünfstelliger Höhe.

Schließlich wurde mit der seit 2018 geplanten Einführung einer Pkw-Maut kein umweltpolitisches Lenkungsziel verfolgt. Von Anfang an war es die klar kommunizierte Absicht der bayerischen Erfinder dieses Instruments, die ausländischen Nutzer der deutschen Autobahnen an den Kosten zu beteiligen, nicht aber Einfluss auf Kaufentscheidung oder Nutzung von Autos zu nehmen – neuen und erst recht nicht denen in der Bestandsflotte. Stattdessen sollte die Maut in der Höhe erhoben werden, in der deutsche Fahrzeughalter Kfz-Steuer zahlen. Mit dem Grundansatz, nur sehr grob zeitlich differenzierte Vignetten (10 Tage, 2 Monate oder ein Jahr) zu lösen, entsprach der Vorschlag konzeptionell den mittlerweile seit über einem Jahrzehnt praktizierten Systemen in der Schweiz und Österreich. Weitergehende, technologiebasierte Überlegungen für eine elektronische, tatsächlich streckenabhängige oder zeitlich feiner differenzierte Erhebung sind unterblieben.

Noch schwerer als diese Defizite wog aber, dass mit Verweis auf die laufende Maut-Planung erst recht alle Versuche scheiterten, die Kfz-Steuer als Weg zur beschleunigten Bestandserneuerung und als Signal in der Luftqualitätsdebatte zu nutzen. Die Kopplung an die Maut verhinderte bis zum Scheitern der Pläne vor dem Europäischen Gerichtshof 2019 jede Modifikation der Kfz-Steuer. Dies änderte sich erst 2020 im Zuge der Corona Debatte. Als Teil des großkoalitionären Kompromisspakets wurde die CO_2-Komponente stufenweise bei Fahrzeugen mit höheren Emissionen verdoppelt – allerdings innerhalb der heutigen Struktur und ohne die Frage zu stellen, ob es grundsätzliche Alternativen gegeben hätte. In Sachen Schadstoffe blieb alles beim Alten. Auch wirkte diese Änderung nicht rückwirkend für bereits zugelassene Fahrzeuge, sondern nur für Neuzulassungen ab dem Stichtag der Änderung. Sie bleibt daher im Hinblick auf den Fahrzeugbestand ohne Wirkung. Aber auch die Option Maut als solche wurde nicht mehr diskutiert: Nach dem Urteil aus Brüssel hätte die Chance bestanden, mit einer nach CO_2 und Schadstoffen differenzierten Abgabe einen neuen Anlauf zu starten. Die Entscheidung in der Koalition fiel aber rein politisch-taktisch: Das Thema war „verbrannt" und wurde nicht mehr angefasst.

Neben der Besteuerung des Fahrzeugs selbst und des Kraftstoffs hat auch eine dritte Ebene der Besteuerung politisches Gewicht. Überall dort, wo der Halter des Fahrzeuges ein Unternehmen ist – vom kleinen Einzelunternehmer bis hin zum Fuhrpark eines Großunternehmens – fallen Halter und Nutzer steuerlich auseinander. Die Besteuerung des Firmenfahrzeugs erfolgt durch das Unternehmen, welches das Fahrzeug wiederum einem Mitarbeiter zur Verfügung stellt. Dieser wiederum muss die private Nutzung des Autos als sog. „geldwerten Vorteil" versteuern, da ja das Firmenauto ein ansonsten privat zu kaufendes Auto ersetzt. Ein erheblicher Teil des deutschen aber auch z. B. des niederländischen oder des britischen Automobilmarkts entfällt auf diese Kategorie. Die Firmenwagenbesteuerung adressiert ausschließlich Fahrzeuge mit aktueller Technologie, da der Markt so gut wie ausschließlich mit Neufahrzeugen bestritten wird. Dies gilt entgegen landläufiger und politisch-medial gepflegter Meinung nicht nur für Luxusfahrzeuge von Geschäftsführern, sondern bis hinein in die „Golfklasse". In Deutschland erfolgte die Besteuerung des geldwerten Vorteils bis 2018 allein auf der Grundlage des Fahrzeugpreises, von dem 1 % monatlich mit dem jeweiligen individuellen Einkommenssteuersatz zu versteuern waren (bei z. B. 50.000 € Listenpreis und 40 % Einkommenssteuersatz sind dies 200 € im Monat). In einer Reihe anderer Märkte wird jedoch bei der Höhe des Steuersatzes differenziert. Dabei erschien insbesondere eine Differenzierung nach Verbrauch bzw. CO_2-Ausstoß plausibel, da es in dem nahezu ausschließlich von neuen Fahrzeugen bestrittenen Firmenwagensegment nicht auf Signale zur Fuhrparkerneuerung und Schadstoffe ankam. Mit der Novelle des Einkommensteuergesetzes in Deutschland wurde zum 01.01.2019 auch hier eine Differenzierung eingeführt: Fahrzeuge mit weniger als 50 g/km CO_2 oder aber mehr als 40 km elektrischer Reichweite werden nur mit 0,5 % ihres Listenpreises besteuert. Bei BEVs mit einem Preis unter 40.000 € (diese Schwelle wurde in dem Corona-Paket 2020 auf 60.000 € erhöht) beträgt der Satz seitdem sogar nur noch 0,25 %. Dies war ein größerer Schub als es mit der deutschen Kfz-Steuer allein möglich gewesen wäre. Der relative Vorteil für ein xEV übersteigt leicht den jährlichen Kfz-Steuersatz.

Dieser Schritt passierte, nachdem sich das „Dienstwagenprivileg" zum umweltpolitischen Dauerbrenner entwickelt hatte: Auf der einen Seite forderten die Grünen bereits in der rot-grünen Koalition unter Bundeskanzler Gerhard Schröder Ende der 90er-Jahre eine Veränderung der Firmenwagen-Besteuerung. Diese konnte insbesondere durch die enge Zusammenarbeit zwischen VDA und IG Metall verhindert werden, sah sie doch vor, den auf den Listenpreis zu beziehenden 1-Prozent-Wert deutlich zu Lasten von Fahrzeugen mit höheren CO_2-Emissionen zu erhöhen. Diese, natürlich vor allem auch gegen die „Besserverdiener" gerichtete Strategie, blieb seitdem Standardelement aller Koalitionsverhandlungen mit grüner Beteiligung. Sie wurde auch von wesentlichen Umweltpolitikern der SPD immer wieder gefordert. In den letzten Koalitionsverhandlungen scheiterte eine höhere Steuer auf Firmenfahrzeuge am harten Veto der Union. Einigungsfähig war dagegen die o. g. Senkung für Elektrofahrzeuge ohne gegenläufige Belastung größerer Autos.

Im europäischen Vergleich (natürlich nicht gegenüber den USA) ist die deutsche Steuerpolitik im Kfz-Bereich insgesamt also sehr konservativ. Das System weist aufgrund der statistisch im EU-Vergleich niedrigsten Gesamtsteuerbelastung ohnehin nur ein relativ geringes Lenkungspotenzial auf. Dieses wird zugleich nur unzulänglich ausgeschöpft. Die konkurrierenden Positionen – „Don't touch it" bei CDU/CSU, harte ökologische Lenkungsziele mit deutlicher Neid-Komponente bei Grünen und SPD – haben die Diskussion sicherlich nicht erleichtert. Wäre es nicht möglich gewesen, eine zeitlich gestufte, berechenbar steigende und auch den Bestand umfassende Schadstoffkomponente einzuführen, die eine schnellere Einhaltung der EU-Ziele unterstützt hätte? Wäre eine frühere Öffnung der Firmenwagenbesteuerung für xEVs keine Option gewesen?

Überforderung konventioneller Gesetzgebung

Alle umweltpolitischen Debatten der letzten 8 bis 10 Jahre in Deutschland und Europa folgten dem gleichen Muster: Eine Bedrohung und ein „Gefährder" werden kommunikativ etabliert. Die jeweilige Maximalposition der Umweltverbände und ihrer jeweiligen politischen Verbündeten wird im Zuge des politischen Prozesses und in den Medien als das zu erreichende Ergebnis aufgebaut. Die Industrie ihrerseits antizipiert dies und steigt mit möglichst konservativen Positionen ein und begründet diese mit wirtschaftlichen Risiken, um den „Durchmarsch" der umweltpolitischen Forderungen zu dämpfen. Am Ende steht ein Kompromiss, der von beiden Seiten mehr oder weniger heftig kritisiert wird.

Dies ist natürlich ein zugespitztes Bild, das nicht für alle Medien und natürlich erst recht nicht für einen Großteil der politischen Beteiligten fair ist. Es ist aber gleichwohl ein Faktor, der seinerseits den heutigen

Handlungsmodus bei gerade umweltpolitischen Fragen rund um das Automobil bestimmt. Er ist Teil einer „Basarlogik", bei der beide Seiten unrealistische Maximal-Startpunkte definieren, um am Ende „irgendwo dazwischen" herauszukommen. Beide Seiten streiten hierbei um denjenigen Teil des politischen Spektrums, der nicht von vornherein festgelegt ist. Beide Seiten antizipieren die jeweiligen Haltungen der anderen. Medien spielen dabei mit: Durch das Dramatisieren der Debatten und deren Zuspitzung in der Zuordnung zu einzelnen Politikern ebenso wie durch die Suche nach möglichst stark kontrastierenden Aussagen Beteiligter. Deshalb gehört auch die öffentlich-mediale Begleitung zu den Faktoren, die eine andere Form der Interaktion zwischen Politik und Industrie nachhaltig erschweren. Denn: Mit sich gegenseitig bestätigenden Erwartungen der Industrie an die Nichtregierungsorganisationen und umgekehrt werden auch die politischen Entscheider gezwungen, sich bei einem Thema selbst auf der einen oder auf der anderen Seite zu positionieren. Die inhaltliche Kompromissfindung wird deshalb zu einer besonders schwierigen Vermittlung zwischen konkurrierenden politischen Positionen und Personen.

Man kann dieser negativen Charakterisierung natürlich entgegenhalten, dass demokratische Prozesse eben von dem Kampf konkurrierender Positionen leben und es das Recht und die Pflicht von Medien sei, diese auch engagiert zu begleiten. Das stimmt natürlich. Nur: Für viele der anstehenden Entscheidungsbedarfe bei der Ausgestaltung einer künftigen Mobilität wird dieser Interaktionsmodus in mehrfacher Hinsicht dysfunktional: Er kostet erstens sehr viel Zeit. Nationale und europäische Gesetzgebung konsumiert ein bis zwei Jahre öffentlicher Debatten. Hinzu kommt konzeptionelle Vorarbeit. Die Wahrscheinlichkeit ist hoch, dass, wenn in diesen Standardmodus das gesamte Spektrum der Regeln für eine vernetzte Mobilität erarbeitet werden, diese bereits von der Technik überholt sind, wenn sie in Kraft treten. Er produziert zweitens dauerhaftes, ideologiebasiertes Misstrauen, was die Findung von Lösungen nicht nur zusätzlich erschwert, sondern diese von Anfang an bei einem erheblichen Teil der politischen Akteure diskreditiert. Für Themen, bei denen es darum geht, breitflächiges Vertrauen und Akzeptanz sicherzustellen, und zwar nicht nur in Technik, sondern auch in die Regulierung, die für sie gilt, ist dies kontraproduktiv. Es liefert drittens keine Antwort darauf, dass sich das Spannungsfeld zwischen Schnelligkeit, Wirksamkeit und Legitimität auf eine niedrigere staatliche Handlungsebene verlagert. Bürgermeister werden sich nicht mehr einfach auf landesweite gesetzgeberische Vorgaben berufen. Kunden und Unternehmen müssen sich lokalen politischen Prozessen stellen, die sich unmittelbar auf ihr Mobilitätsverhalten auswirken.

Entscheidend ist daher, inwieweit und wie schnell es in Europa gelingt, ein das politische Spektrum von Konservativen bis Grünen übergreifendes, anderes und pragmatisches Vorgehen zu organisieren. Mit den heutigen Feindbildern und Vorurteilen lässt sich dies nicht erreichen. Es ist der Wille der wichtigsten Player auf Industrie- und Politikseite erforderlich, die bisherigen ideologischen Schützengräben zu verlassen, und konkrete, umsetzbare und politisch akzeptable Lösungsoptionen zu arbeiten. Dazu gehört die Wiederherstellung von verloren gegangenem Vertrauen zwischen Politik, Unternehmen und Öffentlichkeit als besonders knappen Gut.

Thesen

Um diese Situation zu ändern käme es darauf an, dass sich alle Lager, die Industrie, die NGOs und natürlich die staatlichen Entscheider von Vorbehalten lösen und unvoreingenommen das weite Feld der sich bietenden neuen Möglichkeiten diskutieren. Dazu könnte gehören, nicht von der Durchsetzung der eigenen Ziele und Wertvorstellungen her zu diskutieren, sondern den Blick konsequent auf die Bürger in ihrer multiplen Rolle als Verkehrsteilnehmer, Wähler, Entscheider und Autokäufer, Infrastrukturnutzer, Datennutzer und -lieferanten auszurichten. Hierzu müsste auch gefragt werden, ob die heutigen institutionellen Regeln, Gremien und Entscheidungsprozesse, Zuständigkeiten und Ressortgrenzen noch geeignet sind, die anstehenden Aufgaben zu bewältigen. Und dies eben nicht nur einmal und abschließend sondern als Teil eines Prozesses, der immer wieder den Abgleich zwischen technischen Möglichkeiten, politischen Regeln und wirtschaftlichen Konsequenzen organisiert. Dazu einige Thesen:

Erstens: Die institutionellen Spielregeln der Europäischen Union und das Verhältnis zwischen zentralen und dezentralen Entscheidungen müssten weiterentwickelt werden. Die Entscheidungsebenen von Gemeinschaft, Mitgliedstaaten und Städten müssten in ihren Wechselwirkungen nicht nur theoretisch bedacht, sondern institutionell enger verbunden gedacht werden. Das Spektrum der möglichen rechtlich-instrumentellen Lösungen für politische Herausforderungen müsste länger offengehalten und der heutige, begrenzte Werkzeugkasten infrage gestellt werden. Das Instrumentendesign müsste differenzierter, an lokale Anforderungen anpassbarer und vor allen Dingen auch im Zeitablauf dynamischer sein als bisher.

Zweitens: Kommunikationstechnologien generieren nicht nur immer mehr Wissen, sie ermöglichen auch neue Formen der Partizipation von Bürgern und der Legitimation von Eingriffen in ihre Entscheidungen. Dabei dürfte es in Europa nicht um eine reine Erfolgsoptimierung im chinesischen Muster gehen, sondern um Legitimation durch Zustimmung zu einzelnen Maßnahmen durch die von Ihnen Betroffenen, um neue Regeln für das Setzen und Anpassen von Regeln.

Drittens: Industrie, Politik und gesellschaftliche Einflussgruppen beschränken durch ihr jahrzehntelang gelerntes und gerade im letzten Jahrzehnt nachhaltig verhärtetes gegenseitiges Verhältnis den Lösungsraum für die sie alle gemeinsam betreffenden Herausforderungen. Politische Führungsleistung müsste beinhalten, dies aufzuweichen.

Viertens: Politisch-pragmatische und zugleich robuste Lösungen können am ehesten dort gelingen, und zwar unabhängig vom Thema, wo alle Beteiligten zunächst einmal ihre grundsätzliche Motivationslage, ihren Handlungsraum und dessen Grenzen, aber auch die Möglichkeiten auf dessen Erweiterung durch Zusammenarbeit verstehen und anerkennen. Sie misslingen dort, wo man aus der ideologischen Konfrontation nicht herauskommt. Vor allem aber ginge es darum, eine geteilte Verantwortung für die Lösung eines Themas zu akzeptieren.

Europa hat die Wahl, ob es in den bisherigen politischen Modus unter fundamental veränderten Bedingungen weiterfährt oder ob es den Blinker jetzt anders setzt – in Richtung einer Überprüfung von Instrumenten und deren Begründung sowie des Zusammenarbeitsmodells zwischen den politischen Ebenen – vom EU-Gesetzgeber bis zum Bürger in seinen multiplen Rollen. Dies sind die letzten beiden T-Kreuzung, die nicht davon handeln, wohin politisch gesteuert wird, sondern wie.

17

Politisch-Instrumentelle Innovation oder Stagnation

Wenn Europa die Mobilität in der eigenen Region wirksam gestalten, und global die Zukunft mitbestimmen will, kann nicht abgewartet und vertagt, sondern es muss entschieden werden. Und wenn Europa in Richtung neuer, digitaler demokratischer und partizipativer Steuerungsinstrumente abbiegen will, dann gibt es eine Reihe von zentralen Fragen, die verbindlich auf europäischer Ebene geregelt werden müssen. Und andere Entscheidungen, die auf die nationale und lokale Ebene gehören. Ob dies geschieht entscheidet darüber, ob die Vorteile des Binnenmarkts, also einheitliche Regeln, Berechenbarkeit und klare Rechte für alle Unternehmen und Bürger greifen und zugleich den Unterschieden vor Ort Rechnung getragen wird. Dies ist die vierte Kreuzung.

Die fünfte Frage lautet, ob Europa mit dem heutigen politisch-instrumentellen Werkzeugkasten und der bisherigen politischen Entscheidungslogik weiterfahren will. Dabei geht es auch darum, ob die politischen Werkzeuge in der Lage sind, unvorhergesehen veränderte Rahmenbedingungen, neue technologische Möglichkeiten, aber auch die Enttäuschung von Erwartungen an künftige Technologien berücksichtigen und sich daran anpassen zu können.

Kreuzung 4: EU, Mitgliedsstaaten, Kommunen

Staaten, Regionen und Städte hatten früher die Möglichkeit, Ampeln zu schalten, Fußgängerzonen auszuweisen und allerlei Blechschilder an den Straßenrand zu stellen – die Wahl zwischen verschiedenen Arten von Autos hatten sie nicht. Zugleich gewährleistete europäisches Recht, ein Auto mit aktueller Technologie immer und überall in Europa benutzen zu dürfen. Mitgliedsstaaten nahmen am EU-Rechtssetzungsprozess teil und setzten dann seine Ergebnisse um. Die Städte setzten um, was national entschieden wurde. Beide hatten aber kein Mandat, von der EU abweichend zu regulieren. All dies ist heute fraglich. Die zusätzlichen Möglichkeiten, die sich der Politik eröffnen, von EU-Kommissaren bis zu Stadtplanern, werfen die Frage auf, wie viel Atomisierung von Marktbedingungen gewollt ist: Verschiedene Zielrichtungen zwischen Paris und Warschau und daraus hergeleitet divergierende Spielregeln können Verbraucher nachhaltig verunsichern und die Wirksamkeit politischer Ziele gefährden, die auf europäischer und nationaler Ebene verfolgt werden. Erzwungene Uniformität kann umgekehrt dazu führen, dass den vielen tatsächlichen Unterschieden nicht Rechnung getragen wird – mit der Folge von Wirkungslosigkeit und/oder Ineffizienz.

Die folgenden Grade der Differenzierung bzw. Fragmentierung von Spielregeln und damit Nachfragestrukturen zwischen EU, nationaler Gesetzgebung und kommunalen Entscheidungen sind möglich:

- Klare EU-weite Vorgaben auf der Ebene der zu erreichenden politischen Ziele und der dafür einzusetzenden regulatorischen Instrumente, die durch die Mitgliedsstaaten flächendeckend umgesetzt und auf dieser Basis in den Kommunen mit geringfügigen lokalen Variationen umgesetzt werden.
- Gleichgerichtete, übergreifende politische Ziele werden für den gesamten Verkehrssektor gesetzt, gegebenenfalls unterstützt durch finanzielle Subventionen. Dabei wird aber die instrumentelle Umsetzung vor Ort offengelassen. In diesem Rahmen werden praktische Instrumente an der direkten Schnittstelle zum Verkehrsteilnehmer lokal entwickelt.

17 Politisch-Instrumentelle Innovation oder Stagnation

- Entscheidung über Ziele und Maßnahmen fallen alleine auf kommunaler Ebene und ohne übergreifende Richtung. Das bedeutet parallele Entwicklung von Instrumenten und große Unterschiede und Widersprüche zwischen praktischen Verhaltensvorgaben für die Bürger als Verkehrsteilnehmer.

Für die kommenden Jahre sind Bewegungen in beide Richtungen vorstellbar: Versuche der Durchsetzung einheitlicher Politik, die durch gegenläufige politische Debatten und Ambitionen auf kommunaler Ebene unterlaufen oder offen in Frage gestellt werden. Aber auch die Erkenntnis, dass Fragmentierung letztlich die Effizienzvorteile eines einheitlichen Marktes für Automobile zerstört, und deshalb ein Ausgleich durch Konsolidierung von Instrumenten und Abstimmung von Zielen nötig ist.

Bereits die heute vorliegenden programmatischen Aussagen aber auch die Erfahrung mit der chinesischen Politik im Automobilbereich sprechen dafür, dass es in China – natürlich mit Experimenten, Fehlschlägen und Korrekturen – letztlich ein Mehrebenenmodell geben wird, bei dem sich staatlich autorisierte kommerzielle Angebote von politisch definierten Anbietern für die technische Infrastruktur mit dazu passenden kommunalen Steuerungsmechanismen ergänzen.

Gerade die EU steht hier vor einer Herausforderung: Ihr wesentlicher Daseinszweck ist ein einheitlicher Binnenmarkt, bei dem die Bürger und die Unternehmen sich darauf verlassen können, dass ein für die EU zugelassenes Produkt überall in der Gemeinschaft verkauft werden kann. Passt es hierzu, wenn Teile der EU-Institutionen (namentlich aus dem Parlament) Kommunen ermuntern, genau dies zu durchbrechen? Wenn Städte jeweils für sich technische Anforderungen definieren? Je mehr sich in den kommenden Jahren unterschiedliche kommunale Interventionen in das Verkehrsgeschehen durchsetzen, und je härter diese ausfallen, desto brüchiger wird die Legitimation des Nichtstuns auf nationaler und Gemeinschaftsebene.

Die vierte T-Kreuzung ist also die Wahl zwischen einem europäischen Gesetzgeber, der ein politisch-rechtliches Mehrebenenmodell durchsetzt, mit dem das Versprechen des Binnenmarkts für die Autofahrer aber auch die anderen Verkehrsteilnehmer aufrechterhalten wird. Oder ob sie nationaler und lokaler Fragmentierung den Weg ebnet. Die Frage lautet, ob Kompetenz und Wille auf europäischer Ebene ausreichen, einen wirksamen Rahmen für eine vernetzte, nachhaltige Mobilität und ein eigenes europäisches Modell zu definieren. Ohne diesen würde die Gemeinschaft einen losen Rahmen liefern, der fragmentierte, lokal und regional unterschiedliche Interventionen rechtfertigt, allerdings zugleich den Binnenmarkt für Automobile und Mobilitätsdienstleistungen faktisch „beerdigt". Lokal ergäbe sich ein Flickenteppich aus konkurrierenden Modellen. Deren Regeln wären dem Wechsel der Mehrheiten ausgeliefert – einschließlich des vollen Pendelschwungs von ökologischer Restriktion zu populistischer „Befreiung". Es bestünden aber zugleich Regionen und Kommunen fort, in denen das heute installierte Mobilitätsmodell fortgeschrieben und mangels Ressourcen und politischem Willen gar keine Modernisierung erfolgt. In Europa bliebe also auf mittlere und lange Sicht die volle Bandbreite möglich: Von massiver, erzwungener Veränderung bis hin zum Nichtstun und Fortschreibung des Status Quo. Für die Kunden bedeutete all dies einen Zwang, sich, sobald man das jeweilige eigene Biotop verlässt, mit sehr unterschiedlichen Rahmenbedingungen arrangieren und jeweils anpassen zu müssen. Erst aus dem empirischen Resultat dieser Fragmentierung könnte dann in einem nächsten Schritt eine reaktive Dynamik entstehen, welche eine Vereinheitlichung und eine Wiederherstellung des zuvor zerfallenen Binnenmarkts erfordert. Ob dann allerdings auch die politische Kraft aufgeboten wird, angesichts lokal verfestigter Verhältnisse eine durchgreifende Änderung und Durchsetzung gemeinschaftsweiter, stärker angenäherter Systeme zu erzwingen, bleibt eine erhebliche Frage. Sicher ist nur, dass bei diesem Szenario entscheidende Jahre verloren gehen könnten.

Grundregeln – Kompetenz der EU

Zu den Fragen, die für die gesamte EU entschieden werden müssten, wenn der Anspruch des Binnenmarkts erhalten werden soll, gehören einige Grundregeln, die erforderlich wären, um (sub-)nationales Handeln

abzusichern und Akzeptanz für einen gemeinschaftsweiten Rechtsrahmen zu schaffen. Dazu einige Beispiele:
Grundrechte der Bürger und Unternehmen müssten übergreifend und wirksam verankert werden. Dazu könnten das Recht, die Verwendung und Weitergabe von Daten bestimmen zu können, ebenso gehören wie die Sicherheit, dass staatliche Stellen diese ebenfalls allein in dem erforderlichen und vom Bürger autorisierten Umfang zu nutzen. Auch die technischen Anforderungen an Fahrzeuge, welche die Sicherheit von Leben und Gesundheit betreffen, also beispielsweise die Voraussetzungen für vollautonomes Fahren, müssten weiterhin einheitlich und verlässlich geregelt sein. Das gleiche gilt für die Haftung im Schadensfall oder aber auch die Konsequenzen für die Schuldermittlung bei Unfällen durch Polizei und Staatsanwaltschaften.

Gerade die neuen Optionen digitaler Regulierung erfordern EU-weite Grundregeln für die technische Kommunikation mit dem Fahrzeug und dessen Nutzer: Will die Politik private Angebote, die verkehrsträgerübergreifend den Zugang zu einer Bandbreite von Mobilitätsoptionen erschließen, gleichzeitig aber der wirtschaftlichen Verwertung aller hierbei erhobenen Daten dienen? Soll die Kombination verkehrsrelevanter Daten über das Kundenverhalten mit dem von anderen Diensten genutzten Datenpools unbegrenzt ermöglicht werden oder nicht? Sollen private Plattformbetreiber verpflichtet werden, Teile ihrer Daten für staatliche Stellen bereitzustellen, oder auch mit anderen Beteiligten zu teilen? Vor allem aber, sollen staatliche Lenkungsimpulse, entweder über Interventionen in der Preisgestaltung oder aber als direkte Priorisierung direkt digital an den Kunden oder sein Auto gesendet werden – von der Beeinflussung der Fahrzeugdichte auf einzelnen Strecken bis zum Parkplatz? Ist die Übernahme der Entscheidung über die optimale morgendliche Pendelstrecke durch ein „City Brain" eine politisch diskutierbare Option oder nicht?

Transaktionskosten zu minimieren, ist ein ökonomisches Effizienzgebot: Ziel müsste sein, aus den modernen Kommunikationstechnologien das Maximum an Transparenz, Vergleichbarkeit und Mühelosigkeit der Nutzung möglichst aller Mobilitätsoptionen herauszuholen. Dies müsste beinhalten, nicht in jeder Stadt und in jedem Staat völlig verschiedene inkompatible System aufzubauen, sondern mindestens deren Kommunikationsfähigkeit untereinander sicherzustellen.

Verbote als am schwersten zu rechtfertigende Eingriffe sollten nur dort und nur dann erfolgen, wenn mildere, wirtschaftlich weniger schwerwiegende und politisch gefährlichere und reversible Pfade nicht hinreichend wirksam sind. Hier muss die EU klare Grenzen setzen. Die Beweislast sollte hier beim Verbot und nicht bei seinen Alternativen liegen. Gebührenhöhen dürften nicht zur Erstickung von Angeboten privater Dienstleister und zur Absicherung von öffentlichen Monopolen missbraucht werden.

Eine wirksame Wettbewerbsaufsicht müsste umgekehrt verhindern, dass private Oligopole und Monopole eine Machtposition erlangen, welche die Wahlfreiheit des Bürgers beschränkt. Die europäische Wettbewerbsaufsicht müsste durch die Bereitstellung kommunaler und nationaler Daten unterstützt werden. Wettbewerbspolitik sollte die Frage klar beantworten, ob tatsächlich alle nur denkbaren Dienste von einem oder wenigen Plattformbetreibern angeboten werden dürfen, oder ob der Zwang zur Trennung von Geschäftsfeldern nötig ist, um Wettbewerb zu erhalten.

Technische Schwellenwerte, die beispielsweise als Grundlage dafür herangezogen werden, Privilegien zu gewähren (beispielsweise CO_2-Emissionen oder elektrische Reichweite) sollten möglichst vereinheitlicht werden. Während für die Ausgestaltung der an ihnen festgemachten Vor- und Nachteile, Mehrkosten oder Vergünstigungen Flexibilität nötig und auch möglich ist, sollten die Imperative, die an das technische Design von Fahrzeugen gestellt werden, einheitlich sein, um die Funktionsfähigkeit des Binnenmarkts und durchgängige Zulassungsfähigkeit zu garantieren (s. o.).

Kommunale und private Energieversorger könnten durch einen EU-weiten Rahmen mit Umsetzung über das nationale Energierecht zur Mitwirkung und Förderung einer flächendeckenden Ladeinfrastruktur verpflichtet werden. Dies könnte durch nationalstaatliche Vorteile bei Steuern und Abgaben flankiert werden. Auch die unten dargestellte Bündelung relevanter Daten, welche die permanente Evaluation der Nutzerpräferenzen und deren Veränderung ermöglicht, müsste mindestens national geregelt werden.

Lokale Kompetenzen

Kommunen kennen ihren konkreten Problemdruck am besten und können ihre eigenen Ambitionen am besten definieren. Das betrifft vor allem die Höhe von Gebühren, die für die Nutzung der Straßen und die Inanspruchnahme von Parkraum erhoben werden. Deshalb liegt es nahe, dass die Regelungskompetenz für die konkrete Einstellung der Steuerungsgrößen grundsätzlich auf kommunaler Ebene liegen sollte, allerdings in einem grundsätzlich EU-weit geltenden Rahmen. Einzelne Stellgrößen, wie die Höhe von Parkgebühren, könnte sogar auf der Ebene von Stadtbezirken entschieden werden. Wie hoch zusätzliche Investitionen in öffentliche Verkehrsmittel ausfallen sollten, in welcher Höhe Einnahmen aus dem System dort verwendet werden, wo Busse und Straßenbahnen ihre höchste Effizienz aufweisen, müsste ebenfalls kommunal entschieden werden. Das gleiche gilt für die Optimierung der Angebote für öffentliche elektrische Ladeinfrastruktur. Ein EU-weiter Rahmen mit Zielgrößen für die Dichte der Ladepunkte könnte an soziodemografischen Kriterien ansetzen und dann lokal innerhalb von Bandbreiten ausgefüllt werden.

Auf die Mitgliedsstaaten würde in einem solchen Modell vor allem die Frage zukommen, in welchem Umfang die Kommunen für diese Aufgaben mit finanziellen Ressourcen ausgestattet werden, etwa für den Aufbau der technischen Voraussetzungen für neue regulatorische Optionen. Die im Rahmen der europäischen Lastenverteilung beim Klimaschutz übernommenen nationalen Ziele könnten eine „Voreinstellung" gerade für lokale Gebühren und deren Differenzierung auf Basis des Kriteriums CO_2 bilden. Ein weiterer Punkt wäre die Anpassung des Verkehrsordungsrechts, das ebenfalls stark nationaler Kompetenz unterliegt.

Soweit einige Themen, bei denen das Verhältnis der politischen Entscheidungsebenen neu austariert werden könnte. Diese Weichenstellung erfordert per se noch keine Änderung im politischen Instrumentenkasten oder im Prozess der Legitimation von neueren Interventionen. Allerdings wird an den im folgenden dargestellten Optionen für veränderte politische Steuerungsoptionen deutlich, dass diese wesentlich plausibler erscheinen, wenn die Rollenverteilung der Entscheidungsebenen in der EU und einige grundsätzliche Spielregeln zuvor explizit geklärt würden.

Kreuzung 5: Politisch-Instrumentelle Innovation

Handlungsoptionen

Im Folgenden werden einige instrumentelle Optionen diskutiert, die in einem innovativeren, originär europäischen Steuerungsmodell eine Rolle spielen könnten. Dabei geht es um ihre Eignung, den zentralen Erfolgskriterien zu genügen, die für einen mittel- und langfristigen Weg erfüllt sein müssen: Effektivität, Effizienz und Legitimität. Effektivität bedeutet, Regeln zu definieren, bei denen die erzwungenen oder incentivierten Maßnahmen einen nachweisbaren Beitrag zur Lösung des Problems liefern. Effizienz heißt, dies so zu tun, dass der Preis, der für die Erreichung eines politischen Ziels gezahlt werden muss, nicht höher ausfällt als nötig und möglichst von denjenigen entrichtet wird, die hierzu auch fähig sind. Legitimität zu sichern erfordert, einen möglichst hohen Grad an Zustimmung derjenigen zu erzeugen, die Vorgaben erfüllen müssen oder aber die Wahl zwischen unterschiedlichen Optionen und deren Preisen haben.

„Die Preise müssen die Wahrheit sagen"

So lautete ein von Ernst-Ulrich v. Weizsäcker in der Umweltdebatte der 90er-Jahre geprägtes Schlagwort. Preise können dort wirken, wo Verbote eine zu harte Intervention darstellen. Sie belasten die Inanspruchnahme der Umwelt und des öffentlichen Raums und fordern Geld ein, welches für die umwelt- und verkehrspolitischen Ziele zur Verfügung steht. Sie sind bei richtigem Design effektiv und effizient. Sie haben auch die Chance auf politische Legitimität, wenn sie richtig ausgestaltet, wirksam

17 Politisch-Instrumentelle Innovation oder Stagnation

kommuniziert und sachgerecht angepasst werden. Dieses Prinzip könnte wesentlich zur Konsistenz eines weiterentwickelten Werkzeugkastens beitragen – durch eine klare Kommunikation der Ziele und eine einfach nachvollziehbare instrumentelle Logik – die wie folgt lauten könnte:

Die Belastung des Klimas hat einen Preis. Dekarbonisierte Energieträger, egal ob Verbrennungskraftstoff oder Strom sind teurer als solche, die regenerativ bzw. CO_2-neutral erzeugt werden. Alle Arten von Energieträgern für Kraftfahrzeuge sollten auf der Grundlage der mit ihnen verbunden CO_2-Emissionen preislich belastet werden. Durch eine entsprechende Ausgestaltung der Steuern auf die einzelnen Kraftstoffoptionen, durch die Erweiterung des Emissionshandelssystems auf im Verkehrssektor verbrauchte Kraftstoffe, oder die Kombination von beidem.

Höhere Effizienz zahlt sich aus: Ein Fahrzeug, das in der Summe aus Antriebstechnologie, Gewicht und Aerodynamik weniger Energie benötigt, um einen Kilometer zu fahren, wird geringer belastet als eines, das die gleiche Energie ineffizient auf die Straße bringt. Dies gilt sowohl für jährliche Kfz-Steuer wie in Deutschland als auch für einmalige Kaufsteuer-Regime und die Besteuerung des geldwerten Vorteils der Privatnutzung von Firmenfahrzeugen.

Luftverschmutzung kostet. Eine Entscheidung, die sie reduziert, wird belohnt, die Inkaufnahme von Mehremissionen hat einen Preis, der berechenbar steigt. Je mehr Schadstoffe ein Fahrzeug ausstößt, desto höher sollte daher seine Steuerbelastung sein. Dies sollte eine berechenbare, sozial verträgliche und zeitlich gestaffelte Anhebung der Steuerbelastung für ältere Bestandsfahrzeuge einschließen.

Verkehrsraum und öffentliche Flächen haben ihren Preis genauso wie private. Je mehr davon in Anspruch genommen wird und je größer die Knappheit ist, desto höher der Preis und umgekehrt. Hier besteht die Flexibilität, auch zwischen unterschiedlichen Regionen und Städten zu differenzieren, und dabei die wirtschaftlichen Bedingungen insbesondere die Kaufkraft der betroffenen Menschen zu berücksichtigen.

Einen Beitrag zur schnellen Umstellung des Energiesystems auf erneuerbare Energiequellen zu leisten und deren Zusatzkosten zu senken, bzw. sogar Vorteile zu generieren, wird belohnt. Wer mit seinem Elektro- oder Wasserstoffauto hilft, das Netz zu stabilisieren und Erneuerbare Energien zu unterstützen (durch gesteuertes Laden, oder im nächsten

Schritt durch die Bereitstellung von Speicherkapazität) profitiert unmittelbar im Portemonnaie.

Ziel europäischer Politik könnte es sein, die Mitgliedsstaaten auf gemeinschaftsweit geltende Grundsätze festzulegen, nicht aber deren Vorgehen im Detail zu regeln. Kaufkraft der Bürger, Problemdruck durch Luftverschmutzung aber auch öffentliche Akzeptanz sind unterschiedlich und so sollte auch vor Ort entschieden werden, ob und in welcher Höhe bepreist wird. Es ist ein strategischer Vorteil der europäischen Union, dass hier das Instrument der ökologisch ausgerichteten Besteuerung bereits in vielen Mitgliedstaaten etabliert ist und für eine Optimierung und abgestimmte inhaltliche Ausrichtung zur Verfügung steht. Dieser könnte genutzt werden.

Die hier diskutierten Maßnahmen sind offensichtlich keine politischen „Selbstläufer" – im Gegenteil. Verbote zeigen Handlungsstärke und Entschlossenheit von politischen Entscheidern. Für eine politische Klientel, die eine Verbotslogik zu Lasten Dritter mitträgt (z. B. wohlhabende Wähler in Kerninnenstädten), kann dies attraktiv sein. Umgekehrt ist der Widerstand gegen jede Art von Verboten oder Belastungen aber ebenso geeignet, politisch zu mobilisieren. Auch generelle Risikoscheu vor neuen Instrumenten führt schnell zu Scheinalternativen „Verbotsorgie" oder „Freie Fahrt für freie Bürger". Folge: Stagnation. Ungeprüfte Vorbehalte bei digitalen Technologien aus Angst vor offenen Fragen des Datenschutzes und der Wahrung von Persönlichkeitsrechten sind schwer zu überwinden. Sorge vor „sozialer Schieflage" bei finanziellen Anreizen ist ein potenzieller Showstopper.

Neue Institutionen?

Ein wirklich neuartiger Rahmen kann nicht mehr allein in dem heutigen Modus der EU-Gesetzgebung gestaltet werden: Die heutige Logik lautet, dass eine Generaldirektion der Kommission aus ihrem jeweiligen Zuständigkeitsbereich heraus zunächst einen durch Verordnungen und Richtlinien umzusetzenden Regelungsbedarf identifiziert und von Beratern legitimatorisch absichern lässt, welcher dann in ein mindestens zwei Jahre dauerndes Gesetzgebungsverfahren mit Rat und Parlament mündet. Diese Logik ist aber bei einem Teil der hier beschriebenen Herausforderungen zu langsam, sie bildet die Überlappungen der Themen nicht ab und droht bei allen konkreten und d. h. haushaltswirksamen Forderungen auf nationalen Widerstand zu stoßen. Sie ist schließlich kaum in der Lage, die inhaltlich-technische Komplexität der Chancen und Risiken sachgerecht abzubilden.

Die Alternative wäre, mit einem breiten, Fachpolitiken übergreifenden Gesetzgebungsprogramm zunächst die allerwichtigsten, zeitlich stabilen und nicht unmittelbar technologieabhängigen Voraussetzungen (Rechte der Bürger, Pflichten der Anbieter usw.) zu definieren. Darauf aufbauend gälte es dann, die wesentlich komplexeren Fragen (wie technische Schwellenwerte, Kriterien der Bepreisung usw.) getrennt und in agilerer Form organisatorisch zu verankern. Es müsste dafür ein institutioneller Rahmen geschaffen werden, der drei Anforderungen zugleich genügt: Erstens: Es müsste gelingen, schnell definierte und kontinuierlich anpassungsfähige Wege zu entwerfen, die so flexibel wie möglich aber gleichzeitig so stringent wie nötig sind. Diese müssten zweitens auf einem breiten Konsens technischer Experten aus der Industrie und unabhängigen Institution aufbauen können. Drittens müsste politisch-demokratische Legitimation gewährleistet sein. Eine offene Frage lautet also, ob neue institutionelle Regelungen vorstellbar sind, die es erleichtern könnten, systematische instrumentelle Innovationen a) inhaltlich zu entwickeln und b) politisch zu legitimieren.

Deutsche Räte – Alternative CARB?

Gerade im Themenfeld Umwelt und Nachhaltigkeit wurde immer wieder versucht, durch die Einsetzung von Expertenräten inhaltliche Kompetenz zu bündeln. Die entscheidende Frage ist aber, welche Rolle derartigen Gremien zukommt: In Deutschland gab es eine lange Reihe von Expertengremien wie den Nationalen Rat für nachhaltige Entwicklung, die Nationale Plattform Elektromobilität (NPE) oder aktuell die nationale Plattform Zukunft der Mobilität (NPM). Ihre offizielle Aufgabe war die Erarbeitung von gemeinsamen Vorschlägen unterschiedlicher Gruppen für das Handeln der Regierung. In der politischen Realität dienten sie jedoch der Bundesregierung mindestens ebenso sehr dazu, die Argumente aller Beteiligten präsentiert zu bekommen, um auf dieser Grundlage die eigene Strategie zur gesetzgeberischen Durchsetzung politische definierter Ziele besser formulieren zu können. Gerade unter der Kanzlerschaft von Angela Merkel bestand eine wichtige Aufgabe der Expertengremien darin, zunächst alle Ideen „abregnen" und alle Gegenvorschläge dargelegt zu bekommen, um anschließend den politisch erfolgversprechendsten Weg definieren zu können. Unmittelbarer politischer Handlungsdruck ging von diesen Kreisen jedoch nicht immer aus (s. o. bei der Elektroautoförderung). Auch das konkrete Design und das Timing politischer Maßnahmen blieben in den Händen der Ministerien. Gremien dienen in diesem Modell der inhaltlichen Analyse politischer Optionen, sie sind aber keine Träger direkter politischer Verantwortung. Sie liefern der Regierung Legitimität für deren Handeln, sie sind aber nicht selbst verantwortlich. Deshalb sind sie Schauplatz der Lobbyarbeit der beteiligten Gruppen, nicht aber deren Adressat.

Das Gegenmodell stellt in mancher Hinsicht das CARB dar. Dieses trifft als mit Experten besetztes Gremium unmittelbar Entscheidungen zur Ausfüllung eines weit definierten gesetzlichen Rahmens. Hier wurde politische Macht unmittelbar an ein Expertengremium delegiert, dessen Entscheidungen anschließend durch die Verwaltung umzusetzen sind. Der Gesetzgeber hat sich hier mit der Festlegung der politischen Oberziele begnügt, die Mittel zu deren Erfüllung allerdings anschließend dem Board überlassen. Die Legitimation von Entscheidungen des CARB beruht auf der Kombination aus einmaliger politischer Beauftragung einerseits und persönlicher Integrität der handelnden Personen andererseits. Ein ganz wesentlicher Grund dafür, dass dieser Mechanismus funktioniert, ist, dass sich die Mitglieder anders als die Vertreter in den deutschen Räten nicht zuerst oder gar allein als Repräsentanten einer bestimmten Gruppe und ihr Gremium nicht nur als Schauplatz konkurrierender politischer Positionen verstehen. Das bedeutet für die politischen Interessengruppen und die Industrie natürlich vollkommen andere Formen der Interaktion: Im deutschen Modell denken alle Beteiligten bereits in den Expertengremien von der Beeinflussung späterer Entscheidungen der Regierung her. Es geht darum, Gegner und Verbündete abzuschätzen und die eigene Strategie für die nächste, entscheidende

Etappe des Prozesses zu definieren. Dagegen stehen in Kalifornien Industrie und NGOs im Wettbewerb auf einem Spielfeld, bei dem ein Gremium, dem sie beide nicht unmittelbar angehören, als „Schiedsrichter" oder „Geschworenenbank" agiert. Diese Faktoren beschleunigen natürlich den kalifornischen Prozess gegenüber dem deutschen.

Allerdings muss vor der Vorstellung gewarnt werden, man könnte ein politisches Konzept, dass an der amerikanischen Westküste funktioniert, einfach auf Europa oder Deutschland übertragen. Dies hat mehrere Gründe: Der Mindset der Beteiligten ist erstens völlig verschieden. Wie zuvor dargelegt, ist der kalifornische Diskurs selbst an den beiden Enden des Spektrums, also zwischen Umweltverbänden und Industrie, deutlich weniger konfrontativ. gegnerschaftliche oder gar feindliche Interaktion, wie sie zuletzt in Deutschland regelmäßig anzutreffen waren, würden umgekehrt das relativ pragmatische kalifornische Modell extrem schwierig machen. Hinzu kommt zweitens das gelernte Verhalten: Nach Jahrzehnten eingeübter Mitwirkung in stark politisierten, immer wieder öffentlich und medial ausgetragenen Prozessen gehört die Instrumentalisierung der Gremien zum normalen Handlungsmodus der Beteiligten. Dies steht natürlich im Gegensatz zu der relativ „leisen" Interaktion in Kalifornien. Zugleich steht natürlich drittens der Beweis aus, dass eine im Bereich Umwelt und Klimaschutz etablierte Institution als Blaupause für andere Themen dienen kann. Insbesondere ist die Frage völlig offen, in welchen institutionellen Arrangements beispielsweise die Nutzung neuer technologischer Möglichkeiten für eine wirksamere Steuerung genutzt werden kann. Die weit höhere Breite der zu beteiligenden Akteure ist hier natürlich eine qualitative Herausforderung. Und schließlich hat die o. g. Vorgabe des kalifornischen Gouverneurs aus dem September 2020 für ein Verbrennerverbot auch die künftige institutionelle Rolle des CARB in Frage gestellt. Sie wurde damit zu einer ausführenden Behörde für eine politische Vorgabe mit feststehendem Ergebnis.

Neue Möglichkeiten für Information und Partizipation

Alle bisher bestehenden politischen Beratungs- und Konsultativorgane haben gemeinsam, dass ihr Arbeitsauftrag von einem politisch verwertbaren Ergebnis, d. h. einem Gesetzesvorschlag, einem Zeitplan, einem Maßnahmenpaket usw. her definiert sind. In der Regel werden diese Gremien a) mit dem mehr oder weniger parteiischen, aber fachlich legitimierten Input gesellschaftlicher Gruppen und darüber hinaus b) mit dem neutralen Sachverstand wissenschaftlicher Institutionen „gefüttert". Die Logik ist einfach: Basierend auf dem, was die Beteiligten heute meinen, über die Zukunft wissen zu können, werden Vorschläge diskutiert, wie gewünschte Zustände erreicht, unerwünschte verhindert werden können. Die Analysen beruhen aber immer auf einer Punkt-Betrachtung – nicht einer stetigen Beobachtung. Die zu diskutierende Realität in dem beobachteten Teil des gesellschaftlichen Geschehens wird zugleich von der jeweiligen politischen Fragestellung her angeschaut. Deshalb definieren natürlich die jeweiligen politisch-operativen Ziele aber auch die dahinter liegenden strategisch-politischen Motivationslagen indirekt die Form der Analyse und Präsentation von Daten, Fakten und Meinungen. Zugleich werden Analysen dann geliefert, wenn die politische Agenda diese benötigt, ihre Arbeit folgt also dem politischen Lebenszyklus des jeweiligen Themas. Sie produzieren aber aus sich heraus keine politischen Handlungsbedarfe. So verursachen auch deutliche Abweichungen der empirischen Realität von politischen Zielzuständen keinen Handlungsdruck solange nicht Medien oder politische Akteure ein Thema aktiv aufgreifen.

Diese bisher unveränderbare Konstellation könnte jetzt grundlegend erweitert werden. Die enorme Menge an Primärdaten aus dem realen Verkehrsgeschehen könnte kontinuierlich ausgewertet und für die verschiedenen Teilaspekte der politischen Debatte aufbereitet werden. Fachlich kompetente und politisch legitimierte wissenschaftliche Institutionen könnten dabei permanent unterstützen. Dieser Abgleich ist grundsätzlich sowohl auf der nationalen als auch auf der Ebene der europäischen Union möglich. Die Diskussion um die sachliche Validität von Auftragsstudien und deren politischen Intentionen könnte ersetzt werden durch den Zugang aller beteiligten Stakeholder zu einem identischen Datenpool. Aus der politischen Debatte heraus aufgeworfene Fragen könnten ohne Zeitverzug und sachlich breiter und fundierter beantwortet werden, als dies bislang möglich gewesen ist. Behauptete Kausalketten könnten schnell überprüft und die Wirksamkeit von Instrumenten belegt oder widerlegt werden. Umgekehrt könnte die Wahrscheinlichkeit zumindest gesteigert werden, dass Daten „im Feld" schnell Abweichungen von Soll- und Ist-Entwicklungen sichtbar machen und so für politischen Handlungsdruck sorgen.

Die politischen Entscheider stehen damit vor der Wahl, in welchem Umfang sie sich diese neuen Möglichkeiten zu Nutze machen wollen, und wenn ja, wie dies am besten organisiert wird. Bei dem durchaus denkbaren Ansatz, lediglich die Informationsbasis konventioneller Politikberatung und Legitimationsdienstleistung zu verbreitern, blieben natürlich wesentliche Potenziale eines enger mit dem Geschehen an der Basis rückgekoppelten politischen Entscheidungsprozesses ungenutzt. Aber selbst in diesem Modus wäre das Vorliegen aussagekräftiger Informationen ein wesentliches Korrektiv für Fehlsteuerungen, aber auch für ideologische Debatten.

Eine stärkere Mobilisierung der in einer deutlich erweiterten Informationsbasis liegenden Möglichkeiten bestünde möglicherweise darin, in verstetigten politischen Beratungsgremien drei Ebenen der Diskussion zusammenzuführen: 1) kontinuierliche Datenerhebung und technische Auswertung, 2) Interpretation aus der Perspektive der politischen Ziele der jeweiligen Handlungsebene (städtisch/regional, national oder europäisch) und 3) Herleitung von Handlungsoptionen bzw. -empfehlungen. Dies wäre für die Anpassung und Weiterentwicklung von Lenkungsinstrumenten v. a. dann fruchtbar, wenn in den entsprechenden Gremien diejenigen, die politische Ziele formulieren, unmittelbar mit denjenigen diskutieren würden, die für die Umsetzung die Kompetenz haben, also öffentliche und private Anbieter von Mobilitätsdiensten, Fahrzeughersteller, Verkehrsbehörden usw.

In umgekehrter Richtung wäre es durchaus eine Option, mögliche politische Lenkungsimpulse im Hinblick auf ihre Akzeptanz bei den betroffenen Kunden stichprobenartig zu „testen". Warum sollten z. B. Mobilitätsapps aber auch das Fahrer-Interface des Autos nicht dazu genutzt werden, beispielsweise Zahlungsbereitschaften mit Blick auf Änderungen von Gebührenhöhen ex-ante abzufragen? Warum sollte eine Stadtregierung nicht verkehrsplanerische Optionen auch von denjenigen bewerten lassen, die das Ergebnis später einmal nutzen sollen?

Die Menschen sind bereits heute gewohnt, für eine Vielzahl von Lebensbereichen Meinungen und Bewertungen einerseits abzugeben, diese andererseits aber auch für ihre eigenen Entscheidungen heranzuziehen. Von Uber bis TripAdvisor haben sich gelernte Instrumente entwickelt, die natürlich nicht 1:1 für politisch-regulatorische Fragestellungen kopiert, die aber weiterentwickelt werden könnten, um z. B. die Frage zu stellen, wieviel eine Stunde Parken unterschiedlichen Haltergruppen mit unterschiedlichen Fahrzeugen „wert ist". Es könnte wesentlich valider geklärt werden, ob die Bürger bereit sind, für eine deutlich leistungsfähigere Straßeninfrastruktur einen angemessenen Preis in Form einer Maut zu bezahlen. Auch die Schmerzgrenzen für höhere Gebühren für Fahrzeuge mit hohen Emissionen müssten nicht mehr nur vermutet und politisch behauptet, sondern könnten gemessen werden.

Beide Pfade, sowohl das „Hineinhören" in das reale, alltägliche Geschehen auf der Straße als auch das direkte „Abfragen" bieten die Chance einer qualitativ höheren Legitimation letztlich getroffener Entscheidungen. Sie würden zugleich den politischen Prozess in einer originär demokratischen Art und Weise verändern und erweitern. Zwischen den beiden Polen: „Abgabe politischer Kompetenz an private Unternehmen und Legitimation ihrer Entscheidungen durch die Menschen in ihrer Eigenschaft als Kunde" (USA) und „Politik im Modus der lückenlos informierten staatlichen Steuerung und Legitimität durch Wirksamkeit" (China) würde ein dritter, Pfad eröffnet. Für diesen wäre allerdings, je nach konkreter Ausgestaltung, von allen Beteiligten ein erheblicher Preis zu zahlen – nämlich die Aufgabe der auf Informationsmonopolen basierenden politischen Deutungshoheit über das, was in ihrem jeweilign Verantwortungsbereich geschieht: Öffentliche Verwaltungen müssten sich an tatsächlichen Ergebnissen ihrer Entscheidungen messen lassen. Und zwar von harten, wirtschaftlichen Faktoren bis hin zu Fragen der Akzeptanz beim Bürger/Kunden. Konkurrierende Anbieter von Mobilitätsangeboten, die ihre jeweilige Versprechung für eine bessere Mobilität zu Geld machen wollen, müssten bzw. könnten belegen, in welchem Umfang sie tatsächlich „liefern", wie sich also ihre Angebote tatsächlich auswirken. Und die Automobilhersteller sähen sich öffentlich-politischen Entscheidern gegenüber, die auf Basis von Primärdaten und in Echtzeit in der Lage wären, die Nutzung des Produkts Automobil und deren Veränderung bewerten zu können. Mit der stärkeren Kommunikation zwischen politischen Entscheidern und Bürgern würde die relative Macht der dazwischenliegenden Akteure schrumpfen – und zwar aller.

Datenpools politisch nutzbar machen

In den USA werden der privaten Akkumulation von Daten und der Monopolisierung ihrer Interpretation und wirtschaftlichen Nutzung bislang keine wirksamen Schranken auferlegt. In China hat der Staat unbeschränkten Durchgriff von der höchsten Aggregationsebene bis zum unmittelbaren Handeln des einzelnen Bürgers. Als Grundlage für die schnelle und treffsichere Erkennung der Wirksamkeit oder Unwirksamkeit der politischen Steuerungsinstrumente könnte in einem alternativen europäischen Modell die Informationsbasis der politischen Entscheider fundamental vergrößert werden ohne die Privatsphäre der Bürger zu verletzten. Ohne sie droht die europäische Verkehrspolitik verglichen mit derjenigen Chinas „im Blindflug" zu agieren. Da der Zugriff auf eine wichtige Informationsbasis für eine intelligente Steuerung fehlte, blieben Kommission, Rat und Parlament bisher angewiesen auf die Zulieferungen von punktuellen Studien wissenschaftlicher Institute – die wiederum alle nur „ex post" liefern konnten. Auch die Auseinandersetzung mit der „Fremdbestimmung" bei Schlüsseltechnologien erfolgt im reaktiven Modus: Nachträgliche Wettbewerbskontrolle der dominanten Player und der Aufbau eigener Kompetenz könnten deshalb (zu) spät kommen und zu halbherzig, um das Spiel noch wirklich beeinflussen zu können.

Die in den einzelnen Fahrzeugen, aber auch auf mobilen Endgeräten ihrer Nutzer erzeugten und in privaten Datenplattformen verfügbaren Informationen nutzbar zu machen, würde eine klare EU-rechtliche Regelung erfordern. Diese könnte dem simplen Grundsatz folgen, dass Informationen die erforderlich sind, um die persönliche Mobilität der Bürger (welche ja die Daten ursprünglich erzeugt haben) zu verbessern, auch denjenigen Institutionen zur Verfügung zu stellen sind, deren gesetzlich definierter Auftrag dies ist. Das Prinzip würde also lauten, dass Daten, die ein Kunde einem Plattformunternehmen, einem Automobilhersteller, einem Kartendienst oder einem Betreiber von öffentlichem Nahverkehr zur Verfügung stellt, von diesen nicht mehr ausschließlich als privates Eigentum genutzt und wirtschaftlich verwertet werden können, sondern in anonymisierter und aggregierter Form für die Realisierung öffentlicher Belange bereitzustellen sind. Abstrakter formuliert hieße dies, dass die nicht-monetäre Bezahlung von netzbasierten Diensten mit den eigenen Daten der Nutzer auch in nicht-monetärer Form „besteuert" wird, nämlich durch die Abführung aggregierter Informationen zu vom Gesetzgeber definierten Zwecken.

Umgekehrt wären Vorkehrungen gegen Missbrauch nötig. Dazu müsste natürlich umfassender Datenschutz (Zustimmung, Absicherung gegen Personalisierbarkeit der Informationen) gehören. Auch dürften die Empfänger der entsprechenden Informationen diese nicht finanziell verwerten oder unmittelbare unternehmerische Konkurrenzangebote machen (dürfen). Zu den entsprechenden Spielregeln müsste gehören, dass eine Datenweitergabe beispielsweise an Verkehrsleitzentralen und Planungsreferate von Städten nicht dazu genutzt werden darf, Angebote des öffentlichen Nahverkehrs in direkter Konkurrenz zu anderen Anbietern zu fördern. Es wäre zugleich umgekehrt plausibel, den aus der Bündelung von Daten gewonnenen Erkenntniszuwachs auch allen in dem entsprechenden Territorium präsenten Anbietern zur Verfügung zu stellen („quid pro quo").

Eine letzte Voraussetzung ist allerdings: Die Mobilitätsmanager auf städtischer und regionaler Ebene müssen mit Daten auch etwas anfangen können. Anders als bei ihren chinesischen Kollegen müsste die Idee eines europäischen „City Brains" erst einmal akzeptiert und technisch umgesetzt werden. Der Wille und die Fähigkeit zu den erforderlichen Investitionen ist ein wesentlicher Engpassfaktor der politisch vor Ort überwunden werden müsste (ggfs. erst wenn die News über die Erfolge Chinas angekommen sind). Vor allem wäre hier aber ein wichtiges Feld für die EU-Förderpolitik – und für die Nutzung der nach der Corona-Krise geschaffenen neuen Fördertöpfe.

Regulierung und Legitimation „an der Basis" – Beispiel Road-Pricing

Anders als die EU-weiten Grundregeln, welche Gebietskörperschaften und Gemeinschaftsweit agierende Unternehmen betreffen, stellt sich auf einer nächsten Konkretisierungsstufe die Frage nach denjenigen Mechanismen, mit denen unmittelbar die Entscheidungen der Bürger beeinflusst werden. Hier tut sich in Abhängigkeit der technischen Entwicklung ein noch weit größerer Korridor der Möglichkeiten auf. Hier können daher nur einige grundlegende Überlegungen skizziert werden.

Symmetrie von Technologie und Regulierung

Würden die Möglichkeiten einer immer detaillierteren Feinsteuerung im heutigen Modus demokratischer Legitimationsprozesse einfach durchgesetzt, ist dauerhafter politischer Streit und Wechsel von politischen Mehrheiten und Prioritäten wahrscheinlich. Der Umfang, in dem politische Handlungsoptionen im Rahmen von alle vier Jahre stattfindenden Wahlkämpfen auf den Tisch gelegt und zur Abstimmung gestellt werden können, ist gezwungenermaßen begrenzt. Stattdessen wird mit abstrakten Überschriften um Mehrheiten geworben, die anschließend technisch umgesetzt werden. In dem Maße wie diese aber nicht akzeptiert werden, wird ihre Bekämpfung und ihr „Rückbau" seinerseits zum potenziell wahlentscheidenden Argument. Diese Faktoren begrenzen die Bandbreite von Lenkungsinstrumenten auf das, was in mehrjährigen Abständen politisch vermittelbar und zur Mobilisierung von Mehrheiten (sei es als Forderung sei es als Ablehnung) geeignet ist. Zugleich werden diese umso stärker zum Gegenstand der politischen Auseinandersetzung je stärker sie wahrgenommen werden.

Eine Alternative hierzu könnte es sein, die technologischen Möglichkeiten symmetrisch zu nutzen: Zum einen für ein differenzierteres, dynamisches System zur Beeinflussung von Bürgerverhalten durch Handlungsoptionen mit unterschiedlichen monetären und nicht monetären „Preisschildern", Privilegien und Restriktionen. Zum anderen für Abstimmungsmechanismen, welche es erlauben, entkoppelt von Wahlkämpfen und Legislaturperioden, Mehrheiten für Elemente dieses Systems und damit demokratische Legitimation zu erlangen. Es wäre ein symmetrischer Ansatz, bei dem kleinteiligere Intervention gekoppelt wird an Legitimation im gleichen Maßstab. Dieser könnte auch eventuell eine Chance bieten, eine der wirksamsten aktuellen Bremsen für innovative Kommunikation technologiebasierter politischer Optionen zumindest teilweise zu entschärfen.

Dies wird an einem Beispiel deutlich: Als das deutsche Verkehrsministerium Ende 2018 vorschlug, die Einhaltung von Fahrverboten für ältere Dieselfahrzeuge mit einer kamerabasierten Nummernschilderfassung zu kontrollieren, erhob sich Protest der Datenschutz-Gemeinde, welche einen Eingriff in die Privatsphäre dadurch befürchtete, dass für staatliche Stellen Transparenz über das Bewegungsverhalten und den Aufenthaltsort der Straßenbenutzer geschaffen würde. Mit dieser Begründung wurde zugleich die Alternative eines „analogen" Aufklebers auf der Windschutzscheibe (Blaue Plakette, s. o.) politisch beworben. Diese Kritik kam aus dem gleichen „grünen" politischen Lager, welches zuvor die Intervention mit Fahrverboten in die Eigentumsrechte der Bürger im Interesse des Schutzgutes Umwelt gefordert hatte. Nach dieser Logik war also ein fünfstelliger enteignungsgleicher Eingriff jederzeit zu rechtfertigen, die Information zu erfassen, wo sich jemand aufhält zu erfassen. Der Staat, der mir mein Auto „wegnehmen" darf, darf nicht erfahren, wo ich es gerade benutze. Dieses Beispiel zeigt, dass Technologiedebatten des zweiten Jahrzehnts des 21. Jahrhunderts mit den Datenschutzaffekten der 70er- und 80er-Jahre geführt zu werden drohen. In einer Welt, in der so gut wie jeder Autofahrer seinen Standort, seine Ziele, seine Meinungen permanent mit amerikanischen Plattformanbietern teilt, wird ein Bruchteil dieses Wissens in der Hand einer städtischen Behörde angeblich zur Bedrohung.

Wäre es nicht intelligenter, stattdessen einer anderen Logik zu folgen? Millionen von Menschen, die permanent ihre digitalen Endgeräte um den Preis der Weitergabe ihrer Daten nutzen, sollten auch die Souveränität zugebilligt bekommen, mitzuentscheiden, welche Regeln künftig (nicht rückwirkend) in ihrer Gemeinde gelten sollen. Stadtverwaltungen könnte zugemutet werden, Eingriffe nicht mehr einfach nur unter den Vorbehalt von Mehrheiten in der Stadtverordnetenversammlung zu stellen, sondern unter den Vorbehalt einer expliziten Mehrheit für ein definiertes Vorhaben. Es wäre kein „Systemfehler", sondern das Gegenteil, wenn Entscheidungen auch reversibel wären, ohne unmittelbar den Wechsel von parlamentarischen Mehrheiten und Regierungen vorauszusetzen. Die Legitimation eines einzelnen Projekts von derjenigen der Besetzung eine Regierung zu trennen, erweitert den Lösungsraum der Politik entscheidend. Die mediale Dynamik, die Debatten in eine einzige Richtung drängt, aber auch die parteipolitische Interpretation möglicher Ausgänge von Abstimmungen im Hinblick auf die Stärke oder Schwäche einer Regierung und Verwaltung, würde entfallen. Stattdessen würde der unmittelbaren Kommunikation zwischen den betroffenen Bürgern eine Tür geöffnet.

Die Rückdelegation von Entscheidungsmacht an die Bürger hat natürlich auch auf der „Mikroebene" der Entscheidung vor Ort die gleiche Konsequenz wie auf der nationalen oder europäischen „Makroebene". Die Bürger souverän entscheiden zu lassen, ist das Gegenteil von Vormundschaft. Dem Bürger Urteile und Entscheidungen zu überlassen, hieße seine Urteilsfähigkeit anzuerkennen und nicht unter den Vorbehalt besser-gewusster, „objektiver", aber parteiisch definierter Erkenntnisse zu stellen.

Ein Beispiel: Road Pricing

Eine preisliche Steuerung der Inanspruchnahme der Verkehrsinfrastruktur zeigt, wie in einem Mehrebenenmodell die Potenziale einer digitalen Regulierung mit Umwelt- und verkehrspolitischer Effektivität und Effizienz und politischer Legitimität einhergehen könnten. Zunächst gehörten dazu auf europäischer Ebene definierte Grundregeln:

- Weiterentwicklung des Rahmens der EU-Wegekostenrichtlinie für Mautsysteme bei Pkw mit Festlegung grundsätzlicher Kriterien für die Differenzierung nach gefahrenem Strecken, Schadstoffklasse und CO_2-Emissionen. Erweiterung von Autobahnen auf das ganze Straßennetz, einschließlich der Städte. Dabei Freiraum zur Differenzierung der Sätze auf kommunaler Ebene.

- Grundsätzliche Entscheidung, dass von privaten Autofahrern, ODM-Anbietern, Lieferdiensten usw. für die Inanspruchnahme des Straßen- und Parkraums gestaffelte Gebühren erhoben werden können. Pflicht zur Bereitstellung anonymisierter Daten über die relevanten Kernparameter durch die Unternehmen.
- Definition, in welchen zeitlichen Abständen die wichtigsten, von den politischen Entscheidern festzulegenden Stellgrößen in ihrer Wirkung zu überprüfen und anzupassen sind. Hierzu kann das Gebot gehören, das Kundenverhalten umfassend zu erheben, aber auch deren Erfahrungen, Empfehlungen und Präferenzen direkt abzufragen.

Auf der Ebene der Mitgliedsstaaten kämen „Voreinstellungen" des Systems in Frage, die beispielsweise die Klima-, Energie- und verkehrspolitischen Prioritäten und national definierten Ziele widerspiegeln. Die möglichen Kriterien für die Höhe der Abgabe für den einzelnen Nutzer sind vielfältig und könnten im Sinne eines mehrdimensionalen „Scores" miteinander verbunden werden:

- Dynamische Anpassung an die Verkehrssituation: Je länger die Staus und desto knapper der Parkraum, desto höher die Abgabe. Dies würde möglich durch Algorithmen, welche auf Basis realer Daten lernen, die Auslastung über entsprechende Preisanpassungen zu optimieren.
- Differenzierung über Fahrzeugeigenschaften, die für die Nutzung des öffentlichen Raums relevant sind. Anhand der Zulassungsdaten könnte zwischen verschiedenen Emissionsklassen, den Antriebsarten und CO_2-Emissionen unterschieden und damit ein umweltpolitischer Impuls gesetzt werden.
- Unterschiedliche Nutzer könnten unterschiedlich behandelt werden: Für kommerzielle Nutzung (z. B. für Lieferdienste oder ODM) könnte eine andere Gebühr erhoben werden als für Privatleute. Definierte Nutzergruppen könnten ausgenommen werden.

Eine flexible preisliche Steuerung, die innerhalb eines einmal gesetzten rechtlich-institutionellen Rahmens ihre Wirkungen auf die Bürger anpassen kann, böte die Chance auf größere Stabilität und dauerhafte Akzeptanz als eine politische Auseinandersetzung um Art und Umfang von

Verboten. Die folgenden Punkte könnten helfen, neue Möglichkeiten des Verkehrsmanagements nicht nur technisch zu erschließen, sondern diese auch politisch durchzusetzen und mit breiten Mehrheiten zu verankern:

- Klare Qualitätsziele, an denen der Erfolg der Maßnahmen gemessen wird. Messbare Indikatoren z. B. für Verkehrsdichte, Stauhäufigkeit und Luftqualität können zeigen, wie die Werkzeuge wirken und legitimieren Verschärfungen oder auch das Absenken von Lenkungsimpulsen.
- Eindeutige Kopplung von erhobenen Abgaben an die Verwendung im Interesse der Bürger: Es müsste der Eindruck vermieden werden, dass es sich bei preislicher Lenkung einfach nur um eine weitere Steuer handelt, deren Einnahmen im allgemeinen Haushalt verschwinden. Es geht vielmehr um einen Preis, für den es im Gegenzug ein besseres „Produkt" gibt, eine intakte Straßeninfrastruktur und v. a. einen leistungsfähigeren ÖPNV.
- Klare Kommunikation in Sachen Fairness und Gerechtigkeit: „Wer viel fährt, zahlt mehr als jemand, der wenig fährt.", „Hohe Emissionen bedeuten höhere Abgaben." „Viele Kilometer abends auf der Landstraße zu fahren, kann weniger kosten als wenige in der städtischen Rushhour."
- Außerdem besteht die Option, soziale Härten durch verringerte Sätze abzufedern. So könnte ein digitales Verkehrsmanagementsystem beispielsweise Berufspendler systematisch erkennen und denjenigen, die für den Weg zur Arbeit auf ihr Auto angewiesen sind, günstigere Konditionen zubilligen. Die Frage des sozialen Ausgleichs kann systemimmanent beantwortet werden und ohne zusätzliche politische „Kompensationsmaßnahmen".

All diese Optionen bestehen bereits in dem heutigen Modus repräsentativer politischer Entscheidung. Eine zusätzliche Qualität von Legitimität würde aber durch die direkte Einbeziehung der Bürger in das „Systemdesign" geschaffen. Durch regelmäßige Abfragen der (Un-)Zufriedenheit der Kunden könnte nicht nur deren Bereitschaft zur Akzeptanz von Vorschlägen für Änderungen der für sie relevanten Systemeinstellungen ermittelt werden. Perspektivisch könnte auch die Zahlungsbereitschaft für die Inanspruchnahme öffentlicher Ressourcen und Dienstleistungen abgefragt und Input zur Priorisierung von Investitionen und neuen bzw. weiterentwickelten Dienstleistungen direkt von den betroffenen Bürgern geliefert werden.

Ein so gestaffelter politischer Rahmen für die Weiterentwicklung der Verkehrspolitik in der EU und ihren Mitgliedsländern wäre möglicherweise in der Lage, die ansonsten drohenden Legitimationsdefizite zu vermeiden: Es gäbe eine direkte Rückkopplung der unmittelbaren Folgen politischer Weichenstellung, objektiv ermittelt mit Hilfe derjenigen, die direkt von ihnen betroffen sind. Dabei könnten Fehler zwar nicht ausgeschlossen werden, sehr wohl könnte aber schneller aus ihnen gelernt und entsprechend reagiert werden. Dies stärkte schließlich lokal die Begründungsbasis für alle übergreifenden nationalen und EU-weiten Politiken und deren Veränderung.

18

Zum Schluss

Bereits ein Blick zurück, der nicht weiter zurückgeht als bis 2018, zeigt die Grenzen der Vorhersagbarkeit politischer Prozesse. Noch 2019 stand die Drohung von Fahrverboten für Dieselfahrzeuge, also die maximale nachträgliche Restriktion auf Nachfrageseite in vielen deutschen Städten, direkt vor der Tür. Und dies als ein mögliches Ergebnis lange zuvor definierter politischer Vorgaben, die dieses ursprünglich gar nicht zum Ziel hatten. 2020 trafen dagegen in der Corona Krise stabilisierte Mobilitätsbedürfnisse, die mit dem privaten Automobil befriedigt werden, auf einen direkt entgegenlaufenden politischen Gestaltungswillen in einer Vielzahl von europäischen Metropolen. Dieser richtete sich aber letztlich auf alle Autos und deren Nutzer. Auf Gemeinschaftsebene haben sich dagegen die Forderungen nach dem Verbot der gesamten Verbrennungstechnologie deutlich verschärft, also eine ein bis zwei Jahrzehnte nach vorne gerichtete restriktive Politik, diese aber nur auf die Angebotsseite. Corona hat mit dem incentive-induzierten Anstieg der xEV-Anteile hierfür einen politisch-argumentativen Schub geliefert. Dagegen sind die noch vor kurzem breit akzeptierten Verheißungen von ODM einer nachhaltigen Ernüchterung gewichen. Das gleiche gilt für das Vertrauen in die schnelle Automatisierung des Verkehrs. Dabei ist aber die technologische

Abhängigkeit bei automobilen Zukunftsthemen und die wachsende Verflechtung insbesondere zwischen den USA und Europa noch sichtbarer geworden – während der transatlantische politische Rahmen sich in einem „frozen conflict" stabilisierte. Die Brüsseler Politikrhetorik ist dabei heute deutlich protektionistischer und das gesamtpolitische Verhältnis zu China noch schwieriger geworden.

Deshalb wird zum Schluss nicht der Versuch einer Prognose politischer Entscheidungen unternommen, sondern die Frage nach der Rolle des Autos und der Industrie im politischen Prozess gestellt.

Abhängigkeiten

Die politische Rolle des Automobils hat sich in seiner Geschichte mehrfach grundlegend gewandelt. Von einem technologischen Kuriosum für wenige, technikbegeisterte und wohlhabende Menschen wurde es zum volkswirtschaftlichen Wachstumsmotor. Es wurde zum Mittelpunkt der größten Umgestaltung der öffentlichen Infrastruktur seit dem Aufbau der Eisenbahnnetze. Es wurde zum Ankerpunkt für das Design städtischer Lebensräume. Politik hat die Schaffung einer Schlüsselindustrie wesentlich ermöglicht und beschleunigt. Diese hat umgekehrt mit dem Erfolg ihres Produkts ganz wesentlich zu der industriellen Grundlage vieler Volkswirtschaften beigetragen, vor allem aber und mehr als der meisten anderen der deutschen. Gerade der Erfolg des Automobils hat es aber zum Gegenstand der Kritik bis hin zu Anfeindungen gemacht. Kritik an und Verteidigung der Mobilität mit dem Auto ist zum Gegenstand der politischen Auseinandersetzung geworden. Diese Debatte hat durch die Klimapolitik eine entscheidende Veränderung erfahren. Klimapolitik beansprucht, die industriepolitische Realität der kommenden Jahrzehnte zu definieren. Waren es zuvor technische Defizite, die durch technische Lösungen des Produkt Automobil gelöst werden konnten, geht es heute um den Kern der ursprünglichen Innovation von Gottlieb Daimler und Carl Benz, die Kombination eines selbstgesteuerten Fahrzeugs mit einem Verbrennungsmotor. Europa diskutiert das Ende einer Technologie, bei der es heute noch eine globale Führungsrolle hat. Die alleinige Kontrolle des Fahrers war dagegen bisher eine Grundkonstante, die durch Technologieentwicklungen „von außen" infrage gestellt wird und ihrerseits die Politik herausfordert, die Frage nach neuen Spielregeln zu beantworten. Die Zeiten, in denen Europa sicher sein konnte, dass seine eigenen Unternehmen im Bereich Automobilbau einen technologischen Vorsprung besitzen, sind aus beiden Perspektiven heraus vorbei. Dabei werden Deutschland und Europa auch klären müssen, ob die Automobilindustrie Gegenstand und Austragungsort eines technologie-, handels- und wirtschaftspolitischen Wettkampf mit den USA und China werden soll oder nicht. Zugleich verschieben sich die Machtverhältnisse zwischen den USA, China und Europa nachhaltig. China ist als Ergebnis der Corona Krise relativ zu den USA und zu Europa deutlich stärker geworden. Letztere stehen vor einer harten Entscheidung, wie sie ihr künftiges Verhältnis gestalten wollen.

Nach innen steht die EU vor der Frage, wie sie Kohärenz von Bedingungen innerhalb des Binnenmarktes gewährleisten und ihre politischen Werkzeuge weiter entwickeln will. Europa steht vor der Wahl, ob es versucht, eine sich immer weiter ausdifferenzierende, immer stärker regional und lokal definierte Landschaft von Mobilitätsmanagement-Optionen mit dem vor Jahrzehnten definierten Verantwortungsmodell zwischen Europäischer Union, Mitgliedsstaaten und subnationalen Körperschaften zu steuern. Oder ob es den Anlauf unternimmt, ein leistungsfähigeres, subsidiäres Steuerungsmodell zu entwickeln. Instrumentell geht es um die Wahl zwischen der konsequenten Nutzung neuer digitale Möglichkeiten der Interaktion zwischen dem Bürger und staatlichen Stellen und dem Liegenlassen dieser Möglichkeiten zu Gunsten des bisherigen Instrumentenkastens.

Egal wie entschieden wird – die Zukunft der Automobilindustrie wird in den kommenden Jahren stärker politisch bestimmt werden als in den Jahrzehnten zuvor, die dahinterstehenden Wertschöpfungsketten ebenfalls. Der Nutzung des Automobils werden Grenzen gesetzt, während sich seine technischen Fähigkeiten erweitern. Wirtschaftspolitisch werden jahrzehntelang sichere Wettbewerbsvorteile beseitigt und neue Akteure auf den Plan gerufen. Die Durchsetzungsfähigkeit der Interessen von Unternehmen, ihren Aktionären, aber auch der Beschäftigten und der Gewerkschaften ist in den vergangenen Jahren nachhaltig infrage gestellt worden, auch aufgrund von Entscheidungen in der Industrie selbst.

Das alles bedeutet zusammengenommen, dass die Gestalt der europäischen Automobilindustrie noch nie in ihrer Geschichte so sehr durch politische Entscheidungen definiert wurde, wie dies in den kommenden Jahren der Fall sein wird. Die Abhängigkeit der Unternehmen ihrer Beschäftigten und ihrer Eigentümer von politischen Entscheidungen waren nie höher. Die Risiken sind erheblich. Je nachdem, wie die politischen Weichen gestellt werden, könnte die wirtschaftspolitische Rolle der Automobilindustrie erheblich schrumpfen. Die heutigen Arbeitsplätze, Exporte, Steueraufkommen und nachgelagerten Wohlstandseffekte sind alles andere als garantiert.

Umgekehrt hat Politik noch nie so stark die Verantwortung für die Zukunft einer Branche übernommen, wie sich dieses gerade im Automobilsektor vollzieht. Die Risiken für beide, Politik und Industrie, vor allem aber für diejenigen, die ihre Beschäftigung und das Einkommen ihrer Familie der Herstellung von Automobilen, ihrer Nutzung und den darum herum angesiedelten Dienstleistungen verdanken, haben sich entsprechend verändert. Branchenkrisen der Vergangenheit waren häufig (siehe die Montanindustrie) von Einbußen industrieller Wettbewerbsfähigkeit aufgrund von Marktgegebenheiten ausgelöst. Politik war das Ziel von Forderungen nach Abmilderung oder Korrektur der Folgen. Die Klimapolitik hat dies völlig verändert. Die Politik selbst gestaltet die Industrie um, ihre Verantwortung steigt damit qualitativ.

Eine Gemeinsamkeit aller fünf T-Kreuzungen ist, dass sie, je nachdem wohin abgebogen wird, ein geändertes Verhältnis zwischen politischen Entscheidern und Industrie erfordern bzw. voraussetzen. Der politische Interaktionsmodus, der geeignet war, technische Grenzwerte festzuschreiben, der Industrie aber überlassen hat, wie sie diesen technisch ausfüllt, kann nicht einfach auf eine Situation übertragen werden, in der es um einen fundamentalen Umstieg von Basistechnologien und den Aufbau einer dafür erforderlichen umfassenden neuen Infrastruktur geht. Verkehrspolitische Instrumente, die darauf zielten, dem Autofahrer Leitplanken seines Verhaltens aufzuerlegen, sind nicht die richtigen, um eine unmittelbare Interaktion zwischen Fahrzeug und öffentlicher Verkehrsinfrastruktur zu schaffen, Rechte und Pflichten neu zu verteilen und Vertrauen gegenüber dem Kunden zu schaffen.

18 Zum Schluss

Die gegenwärtige Phase ist eine der umfassenden „Verunsicherung" bisher sicher geglaubter Rahmenbedingungen und unternehmerischer Möglichkeiten. Zugleich ist das Vertrauen und die Berechenbarkeit im Verhältnis zwischen Politik und Industrie deutlich gesunken, gerade in Europa. Daher lautet eine wesentliche Frage, ob diese Prozesse in der aktuell in der europäischen Debatte dominierenden Subjekt-Objekt Logik erfolgen, oder ob es zu einem kooperativen, auf mehr gegenseitigem Vertrauen basierenden Verhältnis zwischen industriellen Akteuren, politischen Entscheidern, aber auch Medien und gesellschaftlichen Interessengruppen kommt.

Diese Frage richtet sich zuerst an die politischen Entscheider. Je mehr Europa will, dass die eigene Industrie Kompetenzen entwickelt, mit denen sie dauerhaft gegenüber den USA und China wettbewerbsfähig ist, desto mehr muss es zur gezielten Kooperation zwischen europäischen industriellen Akteuren untereinander aber auch zwischen diesen und den Mitgliedstaaten und den europäischen Institutionen kommen, wenn etwa die mit dem IPCEI für Batterien etablierte Grundlogik auch in anderen Technologiebereichen angewendet werden soll. Gerade wenn noch ambitioniertere politische Ziele unter der Überschrift „technologische Souveränität" verfolgt werden ist zweierlei erforderlich: Auf der einen Seite stabilisierte Erwartungen und Vertrauen was den politischen Rahmen angeht. Auf der anderen Seite verlässliches unternehmerisches Engagement, welches wiederum stabile Erwartungen voraussetzt, dass sich dieses auch lohnt. Dies ist aber im ideologischen Gedankenmodell des zwingenden Antagonismus zwischen gesellschaftlichen und unternehmerischen Zielen nicht möglich. Gerade Europa braucht deshalb eine Politik der „vertrauensbildende Maßnahmen", bei denen die Politik von den Unternehmen eine Mobilisierung ihrer innovativen Potenziale einfordert, um gemeinsam getragene Ziele zu verwirklichen. Es geht also auch darum, dass sich Politik und Unternehmen künftig „beim Wort" nehmen können. Dies kann gerade angesichts der Belastungen im gegenseitigen Verhältnis nicht blindes Vertrauen bedeuten. Es kann aber heißen, im Dialog Gestaltungsoptionen für den Rahmen der Mobilität in Europa zu definieren, die in einem veränderten instrumentellen Rahmen implementiert und immer wieder getestet und weiterentwickelt werden.

Was heißt Führen?

Die technischen Veränderungen im Mobilitätssystem, vor allem aber die gesellschaftlichen Debatten um die Rolle des Autos verändern auch die Rolle, die Unternehmen und ihr Management spielen. Sie verlangen neue Antworten, vor allem aber eine geänderte Haltung. Legitimität der eigenen Entscheidungen und Strategien kann nicht mehr aus in der Vergangenheit erzeugter Akzeptanz und Erfolg fortgeschrieben werden. Sie wird zu einem noch knapperen Gut als sie es heute schon ist. Sie ist umgekehrt die Eintrittskarte für die Mitwirkung an den Entscheidungsprozessen, welche künftige Erfolgspotenziale definieren. Umgekehrt steigt die Wahrscheinlichkeit zum reinen Objekt, zum Spielball politischer Konflikte und Kontroversen zu werden, qualitativ an.

Dies hat Folgen für alle Dimensionen von Legitimität: Die Berufung auf die marktwirtschaftliche Ordnung aber auch auf die faktische Entscheidung der Kunden reicht nicht mehr aus, wenn es einen durchsetzungsfähigen politischen Willen zur Veränderung des Mobilitätssystems, des Antriebsmixes oder aber der industriellen Wertschöpfungsketten gibt. Künftigen Erfolg garantieren zu können, ist nicht mehr glaubhaft, wenn dieser aus dem Erfolg in der Gegenwart und Vergangenheit heraus einfach nur behauptet wird. Er muss als Fähigkeit zur Bewältigung zukünftiger Veränderungen plausibel in Aussicht gestellt werden können. Managementkompetenz wird künftig noch weit weniger als heute allein durch Quartalszahlen belegbar sein, sondern nur durch eine glaubwürdig untermauerte Fähigkeit zur Steuerung von Veränderungsprozessen mit ungewissem Ausgang und zur Erreichung politisch definierter Ziele. Unter fundamental veränderten Rahmenbedingung nach außen und nach innen Orientierung zu geben, wird zur Voraussetzung für Wirksamkeit im politischen Prozess.

Erfolgreiche und gelernte Wahrnehmungs-, Verhaltens- und Entscheidungsmuster werden in Frage gestellt. Und dies nicht nur oberflächlich, an der Peripherie der Planungs- und Entscheidungsprozesse, sondern im Zentrum des eigenen Geschäftsmodells und im Kern des Produkts. Dies erfordert vom Management eine qualitativ größere vor allem aber im Vergleich zur Vergangenheit völlig andere Führungsleistung: Es geht nicht mehr nur um den Überbietungswettbewerb mit „seinesgleichen". Innovation passiert nicht mehr in einem verstandenen und gelernten Rahmen, sondern in eine in weiten Teilen unbekannte und nicht berechenbare Zukunft hinein. Die etablierten Entscheidungsprozesse, die alle darauf beruhen, Profitabilität künftiger Produkte berechenbar zu machen, und alle hier hineinfließenden externen Faktoren zu quantifizieren, erreichen erkennbar ihre Grenzen. Legitimation getroffener Entscheidungen nach innen kann nicht mehr entlang von Kriterien erzeugt werden, die in der ganzen Organisation verstanden und verinnerlicht sind. Sondern die Annahmen, die Szenarien, auf welche das Topmanagement die Antworten des Unternehmens formuliert, müssen selbst erklärt und begründet werden.

Die Haltung zu politisch und gesellschaftlich definierten Zielen muss explizit diskutiert und kommuniziert werden: Ob ein Unternehmen dagegen Widerstand leistet, sie als Restriktionen akzeptiert und sich ihnen anpasst oder aber aktiv einen Beitrag zu ihrer Erfüllung liefern will, wird zu einer zentralen Frage der internen Wahrnehmung, von Glaubwürdigkeit und externer Wirksamkeit. Das alleinige Beharren auf heute akzeptierten und als legitim wahrgenommenen Positionen wird mit hoher Wahrscheinlichkeit zu sinkendem Einfluss, steigender Attraktivität als Opfer einer strategisch-besserwisserischen Politik und in letzter ideologischer Konsequenz als zu „besiegender Feind" führen. Diesem Risiko durch bloß behauptete eigene Ziele und Visionen zu versuchen zu entgehen, tatsächlich aber in eine andere Richtung zu steuern, ist ebenso wenig erfolgversprechend.

Es geht also bei der Sicherung der eigenen Zukunft darum, deutlich zu machen, warum das Unternehmen die Fähigkeit besitzt, Teil der Lösung der durch die Politik definierten Herausforderungen und nicht allein Teil des Problems zu sein. Dabei ist das erkennbare Infrage stellen der eigenen Rolle als Industrie die Voraussetzung dafür, akzeptiert und damit wirksam zu werden: Die Öffnung für sich schnell und radikal verändernde politische Erwartungen und Vorgaben bedeutet, stärker als bisher den Dialog mit politischen Entscheidern aber auch kritischen Playern in der Gesellschaft zu suchen. Dazu gehört Transparenz bei der Darstellung der eigenen technologischen und konzeptionellen Handlungsoptionen aber auch der Grenzen dessen, was für Unternehmen leistbar ist. Aber auch,

Angebote für die Mitwirkung am Umgestaltungsprozess der Mobilität zu machen, die über eigene Produkte und Dienstleistungen hinausgehen. Dies bedeutet nicht allein, die automobile Hardware oder an diese gekoppelte Services als Angebot des eigenen Unternehmens herauszustellen, sondern weit breiter anzusetzen: Alle Fähigkeiten, sein ganzes technologisches, intellektuelles und wirtschaftliches Potenzial, anzubieten, zählt.

Dies alles bedeutet für die Zukunft, die Veränderung des politischen Rahmens nicht als bloße Restriktionen zu begreifen, innerhalb derer betriebswirtschaftlich optimiert wird, sondern als Handlungsfeld, auf dem es gilt, die Leitplanken aber auch die Richtung des zukünftigen eigenen Handelns aktiv mitzugestalten. Dies hat organisatorische und prozessuale Konsequenzen: Der Auftrag für die politische Interessenvertretung kann nicht lauten, externe Anforderungen, die mit aktuellen Plänen kollidieren, zu verhindern, zu verwässern oder zu verzögern. Er müsste sich stattdessen weiterentwickeln zu einem Werkzeug, mit dem unternehmerische Chancen und Risiken im gesellschaftlich-politischen Umfeld erkannt und in die Definition der Unternehmensstrategie integriert werden. Das Unternehmen muss auf allen Ebenen sichtbar und handlungsfähig sein, wo über die Zukunft seiner Produkte über die Bedingungen, unter denen Kunden Autos und Dienstleistungen erwerben, entschieden wird. Das bedeutet, Entwicklungen auf lokaler Ebene zu erfassen und in den internen Entscheidungsprozessen zu berücksichtigen. Die Fähigkeit zur Kooperation mit anderen wirtschaftlichen Akteuren, die innere Öffnung für die damit einhergehende Abhängigkeit von anderen, gewinnen an Gewicht. Das Poolen von Daten für auch öffentliche Zwecke, die Nutzung von Synergien in Technologieentwicklungsprozessen, die nicht unmittelbar Differenzierung beim Kunden herbeiführen, aber vor allem auch die engere Zusammenarbeit mit Behörden auf den verschiedenen Ebenen, sind Kompetenzen, die quer durch die Organisation weiter zu entwickeln sind.

Vor allem aber kommt es auf die Haltung an, die Vorstände und Führungskräfte gegenüber externen Veränderungen einnehmen, die sie selbst nicht mehr kontrollieren, ja auch nur in Teilen beeinflussen können. Es geht um den Umgang mit eigener „Ohnmacht". Gerade in einer Industrie, die über Jahrzehnte mehr daran gewöhnt war, von außen zwar auch Ablehnung und Kritik, vor allem aber Bewunderung zu erfahren, die sich selbst als Treiber einer linearen Weiterentwicklung von Technologien und damit einhergehender Erfolge gesehen hat, ist der Umgang mit ihren eigenen Grenzen ein Faktor erheblicher Verunsicherung. Die Erwartungshaltung an Spitzenmanager, nämlich Sicherheit und Orientierung zu geben und Organisationen Stabilität zu verleihen, wird hierdurch erheblich herausfordernder. Zugleich stellt sich die Aufgabe, neue Produkte, die eben nicht allein das Ergebnis der eigenen strategischen Überlegungen, sondern auch das Resultat externen Zwangs sind, dennoch zum Erfolg zu machen. Der Umgang mit dem Unterschied zwischen „Müssen" und „Wollen" wird zur Herausforderung für die Kommunikation nach außen wie nach innen.

In Europa sind diese Faktoren eine der Voraussetzungen dafür, einen dritten Weg für das Design des künftigen Mobilitätssystems mitgestalten zu können. Angesichts der amerikanischen und chinesischen Alternativszenarien ist eine Kooperation mit der Politik auch für die Industrie Voraussetzung dafür, Mitgestaltungsoptionen zu behalten. Sie ist also gerade in derjenigen Region am stärksten auf ein verändertes Verhältnis zu den nationalen Regierungen und europäischen Institutionen angewiesen, wo aktuell die kurzfristigen Konflikte am größten sind. Wenn es also für die Automobilbranche in Europa jemals nötig war, die eigene Rolle, die externe Positionierung und die eigenen internen Entscheidungsprozesse zu überdenken und eine Veränderung im Verhältnis zum politischen und gesellschaftlichen Umfeld herbeizuführen, dann jetzt.

GPSR Compliance

The European Union's (EU) General Product Safety Regulation (GPSR) is a set of rules that requires consumer products to be safe and our obligations to ensure this.

If you have any concerns about our products, you can contact us on

ProductSafety@springernature.com

In case Publisher is established outside the EU, the EU authorized representative is:

Springer Nature Customer Service Center GmbH
Europaplatz 3
69115 Heidelberg, Germany

www.ingramcontent.com/pod-product-compliance
Lightning Source LLC
LaVergne TN
LVHW011005250326
834688LV00004B/89